高职高专规划教材

U0736244

建筑结构

陈伟东　主编
丁天庭　主审

中国建筑工业出版社

图书在版编目（CIP）数据

建筑结构/陈伟东主编. —北京：中国建筑工业出版
社，2019.9（2022.7重印）
高职高专规划教材
ISBN 978-7-112-23783-8

Ⅰ.①建… Ⅱ.①陈… Ⅲ.①建筑结构-高等职
业教育-教材 Ⅳ.①TU3

中国版本图书馆 CIP 数据核字（2019）第 103344 号

　　本教材是根据高等职业教育建筑工程技术专业人才培养方案对《建筑结构》
课程的人才培养定位及土建施工职业岗位群的知识、能力、素质要求编写而成
的。全教材以培养施工图识读能力和工程应用能力为主线，重点介绍结构及构件
的受力特点、构造要求以及结构施工图识读。内容包括：绪论、建筑结构设计基
本原则、建筑结构抗震基本知识、混凝土结构材料、钢筋混凝土受弯构件、钢筋
混凝土受压构件、钢筋混凝土受扭构件、钢筋混凝土梁板结构、多层及高层钢筋
混凝土结构、砌体结构、钢结构、混凝土结构施工图识读。每教学单元均附有习
题并提供参考答案。

　　本教材可作为高等职业技术学院建筑工程技术专业、工程监理专业及相关专
业群的教材。

　　　责任编辑：李天虹　李　阳
　　　责任校对：芦欣甜

高职高专规划教材
建筑结构
陈伟东　主编
丁天庭　主审

＊

中国建筑工业出版社出版、发行（北京海淀三里河路9号）
各地新华书店、建筑书店经销
霸州市顺浩图文科技发展有限公司制版
北京君升印刷有限公司印刷
＊
开本：787×1092毫米　1/16　印张：25　字数：624千字
2019年6月第一版　2022年7月第四次印刷
定价：**56.00**元（赠课件及习题答案）
ISBN 978-7-112-23783-8
　　　（34098）

本教材是根据高等职业教育建筑工程技术专业人才培养方案对《建筑结构》课程的人才培养定位及土建施工职业岗位群的知识、能力、素质要求，并结合作者团队长期从事高等职业教育教学改革和该课程教学经验而编写的。

本教材依据《建筑结构可靠性设计统一标准》GB 50068—2018、《建筑结构荷载规范》GB 50009—2012、《混凝土结构设计规范》GB 50010—2010（含局部修订）、《砌体结构设计规范》GB 50003—2011、《建筑抗震设计规范》GB 50011—2010（含局部修订）、《钢结构设计标准》GB 50017—2017、《高层建筑混凝土结构技术规程》JGJ 3—2010 等现行标准和《混凝土结构施工图平面整体表示方法制图规则和构造详图》（16G101 系列）编写。 本教材注重反映基本概念和基本理论，重点介绍结构及构件的受力特点，详细介绍常用的结构构造要求，重点培养结构施工图识读能力和工程结构知识应用能力，叙述简明扼要，通俗易懂，每教学单元均附有一定的习题并提供参考答案。

本教材由浙江建设职业技术学院《建筑结构》课程教学团队编写，陈伟东任主编。 参加编写工作的有丁天庭（教学单元 1~ 3）、徐利丽（教学单元 4）、徐卫敏（教学单元 5）、沈毅（教学单元 6）、朱敏敏（教学单元 7）、王伟（教学单元 8、教学单元 10）、陈伟东（教学单元 9、教学单元 12）、胡轶敏（教学单元 11）。 本教材由丁天庭主审。

在编写过程中参阅了一些公开出版的文献资料，谨向这些文献的作者致以诚挚的谢意。

由于时间仓促，限于编者水平，教材中难免有不妥之处，恳请广大读者批评指正。

目　录 /

▶ # 绪论

1.1 建筑结构的一般概念

1.1.1 建筑结构的概念

人类建造活动的一切成果称为建筑物。人们习惯将用于生产、生活或进行其他活动的建筑物称为房屋建筑，如办公楼、住宅、宾馆、商场、厂房等。房屋建筑以外的其他建筑物称为构筑物，如桥梁、码头、水坝等。为了抵抗各种作用，如外界的风、雪、地震以及使用荷载和建筑物自重等，建筑物需要一个承重骨架。我们把能承受作用并具有适当刚度的由各连接部件有机组合而成的系统称为结构，俗称承重骨架。在房屋建筑中，由楼板、梁、柱或墙、基础等组合而成的承重体系，用来抵御各种作用，这种承重体系称为房屋建筑结构，简称为建筑结构。而建筑结构在物理上可以区分出的部分称为建筑结构构件，简称为构件，例如，柱、梁、板、基桩等。结构中由若干构件组成的具有一定功能的组合件可称为部件，如楼梯、阳台、屋盖等。对组成建筑结构的构件、部件，如屋架、网架、楼盖等，当含义不至于混淆时，亦可通称为结构。

建筑结构首先要满足可靠性要求，即能够抵御自然的和人为的各种作用，使建筑安全、适用、耐久，并在突发偶然事件（如强烈地震、车辆撞击、煤气爆炸等）时能保持整体稳定性；其次要能够形成人们活动所需要的、使用性能良好和舒适美观的空间；最后要能充分发挥所使用材料的效能，满足经济性。因此，对要建造的建筑结构，首先在设计上应根据现行的建筑结构设计标准，合理进行结构方案设计、结构材料选择、结构分析、荷载效应（如内力、变形、振动等）组合、截面设计、连接构造设计、耐久性设计，科学地进行施工可行性分析，正确绘制建筑结构施工图纸；其次在施工过程中要按照现行施工规范进行合理施工，确保工程质量符合现行质量验收规范的合格要求；最后对建成的建筑结构在使用期间应进行合理使用和正常维护，确保建筑结构的安全可靠、美观舒适和经济合理。

建筑结构由水平构件、竖向构件和基础组成。水平构件与竖向构件组成建筑主体结构。基础是将建筑结构通过竖向构件传来的内力传给地基。

1.1.2　建筑结构的分类及其应用

由于各种建筑在使用功能、建筑形状、建筑用途等方面各不相同，建筑结构有多种类型和多种分类方法。按照用途可分为工业建筑结构和民用建筑结构；按照其体型和高度可划分为单层建筑结构、多层建筑结构（2~9层）、高层建筑结构和大跨度结构。但是常用的分类方法是按照结构所用的材料不同和按照结构形式不同来划分。

1. 按照结构所用的材料不同分类

1）混凝土结构

混凝土结构是以混凝土为主制成的结构，包括素混凝土结构、钢筋混凝土结构和预应力混凝土结构等。混凝土结构按照施工方法可以分为现浇混凝土结构、装配式混凝土结构和装配整体式混凝土结构三种。现浇混凝土结构目前应用比较普遍，但装配整体式混凝土结构是建筑产业化的发展方向。

素混凝土结构指无筋或不配置受力钢筋的混凝土结构。它主要用于承受压力，如重力式挡土墙、支墩、混凝土基础等。

钢筋混凝土结构是指配置受力普通钢筋的混凝土结构。在混凝土的适当部位配置了受力钢筋，通过两种材料的共同工作，明显提高结构或构件的承载力和变形性能，钢筋混凝土结构作为混凝土结构中最常用的结构形式被广泛应用于大量工业与民用建筑中。现浇钢筋混凝土结构具有下列优点：

（1）就地取材。混凝土的主要材料是黄砂、石子和水泥。砂、石属于地方性材料，可以就地取材。

（2）承载力大。钢筋混凝土结构或构件与砌体结构和素混凝土结构相比有较大的承载力。

（3）整体性与抗震性能好。现浇钢筋混凝土结构有较好的整体性，有利于通过变形消耗地震能量，在地震作用和偶然荷载（如车辆撞击、煤气爆炸）下能保持整体稳定性，不易产生整体垮塌。

（4）耐久性与耐火性好。由于有足够的混凝土保护层保护钢筋，混凝土属不良传热体，火灾时钢筋不致很快达到软化温度而丧失强度，导致结构破坏。同时混凝土保护层防止大气的侵蚀造成钢筋锈蚀，提高了耐久性。

（5）刚度大。钢筋混凝土构件具有较大的截面尺寸，使其具有较大的截面刚度，受力后变形较小，受压构件也不易产生失稳破坏。

（6）可模性好。预拌混凝土是可塑的，可以根据工程需要制成各种形状的构件，便于建造出合理的结构形式和构件断面。

钢筋混凝土结构（图1.1）也存在材料自重大、抗裂性差、现浇施工时消耗人工多、劳动强度大等缺点。但随着新技术新工艺的产生，如采用轻骨料混凝土、预应力混凝土、预制装配等技术手段，可以克服

图 1.1　钢筋混凝土结构

这些缺点。

钢筋混凝土结构是单层、多层和高层建筑结构中应用最为广泛的结构类型。单层钢筋混凝土结构主要用于单层工业厂房、仓库、影剧院、食堂等单层空旷房屋；单层钢筋混凝土房屋一般有屋盖和钢筋混凝土柱组成，根据房屋使用功能和跨度大小，屋盖可以采用梁板结构、屋架加屋面板等形式，也可以采用薄壳、拱等特殊屋盖形式。在多层和高层建筑中的钢筋混凝土结构，其承重结构可采用框架结构、板柱结构、剪力墙结构、框架-剪力墙结构、板柱-剪力墙结构、筒体结构等结构体系。其中多层建筑中常采用框架结构体系。

预应力混凝土结构是配置受力的预应力筋，通过张拉或其他方法建立预加应力的混凝土结构。由于混凝土的抗拉强度和抗拉极限应变很小，钢筋混凝土结构在正常使用荷载下一般会开裂，这是钢筋混凝土结构的最主要缺点。为了提高钢筋混凝土构件的抗裂能力，结构或构件承受荷载前，在使用荷载下可能产生拉应力的部位，通过设置并张拉预应力钢筋的办法，预先人为地施加预压应力，以抵消或减少使用荷载下的拉应力，从而达到使构件在使用阶段不出现裂缝或者延缓开裂、减少裂缝宽度的目的。这种结构就是预应力混凝土结构。

2）钢结构

钢结构是以钢材为主要材料制成的结构，如图 1.2 所示。即采用钢板、钢管、圆钢、热轧型钢或冷加工成型的型钢通过焊接、铆接或螺栓连接而成。钢结构是继钢筋混凝土结构之后具有广阔发展前景的结构类型，大量应用于工业建筑、高层建筑和大跨度结构（如网架、悬索等结构）中。

图 1.2 钢结构

与其他结构相比钢结构具有以下优点：

（1）材料强度高、自重轻。钢材的抗拉和抗压强度都很高，受力时其承载力很大，截面尺寸很小，减轻了构件的自重，适用于大跨度重荷载的结构。

（2）塑性、韧性好、材质均匀、抗震性能好。韧性好有利于抵抗动力荷载，塑性性能好可以避免脆性破坏，钢材内部组织比较均匀，接近各向同性使结构计算精度高、可靠性强，前述的这些性能使钢结构具有良好的抗震性能。

（3）连接方便、密闭性好、便于工厂化生产和机械化施工，便于拆卸，施工工期短。

（4）无污染、可再生、节能，符合绿色施工要求。

但钢结构易腐蚀，需要经常油漆维护，维护成本高。钢结构耐火性能差，当温度达到

250°时，材质就会发生较大变化；430～540℃时强度急剧下降，达到 600℃时几乎丧失承载力。

3）砌体结构

砌体结构是由块体和砂浆砌筑而成的墙、柱作为建筑物主要受力构件的结构，是砖砌体、砌块砌体、石砌体和配筋砌体结构的统称。砌体结构在我国古代城墙、拱桥（图1.3）、古塔中应用较多，目前城镇和农村的大量多层建筑中墙、柱多采用砌体。目前配筋砌块砌体剪力墙结构也在高层建筑中得到应用。

砌体结构具有以下优点：

（1）就地取材、成本低廉。砌体所用材料如页岩、粉煤灰、砂、石材属于地方性材料。

（2）耐火性和耐久性好。一般砌体耐受高温，耐腐蚀性能良好，能够满足设计使用年限要求。

（3）保温、隔热、隔声性能良好。

（4）施工工艺简单易学，无特殊设备要求。

但是砌体结构也存在自重大、承载力低、整体性和抗震性能差、砌筑劳动强度大等缺点。

4）木结构

木结构是用木材为主要材料制成的结构，如图1.4所示。这种结构易于就地取材、加工简便、自重较轻、便于运输、装拆，但易燃、易腐朽、易受白蚁等虫害，变形大。木结构使用受到木材资源的限制，因此已很少使用。

图1.3 砌体结构拱桥

图1.4 木结构

5）混合结构

混合结构是由不同材料的构件或部件混合组成的结构。比较常用的是以砌体作为竖向承重构件（如墙、柱），而水平承重构件（如梁、板等）常用钢筋混凝土构件，有时也可以采用钢、木结构构件。其中砖混结构被广泛用于多层民用建筑中。在高层尤其是超高层建筑常采用钢、钢筋混凝土、钢与混凝土组合构件三类构件中的任意两种和两种以上构件组成的混合结构。钢与混凝土组合构件是由型钢、钢管或钢板与混凝土或钢筋混凝土组合成为整体并共同工作的结构构件，如压型钢板和混凝土组合板、型钢和混凝土组合梁（简称钢骨混凝土梁）、型钢（或钢管）和混凝土组合柱（简称钢骨混凝土柱，图1.5）等。这类混合结构它兼有钢结构和钢筋混凝土结构的一些特性，发挥不同材料结构构件的性能优势和利用率，已经被广泛应用于高层特别是超高层建筑中。

2. 按照结构形式不同分类

1）砖混结构

砖混结构指由砖、石、砌块砌体制成竖向承重构件，并与钢筋混凝土或预应力混凝土楼盖、屋盖所组成的房屋建筑结构。按照材料分它属于前述的混合结构。由于砖砌体墙柱强度低，容易开裂，结构整体性和抗震性能较差，一般用于多层建筑中。由于其造价低廉、施工方便，因此砖混结构是城镇和乡村多层民用建筑的一种主要结构形式。砖混结构如图 1.6 所示。

2）框架结构

框架结构是由梁和柱以刚接或铰接相连接构成承重体系的房屋建筑结构。框架结构可以采用钢筋混凝土框架、钢框架、钢和钢筋混凝土混合框架结

图 1.5　型钢和混凝土组合柱

构，但多高层建筑中主要采用钢筋混凝土框架结构（图 1.7）。框架结构平面布置灵活、可以有较大的空间，适用不同用途的建筑。与砖混结构相比有较高的承载力，具有较好的延性、整体性和抗震性能。但框架属于柔性结构，侧移刚度较小，用于高层建筑时水平位移较大。

图 1.6　砖混结构

图 1.7　框架结构

3）框架-剪力墙结构

框架-剪力墙结构是由框架和剪力墙（又称为结构墙、抗震墙）共同承受竖向和水平作用的结构，如图 1.8 所示。为了提高框架结构的侧移刚度，适应高层建筑的变形控制需求，在框架结构的纵横两个方向适当的位置设置厚度不小于 160mm 的钢筋混凝土墙体而形成的结构体系。这种体系结合了框架布置灵活和剪力墙侧移刚度大的优点，属于中等刚度结构，因此被广泛应用于高层建筑中。

4）剪力墙结构

剪力墙结构是由剪力墙组成的承受竖向和水平作用的结构，如图 1.9 所示。其建筑的

内外承重墙均为实体的钢筋混凝土墙，剪力墙的侧移刚度很大，在水平作用下结构的水平位移较小，可建造比较高的建筑。但平面布置不灵活，适宜小空间的建筑，如住宅、酒店等。

图 1.8   框架-剪力墙结构

图 1.9   剪力墙结构

5）筒体结构

筒体结构是由竖向筒体为主组成的承受竖向和水平作用的高层建筑结构。筒体结构的筒体分剪力墙围成的薄壁筒和密柱框架或壁式框架围成的框筒等。筒体结构的侧移刚度和承载力在所有结构体系中是最大的，根据建筑高度不同可采用不同的筒体的组合方式，如框架-筒体、筒中筒和多个筒体组成的成束筒等。筒体结构如图 1.10 所示。

6）排架结构

排架结构是由梁或桁架和柱铰接而成的单层框架，如图 1.11 所示。它由屋架（或屋面梁）、柱和基础组成，柱与屋架铰接，而与基础为刚接。排架结构一般可以是钢筋混凝土结构，也可以采用钢结构（如重型厂房）。结构跨度一般为 12～36m，可以是单跨或多跨。

图 1.10   筒体结构

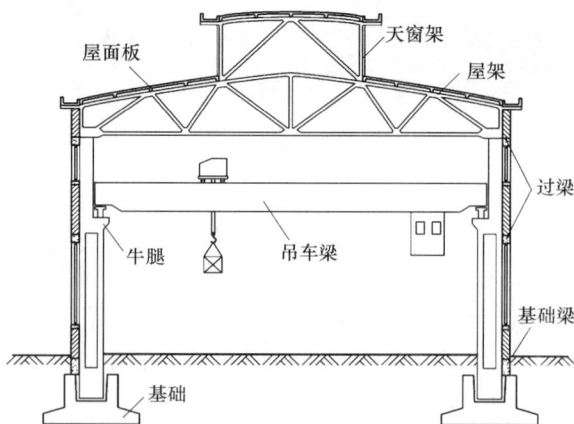

图 1.11   排架结构

7）大跨度结构

大跨度结构是用于大跨度（跨度大于60m）屋盖的网架结构、网壳结构、悬索结构、膜结构等的总称。

（1）网架结构（图1.12）。它是由多根杆件按一定网格形成通过节点连接而成的大跨度覆盖的空间结构。它主要承受整体弯曲内力，具有空间受力性能，为高次超静定的空间铰接杆系结构。网架结构用钢量低、刚度大、抗震性能好、施工安装方便、产品可标准化生产。

（2）网壳结构（图1.13）。它是按一定规律布置的杆件通过节点连接而形成的曲面状空间杆系或梁系结构，主要承受整体薄膜内力。网壳结构分为单层网壳和双层网壳两类。它能提供优美的造型，满足建筑设计和使用功能的要求。

图1.12　网架结构

图1.13　网壳结构

（3）悬索结构（图1.14）。它是以一定曲面形式，由拉索及其边缘构件所组成的结构体系。它由按一定规律组成不同形式的钢索系统、屋面系统、边缘系统和支承系统组成。特点是钢索只承受拉力，充分利用了钢材的优点，减轻了自重。

（4）膜结构（图1.15）。它是由膜材及其支承构件组成的建筑物或构筑物。它是以性能优良的织物为膜材，或是向膜内充气，由空气压力支撑膜面，或是利用柔性钢索和刚性骨架将膜面绷紧，从而形成具有一定刚度并能覆盖跨度不超过300m的结构。

图1.14　悬索结构

图1.15　膜结构

1.2 建筑结构的发展简况

建筑结构中的木结构、砌体结构和钢结构应用已有悠久的历史，我国是世界上最早应用这些结构的国家。

砌体结构包括石砌体、砖砌体和砌块砌体结构，它是最古老的结构形式。早在 5000 年前，我国就开始建造石砌体祭坛和围墙。我国河北省赵县赵州桥（又称安济桥），建于隋朝年间（公元 595～605 年），由著名匠师李春设计建造，该桥是一座空腹式的圆弧形石砌体拱桥，桥长 50.82m，跨径 37.02m，券高 7.23m，两端宽 9.6m。我国早在殷代（公元前 1388～公元前 1122 年）以后，已开始用日光晒干的黏土砖坯；在战国时期（公元前 403～公元前 221 年）已开始生产和使用烧结砖；在秦、汉时期，砖砌体已广泛应用于房屋结构。举世闻名的万里长城就是砖、石砌体结构工程之一。砌块中以混凝土砌块的应用较早，混凝土小型砌块于 1882 年起源于美国，后来传入我国，至今砌块的生产和应用仅百余年历史。20 世纪 60 年代以来我国小型砌块应用有了较大的发展，随着我国城市禁止黏土砖的使用，各种砌块砌体得到广泛的应用。近 20 年来，配筋砌块砌体结构开始在高层建筑中得到应用，目前在上海、湖南等地都相继建成了 18 层以上的配筋混凝土砌块砌体剪力墙结构高层住宅。

木结构是我国古代的主流建筑结构，无论是宫殿、庙宇还是祭祀殿堂、祠堂、低层住宅等均采用木结构，后来还用来建造多层或高层的崇楼巨阁。中国是最早应用木结构的国家，木结构建筑历史辉煌且悠久，是中华文明的重要组成部分，且对日本、朝鲜等国产生过重要影响。考古发现，早在旧石器时代晚期，已经有中国古人类"掘土为穴"（穴居）和"构木为巢"（巢居）的原始营造遗迹。浙江余姚河姆渡发现的干阑木构建筑遗址，发现的木构件遗物有柱、梁、枋、板等，许多构件上都带有榫卯，它距今约六七千年，是我国已知的最早采用榫卯技术构筑木结构房屋的一个实例，说明中国古代木结构建造技术已达到了相当高的水平。由于受到木材资源的限制，目前城市中木结构应用较少。

我国也是最早用铁建造承重结构的国家。在公元前二百多年（秦始皇时代）就已经用铁建造桥墩。位于云南省永平县澜沧江上的霁虹桥（史称兰津桥），是我国最早的铁索桥之一，明成化年间（公元 1465～1487）将原来竹索吊桥进行改建，用锻铁为环，相扣成链形成铁索吊桥。以后建造的铁链桥不下数十座之多，其中以四川泸定桥的跨度为最大，建于 1705 年（康熙四十四年），桥长 103m，宽 3m，由 9 根桥面铁链和 4 根桥栏铁链构成。铁链是由生铁铸成，每根铁链重达 1.5t。我国还建造了不少铁塔，如湖北当阳玉泉寺铁塔，共 13 层，17.9m 高，始建于 1061 年。到 19 世纪初开始使用熟铁建筑房屋，19 世纪中叶，钢结构得到了蓬勃的发展。钢结构应用于高层建筑，始于美国芝加哥家庭保险公司大厦，建于 1883～1885 年，共 10 层（1990 年加至 12 层），高 42m，是世界上第一幢按现代钢框架结构原理建造的高层建筑。目前，我国的国家体育场（鸟巢）是世界上最大的钢结构建筑。位于迪拜的哈利法塔（原名迪拜塔）是目前世界上最高建筑，高度为 828m，其中 601m 以上高度部分采用钢结构建造。

19 世纪后半叶，资本主义国家的水泥工业和冶金工业已相当发达，这为钢筋混凝土的产生、发展，创造了有利条件。1824 年，英国泥瓦工约瑟夫·阿斯普丁（Joseph Aspa-din）发明了波兰特水泥并获得专利。1867 年法国花匠莫尼埃（Joseph Monier），发明了在混凝土中预埋铁丝网以加强混凝土薄管且获得专利，并在 1867 年巴黎世博会上展出了钢筋混凝土制作的小船和花盆，钢筋混凝土问世至今近 150 年的历史。20 世纪 30 年代法国土木工程师弗雷西内（Freyssinet）发明了预应力混凝土，使混凝土结构的受力性能得以改善，应用范围大大扩展。目前，世界上最高的混凝土结构建筑仍然是位于迪拜的哈利法塔，其混凝土结构部分高度达 601m。

建筑结构历史悠久，随着科技水平的不断提高，建筑技术的不断进步，建筑结构从设计理论、材料、结构等各个方面都得到迅猛的发展。

1. 设计理论

结构设计计算理论的发展对建筑结构的发展具有重要意义。19 世纪末到 20 世纪初采用了容许应力法，它是最早的混凝土结构构件计算理论。20 世纪 40 年代提出并采用了破坏阶段设计法，该法仅限于构件的承载力计算。20 世纪 50 年代以后又提出了多系数极限状态设计法，如我国 1966 年规范《钢筋混凝土结构设计规范》BJG 21—66。目前采用概率极限状态设计法。它分为三个水准：

（1）水准Ⅰ——半概率极限状态设计法。这种方法没有对结构构件的可靠度给出科学的定量描述。如我国 1974 年规范《钢筋混凝土结构设计规范》TJ 10—74 的单一安全系数极限状态设计法。

（2）水准Ⅱ——近似概率极限状态设计法。将结构抗力和作用效应作为随机变量，按照给定的概率分布估算可靠指标和失效概率，分析过程中采用平均值和标准差两个统计参数，且对设计表达式进行线性化处理。为方便工程应用，具体计算时采用分项系数表达的极限状态设计表达式。如我国的《混凝土结构设计规范》GBJ 10—89、GB 50010—2002、GB 50010—2010 所采用的都是近似概率设计法。其中 2010 年颁布实施的《混凝土结构设计规范》GB 50010—2010 为现行规范。

（3）水准Ⅲ——全概率极限状态设计法。完全基于概率论的设计法，它是将基本变量作为随机变量处理，采用以统计分析为主确定失效概率度量设计可靠性的一种设计方法。近几年尚处于研究阶段。

随着计算机的发展，空间受力分析，塑性内力重分布分析、非线性分析、塑性极限分析，试验分析，由加载到破坏全过程的受力分析等结构分析方法将得到更广泛的应用。概念设计也在抗震设计中发挥越来越大的作用。考虑影响结构可靠度的诸因素，进行结构优化设计，采用主动设计方法（如通过增加阻尼减少地震作用效应等）也将被广泛应用。随着研究的不断深入、统计资料的不断积累、结构设计方法将逐步向全概率设计方法发展。

2. 材料方面的发展

（1）混凝土结构材料

混凝土材料将向轻质、高强、耐久、新型环保方向发展。进入 21 世纪后，现代的混凝土不再是水泥、水和骨料的简单混合物。根据 ASTMC125 和 ACI116 委员会给出的定义，现代混凝土由集料、水泥、水和外加剂及掺合料 5 种组分组成，这里的外加剂指化学外加剂，掺合料包括各种矿物成分细掺料及各种纤维等材料。轻骨料混凝土、加气混凝土、纤维混凝土、聚合物混凝土、侧限（约束）混凝土和预应力混凝土等高性能混凝土的开发和应用，将继续受到人们的重视。C60 及以上的高强混凝土已经广泛应用，如广州已使用 C90 混凝土并成功泵送到 400 多米的高度。我国已制成 C100 高性能混凝土，具有免振、超大流动、自密实、低收缩、低徐变、高弹性模量等优异性能，并于 2003 年 4 月在沈阳远吉大厦工程钢管混凝土叠合柱内芯中浇筑获得圆满成功。目前，美国已经制成 C200 的混凝土，不久的将来，混凝土强度将普遍达到 100MPa。

混凝土强度不断提高，无粘结预应力混凝土、钢和混凝土组合结构等不断得到应用，必将给高层建筑结构带来重大和深远的影响。除此以外，保温、耐磨、耐腐蚀、防渗漏、防射线等满足特殊要求的混凝土以及智能混凝土及其结构也在开发中。

高强度高性能的钢筋迅速发展。目前，我国 HRB 系列 400MPa、500MPa 级普通热轧带肋钢筋作为纵向受力的主导钢筋，在工程上得到广泛使用，尤其是 HRB 系列 400MPa 盘螺小直径钢筋在楼板和混凝土墙体中得到大量应用。随着钢筋混凝土用钢国家新标准的实施，热轧钢筋中取消了 335MPa 级钢筋并增加了 600MPa 级钢筋，增加了带 E 的钢筋牌号。

（2）砌体结构材料

砌体结构材料向轻质高强的方向发展。和国外相比，我国多孔砖的强度较低，通常强度在 10～30MPa，填充墙用空心砖产量过低，砂浆的强度尤其是粘结强度明显偏低。国外承重空心砖（我国规范称为多孔砖）的强度达到了 60～80MPa，甚至达 200 MPa 的。继续进行高强度尤其高粘结强度的砂浆的研发，提高多孔砖的强度，开发大孔洞、大尺寸带水平孔的填充墙用空心砖并增加其产量，对我国砌体结构材料的发展具有重要意义。

同时，结合抗震要求进行轻质高强的砌块砌体、配筋混凝土砌块剪力墙、大型墙板、预应力砌体等方面的开发研究，扩大砌体结构的使用范围。

（3）结构用钢材

随着冶金工业生产技术的发展，建筑钢材将向具有高强度、耐腐蚀、耐疲劳、易焊接、高韧性或耐磨等新型、高性能方向发展。

要求建筑用钢有高的屈服强度，以减轻自重并满足特殊、复杂结构的受力要求，未来应采用微合金化和热机械轧制技术生产出具有高强度、良好延性、韧性以及加工性能的结构钢材，如屈服强度大于 460MPa 甚至超过 690MPa 的高强度钢材。

从抗震性能上要求钢材具有较低的屈强比、较高的塑性变形能力和塑性耗能能力，从而提高整体结构的延性，增加建筑钢结构在地震作用下的可靠度。进一步提高钢材的可焊性，开发不需预热焊接或预热温度较低的厚钢板；防止焊接结构厚度方向层状撕裂，还要具有良好的 Z 向性能。未来可以通过减少碳、硫等元素含量改善钢材的可焊性，同时通过控轧控冷技术与添加合金元素等手段，提高钢材的强度、断裂韧性、冷弯性能、抗疲劳性能。

加强高性能钢材的研究，根据不同需要，提供耐火耐候钢，使钢材的耐腐蚀性能大幅提高，在一般气候条件下可裸露使用，并在 600℃时的屈服强度可保证不低于室温屈服强度的 2/3。

此外，钢材在规格品种方面将更加多样化，如厚板和超厚板，冷、热加工钢材（如热处理钢筋、调质钢板、压型钢板、冷弯薄壁型钢等），经济断面钢材（如轧制 H 型钢等），镀（涂）层钢板和多种复合钢板等，在建筑结构中将进一步得到推广、应用。

3. 结构方面的发展

现代建筑结构，不仅是建筑高度更高、桥梁跨度更大、新型结构体系不断增加，而且强调"功能需要""节约能源"和"环境友好"，重视"绿色"可持续发展。

随着土地资源的紧张，高层建筑成为一个发展方向，新的结构体系广泛应用。目前，世界第一高楼是 2010 年建成的迪拜的哈利法塔（原名迪拜塔），高度为 828m，楼层总数 162 层。世界第二高建筑是 2012 年建成的东京晴空塔，建筑高度 634m，成为全世界最高的自立式电波塔。世界第三高楼是 2016 年完工的上海中心大厦，高度 632m，建筑主体 118 层。在高层建筑尤其是超高层建筑设计中，除了地震效应之外，风荷载和其侧向变形、基底倾覆力矩等将是结构设计中的重点和难点。框架、剪力墙和框架-剪力墙结构三大常规体系就难以满足超高层建筑的需要，也难以提供自由灵活使用的大空间，满足不了建筑功能的要求。到 20 世纪 80 年代，筒体结构（如框架-核心筒、筒中筒等）迅速登上了舞台。目前，更为新颖的悬挑结构、巨型框架结构，都已经在工程中应用。另外，为满足高层建筑竖向多功能需要而设置的刚性层、转换层，都在工程中得到了应用。

大跨度结构不断发展。各种大跨度空间结构如网架结构、网壳结构、悬索结构、膜结构得到广泛应用，空间钢网架的跨度已经超过 100m。建筑平面中三角形平面、弧形平面、圆形和椭圆形平面及其他复杂平面不断出现，使建筑物更富于现代特色。如 2008 年竣工的国家体育场（鸟巢），整个建筑通过巨型网状结构联系，内部没有一根立柱，看台是一个完整的没有任何遮挡的碗状造型，如同一个巨大的容器，赋予体育场以不可思议的戏剧性和无与伦比的震撼力。大跨度桥梁采用斜拉桥、悬索桥及各类拱桥等结构形式，跨度不断增加，设计中风振、地震和结构体系或构件的其他动力与稳定问题是重点和难点。如江阴长江大桥，其悬索桥主跨达到 1386m。上海卢浦大桥为钢结构拱桥，跨度达到 550m。被誉为世界第一高悬索桥的四渡河大桥主跨为 900m，索塔塔顶至峡谷谷底高差达 650m，桥面距谷底 560m。

混合结构的应用。在高层建筑中，由钢和混凝土或钢筋混凝土组合构件、钢筋混凝土构件、钢结构构件组成的混合结构，其应用前景广阔。例如：混合框架结构、钢框架-钢筋混凝土剪力墙、型钢混凝土框架-钢筋混凝土剪力墙、钢（型钢混凝土）框筒-钢筋混凝土核心筒、钢（型钢混凝土）框架-钢筋混凝土核心筒等。这些混合结构体系能充分发挥钢筋混凝土刚度大，有利于抵抗水平力和钢框架自重轻、容易形成大空间的特长，能充分利用我国丰富的地方材料和劳动力资源，将会越来越多地在高层和超高层建筑中得到应用。

轻型钢结构的应用。轻型钢结构建筑以其商品化程度高、施工速度快、使用效果好、应用面广、造价低等优势，近年来获得了迅猛的发展。

无粘结预应力混凝土结构的应用更加广泛。我国采用无粘结预应力混凝土广泛应用于预应力单、双向连续平板、带柱帽或托板的无梁楼盖平板、双向密肋板、大跨度简支梁、框架梁、交叉梁、悬臂梁中，以及桥梁工程中，建成一大批大跨度、大空间、大柱网现代建筑。目前建筑工程加固改造中体外加固法也常应用无粘结预应力的原理。

砌体结构由于整体性差，竖向承载力低，使用范围受到限制。为了克服其缺点，一方面提高块体和砂浆的强度，通过对墙体施加预应力，使之形成预应力墙体来提高整体性、承载力和抗震能力；也可以考虑设置混凝土核心筒，形成砌体-核心筒结构体系来提高房屋的水平承载力。目前通过采用混凝土空心砌块，在竖向孔洞和水平灰缝中配置钢筋，用混凝土灌孔使之形成装配整体式剪力墙结构，提高竖向和水平承载力，并用于高层建筑中。

随着建筑产业化的推进，运用现代化管理模式，通过标准化的建筑设计以及模数化、工厂化的部品生产，实现建筑构配件的通用化和现场施工的装配化、机械化。发展建筑产业化是建筑生产方式从粗放型生产向集约型生产的根本转变，是产业现代化的必然途径和发展方向，也会给建筑结构尤其是装配式结构的发展带来一场深刻的革命。

1.3 本课程的主要内容、学习目标及特点

1.3.1 主要内容与学习目标

本课程是建筑工程技术及相关专业的一门专业核心能力课程。主要内容包括建筑结构基本计算原则、常用建筑结构材料、钢筋混凝土结构、预应力混凝土构件、砌体结构、钢结构、结构抗震基本知识和结构施工图识读等。简要介绍常见构件的承载力计算方法；重点介绍建筑结构及构件的受力特点与构造要求，结合国家建筑标准设计图集《混凝土结构施工图平面整体表示方法制图规则和构造详图》G101系列，介绍结构施工图的识读方法与技巧。

通过学习，应了解建筑结构的计算原则；熟悉基本构件承载力计算方法；熟悉建筑结构的常用材料力学性能和选用要求；熟悉并理解建筑结构及其构件的受力特点；理解并掌握建筑结构及其构件的构造措施；熟悉建筑结构抗震基本要求和抗震措施；正确领会结构施工图的设计意图，能熟练地进行结构施工图的识读。

通过学习，培养学生常用建筑结构构件的计算能力；建筑结构与构件受力特点分析能力；综合运用建筑结构构造（含抗震构造）知识和施工图识读技巧，熟练识读土建工程结构施工图的能力；运用建筑结构知识处理工程施工中结构问题的能力。

1.3.2 课程特点与学习方法

建筑结构是一门综合性很强的专业课程，不仅要求有较好的数学、建筑力学、建筑构造与识图、建筑材料基础知识，还与地基基础、建筑施工等课程有密切关系，具有很强的工程背景，学习的目的也在于工程应用。本课程具有以下特点，在学习中应特别注意：

（1）与建筑力学的研究对象不同，钢筋混凝土结构中的混凝土材料、砌体结构材料均为非均质、非连续体和非弹性材料。学习时要注意与建筑力学课的联系与区别，多数力学公式不能直接使用，但是通过平衡条件、物理条件和几何条件建立基本方程这种手段是相同的，使用时应考虑材料的性能特点，学会运用已学过的基础知识，抽象出符合实际的力学模型，用力学知识去解决结构问题。

（2）建筑结构及构件设计是一项综合性很强的工作，往往需要综合考虑功能适用、材

料供应方便、造价经济合理、施工方便、规范要求等多种因素。同一工程设计有多种方案和设计数据（如截面形式、截面尺寸、配筋方式、钢筋数量等），不同设计人员会有不同的选择，因此结构问题的答案往往不是唯一的。这就要求平时学习中要注意自己综合分析问题能力的培养，才能作出一个比较合理的选择。

（3）建筑结构构件的计算方法是建立在试验研究的基础上的，根据构件的受力性能试验，研究其破坏机理和受力性能，建立理想化力学模型，并根据试验数据拟合出半理论半经验公式。因此学习时注意构件的计算方法、适用条件和应用范围，计算应用时也应注意公式的应用范围和复核公式的适用条件。

（4）本课程的实践性很强，建筑结构和构件的设计也是大量工程实践的经验总结。因此，本课程学习时应理论联系实际，通过实习、参观等手段，增加感性知识，了解结构细部构造，加强平时练习和训练，才能掌握建筑结构的计算方法和构造要求。

（5）结构设计是由结构方案和结构布置、结构计算、构造措施三个部分组成，结构方案和布置是结构设计是否合理的关键，应选择类型合理、受力明确、传力简捷的结构体系，还应考虑施工技术、材料供应等条件。结构计算是必不可少的，但实用计算公式考虑了结构的荷载效应和结构抗力的主要影响因素，很多因素无法用计算来考虑，建筑结构各设计规范根据长期的工程经验，总结出了一些考虑这些影响的构造措施，而且计算的某些条件需要相应的构造措施来保证。所以，在学习中既要注重结构布置和方案的确定方法，也要理解构造措施，并在设计计算时要检查各项构造措施是否符合规范要求。

（6）为了对建筑工程的勘察设计、施工安装质量进行控制，国际上和我国均制定了工程建设标准。工程建设标准指对基本建设中各类工程的勘察、规划、设计、施工、安装、验收等需要协调统一的事项所制定的标准。我国的工程建设标准分为国家标准、行业标准、地方标准、企业标准四个层级。工程建设标准按照性质分为强制性标准和推荐性标准。工程建设标准按照表达形式分常见的有：基础标准、术语标准、符号标准、分类标准、试验标准、规范标准、规程标准、指南标准等。建筑结构设计标准是工程建设标准的主要组成部分，它是关于结构方案设计与结构布置、结构计算、结构构造措施的技术规定和标准，设计、施工等技术人员都应遵守。学习和运用建筑结构设计标准时要区分各种不同情况，首先对于强制性标准中的强制性条文，即在各类强制性标准发布公告中明确并用黑体字印刷的条文，相当于"建筑法规"，必须严格执行。一旦违反将会受到严厉处罚。第二要注意标准的用词严格程度，一般在标准正文的最后一页"本标准（本规范或本规程）用词说明"中加以规定。一般用词严格程度分为四类：表示很严格的，非这样做不可的，正面词采用"必须"，反面词采用"严禁"；表示严格，在正常情况下均应这样做的，正面词用"应"，反面词用"不应"或"不得"；表示允许稍有选择，有条件许可时首先这样做，正面词用"宜"，反面词用"不宜"；表示有选择，在一定条件下可以这样做的，采用"可"。除上面所述的工程建设标准外，还有一类特殊形式的标准就是工程建设标准设计图集，包括能在一定范围内通用的标准图、通用图和重复图，一般习惯统称为标准图集。它是遵守工程建设标准的各项要求，由标准设计的管理机构负责编制或组织编制的标准图集，可以直接用于工程建设。课程内容较多涉及建筑结构设计标准及有关标准图集。学习过程中要及时将教材内容与相应建筑结构设计标准的条文进行对照，熟悉并学会有关标准的应用，正确利用标准图集，为今后处理工程实际问题打下基础。

习　题

思考题

1.1　什么是建筑结构?

1.2　按照所用材料的不同,建筑结构分为哪几类,各有什么特点?

1.3　按照结构形式的不同,建筑结构分为哪几类,各有什么特点?

1.4　结合本课程的特点,谈谈如何学好本门课程?

1.5　工程建设标准分为哪几个层级?

单项选择题

1.1　(　　)耐久性好、耐火性好,整体性与抗震性能好,但自重大、抗裂性能差。

A. 现浇钢筋混凝土结构　　B. 砌体结构　　C. 木结构　　D. 钢结构

1.2　(　　)承载力高、自重轻,施工工期短,但耐腐蚀性差、耐火性差。

A. 钢筋混凝土结构　　B. 砌体结构　　C. 木结构　　D. 钢结构

1.3　(　　)材料可就地取材、耐火性和耐久性好、施工工艺简单,但自重大、承载力低、整体性和抗震性能差、砌筑劳动强度大。

A. 钢筋混凝土结构　　B. 砌体结构　　C. 木结构　　D. 钢结构

1.4　由不同材料的构件或部件混合组成的结构称为(　　)。

A. 砖混结构　　B. 混合结构　　C. 组合结构　　D. 砖木结构

1.5　(　　)用于多高层建筑中,平面布置灵活、能提供较大的空间,但侧移刚度较小。

A. 剪力墙结构　　　　　　　　B. 框架结构

C. 框架-剪力墙结构　　　　　　D. 筒体结构

1.6　(　　)是高层建筑中建造房屋高度最高的结构体系。

A. 剪力墙结构　　　　　　　　B. 框架结构

C. 框架-剪力墙结构　　　　　　D. 筒体结构

1.7　(　　)墙柱常采用砌体,楼屋盖常采用钢筋混凝土梁板结构,是城镇和乡村多层民用建筑的一种主要结构形式。

A. 砖混结构　　B. 混合结构　　C. 组合结构　　D. 砖木结构

1.8　(　　)的内、外承重墙均为实体的钢筋混凝土墙,侧移刚度很大,在水平作用下结构的水平位移较小,可建造比较高的建筑。但平面布置不灵活。

A. 剪力墙结构　　　　　　　　B. 框架结构

C. 框架-剪力墙结构　　　　　　D. 筒体结构

1.9　下列关于建筑结构课程特点的叙述中错误的是(　　)。

A. 计算公式有适用条件,计算结果应检查适用条件和构造要求

B. 结构问题的答案是唯一的

C. 不能直接套用力学计算公式

D. 设计应符合建筑结构设计标准

建筑结构设计基本原则

2.1 结构的功能要求和极限状态

2.1.1 结构的功能要求

1. 设计使用年限与设计基准期

（1）设计使用年限

设计使用年限是指设计规定的结构或结构构件不需进行大修即可按其预定目的使用的年限。即结构在正常设计、正常施工、正常使用和维护下所应达到的持久年限。我国《建筑结构可靠性设计统一标准》GB 50068—2018（以下简称《统一标准》）规定了各种房屋建筑结构的设计使用年限（表 2.1）。结构设计的目的就是要科学合理地解决建筑结构的可靠与经济的矛盾，力求用最经济的途径，使所建造的结构以合理的可靠度水平在设计使用年限内满足各项预定功能的要求。需要指出的是，结构设计使用年限并不等同于结构的实际寿命。建筑结构设计时，应规定结构的设计使用年限。随着时间增长结构的可靠度就会降低，当结构实际使用年限达到或超过设计使用年限后，可靠度可能比设计预期值小，这时就应进行可靠性的鉴定，根据鉴定结果进行大修或加固后，如可靠度能符合要求，可以继续使用。

设计使用年限分类 表 2.1

类别	设计使用年限(年)	示例
1	5	临时性建筑结构
2	25	易于替换的结构构件
3	50	普通房屋和构筑物
4	100	标志性建筑和特别重要的建筑结构

（2）设计基准期

建筑结构上的作用特别是可变作用（如风荷载、雪荷载、楼面活荷载等）的量值是随着时间而变化的。为确定可变作用等取值而选用的时间参数称为设计基准期。《统一标准》

规定设计基准期为 50 年，即房屋建筑结构的可变作用代表值取值是按 50 年确定的。当设计使用年限与设计基准期不同时，可变作用应考虑设计年限的调整系数（表 2.9）。

2. 结构的功能要求

结构的设计、施工、使用和维护应使结构在规定的设计使用年限内以适当的可靠度且经济的方式满足规定的各项功能要求。《统一标准》明确规定了结构应满足下列功能要求：

（1）能承受在施工和使用期间可能出现的各种作用（包括荷载及温度、收缩、沉降、地震作用等）；

（2）保持良好的使用性能；

（3）具有足够的耐久性能；

（4）当火灾发生时，在规定的时间内可保持足够的承载力；

（5）当发生爆炸、撞击、人为错误等偶然事件时，结构能保持必要的整体稳固性，不出现与起因不相称的破坏后果，防止出现结构连续倒塌。结构整体稳固性设计应按照《统一标准》有关规定进行。

上述的 5 项功能要求可以归结为安全性、适用性、耐久性三个方面。

安全性是指结构在正常施工和正常使用条件下，承受可能出现的各种作用的能力，以及在偶然事件发生时和发生后，仍保持必要的整体稳定性的能力。即上述功能要求中关系到人身安全的（1）（4）（5）项。

适用性是指结构在正常使用条件下，保持良好的使用性能的能力。即上述功能要求的（2）项。例如变形、裂缝宽度不超过容许的限值，正常使用时不发生过大的振动等，否则将影响建筑物的正常使用和造成使用者心理上的不安全感。

耐久性是指在服役环境作用和正常使用维护条件下，结构抵御结构性能劣化（或退化）的能力。即上述功能要求的（3）项。例如结构材料的风化、腐蚀和老化不超过一定限度等，在正常维护下能完好使用到规定的设计使用年限。

安全性、适用性、耐久性是结构可靠的标志，统称为结构的可靠性。结构可靠性定义为：结构在规定的时间内，在规定的条件下，完成预定功能的能力。这里"规定的时间"指设计使用年限；"规定的条件"指正常设计、正常施工、正常使用和正常维护；"预定功能"指关于安全性、适用性和耐久性功能，即《统一标准》明确的上述 5 项功能要求。影响结构可靠性的各种因素，其量值是随机变量，无法事先确定，只能采用概率统计方法取值，结构的可靠性也只能用概率理论分析，以可靠度来对结构可靠性进行度量。

2.1.2　结构的极限状态

结构能够满足预定功能要求，称结构"可靠"或"有效"，反之称为"不可靠"或"失效"。在"可靠"与"失效"之间的状态是一种界限状态或特定状态，超过该特定状态原来能满足的某一预定功能就不再满足。因此，结构的极限状态定义为：整个结构或结构的一部分超过某一特定状态就不能满足设计规定的某一功能要求，此特定状态称为该功能的极限状态。而这里所指的"某一功能要求"可以是安全性、适用性或者耐久性三方面功能之一。

《统一标准》将极限状态分为三类：即承载能力极限状态、正常使用极限状态和耐久性极限状态。

1. 承载能力极限状态

承载力极限状态定义为：对应于结构或结构构件达到最大承载能力或不适于继续承载的变形的状态。超过这一状态，结构便不能满足安全性功能。当结构或结构构件出现下列状态之一时，就认为超过了承载能力极限状态：

(1) 整个结构或结构的一部分作为刚体失去平衡，如雨篷的整体倾覆等；

(2) 结构构件或连接因超过材料强度而破坏，或因过度变形而不适于继续承载，如混凝土梁正截面受弯破坏、钢结构连接焊缝断裂或构件由于塑性变形使其几何形状发生显著变化而无法继续承载等；

(3) 结构转变为机动体系，如连续梁等超静定结构，在出现塑性铰后转变为机动体系等；

(4) 结构或结构构件丧失稳定，如细长柱压屈等；

(5) 结构因局部破坏而发生连续倒塌；如车辆撞击造成房屋结构柱断裂，继而引发与该柱相连的其他构件连续破坏，最终导致超过初始破坏范围产生更大的倒塌等；

(6) 地基丧失承载力而破坏；如地基持力层土产生剪切破坏导致地基丧失承载力等；

(7) 结构或结构构件的疲劳破坏；如在长期反复的吊车荷载作用下，钢吊车梁在远低于材料强度极限情况下突然发生的脆性断裂等。

承载能力极限状态直接关系到结构的安全性功能，关系到生命与财产的安危，出现的概率应该很低。因此，对于任何结构或构件都必须进行承载能力极限状态的计算，并保证具有较高的结构可靠度。

2. 正常使用极限状态

正常使用极限状态定义为：对应于结构或结构构件达到正常使用功能上允许的某项规定限值的状态。超过这一状态，结构的适用性功能就不能满足。当结构或构件出现下列状态之一时，即认为超过了正常使用极限状态：

(1) 影响到正常使用或外观的变形，如吊车梁变形过大使吊车运行不平稳，梁挠度过大影响外观并产生用户心理上的不安全感；

(2) 影响正常使用的局部损坏，如不允许开裂的钢筋混凝土水池出现裂缝而渗水；钢筋混凝土梁裂缝宽度超过规定的限值会影响结构耐久性，并产生用户心理上的不安全感；

(3) 影响正常使用的振动，如使用荷载下楼盖出现过大的振幅，产生影响使用的颤动；

(4) 影响正常使用的其他特定状态，如产生地基不均匀沉降，影响使用功能。

正常使用极限状态主要考虑关于结构适用性功能，与承载能力极限状态相比，超过正常使用极限状态，一般不会危及生命，经济损失也较小，超过该极限状态的概率可以稍高一些。但仍应予以足够的重视。由于过大的变形和过宽的裂缝不仅影响结构的适用性功能，还会造成人们心理上的不安全感，甚至造成结构或构件无法使用。

结构设计时，通常先按承载能力极限状态设计结构构件，再按正常使用极限状态进行验算校核。

3. 耐久性极限状态

耐久性极限状态定义为：对应于结构或结构构件在环境影响下出现的劣化达到耐久性能的某项规定的限值或标志的状态。当结构或结构构件出现下列状态之一时，应认定为超过耐久性极限状态：

（1）影响承载力和正常使用的材料性能劣化，如钢结构构件表面出现明显锈蚀；

（2）影响耐久性能的裂缝、变形、缺口、外观、材料削弱等，如混凝土构件表面出现较宽的锈蚀裂缝，构件表面出现严重冻融损伤；

（3）影响耐久性能的其他特定状态，如木结构出现严重的虫蛀、白蚁侵害等。

结构的耐久性能设计，应使结构构件出现耐久性极限状态的标志或限值的年限不小于设计使用年限。我国目前耐久性极限状态系指影响结构初始耐久性能的状态，如碳化或氯盐侵蚀深度达到钢筋表面导致钢筋开始脱钝，混凝土构件表面开始出现锈蚀裂缝，钢结构防腐涂层作用丧失等。

2.2　结构的安全等级和可靠度

2.2.1　结构的安全等级

建筑结构设计时，应根据结构破坏可能产生的后果，即危及人的生命、造成经济损失、产生社会或环境影响等的严重性，采用不同的安全等级。《统一标准》规定建筑结构的安全等级划分应符合表 2.2 的要求。

建筑结构的安全等级　　　　　　　　　　　　　　　　　　　　　　表 2.2

安全等级	破坏后果	示例
一级	很严重：对人的生命、经济、社会或环境影响很大	大型的公共建筑等重要结构
二级	严重：对人的生命、经济、社会或环境影响较大	普通的住宅和办公楼等一般结构
三级	不严重：对人的生命、经济、社会或环境影响较小	小型的或临时性储存建筑等次要结构

注：房屋建筑结构抗震设计中的甲类建筑和乙类建筑，其安全等级宜规定为一级；丙类建筑，其安全等级宜规定为二级；丁类建筑宜规定为三级。

同一建筑结构内的各类结构构件的安全等级宜与整个结构的安全等级相同。但允许对部分结构构件根据其重要性程度和综合经济效果进行适当调整，如提高某一结构构件的安全等级所发生的费用增加很少，又能减轻整个结构的破坏从而大大减少人员伤亡和财产损失，则可将该结构构件的安全等级比整个结构的安全等级提高一级。反之，如某一结构构件的破坏并不影响整个结构或其他结构构件，也不会产生连续破坏，则可将该结构构件的安全等级降低一级，但不得低于三级。

2.2.2　作用效应与结构抗力

1. 作用效应

施加于建筑结构上的集中力、分布力、温度、沉降、地震动等各种作用，均会产生结构或构件的内力、变形、振动等各种反应。这种反应一旦超过结构或构件的抵抗能力，结构或构件就会失效。

施加在结构上的集中力或分布力和引起结构外加变形或约束变形的原因称为作用。其中前者称为直接作用或荷载；后者称为间接作用，如地震、地基沉降、温度、收缩等。作用还可以按照其随时间的变化分为永久作用、可变作用和偶然作用。

由作用引起的结构或构件的反应称为作用效应，如内力、变形、裂缝等。其中由荷载（直接作用）引起的结构或构件的反应称为荷载效应，作用效应或荷载效应采用符号 S 表示。

2. 结构抗力

结构抗力是结构或构件承受作用效应的能力，如构件的承载力、刚度、抗裂度等，用 R 表示。结构抗力是结构内部固有的，其大小主要取决于材料性能、构件几何参数及计算模式等。

2.2.3　结构的功能函数和结构可靠度

1. 结构的功能函数与极限状态方程

一般情况下结构可靠性取决于作用效应 S 和结构抗力 R 两方面因素。结构设计必须满足预定功能要求，即结构构件的作用效应 S 不超过结构抗力 R，即：

$$S \leqslant R \tag{2.1}$$

将上式改写为：

$$Z = g(R, S) = R - S \tag{2.2}$$

Z 为基本变量 R、S 的函数，该函数的取值反映了结构的功能状态，即可以用来判别结构所处的工作状态，如图 2.1 所示。

$Z>0$（$R>S$），结构处于可靠状态；

$Z<0$（$R<S$），结构处于失效状态；

$Z=0$（$R=S$），结构处于极限状态。

因此，将函数 Z 称为结构的功能函数。

$$Z = g(R, S) = R - S = 0 \tag{2.3}$$

满足式（2.3）的条件时，结构处于极限状态，因此，式（2.3）称为极限状态方程。

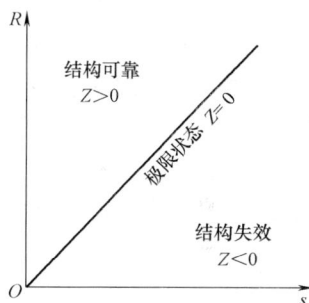

图 2.1　结构所处状态示意

2. 结构可靠度

由于作用的变异性、计算简图与结构实际受力的差异性，作用效应 S 具有不确定性。同样由于材料性能、结构构件几何参数变异性和结构构件抗力计算模式的误差，结构抗力 R 也具有不确定性，即 S 与 R 均是随机变量，所以结构功能函数 $Z=R-S$ 也是随机变量，结构可靠性只能用概率来度量。结构可靠性的概率度量称为结构可靠度，其具体定义为：结构在规定的时间内，在规定的条件下，完成预定功能的概率。

2.2.4　结构可靠度的计算

1. 失效概率与可靠概率

假如作用效应 S 和结构抗力 R 都是确定性的变量，则通过结构功能函数可直接判别结构所处的状态。实际上 R 和 S 都是随机变量，因此，要绝对地保证 R 总大于 S 是不可能的。由于 R 和 S 的离散性，仍然可能出现结构功能函数 $Z=R-S<0$ 的情况，这种可能性的大小用概率来表示就是失效概率。即失效概率指结构不能完成预定功能的概率，一

般用 p_f 表示。反之，出现结构功能函数 $Z=R-S>0$ 的情况，这种可能性的大小用概率来表示就是可靠概率。即可靠概率指结构能完成预定功能的概率，一般用 p_s 表示。

失效概率 p_f 与可靠概率 p_s 是互补的，即：

$$p_s + p_f = 1 \tag{2.4}$$

假定 R 和 S 都是正态分布的随机变量，其平均值分别为 μ_r、μ_s，标准差分别为 σ_r、σ_s。则 Z 作为它们的线性组合也是正态分布的随机变量，其平均值为 μ_z，标准差为 σ_z。根据概率论知识，功能函数 Z 与结构抗力 R、作用效应 S 的平均值、标准差之间有以下关系式：

平均值 μ_z 为

$$\mu_z = \mu_r - \mu_s \tag{2.5}$$

标准差为 σ_z 为

$$\sigma_z = \sqrt{\sigma_r^2 + \sigma_s^2} \tag{2.6}$$

结构功能函数 Z 服从正态分布，其概率密度函数曲线呈钟形（常称为钟形曲线），如图 2.2 所示，$f(z)$ 为随机变量 Z 的概率密度函数，其曲线与横坐标围成的面积反映随机变量 Z 在该范围内的概率，曲线与 Z 轴围成的总面积为 1，说明随机变量 Z 取值在 $+\infty$ 到 $-\infty$ 的概率为 100%。图中阴影部分的面积就是 $Z<0$ 的概率，即失效概率 p_f。

用失效概率 p_f 度量结构可靠性具有明确的物理意义，能较好地反映问题的实质，可以采用失效概率来定义结构的可靠度。但失效概率 p_f 的计算比较复杂。

2. 结构的可靠指标

从概率的角度来讲，结构可靠就是要求结构的失效概率 p_f 足够小。从图 2.2 中可以看出，失效概率 p_f 与功能函数 Z 的平均值 μ_z 至原点的距离有关。

令

$$\mu_z = \beta \sigma_z \tag{2.7}$$

将式（2.5）（2.6）代入上式可得：

$$\beta = \frac{\mu_z}{\sigma_z} = \frac{\mu_r - \mu_s}{\sqrt{\sigma_r^2 + \sigma_s^2}} \tag{2.8}$$

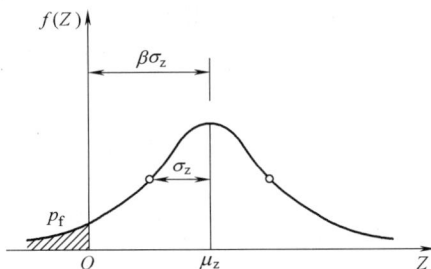

图 2.2　功能函数 Z 的概率密度曲线

式中　μ_z、σ_z——分别是功能函数 Z 的平均值和标准差；

μ_r、σ_r——分别是结构抗力 R 的平均值和标准差；

μ_s、σ_s——分别是作用效应 S 的平均值和标准差；

β——结构的可靠指标。

从图 2.2 可见，β 值越大时平均值 μ_z 位置右移，失效概率 p_f 越小，β 与 p_f 之间存在一一对应的关系，其数值关系详见表 2.3。当基本变量 R 和 S 各自的平均值和标准差两个参数已知时，按照式（2.8）可以计算结构的可靠指标 β 值。当基本变量不按正态分布时，结构的可靠指标可以通过将基本变量简化为当量正态分布进行计算。由于可靠指标计算方便，因而国际标准和我国标准目前都采用可靠指标 β 来作为度量结构可靠度的数值指标。

可靠指标 β 与失效概率 p_f 的对应关系　表 2.3

β	1.0	2.0	2.7	3.2	3.7	4.2
p_f	1.59×10^{-1}	2.28×10^{-2}	3.5×10^{-3}	6.9×10^{-4}	1.1×10^{-4}	1.3×10^{-5}

3. 目标可靠指标

设计标准所规定的，作为设计结构或构件时应达到的可靠指标，称为目标可靠指标 β_t。《统一标准》规定结构构件持久设计状况承载能力极限状态的目标可靠指标，根据结构的安全等级和破坏形式按照表 2.4 采用。表 2.4 中延性破坏，是指构件破坏前有明显的预兆，如产生较大的变形和裂缝等，这类构件破坏一般是受拉钢筋先进入了屈服状态；脆性破坏指构件破坏前无明显预兆，一般是由混凝土先压坏引起的。表 2.4 给出的目标可靠指标 β_t 是根据我国 20 世纪 70 年代各类材料结构设计规范校准所得的结果并经综合平衡后确定的，是房屋建筑各种材料结构设计规范应采用的最低值。

结构构件承载能力极限状态的目标可靠指标 β_t　表 2.4

破坏类型	安全等级		
	一级	二级	三级
延性破坏	3.7	3.2	2.7
脆性破坏	4.2	3.7	3.2

结构构件持久设计状况正常使用极限状态设计的目标可靠指标宜根据其可逆程度取 0～1.5。对可逆的正常使用极限状态取为 0；对不可逆的正常使极限状态，其目标可靠指标取为 1.5。结构构件持久设计状况耐久性极限状态设计的目标可靠指标，宜根据其可逆程度取 1.0～2.0。

如果结构满足：

$$\beta \geq \beta_t \tag{2.9}$$

则结构处于可靠状态。

按概率极限状态设计法，直接采用基于结构可靠指标设计时，一般已知结构功能函数的各个基本变量的统计特征（如平均值、标准差），然后依据确定的目标可靠指标 β_t，求出结构抗力的平均值 μ_R，最后进行截面设计，求出截面几何参数。这种设计方法能够充分考虑影响可靠性的各种因素的变异性，设计结果比较符合预期的可靠度要求，但计算复杂而且目前没有这方面的经验。现在实际采用的是以概率极限状态设计法为基础，用便于掌握并与工程设计人员长期使用的表达形式类同的实用表达式，即采用基本变量标准值和分项系数形式表达的极限状态设计表达式。在标准值和分项系数确定过程中进行了一些近似简化和优化，使可靠指标 β 与目标可靠指标 β_t 具有最佳的一致性。

2.3　荷载分类及荷载的代表值

如前所述建筑结构上的作用分为直接作用和间接作用，其中直接作用就是习惯上所说的荷载，即施加于结构上的集中力或分布力。

2.3.1　荷载分类

按其随时间的变异性和出现的可能性,结构上的荷载可以分为以下三类:

1. 永久荷载

永久荷载亦成为恒荷载,简称恒载。它是指在设计所考虑的时期内始终存在且其量值变化与平均值相比可以忽略不计的荷载,或其变化是单调的并趋于某个限值的荷载,如结构自重、土压力、预加应力等。

2. 可变荷载

可变荷载亦称活荷载,简称活载。它是指在设计使用年限内其量值随时间变化,且其变化与平均值相比不可忽略不计的荷载,如楼面活荷载、屋面活荷载和积灰荷载、吊车荷载、风荷载、雪荷载等。

3. 偶然荷载

偶然荷载是指在设计使用年限内不一定出现,而一旦出现其量值很大,且持续时间很短的荷载,如爆炸力、撞击力等。

2.3.2　荷载代表值

建筑结构上的任何荷载都具有变异性,且事先无法确定其精确的量值,具有随机性,它在一定的范围内变动并具有统计规律性。所以,荷载是随机变量。但在设计中,不可能直接引用反映荷载变异性的各种参数,通过复杂的概率运算进行具体设计。因此,在设计时,我国《建筑结构荷载规范》GB 50009,以下简称《荷载规范》,在验算极限状态时除了采用方便设计者使用的设计表达式以外,对荷载仍赋予一个规定的量值,这种设计中用以验算极限状态所采用的荷载量值称为荷载代表值。根据不同的设计要求,规定不同的荷载代表值,以使之能更确切地反映它在设计中的特点。

《荷载规范》规定永久荷载采用标准值作为代表值;对可变荷载应根据设计要求采用标准值、组合值、频遇值或准永久值作为代表值;对偶然荷载应按建筑结构使用的特点,按照《荷载规范》的有关规定确定其代表值。

1. 荷载标准值

荷载标准值是荷载的基本代表值,为设计基准期内最大荷载统计分布的特征值(例如均值、众值、中值或某个分位值)。

1) 永久荷载标准值

结构或非承重构件的自重是建筑物主要的永久荷载。由于其变异性不大,且多为正态分布,一般取其分布的平均值作为荷载的标准值。对结构或非承重构件自重的标准值可根据其设计尺寸和材料单位体积的自重平均值确定。对于某些自重变异性较大的材料(如某些保温材料、制作屋面用的轻质材料),设计时应根据该荷载对结构有利或不利,分别取其单位体积自重的下限值或上限值。

常用材料和构件的自重标准值见《荷载规范》附录 A,现将部分材料自重标准值(kN/m³)摘录如下:素混凝土 22.0~24.0,钢筋混凝土 24.0~25.0,水泥砂浆 20,石灰砂浆、混合砂浆 17,纸筋灰 16,普通机制砖 19,浆砌机砖 19。

2) 可变荷载标准值

　　可变荷载变异性较大，不同性质的可变荷载变化规律各异。可变荷载标准值根据设计基准期（50 年）内最大荷载概率分布的某一分位值确定。《荷载规范》通过对统计资料进行分析并结合已有的工程实践经验，规定了楼屋面活荷载、风荷载、雪荷载、积灰荷载、吊车荷载、施工与检修荷载、栏杆荷载的标准值及其对应的组合值、频遇值和准永久值系数。民用建筑楼面均布活荷载的标准值及其组合值、频遇值和准永久值系数的取值，不应小于表 2.5 的规定。

　　考虑到作用在楼面上的活荷载，不可能以标准值的大小布满在所有楼面上。因此设计楼面梁、墙、柱及基础时，表 2.5 中的楼面活荷载标准值应根据不同情况乘以《荷载规范》规定的折减系数。

建筑楼面均布活荷载标准值及其组合值、频遇值和准永久值系数　　表 2.5

项次	类别			标准值 (kN/m²)	组合值系数 ψ_c	频遇值系数 ψ_f	准永久值系数 ψ_q
1	(1)住宅、宿舍、旅馆、办公楼、医院病房、托儿所、幼儿园			2.0	0.7	0.5	0.4
	(2)试验室、阅览室、会议室、医院门诊室			2.0	0.7	0.6	0.5
2	教室、食堂、餐厅、一般资料档案室			2.5	0.7	0.6	0.5
3	(1)礼堂、剧场、影院、有固定座位的看台			3.0	0.7	0.5	0.3
	(2)公共洗衣房			3.0	0.7	0.6	0.5
4	(1)商店、展览厅、车站、港口、机场大厅及其旅客等候室			3.5	0.7	0.6	0.5
	(2)无固定座位的看台			3.5	0.7	0.5	0.3
5	(1)健身房、演出舞台			4.0	0.7	0.6	0.5
	(2)运动场、舞厅			4.0	0.7	0.6	0.3
6	(1)书库、档案库、贮藏室			5.0	0.9	0.9	0.8
	(2)密集柜书库			12.0	0.9	0.9	0.8
7	通风机房、电梯机房			7.0	0.9	0.9	0.8
8	汽车通道及客车停车库	(1)单向板楼盖(板跨不小于2m)和双向板楼盖(板跨不小于3m×3m)	客车	4.0	0.7	0.7	0.6
			消防车	35.0	0.7	0.5	0.0
		(2)双向板楼盖(板跨不小于6m×6m)和无梁楼盖(柱网不小于6m×6m)	客车	2.5	0.7	0.7	0.6
			消防车	20.0	0.7	0.5	0.0
9	厨房	(1)餐厅		4.0	0.7	0.7	0.7
		(2)其他		2.0	0.7	0.6	0.5
10	浴室、厕所、盥洗室			2.5	0.7	0.6	0.5
11	走廊、门厅	(1)宿舍、旅馆、医院病房、托儿所、幼儿园、住宅		2.0	0.7	0.5	0.4
		(2)办公楼、餐厅,医院门诊部		2.5	0.7	0.6	0.5
		(3)教学楼及其他可能出现人员密集的情况		3.5	0.7	0.5	0.3

续表

项次	类别		标准值 （kN/m²）	组合值系数 ψ_c	频遇值系数 ψ_f	准永久值系数 ψ_q
12	楼梯	（1）多层住宅	2.0	0.7	0.5	0.4
		（2）其他	3.5	0.7	0.5	0.3
13	阳台	（1）可能出现人员密集的情况	3.5	0.7	0.6	0.5
		（2）其他	2.5	0.7	0.6	0.5

注：1. 本表所给各项活荷载适用于一般使用条件，当使用荷载较大、情况特殊或有专门要求时，应按实际情况采用；

2. 本表各项荷载不包括隔墙自重和二次装修荷载；对固定隔墙的自重应按永久荷载考虑，当隔墙位置可灵活自由布置时，非固定隔墙的自重应取不小于 1/3 的每延米长墙重（kN/m）作为楼面活荷载的附加值（kN/m²）计入，且附加值不应小于 1.0kN/m²；

3. 其他要求详见《荷载规范》。

房屋建筑的屋面，其水平投影面上的屋面均布活荷载的标准值及其组合值、频遇值和准永久值系数的取值，不应小于表 2.6 的规定。

其余可变荷载，如工业建筑楼面活荷载、风荷载、雪荷载、积灰荷载、吊车荷载、施工检修荷载、栏杆荷载的标准值及其对应的组合值、频遇值和准永久值系数等按照《荷载规范》规定取值。

3）偶然荷载的标准值

产生偶然荷载的因素很多，如炸药及燃气等引起的爆炸，电梯、机动车、直升机等引起的撞击，火灾及其他偶然出现的灾害都会引起偶然荷载。

偶然设计状况可不进行正常使用极限状态计算，偶然荷载代表值只有标准值，无其他代表值。偶然荷载的标准值按照《荷载规范》规定取值。

屋面均布活荷载标准值及其组合值、频遇值和准永久值系数　　　　表 2.6

项次	类别	标准值 （kN/m²）	组合值系数 ψ_c	频遇值系数 ψ_f	准永久值系数 ψ_q
1	不上人的屋面	0.5	0.7	0.5	0.0
2	上人的屋面	2.0	0.7	0.5	0.4
3	屋顶花园	3.0	0.7	0.6	0.5
4	屋顶运动场地	3.0	0.7	0.6	0.4

注：1. 上人的屋面，当施工或维修荷载较大时，应按实际情况采用；对不同类型的结构应按有关设计规范的规定采用，但不得低于 0.3kN/m²；

2. 当上人的屋面当兼作其他用途时，应按相应楼面活荷载采用；

3. 对于因屋面排水不畅、堵塞等引起的积水荷载，应采取构造措施加以防止；必要时，应按积水的可能深度确定屋面活荷载；

4. 屋顶花园活荷载不包括花圃土石等材料自重。

2. 可变荷载准永久值

不同的可变荷载，其随时间的变化情况是不一样的，如教室楼面活荷载，人群荷载的变异性较大，属于临时性质的可变荷载；而课桌椅等家具荷载的变异性则较小，该部分可变荷载总是持续性作用在结构构件上，类似永久荷载。对可变荷载，在设计基准期（50年）内，其超越的总时间约为设计基准期一半（25 年）的荷载值，称为可变荷载准永久值。它对结构影响类似永久荷载。

可变荷载准永久值应为可变荷载标准值 Q_k 乘以准永久值系数 ψ_q，记为 $\psi_q Q_k$，ψ_q 的值按表 2.5 和 2.6 取用。

例如，住宅楼面可变荷载标准值为 2.0kN/m^2、准永久值系数 ψ_q 为 0.4，则其准永久值为 $2.0 \times 0.4 = 0.8\text{kN/m}^2$，它是住宅楼面上持续作用时间较长的可变荷载值。

3. 可变荷载组合值

由于可变荷载标准值指设计基准期内可能出现的最大荷载值，当结构上同时作用有两种或两种以上可变荷载时，它们同时达到各自最大值的概率极小，因此，除可变荷载中的主导荷载（产生最大效应的荷载）仍采用标准值作为其代表值外，其他伴随的可变荷载均应取小于标准值的组合值为代表值。

对可变荷载，使组合后的荷载效应在设计基准期内的超越概率，能与该荷载单独出现时的相应概率趋于一致的荷载值；或使组合后的结构具有统一的可靠指标的荷载值，该荷载值称为可变荷载的组合值，它为可变荷载标准值 Q_k 乘以组合值系数 ψ_c，记为 $\psi_c Q_k$，ψ_c 的值按表 2.5 和 2.6 取用。

4. 可变荷载频遇值

对可变荷载，在设计基准期内，其超越的总时间为规定的较小比率或超越频率为规定频率的荷载值称为可变荷载频遇值。也就是说可变荷载频遇值指在设计基准期内被超越的总时间仅为设计基准期一小部分（它比准永久值被超越总时间要小）的荷载值。所以，可变荷载的频遇值总是比准永久值大。在承载力极限状态的偶然组合及正常使用极限状态的频遇组合中主导可变荷载的代表值采用频遇值。

可变荷载频遇值为可变荷载标准值 Q_k 乘以频遇值系数 ψ_f，记为 $\psi_f Q_k$，ψ_f 的值按表 2.5 和 2.6 取用。

2.3.3　荷载的计算

结构上的荷载按其随时间的变异性和出现的可能性，可以分为永久荷载、可变荷载和偶然荷载三类；按照其分布形式又可以分为集中荷载、线荷载（线分布力）、面荷载（面分布力）、体荷载（体分布力）四类。荷载计算结果实际上也就是荷载在分布形式上的相互转化。

1. 体荷载的计算

如物体或材料的重力密度计算，就是一个体荷载的计算问题。

已知物体或材料的总重力（kN）和其体积（m³），求重力密度（kN/m³）时，重力密度等于物体或材料的总重力除以其体积。

【例 2.1】 某工地实测烧结页岩多孔砖，尺寸为 $240\text{mm} \times 115\text{mm} \times 90\text{mm}$，403 块总重力为 13.15kN，该页岩多孔砖的重力密度为多少（kN/m³）？

【解】 重力密度（kN/m³）＝总重力（kN）÷总体积（m³）

页岩砖的重力密度为

$$13.15 \div (0.24 \times 0.115 \times 0.09 \times 403) = 13.14(\text{kN/m}^3)$$

经计算可知，该页岩砖的重力密度为 13.14kN/m³。

【例 2.2】 已知某加气混凝土砌块，尺寸为 $600\text{mm} \times 300\text{mm} \times 200\text{mm}$，干燥状态下单块

重力为 18kgf，该材料的重力密度为多少（kN/m³）？（工程上可近似按照 1kgf≈10 N 计）

【解】 重力密度（kN/m³）＝总重力（kN）÷总体积（m³）

加气混凝土砌块的重力密度为

$$18 \times 10 \div 1000 \div (0.6 \times 0.3 \times 0.2) = 5(kN/m^3)$$

经计算，该加气混凝土干燥时重力密度为 5kN/m³。

2. 面荷载计算

如板、构件粉刷、材料自重、水重等面荷载计算。

已知材料的重力密度和分布面垂直方向的厚度时，面荷载（kN/m²）等于材料的重力密度（kN/m³）乘以与分布面相垂直方向的材料厚度（m）。

【例 2.3】 厚度为 120mm 的钢筋混凝土板，板面为 30mm 厚细石混凝土面层，上铺实木地板，板底为腻子分层抹平后弹性涂料面。已知重力密度标准值：钢筋混凝土材料为 25kN/m³、细石混凝土为 24kN/m³。

求：（1）板自重标准值为多少（kN/m²）？

（2）板面细石混凝土自重标准值为多少（kN/m²）？

（3）如木地板自重标准值为 0.4kN/m²，板底粉刷自重标准为 0.15kN/m²，该楼板承受永久荷载标准值为多少（kN/m²）？

【解】 板自重标准值为

$$25 \times 0.12 = 3 (kN/m^2)$$

细石混凝土自重标准值为

$$24 \times 0.03 = 0.72 (kN/m^2)$$

楼板承受永久荷载标准值为

$$0.4 + 0.72 + 3 + 0.15 = 4.27(kN/m^2)$$

经计算，该钢筋混凝土板自重标准值为 3kN/m²；细石混凝土自重标准值 0.72kN/m²；楼板承受的永久荷载标准值为 4.27kN/m²。

【例 2.4】 某钢筋混凝土雨篷板，四周翻边最低高度为高于板面（粉刷完成面）150mm，当暴雨造成落水孔堵塞后雨水外溢，此时板面承受积水荷载标准值为多少（kN/m²）？

【解】 积水荷载标准值(kN/m²)＝水的重力密度标准值(kN/m³)×积水深度（m）

积水荷载标准值为

$$10 \times 0.15 = 1.5(kN/m^2)$$

经计算，该雨篷板板面承受积水荷载标准值为 1.5kN/m²。

3. 线荷载计算

一类是已知面荷载和负荷宽度（高度）求线荷载。如已知板受到的面荷载，计算板传给梁的线荷载；已知墙体的面荷载，计算墙下支承梁受到的墙体线荷载等。线荷载（kN/m）等于面荷载（kN/m²）乘以负荷宽度（高度）（m）。此时线荷载分布方向和负荷宽度方向垂直。

另一类是已知体荷载和截面积求线荷载。如已知材料的重力密度和截面积，计算梁的自重引起的线荷载等。线荷载（kN/m）等于材料重力密度（kN/m³）乘以截面面积（m²）。此时截面与线荷载分布方向垂直。

【例 2.5】 某办公楼采用钢筋混凝土现浇单向板肋形楼盖，办公室区域楼板厚度及粉刷构造同【例 2.3】，次梁间距为 3m，梁肋高度为 280mm，梁宽为 200mm，当不计梁侧的粉刷自重时，次梁受到的永久荷载标准值和可变荷载标准值分别为多少（kN/m）？

【解】 查表 2.5 得，板面可变荷载标准值为 2.0kN/m²；板的永久荷载标准值同例 2.3，为 4.27kN/m²。

板传给次梁的可变荷载标准值为
$$2.0 \times 3 = 6 (kN/m)$$
板传给次梁的永久荷载标准值为
$$4.27 \times 3 = 12.81 (kN/m)$$
次梁自重标准值为
$$25 \times (0.28 \times 0.2) = 1.4 (kN/m)$$
次梁受到的永久荷载标准值为
$$12.81 + 1.4 = 14.21 (kN/m)$$
经计算，次梁受到的永久荷载标准值为 14.21kN/m；可变荷载标准值为 6kN/m。

4. 集中荷载计算

集中荷载（包括合力、总荷载等）计算时有三种情况：

一种是已知体荷载和体积，求集中荷载（包括合力、总荷载等），按体荷载与体积的乘积计算。如计算某预制大梁的总重，总重（kN）等于材料的重力密度（kN/m³）乘以体积（m³）。又如主梁的梁肋自重（kN）等于材料的重力密度（kN/m³）乘以对应的梁肋部分体积（m³）。

另一种是已知面荷载和负荷面积，求集中荷载（包括合力、总荷载等），按面荷载与面积的乘积计算。如柱受到楼板传来的集中荷载（kN）等于板的面荷载（kN/m²）乘以柱子的负荷面积（m²）。

最后一种是已知线荷载和负荷长度（宽度），求集中荷载（包括合力、总荷载等）。按线荷载与负荷长度（宽度）的乘积计算。如次梁传给主梁的集中荷载（kN）＝次梁的线荷载（kN/m）乘以负荷长度（即主梁间距 m）。

2.4　结构极限状态设计表达式

2.4.1　设计原则

1. 结构设计状况

建筑结构在施工和使用过程中所承受的荷载、所处的环境、持续的时间是不同的，设计时所选择的结构方案与体系、设计方法、可靠度水平也应有所区别。结构设计状况表征一定时段内实际情况的一组设计条件，设计应做到在该组条件下结构不超越有关的极限状态。《统一标准》规定结构设计时，应区分持久设计状况、短暂设计状况、偶然设计状况和地震设计状况。对不同的设计状况，应采用相应的结构体系、可靠度水平、基本变量和作用组合。

（1）持久设计状况。适用于结构使用时的正常情况，如使用时家具、设备、人员荷载及其他正常荷载作用的情况。

（2）短暂设计状况。适用于结构出现临时情况，包括结构施工和维修时承受堆载和施工荷载的情况。

（3）偶然设计状况。适用于结构出现的异常情况，包括结构遇到火灾、爆炸、撞击时的情况。

（4）地震设计状况。适用于结构遭遇地震时的情况。

2. 极限状态设计

（1）针对上述的四种设计状况应分别进行下列极限状态设计：

对四种设计状况，均应进行承载力极限状态设计；

对持久设计状况，尚应进行正常使用极限状态设计，并宜进行耐久性极限状态设计；

对短暂设计状况和地震设计状况，可根据需要进行正常使用极限状态设计；

对偶然设计状况，可不进行正常使用极限状态和耐久性极限状态设计。

（2）进行承载力极限状态设计时，应根据不同设计状况采用下列组合：

对持久设计状况和短暂设计状况，采用作用的基本组合；

对偶然设计状况，采用作用的偶然组合；

对地震设计状况，采用作用的地震组合。

（3）进行正常使用极限状态设计时，可采用以下作用组合：

标准组合，宜用于不可逆正常使用极限状态设计；

频遇组合，宜用于可逆正常使用极限状态设计；

准永久组合，宜用于长期效应是决定性因素的正常使用极限状态设计。

（4）对每一种作用组合，结构的设计均应采用其最不利的效应设计值进行。

（5）结构构件宜根据规定的可靠度指标，采用由作用的代表值、材料性能的标准值、几何参数的标准值和各相应分项系数构成的极限状态设计表达式进行设计。

2.4.2 承载能力极限状态设计表达式

1. 基本表达式

对持久设计状况、短暂设计状况、地震设计状况、偶然设计状况，当采用内力的形式表达时，结构构件应采用下列承载能力极限状态设计表达式：

$$\gamma_0 S \leqslant R \tag{2.10}$$

式中 γ_0——结构重要性系数，不小于表 2.7 的规定。

R——结构构件的承载力设计值：对持久设计状况、短暂设计状况按照各材料强度设计值及截面几何参数标准值进行计算；地震设计状况下将按照上述计算的承载力设计值 R 除以不大于 1.0 的承载力抗震调整系数 γ_{RE}，即用 R/γ_{RE} 代替上式（2.10）中的 R；偶然设计状况时一般采用材料强度标准值及截面几何参数标准值进行计算。

S——作用组合的效应设计值：对持久设计状况、短暂设计状况按照荷载的基本组合计算；对偶然设计状况按照偶然组合计算；对地震设计状况下按照地震组合计算。

2. 基本组合的效应设计值 *S*

在进行承载能力极限状态设计时，荷载的基本组合是指永久荷载和可变荷载的组合，《荷载规范》规定，对于荷载基本组合的效应设计值 S，当无预应力作用时，应按照下式中最不利值确定：

$$S = \sum_{i=1}^{m} \gamma_{Gi} S_{Gik} + \gamma_{Q1} \gamma_{L1} S_{Q1k} + \sum_{j=2}^{n} \gamma_{Qj} \gamma_{Lj} \psi_{cj} S_{Qjk} \tag{2.11}$$

式中　γ_{Gi}——第 i 个永久荷载的分项系数，按表 2.8 采用；

γ_{Qj}——第 j 个可变荷载的分项系数，其中 γ_{Q1} 为主导可变荷载 Q_1 的分项系数；

γ_{Lj}——第 j 个可变荷载考虑设计使用年限的调整系数，其中 γ_{L1} 为主导可变荷载 Q_1 考虑设计使用年限的调整系数，按表 2.9 采用；

S_{GiK}——按第 i 个永久荷载标准值 G_{ik} 计算的荷载效应值；

S_{Qjk}——按第 j 个可变荷载标准值 Q_{jk} 计算的荷载效应值，其中 S_{Q1k} 为诸可变荷载效应中起控制作用者，即按主导可变荷载标准值计算的效应值；

ψ_{cj}——按第 j 个可变荷载 Q_j 的组合值系数，民用建筑楼面均布活荷载和屋面均布活荷载的组合值系数按表 2.5、表 2.6 选用；

m——参与组合的永久荷载数；

n——参与组合的可变荷载数。

房屋建筑结构重要性系数 γ_0　　　　　　　　表 2.7

结构重要性系数	对持久设计状况和短暂设计状况			对偶然设计状况和地震设计状况
	安全等级			
	一级	二级	三级	
γ_0	1.1	1.0	0.9	1.0

应用公式（2.11）时应注意以下问题：

① 荷载基本组合的效应设计值仅适用于荷载与荷载效应为线性的情况。

② 当对 S_{Q1k} 无法明显判断时，轮次以各可变荷载效应为 S_{Q1k}，选出其中最不利的荷载组合的效应设计值。

③ 在承载力极限状态下，钢筋混凝土结构和砌体结构的荷载效应一般用截面内力表达，包括构件截面上的轴力、弯矩、剪力、扭矩等。此时 S_{Gik} 实际上就是第 i 个永久荷载标准值 G_{ik} 在截面上产生的内力，仅一个永久荷载或不需要强调荷载个数时公式中下标"i"可以省去。S_{Qjk} 表示第 j 个可变荷载标准值 Q_{jk} 在截面上产生的内力，仅一个可变荷载时该荷载为主导可变荷载，此时以及不需要强调荷载个数时公式中下标"j"可以省去，内力仍然按照以前的力学公式计算。例如，已知计算跨度为 l_0 的均布荷载简支梁，在均布恒载标准值 g_k 作用下，跨中最大弯矩标准值为 $M_{gk} = \frac{1}{8} g_k l_0^2$。可见内力 M_{gk} 与均布恒载标准值 g_k 呈线性关系。因此，按照公式（2.11）计算荷载效应，实际上就是分别按照力学公式计算各荷载标准值引起的内力，然后按照公式考虑各分项系数、年限调整系数和组合

值系数后叠加得到总内力值，最后取公式（2.11）计算结果的最大值。计算总内力设计值时习惯上将重要性系数 γ_0 考虑在内。

④ 按照公式（2.11）计算荷载效应（内力）设计值 S 时，公式中 $\gamma_{Gi}S_{Gik}$ 称为第 i 个永久荷载效应（内力）的设计值；$\gamma_{Q1}S_{Q1k}$、$\gamma_{Qj}S_{Qjk}$ 分别称为第一个和第 j 个可变荷载效应（内力）的设计值。如上所述荷载效应（内力）与荷载为线性关系，可将永久荷载标准值 G_k 和可变荷载标准值 Q_k 乘以对应的荷载分项系数 γ_G 和 γ_Q，得到相应的荷载值 $\gamma_G G_k$ 和 $\gamma_Q Q_k$ 分别称为永久荷载（恒载）设计值和可变荷载（活载）设计值。工程上通常用 G 和 g 表示集中恒载和均布恒载的设计值，集中活载和均布活载的设计值则用 Q 和 q 表示。因此，结构或构件可以采用荷载设计值计算各自的内力，然后根据公式（2.11）考虑年限调整系数和组合值系数后叠加得到总内力的最大值。

⑤ 钢结构常采用应力表达式，公式（2.11）计算的荷载效应设计值为截面最不利的应力值。

荷载分项系数的取值　　　　　　　　　　　　表 2.8

荷 载 特 性		荷载分项系数
永久荷载	永久荷载效应对结构不利	1.3
	永久荷载效应对结构有利	1.0
	对结构的倾覆、滑移或漂浮验算	按相关设计规范取值
可变荷载	对标准值大于 4kN/m² 的工业房屋楼面的活荷载	按相关设计规范取值
	其他情况	1.5

可变荷载考虑设计使用年限的调整系数 γ_L　　　表 2.9

结构设计使用年限(年)	5	25	50	100
楼面、屋面活载	0.9	0.944	1.0	1.1
风载和雪载	应取重现期为设计使用年限，按照《荷载规范》确定基本风压和基本雪压，此时 γ_L 为 1.0			

注：对于荷载标准值可控制的活荷载，设计使用年限调整系数 γ_L 为 1.0。

【例 2.6】 某办公楼钢筋混凝土简支梁，梁截面尺寸为 200mm×500mm，计算跨度 $l_0=6$m，净跨 $l_n=5.76$m。安全等级为二级，设计使用年限为 50 年。梁上作用有均布恒载标准值 $g_k=8.0$kN/m（不包括梁自重）、活荷载标准值 $q_k=6.0$kN/m。试计算按承载能力极限状态考虑荷载基本组合时的跨中弯矩设计值和支座边剪力设计值。

【解】 安全等级为二级，查表 2.7 得结构重要性系数 $\gamma_0=1.0$；查表 2.5 得可变荷载组合值系数 $\psi_c=0.7$；设计使用年限为 50 年，查表 2.9 得 $\gamma_L=1.0$。

钢筋混凝土梁自重标准值
$$25\times0.2\times0.5=2.5\text{kN/m}$$
由于梁自重与其他恒载性质相同，按总恒载计算，标准值为
$$g_k=2.5+8=10.5\text{kN/m}$$
均布恒载产生的弯矩标准值
$$M_{gk}=\frac{1}{8}g_k l_0^2=\frac{1}{8}\times10.5\times6^2=47.25\text{kN·m}$$

均布恒载产生的剪力标准值

$$V_{gk}=\frac{1}{2}g_k l_n=\frac{1}{2}\times 10.5\times 5.76=30.24kN$$

均布活载产生的弯矩标准值

$$M_{qk}=\frac{1}{8}q_k l_0^2=\frac{1}{8}\times 6\times 6^2=27kN\cdot m$$

均布活载产生的剪力标准值

$$V_{gk}=\frac{1}{2}g_k l_n=\frac{1}{2}\times 6\times 5.76=17.28kN$$

按照式（2.11）基本组合的效应设计值：

本例仅有一个活荷载，即为主导活荷载。查表 2.8 得，$\gamma_G=1.3$，$\gamma_Q=1.5$，考虑重要性系数后，跨中弯矩设计值为

$$M=\gamma_0(\gamma_G M_{gk}+\gamma_{Q1}\gamma_{L1}M_{q1k})=\gamma_0(\gamma_G M_{gk}+\gamma_{Q1}\gamma_{L1}M_{qk})$$
$$=1.0\times(1.3\times 47.25+1.5\times 1.0\times 27)=101.925kN\cdot m$$

支座边剪力设计值为

$$V=\gamma_0(\gamma_G V_{gk}+\gamma_{Q1}\gamma_{L1}V_{q1k})=\gamma_0(\gamma_G V_{gk}+\gamma_{Q1}\gamma_{L1}V_{qk})$$
$$=1.0\times(1.3\times 30.24+1.5\times 1.0\times 17.28)=65.232kN$$

可见跨中弯矩设计值 $M=101.925kN\cdot m$，支座剪力设计值 $V=65.232kN$。

3. 偶然组合的效应设计值 S

由于灾害和偶然作用的发生概率很小，且真正实现"防连续倒塌"代价太大。一般建筑物通常根据结构倒塌的经验教训，依靠优化结构方案、增加结构冗余度、强化结构构造措施、有针对性地加强结构的整体稳固性等，可以提高结构的抗灾性能，减少和避免因偶然荷载作用引起结构连续倒塌。

当采用偶然荷载作为结构设计主导荷载时，在允许结构出现局部破坏的情况下，应保证结构不致因偶然荷载引起连续倒塌。

荷载偶然组合的效应设计值 S 可按《荷载规范》的规定采用。

4. 地震组合的效应设计值 S

《建筑抗震设计规范》GB 50011（2016 修订版，以下简称《抗震规范》）规定，建筑结构在多遇地震作用下的截面抗震验算时，竖向荷载为重力荷载代表值，取结构和构配件自重的标准值和各可变荷载的组合值之和，可变荷载的组合系数按照教学单元 3 中表 3.15 采用。地震作用一般仅考虑水平地震作用，当 8、9 度的大跨度和长悬臂结构及 9 度时的高层还应考虑竖向地震作用。分别计算各自的作用效应，然后根据《抗震规范》规定，按照结构构件的地震作用效应和其他荷载效应的组合（一般称为地震组合），计算结构构件在地震组合下效应设计值 S，即地震组合下结构构件内力设计值，包括弯矩、轴向力、剪力设计值等。

2.4.3　正常使用极限状态设计表达式
1. 基本表达式

结构或构件超过正常使用极限状态，虽然影响正常使用，但后果一般不如超过承载力极限状态那样严重，因此，正常使用极限状态下的可靠度可以较低一些（目标可靠指标 β_t

在 0～1.5 之间取值），正常使用极限状态计算时对荷载和材料强度均取用标准值，并不考虑荷载分项系数、材料分项系数和结构重要性系数。

《荷载规范》规定，对于正常使用极限状态，应根据不同的设计要求（即正常使用极限状态的可逆程度），采用荷载的标准组合、频遇组合、准永久组合或标准组合且考虑荷载长期作用的影响，并应按下列设计表达式进行设计：

$$S \leqslant C \tag{2.12}$$

式中　S——正常使用极限状态荷载组合的效应设计值（如变形、裂缝宽度、振幅、加速度、应力等）。

　　　C——结构或构件达到正常使用要求的规定限值，例如变形、裂缝宽度、振幅、加速度、应力等的限值，应按照有关结构设计规范采用。

正常使用极限状态验算包括变形、抗裂度和裂缝宽度等。对混凝土结构构件抗裂度主要通过控制标准组合的效应作用下产生的应力；裂缝宽度和挠度时应考虑构件在标准组合或准永久组合并考虑荷载长期作用下的影响，分别控制裂缝宽度和挠度的限值。对钢结构一般验算挠度和侧移，应考虑标准组合的效应设计值，对组合梁尚应考虑准永久组合。对砌体结构一般不进行正常使用极限状态验算，而通过构造措施来保证。

2. 荷载组合的效应设计值 S

（1）荷载标准组合的效应设计值 S 应按下式进行计算：

$$S = \sum_{i=1}^{m} S_{Gik} + S_{Q1k} + \sum_{j=2}^{n} \psi_{cj} S_{Qjk} \tag{2.13}$$

这种组合主要用于不可逆正常使用极限状态。

（2）荷载频遇组合的效应设计值 S 应按下式进行计算：

$$S = \sum_{i=1}^{m} S_{Gik} + \psi_{f1} S_{Q1k} + \sum_{j=2}^{n} \psi_{qj} S_{Qjk} \tag{2.14}$$

式中　ψ_{f1}——可变荷载 Q_1 的频遇值系数，可按照表 2.5、表 2.6 查用；

　　　ψ_{qj}——第 j 个可变荷载的准永久值系数，可按照表 2.5、表 2.6 查用。

这种组合主要用于可逆正常使用极限状态。

（3）荷载准永久组合的效应设计值 S 应按下式进行计算：

$$S = \sum_{i=1}^{m} S_{Gik} + \sum_{j=1}^{n} \psi_{qj} S_{Qjk} \tag{2.15}$$

这种组合主要用于荷载的长期效应是决定因素时的正常使用极限状态。

上述式（2.13）、式（2.14）和式（2.15）组合中的设计值仅适用于荷载与荷载效应为线性的情况，且无预应力作用时。

【例 2.7】 某办公楼钢筋混凝土简支梁，计算跨度 $l_0 = 6m$，作用有均布恒载标准值 $g_k = 10.5kN/m$（包括梁自重）、活荷载标准值 $q_k = 6.0kN/m$。试分别计算正常使用极限状态考虑荷载的标准组合、频遇组合、准永久组合设计时的跨中弯矩设计值。

【解】 查表 2.5 得可变荷载组合值系数 $\psi_c = 0.7$，频遇值系数 $\psi_f = 0.5$，准永久值系数 $\psi_q = 0.4$。活载仅一个，为主导荷载。

均布恒载标准值引起的跨中弯矩标准值

$$M_{gk} = \frac{1}{8} g_k l_0^2 = \frac{1}{8} \times 10.5 \times 6^2 = 47.25 kN \cdot m$$

均布活载标准值引起的跨中弯矩标准值

$$M_{qk} = \frac{1}{8}q_k l_0^2 = \frac{1}{8} \times 6 \times 6^2 = 27 \text{kN} \cdot \text{m}$$

根据式（2.13）荷载标准组合的跨中弯矩设计值为

$$M = M_{gk} + M_{q1k} = M_{gk} + M_{qk} = 47.25 + 27 = 74.25 \text{kN} \cdot \text{m}$$

根据式（2.14）荷载频遇组合的跨中弯矩设计值为

$$M = M_{gk} + \psi_{f1} M_{q1k} = M_{gk} + \psi_f M_{qk} = 47.25 + 0.5 \times 27 = 60.75 \text{kN} \cdot \text{m}$$

根据式（2.15）荷载准永久组合的跨中弯矩设计值为

$$M = M_{gk} + \psi_{q1} M_{q1k} = M_{gk} + \psi_q M_{qk} = 47.25 + 0.4 \times 27 = 58.05 \text{kN} \cdot \text{m}$$

2.5 耐久性设计

由于建筑结构在长期自然环境或使用环境下，随着时间的推移，逐步老化、腐蚀、损伤甚至损坏，这种材料的劣化现象是一个不可逆的过程，它的长期发展必然影响到结构的使用功能和结构的安全。因此，除承载力极限状态、正常使用极限状态计算外，还应进行建筑结构的耐久性极限状态设计。建筑结构的耐久性设计首先是根据建筑物的用途和环境的侵蚀性确定设计使用年限（表2.1），然后依据环境侵蚀和材料的特点确定耐久性极限状态的标志和限值，耐久性极限状态设计的目标是使其在设计使用年限内不达到这些标志和限值。

2.5.1 影响结构耐久性的因素

1. 影响混凝土结构耐久性的因素

混凝土的耐久性是由混凝土、钢筋材料本身特性和所处使用环境的侵蚀性两个方面共同决定的。影响混凝土结构耐久性的内在机理是混凝土内部有孔隙和微裂缝，气体、水化学反应中的有害溶解物质在混凝土孔隙和裂缝中的迁移，迁移过程导致混凝土材料碳化、冻融破坏、碱骨料反应和钢筋锈蚀，使结构承载力降低、变形裂缝增加以及外观损伤，影响使用和安全。所以，影响混凝土耐久性的内部因素主要是混凝土强度、密实性、水泥用量、水胶比、氯离子含量、碱含量、掺合料及外加剂、混凝土保护层厚度等。这些因素有些直接影响孔隙和裂缝形态，影响水、气、溶解物在孔隙中迁移的速度、范围和结果。

影响混凝土结构耐久性的外部因素主要是外部环境条件、结构设计、施工质量、使用维护等。

（1）外部环境条件影响。使用环境温度、湿度；各种有害气体侵蚀；有侵蚀性水环境；硫酸盐及碱溶液的侵蚀；冻融环境影响等。

（2）结构设计方面主要是结构形式不合理及构造处理不当。如保温隔热层、防水层等处理不当，造成温度环境和水环境改变；钢筋间距太大；后浇带、变形缝等处理不当；构件开洞的洞边钢筋构造处理不当；节点钢筋过密等。

（3）施工质量原因。支模架松动、模板变形；水胶比不当；使用海砂或用海水搅拌混凝土；浇捣不密实，养护不当；早强剂使用不符合规定；冬期施工温度过低，措施不合理；使用过期水泥或水泥品种不当；掺合料超量；外加剂使用不当；集料级配不当等。

（4）使用维护不当。使用过程中长期超载，在屋面、阳台、露台上超载堆放杂物；承重构件中任意开洞穿管；屋面、墙面渗漏未及时检修，使构件长期处于潮湿状态等。

混凝土结构主要由钢筋和混凝土两种材料组成，长期各种不利因素共同作用，造成材料的劣化。如混凝土碳化、钢筋锈蚀、混凝土的冻融破坏、混凝土碱集料反应、侵蚀性介质的腐蚀等，影响结构使用的耐久性。

2. 影响砌体结构耐久性的因素

砌体结构有各种块体和砂浆组成，配筋砌体中还有钢筋混凝土材料。钢筋混凝土材料耐久性影响因素如前所述。影响砌体结构的耐久性同样有两个方面，即外部因素和内部因素。各种块体和砂浆中也存在裂缝、孔隙，灰缝的不饱满及多孔块体的孔洞等都会造成外界有害气体、水等物质对砌体结构的侵蚀。因此，影响无筋砌体结构耐久性的内部因素主要是块体及砂浆的种类、块体及砂浆的强度等级、砂浆配合比、块体质量、砌体粉刷层的种类和厚度等。

影响砌体结构耐久性的外部因素与混凝土结构类同，主要是外部环境条件、结构设计、施工质量、使用维护等。

长期内外物理和化学作用，会造成砌体材料的劣化。如非烧结硅酸盐制品及混凝土砌块的碳化；配筋砌体钢筋的锈蚀；砌体材料（特别是多孔块体、轻质材料）及混凝土产生冻融破坏；非烧结硅酸盐制品及混凝土砌块的碱集料反应；砌体材料尤其是非烧结硅酸盐块体在长期饱和水作用下软化；侵蚀性介质或微生活作用的腐蚀等。材料劣化会导致砌体形体损伤，产生可见裂缝、酥裂、风化、砂浆粉化，造成配筋砌体钢筋锈蚀、胀裂。最终使砌体结构的强度降低、有效承载截面减少，或降低建筑结构功能，达不到设计预期的使用年限，甚至更严重的安全后果。

3. 影响钢结构耐久性的因素

如何防止钢材的腐蚀是影响钢结构耐久性决定性因素。钢材表面与环境中的腐蚀介质接触时会发生化学或电化学反应而锈蚀，使钢材的性能发生退化，甚至破坏。实际工程中钢材在大气中的腐蚀，绝大多数是电化学腐蚀和化学腐蚀同时作用的结果，但以电化学腐蚀为主。钢材的腐蚀会造成截面削弱，且由于钢材的腐蚀并不均匀，易形成构件表面的锈坑，导致应力集中，进一步加速钢材的腐蚀，腐蚀还使得钢材的抗冷脆性能、疲劳强度降低，最终导致结构破坏。

影响钢结构耐久性的因素主要有：

（1）冶金因素。主要包括化学成分、碳钢的内部组织形态、冷加工和轧制方式等，是影响腐蚀的内在因素。

（2）环境因素。包括温度、湿度、周围介质等，是影响腐蚀外在条件。如温度升高会导致锈蚀加快，湿度越大电化学腐蚀越严重。

（3）防腐蚀的方案。如防腐蚀涂料、铝、锌保护层、阴极保护、耐候钢等耐久性不同。

（4）构造设计因素。节点构造有利于防腐蚀，避免凹槽、死角等，耐久性就好。

（5）安装及防腐蚀施工质量。

（6）使用与维护因素。

钢结构提高耐久性主要是防腐蚀。

2.5.2 结构耐久性设计

结构的耐久性设计，主要按照结构设计使用年限、环境类别、选择合理可靠的材料、采取防止材料劣质化的措施。由于环境作用及材料劣质化机理的复杂性和不确定性，目前尚缺乏足够的数据和设计经验，只能基于现有的认识近似地判断和估计，按照环境类别、使用年限进行定性的结构耐久性设计。

1. 混凝土结构耐久性设计

混凝土结构宜以出现下列情况之一作为达到耐久性极限状态的标志或限值：

(1) 预应力钢筋和直径较细的受力主筋具备锈蚀条件；

(2) 混凝土构件表面出现锈蚀裂缝；

(3) 阴极或阳极保护措施失去作用；

(4) 各种原因引起混凝土构件表面可见的耐久性损伤（酥裂、粉化等）。

进行耐久性极限状态设计的目标，就是要使混凝土结构在设计使用年限内不达到上述的耐久性极限状态。也就是根据设计使用年限和环境类别，采取必要的技术措施、构造要求、材料要求、维护要求等保证结构的耐久性。

混凝土结构耐久性设计的主要内容为：确定结构所处的环境类别；提出对混凝土材料的耐久性基本要求；确定构件中钢筋的保护层厚度；采取不同环境条件下的耐久性技术措施；提出结构使用的检测与维护要求。

(1) 环境类别的划分。结构所处环境是影响其耐久性的外因。同一结构在强腐蚀环境中的耐久性远比一般大气环境中差。根据混凝土结构暴露表面所处的环境条件进行分类，设计可根据实际情况确定适当的环境类别采取相应的耐久性解决方案，使结构达到设计使用年限。混凝土结构的环境类别按表 2.10 的要求划分。

混凝土结构的环境类别　　　　　　　　表 2.10

环境类别	条件
一	室内干燥环境； 无侵蚀性静水浸没环境
二 a	室内潮湿环境； 非严寒和非寒冷地区的露天环境； 非严寒和非寒冷地区与无侵蚀性的水或土壤直接接触的环境； 严寒和寒冷地区的冰冻线以下与无侵蚀性的水或土壤直接接触的环境
二 b	干湿交替环境； 水位频繁变动环境； 严寒和寒冷地区的露天环境； 严寒和寒冷地区的冰冻线以上与无侵蚀性的水或土壤直接接触的环境
三 a	严寒和寒冷地区冬季水位变动区环境； 受除冰盐影响环境； 海风环境

续表

环境类别	条　件
三 b	盐渍土环境； 受除冰盐作用环境； 海岸环境
四	海水环境
五	受人为或自然的侵蚀性物质影响的环境

注：1. 室内潮湿环境是指构件表面经常处于结露或湿润状态的环境；
　　2. 严寒和寒冷地区的划分应符合现行国家标准《民用建筑热工设计规范》GB 50176 的有关规定；
　　3. 海岸环境和海风环境宜根据当地情况，考虑主导风向及结构所处迎风、背风部位等因素的影响，由调查研究和工程经验确定；
　　4. 受除冰盐影响环境是指受到除冰盐盐雾影响环境；受除冰盐作用环境是指被除冰盐溶液溅射的环境以及使用除冰盐地区的洗车房、停车楼等建筑；
　　5. 暴露的环境是指混凝土结构表面所处的环境。

（2）对材料的要求。混凝土材料的质量是影响结构耐久性的内因。影响耐久性的主要因素是混凝土的强度等级、水胶比、氯离子含量和碱含量。试验研究和工程实践均表明：在冻融循环环境中采用引气剂的混凝土抗冻性能可显著提高；长期受水作用的混凝土结构，可能引发碱骨料反应；混凝土的碱性可使钢筋表面钝化，免遭锈蚀；而混凝土中的氯离子会引起钢筋脱钝和电化学腐蚀，严重影响混凝土结构的耐久性。根据既有混凝土结构耐久性状态的调查结果和对混凝土材料性能的研究，从材料抵抗性能退化的角度，规定一类，二类和三类环境中，设计使用年限为 50 年的混凝土结构，其混凝土材料宜符合表 2.11 的规定。

结构混凝土耐久性的基本要求 表 2.11

环境类别	最大水胶比	最低强度等级	最大氯离子含量（%）	最大碱含量（kg/m³）
一	0.60	C20	0.30	不限制
二 a	0.55	C25	0.20	3.0
二 b	0.50(0.55)	C30(C25)	0.15	3.0
三 a	0.45(0.50)	C35(C30)	0.15	3.0
三 b	0.40	C40	0.10	3.0

注：1. 氯离子含量系按其占胶凝材料总量的百分比；
　　2. 预应力构件混凝土中的最大氯离子含量为 0.06%；其最低混凝土强度等级宜按表中规定提高两个等级；
　　3. 素混凝土构件的水胶比及最低强度等级的要求可适当放松；
　　4. 有可靠工程经验时，二类环境中的最低混凝土强度等级可降低一个等级；
　　5. 处于严寒和寒冷地区二 b、三 a 类环境中的混凝土应使用引气剂，并可采用括号中的有关参数；
　　6. 当使用非碱活性骨料时，对混凝土中的碱性含量可不作限制。

（3）混凝土保护层。结构表面的钢筋要有足够厚度的混凝土保护层，它是防止钢筋锈蚀提高耐久性的有效措施。我国规范从混凝土碳化、脱钝和钢筋锈蚀的耐久性角度考虑，根据环境类别、混凝土碳化反应的差异和构件的重要性，分平面构件和杆状构件两类，给出了设计使用年限为 50 年的最小保护层厚度限值。且从最外层钢筋（含分布筋、构造筋、箍筋）的外缘计算保护层厚度。设计使用年限为 100 年的结构，要求保护层厚度增加为 1.4 倍。混凝土保护层厚度限值按照教学单元 5 中表 5.5 采用。

（4）混凝土结构及构件尚应采取的耐久性技术措施：

预应力混凝土结构中的预应力钢筋应根据具体情况采用表面防护、孔道灌浆、加大混凝土保护层厚度等措施，外露的锚固端应采取封锚和混凝土表面处理等有效措施；

有抗渗要求的混凝土结构，混凝土的抗渗等级应符合有关标准的要求；

严寒及寒冷地区的潮湿环境中，结构混凝土应满足抗冻要求；

处于二、三类环境中的悬臂构件宜采用悬臂梁-板的结构形式，或上表面增设防护层；

处于二、三类环境中的结构构件，其表面的预埋件、吊钩、连接件等金属部件应采取可靠的防锈措施，对于后张预应力混凝土外露金属锚具，应封闭并符合预应力混凝土的有关构造要求；

处于三类环境中的混凝土结构构件，可采用阻锈剂、环氧树脂涂层钢筋或其他具有耐腐蚀性能的钢筋、采取阴极保护措施或采用可更换的构件等措施；

四类和五类环境中的混凝土结构，其耐久性要求应符合有关标准的规定。

（5）设计使用年限为 100 年的耐久性技术措施：

一类环境中的混凝土结构应符合下列规定：

① 钢筋混凝土结构的最低强度等级为 C30，预应力混凝土结构的最低强度等级为 C40；

② 混凝土中的最大氯离子含量为 0.06%；

③ 宜使用非碱活性骨料，当使用碱活性骨料时混凝土中最大碱含量为 3.0kg/m^3。

二、三类环境中的混凝土结构应采取专门的有效措施。

（6）使用与维护应遵守下列要求：

① 建立定期检测、维修制度；

② 设计中可更换的混凝土构件应按规定更换；

③ 构件表面的防护层，应按规定维护或更换；

④ 结构出现可见的耐久性缺陷时，应及时进行处理。

2. 砌体结构耐久性设计

砌体结构的耐久性设计是根据设计使用年限和环境类别，采取必要的技术措施，合理选择砌体材料，保护配筋砌体中的钢筋等保证结构的耐久性。普通石砌体和传统的烧结普通砖砌体，其耐久性是不容置疑的，已经过历史验证。但随着建筑材料和生产工艺的发展，大量新型轻质多孔块体材料的出现，特别是非烧结块体材料的大量工程应用，其应用研究不够、设计施工不当和块体产品生产质量等原因，也陆续暴露出较多的耐久性问题，轻者裂缝严重、重者已危及结构的安全，在一定程度上影响了某些新型墙体材料的推广应用。所以耐久性设计十分重要。

砌体结构宜以出现下列情况之一作为达到耐久性极限状态的标志或限值：

（1）构件表面出现冻融损伤；

（2）构件表面出现介质侵蚀造成的损伤；

（3）构件表面出现风沙和人为作用造成的磨损；

（4）表面出现高速气流造成的空蚀损伤；

（5）因撞击等造成的表面损伤；

（6）出现生物性作用损伤。

进行耐久性极限状态设计的目标，就是要使砌体结构在设计使用年限内不达到上述的耐久性极限状态。

砌体结构耐久性设计的主要包括两个方面，一是对不同类型的砌体材料和环境类别规定材料的最低强度等级；二是对配筋砌体结构构件的钢筋进行保护，提出配筋砌体中钢筋的保护层厚度和钢筋本身的保护要求。

1）环境类别的划分。结构所处环境是影响其耐久性的外因。环境条件直接影响砌体的风化速度、范围和结果。砌体结构的环境类别应按表 2.12 进行划分。

2）砌体材料的选择要求。对于设计使用年限为 50 年的砌体材料，其耐久性应符合下列要求：

（1）对于地面以下或防潮层以下的砌体、潮湿房间的墙或环境类别 2 的砌体，所用材料的最低强度等级应符合教学单元 10 中表 10.1 的规定。

（2）对于环境类别 3~5 等有侵蚀性介质的砌体材料应符合下列规定：

① 不应采用蒸压灰砂普通砖、蒸压粉煤灰普通砖；

② 应采用实心砖、砖的强度等级不应低于 MU20，水泥砂浆的强度等级不应低于 M10；

③ 混凝土砌块的强度等级不应低于 MU15，灌孔混凝土的强度等级不应低于 Cb30，砂浆的强度等级不应低于 Mb10；

④ 应根据环境条件对砌体材料的抗冻指标、耐酸、碱性能提出要求，或符合有关规范的规定。

砌体结构的环境类别   表 2.12

环境类别	条　　件
1	正常居住及办公建筑的内部干燥环境
2	潮湿的室内或室外环境,包括与无侵蚀性土和水接触的环境
3	严寒和使用化冰盐的潮湿环境(室内或室外)
4	与海水直接接触的环境,或处于滨海地区的盐饱和的气体环境
5	有化学侵蚀的气体,液体或固体形式的环境,包括有侵蚀性土壤的环境

3）配筋砌体中钢筋的选择和保护要求。

当设计使用年限为 50 年时，配筋砌体中的钢筋的耐久性选择应符合表 2.13 的规定。

砌体中钢筋耐久性选择   表 2.13

环境类别	钢筋种类和最低保护要求	
	位于砂浆中的钢筋	位于灌孔混凝土中的钢筋
1	普通钢筋	普通钢筋
2	重镀锌或有等效保护的钢筋	当采用混凝土灌孔时,可为普通钢筋;当采用砂浆灌孔时应为重镀锌或有等效保护的钢筋
3	不锈钢或有等效保护的钢筋	重镀锌或有等效保护的钢筋
4 和 5	不锈钢或等效保护的钢筋	不锈钢或等效保护的钢筋

注：1. 对夹心墙的外叶，应采用重镀锌或有等效保护的钢筋；
　　　2. 表中的钢筋即为国家现行标准规定的普通钢筋或非预应力钢筋。

设计使用年限为 50 年时，夹心墙的钢筋连接或钢筋网片、连接钢板、锚固螺栓和钢筋，应按照《砌体规范》的要求采用镀锌层或环氧涂层进行保护。

4）配筋砌体中钢筋的保护层厚度。设计使用年限为 50 年，砌体中钢筋的保护层厚度，应符合《砌体规范》的有关规定。

3. 钢结构耐久性设计

钢结构、钢管混凝土结构的外包钢管和组合钢结构的型钢构件等，宜以出现下列情况之一作为达到耐久性极限状态的标志：

（1）构件出现锈蚀迹象；

（2）防腐涂层丧失作用；

（3）构件出现应力腐蚀裂纹；

（4）特殊防腐保护措施失去作用。

进行耐久性极限状态设计的目标，就是要使钢结构在设计使用年限内不达到上述的耐久性极限状态。也就是根据设计使用年限进行合理的防腐蚀设计，保证钢结构的耐久性。

钢结构耐久性设计主要是正确选择钢材，进行合理的节点构造设计，进行防腐蚀设计并采取可靠的技术措施，提出维护、检查和大修要求。

钢结构的耐久性设计主要是防腐蚀设计，对处于外露环境，且对耐腐蚀有特殊要求或在腐蚀性气体和固体介质作用下的承重结构，宜采用 Q235N、Q355NH 和 Q415NH 牌号的耐候结构钢，其性能和技术条件应符合现行国家标准《耐候结构钢》GB/T 4171 的规定。钢材表面原始除锈清理后应先做防腐蚀，再做防火处理。

（1）防腐蚀设计原则。钢结构应遵循安全可靠、经济合理的原则，按下列要求进行防腐蚀设计：

① 钢结构防腐蚀设计应根据建筑物的重要性、环境腐蚀条件、施工和维修条件等要求合理确定防腐蚀设计年限。如结构所处环境中水气含量和电解质含量越高，腐蚀速度越快，防腐覆盖层要求越高。防腐蚀设计年限一般不应低于 5 年，重要结构不应低于 15 年。同一结构不同部位的结构构件可以采用不同的防腐蚀设计年限。防腐蚀设计年限一般小于设计使用年限，在建筑物的设计使用年限内需要对结构进行维修。因此，应权衡设计使用年限中一次性投入和维护费用的高低，选择合理防腐蚀设计年限。并避免选择可能会造成施工困难的防腐方案，当维修困难时应加强防腐蚀方案。

② 防腐蚀设计应考虑环保节能的要求。如防腐蚀材料的挥发性有机物、重金属、有毒溶剂等危害健康的物质含量，防腐材料生产、运输和施工过程的能耗，防腐材料的寿命等都涉及节能环保问题。

③ 钢结构除必须采取防腐蚀措施外，尚应尽量避免加速腐蚀的不良设计。即尽量避免容易导致积水或者不能使水分正常干燥的凹槽、死角、焊缝缝隙等。

④ 防腐蚀设计中应考虑钢结构全寿命周期内的检查、维护和大修。设计时宜建议工程业主、防腐蚀施工单位、防腐蚀材料供应商等制定维护计划，提出检查维修要求，用于指导业主对钢结构进行定期防腐检查，并根据检查结果进行合适的维修。

（2）防腐蚀设计方案选择。钢结构防腐蚀设计应综合考虑环境中介质的腐蚀性、环境条件、施工和维修条件等因素，因地制宜，根据钢结构防腐蚀方法的特点，从下列方案中综合选择防腐蚀方案或其组合：

① 防腐蚀涂料；

② 各种工艺形式的锌、铝等金属保护层（包括热喷锌、热喷铝、热喷锌铝合金、热

浸锌、电镀锌、冷喷铝、冷喷锌等）；

③ 阴极保护措施；

④ 使用耐候钢。

对危及人身安全和维护困难的部位，以及重要的承重结构和构件应加强防护，对于严重腐蚀的使用环境且仅靠涂装难以有效保护的主要承重钢结构构件，宜采用耐候钢或外包混凝土。

当某些次要构件的设计使用年限与主体结构的设计使用年限不相同时，次要构件应便于更换。

（3）防腐蚀设计的技术措施。钢结构防腐蚀设计应符合以下规定：

① 当采用型钢组合杆件时，型钢间安装后的空隙宽度宜满足防护层施工、检查和维修的要求。

② 不同金属材料接触会加速腐蚀时，应在接触部位采用隔离措施。由于不同金属材料之间存在电位差，直接接触时会发生电偶腐蚀，电位低的金属会被腐蚀。如铁和铜接触处铁会被电偶腐蚀。

③ 焊条、螺栓、垫圈、节点板等连接构件的耐腐蚀性能，不应低于主材材料。螺栓直径不应小于 12mm。垫圈不应采用弹簧垫圈，因为弹簧垫圈存在缝隙。螺栓、螺母和垫圈应采用镀锌等方法保护，安装后再采用与主体结构相同的防腐蚀方案。

④ 设计使用年限大于和等于 25 年的建筑物，对不易维修的结构应加强防护。

⑤ 避免出现难于检查、清理和涂漆之处，以及能积留湿气和大量灰尘的死角或凹槽。闭口截面构件应沿全长和端部焊接封闭。

⑥ 柱脚在地面以下部分应采用强度等级较低的混凝土包裹（保护层厚度不应小于 50mm），包裹的混凝土高出室外地面不应小于 150mm，室内地面不宜小于 50mm，并宜采取措施防止水分滞留。当柱脚底面在地面以上时，柱脚底面高出室外地面不应小于 100mm，室内地面不宜小于 50mm。对宾馆、办公楼等柱脚无水分滞留时可以放宽要求。

（4）钢材表面原始锈蚀与除锈。钢材表面处理状态是影响防腐蚀性能最重要的因素。根据国家标准《涂覆涂料前钢材表面处理 表面清洁度的目视评定 第一部分：未涂覆过的钢材表面和全面清除原有涂层后的钢材表面的锈蚀等级和处理等级》GB/T 8923.1 的规定，钢材表面原始锈蚀等级分为 A、B、C、D 四级，具体表述如下：

A 级：大面积覆盖着氧化皮而几乎没有铁锈的钢材表面；

B 级：已发生锈蚀，并且氧化皮已开始剥落的钢材表面；

C 级：氧化皮已因锈蚀而剥落，或者可以刮除，并且在正常视力观察下可见轻微点蚀的钢材表面；

D 级：氧化皮已因锈蚀而剥落，并且在正常视力观察下可见普遍发生点蚀的钢材表面。

可以根据该标准所附锈蚀等级的典型照片进行比对最终确定锈蚀等级。

钢材除锈好坏，是关系到钢材的防腐蚀保护效果的关键因素之一。除锈根据不同表面处理方法和清洁程度分若干处理等级，用字母"Sa"和"St"代表不同的表面处理方法，字母后面的数字表示清除氧化皮、铁锈的程度。当采用喷射（喷砂、喷丸）清理除锈时用字母"Sa"表示，Sa1 表示轻度的喷射清理；Sa2 彻底的喷射清理；Sa2$\frac{1}{2}$ 表示非常彻底的喷射清理；Sa3 表示使钢材表观洁净的喷射清理。当采用手工或动力工具清理时，例如刮、手工刷、机械刷和打磨等表面处理时用字母"St"表示，St2 表示彻底的手工和动力工具清理；St3 表示非常彻底的手工和动力工具清理。

钢材表面原始锈蚀等级为 D 级的钢材，不应用作钢结构。由于它存在一些深入钢材内部的点蚀，这些点蚀会进一步锈蚀，影响钢结构强度。

喷砂或喷丸用的磨料等表面处理材料应符合防腐蚀产品对表面清洁度和粗糙度的要求，并符合环保要求。

（5）涂料作为防腐蚀方案时应配套设计。钢结构防腐蚀涂料的配套方案，可根据环境腐蚀条件，防腐蚀设计年限，施工和维修条件的等要求设计。修补和焊缝部位的底漆应能适应表面处理的条件。涂料方案一般有底漆、中间漆和面漆三部分组成，底漆一般具有化学防腐蚀或者电化学防腐蚀的功能，中间漆具有隔离水气功能，面漆一般具有保光保色等耐候功能。应配套设计使三者相容匹配。当方案未经工程实践，应进行相容性试验。

（6）设计文件要求。在钢结构设计文件中，应注明防腐蚀方案，如采用涂（镀）层方案，须注明钢材所要求的钢材除锈等级和所要用的涂料（镀层）及涂（镀）层厚度，并注明使用单位在使用过程中对钢材防腐蚀进行定期检查和维修的要求，建议制定防腐蚀维护计划。

习　题

思考题

2.1　何谓设计使用年限和设计基准期？设计使用年限分哪几类？

2.2　结构的功能要求有哪 5 项？

2.3　何谓结构的可靠性？可靠性包括哪三个方面？

2.4　何谓结构的可靠度？失效概率、可靠概率、可靠指标三者之间有何关系？

2.5　何谓结构的极限状态？极限状态分为哪三类？各自的定义和超越状态的判别是什么？

2.6　结构的安全等级如何划分？分为哪几级？

2.7　何谓荷载的代表值？永久荷载、可变荷载有哪些代表值？

2.8　结构设计状况分哪几种？承载力极限状态设计时针对不同设计状况采用哪些作用组合？正常使用极限状态又采用哪些作用组合？

2.9　写出基本组合的效应设计值 S 的表达式，并指出各符号所代表的物理意义。

2.10　分别写出正常使用极限状态表达式中，在标准组合、频遇组合和准永久组合下效应设计值 S 的表达式，并指出各符号所代表的物理意义。

2.11　何谓结构的耐久性？影响混凝土结构耐久性的外部因素主要有哪些？

2.12　混凝土结构的环境类别划分为哪几类？各类所处的环境条件是什么？

单项选择题

2.1　关于设计基准期的叙述中正确的是（　　）。

A. 按照土地使用年限 70 年考虑　　　　B. 取 100 年

C. 用于确定可变作用取值的时间参数　　D. 取设计使用年限

2.2　下列关于设计使用年限叙述中错误的是（　　）。

A. 普通房屋和构筑物为 50 年

B. 标志性建筑和特别重要的建筑结构为 100 年

C. 易于替换的结构构件为 25 年

D. 城市商品住宅建筑按照土地使用年限为 70 年

2.3   结构的（   ）是指结构在正常施工和正常使用的条件下，能承受可能出现的各种作用；在设计规定的偶然事件发生时和发生后，仍能保持必需的整体稳定性。

A、安全性   B. 适用性   C. 耐久性   D. 可靠性

2.4   结构的（   ）是指在服役环境作用和正常使用维护条件下，结构抵御结构性能劣化（或退化）的能力。

A、安全性   B. 适用性   C. 耐久性   D. 可靠性

2.5   结构在规定时间内，在规定条件下，完成预定功能的能力称为结构的（   ）。

A. 安全性   B. 可靠度   C. 耐久性   D. 可靠性

2.6   结构的极限状态可理解为一种（   ）状态或特定状态。

A. 渐近   B. 界限   C. 超越   D. 持续

2.7   建筑结构的下列各项结构计算中，（   ）不属正常使用极限状态验算。

A. 房屋的水平侧移验算   B. 钢结构梁的挠度验算

C. 吊车梁疲劳验算   D. 受弯构件梁裂缝宽度验算

2.8   当出现（   ）时，即认为超过了结构或结构构件的承载能力极限状态。

A. 挡土墙产生倾覆

B. 混凝土构件开裂后渗水

C. 梁挠度过大超过规范允许值

D. 混凝土构件表面出现锈蚀裂缝

2.9   以下不属于超过承载能力极限状态的一项是（   ）。

A. 结构构件或连接因材料强度不够而破坏

B. 钢结构构件防腐涂层丧失作用

C. 结构转变为机动体系

D. 重力式挡土墙发生滑移

2.10   关于承载能力极限状态的以下叙述中错误的是（   ）。

A. 它直接关系到结构的安全性功能

B. 超过承载力极限状态会造成构件破坏，其出现的概率应该控制得十分严格

C. 结构的承载力计算均按照承载力极限状态进行

D. 不超过承载力极限状态时，耐久性也能符合要求

2.11   结构能够满足预定功能要求时，称结构处于（   ）状态。

A. 可靠   B. 失效   C. 特定   D. 临界

2.12   住宅建筑的安全等级为（   ）。

A. 特级   B. 一级   C. 二级   D. 三级

2.13   根据建筑物的（   ）来划分结构的安全等级的。

A. 结构破坏性质   B. 结构破坏后果   C. 结构破坏类型   D. 结构使用年限

2.14   下列各项中属于直接作用（也称荷载）的是（   ）。

A. 地基沉降   B. 地震作用   C. 温度   D. 预应力

2.15   下列各项中，属于荷载效应的是（   ）。

A. 地基沉降引起的内力   B. 水平地震作用产生的侧移

C. 温度引起的变形   D. 结构自重引起的内力

2.16   下列各项中，属于结构抗力的是（   ）。

A. 抗倾覆力矩   B. 梁的裂缝宽度

C. 框架结构的水平侧移   D. 板的挠度

2.17 地下室顶板的下列荷载中，（　　）属于可变荷载。

A. 排水井与预埋管线荷载   B. 顶板上的覆土压力

C. 消防车荷载   D. 顶板板面防水层自重

2.18 框架结构房屋，下列荷载中属于永久荷载的是（　　）。

A. 框架填充墙自重   B. 屋面积雪荷载

C. 露台使用荷载   D. 屋面檐沟积水荷载

2.19 地下车库，下列荷载中属于偶然荷载的是（　　）。

A. 车辆撞击荷载   B. 顶部通风、消防管网荷载

C. 机动车荷载   D. 车库顶板救火时的消防车荷载

2.20 下列荷载中属于可变荷载的是（　　）。

A. 预应力构件中的预应力   B. 住宅中的家具自重

C. 煤气爆炸荷载   D. 火灾

2.21 永久荷载应采用（　　）作为代表值。

A. 标准值   B. 组合值   C. 设计值   D. 准永久值

2.22 可变荷载的代表值有四种，其中（　　）是基本代表值。其余代表值均由其乘以相应系数后得到。

A. 标准值   B. 组合值   C. 频遇值   D. 准永久值

2.23 下列各系数中其值可能大于1的是（　　）。

A. 设计使用年限的调整系数   B. 组合值系数

C. 频遇值系数   D. 准永久值系数

2.24 进行承载力极限状态设计时，应根据不同设计状况采用不同组合，对持久设计状况和短暂设计状况，采用（　　）组合。

A. 地震组合   B. 标准组合   C. 基本组合   D. 偶然组合

2.25 对于四种设计状况中的（　　），可不进行正常使用极限状态和耐久性极限状态设计。

A. 地震设计状况   B. 偶然设计状况

C. 短暂设计状况   D. 持久设计状况

2.26 下列情形中的（　　），建筑结构重要性系数 $\gamma_0 = 1.1$。

A. 偶然组合承载力计算时

B. 地震组合承载力计算时

C. 安全等级为一级的结构在施工阶段与维修阶段承载力验算时

D. 安全等级为二级的结构在使用阶段承载力计算时

2.27 砌体结构中的钢筋混凝土挑梁在计算（　　）时需要考虑荷载准永久组合。

A. 正截面受弯承载力   B. 斜截面受剪承载力

C. 挠度   D. 抗倾覆力矩

2.28 荷载基本组合的效应设计值计算，永久荷载效应对结构不利时其荷载分项系数取（　　）。

A. 1.0   B. 1.3   C. 1.4   D. 1.5

2.29 荷载基本组合的效应设计值计算，永久荷载效应对结构有利时其荷载分项系数取（　　）。

A. 1.0   B. 1.2   C. 1.3   D. 1.4

2.30 荷载基本组合的效应设计值计算时，住宅楼面结构可变荷载分项系数取（　　）。

A. 1.2   B. 1.3   C. 1.4   D. 1.5

2.31 荷载基本组合，永久荷载对结构不利时，如永久荷载的标准值为 10kN/m，该永久荷载设

值为（　　）。

　　A. 10kN/m　　　　　　B. 12kN/m　　　　　　C. 13kN/m　　　　　　D. 15kN/m

　　2.32　荷载基本组合时，如住宅建筑可变荷载的标准值为 10kN/m，该可变荷载设计值为（　　）。

　　A. 10kN/m　　　　　　B. 12kN/m　　　　　　C. 13kN/m　　　　　　D. 15kN/m

　　2.33　已知一般民用建筑楼面梁，永久荷载引起的弯矩标准值 $M_{gk}=100$kN·m，可变荷载引起的弯矩标准值 $M_{qk}=100$kN·m，安全等级为二级，设计使用年限为 50 年，可变荷载组合系数为 0.7，频遇值系数为 0.5，准永久值系数 0.4，则考虑荷载基本组合进行承载力极限状态计算时设计弯矩 M 为（　　）。

　　A、200kN·m　　　　　B. 240kN·m　　　　　C. 260kN·m　　　　　D. 280kN·m

　　2.34　已知民用建筑楼面梁，永久荷载标准值引起的弯矩 $M_{gk}=100$kN·m，楼面可变荷载标准值引起的弯矩 $M_{qk}=100$kN·m，结构设计使用年限为 100 年时，安全等级为一级，可变荷载组合系数 0.7，则考虑荷载基本组合的弯矩设计值（考虑重要性系数后）M 为（　　）。

　　A. 200kN·m　　　　　B. 280kN·m　　　　　C. 295kN·m　　　　　D. 324.5kN·m

　　2.35　已知永久荷载标准值引起的弯矩 $M_{gk}=100$kN·m，可变荷载标准值引起的弯矩 $M_{qk}=100$kN·m，可变荷载组合系数 0.7，准永久值系数 0.5，则正常使用极限状态荷载标准组合的弯矩设计值为（　　）。

　　A. 280kN·m　　　　　B. 260kN·m　　　　　C. 240kN·m　　　　　D. 200kN·m

　　2.36　已知永久荷载引起的弯矩标准值 $M_{gk}=100$kN·m，可变荷载引起的弯矩标准值 $M_{qk}=100$kN·m，可变荷载组合系数 0.7，准永久值系数 0.5，则荷载准永久组合的弯矩设计值 M 为（　　）。

　　A. 280kN·m　　　　　B. 260kN·m　　　　　C. 170kN·m　　　　　D. 150kN·m

　　2.37　已知永久荷载引起的弯矩标准值 $M_{gk}=100$kN·m，可变荷载引起的弯矩标准值 $M_{qk}=100$kN·m，可变荷载组合系数 0.7，频遇值系数为 0.6，准永久值系数 0.5，则荷载频遇组合的弯矩设计值 M 为（　　）。

　　A. 280kN·m　　　　　B. 260kN·m　　　　　C. 160kN·m　　　　　D. 150kN·m

　　2.38　下列现象中不属于混凝土结构材料劣化的是（　　）。

　　A. 钢筋锈蚀　　　　　B. 混凝土材料碳化　　C. 冻融破坏　　　　　D. 混凝土的徐变和收缩

　　2.39　非严寒和非寒冷地区与无侵蚀性的水或土壤直接接触的基础梁，其环境类别为（　　）。

　　A. 一类　　　　　　　B. 二 a 类　　　　　　C. 二 b 类　　　　　　D. 三 a 类

　　2.40　对应于结构或结构构件在环境影响下出现的劣化达到耐久性能的某项规定的限值或标志的状态称为（　　）。

　　A. 承载力极限状态　　　　　　　　　　　B. 正常使用极限状态

　　C. 耐久性极限状态　　　　　　　　　　　D. 材料劣化极限状态

计算题

　　2.1　钢筋混凝土矩形截面梁，截面尺寸为 200mm×500mm，跨度 $l=6.0$m，钢筋混凝土重力密度为 25kN/m³，该梁自重线荷载标准值为多少？

　　2.2　厚度为 200mm 的钢筋混凝土板，跨度 $l=2.0$m，钢筋混凝土重力密度为 25kN/m³，其自重面荷载标准值为多少？

　　2.3　某框架结构房屋填充墙自重面荷载标准值为 1.5kN/m²，墙体净高为 4m，墙长为 5m，填充墙传到框架梁上的恒载标准值为多少？

　　2.4　某办公楼建筑钢筋混凝土简支梁，安全等级为二级，设计使用年限为 50 年，计算跨度 $l_0=8$m。承受均布线荷载：永久荷载标准值 20kN/m（包括自重），楼面可变荷载标准值 10kN/m。考虑荷载基本组合的跨中弯矩设计值为多少？考虑荷载准永久组合时跨中弯矩的设计值又为多少？

▶ 建筑结构抗震基本知识

地震是一种突发的自然现象。强烈地震是世界上最严重的自然灾害之一，它在极短时间内造成惨重的人员伤亡和巨大的财产损失，还可能引发火灾、海啸、环境污染及疾病流行等次生灾害。为了最大限度地减轻地震灾害，避免人员伤亡，减少经济损失，对新建的房屋建筑必须进行抗震设防。本章简要介绍地震及房屋建筑抗震设防的基本知识。

3.1 地震基本知识

3.1.1 地震类型与成因

1. 地球构造

地球是一个两极稍扁、赤道微鼓的椭球体，平均半径约为 6371km。人们在地表用仪器观测地震波向地球中心传播时，发现地震波在大陆底下约 33km 深处和地下约 2900km 深处均发生了巨大的突变。表明地下有两个明显的界面，界面上下物质的物理性质有很大差异。第一个界面是奥地利科学家莫霍洛维奇于 1909 年发现的，简称为"莫霍面"。另一明显界面是德国科学家古登堡于 1914 年发现的，简称为"古登堡面"。据此，科学家们认为，地球内部大致可分为三个组成物质和性质不同的同心圈层，依次称为地壳、地幔、地核，如图 3.1 所示。

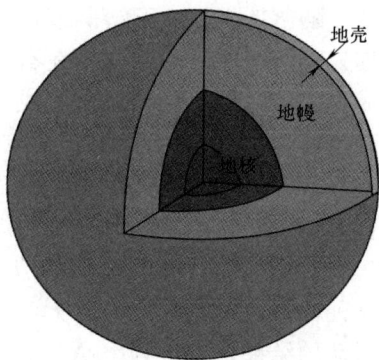

图 3.1　地球构造示意图

（1）地壳。它是地球最外面的一层，由各种不均匀的岩石组成。地壳实际上由很多组断裂的、大小不等的块体组成，它的外部呈现出高低起伏的形态。因而地壳的厚度并不均匀：高原地区（如青藏高原）地壳厚度可达 60～70km，大陆平均厚度约为 33km，海洋平均厚度约为 6km，地壳平均厚度约 17km。地壳分为上下两层，上部地壳主要为花岗岩层，只有大陆有，海洋基本缺失；下部地壳主要为玄武岩层。全球绝大部分地震都发生在地壳内。

（2）地幔。地幔介于地壳和地核之间，深度从 33km～2900km，约占地球总体积的 83.3%。地幔分为上下两层，分界面约在距地表 1000km 处。上地幔主要由橄榄岩组成，故也称橄榄岩圈，属塑性较大的固态。在上地幔中分布着一个呈部分熔融状态的软流圈，推测是由于放射性元素大量集中，蜕变放热，将岩石熔融后造成的，可能是火山喷发时岩浆的发源地。软流圈之上为相对坚硬的上地幔的顶部。由于莫霍面上下物质都是固态，其力学性质区别不大，所以将地壳和软流圈以上的地幔部分（上地幔顶部）统称为岩石圈。岩石圈就浮在这个软流圈上。下地幔物质呈可塑性固态。

（3）地核。地幔下面是地核，其物质组成以铁、镍为主。地核又可分为外核、过渡层和内地核三层。外核的顶界面距地表约 2900km，过渡层的厚度约为 400km，内核的顶界面距地表约 5100km。根据对地震波传播速度的测定，推测外核可能是液态物质；内核被认为是固体物质。

地球内的温度、压力和物质的密度都随深度增加。近年的钻探结果表明，在深达 3km 以上时，每深入 100m 温度升高 2.5℃，到 11km 深处温度已达 200℃。经推算：整个地幔的温度大致在 1000℃到 2000℃或 3000℃之间，地幔与核交界处的温度为 3500℃以上，核心温度约 6600℃。上地幔物质密度约 3.4g/cm³，下地幔密度为 4.7g/cm³，外核其密度为 10～11g/cm³，内核其密度约为 12.5g/cm³。深度 35km 压力约为 1GPa，深度 2900km 处 150GPa，地心处可能为 370GPa。

2. 地震类型

地震又称地动，是由于地球内部运动累积的能量突然释放或地壳中空穴顶板塌陷，使岩体剧烈振动，并以波的形式传播而引起的地面颠簸和摇晃。按其成因，地震可以分为以下四种类型：

（1）火山地震。由于火山活动时岩浆喷发冲击或热力作用而引起的地震，称为火山地震。火山地震的数量约占地震总数的 7% 左右。火山地震多局限于火山活动地带，一般为震源深度不超过 10km 的浅源地震，影响范围不大。

（2）陷落地震。由于溶洞或古旧矿坑等空穴顶板突然发生大规模塌陷所引起的地面震动，称为陷落地震。主要发生在石灰岩等易溶岩分布的地区，因为易溶岩长期受地下水侵蚀形成了许多溶洞，洞顶塌落造成了地震。这类地震为数很少，约占地震总数的 3%，虽距地表较浅，但危害性较小。

（3）人工诱发地震。由于人类活动，如工业爆破、核爆破、地下抽液、注液、采矿、水库蓄水等诱发的地震。可以分为爆破诱发地震、水库诱发地震和矿山陷落地震三类。

（4）构造地震。由于地壳构造运动推挤地壳岩层，使其薄弱部位突然发生断裂和错动，这种在地质构造上发生巨大变化而产生的地震，叫作构造地震。构造地震是地球内部构造活动的结果，发生频率高，波及范围大，破坏性很大，世界上 90% 以上的地震、几乎所有的破坏性地震都属于构造地震。因此，在建筑抗震设计中仅考虑构造地震作用下的建筑结构设防问题。后面讨论时将构造地震简称为地震。

3. 地震成因

构造地震是地球构造活动的结果，由于地球在无休止地自转和公转，地球内部温度、压力、密度随着深度增加而显著变化，内部物质在不停地运动，如软流层甚至上地幔中物质处于不断地运动中，较重的物质逐渐向地心方向集中，较轻物质缓慢地向上升（与地球重心方向相反的运动）。上升的物质运动到岩石圈底部时，因受岩层阻挡而发生分流现象：即高温高压的软流层物质沿岩层底部向四周扩散的水平流动。这种作用力很大，它的能量使得地壳不断地产生褶皱（图3.2），褶皱进一步弯曲就会折断，形成断裂；断裂两边进一步位置错动，形成断层。褶皱的形成是非常缓慢的，而褶皱断裂、错动却往往发生于瞬间。即当变形能的积聚超过地壳薄弱处岩层的承受能力时，该处岩层就会发生突然断裂和猛烈的错动来释放能量，从而引起振动，并以波的形式传到地面，形成地震。

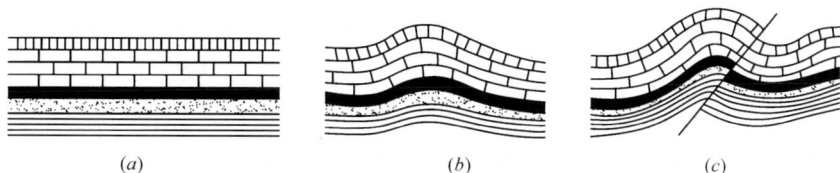

图3.2　地壳岩层变形示意图
(a) 岩层原始状态；(b) 岩层受力后发生褶皱；(c) 岩层断裂错动

　　地震成因是地震学科中的一个重大课题。关于地壳构造和海陆变迁，科学家们经历了漫长的观察、描述和分析，先后形成了不同的假说。比较流行的学说有大陆漂移学说、海底扩张学说和板块构造学说，目前科学家比较公认的解释是构造地震由地壳板块运动造成的。但板块构造学说不能解决地壳运动的所有问题，随着科学研究的不断深入，地震成因一定会得到更加科学合理的解释。

3.1.2　常用地震术语

1. 震源与震中

　　地球内部发生破裂引起震动的部位，称为震源。震源到地面的垂直距离称为震源深度，如图3.3所示。震源深度在60km以内的地震称为浅源地震；震源深度在60～300km的地震称为中源地震；震源深度在超过300km的地震称为深源地震。震源深度是影响地震灾害大小的主要因素之一。对于同级地震，震源深度越浅，破坏越大，波及范围越小。世界上绝大多数破坏性地震属于浅源地震。

　　震源断错始发点或震源最大能量释放区在地表的垂直投影点，称为震中，用经、纬度

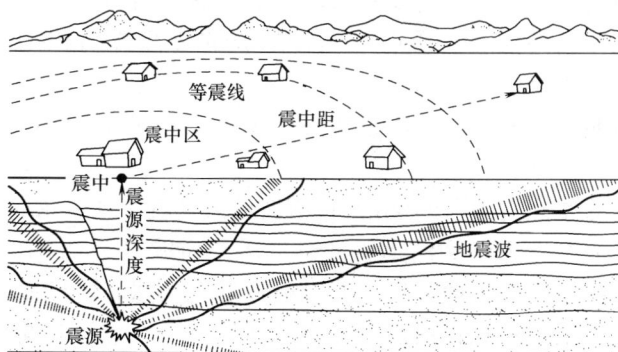

图3.3　常用地震术语图示

表示，分为仪器震中和宏观震中。前者是根据地震仪测定震源断错始发点在地表的垂直投影点；后者是震后调查，确定震源最大能量释放区在地表的垂直投影点。震中及其附近的地区称为震中区；一次地震破坏或影响最重的区域称极震区；一般情况下两者是一致的。某一指定点至震中的距离称为震中距。一次地震中，在震中距越小的地方，影响或破坏越严重。震中距的大小，决定了各地区受一次地震影响的强弱。

2. 地震波

地震发生时，地下岩层断裂、错动所产生的强烈振动，以波的形式从震源向四周传播。这种地震发生时所产生的地震动的传播形式称为地震波。典型的地震波包括体波和面波。

1）体波

体波包括 P 波（纵波，又称压缩波）、S 波（横波，又称剪切波）等，如图 3.4 所示。

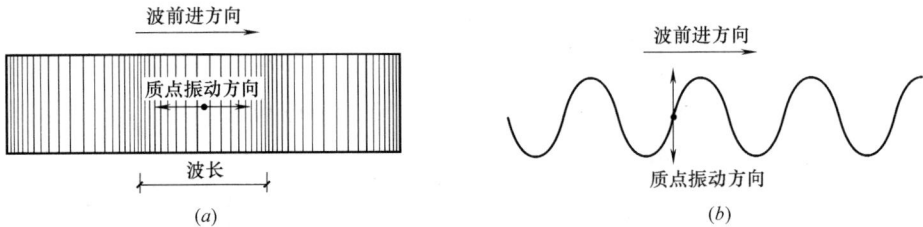

图 3.4　体波质点振动形式

（a）纵波；（b）横波

（1）纵波。是由震源向四周传播的压缩波，介质质点的振动方向与波的传播方向一致，引起地面垂直振动。纵波的周期短，振幅小，波速快。

（2）横波。是由震源向四周传播的剪切波，介质质点的振动方向与波的传播方向垂直，引起地面水平振动。横波的周期相对长，振幅大，波速慢。

2）面波

面波又包括洛夫（Love）波、瑞利（Rayleigh）波等。面波是体波经地层界面多次反射、折射形成的次生波。

（1）瑞利（Rayleigh）波传播时，质点在波的传播方向和地面法线组成的平面内作椭圆运动，而与该平面垂直的水平方向没有振动，质点在地面上呈滚动形式。

（2）洛夫（Love）波传播时，质点只是在与波的传播方向相垂直的水平方向运动，在地面上呈蛇形运动形式。

面波振幅大，周期长，只在地表附近传播，比体波衰减慢，能传播的距离远，但其波速比横波的波速慢。

在地壳中，纵波的波速约为 7～8km/s；横波的波速约为 4～5km/s。所以当某地点发生地震时，在地震仪上首先记录到的是纵波，然后是横波（图 3.5）。根据两种波到达的时间差，可估算震源的距离。当地震发生时，纵波首先到达，使房屋产生上下颠簸；接着横波到达，使房屋产生水平摇晃；然后是洛夫波开始到达，地面开始垂直于波的传播方向横向摇动；最后是横过地球表面传播的瑞利波，它使地面在纵向和垂直方向都产生摇动，这些波可能持续许多旋回，引起大地震所熟知的"摇滚运动"。因此，当面波和横波都到达时，房屋振动最为剧烈，建筑物才会产生严重破坏。面波到达之前，振动相对简单振幅较小，敏锐的人可利用这个宝贵的时间差迅速作出反应来保护自己。

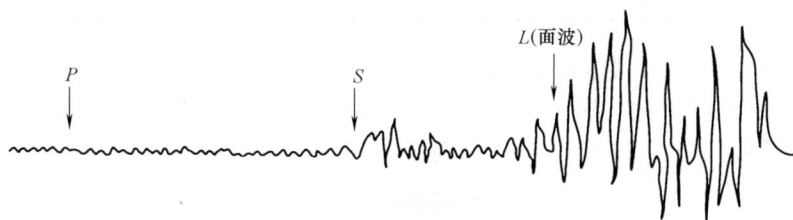

图 3.5　地震记录图

3. 地震震级

地震震级是衡量一次地震释放能量大小的尺度。目前国际上常用里氏震级，用 M 表示。其定义为：在离震中 100km 处的坚硬地面上，由标准伍德-安德森地震仪（自振周期为 0.8s，阻尼为 0.8，放大倍数为 2800 倍）所记录的最大水平位移 A（单位为 μm）的常用对数值，用公式表示为

$$M = \lg A \tag{3.1}$$

式中　M——里氏震级；

　　　A——地震时程曲线图上的最大振幅（μm）。

例如，在距震中 100km，标准地震仪所记录的最大水平位移 $A = 1000mm = 10^6 \mu m$，由式（3.1）计算可知，此时里氏震级为 6 级。

里氏震级由美国的查尔斯里克特于 1935 年提出，但是地震发生时，观测站距震中距离不同，所用的仪器不同，应根据实际情况进行修正。

震级与地震释放的能量大小的关系式为

$$\lg E = 4.8 + 1.5M \tag{3.2}$$

式中　E——地震释放的能量（J）。

由式（3.1）可知，震级相差一级时，地面的振幅相差 10 倍；而由式（3.2）可知，震级相差一级，能量相差 31.6 倍。

一般认为 $M < 2$ 的地震，人们感觉不到，只有仪器才能记录到，称为微震；$M = 2 \sim 4$，称为有感地震；$M \geq 5$ 的地震，可造成建筑物不同程度的破坏，称为破坏性地震；$M = 7 \sim 8$ 的地震，称为强烈地震或大地震；$M > 8$ 的地震，称特大地震。

4. 地震烈度

地震烈度是地震引起的地面震动及其影响的强弱程度，可用符号 I 表示。

对于一次地震，震级只有一个，而地震烈度在不同的地点是不同的。距震中距离不同，受到的影响程度强弱不同。一般来说，震中距越小，地震影响越大，地震烈度越高；反之，震中距越大，地震烈度越低。但同一地区，有时由于局部场地的地形和地质条件不同，也会出现局部地震烈度较高或较低的地震异常区。

震中区一般是地震灾害最严重的极震区，一次地震中其烈度为最大，称为震中烈度，可用符号 I_0 表示。根据我国的地震资料显示，对于浅源地震，地震的震级 M 与震中烈度 I_0 之间近似关系见表 3.1。

浅源地震震级 M 与震中烈度 I_0 的大致关系   表 3.1

震级 M	4.9	5.5	6.1	6.7	7.3	7.9	8.5
震中烈度 I_0	Ⅵ	Ⅶ	Ⅷ	Ⅸ	Ⅹ	Ⅺ	Ⅻ

目前，我国使用的是国家地震局于 2008 年颁布实施的《中国地震烈度表》GB/T 17742，将地震时人的感觉、房屋震害程度、其他震害现象、水平向地震动参数作为评定指标，将地震烈度划分为 12 个等级，见表 3.2。

中国地震烈度表   表 3.2

地震烈度	人的感觉	房屋震害			其他震害现象	水平向地震动参数	
		类别	震害现象	平均震害指数		峰值加速度（m/s²）	峰值速度（m/s）
Ⅰ	无感	—	—	—	—	—	—
Ⅱ	室内个别静止中人有感觉	—	—	—	—	—	—
Ⅲ	室内少数静止中人有感觉	—	门、窗轻微作响	—	悬挂物微动	—	—
Ⅳ	室内多数人、室外少数人有感觉，少数人梦中惊醒	—	门、窗作响	—	悬挂物明显摆动，器皿作响	—	—
Ⅴ	室内绝大多数、室外多数人有感觉，多数人梦中惊醒	—	门窗、屋顶、屋架颤动作响，灰土掉落，个别房屋墙体抹灰出现细微裂缝，个别屋顶烟囱掉砖	—	悬挂物大幅度晃动，不稳定器物摇动或翻倒	0.31 (0.22~0.44)	0.03 (0.02~0.04)
Ⅵ	多数人站立不稳，少数人惊逃户外	A	少数中等破坏，多数轻微破坏和/或基本完好	0.00~0.11	家具和物品移动；河岸和松土出现裂缝，饱和砂层出现喷砂冒水；个别独立砖烟囱轻度裂缝	0.63 (0.45~0.89)	0.06 (0.05~0.09)
		B	个别中等破坏，少数轻微破坏，多数基本完好				
		C	个别轻微破坏，大多数基本完好	0.00~0.08			
Ⅶ	大多数人惊逃户外，骑自行车的人有感觉，行驶中的汽车驾乘人员有感觉	A	少数毁坏和/或严重破坏，多数中等破坏和/或轻微破坏	0.09~0.31	物体从架子上掉落；河岸出现塌方，饱和砂层常见喷砂冒水，松软土地上地裂缝较多；大多数独立砖烟囱中等破坏	1.25 (0.90~1.77)	0.13 (0.10~0.18)
		B	少数中等破坏，多数轻微破坏和/或基本完好				
		C	少数中等破坏和/或轻微破坏，多数基本完好	0.07~0.22			
Ⅷ	多数人摇晃颠簸，行走困难	A	少数毁坏，多数严重和/或中等破坏	0.29~0.51	干硬土上亦出现裂缝；饱和砂层绝大多数喷砂冒水；大多数独立砖烟囱严重破坏	2.50 (1.78~3.53)	0.25 (0.19~0.35)
		B	个别毁坏，少数严重破坏，多数中等破坏和/或轻微破坏				
		C	少数严重和/或中等破坏，多数轻微破坏	0.20~0.40			

续表

地震烈度	人的感觉	房屋震害			其他震害现象	水平向地震动参数	
		类别	震害现象	平均震害指数		峰值加速度（m/s²）	峰值速度（m/s）
Ⅸ	行走的人摔倒	A	多数严重破坏和/或毁坏	0.49～0.71	干硬土上多处出现裂缝，可见基岩裂缝、错动，滑坡、塌方常见；独立砖烟囱多数倒塌	5.00（3.54～7.07）	0.50（0.36～0.71）
		B	少数毁坏，多数严重和/或中等破坏				
		C	少数毁坏和/或严重破坏，多数中等破坏和/或轻微破坏	0.38～0.60			
Ⅹ	骑自行车的人会摔倒，处不稳状态的人会摔离原地，有抛起感	A	绝大多数毁坏	0.69～0.91	山崩和地震断裂出现，基岩上拱桥破坏；大多数独立砖烟囱从根部破坏或倒毁	10.00（7.08～14.14）	1.00（0.72～1.41）
		B	大多数毁坏				
		C	多数毁坏和/或严重破坏	0.58～0.80			
Ⅺ		A	绝大多数毁坏	0.89～1.00	地震断裂延续很大，大量山崩滑坡		
		B					
		C		0.78～1.00			
Ⅻ		A	几乎全部毁坏	1.00	地面剧烈变化，山河改观		
		B					
		C					

注：1. 表中给出的"峰值加速度"和"峰值速度"是参考值，括弧内给出的是变动范围。
2. 表中的数量词，"个别"为10%以下；"少数"为10%～45%；"多数"为40%～70%；"大多数"为60%～90%；"绝大多数"为80%以上。
3. 房屋类别中，A类为木构架和土、石、砖墙建造的旧式建造；B类未经抗震设防的单层或多层砖砌体结构建筑；C类为按照Ⅶ度抗震设防的单层或多层砖砌体房屋。
4. 房屋破坏等级，"基本完好"指承重和非承重构件完好，或个别非承重构件轻微损坏，不加修理可继续使用，对应的震害指数范围为0≤d<0.1；"轻微破坏"指个别承重构件出现可见裂缝，非承重构件有明显裂缝，不加修理或稍加修理即可继续使用，对应的震害指数范围为0.1≤d<0.3；"中等破坏"指多数承重构件出现轻微裂缝，部分有明显裂缝，个别非承重构件破坏严重，需要一般修理后可使用，对应的震害指数范围为0.3≤d<0.55；"严重破坏"指多数承重构件破坏较严重，非承重构件局部倒塌，房屋修复困难，对应的震害指数范围为0.55≤d<0.85；"毁坏"指多数承重构件严重破坏，房屋结构濒于崩溃或已经倒塌，已无修复可能，对应的震害指数范围为0.85≤d<1.0。
5. 各类房屋破坏等级的震害指数与破坏比的乘积的总和即为平均震害指数，某类破坏等级的破坏比按照该类破坏等级房屋的面积（栋数）与总面积（总栋数）之比值。
6. 农村按照自然村，城镇可按街区为单位进行地震烈度评定，面积为1km²为宜。

根据烈度表，可以对一次地震中受影响的地区的每一地点进行地震烈度的等级评定。烈度相同的区域的外包线，称为等震线（或等烈度线）。等震线是一些不规则的封闭曲线，等震线的间距一般取地震烈度差为1度。

3.1.3　结构动力学常用术语与地震动参数

地震作用是地震动引起的结构动态作用，即在建筑结构上产生的惯性力，根据牛顿定律，其方向与质点的绝对加速度的方向相反，大小等于质点的质量与质点绝对加速度的乘积。地震作用包括水平地震作用和竖向地震作用。地震作用下在结构中产生的内力、变形、位移、速度和加速度等通常称为结构的地震反应（或地震响应），结构上称为地震作用效应。由于结构的地震反应分析属于结构动力学范畴，以下简要介绍结构动力学有关术语与地震动参数。

1. 单质点弹性体系和多质点弹性体系

在结构进行地震反应分析时，为了便于计算，需要将结构实体简化为力学模型，一般将处于振动的空间结构的质量分别集中于该结构的楼盖和屋盖处（按照层高各 1/2 范围就近集中）；将结构的柱、墙作为无质量但具有结构侧向刚度的弹性直杆。这样对于单层房屋，如单层工业厂房、水塔等可以简化为单质点弹性体系（图3.6），它是结构振动分析的基础。对于多层建筑可以简化为多质点弹性体系（图3.7）。结构计算时，确定物体空间位置所需的最少独立坐标数称为自由度。考虑单向振动分析时，单质点弹性体系，也称为单自由度弹性体系。多质点弹性体系，也称为多自由度弹性体系。

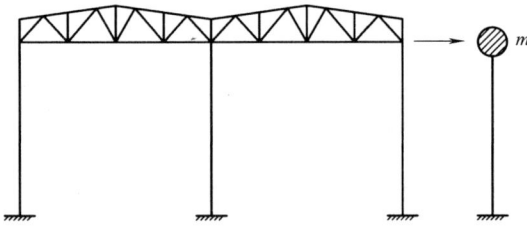

图 3.6　单质点弹性体系

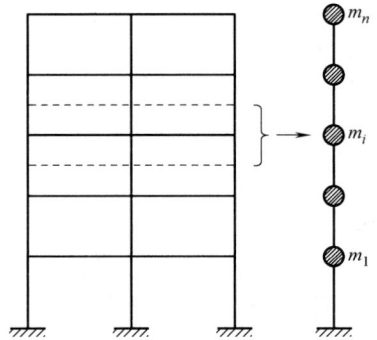

图 3.7　多质点弹性体系

2. 结构动力特性

结构动力特性表示结构动力特征的物理量，一般指结构的自振周期或自振频率、振型和阻尼。

（1）无阻尼自由振动与自振周期。无阻尼自由振动是指在不受外界干扰力作用而阻尼又忽略不计的情况下结构体系所产生的振动。

无阻尼单自由度弹性体系的自由振动是一个简谐振动，它的自振周期为：

$$T = \frac{2\pi}{\omega} \qquad (3.3)$$

式中　T——自振周期（s）。

自振周期 T 是指结构按某一振型完成一次自由振动所需要的时间。单自由度体系只有一个振型。而 $\omega = \frac{2\pi}{T}$ 称为圆频率（在不至于混淆时称为自振频率），其物理意义是 2π 秒时间内质点振动的次数。

如用 k 表示单质点弹性体系的质点产生单位水平位移需要施加的水平力，称为侧向刚度。根据振动方程可以得到单质点弹性体系自振周期的计算公式为：

$$T = 2\pi \sqrt{\frac{m}{k}} \tag{3.4}$$

式中　m——质点的质量（kg）；

　　　k——弹性体系的侧向刚度（N/m）。

由此可见，结构的自振周期与其质量和刚度的大小有关，质量越大，周期越长；而刚度越大，周期越短。式（3.4）表明，结构的自振周期是结构的固有特性，与外界因素无关。

由动力学分析可知，对 m 个质点的多质点弹性体系自由振动，在水平振动时，有 m 个振型，每个振型都有自己的自振周期 T_i 和自振（圆）频率 ω_i。它们是结构体系的固有特性，与外部因素无关。其中最长的自振周期，称为基本周期，用 T_1 表示，对应的自振（圆）频率 ω_1 为最小值，对应的振型称为第一振型（基本振型）。振型按照自振周期 T_i 从长到短排列，分别为第一振型、第二振型、第三振型直至第 m 振型，如图 3.8 所示。

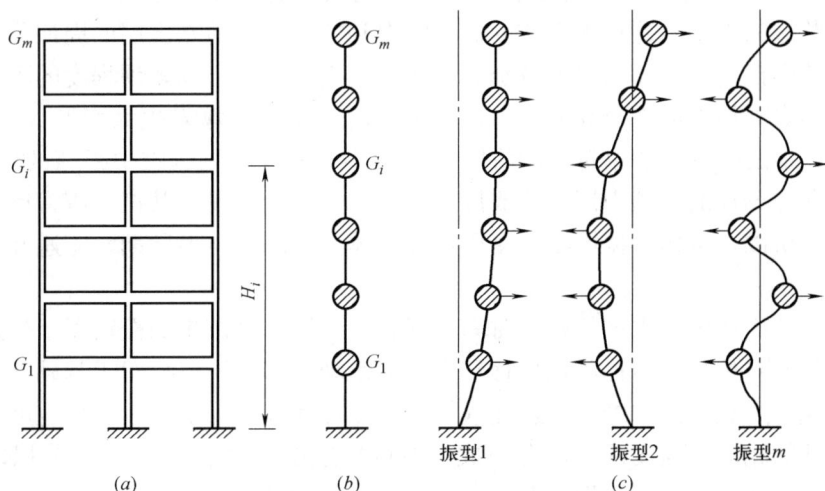

图 3.8　多质点弹性体系的振型

（2）阻尼。质点无阻尼自由振动在理论上是可以延续无限长时间的，实际上质点的振动一般受到阻尼的影响，使振幅逐渐衰减。阻尼是使振幅随时间衰减的各种因素。如介质（空气、液体等）、支承部分及连接处的摩擦、材料的内摩擦等。工程上一般采用黏滞阻尼理论确定阻尼力，即假定阻尼力与质点对于支承点的相对振动速度成正比。此时阻尼力与相对振动速度的比值称为黏滞阻尼系数（简称阻尼系数），用 c 表示。有阻尼自由振动，是一个衰减振动，振幅逐渐衰减。阻尼系数 c 越大，振幅越少，且衰减越快。当阻尼系数达到某一数值时，结构不发生振动，此时的阻尼系数称为临界阻尼系数，用符号 c_r 表示，对应的阻尼为临界阻尼。将实际阻尼与临界阻尼的比值称为阻尼比，也可以采用两者的阻尼系数之比，用 ζ 表示。可见

$$\zeta = \frac{c}{c_r} \tag{3.5}$$

对于单质点弹性体系有阻尼自由振动，其自由振动（圆）频率 $\omega' = \omega \sqrt{1 - \zeta^2}$，对于

房屋结构，阻尼比 ζ 一般在 $0.01 \sim 0.1$ 之间。因此实际工程计算时近似取 $\omega' = \omega$，$T' = \frac{2\pi}{\omega'} = \frac{2\pi}{\omega} = T$。可见阻尼对结构自振周期和自振频率影响可以不考虑，但对振动振幅和衰减速度的影响极大。对于多质点弹性体系有阻尼自由振动，阻尼的影响情况类同。

（3）受迫振动。当单质点弹性体系施加一个动态作用时，将产生受迫振动，受迫振动是由动态作用的频率（如用 θ 表示）和自振频率（ω）的两部分振动叠加而成。由于阻尼的存在，频率为自振频率 ω 的那一部分经过一定时间后将消失，剩下的那一部分具有频率为动态作用的频率 θ 的振动称为稳态受迫振动。如果动态作用的频率 θ 接近自振频率 ω 时，位移的振幅急剧增大，这种当干扰频率与结构自振频率接近时，振幅急剧增大的现象称为共振。由于阻尼的存在，共振的振幅值不会无限增加。

从震源发出的地震波在土层中传播时，经过不同性质地质界面的多次反射，将出现不同周期的地震波。由于土层的过滤特性与选择放大作用（过滤与放大通过不同性质界面的多次反射来实现），若某一周期的地震波与地基土层固有周期（地表岩土体的自振周期）相近，由于共振的作用，这种地震波的振幅将得到放大，此地基土层的周期称为场地卓越周期。它是地震记录仪中显示波形特别好而多的周期。地基土随软硬程度的不同有不同的卓越周期。国内外根据震害研究表明，在大地震时，由于土壤发生大变形或液化，因此，在同一地点，地震时场地的卓越周期将因震级大小、震源机制、震中距离的变化而变化。结构自振周期与场地的卓越周期相等或接近时，地震时可能发生共振，震害比较严重，反之震害就小。所以，结构自振周期（多质点弹性体系为基本自振周期）应避开场地的卓越周期。

地震时，地面产生的水平位移为时间的函数，弹性体系产生的振动属于受迫振动。此时质点产生的绝对位移（简称质点位移）为地面运动位移和质点相对于基础支承处的位移两个部分组成，质点受到的绝对加速度（简称质点加速度）为地面运动加速度和质点相对于基础支承处的相对加速度两个部分组成。质点加速度与质点质量 m 的乘积即该单质点弹性体系质点的惯性力。通常把它看作一种反映地震对结构体系影响的等效力，称为地震作用。求出地震作用后按照结构力学方法求出作用效应。

多质点弹性体系通过建立运动方程，采用振型分解法求解运动方程，分别求出每一振型的各质点的地震作用和作用效应，然后求出总效应。由于低阶振型对作用总效应的影响较大，一般情况下只取自振周期较长的前 $2 \sim 3$ 个振型进行分析，当基本自振周期大于 $1.5s$ 或房屋高宽比大于 5 时，振型个数应适当增加。

3. 地震动参数

地震动参数表征地震引起的地面运动的物理参数，包括峰值、反应谱和持续时间等。用来表征抗震设防要求时的地震动参数，主要为地震动峰值加速度和地震动加速度反应谱特征周期。地震动是由震源释放出来的能量通过地震波引起的地面运动或者说是地震引起地表及近地表介质的振动。它是由不同频率、不同振幅（或强度）在一个有限时间范围内的集合。所以通常以峰值、反应谱和持续时间三个参数来表达地震的特点。

1）地震动强度。它表示地震引起地面运动的强烈程度。通常用峰值加速度、峰值速度、峰值位移等物理量表示。地震时地面运动加速度、速度和位移的大小随时间变化，描述其变化规律的曲线振幅是不同的，峰值是指地震动时间历程中各个振幅的最大值。地震动峰值的大小反映了地震过程中某一时段地震动的最大强度，它直接反映了地震作用及其产生的振动能量和引起结构地震变形的大小，是地震对结构影响大小的尺度。把描述地震动引起的地面运动的时间历程（过程）叫地震动时程。

（1）峰值加速度。地震动加速度时间过程的绝对最大值。即地震时在地震动时程内地面运动加速度随时间变化曲线中各振幅的最大值。

（2）峰值速度。地震动速度时间过程的绝对最大值。即地震时在地震动时程内地面运动速度随时间变化曲线中各振幅的最大值。

（3）峰值位移。地震动位移时间过程的绝对最大值。即地震时在地震动时程内地面运动位移随时间变化曲线中各振幅的最大值。

2）持续时间。在地震动时程中，超过某一幅值（绝对或相对值）的地震动时间段长度称为地震动持续时间。一般地震主震持续的时间会是几十秒，个别情况能在 1 分钟以上。强烈的地震动持续时间对结构震害的影响，主要发生在结构反应进入非线性化之后，持时的增加使出现较大永久变形的概率提高，持时愈长，则反应愈大，产生震害的积累效应。对重大工程、特殊工程，仅有地震动强度还不够，需要考虑持续时间。

3）反应谱。反应谱定义为：在同一地震输入下，具有相同阻尼比的一系列单自由度弹性体系地震反应（加速度、速度和位移）的绝对最大值与单质点弹性体系自振周期或频率的关系，以表征地震动的频谱特性。反应谱有加速度反应谱、速度反应谱和位移反应谱等。在同一地震动输入下（地面运动的物理参数相同）单质点弹性体系质点的地震反应（包括质点加速度、质点速度和质点位移，下同）值，不但随时间变化，而且不同的自振特征（含自振周期或频率和阻尼比，下同）的一系列单质点体系其变化规律不同。在地震动时程内不同体系质点的地震反应的绝对最大值也各不相同，且与该体系的自振特征一一对应。取对应于不同自振特征的质点的地震反应时程曲线的绝对最大值作为纵坐标，取所对应的自振特征为横坐标，由此绘成曲线，这种由多种频率成分组成的振动曲线称为反应谱曲线。

（1）加速度反应谱。它指反应谱的幅值为加速度量。图 3.9 所示为依据 1940 年美国埃尔森特罗（EI-Centro）地震时地面运动记录绘制的质点加速度反应谱曲线，图中 S_a 为各单质点弹性体系的质点加速度绝对最大值（m/s^2），T 为各体系的自振周期（s），ζ 为阻尼比。

（2）速度反应谱。指反应谱的幅值为速度量。

（3）位移反应谱。指反应谱的幅值为位移量。

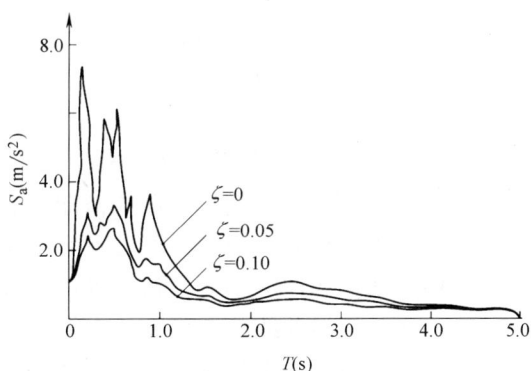

图 3.9　质点最大加速度反应谱曲线

（4）规准加速度反应谱（或称为标准化加速度反应谱）。它是以最大加速度归一的加速度反应谱。即将地震动质点加速度反应谱分别除以对应地面运动加速度的最大值（也称为地震动峰值加速度），使纵坐标加速度谱值无量纲化，它反映了单质点弹性体系在地震作用下的最大加速度对地震动峰值加速度的放大情况。加速度反应谱与规准加速度反应谱只是在纵轴上的数值不同，而曲线的形状是相似的。将加速度反应谱规准化是为了消除地震动强度对加速度反应谱纵轴坐标值的影响，是用于比较不同地震波频谱特性的工具。

4）动力系数。假定地震输入时地面运动加速度为时间 t 的函数，用 $a(t)$ 表示，其绝对最大值（也称为地震动峰值加速度）若用 A 表示，则 $A=|a(t)|_{\max}$；质点相对于基础支承处的相对加速度也为时间 t 的函数，用 $b(t)$ 表示；那么单质点弹性体系质点加速度（即绝对加速度）一定是时间 t 的函数，用 $s(t)$ 表示，其绝对最大值若用 S_a 表示，则有：

$$s(t)=a(t)+b(t) \tag{3.6}$$
$$S_a=|a(t)+b(t)|_{\max} \tag{3.7}$$

令

$$\beta=\frac{S_a}{A}=\frac{|a(t)+b(t)|_{\max}}{|a(t)|_{\max}} \tag{3.8}$$

上式中，β 反映了质点加速度的绝对最大值 S_a 与地震动峰值加速度 A 的比值，称为动力系数。它表示由于动力效应，质点加速度绝对最大值比地震动峰值加速度放大了多数倍，一般其值大于 1.0。将单质点弹性体系质点加速度反应谱进行归一化处理，即将地震动质点加速度反应谱（图 3.9）纵坐标值分别除以对应地震动峰值加速度 A，从而得到 β-T 反应谱曲线也就是规准加速度反应谱曲线（图 3.10）。

同样可以将阻尼比为 $\zeta=0.05$ 时不同场地条件下的单质点弹性体系质点加速度反应谱进行归一化处理，得到其 β-T 反应谱曲线（图 3.11）。

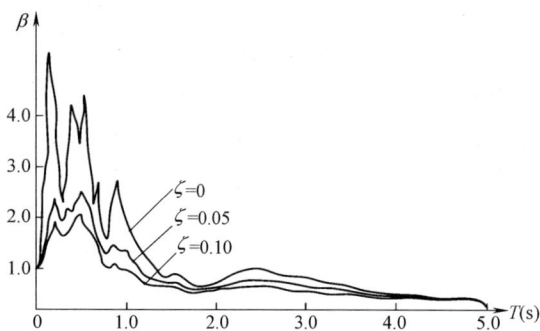

图 3.10　不同阻尼比的 β-T 反应谱　　　　图 3.11　不同场地的 β-T 反应谱

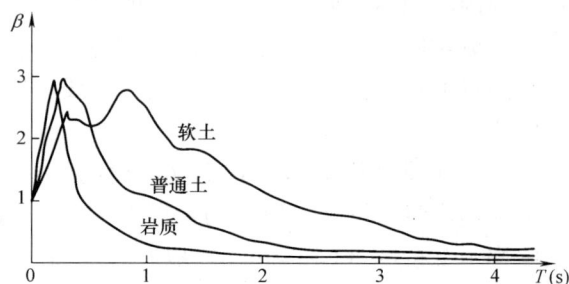

由图 3.10 和图 3.11 可见，反应谱曲线大致具有以下特征：

（1）随着阻尼比 ζ 的增加，动力系数 β 幅值和峰值下降，峰点减少；

（2）由于地面运动的不规则造成加速度放大系数 β-T 反应谱为多峰曲线；

（3）各条反应谱曲线均在场地卓越周期附近达到峰值点；

（4）当结构自振周期较小时，随周期的增大其谱值急剧增加，但过峰值点后，随周期增大而逐渐衰减，并趋于平缓；

（5）β 峰值的大小，随着场地土的软硬条件而变化，土质松软场地 β 峰值偏于长周期；而土质坚硬时，则 β 峰值偏于短周期。

5）地震系数。地震系数是地震动峰值加速度 A 与重力加速度 g 之比，用 k 表示，即

$$k=\frac{A}{g}=\frac{|a(t)|_{\max}}{g} \tag{3.9}$$

一般情况下，地面运动加速度越大，则地震烈度越高，所以，地震系数与地震烈度之间有一定的对应关系，统计表明，地震烈度增加一度，地震系数大致增加一倍。

可见对于单质点弹性体系的水平地震作用为：

$$F=mS_a=mg\left(\frac{A}{g}\left(\frac{S_a}{A}\right)\right)=k\beta mg=k\beta G=\alpha G \tag{3.10}$$

$$\alpha=k\beta \tag{3.11}$$

式中　G——重力荷载代表值，由结构恒载与部分可变荷载构成，$G=mg$，详见本章第
3.5 节有关内容；

　　k、β——分别为地震系数和动力系数；

　　α——地震影响系数。

可见，单质点弹性体系的水平地震作用等于地震影响系数与重力荷载代表值的乘积。

3.1.4　地震的破坏现象

1. 地表的破坏

（1）地裂缝

在强烈地震作用下，地表裂缝是常见现象（图 3.12）。根据产生的机理不同，有构造地裂缝和重力地裂缝之分。构造地裂缝指强烈地震时因地下断层错动使岩层发生位移或错动，并在地面上形成断裂，其走向和地下断裂带一致，规模大，有时可连续几千米长，裂缝宽度和错动可达数厘米甚至数米，常呈带状分布。重力地裂缝是由于地震时地面作剧烈震动而产生的惯性力超过土体的抗剪强度引起。常出现在湖岸、陡坡、古河道、较厚的松软土层地区，规模不大，但数量多。

（2）喷砂冒水

在沿海和平原地下水位较高地区，当存在埋深较浅的细砂、粉砂层和粉土层时，强烈地震使土体空隙中的水受到挤压，空隙水压力急剧增大，使饱和的土体颗粒处于悬浮状态，造成土体液化，从裂缝处或松软土体的空隙中冒出地面形成喷砂冒水现象（图3.13）。土体的液化会引起建筑物的不均匀沉降、倾斜甚至倒塌。

图 3.12　地震引起地裂缝　　　　图 3.13　地震引起地面喷砂冒水

（3）地面沉陷

在强烈地震下，由于土体空隙受到挤压，松软的土及回填土等高压缩性土体往往发生

震陷（图 3.14），造成建筑物破坏，此外溶洞及采矿区也常发生塌顶陷落。

（4）滑坡、塌方

陡坡、河岸等岩土层在强烈地震时发生松动、破裂沿坡面崩塌下滑，造成滑坡和塌方（图 3.15），土体遇雨水时还会造成泥石流，有时规模很大，造成周边建筑物破坏、交通堵塞等次生灾害。

图 3.14　地震引起地面沉陷

图 3.15　地震引起塌方滚石

2. 建筑物的破坏

（1）地基失效引起破坏

图 3.16　地震引起土体液化造成房屋倾斜

地基失效是指由于地震引起的滑坡、地面开裂，地基不均匀沉降，砂土、粉土液化和喷砂冒水，软土地基震陷等使地基降低甚至丧失承载能力的现象。地震时，由于地基失效会造成房屋倾斜、倾倒或破坏，如图 3.16 所示。

（2）承重结构承载力不足或变形过大而造成的破坏

地震时，建筑物受到重力荷载代表值和地震作用的共同作用，其主体结构中产生的内力及变形剧增，且地震设计状况与持久设计状况和短暂设计状况的受力方式不同，导致建筑物主体结构或构件的薄弱部位承载力不足或变形过大而破坏。

（3）结构丧失整体稳定性

主体结构是由各结构构件之间通过节点连接和必要的支撑系统来保证其整体性，共同承受各种作用的。在强烈地震时，由于连接失效、节点破坏、支撑系统失稳等，导致结构丧失整体稳定性，从而发生局部破坏或导致建筑物全部倒塌。

3. 次生灾害

地震灾害分为原生灾害和次生灾害。原生灾害指由地震直接产生的灾害，它造成地表的破坏，房屋、桥梁、道路的破坏和人员的伤亡。次生灾害是由原生灾害所诱导出来的灾害。

强烈的震动会造成火灾、水灾、环境污染等次生灾害。强烈浅震源的海底地震还可能会使沿海地区遭受海啸的袭击；斜坡上的土体或岩体在地震时会产生滑坡，遇到雨天会造成滑坡加重甚至产生泥石流，冲毁和掩埋建筑物；若核电站遇强烈地震破坏还会引起放射性污染等。对于大中城市，有时次生灾害比地震直接产生的灾害造成的损失还要大。如2011年3月11日日本东北部海域发生里氏9.0级大地震，引发近20m高的海啸在东日本沿岸纵深5km范围肆虐了数小时，将汽车、渔船推上了数层楼房的房顶，造成近3万人死亡或失踪；停电造成福岛第一核电站1～6号机组中的1～4号机组相继发生反应堆爆炸，造成核辐射污染扩散。

3.2 工程抗震设防

3.2.1 设防依据

抗震设防是指各类结构按照规定的可靠性要求，针对可能遭遇的地震危险性所采取的工程和非工程的防御措施。我国将抗震设防烈度、设计基本地震加速度和设计地震分组作为一个地区抗震设防的依据。并在《建筑抗震设计规范》GB 50011（2016修订版，以下简称《抗震规范》）的附录A中给出了我国各县级及县级以上城镇地区建筑工程抗震设计时所采用的抗震设防烈度（附录简称"烈度"）、设计基本地震加速度值（附录简称"加速度"）和所属的设计地震分组（附录简称"分组"）。

1. 抗震设防烈度

抗震设防烈度是指按国家规定的权限批准作为一个地区抗震设防依据的地震烈度。由于根据地震历史和地震地质资料，对某一地点未来地震烈度的估定具有明显的不确定性，存在着未来地震的随机性。《抗震规范》规定抗震设防烈度一般情况下，取50年内超越概率为10%的地震烈度。

2. 设计地震分组

地震时场地的卓越周期将因震级大小、震源机制、震中距离的变化而变化，当建筑物的自振周期（多质点体系主要是前几个振型自振周期）接近场地的卓越周期时，震动最为剧烈。多年来地震经验表明，在宏观烈度相似的情况下，处在大震级、远震中距的柔性建筑，其震害要比中、小震级近震中距的情况重得多；理论分析也发现，震中距不同时反应谱频谱特性并不相同。抗震设计时，对同样场地条件、同样烈度的地震，按震级大小和震中距远近将建筑工程的设计地震分为三组。一般而言，第一组考虑近震中距，场地的卓越周期较短，而第三分组考虑远震中距，场地的卓越周期较长。

3. 设计基本地震加速度

设计基本地震加速度是50年设计基准期超越概率10%的地震加速度设计取值。我国以前一直根据地震烈度作为设计依据，曾经三次（1956年、1977年、1990年）编制了全国性地震烈度区划图，对于指导工程抗震工作具有重要的指导意义。然而，一方面由于我国社会经济的快速发展，人口和建筑密度增加、重大基础设施和大型工程不断兴建，地震灾害风险呈现增高趋势。另一方面随着全面建设小康社会，保障经济社会和谐和可持续发展，对地震安全性提出了更高、更迫切的要求。因此，现代抗震设计逐步走向安全度更高、分析方法力求符合实际、更科学的阶段。要求在设计中考虑地震动参数（峰值、反应谱和持时），区划从简单、粗略的烈度区划向更加复杂的多个地震动参数指标过渡。《中国地震动参数区划图》GB 18306—2015 依据大量的监测成果提出了中国地震动峰值加速度区划图和中国地震动加速度反应谱特征周期区划图,《抗震规范》的设计基本地震加速度其取值与《中国地震动参数区划图》GB 18306—2015 规定的"基本地震动峰值加速度"是一致的,具体详见表 3.5。同时设计地震分组也与《中国地震动参数区划图》GB 18306—2015 规定的"基本地震动加速度反应谱特征周期"相协调,具体详见表 3.6。

3.2.2 设防目标与设计方法

1. 小震、中震与大震

在设计基准期内,对于较小的地震发生的概率相对较大,而较大的地震发生的概率就较小。由于地震的发生及其强度的随机性很强,现阶段采用概率的统计分析来预估一个地区可能遭受的地震影响,通常根据超越概率的大小将地震动水平分为小震、中震和大震。小震(也称为多遇地震)指在 50 年内,可能遭遇的超越概率为 63%(重现期为 50 年)的地震作用。中震(也称为设防地震)指在 50 年内,可能遭遇的超越概率为 10%(重现期为 475 年)的地震作用。大震(也称为罕遇地震)指在 50 年内,可能遭遇的超越概率为 2%~3%(重现期为 1641~2475 年)的地震作用。当采用烈度表示地震作用时,小震对应的烈度称为多遇烈度或众值烈度;中震对应的烈度称为设防烈度;大震对应的烈度称为罕遇烈度。根据大量资料统计分析,我国地震烈度的概率分布服从极值Ⅲ型分布,若地震烈度用 I 表示,其概率密度函数 $f_{Ⅲ}(I)$ 曲线呈不对称钟形,如图 3.17 所示。由烈度概率分布分析可知,设防烈度与多遇烈度相差约 1.55 度,而设防烈度与罕遇烈度相差约 1 度,

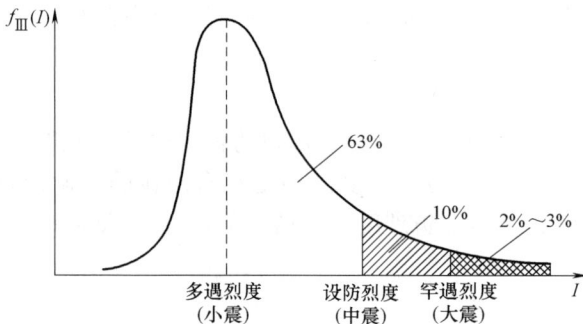

图 3.17 烈度概率密度函数

当设防烈度为 6 度时罕遇烈度为 7 度强,7 度时为 8 度强,8 度时为 9 度弱,9 度时为 9 度强。

2. 设防目标

由于地震发生的时间、空间和强度是十分复杂的,人们对地震规律性认识还很不足,目前不少国家建筑抗震设防目标要求建筑物在使用期间,对不同频率和强度的地震,应具有不同的抵抗能力,对一般较小的地震,发生的可能性大,这时要求结构不受损坏,在技术上和经济上都可以做到;而对于罕遇的强烈地震,由于发生的可能性小,但地震作用大,在此强震作用下要保证结构完全不损坏,技术难度大,经济投入也大,这时若允许有所损坏,但不倒塌,则将是经济合理的。

基于国际上采用多级设防的做法,我国《抗震规范》中提出了"小震不坏、中震可修、大震不倒"的抗震设防三水准目标,具体描述为:

第一水准:当遭受低于本地区设防烈度的多遇地震(也称小震,对应烈度为多遇烈度或众值烈度)影响时,主体结构不受损坏或不需修理可继续使用。

第二水准:当遭受相当于本地区设防烈度的设防地震(也称中震)影响时,可能发生

损坏，但经一般修理仍可继续使用。

第三水准：当遭受高于本地区抗震设防烈度的罕遇地震（也称大震）影响时，不致倒塌或发生危及生命的严重破坏。

3. 抗震设计方法

在进行建筑抗震设计时，为了简化计算起见《抗震规范》采用了两阶段设计方法。即：

第一阶段设计：取第一水准多遇地震的地震动参数，用弹性反应谱法求得结构在弹性状态下的地震作用标准值和相应的地震作用效应，继续采用分项系数设计表达式进行结构构件的截面抗震承载力验算，同时进行弹性的变形验算。这一阶段设计既满足了第一水准下具有必要的可靠度，又满足了第二水准损坏可修的目标。对大多数结构，可只进行第一阶段设计，而在此基础上根据抗震概念设计原理采取抗震措施来满足第三水准的设计要求。

第二阶段设计：取第三水准的罕遇地震的地震动参数，验算结构薄弱部位的弹塑性变形，并采取相应的抗震措施，以满足第三水准的抗震设防要求。对地震时易倒塌的结构、有明显薄弱层的不规则结构以及有专门要求的建筑，应进行第二阶段设计。

3.2.3　抗震设计反应谱

由式（3.10）和式（3.11）可知，对单质点弹性体系，水平地震作用 F 等于地震影响系数 α 与结构重力荷载代表值 G 的乘积；地震影响系数 α 为地震系数 k 与动力系数 β 的乘积。

地震系数 k 见表 3.3，其中多遇地震时地震系数 k 约为设防地震的 0.35 倍；罕遇地震的地震系数 k 约为设防地震的 1.55～2.5 倍。

经统计分析，动力系数的最大值 β_{max} 可取 2.25。水平地震影响系数最大值 α_{max} 为：

$$\alpha_{max}=k\beta_{max}=2.25k \tag{3.12}$$

水平地震影响系数最大值 α_{max} 见表 3.4。

地震系数 k　　　　　　　表 3.3

抗震设防烈度	6	7		8		9
设计基本地震加速度	0.05g	0.10g	0.15g	0.20g	0.30g	0.40g
多遇地震	0.018	0.035	0.055	0.070	0.105	0.140
设防地震	0.050	0.100	0.150	0.200	0.300	0.400
罕遇地震	0.125	0.220	0.310	0.400	0.510	0.620

注：g 为重力加速度。

水平地震影响系数最大值 α_{max}　　　　　　　表 3.4

抗震设防烈度	6 度	7 度		8 度		9 度
设计基本地震将速度	0.05g	0.10g	0.15g	0.20g	0.30g	0.40g
多遇地震	0.04	0.08	0.12	0.16	0.24	0.32
罕遇地震	0.28	0.50	0.72	0.90	1.20	1.40

当结构自振周期为 $T=0$ 时，结构为刚体，此时其质点加速度绝对最大值等于地面运

动加速度，$\beta=1$。此时水平地震影响系数 α 为：

$$\alpha=k\beta=k=\frac{k\beta_{\text{man}}}{\beta_{\text{max}}}=\frac{\alpha_{\text{max}}}{2.25}=0.45\alpha_{\text{max}} \tag{3.13}$$

由于地震的随机性，同样烈度、同样场地条件，每次地震的地面加速度记录也是不同的。地震反应谱的形状随着震源机制、震级大小、震中距远近等的变化，有较大的差别，影响因素很多。《抗震规范》根据大量的实际地震记录的反应谱曲线进行统计分析，并进行规准化、平滑处理和适当调整，给出了以地震影响系数曲线形式出现又便于工程应用的抗震设计反应谱，如图 3.18 所示。

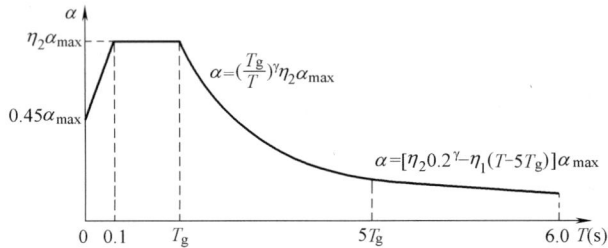

图 3.18 地震影响系数曲线

该反应谱曲线由上升直线段（结构自振周期 T 不大于 0.1s）、水平段（$T=0.1$ s ～ T_{g}）、曲线下降段（$T=T_{\text{g}}$～$5T_{\text{g}}$）和直线下降段（$T=5T_{\text{g}}$～6s）组成，图中 α 为地震影响系数；T 为结构自振周期，当 T 大于 6.0s 时建筑结构所采用的地震影响系数应专门研究；α_{max} 为地震影响系数最大值，按照表 3.4 取值；η_2 为阻尼调整系数；γ 为衰减指数；T_{g} 为特征周期，即曲线开始下降点所对应的周期值，具体按照表 3.6 采用；η_1 为直线下降段的下降斜率调整系数。图中阻尼调整系数 η_2 和形状参数（γ、η_1）应符合下列要求：

（1）除有专门规定外，建筑结构的阻尼比 ζ 应取 0.05，地震影响系数曲线的阻尼调整系数 η_2 取 1.0；衰减指数 γ 取 0.9；直线下降段的下降斜率调整系数 η_1 取 0.02。

（2）当结构的阻尼比 ζ 按照有关规定不等于 0.05 时，地震影响系数曲线的阻尼调整系数 η_2 和形状参数（γ、η_1）按照《抗震规范》规定取值。

3.2.4 地震动参数区划图

为了实现从简单、粗略的地震烈度区划向更加复杂的多个地震动参数区划过渡，我国于 2001 年制定并实施了《中国地震动参数区划图》GB 18306—2001，代替以前的烈度区划图，使用 10 多年来，该标准在建设工程的抗震设防和城乡建设方面发挥了重要作用。2000 年以来，国家地震监测系统更加强化，地震台网布局更加合理，国家 GPS 观测系统完全实施等，逐步实现了地震观测的网络化、数字化和数据处理的自动化。不但实现对中国大陆地震观测的全覆盖，而且对大陆形变监测和地球物理场监测能力有了显著的提升。同时开展了全国范围内城市活动断层探测和针对主要断烈带的活动调查。观测系统的完善和大规模的调查，积累和获取了大量的新地震历史资料和地震地质资料。同时进行了中国大陆强震机理、强震危险性预测关键技术等重点项目研究并取得突破性新认识，形成一些先进的模型和关键技术。在此基础上对《中国地震动参数区划图》GB 18306—2001 进行修订，形成现行的《中国地震动参数区划图》GB 18306—2015（以下简称《地震动参数区划图》），该区划图采用双参数调整（即根据场地类别调整地震动峰值加速度和反应谱特征周期）；提出了四级地震作用取值，明确了相应的地震动参数，特别是罕遇地震作用和极罕遇地震作用相应的地震动参数；消除了不设防区，提升了大型活动断裂带附近的基本地震动参数值，提升了中强地震活动为主的区域的基本地震动参数值，全国设防参数整体上有了适当提高；直接给出了广大乡镇和农村地区的地震动参数数值。为了使工程抗震设计与其协调，《抗震规范》于2016年进行了局部修订。

1. 地震动

地震动指地震引起的地表及近地表介质的振动。《地震动参数区划图》将地震动按照超越概率水平分为四级，即多遇地震动、基本地震动、罕遇地震动和极罕遇地震动。

（1）多遇地震动。它相应于50年超越概率为63%的地震动，相当于《抗震规范》多遇地震。

（2）基本地震动。它相应于50年超越概率为10%的地震动，相当于《抗震规范》设防地震。

（3）罕遇地震动。它相应于50年超越概率为2%的地震动，相当于《抗震规范》罕遇地震。

（4）极罕遇地震动。它相应于年超越概率为10^{-4}的地震动，《抗震规范》目前尚未考虑该水准。

《地震动参数区划图》要求，地震动参数可按多遇地震动、基本地震动、罕遇地震动和极罕遇地震动分别取值。

2. 地震动峰值加速度

地震动峰值加速度是表征地震作用强弱程度的指标，对应于规准化地震动加速度反应谱最大值的水平加速度。

《地震动参数区划图》给出了Ⅱ类场地基本地震动峰值加速度，它按照阻尼比5%的规准化地震动加速度反应谱最大值$1/2.5$倍确定，并按$0.05g$、$0.1g$、$0.15g$、$0.2g$、$0.3g$和$0.4g$分区，并在附录A中给出了《中国地震动峰值加速度区划图》，在附录C中给出了全国各乡镇政府所在地、县级以上城市的Ⅱ类场地基本地震动峰值加速度值。使用时分区界限附近一般按照就高原则取值。

多遇地震动峰值加速度宜不低于基本地震动峰值加速度的$1/3$倍确定。

罕遇地震动峰值加速度宜按基本地震动峰值加速度的$1.6\sim2.3$倍确定。

极罕遇地震动峰值加速度宜按基本地震动峰值加速度的$2.7\sim3.2$倍确定。

场地类别与Ⅱ类场地不同时，地震动峰值加速度应根据《地震动参数区划图》附录E进行调整。

《抗震规范》多遇地震时地震加速度设计取值约为设防地震对应的设计基本地震加速度的0.35倍；罕遇地震时地震加速度设计取值约为设计基本地震加速度的$1.55\sim2.5$倍，目前尚未考虑场地类别直接对设计基本地震加速度进行调整，而是在采取抗震措施时考虑场地类别的影响。《抗震规范》中的抗震设防烈度、设计基本地震加速度，它与《地震动参数区划图》中的基本地震动峰值加速度关系见表3.5。《抗震规范》2016局部修订版的附录A给出了我国各县级及县级以上城镇的中心地区（如城关地区）的抗震设防烈度、设计基本地震加速度。

抗震设防烈度、设计基本地震加速度、基本地震动峰值加速度的对应关系　　表 3.5

抗震设防烈度	6	7		8		9
设计基本地震加速度值	0.05g	0.10g	0.15g	0.20g	0.30g	0.40g
基本地震动峰值加速度	0.05g	0.10g	0.15g	0.20g	0.30g	0.40g

注：g 为重力加速度。

3. 地震动加速度反应谱特征周期

地震动加速度反应谱特征周期是指规准化地震动加速度反应谱曲线下降点所对应的周期，简称为特征周期。实际上是地震专家们为了模拟地震反应谱提出的设计反应谱的需要，而根据大量地震统计数据提出来的一个概念。图 3.18 中的 T_g 为特征周期。

《地震动参数区划图》给出了Ⅱ类场地基本地震动加速度反应谱特征周期，按 0.35s、0.40s 和 0.45s 分区，并在附录 B 中给出了《中国地震动加速度反应谱特征周期区划图》，在附录 C 中给出了全国各乡镇政府所在地、县级以上城市的Ⅱ类场地基本地震动加速度反应谱特征周期。使用时分区界限附近一般按照就高原则取值。

多遇地震动加速度反应谱特征周期可按基本地震动加速度反应谱特征周期取值。

罕遇地震动加速度反应谱特征周期应大于基本地震动加速度反应谱特征周期，增加值宜不低于 0.05s。

场地类别与Ⅱ类场地不同时，基本地震动加速度反应谱特征周期应按表 3.6 进行调整。

《抗震规范》用设计地震分组来反映《地震动参数区划图》中的基本地震动反应谱特征周期的分区，见表 3.6。《抗震规范》2016 局部修订版的附录 A 给出了我国各县级及县级以上城镇的中心地区（如城关地区）的设计地震分组。

特征周期值（s）　　表 3.6

设计地震分组	基本地震动反应谱特征周期	场地类别				
		I_0	I_1	Ⅱ	Ⅲ	Ⅳ
第一组	0.35	0.20	0.25	0.35	0.45	0.65
第二组	0.40	0.25	0.30	0.40	0.55	0.75
第三组	0.45	0.30	0.35	0.45	0.65	0.90

注：1. 场地类别的划分详见本章第 3.4 节有关内容；

2. 计算罕遇地震作用时，特征周期应按照表中数值增加 0.05s。

3.2.5 设防分类与设防标准

《抗震规范》规定抗震设防烈度为 6 度及以上地区（目前为全国范围）的建筑，必须进行抗震设防，并对抗震设防烈度为 6～9 度地区建筑工程抗震设计以及隔震、消能减震设计作了规定。要求抗震设防的所有建筑应按现行国家标准《建筑工程抗震设防分类标准》GB 50223 确定其抗震设防类别和抗震设防标准。

1. 设防分类

建筑物的重要性不同，采取的抗震设防标准是不同的。根据建筑遭遇地震破坏后，可能造成人员伤亡、直接经济损失、社会影响的程度及其在抗震救灾中的作用等因素，将建筑物分为四个类别：

（1）特殊设防类：指使用上有特殊设施，涉及国家公共安全的重大建筑工程和地震时可能发生严重次生灾害等特别重大灾害后果，需要进行特殊设防的建筑。简称甲类。如防灾和救灾建筑中的三级医院中承担特别重要医疗任务的门诊、医技、住院用房；国家和区域的电力调度中心；承担研究、中试和存放剧毒的高危险性传染病病毒任务的疾病预防和控制中心的建筑等属于特殊设防类。

（2）重点设防类：指地震时使用功能不能中断或需要尽快恢复的生命线相关建筑，以及地震时可能导致大量人员伤亡等重大灾害后果，需要提高设防标准的建筑。简称乙类。如大型体育场馆；大型影剧院建筑；人员密集的大型的多层商场；大型博物馆、存放国家一级文物的博物馆，特级、甲级档案馆；大型展览馆、会展中心；幼儿园、小学、中学的教学用房以及学生宿舍和食堂；结构单元经常使用人数超过 8000 人的高层建筑等属于重点设防类。

（3）标准设防类：指大量的除特殊设防类、重点设防类和适度设防类以外按标准要求进行设防的建筑。简称丙类。如大量的一般工业与民用建筑属于此类建筑。

（4）适度设防类：指使用上人员稀少且震损不致产生次生灾害，允许在一定条件下适度降低要求的建筑。简称丁类。如一般的储存物品的价值低、人员活动少、无次生灾害的单层仓库等属于此类建筑。

2. 设防标准

抗震设防标准是衡量抗震设防要求高低的尺度，由抗震设防烈度或设计地震动参数及建筑抗震设防类别确定。它体现在两个方面，一方面是采取什么样的抗震措施；另一方面是如何确定地震作用。各抗震设防类别建筑的抗震设防标准，应符合下列要求：

（1）特殊设防类，应按高于本地区抗震设防烈度提高一度的要求加强其抗震措施；但抗震设防烈度为 9 度时应按比 9 度更高的要求采取抗震措施。同时，应按批准的地震安全性评价的结果且高于本地区抗震设防烈度的要求确定其地震作用。

（2）重点设防类，应按高于本地区抗震设防烈度一度的要求加强其抗震措施；但抗震设防烈度为 9 度时应按比 9 度更高的要求采取抗震措施；地基基础的抗震措施，应符合有关规定。同时应按本地区抗震设防烈度的要求确定其地震作用。

对于规模很小的重点设防类工业建筑，当改用抗震性能较好的材料且符合抗震设计规范对结构体系的要求时，允许按标准设防类设防。

（3）标准设防类，应按本地区抗震设防烈度确定其抗震措施和地震作用，达到在遭遇高于当地抗震设防烈度的预估罕遇地震影响时不致倒塌或发生危及生命的严重破坏的抗震设防目标。

（4）适度设防类，允许比本地区抗震设防烈度的要求适当降低其抗震措施，但抗震设防烈度为 6 度时不应降低。一般情况下，仍应按本地区抗震设防烈度确定其地震作用。

抗震措施是指除地震作用计算和抗力计算以外的抗震设计内容，包括建筑总体布置、结构选型、地基抗液化措施、考虑概念设计要求对地震作用效应的调整，以及各种构造措施等。

抗震构造措施是指根据抗震概念设计原则，一般不需计算而对结构和非结构各部分必须采取的各种细部要求。

3.3 抗震设计的基本要求

由于地震及地震效应的不确定性和复杂性，到目前为止人们对其的许多规律还未完全认识，抗震设计计算方法还不够完善，准确确定建筑物所遭遇的地震反应尚有困难。而且结构体系的抗力本身也具有随机性，以及计算模型与实际情况存在差异。因此，单靠"计算设计"很难有效地控制结构的抗震性能。多年来，人们在总结历次大地震灾害的经验中逐渐发现，一个抗震性能好的建筑需要合理的计算设计，更需要有良好的"概念设计"。

所谓"概念设计"就是根据地震灾害和工程经验等所形成的基本设计原则和设计思想，进行建筑和结构总体布置并确定细部构造的过程。概念设计主要包括建筑场地地段的选择和类型判断、建筑形体规则性设计、结构体系及构件布置、材料的确定、细部构造的设计等。根据概念设计原则，在进行抗震设计时，应遵守下列基本要求。

3.3.1 场地选择与地基基础设计

1. 建筑场地地段类别

场地是指工程群体所在地，具有相似的反应谱特性。其范围相当于厂区、居民小区和自然村或不小于 1.0km² 的平面面积。选择建筑场地时，应按表 3.7 划分对建筑抗震有利、一般、不利和危险的地段。

有利、一般、不利和危险地段的划分　　　　　　　　　　　　　　表 3.7

地段类别	地质、地貌、地形
有利地段	稳定基岩，坚硬土，开阔、平坦、密实、均匀的中硬土等
一般地段	不属于有利、不利和危险的地段
不利地段	软弱土，液化土，条状突出的山嘴，高耸孤立的山丘，陡坡，陡坎，河岸和边坡的边缘，平面分布上成因、岩性、状态明显不均匀的土层(含故河道、疏松的断层破碎带、暗埋的塘浜沟谷和半填半挖地基)，高含水量的可塑黄土，地表存在结构性裂缝等
危险地段	在地震时可能发生滑坡、崩塌、地陷、地裂、泥石流等的部位，发震断裂带上可能发生地表错位的部位

2. 建筑场地的选择

选择建筑场地时，应根据工程需要和地震活动情况、工程地质和地震地质的有关资料，对抗震有利、一般、不利和危险地段做出综合评价。应选择有利地段，避开不利地段；当无法避开时应采取有效的措施。对危险地段，严禁建造甲、乙类的建筑，不应建造丙类的建筑。

3. 地基和基础设计

(1) 同一结构单元的基础不宜设置在性质截然不同的地基上。

(2) 同一结构单元不宜部分采用天然地基部分采用桩基；当采用不同基础类型或基础埋深显著不同时，应根据地震时两部分地基基础的沉降差异，在基础、上部结构的相应部位采取相应措施。

（3）地基为软弱黏性土、液化土、新近填土或严重不均匀土时，应根据地震时地基不均匀沉降和其他不利影响，采取相应措施。

3.3.2 建筑形体及其构件布置的规则性

1. 规则性的划分

建筑形体和布置应根据抗震概念设计原则划分为规则与不规则两大类；对于具有不规则的建筑，针对其不规则程度区分为不规则、特别不规则和严重不规则三类。

（1）规则建筑。形体规则简单、抗侧力构件的平面布置规则对称、侧向刚度沿竖向均匀变化、竖向抗侧力构件的截面尺寸和材料强度自下而上逐渐减小、没有明显的、实质性的刚度和承载力突变（不连续）。不存在表 3.8、表 3.9 和表 3.10 所列的不规则情况。

（2）不规则建筑。指超过表 3.8 和表 3.9 中一项及以上的不规则指标。

（3）特别不规则建筑。指具有较明显的抗震薄弱部位，可能引起不良后果者。通常有三类：

① 同时具有表 3.8 和表 3.9 所列六个不规则类型的三个或三个以上；

② 具有表 3.10 所列 5～8 项中的一项不规则；

③ 具有表 3.10 所列 1～4 项中的两个不规则类型，或者具有表 3.10 所列 1～4 项中的一个不规则类型同时具有表 3.8 和表 3.9 所列六个不规则类型的一个不规则指标。

（4）严重不规则建筑。指形体复杂，多项不规则指标超过表 3.8 和表 3.9 的上限值或某一项大大超过规定值，存在现有技术和经济条件不可克服的严重的抗震薄弱环节，可能导致地震破坏的严重后果者。

对于混凝土结构房屋、钢结构房屋和钢-混凝土混合结构房屋的不规则指标按照表 3.8、表 3.9 确定。砌体结构、单层工业厂房、单层空旷房屋、大跨度屋盖建筑和地下建筑平面及竖向不规则的划分，应按照《抗震规范》有关规定执行。

2. 不规则指标

（1）平面不规则三项指标分别为扭转不规则、凹凸不规则和楼板局部不连续，具体见表 3.8。

平面不规则的主要类型　　　　　　　　　　　　　　　　　表 3.8

不规则类型	定义和参考指标
扭转不规则	在具有偶然偏心的规定的水平力作用下,楼层两端抗侧力构件最大弹性水平位移(或层间位移)的最大值与平均值的比值大于 1.2
凹凸不规则	平面凹进的尺寸,大于相应投影方向总尺寸的 30%
楼板局部不连续	楼板的尺寸和平面刚度急剧变化,例如,有效楼板宽度小于该层楼板典型宽度的 50%,或开洞面积大于该层楼面面积的 30%,或有较大的楼层错层

（2）竖向不规则三项指标分别为侧向刚度不规则、竖向抗侧力构件不连续、楼层承载力突变，具体见表 3.9。

（3）特别不规则指标 8 项，具体见表 3.10。

竖向不规则的主要类型   表 3.9

不规则类型	定义和参考指标
侧向刚度不规则	该层的侧向刚度小于相邻上一层的 80%，或小于其上相邻三个楼层侧向刚度平均值的 80%；除顶层或出屋面小建筑外，局部收进的水平向尺寸大于相邻下一层的 25%
竖向抗侧力构件不连续	竖向抗侧力构件(柱、抗震墙、抗震支撑)的内力由水平转换构件(梁、桁架等)向下传递
楼层承载力突变	抗侧力结构的层间受剪承载力小于相邻上一楼层的 80%

特别不规则的主要类型   表 3.10

序号	不规则类型	简 要 含 义
1	扭转偏大	裙房以上的较多楼层考虑偶然偏心的扭转位移比大于 1.4
2	扭转刚度弱	扭转周期比大于 0.9，超过 A 级高度的结构扭转周期比大于 0.85
3	层刚度偏小	本层侧向刚度小于相邻上层的 50%
4	塔楼偏置	单塔或多塔与大底盘的质心偏心距大于底盘相应边长的 20%
5	高位转换	框支剪力墙的转换位置：7 度超过 5 层，8 度超过 3 层
6	厚板转换	7～9 度设防的厚板转换结构
7	复杂连接	各部分层数、刚度、布置不同的布置错层，连体两端塔楼高度、体型或沿大底盘某个主轴方向的振动周期显著不同的结构
8	多重复杂	结构同时具有转换层、加强层、错层、连体和多塔等复杂类型的 3 种

3. 规则性要求

（1）建筑设计应根据抗震概念设计的要求明确建筑形体的规则性。不规则的建筑应按规定采取加强措施；特别不规则的建筑应进行专门研究和论证，采取特别加强措施；严重不规则的建筑不应采用。

（2）建筑体型及其构件布置不规则应按照《抗震规范》要求进行地震作用计算和内力调整，并应对薄弱部位采取有效的抗震构造措施。

（3）体形复杂、平立面不规则的建筑，应根据不规则程度、地基基础条件和技术经济等因素的比较分析，确定是否设置防震缝将建筑从平面上分成规则的结构单元。

3.3.3　结构体系

抗震结构体系是抗震设计应考虑的最关键问题，应根据抗震设防类别、抗震设防烈度、建筑高度、场地条件、地基、结构材料和施工等因素，经技术经济比较，结合使用条件综合分析后确定。

1. 对结构体系的要求

（1）应具有明确的计算简图和合理的地震作用传递途径。

（2）应具备必要的抗震承载力，良好的变形能力和消耗地震能量的能力。

（3）宜具有多道防线。应避免因部分结构或构件破坏而导致整个结构丧失抗震能力或对重力荷载的承载力。

（4）宜具有合理的刚度和承载力分布，避免因局部削弱或突变形成薄弱部位，产生过大的应力集中或塑性变形集中。对可能出现的薄弱部位，应采取措施提高其抗震能力。

（5）结构在两个主轴方向的动力特性宜接近。

2. 对结构构件的要求

（1）砌体结构应按规定设置钢筋混凝土圈梁和构造柱、芯柱，或采用配筋砌体等，以改善变形能力。

（2）混凝土结构构件应合理地选择尺寸、配置纵向受力钢筋和箍筋，避免剪切破坏先于弯曲破坏、混凝土的压溃先于钢筋的屈服、钢筋的锚固粘结破坏先于构件破坏。

（3）预应力混凝土的构件，应配置足够的非预应力钢筋。

（4）钢结构构件的尺寸应合理控制，避免局部失稳或整个构件失稳。

（5）多、高层的混凝土楼、屋盖宜优先采用现浇混凝土板。当采用预制装配式混凝土楼、屋盖时，应从楼盖体系和构造上采取措施确保各预制板之间连接的整体性。

3. 对构件连接的要求

（1）构件节点的破坏，不应先于其连接的构件。

（2）预埋件的锚固破坏，不应先于连接件。

（3）装配式结构构件的连接，应能保证结构的整体性。

（4）预应力钢筋宜在节点的核心区以外锚固。

3.3.4　非结构构件

非结构构件，包括建筑附属构件、装饰物、非结构墙体和附属机电设备，由于不属于主体结构的组成部分，不参加受力，设计时往往被忽视。但从实际震害看，如果非结构构件处理不当，地震时可能会倒塌伤人、砸坏设备、损坏主体结构。非结构构件自身及与结构主体的连接，应进行抗震设计，并符合以下要求：

（1）附属构件。如女儿墙、厂房高低跨封墙、雨篷等。这类构件应与主体结构有可靠的连接和锚固，避免地震时倒塌、脱落伤人或砸坏重要设备。

（2）装饰物。如幕墙、装饰贴面、吊顶和悬吊重物等，这类构件与主体结构应有可靠连接，避免地震时脱落伤人。

（3）非结构墙体。如围护墙、隔墙和框架填充墙。应与主体结构有可靠连接，并应估计对结构抗震的不利影响，避免不合理设置而导致主体结构的破坏。如由于框架填充墙设置不合理形成框架出现短柱破坏。

（4）附属机电设备。这类设备的支座和连接，应符合抗震时使用功能的要求，并且不应导致相关部件的损坏。

3.3.5　结构材料与施工

合理地选择和使用结构材料，确保施工质量是保证结构抗震能力的关键。设计文件上应注明对材料和施工质量的要求。

1. 结构材料性能的要求

（1）对砌体结构材料要求：烧结普通砖和烧结多孔砖的强度等级不应低于 MU10，其砌筑砂浆强度等级不应低于 M5；混凝土小型空心砌块的强度等级不应低于 MU7.5，其砌筑砂浆强度等级不应低于 Mb7.5。

（2）对混凝土结构材料要求：

① 混凝土的强度等级，框支梁、框支柱及抗震等级为一级的框架梁、柱、节点核芯区，不应低于 C30；构造柱、芯柱、圈梁及其他各类构件不应低于 C20。对于高强混凝土，考虑其具有脆性性质的因素，剪力墙不超过 C60；其他构件，9 度时不宜超过 C60，8度时不宜超过 C70。

② 对钢筋的要求：普通钢筋宜优先采用延性、韧性、焊接性较好的钢筋；普通钢筋的强度等级，纵向受力钢筋宜选用符合抗震性能指标的不低于 HRB400 级热轧钢筋；箍筋宜采用符合抗震性能指标的 HRB400 级热轧钢筋，也可选用 HPB300 级热轧钢筋。抗震等级为一、二、三级的框架结构和斜撑构件（含梯段），其纵向受力钢筋采用普通钢筋时，钢筋的抗拉强度实测值与屈服强度实测值的比值不应小于 1.25；钢筋的屈服强度实测值与屈服强度标准值的比值不应大于 1.3，且钢筋在最大拉力下的总伸长率实测值不应小于 9%。凡钢筋产品标准中带"E"编号的钢筋，均符合上述抗震性能指标。

（3）对钢结构钢材的要求：钢材的屈服强度实测值与抗拉强度实测值的比值不应大于0.85；钢材应有明显的屈服台阶，且伸长率不应小于 20%；钢材应有良好的焊接性和合格的冲击韧性。钢材宜采用 Q235 等级 B、C、D 的碳素结构钢及 Q345 等级 B、C、D、E的低合金高强度结构钢。

2. 施工要求

（1）钢筋代换。在施工中，当需要以强度等级较高的钢筋替代原设计中的纵向受力钢筋时，应按照钢筋受拉承载力相等的原则换算，以免造成薄弱部位的转移，以及构件在有影响的部位发生混凝土的脆性破坏。此外还应符合最小配筋率、钢筋间距等抗震构造要求；并应满足正常使用极限状态的变形和裂缝宽度限值。

（2）钢筋混凝土构造柱和底部框架-剪力墙（抗震墙）房屋中的砌体抗震墙，其施工应先砌墙后浇构造柱和框架柱。

（3）水平施工缝。混凝土墙体、框架柱的水平施工缝，应采取措施加强混凝土的结合性能。否则由于混凝土结合不良，可能造成抗震薄弱部位。对于抗震等级一级的墙体和转换层楼板与落地混凝土墙的交接处，验算水平施工缝截面的抗剪承载力。

3.4   场地与地基

场地是指建筑物所在地，其范围大致相当于工厂、居民小区、村庄的区域。地基是指建筑物基础下面受力的土层。历史地震震害表明，场地与地基是影响震害的主要因素之一。场地区域及附近的地质构造、地形地貌、地下水、岩土特性及其他地质条件等称为场地条件，场地条件对建筑物的地震反应和震害具有明显的影响。地震动卓越周期在很大程度上与场地土层的自振周期有关，即与场地条件有关。

3.4.1   场地

场地条件中的地形地貌、地质构造，《抗震规范》通过场地地段类别综合考虑其对建筑物震害的影响，通过合理选择场地的地段类别作为其抗震措施。场地条件中的土层的软硬程度和场地覆盖层厚度等岩土特性及其他地质条件影响通过建筑场地类别划分加以考虑。

1. 土层剪切波速

剪切波速是反映场地土动力性能的重要动力参数，由工程地质勘察设计单位在拟建场地通过钻孔进行土层剪切波速测试确定。土体刚度越大剪切波速越快。对于丁类建筑及丙类建筑中高度不超过 24m、层数不超过 10 层的多层建筑，无实测剪切波速时，可根据岩土名称和性状，按表 3.11 划分土的类型，再利用当地经验在表 3.11 的剪切波速范围内估算各土层的剪切波速。

土的类型划分和剪切波速范围   表 3.11

土的类型	岩土名称和形状	土层剪切波速范围(m/s)
岩层	坚硬、较坚硬且完整的岩石	$v_s > 800$
坚硬土或软质岩石	破碎和较破碎的岩石或软和较软的岩石，密实的碎石土	$800 \geqslant v_s > 500$
中硬土	中密、稍密的碎石土，密实、中密的砾、粗、中砂，$f_{ak} > 150$ 的黏性土和粉土，坚硬黄土	$500 \geqslant v_s > 250$
中软土	稍密的砾、粗、中砂，除松散外的细、粉砂，$f_{ak} \leqslant 150$ 的黏性土和粉土，$f_{ak} > 130$ 的填土，可塑性黄土	$250 \geqslant v_s > 150$
软弱土	淤泥和淤泥质土，松散的砂，新近沉积的黏性土和粉土，$f_{ak} \leqslant 130$ 的填土，流塑黄土	$v_s \leqslant 150$

注：f_{ak} 为由载荷试验等方法得到的地基承载力特征值（kPa）；v_s 为岩土剪切波速。

在实际工程中，一般覆盖层均为层状土，常采用等效剪切波速。土层的等效剪切波速 v_{se} 可按下式计算：

$$v_{se} = d_0 / t \tag{3.14}$$

$$t = \sum_{i=1}^{n} (d_i / v_{si}) \tag{3.15}$$

式中　v_{se}——土层等效剪切波速（m/s）；

　　　d_0——计算深度（m），取覆盖层厚度和 20m 两者的较小值；

　　　t——剪切波在地面至计算深度之间的传播时间（s）；

　　　d_i——计算深度范围内第 i 土层的厚度（m）；

　　　v_{si}——计算深度范围内第 i 土层的剪切波速（m/s）；

　　　n——计算深度范围内土层的分层数。

2. 覆盖层厚度

覆盖层厚度指由地面至基底层顶面的距离。而基底层是指上传地震波给覆盖土的岩层或剪切波速超过规定值的硬土层。剪切波速大于 500m/s 且其下卧各岩土层的剪切波速均不小于 500m/s 的岩土层；以及位于地面 5m 以下，剪切波速大于其上部土层剪切波速 2.5 倍岩土层，且该层及其下卧各层岩土的剪切波速均不小于 400m/s 时，上述两种情况的岩土层均作为基底层。

覆盖层厚度确定时，遇剪切波速大于 500m/s 的孤石、透镜体，应视同周围土层；土层中火山岩硬夹层，应视为刚体，其厚度从覆盖土层中扣除。

3. 建筑场地类别

建筑的场地类别，应根据土层等效剪切波速和场地覆盖层厚度按表 3.12 划分为四类，其中Ⅰ类分为Ⅰ$_0$、Ⅰ$_1$两个亚类，即将坚硬岩石上无其他覆盖层的作为Ⅰ$_0$亚类。当有可靠的剪切波速和覆盖层厚且其值处于表 3.12 所列场地类别的分界线附近时，应允许按插值法查表 3.6 确定地震作用计算所用的特征周期。

各类建筑场地的覆盖层厚度 (m)   表 3.12

岩石的剪切波速或土的等效剪切波速 (m/s)	场地类别				
	Ⅰ$_0$	Ⅰ$_1$	Ⅱ	Ⅲ	Ⅳ
$v_s > 800$	0				
$800 \geqslant v_s > 500$		0			
$500 \geqslant v_{se} > 250$		<5	≥5		
$250 \geqslant v_{se} > 150$		<3	3~50	>50	
$v_{se} \leqslant 150$		<3	3~15	15~80	>80

4. 场地类别对地震震害的影响

历次大地震的经验表明，同样或相近的建筑，建造于Ⅰ类场地时震害最轻，建造于Ⅲ、Ⅳ类场地震害较重。因此，对于建造于Ⅰ类场地的建筑仅降低其抗震构造措施，但不降低抗震措施的其他要求，丁类建筑由于设防标准时抗震措施已经降低，不再重复降低。对于建造于Ⅲ、Ⅳ类场地的建筑适当提高抗震构造措施。具体调整如下：

（1）建筑场地类别为Ⅰ类时，甲、乙类建筑应允许仍按本地区抗震设防烈度的要求采取抗震构造措施；丙类建筑应允许按本地区抗震设防烈度降低一度的要求采取抗震构造措施，但 6 度时不降低。

（2）建筑场地类别为Ⅲ、Ⅳ类时，对于设计基本地震加速度 0.15g（7 度）和 0.3g（8 度）的地区，除《抗震规范》特殊规定外，宜分别按照 8 度（0.2g）和 9 度（0.4g）时各类建筑的要求采取抗震构造措施。

3.4.2 地基与基础

1. 天然地基与基础

（1）可不进行天然地基及基础的抗震承载力验算的建筑：

① 6 度时的建筑（不规则建筑及建造于Ⅳ类场地上较高的高层建筑除外）；

② 地基主要受力层范围内不存在软弱黏性土层的下列建筑：

一般的单层厂房和单层空旷房屋；

砌体房屋；

不超过 8 层且高度在 24m 以下的一般民用框架或框架-剪力墙房屋，以及基础荷载与之相当的多层框架厂房和多层混凝土剪力墙结构房屋。

其中软弱黏性土是指 7 度、8 度和 9 度时，地基承载力特征值分别小于 80、100 和 120kPa 的土层。

（2）天然地基基础抗震验算：

天然地基基础抗震验算时，应采用地震作用效应标准组合，将地基抗震承载力取地基承载力特征值乘以地基抗震承载力调整系数。地基抗震承载力使用下式计算：

$$f_{aE}=\xi_a f_a \tag{3.16}$$

式中　f_{aE}——调整后的地基抗震承载力；

　　　　ξ_a——地基抗震承载力调整系数，按表 3.13 采用；

　　　　f_a——深度和宽度修正后的地基承载力特征值，应按照国家现行标准《建筑地基基础设计规范》中规定采用。

地基抗震承载力调整系数　　　　　　　　　　　表 3.13

岩土名称和形状	ξ_a
岩石，密实的碎石，密实的砾、粗、中砂，$f_{ak}>300kPa$ 的黏性土和粉土	1.5
中密、稍密的碎石土，中密和稍密的砾、粗、中砂，密实和中密的细、粉砂，$150kPa\leq f_{ak}<300kPa$ 的黏性土和粉土，坚硬黄土	1.3
稍密的细、粉砂，$100kPa\leq f_{ak}<150kPa$ 的黏性土和粉土，可塑性黄土	1.1
淤泥和淤泥质土，松散的砂，杂填土，新近堆积黄土及流塑黄土	1.0

地基抗震承载力主要考虑两个方面影响，其一是考虑地震作用为偶然作用，历时较短，土体在地震作用下的可靠度可以适当降低；其二是考虑除软弱土外，大多数土体的动强度要比静强度要高。表 3.13 中的地基抗震承载力调整系数就是综合考虑上述两个方面确定的。

验算天然地基地震作用下的竖向承载力时，按地震作用效应的标准组合计算基础底面压应力，其平均压力不超过调整后的地基抗震承载力 f_{aE}；其最大压应力不超过调整后的地基抗震承载力 f_{aE} 的 1.2 倍。

高宽比大于 4 的高层建筑，在地震作用下基础底面不宜出现零应力区；其他建筑，基础底面与地基土之间零应力区面积不应超过基础底面面积的 15%。

2. 桩基础

（1）可不进行桩基抗震验算的建筑：承受竖向荷载为主的低承台桩基，当地面下无液化土层，且桩承台周围无淤泥、淤泥质土和地基承载力特征值不大于 100kPa 的填土时，下列建筑可不进行桩基抗震承载力验算。

① 6～8 度时的下列建筑：

一般的单层厂房和单层空旷房屋；

不超过 8 层且高度在 24m 以下的一般民用框架房屋和框架-剪力墙结构房屋，以及基础荷载与之相当的多层框架厂房和多层混凝土剪力墙房屋。

② 6 度时的建筑（不规则建筑及建造于 IV 类场地上较高的高层建筑除外）及砌体房屋。

（2）低承台桩基的抗震验算：

① 应区分是否存在液化土层，按非液化土中低承台桩基和存在液化土层的低承台桩基分别进行抗震验算。

② 单桩的竖向和水平向抗震承载力特征值，可比静力荷载下提高 25%。

③ 静力荷载下单桩竖向和水平承载力特征值计算时，桩周摩阻力、承台周围土的抗

力、刚性地坪作用等应考虑是否存在液化土，按《抗震规范》有关规定进行取值。

④ 处于液化土中的桩基承台周围，宜用密实干土填筑夯实。

⑤ 液化土和震陷软土中桩的配筋范围，应自桩顶至液化深度以下符合全部消除液化沉陷所要求的深度，其纵向受力筋应通长，箍筋应加粗和加密。

3.4.3 液化土与软土地基

1. 液化土地基

（1）液化现象及其危害。地震时饱和细砂、粉砂和粉土颗粒在强烈振动下有挤密的趋势，颗粒之间产生相对位移和变密趋势，粉砂和细砂土的渗透性不良，空隙水来不及排出而受到挤压，使空隙水压力急剧升高，当空隙水压力大于等于土颗粒受到的正压力时，土颗粒处于悬浮状态，颗粒之间摩擦力接近于零，土体丧失承载力，像液体一样。土体的这种现象称为土体的液化。地震作用下砂土和粉土地基会发生液化。砂土和粉土液化后，孔隙水在超孔隙水压力下自下向上运动，产生喷水冒砂、地面下沉、开裂等现象。液化土地基在地震时可大规模地发生液化并引起建筑物大量沉陷或不均匀沉陷，甚至倾倒，造成极大危害。在我国 1966 年的邢台地震、1975 年的海城地震和 1976 年的唐山地震等几次大地震中，有些建筑物的破坏，就是由砂土地基液化造成的。国外也有类似的例子，砂土地基液化也使许多建筑物下沉、歪斜和毁坏，有的地下结构甚至浮升到地面。

（2）影响液化的主要因素。震害调查表明，地基土液化的影响因素主要有以下几个方面：

① 地质年代。地质年代越久远的土层，固结时间长、密实度和结构性好，抗液化能力强。

② 土的组成。砂土和粉土容易液化，砂土中细砂较粗砂容易液化，颗粒均匀单一的较颗粒级配良好的容易液化。

③ 砂土和粉土中相对密度大的不容易液化。一般相对密度大于 70% 的土体不易产生液化。

④ 土层的埋深。砂土和粉土层埋深越大，上覆非液化土层越厚，土体各向应力越大，就越不容易液化。

⑤ 地下水位较浅时容易液化。

⑥ 地震烈度和持续时间。地震烈度越高和持续时间越长，越容易液化。6 度区很少发生液化现象。

（3）液化的判别。地面下存在饱和砂土和饱和粉土（不含黄土）时，除 6 度外，应进行液化判别。存在液化土层的地基，应根据建筑的设防类别、地基的液化等级，结合具体情况采取相应的措施。6 度时，一般情况下可不进行液化判别和处理，但对液化沉陷敏感的乙类建筑可按 7 度的要求进行判别和处理；7～9 度时，乙类建筑可按本地区抗震设防烈度的要求进行判别和处理。地基土液化的判别结果一般由地质勘察单位在地质勘察报告中反映。

饱和的砂土或粉土液化的初步判别。当符合下列条件时，可初步判别为不液化或可不考虑液化影响：

① 地质年代为第四纪晚更新世（Q_3）及其以前时，7 度、8 度时可判为不液化；

② 粉土的黏粒（粒径小于 0.005mm 的颗粒）含量的百分比，7 度、8 度和 9 度分别不小于 10、13、和 16 时，可判为不液化土；

③ 浅埋天然地基的建筑，当上部非液化土层厚度和地下水位深度符合《抗震规范》规定的条件时，可不考虑液化影响。

饱和的砂土或粉土液化的进一步判别。饱和的砂土或粉土的初步判别认为需进一步液化判别时，由工程勘察设计单位根据标准贯入试验进行液化判别，并探明各液化土的深度和厚度，计算液化指数，综合划分液化等级。液化等级分为轻微、中等、严重三个等级。

（4）抗液化措施。存在液化土层的地基，应根据建筑的抗震设防类别、地基的液化等级，结合具体情况采取相应的措施。

① 当液化砂土层、粉土层较平坦且均匀时，宜按照《抗震规范》选用地基抗液化措施。地基抗液化措施分为全部消除地基液化沉陷、部分消除地基液化沉陷、减轻液化影响的基础和上部结构处理等三类。

② 甲类建筑的地基抗液化措施应进行专门研究，但不宜低于乙类的相应要求。

③ 由于倾斜场地的土层液化往往带来大面积土体滑动而造成严重后果，因此，在故河道以及临近河岸、海岸和边坡等有液化侧向扩展或流滑可能的地段内不宜修建永久性建筑。

2. 软土地基

这里的软土地基主要指地基中存在软弱黏性土层时，它的特点是地基承载力低、压缩性大，软土地基地震时可能发生塌陷，会造成建筑物大量沉陷或不均匀沉陷，甚至倾倒等严重震害。

① 地基中软弱黏性土层震陷的判别。饱和粉质黏土震害的危险性和抗震陷措施应根据沉降和横向变形大小等因素综合研究确定，8 度（0.3g）和 9 度时，当塑性指数小于 15 且符合下式规定的饱和粉质黏土可判断为震陷性软土：

$$\omega_s \geqslant 0.9\omega_L \tag{3.17}$$

$$I_L \geqslant 0.75 \tag{3.18}$$

式中　ω_s——天然含水量；

　　　ω_L——液限含水量，采用液、塑限联合测定法测定；

　　　I_L——液性指数。

② 软土地基应采取的措施。如果地基主要受力层范围内存在软弱黏性土层和高含水量的可塑性黄土时，应结合具体情况综合考虑，采用桩基、地基加固处理、基础及上部结构处理等各项措施，也可以根据软土震陷量的估计，采取相应措施。

3.5　地震作用与结构抗震验算简介

为了实现"小震不坏、中震可修、大震不倒"的三水准抗震设防目标，《抗震规范》对建筑结构采用了两阶段设计方法，其中包含概念设计和数值设计内容。数值设计主要包括地震作用和作用效应计算、截面承载力验算、结构变形验算等。本节简要介绍地震作用计算方法与建筑结构抗震验算。

3.5.1 一般规定

1. 地震作用方向

地震时地面运动有三个分量，即两个水平分量和一个垂直分量。对一般结构的地震反应分析主要研究质点在水平方向地面运动下振动，对于竖向振动仅在特殊情况和特殊建筑结构中考虑。《抗震规范》规定，各类建筑结构地震作用，应符合下列规定：

（1）一般情况下，应至少在建筑结构的两个主轴方向分别计算水平地震作用，各方向的水平地震作用应由该方向抗侧力构件承担。如该方向抗侧力构件带翼缘、翼墙等，应包括翼缘、翼墙的抗侧力作用。

（2）有斜交抗侧力构件的结构，当相交角度大于 15°时，应分别计算各抗侧力构件方向的水平地震作用。

（3）质量和刚度分布明显不对称的结构，应计入双向水平地震作用下的扭转影响，其他情况，可采用调整地震作用效应的方法考虑扭转影响。

（4）8、9 度时的大跨度和长悬臂结构以及 9 度时的高层建筑，应计算竖向地震作用。根据我国大陆和台湾地震经验，9 度及以上时，跨度大于 18m 的屋架和 1.5m 以上的悬挑阳台震害严重甚至倒塌。8 度时，跨度大于 24m 的屋架和 2m 以上的悬挑阳台震害严重。研究同样表明对于烈度较高的高层建筑，竖向地震产生的轴力在结构上部不可忽略。

2. 抗震计算方法

（1）高度不超过 40m 以剪切变形为主且质量和刚度沿高度分布比较均匀的结构，以及近似于单质点体系的结构，可采用底部剪力法等简化方法。

（2）除以上所包括的结构外的建筑结构，宜采用振型分解反应谱法。

（3）特别不规则的建筑、甲类建筑和表 3.14 所列高度范围的高层建筑，应采用时程分析法进行多遇地震下的补充计算。

采用时程分析法的房屋高度范围   表 3.14

烈度、场地类别	房屋高度范围（m）
8 度Ⅰ、Ⅱ类场地和 7 度	＞100
8 度Ⅲ、Ⅳ类场地	＞80
9 度	＞60

3. 重力荷载代表值

由于地震发生时，作用在结构上的可变荷载一般达不到标准值，因此在抗震设计时，计算地震作用时应采用重力荷载代表值 G，重力荷载代表值取结构和构配件自重标准值（即永久荷载标准值）和各种可变荷载组合值之和。各可变荷载的组合值系数，应按表 3.15 采用。

3.5.2 地震作用的计算与抗震验算简介

1. 地震作用的计算

1）水平地震作用的计算

（1）单自由度弹性体系

如单层厂房、单层房屋可以视为单自由度弹性体系（图 3.6），计算水平地震作用比较简单，具体步骤如下：

① 计算重力荷载代表值 G。将屋盖及楼层半高处以上全部重力荷载代表值集中于质点处。

② 按照结构力学的方法计算结构的柔度系数 δ 和侧向刚度 k。

在柱顶处作用一单位力，求出原结构的弯矩图，用图乘法计算顶点位移即为柔度系数 δ；侧向刚度 k 为柔度系数的倒数，即 $k=\dfrac{1}{\delta}$。

③ 计算单质点弹性体系自振周期。按照式（3.4）计算，即 $T=2\pi\sqrt{\dfrac{m}{k}}$，其中 $m=G/g$。

④ 计算水平地震作用标准值 F_{Ek}。按图 3.18 地震影响系数曲线计算 α 值，此时结构阻尼比取 $\zeta=0.05$，地震影响系数曲线的阻尼调整系数 η_2 取 1.0，衰减指数 γ 取 0.9，直线斜率调整系数 η_1 取 0.02。最后求出多遇地震时水平地震作用标准值 $F_{Ek}=\alpha G$。

组合值系数   表 3.15

可变荷载种类		组合值系数
雪荷载		0.5
屋面积灰荷载		0.5
屋面活荷载		不计入
按实际情况计算的楼面活荷载		1.0
按等效均布荷载计算的楼面活荷载	藏书库、档案库	0.8
	其他民用建筑	0.5
起重机悬吊物重力	硬钩吊车	0.3
	软钩吊车	不计入

注：硬钩吊车的吊重较大时，组合值系数应按实际情况采用。

（2）多自由度弹性体系

对于多层或高层房屋，可简化为多质点弹性体系（图 3.7）。由结构动力学分析可知：多质点体系在水平地震作用下的振动有多个振型，每个振型都有自己的自振周期。《抗震规范》采用振型分解反应谱法，可计算每一阶振型的最大地震作用及其相应的作用效应。这种方法计算精度高，但必须计算结构各阶频率和振型，运算较为复杂。

对于结构高度不超过 40m，以剪切变形为主且质量和刚度沿高度分布比较均匀的结构，以及近似于单质点体系的结构，其第一振型往往对结构地震反应起控制作用，这类结构可以采用计算更为简便的底部剪力法来计算水平地震作用。对于在建筑物的顶部，有时受到高振型（包括 2~3 振型）的影响且不能忽略，此时将水平地震作用予以修正，即在顶部附加一个地震作用 ΔF_n。其计算简图如图 3.19 所示，计

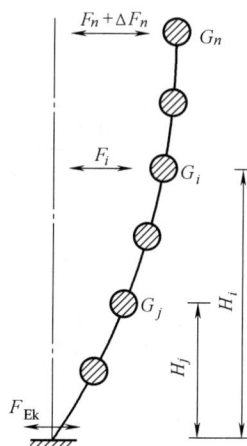
图 3.19 结构水平地震作用计算简图

算步骤如下：

① 求结构总水平地震作用标准值 F_{Ek}：

$$F_{Ek} = \alpha_1 G_{eq} \qquad (3.19)$$

式中 F_{Ek}——结构总水平地震作用标准值；

    α_1——相应于结构基本自振周期 T_1 的水平地震影响系数，按图 3.18 地震影响系数曲线计算 α 值；多层砌体房屋、底部框架砌体房屋，宜取水平地震影响系数最大值 α_{max}（表 3.4）；

    G_{eq}——结构等效总重力荷载，单质点应取总重力荷载代表值，多质点可取总重力荷载代表值的 85%。即

$$G_{eq} = 0.85 \sum_{i=1}^{n} G_i \qquad (3.20)$$

式中 G_i——集中于第 i 质点的重力荷载代表值，即将楼层上下各半高处全部墙、柱及楼面重力荷载代表值集中于楼层质点处。

② 求各质点水平地震作用 F_i：

$$F_i = \frac{G_i H_i}{\sum_{j=1}^{n} G_j H_j} F_{Ek}(1-\delta_n) \qquad (i=1,2\cdots n) \qquad (3.21)$$

$$\Delta F_n = \delta_n F_{Ek} \qquad (3.22)$$

式中 F_i——质点 i 的水平地震作用标准值；

  G_i、G_j——分别为集中于质点 i、j 的重力荷载代表值；

  H_i、H_j——分别为质点 i、j 的高度；

    δ_n——顶部附加地震作用系数，多层钢筋混凝土结构和钢结构房屋可按表 3.16 采用，其他房屋可采用 0.0；

    ΔF_n——顶部附加水平地震作用。

顶部附加地震作用系数 δ_n 表 3.16

特征周期 T_g(s)	$T_1 > 1.4T_g$	$T_1 \leq 1.4T_g$
$T_g \leq 0.35$	$0.08T_1 + 0.07$	
$0.35 < T_g \leq 0.55$	$0.08T_1 + 0.01$	0.0
$T_g > 0.55$	$0.08T_1 - 0.02$	

注：T_1 为结构基本自振周期。

（3）鞭梢效应

地震的震害表明，当建筑物有突出屋面的小塔楼时，如屋顶间、女儿墙、烟囱等，由于该部分的质量和刚度突然变小，将产生"鞭梢效应"，即地震反应急剧增大。因此，《抗震规范》规定，采用底部剪力法时，突出屋面的屋顶间、女儿墙、烟囱等的地震作用效应，宜乘以增大系数 3，此增大部分不应往下传递，但与该屋面部分相连的构件应予计入。当采用振型分解法时，突出屋面部分可作为一个质点。

（4）结构自振周期的近似计算

确定多、高层房屋的基本自振周期 T_1 可以直接由结构自由振动方程组求解，这种方

法计算精度高，但比较复杂。下面介绍两种用于手算的近似计算方法。

① 能量法。能量法又称为瑞利法，其原理是无阻尼弹性体系振动过程中将保持能量守恒。即当体系振动过程中位移达到最大值时其变形位能最大为 U_{max}，而此时体系动能为零；在经过静平衡位置时，体系动能为最大值 T_{max}，而变形位能为零。因此 $U_{max} = T_{max}$，经简化后得到基本自振周期 T_1 的近似计算公式为：

$$T_1 \approx 2\psi_{\text{T}} \sqrt{\frac{\sum\limits_{i=1}^{n} G_i X_i^2}{\sum\limits_{i=1}^{n} G_i X_i}} \tag{3.23}$$

式中　X_i——假想把各楼层处的重力荷载代表值 G_i 视作水平荷载，按弹性阶段计算所得的各层侧移值（一般可以按照 D 值法计算）（m）；

ψ_{T}——考虑填充墙影响的周期折减系数，当填充墙为砌体墙（不包括轻质墙和柔性连接墙）时，框架结构取 0.6～0.7，框架-剪力墙结构取 0.7～0.8，剪力墙结构取 0.8～1.0。

② 顶点位移法。顶点位移法是根据结构在重力荷载水平作用时算得的顶点位移来推求其基本自振周期的一种方法。对于质量及刚度沿高度分布均匀时，可按下式计算：

$$T_1 = 1.7\psi_{\text{T}} \sqrt{X_n} \tag{3.24}$$

式中　X_n——计算基本周期用的结构顶点的假想位移（m），即假想把集中在楼面处的重力荷载代表值 G_i 视作水平荷载，按弹性阶段计算所得的顶点位移。

2）竖向地震作用的计算

震害表明，在高烈度地区，竖向地震作用对高层建筑、长悬臂结构以及大跨度结构影响明显。因此，《抗震规范》要求 8、9 度时的大跨度和长悬臂结构以及 9 度时的高层建筑，应计算竖向地震作用。

（1）9 度时的高层建筑，竖向地震作用的计算简图如图 3.20 所示，其标准值应按下列公式计算：

$$F_{\text{Evk}} = \alpha_{\text{vmax}} G_{\text{eq}} \tag{3.25}$$

$$F_{\text{vi}} = \frac{G_i H_i}{\sum\limits_{j=1}^{n} G_j H_j} F_{\text{Evk}} \tag{3.26}$$

式中　F_{Evk}——结构总竖向地震作用标准值；

F_{vi}——质点 i 的竖向地震作用标准值；

α_{vmax}——竖向地震影响系数的最大值，可取水平地震影响系数最大值的 65%；

G_{eq}——结构等效总重力荷载，可取其重力荷载代表值的 75%。

楼层的竖向地震作用效应分配可按各构件承受的重力荷载代表值的比例分配，并宜乘以增大系数 1.5。

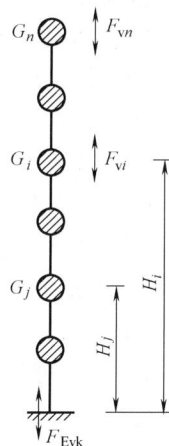

图 3.20　结构竖向地震作用计算简图

（2）大跨度和长悬臂结构

① 跨度不大于 120m、长度不大于 300m、悬臂不大于 40m 的规则平板型网架屋盖和

跨度大于 24m 的屋架、屋盖横梁及托架的竖向地震作用标准值，宜取其重力荷载的代表值和竖向地震系数的乘积；竖向地震作用系数可按表 3.17 采用。

竖向地震作用系数　　　　　　　　　表 3.17

结构类型	烈度	场地类别		
		Ⅰ	Ⅱ	Ⅲ、Ⅳ
平板型网架、钢屋架	8	可不计算(0.10)	0.08(0.12)	0.10(0.15)
	9	0.15	0.15	0.20
钢筋混凝土屋架	8	0.10(0.15)	0.13(0.19)	0.13(0.19)
	9	0.20	0.25	0.25

注：括号内数据用于基本地震加速度为 0.30g 的地区。

② 长悬臂构件和不属于上述情况的大跨度结构的竖向地震作用标准值，8 度时和 9 度时可分别取该结构、构件重力荷载代表值的 10% 和 20%，设计基本地震加速度为 0.3g 时，可取该结构、构件重力荷载代表值的 15%。

2. 抗震验算

为了实现"小震不坏，中震可修，大震不倒"的三个水准抗震设防目标，《抗震规范》采用了两个阶段的设计方法，并包括了截面抗震验算和抗震变形验算两个方面的内容。

《抗震规范》对结构的抗震验算，规定如下：

① 6 度时的建筑（不规则建筑及建造于Ⅳ类场地上较高的高层建筑除外），以及生土房屋和木结构房屋等，应符合有关的抗震措施要求，但应允许不进行截面抗震验算。

② 6 度时不规则建筑、建造于Ⅳ类场地上较高的高层建筑（如高度大于 40m 的钢筋混凝土框架、高度大于 60m 的其他钢筋混凝土民用房屋和类似工业厂房，以及高层钢结构房屋），7 度和 7 度以上的建筑结构（生土房屋和木结构房屋除外），应进行多遇地震作用下的截面抗震验算。

③《抗震规范》要求钢筋混凝土框架结构、框架-剪力墙结构、板柱-剪力墙结构、框架-核心筒结构、剪力墙结构、筒中筒结构、钢筋混凝土框支层以及多、高层钢结构应进行多遇地震作用下的抗震弹性变形验算。对于《抗震规范》所列结构的薄弱层需要按规定进行弹塑性变形验算。

1）截面抗震验算

（1）地震作用效应

一般考虑水平地震作用效应。9 度高层建筑，8 度 9 度大跨度、长悬臂结构应考虑竖向地震作用效应。在平面、立面布局及抗侧力结构布置时应注意质量、刚度的均匀对称，避免扭转，当出现扭转明显需要考虑扭转耦联地震效应时，通过将边榀构件的地震作用效应乘以增大系数或者按扭转耦联振型分解法计算等加以考虑。

当高度不超过 40m、以剪切变形为主且质量和刚度沿高度分布比较均匀的结构水平地震作用可采用底部剪力法，当求得各楼层质点水平地震作用后，按照结构力学的方法求解水平地震作用效应（包括内力和变形）。

一般情况下水平地震作用计算宜采用振型分解反应谱法，特别不规则的建筑、甲类建筑和表 3.14 所列高度范围的高层建筑应采用时程分析法补充计算。对于振型分解反应谱法计算时,《抗震规范》采用的方法是,先计算每一阶振型各质点的最大地震作用,并按照结构力学的原理求该振型相应的地震作用效应,然后将各阶振型的地震作用效应(包括内力和变形)按照式(3.27)进行组合,以求得结构总的地震作用效应。当相邻振型的周期比小于 0.85 时,水平地震作用效应可采用"平方和开方"的方法确定,即按下式计算:

$$S = \sqrt{\sum S_j^2} \tag{3.27}$$

式中　S——结构某处总的水平地震作用效应(如弯矩、剪力、轴力和变形等);

　　　S_j——j 振型水平地震作用产生的该处结构的地震作用效应。

上式应注意,不能把各振型的地震作用"平方和开方"求总地震作用,然后求总地震作用效应。一般上式计算时 j 可只取前 2～3 各振型,当基本自振周期大于 1.5s 或房屋高宽比大于 5 时,振型个数应适当增加。不同结构体系在水平地震作用下,其作用效应计算方法不同,抗震验算具体方法也不同。

为了防止长周期结构由于水平地震作用的计算值偏小,在地震动态作用下出现破坏,《抗震规范》要求,在抗震验算时,结构任意楼层的水平地震剪力应符合下式要求:

$$V_{Eki} > \lambda \sum_{j=i}^{n} G_j \tag{3.28}$$

式中　V_{Eki}——第 i 层对应水平地震作用标准值的楼层剪力;

　　　λ——剪力系数,不应小于表 3.18 规定的楼层最小地震剪力系数,对竖向不规则结构的薄弱层,尚应乘以 1.15 的增大系数;

　　　G_j——第 j 层的重力荷载代表值。

楼层最小地震剪力系数　　　　　　　　　　　表 3.18

类别	6 度	7 度	8 度	9 度
扭转效应明显或基本周期小于 3.5s 的结构	0.008	0.016(0.024)	0.032(0.048)	0.064
基本周期大于 5.0s 的结构	0.006	0.012(0.018)	0.024(0.036)	0.048

注:1. 基本周期介于 3.5s 和 5.0s 之间的结构,按插入法取值;

　　2. 括号内数值分别用于基本地震加速度 0.15g 和 0.3g 的地区。

水平地震作用引起的内力计算中,结构的楼层剪力按照下列原则分配:

① 现浇和装配整体式混凝土楼、屋盖等刚性楼、屋盖建筑,宜按抗侧力构件等效刚度的比例分配。

② 木楼盖、木屋盖等柔性楼、屋盖建筑,宜按抗侧力构件从属面积上重力荷载的代表值的比例分配。

③ 普通的预制装配式混凝土楼、屋盖等半刚性楼、屋盖的建筑,可取上述两种分配结果的平均值。

符合条件需要进行多遇地震竖向地震作用计算时,其内力的计算方法同重力荷载的内力计算方法,对于高层建筑时楼层的竖向地震作用内力可按各构件的重力荷载代表值的比例分配,且其结果应乘以 1.5 予以增大。

截面抗震验算时,地震作用效应为其中的内力,通常有多遇地震时水平地震作用引起的内力和重力荷载代表值引起的内力,特殊情况下考虑多遇地震时竖向地震作用引起的内力，对于风载起控制作用（即其总剪力和倾覆力矩与地震作用相当时）的建筑考虑其参加组合（组合系数 20%）。内力设计值 S 按结构构件的地震作用效应和其他荷载效应的基本组合计算。

（2）承载力验算

结构构件的截面抗震验算，应采用下列设计表达式：

$$S \leqslant R/\gamma_{RE} \tag{3.29}$$

式中　S——考虑结构构件的地震作用效应和其他效应的基本组合的内力设计值；

γ_{RE}——承载力抗震调整系数，除另有规定外，应按表 3.19 采用；

R——结构构件承载力设计值，即不考虑地震作用时结构构件的承载力设计值。

当仅计算竖向地震作用时，各类结构构件承载力抗震调整系数均应采用 1.0。

2）抗震变形验算

结构的变形验算包括多遇地震下结构的弹性变形验算和罕遇地震下结构的弹塑性变形验算两者。前者属于第一阶段抗震设计；后者属于第二阶段抗震设计。

承载力抗震调整系数　　　　　　　　　　　　表 3.19

材料	结构构件	受力状态	γ_{RE}
钢	柱，梁，支撑，节点板件，螺栓，焊缝	强度	0.75
	柱，支撑	稳定	0.80
砌体	两端均有构造柱、芯柱的抗震墙	受剪	0.9
	其他抗震墙	受剪	1.0
混凝土	梁	受弯	0.75
	轴压比小于 0.15 的柱	偏压	0.75
	轴压比不小于 0.15 的柱	偏压	0.80
	抗震墙	偏压	0.85
	各类构件	受剪、偏拉	0.85

（1）多遇地震作用下的抗震变形验算

为了实现"小震不坏"的第一水准的抗震设防目标，结构弹性阶段的层间位移不超过规定的限值，以防止主体结构损坏及非结构构件（如围护墙、隔墙和各种内外装修）出现过重破坏。因此对表 3.20 所列各类结构应进行多遇地震作用下的抗震变形验算，其楼层内最大的弹性层间位移应符合下式要求：

$$\Delta u_e \leqslant [\theta_e] h \tag{3.30}$$

式中　Δu_e——多遇地震作用标准值产生的楼层内最大的弹性层间位移；计算时，除以弯曲为主的高层建筑外，可不扣除结构整体弯曲变形；应计入扭转变形，各作用分项系数均应采用 1.0；钢筋混凝土结构构件的截面刚度可采用弹性刚度；

$[\theta_e]$——弹性层间位移角限值，宜按表 3.20 采用；

h——计算楼层的层高。

弹性层间位移角限值　　　　　　　　　　　　　　表 3.20

结 构 类 型	$[\theta_e]$
钢筋混凝土框架	1/550
钢筋混凝土框架-剪力墙、板柱-剪力墙、框架-核心筒	1/800
钢筋混凝土剪力墙、筒中筒	1/1000
钢筋混凝土框支层	1/1000
多、高层钢结构	1/250

（2）罕遇地震作用下的抗震变形验算

为了实现"大震不倒"的第三水准抗震设防目标，防止结构在罕遇地震作用下出现倒塌，应进行罕遇地震作用下弹塑性变形验算。结构在罕遇地震时进入弹塑性工作阶段，如果结构的薄弱部位不因变形过大而首先破坏，结构体系就具有足够变形能力，能够依靠结构良好的延性，通过本身的塑性变形吸收和消耗地震能量，做到坏而不倒；因此应将结构的薄弱部位的弹塑性变形控制在一定的限度内。

① 验算范围。对于结构可能出现的薄弱层和薄弱部位，在罕遇地震时一般首先屈服，产生很大的弹塑性变形，为避免该部位的破坏而发生建筑物倒塌，应对其层间位移进行验算。具体验算范围按表 3.21 采用。

弹塑性变形验算范围　　　　　　　　　　　　　　表 3.21

应进行弹塑性验算	8 度 Ⅲ、Ⅳ 类场地和 9 度时，高大的单层钢筋混凝土厂房的横向排架
	7～9 度时楼层屈服强度系数小于 0.5 的钢筋混凝土框架结构和排架结构
	高度大于 150m 的结构
	甲类建筑和 9 度时乙类建筑中的钢筋混凝土和钢结构
	采用隔震和消能减震设计的结构
宜进行弹塑性验算	8 度 Ⅰ、Ⅱ 类场地和 7 度时房屋高度均大于 100m，8 度 Ⅲ、Ⅳ 场地房屋高度大于 80m，9 度时房屋高度大于 60m；且该三种情况同时出现表 3.9 所列竖向不规则类型的高层建筑结构
	7 度 Ⅲ、Ⅳ 类场地和 8 度时乙类建筑中的钢筋混凝土结构和钢结构
	板柱-剪力墙结构和底部框架砌体房屋
	高度不大于 150m 的其他高层钢结构
	不规则的地下建筑结构及地下空间综合体

注：楼层屈服强度系数为按钢筋混凝土构件实际配筋和材料强度标准值计算的楼层受剪承载力和按罕遇地震作用标准值计算的楼层弹性地震剪力的比值；对排架柱，指按实际配筋面积、材料强度标准值和轴向力计算的正截面受弯承载力与按罕遇地震作用标准值计算的弹性地震弯矩的比值。

② 弹塑性变形的计算。按照《抗震规范》推荐的计算方法进行计算罕遇地震下薄弱层（部位）弹塑性层间位移。

③ 弹塑性变形的验算。结构在罕遇地震下薄弱层（部位）弹塑性层间位移应符合下式要求：

$$\Delta u_p \leqslant [\theta_p] h \tag{3.31}$$

式中　Δu_p——弹塑性层间位移；

　　$[\theta_p]$——弹塑性层间位移角限值，可按表 3.22 采用；对钢筋混凝土框架结构，当

　　　　　　　轴压比小于 0.40 时，可提高 10%；当柱子全高的箍筋数量比《抗震规范》
　　　　　　规定的体积配箍率大 30% 时，可提高 20%，但累计不超过 25%；

h——薄弱层楼层高度或单层厂房上柱高度。

弹塑性层间位移角限值　　　　　　　　　　　　　　　　表 3.22

结构类型	$[\theta_p]$
单层钢筋混凝土柱排架	1/30
钢筋混凝土框架	1/50
底部框架砌体房屋中框架-剪力墙	1/100
钢筋混凝土框架-剪力墙、板柱-剪力墙、框架-核心筒	1/100
钢筋混凝土剪力墙、筒中筒	1/120
多、高层钢结构	1/50

3.5.3　地震作用下结构的受力特点

1. 砌体结构房屋

（1）多层砌体房屋

砌体结构通常是指由砖、石、砌块等块体和砂浆砌筑而成的墙、柱作为建筑物主要受力构件的结构。多层砌体结构房屋通常墙、柱为砌体结构构件，而楼、屋盖采用钢筋混凝土构件。砌体结构房屋具有施工方便、造价低廉、耐久性好等特点，在我国得到广泛应用，但由于砌体的抗拉、抗剪强度低，房屋的整体性差、自振周期短、延性和变形能力差，因此砌体结构房屋抗震性能相对较低，未经合理抗震设计的砌体房屋震害十分严重。提高砌体结构房屋的抗震能力是建筑抗震设计研究的重要内容。

砌体结构房屋一般仅进行第一阶段设计，即进行多遇地震下的承载力验算。砌体结构刚度大，多遇地震下的变形小，因此不需要进行多遇地震下的弹性变形验算。而多层砌体结构在罕遇地震下的不倒塌要求是通过抗震构造措施来保证的。

地震作用有水平地震作用、竖向地震作用，有些情况下还会产生扭转。竖向地震作用对多层砌体结构房屋所造成的影响相对较小，一般不进行这方面的计算。地震扭转影响一般也不考虑，但在平面、立面布局及墙体结构布置时应注意质量、刚度的均匀对称，避免扭转，同时通过构造措施增强抗扭能力来解决。

水平地震作用分别沿房屋的纵向和横向两个主轴方向考虑，计算简图按多质点弹性体系考虑（图 3.19），采用底部剪力法计算各楼层的水平地震作用标准值 F_i，此时房屋计算楼层（第 i 层）的楼层剪力标准值 V_{Eki} 为本层及以上所有水平地震作用的和，即：

$$V_{Eki} = \sum_{j=i}^{n} F_i \tag{3.32}$$

楼层地震剪力标准值 V_{Eki} 不应小于式（3.28）的计算结果。楼层地震剪力由同方向的墙体全部承担。横向楼层地震剪力标准值在各横墙中的分配，应根据楼、屋盖刚度确定分配方法。即对于抗震横墙间距符合要求的现浇及装配整体式楼、屋盖按各横墙的侧向刚度比例分配；木楼盖、木屋盖等柔性楼、屋盖，按各横墙从属面积上重力荷载代表值的比例分配；采用小型预制板装配式钢筋混凝土楼、屋盖可按上述两种分配结果的平均值。纵向楼层地震剪力标准值在各纵墙中的分配，不论楼、屋盖刚度如何，一律按纵墙的侧向刚度分配。主要由于纵墙一般都比横墙长得多，楼、屋盖的纵向刚度要远大于横向刚度。侧向刚度计算时应考虑洞口的影响。

当墙体开洞时，同一道墙上，洞口之间各墙段所承担的地震剪力可按各墙段的侧向刚度进行分配，与楼、屋盖刚度无关。

墙体受力情况类似于剪力墙，开洞墙类似于联肢剪力墙，即洞口之间的墙体相当于剪力墙的墙肢，洞口上方的墙肚相当于剪力墙的连梁。墙体或墙段中除了承担水平剪力外还受到重力荷载引起的压力，水平剪力引起剪应力 τ 和竖向压力引起压应力 σ_0，对于砖砌体及小型砌块砌体，地震中上述两种应力在砌体中产生主拉应力，当主拉应力超过了砌体的抗拉强度时，砌体在垂直于主拉应力方向产生斜裂缝，由于地震水平作用的往复变化，墙体中的斜裂缝是交叉的，若墙体四周无圈梁和构造柱约束，也无水平配筋，砌体在往复水平地震作用下裂缝扩大并延伸，最终向平面外坍塌失去对重力荷载的承载力，造成房屋倒塌。这就是地震中砌体结构常见交叉斜裂缝出现导致墙体破坏的原因。因此设置一定数量的圈梁和构造柱将砌体四周分割包围形成对砌体的约束，必要时设置一些水平钢筋，延缓斜裂缝的扩展，避免砌体向平面外坍塌跌落，保持对重力荷载的承载力，防止房屋倒塌。

砌体结构房屋的抗震验算，最后可取最不利的一道墙或一个墙段进行抗震验算。抗震最不利墙段可能是底层、顶层或砂浆强度等级变化的楼层，以及承担水平地震作用较大或竖向正应力较小的墙体等。验算时墙体剪力采用设计值，即标准值乘以分项系数1.3，抗剪承载力应除以承载力调整系数 γ_{RE}（表3.19）。验算不满足时可以采用水平配筋、设置构造柱、芯柱等措施，提高其抗震承载力。

（2）底部框架-剪力墙（抗震墙）砌体房屋

对于底部商业网点，上部住宅这类沿街建筑，有时底层或底部两层采用钢筋混凝土框架和一定数量的钢筋混凝土剪力墙（6度且不超过四层时可采用约束砌体墙称为抗震墙，下同）承重，上部各层由砌体承重。这类建筑称为底部框架-剪力墙（抗震墙）砌体房屋。这类房屋上部纵、横墙体较密，侧向刚度较大，容易形成上刚下柔的结构体系，地震时侧向变形集中于相对薄弱的底部，极易造成震害。因此，《抗震规范》要求，在房屋的底部，应沿纵横两个方向设置一定的剪力墙（抗震墙），并均匀布置。并对上部砌体部分的侧向刚度与底部框架-剪力墙（抗震墙）的侧向刚度的比值进行限制，根据底部框架-剪力墙（抗震墙）的层数和设防烈度不同控制在1.0～2.5之间，烈度高时取低值，防止出现底部过于薄弱。

该类房屋的地震剪力、质点地震作用及层间剪力的计算方法与一般多层砌体结构房屋相同。上部砌体结构部分抗震验算同多层砌体房屋。但考虑底部比较薄弱的不利影响，底部纵向和横向的楼层水平地震剪力设计值应乘以增大系数，其值取1.2～1.5。底部框架-剪力墙（抗震墙）按两道防线设计，第一道防线在结构弹性阶段多遇地震下全部由剪力墙（抗震墙）受力，上述增大后的楼层水平地震剪力全部由同方向的剪力墙（抗震墙）承担，并按照各剪力墙（抗震墙）的侧向刚度分配。第二道防线，由框架与开裂后的剪力墙（抗震墙）共同工作。即进入弹塑性阶段后，剪力墙出现大量裂缝，其有效侧向刚度较低到其弹性阶段时的30%，嵌砌于框架的砖及小砌块抗震墙也由于出现裂缝，其有效侧向刚度降低到其弹性阶段的20%。此时框架基本处于弹性工作状态，其侧向刚度无明显降低。

因此框架柱所承担的剪力分配时，将乘以增大系数 1.2～1.5 后的楼层水平地震剪力设计值按照同方向的抗侧力构件的有效侧向刚度的比例分配。有效侧向刚度取值时框架不折减；混凝土剪力墙或配筋混凝土砌体抗震墙乘以折减系数 0.3；约束普通砖砌体或小砌块砌体抗震墙乘以折减系数 0.2。框架柱侧向刚度可按 D 值法求得，求得框架柱剪力后，可以用 D 值法求得其他内力。框架柱的轴力应计入地震倾覆力矩引起的附加轴力，即把上部砌体看成刚体，对底部框架-剪力墙（抗震墙）顶面取矩得到倾覆力矩。底部各轴线承受的倾覆力矩，近似按底部剪力墙（抗震墙）和框架的有效侧向刚度的比例分配。当存在嵌砌于框架之间的普通砖或小砌块的抗震墙时，还应计入砖墙或小砌块引起框架柱的附加轴力和附加剪力。

底部框架-剪力墙（抗震墙）砌体房屋的底部框架、剪力墙、砌体抗震墙，计算得到地震作用效应后应按地震基本组合，分别进行框架、剪力墙和砌体抗震墙的截面承载力验算。

2. 混凝土结构

混凝土结构房屋抗震时为了实现"小震不坏，中震可修，大震不倒"的三个水准抗震设防目标，采用了两个阶段的设计方法。第一阶段设计时，进行多遇地震下的抗震承载力验算以及多遇地震下按式（3.30）进行弹性变形验算。对于表 3.21 所列情况的薄弱层需进行第二阶段设计，即按公式（3.31）进行罕遇地震下弹塑性变形验算。

（1）框架结构

水平地震作用效应（内力和变形）的计算可以采用修正反弯点法（D 值法）进行计算。水平地震作用效应中的内力，其内力图形类似于风载的内力图，如弯矩图为直线图形，梁的两端和柱的上下端为最大，剪力图均为水平线；由于水平地震作用为正反两个方向，因此弯矩、剪力均有绝对值相等的正负值。重力荷载代表值产生的荷载效应可按照分层法、弯矩两次分配法等近似计算方法进行分析；重力荷载下的弯矩图梁为曲线型，两端为负弯矩，跨中一般为正弯矩，柱的弯矩图为直线图形，上下端最大；梁两端的剪力为最大。

为了满足第三水准"大震不倒"的要求，需要框架结构有足够的延性，一般要求结构的极限位移与结构的屈服位移的比值大于 3，《抗震规范》主要通过"强柱弱梁、强剪弱弯、强节点、强锚固"的原则进行设计，确保结构的延性。因此在进行截面抗震验算时，框架梁应调整增加其剪力设计值，框架柱应调整增加柱端的弯矩设计值和调整增加柱端的剪力设计值。框架的节点核芯区截面应进行抗震受剪承载力验算。

（2）剪力墙结构

剪力墙结构是由一系列纵向剪力墙、横向剪力墙及楼、屋盖所组成的空间结构。剪力墙按照墙肢截面长度 h_w 与厚度 b_w 的比值分为柱（$h_w/b_w \leqslant 4$）、短肢剪力墙（$4 < h_w/b_w \leqslant 8$）和普通剪力墙（$h_w/b_w > 8$）三种类型。按照开洞与否和开洞大小分为整截面剪力墙、整体小开口剪力墙、联肢墙、壁式框架四种类型。整截面剪力墙指不开洞或开洞面积不大于 15% 的剪力墙；整体小开口剪力墙指开洞面积大于 15% 但仍较小的剪力墙；联肢墙指开洞较大、洞口成列布置的剪力墙，其中洞口上方的墙称为连梁，洞间的墙体称为墙肢；壁式框架指洞口尺寸很大，连梁刚度接近于墙肢时的剪力墙。

在重力荷载作用下，剪力墙结构的内力可以分片计算，每片剪力墙作为一个支承于楼

（屋）盖的竖向受压构件按照各自的负荷面积计算荷载，梁传来的集中力可按 45°扩散角向下扩散到整个墙截面，可按均布荷载考虑。计算墙肢的荷载时，宜以洞口中心作为荷载范围分界线，墙肢自重应扣除洞口部分。当重力荷载均匀对称时，计算截面上内力主要是轴力，内力计算时忽略较小的弯矩影响，按照轴心受压构件计算墙肢的轴力。对于联肢墙中的连梁按照两端固定的单跨梁计算弯矩和剪力，求出连梁的两端弯矩后再按上下层墙肢的刚度分配到剪力墙上。对于壁式框架考虑刚域影响后，计算原理与普通框架类同。

在水平地震作用下，将楼（屋）盖看成在其自身平面内的刚度为无限大，而平面外刚度忽略不计，认为在同一楼层标高处剪力墙的水平位移相等。假定各片剪力墙主要在其自身平面内发挥作用，而其平面外刚度忽略不计，当两片剪力墙正交时，可将垂直方向的剪力墙的一部分作为翼缘考虑。这样，纵、横两个方向水平地震作用时，纵向和横向剪力墙分别按照与地震作用同方向的平面结构考虑。每一个方向的楼层质点的水平地震作用按同方向各片剪力墙的等效侧向刚度进行分配，然后根据剪力墙的类型按照力学原理进行单片剪力墙的作用效应计算。当采用振型分解反应谱法计算时，计算前 2～3 个振型的水平地震作用各自的作用效应值，按照式（3.27）求出水平地震作用总的作用效应值。

截面抗震验算时，将求得作用效应中的内力按地震设计状况的内力基本组合计算设计值，并按式（3.29）进行截面抗震验算。墙肢截面平面内为偏心受力构件，多数情况为偏心受压。纵向受力钢筋主要配置在墙肢的两端。在双肢墙中少数情况下墙肢可能出现大偏心受拉，墙肢出现裂缝降低其刚度，使剪力在墙肢中重新分配，此时应将另一墙肢的剪力、弯矩设计值乘以增大系数 1.25，以提高其承载力；避免墙肢出现小偏心受拉。为了保证"强剪弱弯"，剪力墙应设计成高宽比大于 3 的高墙，防止剪切破坏先于弯曲破坏；剪力墙底部内力最大，对于剪力墙的底部区域（称为底部加强部位）应调整加大剪力设计值，使受剪承载力大于弯曲实际受到的剪力。对于连梁，其两端剪力设计值也应调整加大。同样为了保证"强肢弱梁"，规范将连梁的刚度进行折减，从而减少连梁的设计弯矩值，使连梁先于墙肢屈服。保证剪力墙墙肢的延性以及耗能能力，在剪力墙两端和洞口两侧设置边缘构件，并在底部加强部位附近设置加密箍筋的约束边缘构件。

（3）框架-剪力墙结构

框架-剪力墙结构是由框架和剪力墙组成的结构体系，在重力荷载作用下，可假定各竖向承重结构之间为简支连接，将竖向重力荷载按简支梁板简单地分配给剪力墙和框架，再将各框架和各剪力墙按平面结构进行内力计算。

在水平地震荷载下，假定楼（屋）盖在其平面内的刚度为无限大，平面外的刚度忽略不计。纵、横两个方向分别进行计算，求某一方向的内力时，将该方向的各片剪力墙合并成一片综合剪力墙，将该方向的各榀框架合并成一榀综合框架，将该方向综合剪力墙和综合框架移到同一个平面内进行分析。在楼层标高处用刚性连杆连接，以满足框架和剪力墙在楼板处侧移相等的变形协调条件。根据框架与剪力墙之间的连接类型，可简化为铰接体系和刚接体系进行分析。通过对综合剪力墙、综合框架进行协同工作分析，得到水平地震作用在综合剪力墙和综合框架之间的分配，求得综合剪力墙和综合框架的内力，并计算结构的位移。由于地震作用可能使作为抗震第一道防线的剪力墙先出现塑性铰，从而使综合剪力墙的刚度降低，综合框架的剪力有所增加，因此《抗震规范》规定对于侧向刚度沿竖向分布基本均匀的框架-剪力墙结构，任一层框架部分承担的剪力值不应小于结构底部总地震剪力的 20％或框架部分各层按协同工作分析的地震剪力最大值 1.5 倍两者中的较小值。将综合剪力墙的内力按各片剪力墙的等效刚度比例分配给每片剪力墙，将综合框架的剪力按照柱的侧向刚度分配给框架各柱，再按 D 值法计算框架的其他内力。当采用振型分解反应谱法计算时，计算前 2～3 个振型的水平地震作用各自的内力值，按照式（3.27）求出水平地震作用总的内力值。

截面抗震验算时，求得作用效应后按地震设计状况的内力基本组合计算内力设计值，并按式（3.29）进行截面抗震验算。框架和剪力墙的截面抗震验算分别同框架结构和剪力墙结构。

由于楼屋盖的刚度较大，使框架与剪力墙协同工作，其变形曲线形状明显与纯框架和纯剪力墙不同。纯框架在水平地震作用下的变形曲线为层间位移自下而上越来越小的剪切型；而纯剪力墙为凸向原始位置，层间位移自下而上越来越大的弯曲型。由于平面内刚度无限大的楼（屋）盖连接使框架-剪力墙协同工作，其变形曲线成为一条反 S 曲线（弯剪型）。在下部楼层，剪力墙位移小，它帮助框架受力，大部分剪力由剪力墙承担。上部楼层相反，框架帮助了剪力墙。

习　题

思考题

3.1　地震按其成因分有哪几种类型？建筑抗震设防何种类型的地震？

3.2　何谓震源、震中、震中距？何谓浅源地震？

3.3　何谓震级和烈度？

3.4　何谓抗震设防烈度、设计基本地震加速度？两者有何对应关系？

3.5　何谓小震、中震和大震？用烈度表达时对应的烈度是什么？

3.6　我国《抗震规范》的三水准设防目标具体是什么？

3.7　两阶段设计如何进行？

3.8　建筑物的抗震设防类别有哪四类？具体描述并举例说明。

3.9　各类建筑的抗震设防标准是什么？

3.10　建筑场地的地段类别分为哪几类？场地地段的选择原则是什么？举例说明。

3.11　不规则建筑按照其不规则程度分为哪三类？对规则性有哪些要求？

3.12　何谓抗震概念设计？根据概念设计原则抗震设计的基本要求有哪些？

3.13　建筑场地类别如何划分？如何根据场地类别进行抗震设防标准中抗震构造措施的调整？

3.14　何谓抗震措施？何谓抗震构造措施？两者是什么关系？

3.15　根据《抗震规范》的两阶段设计方法，简述抗震验算的内容。

3.16　简述砌体结构水平地震剪力的传递路径和解释地震破坏的特点。

3.17　简述钢筋混凝土框架结构在水平地震作用下其内力的特点和延性设计原则。

单项选择题

3.1　地球内部大致可分为三个组成物质和性质不同的同心圈层，全球绝大部分地震都发生在（　　）内。

A. 地壳　　　　　　　B. 地幔　　　　　　　C. 地核　　　　　　　D. 地心

3.2　我国发生的地震多数震源深度在 10～20km 左右，根据震源深度来划分属于（　　）。

A. 中源地震　　　　　B. 浅源地震　　　　　C. 深源地震　　　　　D. 大地震

3.3　地球内部发生破裂引起震动的部位称为（　　）。

A. 震源　　　　　B. 震源深度　　　　　C. 震中　　　　　D. 震中区

3.4　地震引起的地面震动及其影响的强弱程度称为（　　）。

A、震级　　　　　B. 地震烈度　　　　　C. 抗震设防烈度　　　　　D. 地震波

3.5　震源至地面的垂直距离称为（　　）。

A. 震中距　　　　　B. 震源深度　　　　　C. 震中　　　　　D. 震中区

3.6　地震的（　　）是衡量一次地震释放能量大小的尺度，用符号 M 表示。

A. 震级　　　　　B. 地震烈度　　　　　C. 抗震设防烈度　　　　　D. 地震波

3.7　震级大于8级的地震，可造成绝大多数建筑物塌坏和大量人员伤亡，称为（　　）。

A. 破坏性地震　　　　　　　　　　B. 强烈地震或大地震

C. 特大地震　　　　　　　　　　　D. 有感地震

3.8　抗震设防烈度是指按国家规定的权限批准作为一个地区抗震设防依据的地震烈度，一般情况，取50年内超越概率为（　　）的地震烈度。

A. 2%～3%　　　　　B. 10%　　　　　C. 20%　　　　　D. 63%

3.9　罕遇地震是指在50年期限内，可能遭遇的超越概率为（　　）的地震作用。

A. 2%～3%　　　　　B. 10%　　　　　C. 20%　　　　　D. 63%

3.10　《抗震规范》提出"三水准"的抗震设防目标中，中震可修是指当遭受到（　　）影响时，可能发生损坏，经一般性修理仍可继续使用。

A. 多遇地震　　　　　　　　　　　B. 设防地震

C. 罕遇地震　　　　　　　　　　　D. 极罕遇地震

3.11　《抗震规范》提出"三水准"的抗震设防目标中，小震不坏是指当遭受（　　）影响时，主体结构不受损坏或不需进行修理可继续使用。

A. 众值烈度的地震（多遇地震）　　　B. 相当于本地区抗震设防烈度的设防地震

C. 最大预估烈度的地震（罕遇地震）　D. 极罕遇地震

3.12　建筑工程抗震设防类别中，下列建筑中属于重点设防类（简称乙类）的是（　　）。

A. 住宅　　　　　　　　　　　　　B. 大专院校教学楼

C. 幼儿园的食堂和学生宿舍　　　　　D. 教师公寓

3.13　应按高于本地区抗震设防烈度提高一度的要求加强其抗震措施；同时，应按批准的地震安全性评价的结果且高于本地区抗震设防烈度的要求确定其地震作用。上述属于（　　）建筑的抗震设防标准。

A. 特殊设防类（简称甲类）　　　　　B. 重点设防类（简称乙类）

C. 标准设防类（简称丙类）　　　　　D. 适度设防类（简称丁类）

3.14　设计基本地震加速度是指50年设计基准期超越概率（　　）的地震加速度的设计取值。

A. 2%～3%　　　　　B. 10%　　　　　C. 20%　　　　　D. 63%

3.15　应按本地区抗震设防烈度确定其抗震措施和地震作用，达到在遭遇高于当地抗震设防烈度的预估罕遇地震影响时不致倒塌或发生危及生命安全的严重破坏的抗震设防目标，上述属于（　　）建筑的抗震设防标准。

A. 特殊设防类（简称甲类）　　　　　B. 重点设防类（简称乙类）

C. 标准设防类（简称丙类）　　　　　D. 适度设防类（简称丁类）

3.16　（　　）是指根据抗震概念设计原则，一般不需计算而对结构和非结构各部分必须采取的各种细部要求。

A. 抗震措施　　　　　　　　　　　B. 抗震构造措施

C. 建筑抗震概念设计   D. 抗震设计

3.17 根据地震灾害和工程经验等所形成的基本设计原则和设计思想,进行建筑和结构总体布置并确定细部构造的过程称为 (   )。

A. 抗震措施   B. 抗震构造措施

C. 建筑抗震概念设计   D. 抗震设计

3.18 抗震设计时要明确建筑形体的规则性,下列叙述中错误的为 (   )。

A. 按照不规则程度分为:不规则、特别不规则、严重不规则三种

B. 不规则的建筑应按照抗震规范的规定采取加强措施

C. 特别不规则的建筑应进行专门研究和论证,采取特别的加强措施

D. 严重不规则的建筑应采用钢结构

3.19 对结构体系的要求中,下列叙述有错误的是 (   )。

A. 应具有明确的计算简图、合理的地震作用传递路径

B. 应避免因部分结构或构件的破坏而导致整体结构丧失抗震能力或对重力荷载的承载能力

C. 应增强结构侧向刚度,减少变形和耗能能力

D. 对可能出现的薄弱部位,应采取措施提高其抗震能力

3.20 抗震等级为一、二、三级的框架和斜撑构件(含楼梯),关于钢筋抗震性能指标的叙述中,(   )是为了使结构某些部位出现较大塑性变形或塑性铰后钢筋在大变形下具有必要的强度潜力,保证构件的基本抗震承载力。

A. 钢筋的抗拉强度实测值与屈服强度实测值的比值不应小于1.25

B. 钢筋的屈服强度实测值与屈服强度标准值的比值不应大于1.3

C. 钢筋在最大拉力下的总伸长率实测值不应小于9%

D. 梁、柱中纵向受力普通钢筋宜采用400MPa级和500MPa级热轧钢筋

3.21 下列叙述中错误的是 (   )。

A. 构件节点的破坏,不应先于其连接的构件

B. 避免混凝土的压溃先于钢筋的屈服

C. 避免钢筋的锚固粘结破坏先于构件破坏

D. 避免弯曲破坏先于剪切破坏

3.22 下列各项不规则指标中不属于竖向不规则指标的是 (   )。

A. 扭转不规则   B. 竖向抗侧力构件不连续

C. 楼层承载力突变   D. 侧向刚度不规则

3.23 建筑场地的类别,根据场地土的剪切波速(分层土采用等效剪切波速)和 (   ) 来划分。

A. 土的类型   B. 场地覆盖层厚度

C. 建筑场地的地段类别   D. 建筑类别

3.24 下列叙述中错误的是 (   )。

A. Ⅰ类建筑场地时,甲、乙类建筑应允许仍按本地区抗震设防烈度的要求采取抗震构造措施

B. Ⅲ、Ⅳ类建筑场地时,对于设计基本地震加速度0.15g(7度)的地区,除《抗震规范》特殊规定外,宜按照8度(0.2g)时各类建筑的要求采取抗震构造措施

C. Ⅲ、Ⅳ类建筑场地时,对于设计基本地震加速度0.3g(8度)的地区,除《抗震规范》特殊规定外,宜按照9度(0.4g)时各类建筑的要求采取抗震构造措施

D. Ⅰ类建筑场地时,丙类建筑应允许按本地区抗震设防烈度降低一度的要求采取抗震措施,但6度时不降低

3.25 关于地基土液化的影响因素的以下叙述中错误的是 (   )。

A. 地质年代越久远的砂土层,固结时间长、密实度和结构性好,抗液化能力强

B. 砂土中细砂较粗砂容易液化，颗粒均匀单一的容易液化

C. 砂土和粉土中相对密度大的容易液化

D. 上覆非液化土层越厚，砂土粉土的各向应力越大，就越不容易液化

计算题

某砌体结构房屋位于抗震设防烈度为 7 度，设计基本地震加速度为 0.1g 的地区，计算简图如图 3.21 所示，重力荷载代表值分别为：$G_1 = 1200\text{kN}$，$G_2 = G_3 = G_4 = 1100\text{kN}$，$G_5 = 900\text{kN}$，求该砌体结构房屋多遇地震时各楼层水平地震作用标准值和各层楼层地震剪力标准值。

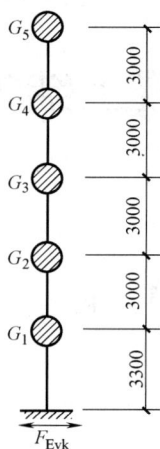

图 3.21

混凝土结构材料

4.1 钢 筋

4.1.1 钢筋的品种

目前我国用于混凝土结构的钢筋主要有热轧钢筋、热处理钢筋、中强度预应力钢丝、消除应力钢丝、钢绞线、预应力螺纹钢筋六类。热轧钢筋和热处理钢筋主要作为钢筋混凝土结构的钢筋和预应力混凝土中的非预应力钢筋，即普通钢筋；其余则作为预应力混凝土构件中施加预应力的钢筋，即预应力钢筋。

1. 普通钢筋

1) 热轧钢筋。是由低碳钢、普通低合金钢在高温状况下轧制而成，分为 300MPa、400MPa、500MPa 和 600MPa 四个等级。目前 600MPa 等级尚未列入《混凝土结构设计规范》。根据类别不同分为热轧光圆钢筋（HPB）、普通热轧钢筋（HRB）和细晶粒热轧钢筋（HRBF）三个系列。

HPB 系列钢筋。这种钢筋的延性、可焊性和机械连接性能较好，但强度低，锚固性能差，实际工程中只用作板、基础的受力主筋，以及梁、柱的箍筋以及其他构造钢筋。

HRB 系列钢筋。这系列钢筋的延性、可焊性、机械连接性能及施工适应性均较好，且其强度高，是混凝土结构的主导钢筋，实际工程中主要用作结构构件中的受力主筋、箍筋等。

HRBF 系列钢筋。在热轧过程中经过控轧和控冷工艺形成的细晶粒钢筋。该系列钢筋同样有较好的延性、可焊性、机械连接性能和锚固性能，同 HRB 系列钢筋一样，也是混凝土结构的主导钢筋。

2) 余热处理钢筋。余热处理钢筋（RRB）系列，是钢筋经热轧后利用热处理原理进行表面控制冷却，并利用芯部自身完成回火处理而成的成品钢筋，分为 400MPa 和 500MPa 两个等级。目前列入《混凝土结构设计规范》的只有 400MPa 等级一种。这种钢筋强度高，但延性、可焊性、机械连接性能及施工适应性均降低，一般可用于对变形性能及加工性能要求不高的构件中，如基础、大体积混凝土、楼板、墙体以及次要的中小结构构件等。

普通钢筋的公称直径、强度符号见表 4.1。普通钢筋的分类、牌号的构成及其含义见表 4.2。

普通钢筋的公称直径

表 4.1

牌号	符号	公称直径（mm）
HPB300	Φ	6～22
HRB400 HRBF400 RRB400	Φ ΦF ΦR	6～50
HRB500 HRBF500	Φ ΦF	6～50

普通钢筋牌号的构成及其含义

表 4.2

类别	牌号	牌号构成	英文字母含义
热轧光圆钢筋	HPB300	HPB+屈服强度特征值	HPB—热轧光圆钢筋的英文缩写
普通热轧钢筋	HRB400 HRB500 HRB600	HRB+屈服强度特征值	HRB—热轧带肋钢筋的英文缩写 E—"地震"的英文首位字母
普通热轧钢筋	HRB400E HRB500E	HRB+屈服强度特征值+E	HRB—热轧带肋钢筋的英文缩写 E—"地震"的英文首位字母
细晶粒热轧钢筋	HRBF400 HRBF500	HRBF+屈服强度特征值	HRB—热轧带肋钢筋的英文缩写 F—"细"的英文首位字母 E—"地震"的英文首位字母
细晶粒热轧钢筋	HRBF400E HRBF500E	HRBF+屈服强度特征值+E	HRB—热轧带肋钢筋的英文缩写 F—"细"的英文首位字母 E—"地震"的英文首位字母
余热处理钢筋	RRB400 RRB500	RRB+屈服强度特征值	RRB—余热处理带肋钢筋的英文缩写

按照外形普通钢筋分为光圆和带肋两种，带肋钢筋又分为等高肋和月牙肋。HPB300 钢筋为光圆钢筋，HRB、HRBF 和 RRB 系列钢筋的外形均为月牙纹。

2. 预应力钢筋

1）中强度预应力钢丝。是一种预应力混凝土构件用强度级别为 800～1370MPa 的冷加工或冷加工后热处理钢丝，按表面形状分为光面钢丝（ϕ^{PM}）和螺旋肋钢丝（ϕ^{HM}）两种，直径为 5～9mm，强度较高，以盘圆形式供应。

2）消除应力钢丝。消除应力钢丝是用高碳镇静钢轧制成圆盘后经过多道冷拔并进行应力消除矫直回火处理而成，包括光面（ϕ^P）、螺旋肋（ϕ^H）两种，直径为 5～9mm，塑性好，低松弛。

3）钢绞线。钢绞线（ϕ^S）是多根高强钢丝绞合在一起并经低温回火处理清除内应力后而制成。钢绞线的规格有 3 股、7 股两种，直径 8～21.6mm，具有强度高、低松弛、伸直性好，比较柔软，盘弯方便，粘结性好的优点。

4）预应力螺纹钢筋。预应力螺纹钢筋（ϕ^T）又称为"精轧螺纹钢筋"，是以中碳低合金钢为钢坯材质轧制而成，一种特殊形状带有不连续的外螺纹的直条钢筋，该钢筋在任意截面处，均可以用带有内螺纹的连接器或锚具进行连接或锚固，以直条形式供货。

4.1.2　钢筋的强度与变形

1. 钢筋的强度

钢筋分为有屈服点钢筋和无屈服点钢筋，即钢筋的应力-应变曲线，有的有明显流幅，如热轧低碳钢和普通热轧低合金钢制成的钢筋；有的则没有明显流幅，如消除应力钢丝等。

1）有明显屈服点的钢材

低碳钢和低合金钢一次拉伸时的应力-应变曲线如图 4.1 所示。从图中的应力-应变曲线来看，应力在 a 点以前，应力和应变按线性比例关系增长，a 点对应的应力称为比例极限。过了 a 点后，应变比应力增长得快，到达 b 后，钢筋开始出现塑流，b 点称为屈服上限，由于加载速度及试件状况等试验条件的不同，屈服开始时总是形成曲线的上下波动，波动最高点 b 称为上屈服点，最低点 c 称为下屈服点（用 f_y 表示），这时应力水平基本保持不变但应变急剧增加，图线基本水平，直到 f 点。b 点到 f 点的水平部分称为屈服台阶，其大小称为流幅。f 点后，应力继续增加，随着曲线上升直到 d 点，对应的应力称为极限强度（用 f_{st} 表示），fd 阶段称为强化阶段。到达 f_{st} 后试件薄弱处的截面突然显著减小，出现局部横向收缩变形，即"颈缩"，变形迅速增加到 e 点，试件断裂。

由于到达 f_y 后构件会产生较大的塑性变形，故以 f_y 作为计算构件的强度标准，屈服点 f_y 是建筑钢材的一个重要力学特性；到达 f_{st} 时构件开始断裂破坏，故以 f_{st} 作为材料的强度储备。

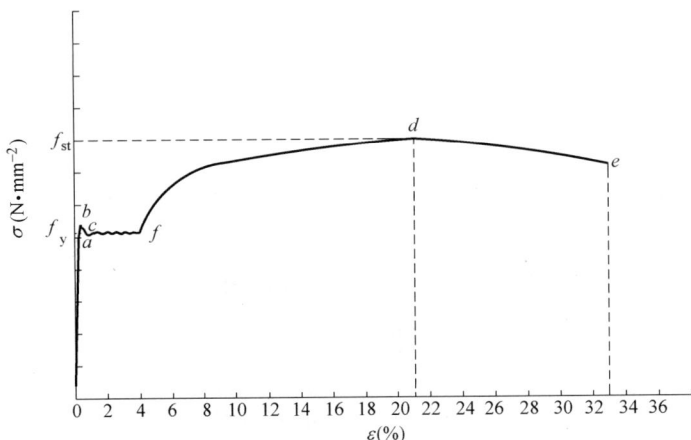

图 4.1　有明显屈服点钢材的应力-应变曲线

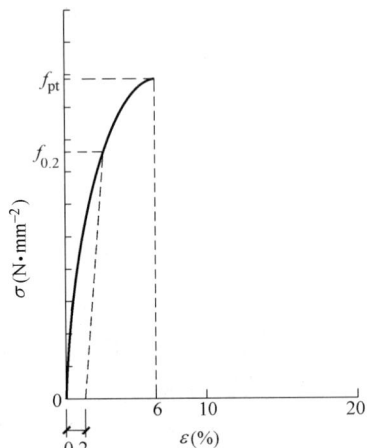

图 4.2　无明显屈服点钢材
的应力-应变曲线

2）无明显屈服点的钢材

没有明显流幅的钢筋应力-应变关系曲线如图 4.2 所示。没有明显的屈服点和屈服台阶，其应力-应变关系为一条连续的曲线，直至到达强度极限而断裂，具有脆性破坏特点。对于没有明显屈服点的钢材，以残余变形为 $\varepsilon=0.2\%$ 时的应力作为名义屈服点，其值约为极限强度的 85%。

2. 钢筋的强度指标与弹性模量

《混凝土结构设计规范》规定钢筋的强度标准值应具有不小于 95% 的保证率。普通钢筋以屈服强度为标志，以钢筋国家标准中的屈服强度特征值作为屈服强度标准值 f_{yk}，钢筋的抗拉强度特征值作为钢筋的极限强度标准值 f_{stk}。预应力筋没有明显的屈服点，这类钢筋以极限强度为标志，取预应力钢筋国家标准中的钢筋抗拉强度作为极限强度标准值 f_{ptk}，取 0.002 残余应变所对应的应力作为条件屈服强度标准值 f_{pyk}。

钢筋的强度设计值等于其屈服强度（条件屈服强度）标准值除以材料分项系数 γ_s。热轧钢筋延性较好，除了 500MPa 级钢筋，γ_s 取 1.15，其余均取 γ_s 为 1.1。预应力筋的延性较差，γ_s 不小于 1.2，取钢筋抗压强度设计值 f_y' 与抗拉强度一致，预应力筋则小于抗拉强度值。对轴心受压构件，当采用 HRB500、HRBF500 钢筋时，钢筋的抗压强度设计值 f_y' 应取 400N/mm²。横向钢筋的抗拉强度设计值 f_{yv} 应按表中的 f_y 数值采用；但用作受剪、受扭、受冲切承载力计算时，其数值大于 360N/mm² 时应取 360N/mm²。普通钢筋的强度标准值、强度设计值按表 4.3 采用；预应力钢筋的强度标准值、强度设计值按表 4.4 采用。普通钢筋和预应力钢筋的弹性模量 E_s 见表 4.5。

普通钢筋强度标准值、强度设计值（N/mm²）　　　　表 4.3

牌号	屈服强度标准值 f_{yk}	极限强度标准值 f_{stk}	抗拉强度设计值 f_y	抗压强度设计值 f_y'
HPB300	300	420	270	270
HRB400、HRBF400、RRB400	400	540	360	360
HRB500、HRBF500	500	630	435	435

预应力钢筋强度标准值、设计值（N/mm²）　　　　表 4.4

种类		符号	公称直径 d (mm)	屈服强度标准值 f_{pyk}	极限强度标准值 f_{ptk}	抗拉强度设计值 f_{py}	抗压强度设计值 f_{py}'
中强度预应力钢丝	光面 螺旋肋	ΦPM ΦHM	5、7、9	620	800	510	410
				780	970	650	
				980	1270	810	
预应力螺纹钢筋	螺纹	ΦT	18、25、32、40、50	785	980	650	400
				930	1080	770	
				1080	1230	900	
消除应力钢丝	光面 螺旋肋	ΦP ΦH	5	—	1570	1110	410
				—	1860	1320	
			7	—	1570	1110	
			9	—	1470	1040	
				—	1570	1110	
钢绞线	1×3 (三股)	ΦS	8.6、10.8、12.9		1570	1110	390
					1860	1320	
					1960	1390	
	1×7 (七股)		9.5、12.7、15.2、17.8		1720	1220	
					1860	1320	
					1960	1390	
			21.6		1860	1320	

钢筋弹性模量 E_s 表 4.5

钢筋种类	弹性模量 E_s($\times 10^5 N/mm^2$)
HPB300 钢筋	2.10
HRB400、HRB500 钢筋 HRBF400、HRBF500 钢筋 RRB400 钢筋 预应力螺纹钢筋	2.00
消除应力钢丝、中强度预应力钢丝	2.05
钢绞线	1.95

3. 钢筋的变形

钢筋除了要有足够的强度，还应该有一定的延性要求。《混凝土结构设计规范》GB 50010—2010（含局部修订）规定将最大力下总伸长率 δ_{gt} 作为控制钢筋延性的指标，达到极限强度时钢筋的伸长值与原长的比值称为伸长率，伸长率越大表示塑性越好。

为了使构件在破坏时有明显的预兆，即保证钢筋具有一定的塑性，规范规定在最大力下的总伸长率的最小值，见表 4.6。

钢筋在最大力下的总伸长率限值   表 4.6

钢筋品种	普通钢筋			预应力筋
	HPB300	HRB400、HRBF400 HRB500、HRBF500	RRB400	
δ_{gt}(%)	10.0	7.5	5.0	3.5

4.1.3 钢筋的选用

《混凝土结构设计规范》提倡应用高强、高性能钢筋，根据混凝土构件对受力性能的要求，规定混凝土结构的钢筋选用需满足如下规定：

纵向受力普通钢筋可采用 HRB400、HRB500、HRBF400、HRBF500、RRB400、HPB300 钢筋；梁、柱和斜撑构件的纵向受力普通钢筋宜采用 HRB400、HRB500、HRBF400、HRBF500 钢筋；箍筋宜采用 HRB400、HRBF400、HPB300、HRB500、HRBF500 钢筋；预应力钢筋宜采用预应力钢丝、钢绞线和预应力螺纹钢筋。

4.2 混 凝 土

4.2.1 混凝土的强度

混凝土是由水泥或其他胶结料等凝胶材料、粗细骨料和水按一定配合比经搅拌、成型、养护等工艺而成的先可塑后硬化的结构材料，需要时可另加掺合料或外加剂。混凝土强度是混凝土受力性能的一个基本标志，在工程中常用的混凝土强度指标主要有立方体抗压强度、轴心抗压强度、轴心抗拉强度等。

1. 混凝土立方体抗压强度

按照标准方法制作养护（在 20℃±2℃ 的温度和相对湿度 95％ 以上条件的空气中养护）的边长为 150mm 的立方体标准试件，在 28d 或设计规定龄期，用标准试验方法测得的具有 95％ 保证率的抗压强度，称为立方体抗压强度标准值，用符号表示为 $f_{cu,k}$（单位为 MPa）。

《混凝土结构设计规范》规定，混凝土划分 14 个等级，即：C15、C20、C25、C30、C35、C40、C45、C50、C55、C60、C65、C70、C75、C80；其中符号 C 表示混凝土，后面的数字表示立方体抗压强度标准值。

实验研究表明，对于边长为非标准的立方体试块，其立方体抗压强度应乘以换算系数来得到标准立方体强度。当采用边长为 200mm 和 100mm 的立方试块时，其换算关系分别取 1.05 和 0.95。

目前，国外有些国家为确定混凝土抗压强度所采用的混凝土试件为圆柱体，试件的标准尺寸为直径 150mm，长度 300mm。同样的，当采用非标准试块时，需乘以换算系数来得到标准圆柱体强度。对 Φ250×500mm 的试件乘以 1.05；Φ100×200mm 的试件乘以 0.97。圆柱体抗压强度 f'_c 和立方体抗压强度 f_{cu} 之间的关系约为

$$f'_c = (0.79 \sim 0.81) f_{cu} \tag{4.1}$$

2. 混凝土轴心抗压强度

混凝土抗压强度还与试件的形状有关，在实际工程中，受压构件更多的则是棱柱体而非正方体，因此棱柱体试件比正方体试件能更好地反映混凝土构件的实际抗压能力，用棱柱体抗压强度 f_c 表示混凝土的轴心抗压强度。

试验资料表明，棱柱体抗压强度比立方体抗压强度小，棱柱体越细长，其棱柱体抗压强度越小，当宽高比大于等于 3 时，棱柱体的抗压强度变化较小。

根据《混凝土结构设计规范》，混凝土的轴心抗压强度标准值按下式计算：

$$f_{c,k} = 0.88 \alpha_1 \alpha_2 f_{cu,k} \tag{4.2}$$

式中　α_1——棱柱体强度与立方体强度之比，对 C50 及以下取 $\alpha_1 = 0.76$，对 C80 取 $\alpha_1 = 0.82$，中间按线性插值；

　　　α_2——考虑混凝土脆性的折减系数，对 C40 取 $\alpha_2 = 1.0$，对 C80 取 $\alpha_2 = 0.87$，中间按线性插值。

3. 混凝土轴心抗拉强度

混凝土的抗拉强度很低，一般只有抗压强度的 1/18～1/8，且该比值随着混凝土抗压强度的增大而减小。目前抗拉强度的实验方法主要有两种：直接的轴心拉伸试验和劈裂试验。直接的轴心拉伸试验采用尺寸为 100mm×100mm×500mm 的试件进行，但是这种方法有一定难度，安装试件钢筋存在偏心、混凝土内部构造不均匀等因素都会对测量结果有较大的影响。因此，一般采用 150mm×150mm×150mm 的试件通过劈裂试验来确定混凝土抗拉强度。

根据《混凝土结构设计规范》，混凝土轴心抗拉强度标准值按下式计算：

$$f_{t,k} = 0.88 \times 0.395 f_{cu,k}^{0.55} (1 - 1.645\delta)^{0.45} \alpha_2 \tag{4.3}$$

式中　δ——变异系数，当 $f_{cu,k} > 60 \text{N/mm}^2$ 时，取 $\delta = 0.1$；

　　　α_2——考虑混凝土脆性的折减系数，对 C40 取 $\alpha_2 = 1.0$，对 C80 取 $\alpha_2 = 0.87$，中间

按线性插值。

4. 混凝土的强度指标与弹性模量

混凝土强度设计值由强度标准值除混凝土材料分项系数 γ_c 确定，混凝土的材料分项系数为 1.40。

混凝土的轴心抗压强度标准值、轴心抗拉强度标准值、轴心抗压强度设计值、轴心抗拉强度设计值见表 4.7。

混凝土的弹性模量指混凝土的原点切线模量。但是混凝土不是弹性材料，其应力和应变不呈线性关系，在不同应力阶段的变形模量（应力与应变之比）不同，原点切线很难准确地作出。试验中，采用应力下限为 0.5MPa，应力上限为 $f_c/3$，循环 4～5 次后求得上下限的应力差与平均应变的差的比值，作为弹性模量。

根据《混凝土结构设计规范》，混凝土的弹性模量 E_c（N/mm²）按下式计算：

$$E_c = \frac{10^5}{2.2 + \dfrac{34.7}{f_{cu,k}}} \tag{4.4}$$

按式（4.4）计算的混凝土弹性模量列于表 4.7。

混凝土的设计参数（N/mm²）

表 4.7

设计指标		混凝土强度等级												
		C15	C20	C25	C30	C35	C40	C45	C50	C55	C60	C65	C70	C75	C80
强度标准值	$f_{c,k}$	10.0	13.4	16.7	20.1	23.4	26.8	29.6	32.4	35.5	38.5	41.5	44.5	47.4	50.2
	$f_{t,k}$	1.27	1.54	1.78	2.01	2.20	2.39	2.51	2.64	2.74	2.85	2.93	2.99	3.05	3.11
强度设计值	f_c	7.2	9.6	11.9	14.3	16.7	19.1	21.1	23.1	25.3	27.5	29.7	31.8	33.8	35.9
	f_t	0.91	1.1	1.27	1.43	1.57	1.71	1.80	1.89	1.96	2.04	2.09	2.14	2.18	2.22
弹性模量	E_c（×10⁴）	2.20	2.55	2.80	3.00	3.15	3.25	3.35	3.45	3.55	3.60	3.65	3.70	3.75	3.80

4.2.2 混凝土的变形

1. 混凝土的徐变

在混凝土试件上加载，试件就会产生变形，如果维持压力不变，混凝土应变还会随着时间而继续增加。这种在荷载长期作用下，应力保持不变，混凝土的应变随时间继续增长的现象称为混凝土徐变。混凝土的徐变会加大混凝土结构的变形，产生不利影响，比如导致构件变形增加，预应力混凝土构件的预应力损失等。

试验表明，混凝土的徐变与混凝土的应力大小有着密切的联系，应力越大徐变越大，随着混凝土应力的增加，将发生不同情况的徐变。当应力较小时，徐变变形与应力几乎成正比关系，曲线接近等间距分布，这种情况称为线性徐变；当应力较大时，徐变变形与应力不成正比关系，徐变比应力增长更快，这种情况称为非线性徐变。混凝土构件长期处于高应力下是不安全的，即使混凝土应力还小于混凝土的破坏强度，也会造成混凝土的破坏。

混凝土徐变还与下面一些因素有关：

1）混凝土骨料越硬、弹性模量越高，对水泥石徐变的约束越大，混凝土的徐变则越小；

2）混凝土中水泥用量越多，徐变越大；水灰比越大，徐变也越大；

3）构件的形状、尺寸的影响。大尺寸构件由于内部水分散发受到限制，徐变就减小；

4）混凝土的制作方法、养护条件、特别是养护时的温度：养护时温度高、湿度大，混凝土中的水泥水化用充分，徐变就小；相反，混凝土受载后所处环境温度较高、湿度较小，徐变越大。

2. 混凝土的收缩

混凝土在凝结硬化过程中，体积会发生一定变化。在空气中结硬时混凝土体积减小，即收缩；在水中结硬时混凝土体积增大，即膨胀。收缩在早期发展较快，逐渐趋于缓慢，当混凝土不能自由收缩时，会在混凝土内引起拉应力而产生裂缝。混凝土构件受到约束不能自由收缩时，产生收缩应力，收缩应力过大混凝土产生裂缝；在预应力混凝土构件中混凝土的收缩将引起钢筋预应力损失。

通常产生收缩的主要原因是混凝土凝结硬化过程中化学反应产生的凝结引缩和混凝土内的自由水蒸发产生的收缩。影响混凝土的收缩因素如下：

1）水泥用量：水泥用量越多，收缩越大；水灰比越大，收缩越大；

2）水泥品种：水泥强度等级越高，收缩越大；

3）骨料性质：骨料的弹性模量越大，收缩越小；

4）养护条件和环境条件：所处环境湿度越大，收缩越小；

5）混凝土浇筑质量：混凝土振捣越密实，收缩越小；

6）构件的体积与表面积比值：比值越大，收缩越小。

4.2.3 混凝土的选用

根据《混凝土结构设计规范》规定，混凝土的选择应符合下列要求：

素混凝土结构的混凝土强度等级不应低于C15；钢筋混凝土结构的混凝土强度等级不应低于C20；采用强度等级400MPa及以上的钢筋时，混凝土强度等级不应低于C25。预应力混凝土结构的混凝土强度等级不宜低于C40，且不应低于C30。承受重复荷载的钢筋混凝土构件，混凝土强度等级不应低于C30。

4.3　钢筋的锚固与连接

4.3.1　钢筋与混凝土的共同工作

1. 共同工作的原因

钢筋和混凝土两种不同的材料得以协同工作，主要依赖于两种材料的线膨胀系数相近、混凝土对钢筋的保护作用以及混凝土硬化后钢筋与混凝土接触面之间良好的粘结作用。粘结作用来自于水泥浆胶体与钢筋接触面的化学黏着力、混凝土收缩产生的握裹而与钢筋产生的摩擦力、钢筋表面凹凸不平而产生的机械咬合力。

2. 钢筋与混凝土的粘结

上述原因中，钢筋表面与混凝土之间存在粘结作用是最主要的原因。通过粘结作用，钢筋和混凝土之间进行应力传递并协调变形。

4.3.2　钢筋的锚固

受力钢筋依靠其表面与混凝土的粘结作用或端部构造的挤压作用而达到设计承受应力所需的长度，称为锚固长度。钢筋的锚固长度取决于受力情况、钢筋强度及混凝土强度，并与钢筋外形有关。

1. 受拉钢筋的锚固长度

当计算中充分利用钢筋的抗拉强度时，受拉钢筋的基本锚固长度为

$$l_{ab}=\alpha\frac{f_y}{f_t}d \tag{4.5}$$

式中　l_{ab}——受拉钢筋的基本锚固长度；

f_y——普通钢筋的抗拉强度设计值；

f_t——混凝土轴心抗拉强度设计值，当混凝土强度等级高于 C60 时，按 C60 取值；

d——锚固钢筋的直径；

α——锚固钢筋的外形系数，光圆钢筋取 0.16，带肋钢筋取 0.14。

应当注意的是对于光圆钢筋其末端应做 180°弯钩，弯后平直段长度不应小于 $3d$，但作受压钢筋时可不做弯钩。

在实际工程中受拉钢筋的基本锚固长度可按表 4.8 取值。

受拉钢筋基本锚固长度 l_{ab} 表 4.8

钢筋种类	混凝土强度等级								
	C20	C25	C30	C35	C40	C45	C50	C55	C60
HPB300	39d	34d	30d	28d	25d	24d	23d	22d	21d
HRB400、HRBF400 RRB400	—	40d	35d	32d	29d	28d	27d	26d	25d
HRB500、HRBF500	—	48d	43d	39d	36d	34d	32d	31d	30d

受拉钢筋的锚固长度应根据锚固条件按下列公式计算，且不应小于 200mm：

$$l_a=\zeta_a l_{ab} \tag{4.6}$$

式中　l_a——受拉钢筋的锚固长度；

ζ_a——锚固长度修正系数，对普通钢筋，按表 4.9 规定取用，当多于一项时，可按连乘计算，但不应小于 0.6。

为防止保护层混凝土劈裂时钢筋突然失锚，当锚固钢筋的保护层厚度≤$5d$ 时，锚固长度范围内应配置箍筋或横向钢筋，其直径不应小于最大锚固钢筋直径的 1/4；其间距，梁、柱、斜撑等构件不应大于最小锚固钢筋直径的 5 倍，板、墙等平面构件不应大于最小锚固钢筋直径的 10 倍，且均不应大于 100mm。

受拉钢筋锚固长度修正系数 ζ_a 表 4.9

锚固条件		ζ_a	备注
带肋钢筋的公称直径大于 25		1.10	—
环氧树脂涂层带肋钢筋		1.25	—
施工过程中易受扰动的钢筋		1.10	—
锚固区保护层厚度	3d	0.80	注：中间时按内插值。
	5d	0.70	d 为锚固钢筋直径

　　在钢筋末端配置弯钩和机械锚固是减小锚固长度的有效方式，其原理是利用受力钢筋端部锚头（弯钩、贴焊锚筋、焊接锚板或螺栓锚头）对混凝土的局部挤压作用加大锚固承载力。当纵向受拉普通钢筋末端采用弯钩或机械锚固措施时，如图 4.3 所示，包括弯钩或锚固端头在内的锚固长度（投影长度）可取为基本锚固长度 l_{ab} 的 60%。

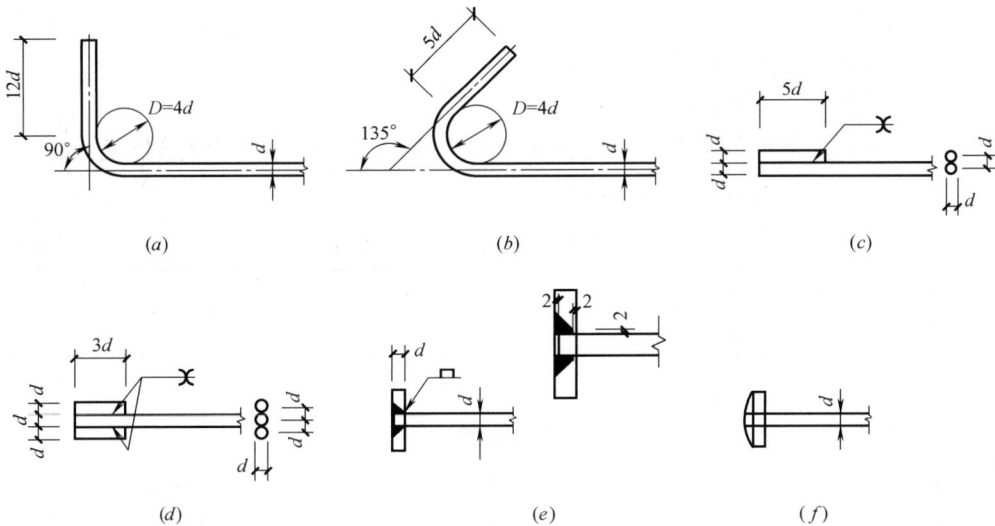

图 4.3　纵筋弯钩和机械锚固形式
(a) 末端带 90°弯钩；(b) 末端带 135°弯钩；(c) 末端一侧贴焊锚筋；(d) 末端两侧贴焊锚筋；
(e) 末端与钢板穿孔塞焊；(f) 末端带螺栓锚头

采用机械锚固形式时应注意以下要求：
1) 焊缝和螺纹长度应满足承载力要求；
2) 螺栓锚头和焊接锚板的承压净面积不用小于锚固钢筋截面积的 4 倍；
3) 螺栓锚头的规格应符合相关标准的要求；
4) 螺栓锚头和焊接锚板的钢筋净间距不宜小于 4d，否则应考虑群锚效应的不利影响；
5) 截面角部的弯钩和一侧贴焊钢筋的布筋方向宜向截面内侧偏置。

2. 受压钢筋的锚固长度

混凝土结构中的纵向受压钢筋，当计算中充分利用其抗压强度时，锚固长度不应小于相应受拉锚固长度的 70%，不应采用末端弯钩和一侧贴焊锚筋的锚固措施。

4.3.3　钢筋的连接

在施工中，钢筋连接是难以避免的，钢筋连接可采用绑扎搭接、焊接或机械连接。混

图 4.4　钢筋的绑扎搭接接头

凝土结构中受力钢筋的连接接头宜设置在受力较小处，在同一个根受力钢筋上宜少设接头，在结构的重要构件和关键传力部位，纵向受力钢筋不宜设置连接接头。

1. 绑扎搭接接头

绑扎搭接的工作原理是通过钢筋与混凝土之间的粘结力来传递内力。因此，钢筋的绑扎接头要有足够的搭接长度，如图4.4所示。为保证受力筋的传递性能，纵向受拉钢筋绑扎搭接接头的搭接长度，应根据同一连接区段内的钢筋搭接接头面积百分率按下列公式计算，且不应小于300mm。

$$l_l = \zeta_l l_a \tag{4.7}$$

式中　l_l——纵向受拉钢筋的搭接长度；

　　　l_a——纵向受拉钢筋的锚固长度；

　　　ζ_l——纵向受拉钢筋搭接长度修正系数，按表4.10确定。当纵筋搭接接头面积百分率为中间值时，线性插值。

纵向受拉钢筋搭接长度修正系数　　　　表4.10

纵筋钢筋搭接接头面积百分率(%)	≤25	50	100
ζ_l	1.2	1.4	1.6

绑扎搭接接头要求如下：

1）绑扎搭接连接区段长度为1.3倍搭接长度。

2）凡搭接接头中点位于1.3倍搭接长度内的接头均属于同一连接区段。

3）同一连接区段内纵向钢筋搭接接头面积百分率，为该区段内有搭接接头的纵向受力钢筋与全部纵向受力钢筋截面面积的比值。

4）当直径不同的钢筋搭接连接时，按直径较小的钢筋计算搭接长度。

5）当受拉钢筋直径大于25mm及受压钢筋直径大于28mm时，不宜采用绑扎搭接。

6）轴心受拉及小偏心受拉构件中纵向受力钢筋不应采用绑扎搭接。

图4.5所示4根钢筋分别进行绑扎搭接连接，④号钢筋接头和紧邻的②号钢筋接头，两者的接头中心线之间的距离小于$1.3l_l$（$1.3l_{lE}$），可见②号和④号钢筋接头在同一连接区段；同样，③号钢筋接头和紧邻的①号钢筋接头，两者的接头中心线之间的距离小于$1.3l_l$（$1.3l_{lE}$），因此③和①号钢筋接头也位于同一连接区段；④号钢筋接头和紧邻的③号钢筋接头，两者的接头中心线之间的距离大于$1.3l_l$（$1.3l_{lE}$），所以④号和③号钢筋接头不在同一连接区段。而这种情况，我们称为分两批进行搭接，图中如果钢筋直径全部相同，则两个同一连接区段内的搭接接头面积百分率均为50%。

位于同一连接区段内的受拉钢筋搭接接头面积百分率：对梁、板及墙类构件，不宜大于25%；对柱类构件，不宜大于50%。当工程中确有必要增大受拉钢筋搭接接头面积百分率时，对梁类构件，不宜大于50%；对板、墙、柱及预制构件的拼接处，可根据实际情况放宽。

在梁、柱类构件的纵向钢筋搭接长度范围内应配置箍筋等横向构造钢筋，其直径不应小于搭接钢筋较大直径的 1/4。横向构造钢筋的间距不应大于搭接钢筋较小直径的 5 倍，且不应大于 100mm。当受压钢筋直径大于 25mm 时，还应在搭接接头两个端面外 100mm 范围内各设置 2 个箍筋。

2. 焊接连接接头

纵向受力钢筋的焊接接头应相互错开。钢筋焊接接头连接区段的长度为 $35d$ 且不小于 500mm（d 为连接钢筋的较小直径），位于同一连接区段内的纵向受拉钢筋接头面积百分率不宜大于 50%，受压钢筋接头面积百分率不受限制。如图 4.6 所示，①、④号钢筋在同一连接区段，②、③号钢筋在同一连接区段。

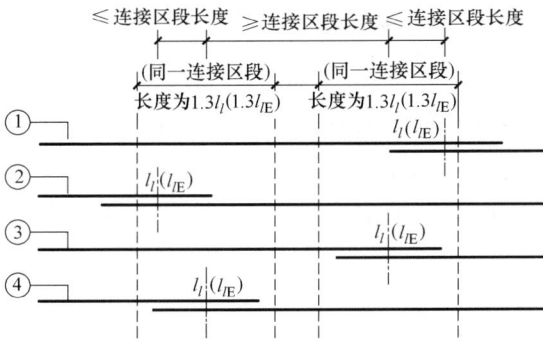

图 4.5　纵向受拉钢筋绑扎搭接接头

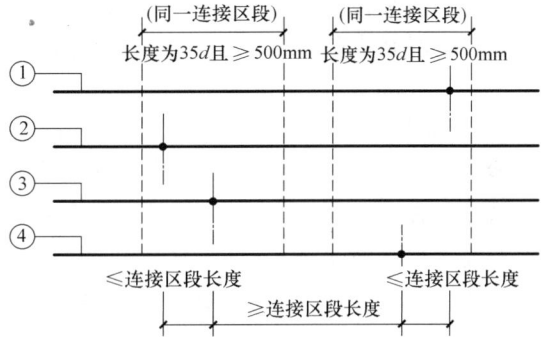

图 4.6　纵向受拉钢筋焊接连接接头

3. 机械连接接头

机械连接指通过钢筋与连接件或其他介入材料的机械咬合作用或钢筋端面的承压作用，将一根钢筋的力传递到另一根钢筋的连接方法。如图 4.7 所示机械连接接头能产生较牢固的连接力，具有操作简便、施工快捷、连接强度高、连接质量稳定、使用范围广、节省钢材和能源、施工安全等特点。纵向受力钢筋的机械连接接头宜相互错开。钢筋机械接头连接区段的长度为 $35d$。如图 4.8 所示，①、④号钢筋在同一连接区段，②、③号钢筋在同一连接区段。

图 4.7　机械连接接头
（a）机械连接；（b）机械连接头剖视

机械连接时，位于同一连接区段内的纵向受拉钢筋接头面积百分率不宜大于 50%；但对板、墙、柱及预制构件的拼接处，可根据实际情况放宽。纵向受压钢筋的接头百分率可不受限制。

机械连接采用套筒时的保护层厚度宜满足有关钢筋最小保护层厚度的规定。机械连接套筒的横向净距离不宜小于25mm。直接承受动力荷载时，接头面积百分率不应大于50%。

上述连接区段长度计算时应注意：

1）某钢筋同直径相连接，且相邻钢筋直径不同时，计算连接区段长度时取较大钢筋直径；如 A 连接接头为同直径 18 钢筋、B 连接接头为同直径 20 钢筋，计算连接区段长度时取 A、B 连接接头之较大钢筋直径即 20 计算。

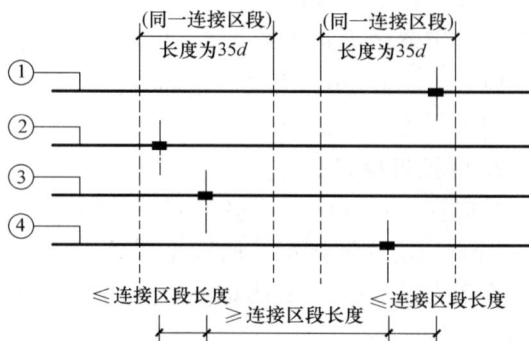

图 4.8 纵向受拉钢筋机械连接接头

2）某钢筋不同直径相连接，且相邻钢筋直径不同时，计算连接区段长度时取各自连接接头较小直径之大值。如 A 连接接头为直径 18 与直径 16 钢筋连接、B 连接接头为直径 22 与 20 钢筋连接，计算连接区段长度时取 A 连接接头钢筋直径的较小值 16 与 B 连接接头钢筋直径的较小值 20 两者之大值即 20 计算。

上述各种连接接头面积百分率计算时应注意：

1）凡接头中点位于该连接区段长度内的接头均属于同一连接接头。

2）梁、板构件按一侧纵向受拉钢筋面积计算。

3）柱和剪力墙构件按照全截面钢筋面积计算。

4）直径不同的钢筋连接时，该接头钢筋面积按照两者的较小直径计算。

习　题

思考题

4.1 什么是热轧钢筋？分为哪几个等级？

4.2 钢筋强度标准值是如何确定的？

4.3 混凝土立方体抗压强度是如何确定的？

4.4 什么是混凝土的徐变？什么是混凝土的收缩？

4.5 混凝土结构中混凝土强度等级的选择应符合什么要求？

4.6 钢筋与混凝土共同工作的原因有哪些？

4.7 钢筋连接的方式有几种？如何选择？

4.8 计算钢筋连接接头面积百分率时，说出各种连接方式不属于同一连接区段的条件。

单项选择题

4.1 关于纵向受力钢筋绑扎搭接接头的下列叙述中，不符合《混凝土结构设计规范》规定的是（　　）。

A. 轴心受拉杆件的纵向受力钢筋不得采用绑扎搭接接头

B. 小偏心受拉杆件的纵向受力钢筋不得采用绑扎搭接接头

C. 其他构件中直径大于 25mm 的受拉钢筋不宜采用绑扎搭接接头

D. 其他构件中直径大于 25mm 的受压钢筋不宜采用绑扎搭接接头

4.2　任何情况下，纵向受拉钢筋的绑扎搭接长度不应小于（　　）mm。

A. 500　　　　　　　B. 400　　　　　　　C. 300　　　　　　　D. 200

4.3　位于同一连接区段的纵向受拉钢筋，（　　）接头面积允许百分率：对于梁、板及墙类构件不宜大于 25%；对于柱类构件不宜大于 50%。

A. 绑扎搭接　　　　　B. 机械连接　　　　　C. 对接焊接　　　　　D. 搭接焊接

4.4　已知受拉钢筋的锚固长度 $l_a = 40d$，梁纵向受力钢筋直径为 20mm，绑扎搭接接头百分率为 25%，其搭接长度为（　　）。

A. 800mm　　　　　　B. 960mm　　　　　　C. 1120mm　　　　　D. 1280mm

4.5　牌号为 HRB400 的钢筋，其中 400 是指钢筋的（　　）。

A. 抗拉强度设计值（MPa）　　　　　　　B. 抗压强度设计值（MPa）

C. 屈服强度标准值（MPa）　　　　　　　D. 极限强度标准值（MPa）

4.6　关于混凝土的收缩，以下叙述中正确的是（　　）。

A. 水泥强度等级越高，收缩越小　　　　　B. 水泥用量越小，收缩越大

C. 水灰比越大，收缩越小　　　　　　　　D. 养护环境湿度、温度越大，收缩越小

4.7　下列对混凝土徐变的表述中错误的是（　　）。

A. 混凝土的徐变增大了结构的变形　　　　B. 增加水泥用量可以减少混凝土的徐变

C. 增加骨料含量可以减少混凝土的徐变　　D. 加强混凝土养护可以减少混凝土徐变

4.8　下列不属于混凝土和钢筋之间粘结作用的是（　　）。

A. 混凝土与钢筋之间的摩擦力　　　　　　B. 混凝土与钢筋表面之间的机械咬合力

C. 混凝土与钢筋之间的胶结力　　　　　　D. 钢筋对混凝土的预应力

4.9　受拉钢筋的基本锚固长度 l_{ab} 的大小与下列因素无关的是（　　）。

A. 受拉钢筋的配筋率　　　　　　　　　　B. 钢筋抗拉强度设计值

C. 混凝土轴心抗拉强度设计值　　　　　　D. 钢筋的直径

4.10　下列关于锚固长度、搭接长度的叙述中错误的是（　　）。

A. 受拉钢筋的锚固长度 l_a 除按照计算外，且不应小于 200mm

B. 受压钢筋计算中充分利用其强度时，锚固长度不应小于相应受拉锚固长度的 70%

C. 受拉钢筋的绑扎搭接接头的搭接长度 l_l 除按照计算外，且不应小于 200mm

D. 受压钢筋的绑扎搭接接头的搭接长度应不小于 $70\% l_l$，且不应小于 200mm

▶ 钢筋混凝土受弯构件

5.1 构 造 要 求

5.1.1 板的构造要求

1. 板的厚度

板的跨度与板厚之比：钢筋混凝土单向板不大于 30，双向板不大于 40；无梁支承的有柱帽板不大于 35；无梁支承的无柱帽板不大于 30；当荷载、跨度较大时，板的跨厚比宜适当减小。

板的截面厚度除应满足承载力、刚度和抗裂的要求外，现浇钢筋混凝土板尚应满足表 5.1 的要求。

现浇钢筋混凝土板的最小厚度 （mm） 表 5.1

板的类别		最小厚度
单向板	屋面板	60
	民用建筑楼板	60
	工业建筑楼板	70
	行车道下的楼板	80
双向板		80
密肋板	面板	50
	肋高	250
悬臂板(根部)	悬臂长度不大于 500mm	60
	悬臂长度 1200mm	100
无梁楼板		150
现浇空心楼盖		200

注：当采取有效措施时，预制板面板的最小厚度可取 40mm。

高层建筑房屋的顶层楼盖厚度不宜小于 120mm，普通地下室顶板厚度不宜小于

160mm，地下室顶板作为上部结构的嵌固部位时，其楼板厚度不宜小于 180mm。

工程中现浇板的板厚以 10mm 为模数。

2. 受力钢筋

受力钢筋的作用主要是承受弯矩产生的拉力，沿受力方向设置在板的受拉区，其数量通过计算确定。

受力钢筋可采用 HRB400、HRB500、HRBF400、HRBF500、HPB300、RRB400 级钢筋。

直径：常用钢筋直径为 6mm、8mm、10mm 和 12mm，现浇板的板面钢筋直径不宜小于 8mm，以便施工时保证钢筋的正确位置。

间距：为便于绑扎钢筋、保证混凝土的密实性，钢筋间距不宜太密；为使钢筋受力均匀，钢筋间距也不宜过大。当板厚不大于 150mm 时不宜大于 200mm，也不宜小于 70mm；当板厚大于 150mm 时不宜大于板厚的 1.5 倍，且不宜大于 250mm，也不宜小于 70mm。

此外，地下室顶板作为上部结构的嵌固部位时，应采用双层双向配筋，且每层每个方向的配筋率不宜小于 0.25%。

3. 分布钢筋及防裂构造筋

当按单向板设计时，除沿受力方向布置受拉钢筋外，还应在受力钢筋的内侧布置与其垂直的分布钢筋；分布钢筋的作用是将板承受的荷载均匀地传给受力钢筋，承受温度变化及混凝土收缩在垂直板跨方向所产生的拉应力，在施工中固定受力钢筋的位置。

分布钢筋可采用 HPB300 级或 HRB400 级热轧钢筋。常用直径为 6mm 和 8mm。单位宽度上分布钢筋的截面面积不宜小于单位宽度上受力钢筋截面面积的 15%，且不宜小于该方向板截面面积的 0.15%；分布钢筋的间距不宜大于 250mm，直径不宜小于 6mm；对于集中荷载较大的情况，分布钢筋的截面面积应适当加大，其间距不宜大于 200mm。

在温度、收缩应力较大的现浇板区域，应在板的表面双向配置防裂构造钢筋。配筋率均不宜小于 0.10%，间距不宜大于 200mm。防裂构造钢筋可利用原有钢筋贯通布置，也可另行设置钢筋并与原有钢筋按受拉钢筋的要求搭接或在周边构件中锚固。

在楼板转角，宜沿两个方向正交、斜向平行或按放射状布置附加钢筋。楼板平面的瓶颈部位宜适当增加板厚和配筋。沿板的洞边、凹角部位宜加配防裂构造钢筋，并采取可靠的锚固措施。

混凝土厚板及卧置于地基上的基础筏板，当板的厚度大于 2m 时，除应沿板的上、下表面布置的纵、横方向钢筋外，尚宜在板厚度不超过 1m 范围内设置与板面平行的构造钢筋网片，网片钢筋直径不宜小于 12mm，纵横方向的间距不宜大于 300mm。

5.1.2 梁的构造要求

1. 截面尺寸

梁最常用的截面形式有矩形、T 形等，如图 5.1 所示。

梁的截面高度与跨度及荷载大小有关，当为建筑的外围梁时还与建筑设计的门窗尺寸、标高有关。从刚度要求出发，对一般荷载作用下的梁可参照表 5.2 初定梁高。

梁的截面高度常为 300～800mm，800mm 以下以 50mm 为模数增加，大于 800mm

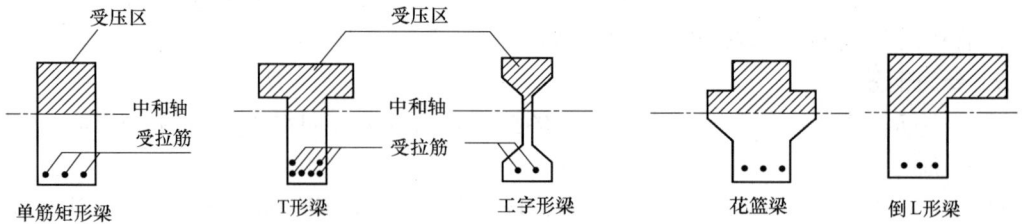

图 5.1　梁的截面形式

时，宜以 100mm 为模数增加。

梁截面宽度 b 与截面高度 h 的比值，对于矩形截面宜为 $1/3.5 \sim 1/2$，对于 T 形截面宜为 $1/4 \sim 1/2.5$（此处 b 为梁肋宽）。梁宽的确定除满足受力要求外，还应考虑梁上砌体的厚度。

梁的截面宽度常为 120mm、180mm、200mm、220mm、250mm、300mm、350mm等，大于 250mm 时，宜以 50mm 为模数增加。当为框架梁时，梁的净跨与截面高度之比不宜小于 4；梁的截面宽度不宜小于梁截面高度的 1/4，也不宜小于 200mm。

不需做挠度计算梁的截面最小高度   表 5.2

项次	构 件 种 类		简支	两端连续	悬臂
1	整体肋形梁	次梁	$l_0/15$	$l_0/20$	$l_0/8$
		主梁	$l_0/12$	$l_0/15$	$l_0/6$
2	独立梁		$l_0/12$	$l_0/15$	$l_0/6$

注：表中 l_0 为梁的计算跨度，当梁的计算跨度大于 9m 时表中的数值应乘以 1.2。

2. 纵向受力钢筋

纵向受拉钢筋用以承受弯矩在梁内产生的拉力，设置在梁受拉一侧。截面受压区有时也配置一定数量的纵向受压钢筋。这些纵向受力钢筋的数量通过计算确定。

1）钢筋级别和直径。梁内纵向受力钢筋可采用 HRB400、HRB500、HRBF400、HRBF500 级别钢筋。

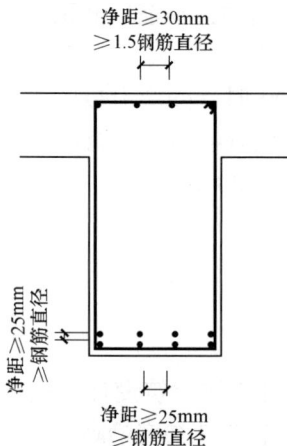

图 5.2　钢筋净距示意图

当梁高不小于 300mm 时，纵向钢筋直径不应小于 10mm；梁高小于 300mm 时，纵向钢筋直径不应小于 8mm。

梁内纵向受力钢筋的常用直径有：12mm、14mm、16mm、18mm、20mm、22mm、25mm 等。

2）钢筋的净距。为保证混凝土浇筑的密实性、保证混凝土与钢筋之间有良好的粘结性能，必须满足钢筋最小净距的要求。梁上部钢筋水平方向的净距不应小于 30mm 和 $1.5d$；梁下部钢筋水平方向的净距不应小于 25mm 和 d，各层钢筋之间的净距不应小于 25mm 和 d，d 为纵向钢筋的最大直径，如图 5.2 所示。

3）布置原则。纵向受力钢筋，通常沿梁宽均匀布置，并左、右对称；当有两种规格的钢筋时，宜将直径大的钢筋布置在梁的外侧；为增大梁截面的内力臂，提高梁的抗弯能力，应尽可能将钢筋排成一排，只有当钢筋的根数较多，排成一排不能满足钢筋净距和混凝土保护层厚度要求时，才考虑将钢筋排成两排或三排；梁下部纵向受力钢筋布置多于两排时，自第三排起，水平方向中距应比下面两排的中距增大一倍；上下排钢筋应对齐，不能错列，以方便混凝土的浇捣。根据计算结果选择纵向钢筋时，钢筋直径应适中，直径太大不易加工，也不易满足锚固要求；直径太小则钢筋根数过多，在截面内不易布置。伸入梁支座范围内的钢筋根数不应少于2根。

在梁的配筋密集区域可采用并筋的配筋形式。直径28mm及以下的钢筋并筋数量不应超过3根；直径32mm的钢筋并筋数量宜为2根；直径36mm及以上的钢筋不应采用并筋。并筋应按单根等效钢筋进行计算，等效钢筋的等效直径d_{eq}应按截面面积相等的原则换算确定。并筋的钢筋净距要求如图5.3所示。

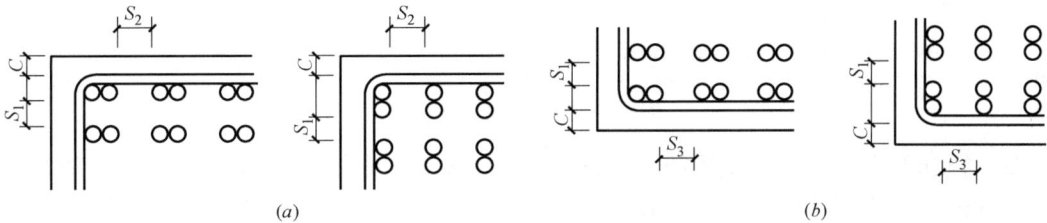

图5.3　梁采用并筋时纵筋间距要求
（a）梁上部采用并筋时纵筋间距要求；（b）梁下部采用并筋时纵筋间距要求

二并筋可采用横向或纵向方式布置（如图5.3所示），三并筋宜按品字形方式布置。梁并筋等效直径、最小净距见表5.3。

梁并筋等效直径、最小净距 表5.3

单筋直径 d(mm)	25	28	32
并筋根数	2	2	2
等效直径 d_{eq}(mm)	35	39	45
层间距 S_1(mm)	35	39	45
上部钢筋净距 S_2(mm)	53	59	68
下部钢筋净距 S_3(mm)	35	39	45

3. 箍筋

箍筋用以承受梁的剪力，固定纵向受力钢筋，并和其他钢筋一起形成钢筋骨架。

梁的箍筋宜采用HRB400、HRB500、HRBF400、HRBF500、HPB300钢筋。

1）箍筋的形式。箍筋有封闭式和开口式两种，如图5.4所示。箍筋多采用双肢箍筋。当梁宽$b>$400mm且在一层内纵向受压钢筋多于3根时，或当梁的宽度$b\leqslant$400mm但一层内的纵向受压钢筋多于4根时，应设置复合箍筋。

当梁中配有计算需要的纵向受压钢筋时，箍筋

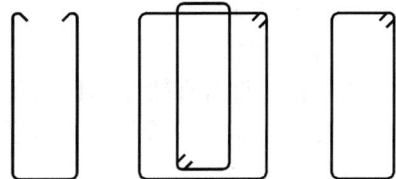

图5.4　箍筋的形式和肢数

应做成封闭式，箍筋的两个端头应做成 135°弯钩，弯钩端部的平直段长度不应小于 5d，d 为箍筋直径，如图 5.5 所示。在弯剪扭构件中，受扭所需的箍筋应做成封闭式，且应沿截面周边布置。当采用复合箍筋时，位于截面内部的箍筋不应计入受扭所需的箍筋面积。受扭所需箍筋的末端应做成 135°弯钩，弯钩端头平直段长度不应小于 10d，d 为箍筋直径。

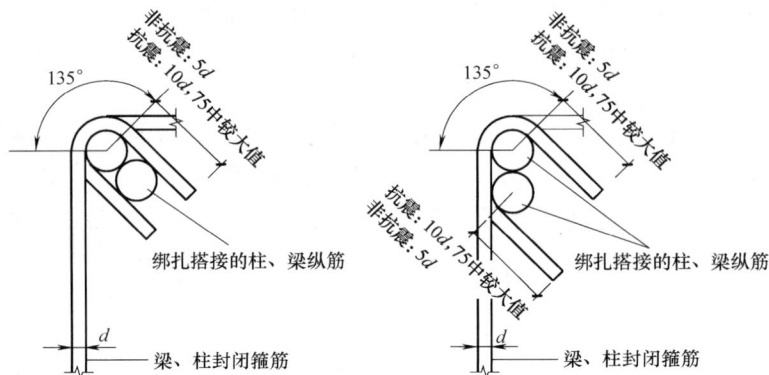

图 5.5　封闭箍筋弯钩构造

2）箍筋的直径。为了使钢筋骨架具有一定的刚度，箍筋直径不应太小。梁的高度大于 800mm 时，直径不宜小于 8mm；截面高度不大于 800mm 时，直径不宜小于 6mm。当梁中配有计算需要的纵向受压钢筋时，箍筋直径尚不应小于 $d/4$，d 为纵向受压钢筋的最大直径。

3）箍筋的间距。箍筋的间距除按计算要求确定外，尚应符合最小配箍率要求及最大间距要求。梁中箍筋的最大间距见表 5.4。当梁中配有计算需要的纵向受压钢筋时，箍筋的间距不大于 15d，并不应大于 400mm，当一层内的纵向受压钢筋多于 5 根且直径大于 18mm 时，箍筋间距不应大于 10d，d 为纵向受压钢筋的最小直径。

梁中箍筋的最大间距（mm）　　　　　　　　　　　　　　　　　　　　表 5.4

梁　高	$V > 0.7 f_t b h_0$	$V \leqslant 0.7 f_t b h_0$
150 < h ≤ 300	150	200
300 < h ≤ 500	200	300
500 < h ≤ 800	250	350
h > 800	300	400

对于按承载力计算不需要箍筋的梁，当梁高大于 300mm 时，仍应沿梁全长设置构造箍筋；当梁高为 150～300mm 时，可仅在构件端部各 1/4 跨度范围内设置构造箍筋，但当在构件中部 1/2 跨度范围内有集中荷载时，则应沿梁全长设置箍筋；当梁高小于 150mm 时，可以不设置箍筋。

4. 架立钢筋

架立钢筋设置在梁受压区的角部，与纵向受力钢筋平行。其作用是固定箍筋的位置，与纵向受力钢筋构成骨架，并承受温度变化、混凝土收缩在梁受压区产生的拉应力，防止、减少裂缝的产生。

架立钢筋的直径：当梁的跨度 l < 4m 时，不宜小于 8mm；当梁的跨度 l = 4～6m 时，

不应小于 10mm；当梁的跨度 $l>6$m 时，不宜小于 12mm。

5. 梁侧构造钢筋及拉筋

当梁的腹板高度 $h_w \geqslant 450$mm 时（其中 h_w 的取值：对于矩形截面，h_w 取截面有效高度 h_0；T 形截面取有效高度 h_0 减去翼缘高度；I 形截面取腹板净高），在梁的两个侧面应沿高度配置纵向构造钢筋，每侧纵向构造钢筋（不包括上、下部受力钢筋及架立钢筋）的截面面积不应小于腹板截面面积的 0.1%，且间距不宜大于 200mm。其作用是承受温度变化、混凝土收缩在梁侧面引起的拉应力，防止产生裂缝。梁两侧的纵向构造钢筋用拉筋连系。拉筋直径与箍筋直径相同，其间距常为箍筋间距的两倍，如图 5.6 所示。

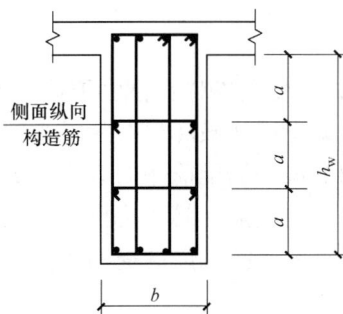

图 5.6　梁侧构造钢筋示意

5.1.3　混凝土保护层厚度

构件中普通钢筋及预应力筋的保护层厚度应满足钢筋的粘结锚固要求及结构的耐久性要求。混凝土保护层厚度与构件的使用环境、构件类型及混凝土的强度等级有关。

构件中受力钢筋的保护层厚度不应小于钢筋的直径。设计使用年限为 50 年的混凝土结构，最外层钢筋的保护层厚度应符合表 5.5 的规定；设计使用年限为 100 年的混凝土结构，不应小于表 5.5 中数值的 1.4 倍。

混凝土保护层的最小厚度（mm）　　　　表 5.5

环境等级	板、墙、壳	梁、柱、杆
一	15	20
二 a	20	25
二 b	25	35
三 a	30	40
三 b	40	50

注：1. 混凝土强度等级不大于 C25 时，表中保护层厚度数值应增加 5mm；
　　2. 钢筋混凝土基础应设置混凝土垫层，基础中钢筋的混凝土保护层厚度应从垫层顶面算起，且不应小于 40mm。

当有充分依据并采取下列有效措施时，可适当减小混凝土保护层的厚度：

1）构件表面有可靠的防护层；

2）采用工厂化生产的预制构件，并能保证预制构件混凝土的质量；

3）在混凝土中掺加阻锈剂或采用阴极保护处理等防锈措施；

4）当对地下室墙体采取可靠的建筑防水做法或防护措施时，与土壤接触一侧钢筋的保护层厚度可适当减少，但不应小于 25mm。

当梁、柱、墙中纵向受力钢筋的保护层厚度大于 50mm 时，宜对保护层采取有效的构造措施。当在防护层内配置防裂、防剥落的钢筋网片时，网片的保护层厚度不应小于 25mm。

5.2 受弯构件正截面承载力

5.2.1 受弯构件正截面破坏形态

梁正截面破坏形态除了与钢筋和混凝土的强度等级、荷载的类型等因素有关外，还与纵向受拉钢筋配筋率的大小有关。

受拉钢筋配筋率是指纵向受拉钢筋的总截面面积 A_s 与正截面的有效面积 bh_0 的比值，称为纵向受拉钢筋的配筋百分率，用 ρ 表示，简称配筋率。即

$$\rho = \frac{A_s}{bh_0}(\%) \tag{5.1}$$

式中 A_s——纵向受力钢筋的总截面面积；

$\quad$ b——截面的宽度（mm）；

$\quad$ h_0——截面的有效高度，$h_0 = h - a_s$；

其中，a_s 为受拉钢筋合力作用点至截面受拉边缘的距离，当环境类别为一类时可近似按照表 5.6 取值。

受拉钢筋合力作用点至截面受拉边缘的距离 a_s 取值（mm） 表 5.6

构件类型		混凝土强度等级	
		≥C30	≤C25
梁	一排钢筋	40	45
	二排钢筋	65	70
板		20	25

根据纵向受拉钢筋配筋率的不同，梁可分为适筋梁、超筋梁、少筋梁三种情况。

1. 适筋破坏

当在受弯构件受拉区配置的纵向受拉钢筋配筋数量适当时，构件由零开始加载直至正截面受弯破坏，其全过程经历了以下三个阶段（图 5.7）：

1）第Ⅰ阶段（弹性工作阶段）：当荷载较小时，截面上的应力、应变均较小，混凝土和钢筋均处于弹性工作阶段。受压区和受拉区混凝土的应力和应变呈线性关系。正截面中和轴以上的混凝土处于受压状态，中和轴以下的混凝土及纵向钢筋处于受拉状态，如图 5.7（a）所示。

随着荷载的增加，应力和应变随之增大。由于混凝土抗拉强度远较抗压强度低，受拉区混凝土首先表现出明显的塑性特征－应变较应力增长快，受拉区应力图形开始偏离直线呈曲线形，并随着荷载的增加应力图形中曲线部分的范围沿梁高不断向上发展。

随着荷载的继续增加，受拉区边缘混凝土的拉应力首先达到混凝土抗拉强度，在构件最薄弱部位将出现第一条裂缝，而此时，由于受压区边缘混凝土的压应力远小于其抗压强度，受压区塑性变形发展不明显，其应力图形仍接近三角形，如图 5.7（b）所示。此时截面处于将裂未裂的界限状态，称为第Ⅰ阶段末，用 $Ⅰ_a$ 表示，截面所对应的弯矩为抗裂

弯矩 M_{cr}。Ⅰ$_a$阶段可作为受弯构件抗裂度的计算依据。

2）第Ⅱ阶段（带裂缝工作阶段）：荷载继续增加，受拉区边缘混凝土的拉应变超过其极限拉应变 ε_{tu}，受拉区混凝土出现第一条裂缝，如图5.7（c）所示。梁即由第Ⅰ阶段进入第Ⅱ阶段—带裂缝工作阶段。

在裂缝截面处，受拉区混凝土退出工作，拉力几乎全部由该截面的受拉钢筋承担，钢筋应力增大。

随着荷载的继续增加，原有裂缝不断向上扩展，新的裂缝不断产生，中和轴逐渐上移，受压区高度不断减小，受压区混凝土的压应力逐渐增大，受压区混凝土应力图形开始呈曲线形，呈现出一定的塑性特征；当弯矩继续增加使受拉钢筋应力刚达到屈服强度 f_y，这时截面所能承担的弯矩称为屈服弯矩 M_y，如图5.7（d）所示，此时为第二阶段末，用Ⅱ$_a$表示。

第Ⅱ阶段的应力状态代表了受弯构件在使用时的应力状态，故将本阶段的应力状态作为验算裂缝宽度和变形的依据。

3）第Ⅲ阶段（破坏阶段）：由于受拉钢筋的应力已达到钢筋的屈服强度 f_y，当荷载继续增加时，钢筋的变形突然增大，裂缝宽度随之扩展并沿梁高向上延伸，中和轴继续上移，受压区高度进一步减小，受压区混凝土的塑性特征表现得更加充分，压应力图形呈显著曲线分布，如图5.7（e）所示。梁由第Ⅱ阶段进入第Ⅲ阶段，即破坏阶段。

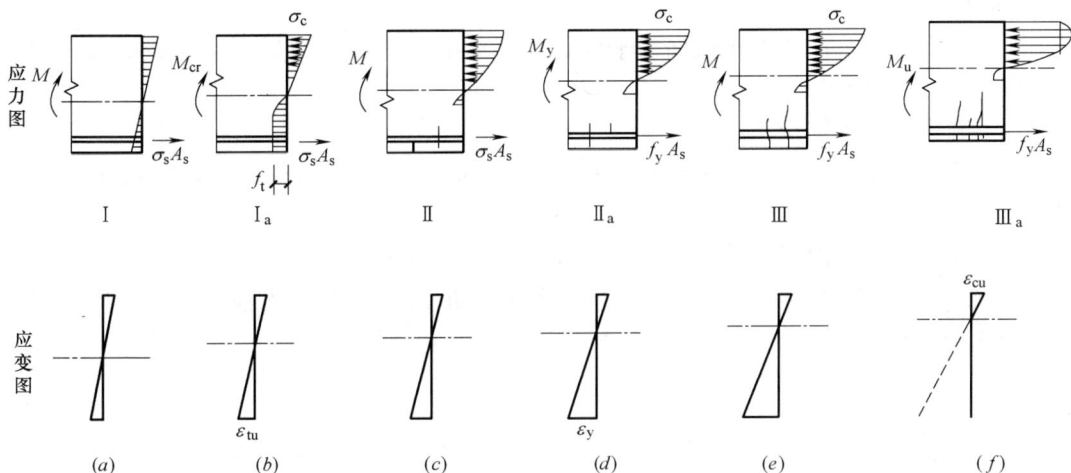

图5.7　适筋梁三阶段的应力与应变

ε_{tu}—混凝土极限拉应变；ε_y—受拉纵筋的屈服应变；ε_{cu}—混凝土极限压应变

随着荷载的不断增加，受压边缘混凝土压应变达到混凝土的极限压应变，产生近乎水平的裂缝，混凝土被压碎，甚至崩脱，构件即告破坏。受压边缘混凝土将碎而未碎的状态称为第Ⅲ阶段的末状态，以Ⅲ$_a$表示，如图5.7（f）所示，此时截面所对应的弯矩即为极限弯矩 M_u。我们将Ⅲ$_a$状态作为构件承载能力计算的依据。

由此可见，适筋梁的破坏过程：先是受拉区混凝土出现裂缝，受拉钢筋达到钢筋屈服强度，最后受压区边缘混凝土达到极限压应变导致构件破坏。在梁完全破坏前，由于钢筋要经历较大的塑性变形，随之引起裂缝急剧开展和挠度的急增，它将给人以明显的破坏预兆，称为"延性破坏"，并且钢筋与混凝土两种材料的强度都能得到充分利用。因此，建筑工程中的受弯构件均应设计成适筋梁。

2. 超筋破坏

当受拉钢筋配置过多时，将发生超筋破坏。破坏时，受压边缘混凝土先达到极限压应变被压碎，而此时受拉钢筋尚未达到屈服强度。由于梁破坏时，受拉钢筋尚未达到屈服强度，裂缝开展不宽，梁的挠度亦不大，破坏前没有明显的预兆，属于"脆性破坏"。超筋梁中的钢筋强度未能得到充分利用，亦不经济。故工程中不允许采用超筋梁。

3. 少筋破坏

当受拉钢筋配置过少时，将发生少筋破坏。由于配筋配置过少，所以受拉区混凝土一旦开裂，钢筋立即达到屈服强度，有时可迅速经历整个流幅而进入强化阶段，在个别情况下，钢筋甚至可能被拉断。少筋梁破坏时，裂缝往往只有一条，不仅开展宽度很大，且沿梁高延伸较高。这种梁从开裂到破坏，间隔时间较短，也属于"脆性破坏"。由于构件截面过大，亦不经济。故工程中也不允许采用少筋梁。

因此混凝土梁的配筋率，应控制在最大和最小配筋率范围之间，以避免出现超筋和少筋破坏。

5.2.2   单筋矩形截面受弯构件正截面承载力计算

1. 基本假定

1）平截面假定，加载前正截面为平面，加载后截面仍保持为平面，即截面上的应变沿截面高度为线性分布。

2）不考虑混凝土抗拉作用。

3）采用理想化的钢筋应力-应变关系，如图 5.8 所示。纵向钢筋的极限拉应变取为 0.01。

4）采用理想化的混凝土应力-应变关系，如图 5.9 所示。

以适筋破坏时的第Ⅲ阶段末（Ⅲ$_a$）应力状态为依据，根据上述基本假定，即可得到理想化的应力图形，如图 5.10（b）所示。

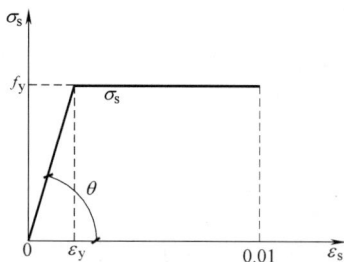

图 5.8   钢筋的应力-应变曲线

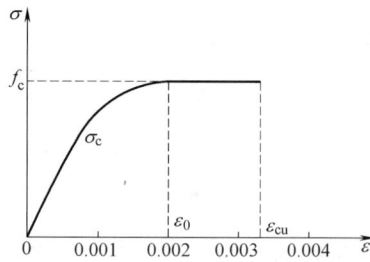

图 5.9   混凝土的应力-应变曲线

2. 正截面受弯承载力计算原理

1）受压区混凝土等效应力图

在承载能力计算时，为简化计算，规范在试验的基础上，采用等效矩形应力图形代替受压区混凝土理想化的应力图形，如图 5.10 所示。其代换原则是：

（1）混凝土压应力的合力大小相等；

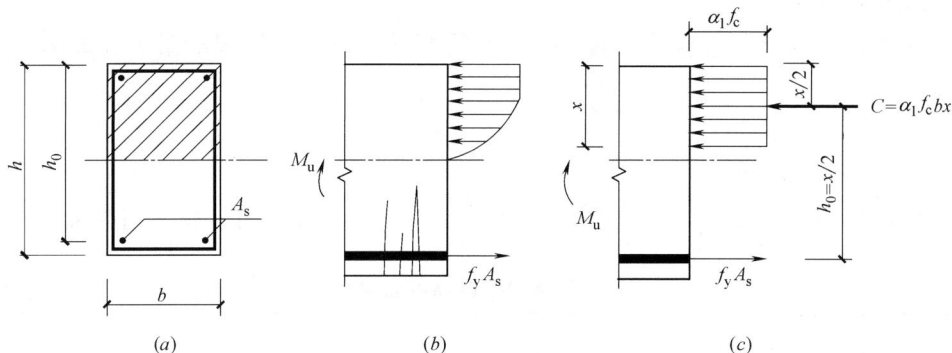

图 5.10　理想化的应力图形与等效应力图形

（2）混凝土压应力合力的作用点不变。等效矩形应力图形的混凝土受压区高度 $x=\beta_1 x_c$（x_c 为实际受压区高度），等效矩形应力图形的应力值为 $\alpha_1 f_c$（f_c 为混凝土轴心抗压强度设计值）。系数 β_1、α_1 的值，见表 5.7。

混凝土受压区等效矩形应力图系数　　表 5.7

	≤C50	C55	C60	C65	C70	C75	C80
α_1	1.0	0.99	0.98	0.97	0.96	0.95	0.94
β_1	0.8	0.79	0.78	0.77	0.76	0.75	0.74

2）相对界限受压区高度 ξ_b

受弯构件等效矩形应力图形的混凝土受压区高度 x 与截面有效高度 h_0 的比值，称为相对受压区高度 ξ：

$$\xi=\frac{x}{h_0} \tag{5.2}$$

相对界限受压区高度 ξ_b，是指适筋梁界限破坏时，等效矩形应力图形的混凝土界限受压区高度 x_b 与截面有效高度 h_0 的比值。

根据平截面假定，由图 5.11 中可以看出：

当 $\xi > \xi_b$ 时，破坏时钢筋拉应变 $\varepsilon_s < \varepsilon_y$（$\varepsilon_y$ 为钢筋屈服时的应变），受拉钢筋没有达到屈服强度，发生的破坏为超筋破坏。

当 $\xi \leq \xi_b$ 时，破坏时钢筋拉应变 $\varepsilon_s \geq \varepsilon_y$，受拉钢筋已经达到屈服强度，发生的破坏为适筋破坏。

因此可用 ξ_b 来判别梁的破坏形态。

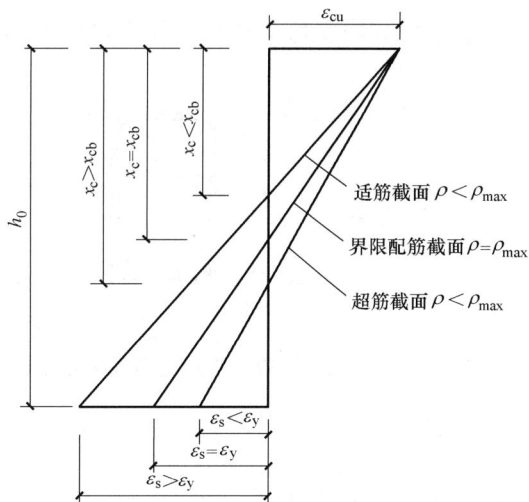

图 5.11　适筋梁、超筋梁、界限配筋梁破坏时的正截面平均应变图

各种钢筋的 ξ_b 值见表 5.8。

3）最大配筋率 ρ_{max}

当 $\xi=\xi_b$ 时，与此相对应的纵向受拉钢筋的配筋率即为适筋梁的最大配筋 ρ_{max}，其计算公式为：

$$\rho_{max}=\xi_b\frac{\alpha_1 f_c}{f_y} \tag{5.3}$$

当梁的配筋率 $\frac{h}{h_0}\rho_{min}\leqslant\rho\leqslant\rho_{max}$ 时，属于适筋梁；当 $\rho>\rho_{max}$ 时，属于超筋梁。

相对界限受压区高度 ξ_b 取值　　　　　表 5.8

钢筋级别	ξ_b						
	≤C50	C55	C60	C65	C70	C75	C80
HPB300	0.576	—	—	—	—	—	—
HRB400 HRBF400 RRB400	0.518	0.508	0.499	0.490	0.481	0.472	0.463
HRB500 HRBF500	0.482	0.473	0.465	0.456	0.447	0.438	0.429

4）最小配筋率

为了保证受弯构件不出现少筋破坏，必须控制截面的最小配筋率 ρ_{min}。即配有最小配筋率时受弯构件正截面破坏时所能承受的弯矩 M_u 等于相应的素混凝土梁所能承受的弯矩 M_{cr}，即 $M_u=M_{cr}$，可求得梁的最小配筋率 ρ_{min}。《混凝土结构设计规范》在上述基础上考虑传统经验因素规定的 ρ_{min} 见表 5.9。由于规范规定的最小配筋率是按 h 而不是按 h_0 计算的，为了防止少筋破坏，当计算所得 $\rho<\rho_{min}\frac{h}{h_0}$ 时，应按构造配置不小于 $\rho_{min}bh$ 的钢筋。

3. 基本公式

单筋矩形截面受弯构件正截面受弯承载力计算简图如图 5.12 所示。

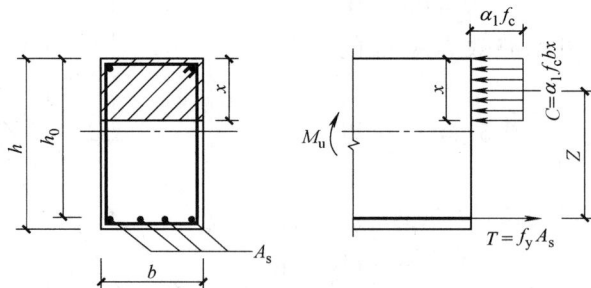

图 5.12　单筋矩形截面受弯构件正截面受弯承载力计算简图

由力的平衡条件可得：

$$\alpha_1 f_c bx=A_s f_y \tag{5.4}$$

由力矩平衡条件可得：

$$M\leqslant M_u=\alpha_1 f_c bx\left(h_0-\frac{x}{2}\right) \tag{5.5}$$

或
$$M \leqslant M_u = A_s f_y \left(h_0 - \frac{x}{2} \right) \tag{5.6}$$

式中　M——弯矩设计值；

M_u——受弯承载力设计值；

x——等效矩形应力图形的受压区高度；

b——矩形截面宽度；

h_0——矩形截面的有效高度；

f_y——受拉钢筋抗拉强度的设计值；

A_s——受拉钢筋截面面积，钢筋截面面积详见附表 5.1 和附表 5.2；

f_c——混凝土轴心抗压强度的设计值；

α_1——系数，见表 5.7。

纵向受拉钢筋的最小配筋百分率 ρ_{min}（%）　　　　表 5.9

受力类型			最小配筋百分率
受压构件	全部纵向钢筋	强度等级 500MPa	0.50
		强度等级 400MPa	0.55
		强度等级 300MPa	0.60
	一侧纵向钢筋		0.2
受弯构件、偏心受拉、轴心受拉构件一侧的受拉钢筋			0.2 和 45f_t/f_y 中的较大值

注：1. 受压构件全部纵向钢筋最小配筋百分率，当采用 C60 及以上强度等级的混凝土时应按表中规定增加 0.10；

　　2. 偏心受拉构件中的受压钢筋，应按受压构件一侧纵向钢筋考虑；

　　3. 受弯构件、大偏心受拉构件一侧受拉钢筋的配筋率应按全截面面积扣除受压翼缘面积后的截面面积计算；

　　4. 当钢筋沿构件截面周边布置时，"一侧纵向钢筋"系指沿受力方向两个对边中的一边布置的纵向钢筋；

　　5. 板类受弯构件（不包括悬臂板）的受拉钢筋，当采用强度等级 400MPa、500MPa 的钢筋时，其最小配筋率应允许采用 0.15 和 45f_t/f_y 中的较大值；

　　6. 受压构件的全部纵向钢筋和一侧纵向钢筋的配筋率以及轴心受拉构件和小偏心受拉构件一侧受拉钢筋的配筋率均应按构件的全截面面积计算。

4. 适用条件

1）为了防止超筋破坏，应满足
$$\xi = \frac{x}{h_0} \leqslant \xi_b \tag{5.7a}$$

或
$$x \leqslant \xi_b h_0 \tag{5.7b}$$

或
$$\rho \leqslant \rho_{max} = \xi_b \frac{\alpha_1 f_c}{f_y} \tag{5.7c}$$

若将 ξ_b 代入式（5.5），即可求得单筋矩形截面所能承受的最大弯矩设计值（受弯承载力最大值），即
$$M_{u,max} = \alpha_1 f_c b h_0^2 \xi_b (1 - 0.5\xi_b) \tag{5.8}$$

式（5.7a）~（5.7c）的意义相同，只要满足其中一个公式的要求，就必能满足其余公式的要求。

2）为了防止少筋破坏，应满足

$$\rho \geqslant \rho_{\min} \times \frac{h}{h_0} \tag{5.9}$$

或
$$A_s \geqslant \rho_{\min} bh \tag{5.10}$$

5. 计算步骤（计算方法、公式应用）

受弯构件正截面受弯承载力计算包括截面设计、截面复核两类问题。

1) 截面设计。已知：截面尺寸 $b \times h$，混凝土强度等级和钢筋类别，弯矩设计值 M。求：纵向受拉钢筋截面面积 A_s。

计算步骤如下：

(1) 查表确定材料强度设计值及有关参数。

(2) 确定截面有效高度 h_0（可先假定为一排钢筋）。

(3) 计算混凝土受压区高度 x，并判断是否属超筋。

由公式（5.5）可得：

$$x = h_0 - \sqrt{h_0^2 - \frac{2M}{\alpha_1 f_c b}}$$

若 $x \leqslant \xi_b h_0$，则为适筋构件；

若 $x > \xi_b h_0$，则属超筋构件，说明截面尺寸过小，应加大截面尺寸或提高混凝土强度等级重新设计。

(4) 计算 A_s 并验算是否属于少筋构件。

将 x 值代入式（5.4），可求得纵向钢筋的截面面积 A_s，

$$A_s = \alpha_1 \frac{f_c}{f_y} bx$$

若 $A_s \geqslant \rho_{\min} bh$，按计算配筋。

若 $A_s < \rho_{\min} bh$，则应按最小配筋率配筋，取 $A_s = \rho_{\min} bh$。

若计算需配二排钢筋，则应按二排钢筋时的 h_0 重新计算 A_s。

2) 截面复核。已知：截面尺寸 $b \times h$，混凝土强度等级和钢筋类别，弯矩设计值 M，纵向受拉钢筋截面面积 A_s，复核截面是否安全。

计算步骤如下：

(1) 计算混凝土受压区高度 x

由式（5.4）可得 $x = \frac{f_y A_s}{\alpha_1 f_c b}$

(2) 计算 M_u

若 $x \leqslant \xi_b h_0$ 且 $\rho \geqslant \rho_{\min} \times \frac{h}{h_0}$，则为适筋梁，由式（5.5）得 $M_u = \alpha_1 f_c bx \left(h_0 - \frac{x}{2} \right)$

若 $x > \xi_b h_0$ 则说明该梁属超筋梁，此时
$$M_u = M_{u,\max} = \alpha_1 f_c bh_0^2 \xi_b (1 - 0.5\xi_b)$$

若 $\rho < \rho_{\min} \times \frac{h}{h_0}$，则为少筋构件，应修改设计。

(3) 求出 M_u 后，与弯矩设计值 M 比较，若 $M_u \geqslant M$，截面安全；若 $M_u < M$，截面不安全。

【例 5.1】 已知矩形梁截面尺寸 $b \times h = 250\text{mm} \times 550\text{mm}$，荷载产生的弯矩设计值 $M =$

190kN·m，混凝土强度等级为 C30，采用 HRB400 级钢筋。安全等级二级，环境类别为一类。求所需纵向受拉钢筋截面面积 A_s。

【解】　查表得：

$f_c=14.3\text{N/mm}^2$，$f_t=1.43\text{N/mm}^2$，$\alpha_1=1.0$；$f_y=360\text{N/mm}^2$；$\xi_b=0.518$

假定配置一排钢筋，则截面有效高度 $h_0=550-40=510\text{mm}$

由式（5.5）得截面受压区高度：

$$x=h_0-\sqrt{h_0^2-\frac{2M}{\alpha_1 f_c b}}$$

$$=510-\sqrt{510^2-\frac{2\times190\times10^6}{1.0\times14.3\times250}}$$

$$=117.83\text{mm}<\xi_b h_0=0.518\times510=264.18\text{mm}$$

将 $x=117.83\text{mm}$ 代入式（5.4），得受拉钢筋的截面面积：

$$A_s=\alpha_1\frac{f_c}{f_y}bx=1.0\times\frac{14.5}{360}\times250\times117.83=1186.5\text{mm}^2$$

选用 3Φ22（$A_s=1140.4\text{mm}^2$，与计算值差 5％以内）可排成一排，与假设相符，不必重算。

验算最小配筋率：$\rho=\dfrac{A_s}{bh_0}=\dfrac{1140.4}{250\times510}=0.89\%$

$\rho_{\min}=0.45\times\dfrac{1.43}{360}=0.179\%<0.2\%$，取 $\rho_{\min}=0.2\%$

$\rho>0.2\%\dfrac{h}{h_0}=0.2\%\times\dfrac{550}{510}=0.216\%$，符合构造要求。

【例 5.2】　已知钢筋混凝土矩形截面梁 $b\times h=250\text{mm}\times500\text{mm}$，安全等级二级，环境类别为一类。混凝土强度等级 C25，已配受拉钢筋 3Φ20，承受的弯矩设计值 $M=130\text{kN·m}$，试验算此梁是否安全。

【解】　查表得：$f_t=1.27\text{N/mm}^2$，$f_c=11.9\text{N/mm}^2$，$\alpha_1=1.0$，$f_y=360\text{N/mm}^2$，$\xi_b=0.518$，$A_s=942\text{mm}^2$

纵向受拉钢筋可一排放置，则梁的有效高度 $h_0=500-45=455\text{mm}$

$$x=\frac{f_y A_s}{\alpha_1 f_c b}=\frac{360\times942}{1.0\times11.9\times250}\approx114\text{mm}<\xi_b h_0=0.518\times455=235.7\text{mm}$$

没有超筋。

$\rho_{\min}=0.45\times\dfrac{f_t}{f_y}=0.45\times\dfrac{1.27}{360}=0.159\%<0.2\%$，　取 $\rho_{\min}=0.2\%$

$bh\rho_{\min}=250\times500\times0.2\%=250\text{mm}^2<A_s=1140\text{mm}^2$，没有少筋。

梁的正截面受弯承载力为：

$$M_u=\alpha_1 f_c bx\left(h_0-\frac{x}{2}\right)=1.0\times11.9\times250\times114\times\left(455-\frac{114}{2}\right)$$

$$=134981700\text{N·mm}\approx135\text{kN·m}>M=130\text{kN·m}\quad\text{该梁安全。}$$

5.2.3　双筋矩形截面受弯构件正截面承载力计算

单筋矩形梁截面梁在正截面的受拉区配置受拉钢筋，在受压区配置纵向架立钢筋，虽然架立钢筋能受压，但是对正截面受弯承载力的贡献很小，因此在计算中不考虑。如果在受压区配置的纵向受压钢筋数量比较多，不仅起架立钢筋的作用，而且在正截面受弯承载力的计算中必须考虑这种钢筋的受压作用，这样的配筋截面称为双筋截面。

双筋截面梁一般适用于以下情况：

（1）所受弯矩很大，按单筋矩形截面计算所得的相对受压区高度 ξ 又大于相对界限受压区高度 ξ_b，而梁截面尺寸受到限制，混凝土强度等级也不能提高时；

（2）在不同荷载组合情况下，在同一截面处梁承受异号弯矩；

（3）由于某种原因（如地震区的结构为提高构件的延性等），在截面受压区配置受力钢筋。受压钢筋还可以减少混凝土的徐变，提高混凝土构件的抗裂性。

1. 计算公式

双筋矩形截面受弯构件正截面受弯承载力计算简图如图 5.13 所示。

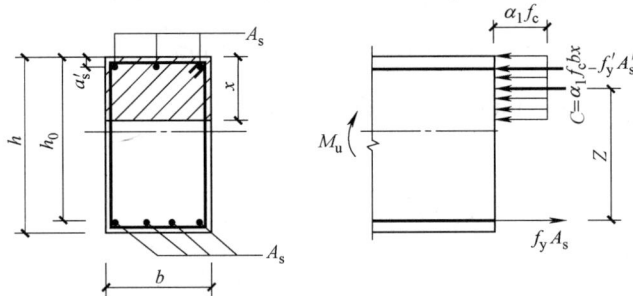

图 5.13 双筋矩形截面受弯构件正截面受弯承载力计算简图

由力的平衡条件可得：

$$\alpha_1 f_c bx + f'_y A'_s = f_y A_s \tag{5.11}$$

由力矩平衡条件可得：

$$M \leqslant M_u = \alpha_1 f_c bx \left(h_0 - \frac{x}{2}\right) + f'_y A'_s (h_0 - a'_s) \tag{5.12}$$

式中 f'_y——受压钢筋抗拉强度的设计值；

A_s、A'_s——受拉、受压钢筋截面面积，钢筋截面面积详见附表 5.1 和附表 5.2；

a'_s——受压钢筋合力点至截面受压边缘的距离。

其余符号同前。

2. 适用条件

应用以上两式时，应满足下列适用条件：

（1）为防止超筋破坏，要求 $x \leqslant \xi_b h_0$

（2）$x \geqslant 2a'_s$

条件（2）的含义为受压钢筋位置不低于矩形受压应力图形的重心。当不满足条件（2）时，则表明受压钢筋数量过多，其位置离中和轴太近，受压钢筋的应变太小，以致其应力达不到抗压强度设计值 f'_y，此时正截面受弯承载力可按下式计算

$$M_u = f_y A_s (h_0 - a'_s) \tag{5.13}$$

此外，当梁中配有按计算需要的纵向受压钢筋时，箍筋应做成封闭式，且箍筋间距不应大于 $15d$，并不应大于 400mm。当一层内的纵向受压钢筋多于 5 根且直径大于 18mm

时，箍筋间距不应大于 $10d$，d 为纵向受压钢筋的最小直径。否则，纵向受压钢筋可能发生纵向弯曲（压屈）而向外凸出，引起保护层剥落，此时受压钢筋达不到设计强度，可能导致受压混凝土过早发生脆性破坏。

5.2.4　T 形截面受弯构件正截面承载力计算

矩形截面受弯构件在破坏时，其受拉区混凝土早已退出工作，如果把受拉区两侧的混凝土挖去一部分，把原有的纵向受拉钢筋集中布置在梁肋中，截面的承载力计算与原有矩形截面 $b'_f \times h$ 完全相同，如图 5.14 所示。这样既节省了混凝土，又减轻了结构自重。

但是，对于翼缘位于受拉区的倒 T 形截面，如图 5.14 所示，当受拉区的混凝土开裂以后，翼缘就不起作用了，因此在计算时仍按 $b \times h$ 的矩形截面梁来考虑。

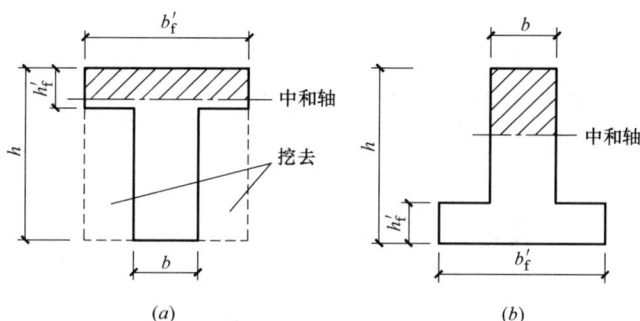

图 5.14　T 形截面与倒 T 形截面
（a）T 形截面；（b）倒 T 形截面

根据试验和理论分析可知，T 形截面梁受力后，翼缘上的纵向压应力是不均匀分布的，离梁肋越远，压应力越小。在工程中，对于现浇肋形梁，翼缘有时很宽，考虑到远离梁肋处的压应力很小，因此在设计中把翼缘限制在一定的宽度范围内，称为翼缘的计算宽度 b'_f，并假定在 b'_f 范围内压应力是均匀分布的。

根据中和轴所在位置的不同，将 T 形截面分为两种类型：

1）第一类 T 形截面：中和轴位于翼缘内，即 $x \leqslant h'_f$
2）第二类 T 形截面：中和轴位于翼缘内，即 $x > h'_f$

1. 计算公式

对于第一类 T 形截面，由于中和轴在翼缘内，因此混凝土受压区为矩形（$b'_f \times x$），如图 5.15 所示。第一类 T 形截面的承载力计算和梁宽为 b'_f 的矩形截面相同，则可以得到计算公式为：

$$\alpha_1 f_c b'_f x = f_y A_s \tag{5.14}$$

由力矩平衡条件可得：

$$M \leqslant M_U = \alpha_1 f_c b'_f x \left(h_0 - \frac{x}{2} \right) \tag{5.15}$$

式中　b'_f——T 形截面受压翼缘的计算宽度；

h'_f——T 形截面受压翼缘的高度。

第二类 T 形截面如图 5.16 所示，根据力的平衡，可得

$$\alpha_1 f_c (b'_f - b) h'_f + \alpha_1 f_c b x = f_y A_s \tag{5.16}$$

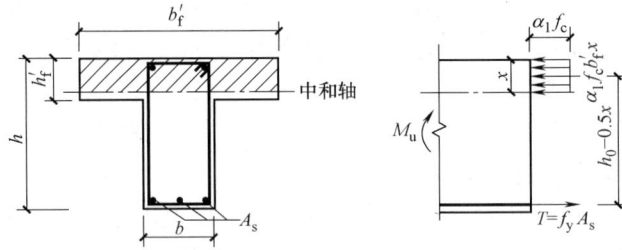

图 5.15　第一类 T 形截面梁

由力矩平衡条件可得：

$$M \leqslant M_\mathrm{u} = \alpha_1 f_\mathrm{c}(b'_\mathrm{f} - b) h'_\mathrm{f} \left(h_0 - \frac{h'_\mathrm{f}}{2}\right) + \alpha_1 f_\mathrm{c} b x \left(h_0 - \frac{x}{2}\right) \qquad (5.17)$$

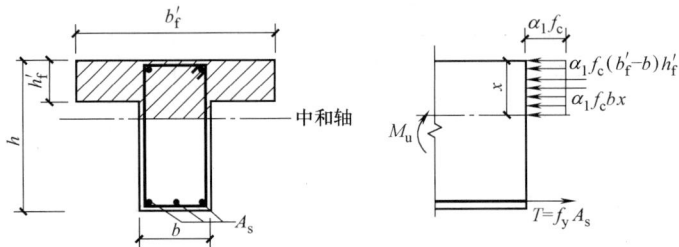

图 5.16　第二类 T 形截面梁

由式（5.14）～（5.17）可以看出，由于翼缘参与受压工作，因此梁宽与梁高相同时 T 形截面的承载力较矩形大。

2. 适用条件

1）为了防止超筋破坏，应满足 $x \leqslant \xi_\mathrm{b} h_0$。对于第一类 T 形截面，因为 $\xi = x/h_0 \leqslant h'_\mathrm{f} / h_0$，一般 h'_f/h_0 较小，因此通常可以满足 $x \leqslant \xi_\mathrm{b} h_0$ 的条件，可以不必验算；

2）为了防止少筋破坏，应满足 $A_\mathrm{s} \geqslant \rho_\mathrm{min} bh$，对于第二类 T 形截面，一般均能满足，可不验算。

5.3　受弯构件斜截面承载力

钢筋混凝土梁在主要承受弯矩的区段内，如果正截面受弯承载力不足，将发生正截面受弯破坏。此外，钢筋混凝土梁还有可能在剪力和弯矩共同作用的支座附近区段内，沿着斜向裂缝发生斜截面受剪破坏或斜截面受弯破坏。因此，在保证正截面受弯承载力的同时，还应保证斜截面承载力，即斜截面受剪承载力和斜截面受弯承载力。

在工程设计中，斜截面受剪承载力是通过计算来满足的，而斜截面受弯承载力则是通过纵向钢筋和箍筋的构造要求加以保证。

5.3.1　受弯构件斜截面破坏形态

试验结果表明，有腹筋梁沿斜截面的破坏形态有以下三种：

1. 斜拉破坏

当腹筋过少且剪跨比较大（$\lambda > 3$）时，可能发生这种破坏。

斜拉破坏的特点是一旦出现斜裂缝，与其相交的腹筋随即达到屈服强度，很快形成临界斜裂缝，并迅速延伸到受压区的边缘，使梁很快裂为两部分，破坏过程急骤，具有明显的脆性；这种破坏与正截面少筋梁的破坏相似，如图 5.17（a）所示。在实际工程中通过限制最小的配箍率及构造要求来防止。

2. 剪压破坏

当腹筋配筋率适当且剪跨比适中（$1 \leq \lambda \leq 3$）时，常发生剪压破坏。

剪压破坏的特征为，随荷载的增加，首先在弯剪段受拉区出现垂直裂缝，随后斜向延伸，形成斜裂缝；而后又出现一条延伸较长、开展较宽的主要斜裂缝，称为"临界斜裂缝"；临界斜裂缝不断加宽，并继续向上延伸，最后使斜裂缝顶端剪压区的混凝土在剪应力及压应力共同作用下达到极限强度而破坏；此时与临界斜裂缝相交的腹筋达到屈服强度，混凝土和腹筋强度均得到充分发挥，如图 5.17（b）所示。这种破坏腹筋可以充分利用，但仍然具有脆性破坏特征。斜截面受剪承载力计算，以剪压破坏为依据。在实际工程中通过计算，配置足够的腹筋来防止。

3. 斜压破坏

斜压破坏多发生在剪跨比较小（$\lambda < 1$），配置的腹筋很多或薄腹梁中。

斜压破坏的特征是梁腹部出现若干条大体互相平行的斜裂缝，随着荷载的增加，这些斜裂缝将梁腹部分割成若干个受压短柱，最后因混凝土短柱被压碎而导致梁斜压破坏；此时腹筋往往达不到屈服强度，钢筋的强度不能充分利用，属脆性破坏，如图 5.17（c）所示。这种破坏与正截面超筋梁的破坏相似，在实际工程中通过限制最小的截面尺寸来防止。

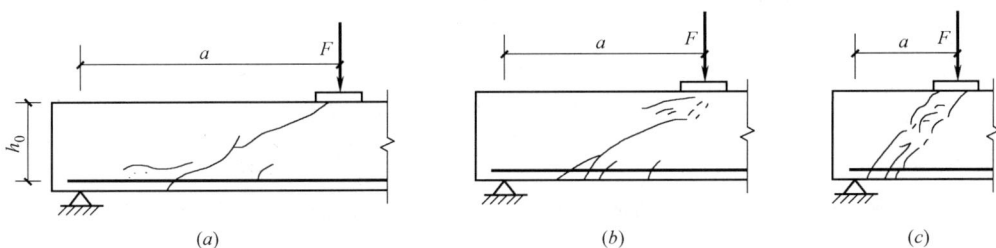

图 5.17　斜截面破坏形态
（a）斜拉破坏；（b）剪压破坏；（c）斜压破坏

5.3.2　斜截面受剪承载力计算

1. 影响斜截面受剪承载力的主要因素

为了防止梁沿斜裂缝破坏，应使梁具有合理的截面尺寸，还应在梁中配置与梁轴线垂直的箍筋，当梁承受的剪力较大时，可补充设置由跨中纵向钢筋弯起而成的弯起钢筋，箍筋和弯起钢筋统称为腹筋。配置腹筋的梁称为有腹筋梁；反之，称为无腹筋梁。

混凝土的强度等级、腹筋和纵筋的数量、截面形状、荷载种类和作用方式及剪跨比均影响斜截面承载力，其中剪跨比和配箍率是影响斜截面承载力的两个重要参数。

对集中荷载作用的梁，集中力到临近支座的距离 a 称为剪跨，剪跨 a 与梁截面有效高度 h_0 的比值，称为计算剪跨比。即

$$\lambda = \frac{a}{h_0} \tag{5.18}$$

配箍率为箍筋截面面积与对应的混凝土面积的比值，用 ρ_{sv} 表示。

$$\rho_{sv} = \frac{A_{sv}}{bs} \tag{5.19}$$

式中 A_{sv}——配置在同一截面内的箍筋面积总和，$A_{sv} = nA_{sv1}$；

　　　　n——同一截面内箍筋的肢数；单肢箍 $n=1$，双肢箍 $n=2$，四肢箍 $n=4$；

　　　　A_{sv1}——单肢箍筋的截面面积；

　　　　b——梁的截面宽度，若是 T 形截面，则是梁肋宽度；

　　　　s——箍筋沿梁轴线方向的间距。

2. 斜截面受剪承载力的计算位置

斜截面受剪承载力计算时，应选择下列计算截面位置：

1) 支座边缘处的截面，如图 5.18 所示截面 1-1，其剪力设计值一般最大；

2) 弯起钢筋弯起点处的截面，如图 5.18 所示截面 2-2；

3) 箍筋截面面积或间距改变处的截面，如图 5.18 所示截面 3-3；

4) 腹板宽度改变处的截面，如图 5.18 所示截面 4-4，腹板宽度改变，使梁的受剪承载力受到影响。

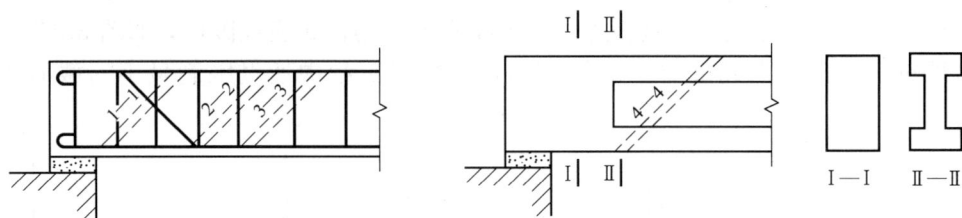

图 5.18   斜截面受剪承载力的计算截面位置

3. 基本公式

斜截面受剪承载力计算，目前所采用的是理论与试验相结合、采用半理论半经验的计算方法。

《混凝土结构设计规范》以剪压破坏形态作为斜截面受剪承载力计算依据。梁发生斜截面剪压破坏时，斜截面的受剪承载力由混凝土、箍筋和弯起钢筋三部分受剪承载力之和。即：

$$V_u = V_c + V_s + V_{sb} = V_{cs} + V_{sb} \tag{5.20}$$

式中 V_c——混凝土剪压区所承受的剪力；

　　　　V_s——与斜截面相交的箍筋所承受的剪力；

　　　　V_{sb}——与斜截面相交的弯起钢筋所承受剪力；

　　　　V_{cs}——斜截面上混凝土和箍筋所承受的剪力。

矩形、T 形及 I 字形截面受弯构件，当配有箍筋和弯起钢筋时，斜截面受剪承载力计算公式：

1）对于矩形、T形及I字形截面的一般受弯构件：

$$V \leqslant 0.7 f_t b h_0 + f_{yv} \frac{A_{sv}}{s} h_0 + 0.8 f_y A_{sb} \sin \alpha_s \tag{5.21}$$

式中　f_{yv}——箍筋抗拉强度设计值，$f_{yv} \leqslant 360 \text{N/mm}^2$；

　　　　A_{sv}——配置在同一截面内箍筋各肢的全部截面面积，$A_{sv} = n A_{sv1}$；

　　　　n——在同一截面内箍筋的肢数；

　　　　A_{sv1}——单肢箍筋的截面面积；

　　　　s——箍筋的间距；

　　　　f_y——弯起钢筋抗拉强度设计值；

　　　　A_{sb}——同一弯起平面内弯起钢筋的截面面积；

　　　　α_s——弯起钢筋与梁纵轴线的夹角，一般为 45°，当梁截面高度超过 800mm 时，为 60°。

2）对于集中荷载作用下（包括作用有多种荷载，其中集中荷载对支座截面或节点边缘所产生的剪力值占总剪力值的 75% 以上的情况）的独立梁：

$$V \leqslant \frac{1.75}{\lambda + 1} f_t b h_0 + f_{yv} \frac{A_{sv}}{s} h_0 + 0.8 f_y A_{sb} \sin \alpha_s \tag{5.22}$$

式（5.22）中，λ 为计算截面的剪跨比，取 $\lambda = a/h_0$。a 为集中荷载作用点至支座或节点边缘的距离，当 $\lambda < 1.5$ 时，取 $\lambda = 1.5$；当 $\lambda > 3$ 时，取 $\lambda = 3$；集中荷载作用点至支座之间的箍筋应均匀配置。其余符号同前。

说明：由于新建建筑均需考虑建筑抗震，不能考虑弯起钢筋抗剪，故框架梁、柱中 $V_{sb} = 0$。

4. 适用条件

1）最小截面尺寸。当配箍率超过一定的数值时，梁将发生斜压破坏，此时箍筋的拉应力达不到屈服强度。为了防止配箍率过高（即截面尺寸过小），避免斜压破坏，《混凝土结构设计规范》规定了上限值。

对矩形、T形和I形截面的受弯构件，梁的截面尺寸应符合下列条件：

当 $h_w/b \leqslant 4$ 时（即一般梁）：　　$V \leqslant 0.25 \beta_c f_c b h_0$ 　　　　　　(5.23)

当 $h_w/b \geqslant 6$ 时：　　　　　　　　$V \leqslant 0.2 \beta_c f_c b h_0$ 　　　　　　(5.24)

当 $4 < h_w/b < 6$ 时，按直线内插法取用。

式中　V——截面最大剪力设计值；

　　　　b——矩形截面的宽度，T形截面肋梁的宽度，I形截面的腹板厚度；

　　　　h_w——截面的腹板高度：矩形截面取有效高度 h_0；T形截面取有效高度减去翼缘高度；I形截面取腹板净高；

　　　　β_c——混凝土强度影响系数：当混凝土强度等级不超过 C50 时，取 $\beta_c = 1.0$；当混凝土强度等级为 C80 时，取 $\beta_c = 0.8$；其间按直线内插法确定。

2）最小配箍率 $\rho_{sv,min}$。若箍筋配箍率过小，或箍筋的间距过大，梁将出现斜拉破坏。因此，当 $V > 0.7 f_t b h_0$ 时，限制梁的最小配箍率，即为：

$$\rho_{sv} = \frac{n A_{sv1}}{bs} \geqslant \rho_{sv,min} \tag{5.25}$$

$$\rho_{sv,min}=0.24\frac{f_t}{f_{yv}} \tag{5.26}$$

5. 计算步骤（计算方法、公式应用）

仅配置箍筋时斜截面受剪承载力的计算步骤：

（1）求计算截面位置的剪力设计值

（2）复核截面尺寸

按公式（5.23）或（5.24）进行截面尺寸复核。如不满足要求，则应加大截面尺寸或提高混凝土强度等级。

（3）确定是否需按计算配置箍筋

当符合 $V \leqslant 0.7f_t bh_0$ 或 $V \leqslant \dfrac{1.75}{\lambda+1}f_t bh_0$ 时，可不必进行斜截面受剪承载力计算，按构造要求配置箍筋，否则按计算配置箍筋。

（4）计算箍筋数量

$$\frac{A_{sv}}{s} \geqslant \frac{V-0.7f_t bh_0}{f_{yv}h_0} \quad 或 \quad \frac{A_{sv}}{s} \geqslant \frac{V-\dfrac{1.75}{\lambda+1}f_t bh_0}{f_{yv}h_0}$$

求出 $\dfrac{A_{sv}}{s}$ 后，先根据构造要求确定箍筋肢数、选择箍筋直径，再求箍筋间距 s。箍筋尚应满足构造要求及最小配箍率要求。

【例5.3】 某钢筋混凝土矩形截面简支梁，截面尺寸 $b \times h = 250mm \times 500mm$，梁净跨 $l_n = 4.8m$，3Φ20。梁承受均布荷载设计值 $g+q=90kN/m$（包括自重），混凝土强度等级为 C25，箍筋采用 HPB300 级钢筋，设计使用年限为 50 年，环境类别一类，安全等级为二级。求箍筋的数量。

【解】 查表得：$f_t=1.27N/mm^2$，$f_c=11.9N/mm^2$，$f_{yv}=270N/mm^2$

求支座边缘截面处的剪力设计值：

$$V=\frac{1}{2}(q+g)l_n=\frac{1}{2}\times90\times4.8=216kN$$

验算截面尺寸：

$$h_w=h_0=500-45=455mm$$

$$\frac{h_w}{b}=\frac{455}{250}=1.82<4$$

$$0.25\beta_c f_c bh_0=0.25\times1\times11.9\times250\times455=338406N>V=216kN$$

截面符合要求（不会发生斜压破坏）。

验算是否需要按计算配箍：

$$0.7f_t bh_0=0.7\times1.27\times250\times455=101124N<V=216kN$$

需按计算配箍筋。

（1）假定箍筋选用双肢，直径Φ8，则 $n=2$，$A_{sv1}=50.3mm^2$

$$V\leqslant0.7f_t bh_0+f_{yv}\frac{nA_{sv1}}{s}h_0,$$

$$s\leqslant\frac{f_{yv}nA_{sv1}h_0}{V-0.7f_t bh_0}=\frac{270\times2\times50.3\times455}{216000-101124}=107.6mm，选用双肢箍筋Φ8@100。$$

配箍率验算：

$$\rho_{sv} = \frac{nA_{sv1}}{bs} \frac{2 \times 50.3}{250 \times 100} = 0.402\% > \rho_{svmin} = 0.24 \frac{f_t}{f_{yv}} = 0.24 \times \frac{1.27}{270} = 0.113\%$$

满足构造要求。

（2）如假定箍筋选用双肢，直径Φ10，则 $n=2$，$A_{sv1} = 78.5\text{mm}^2$

$$V \leq 0.7 f_t bh_0 + f_{yv} \frac{nA_{sv1}}{s} h_0$$

$$s \leq \frac{f_{yv} nA_{sv1} h_0}{V - 0.7 f_t bh_0} = \frac{270 \times 2 \times 78.5 \times 455}{216000 - 101124} = 168.08\text{mm}，选用双肢箍筋Φ10@150。$$

配箍率验算：

$$\rho_{sv} = \frac{nA_{sv1}}{bs} \frac{2 \times 78.5\text{mm}^2}{250\text{mm} \times 150\text{mm}} = 0.418\% > \rho_{svmin} = 0.24 \frac{f_t}{f_{yv}} = 0.24 \times \frac{1.27}{270} = 0.113\%$$

满足构造要求。

【例 5.4】　某钢筋混凝土矩形截面简支梁，截面尺寸 $b \times h = 250\text{mm} \times 500\text{mm}$，混凝土强度等级为Φ25，环境类别一类，已沿全长设双肢箍筋Φ8@150，箍筋采用 HPB300 级钢筋，支座边缘截面处的剪力设计值为 180kN，试验算此梁是否安全。

【解】　查表得：$f_t = 1.27\text{N/mm}^2$，$f_c = 11.9\text{N/mm}^2$，$f_{yv} = 270\text{N/mm}^2$，$A_{sv1} = 50.3\text{mm}^2$

$h_w = h_0 = 500 - 45 = 455\text{mm}$

（1）将有关已知条件代入公式计算得该梁受剪承载力为：

$$V_u = 0.7 f_t bh_0 + f_{yv} \frac{nA_{sv1}}{s} h_0$$

$$= 0.7 \times 1.27 \times 250 \times 455 + 270 \times \frac{2 \times 50.3}{150} \times 455 = 183515\text{N}$$

$$\approx 183.5\text{kN}$$

（2）验算配箍率：

$$\rho_{sv} = \frac{nA_{sv1}}{bs} \frac{2 \times 50.3}{250 \times 150} = 0.268\% > \rho_{svmin} = 0.24 \frac{f_t}{f_{yv}} = 0.24 \times \frac{1.27}{270} = 0.113\%$$

满足构造要求。

（3）验算截面尺寸条件，防止斜压破坏：$\dfrac{h_w}{b} = \dfrac{455}{250} = 1.82 < 4$

$0.25\beta_c f_c bh_0 = 0.25 \times 1 \times 11.9 \times 250 \times 455 = 338406\text{N} = 338.06\text{kN}$

$> V_u = 183.5\text{kN}$

截面尺寸符合要求，说明箍筋数量适中，不会出现斜压破坏。

（4）验算受剪承载力：由于 $V_u = 183.5\text{kN} > V = 180\text{kN}$，因此此梁安全。

5.3.3　保证斜截面受弯承载力的构造措施

1. 抵抗弯矩图的概念

按荷载对梁的各个正截面产生的弯矩设计值 M 所绘制的图形，称为弯矩图，即为 M 图。由钢筋和混凝土共同工作，使梁具有正截面受弯承载力。如按照实配钢筋数量计算梁各正截面的受弯承载力设计值 M_u，并绘制其图形，称为正截面受弯承载力图或抵抗弯矩图，因为 M_u 是由材料提供的，因此也称为材料图。为了保证梁的各个正截面受弯承载力，必须满足 $M_u \geqslant M$，即 M_u 图必须包住 M 图。

图 5.19 所示为一承受均布荷载简支梁的配筋图、M 图和 M_u 图。该梁配置纵筋 2Φ20＋1Φ18。假定实配纵筋的总面积等于跨中最大弯矩处的计算配筋面积，则 M_u 图的最大值刚好与 M 图上的最大弯矩点相同，如图 5.19 所示。

任一根纵向受拉钢筋的抵抗弯矩 M_{ui} 可近似按该钢筋的截面面积 A_{si} 与总的钢筋截面面积 A_s 的比值，与 M_u 的乘积求得，即

$$M_{ui} = M_u \cdot \frac{A_{si}}{A_s} \tag{5.27}$$

当该梁的三根纵筋均伸入两端支座时，图 M_u 即为图 5.19 中的图形 $acdb$。由图可知，③号钢筋在抵抗弯矩图的交点 1（对应于 Ⅰ-Ⅰ 截面）处充分利用，②号钢筋在交点 2（对应于 Ⅱ-Ⅱ 截面）和 2′ 截面处充分利用，①号钢筋在交点 3（对应于 Ⅲ-Ⅲ 截面）和 3′ 处充分利用，因此抵抗弯矩图中交点 1、2（2′）、3（3′）依次分别为③、②、①号钢筋的充分利用点，而对应的梁截面称为该钢筋强度充分利用截面。

由图 5.19 还可以看出，自跨中过了交点 2（Ⅱ-Ⅱ 截面）和 2′ 之后，就不需要③号钢筋了，过了交点 3（Ⅲ-Ⅲ 截面）和 3′ 之后，就不需要②号钢筋了，因此把抵抗弯矩图中交点 2(2′)、3(3′)、4(4′) 依次分别称为③、②、①号钢筋的不需要点或者理论切断点，而对应的梁截面称为按正截面受弯承载力计算不需要该钢筋的截面。

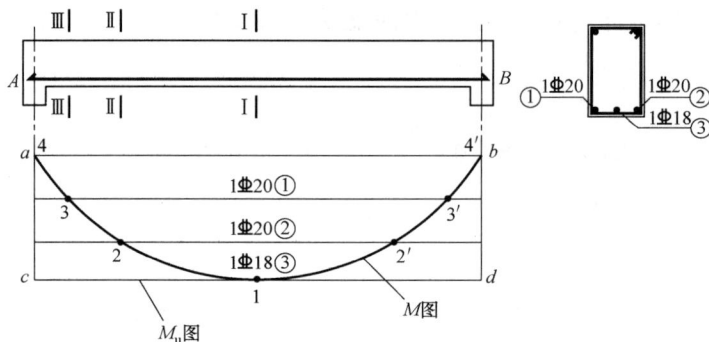

图 5.19　简支梁的正截面抵抗弯矩图

2. 简支端下部纵向受力钢筋的锚固

钢筋混凝土简支梁和连续梁简支端的下部纵向受力钢筋，从支座边缘算起伸入支座内的锚固长度应符合下列规定：

1）当 $V \leqslant 0.7f_t bh_0$ 时，不小于 $5d$；当 $V > 0.7f_t bh_0$ 时，对带肋钢筋不小于 $12d$，对光面钢筋不小于 $15d$，其中 d 为钢筋的最大直径；

2）如纵向受力钢筋伸入梁支座范围内的锚固长度不符合上述要求时，可采取弯钩或机械等有效的锚固措施；

3）支承在砌体结构上的钢筋混凝土独立梁，在纵向受力钢筋的锚固长度范围内应配置不少于两个箍筋，其直径不宜小于 $d/4$（d 为纵向受力钢筋的最大直径），间距不宜大于 $10d$，当采取机械锚固措施时箍筋间距尚不宜大于 $5d$（d 为纵向受力钢筋的最小直径）；

4）对于混凝土强度等级为 C25 及以下的简支梁和连续梁的简支端，当距支座边 1.5h 范围内作用有集中荷载，且 $V > 0.7f_t bh_0$ 时，对带肋钢筋宜采取附加锚固措施，或取锚固

长度不小于 15d（d 为锚固钢筋的直径）。

3. 纵向受拉钢筋的截断

为了使负弯矩钢筋的截断不影响它在各截面中所发挥所需的抗弯能力，钢筋混凝土梁支座截面负弯矩纵向受拉钢筋不宜在受拉区截断，当需要截断时，应符合以下规定：

1）当 $V \leqslant 0.7 f_t bh_0$ 时，应延伸至按正截面受弯承载力计算不需要该钢筋的截面以外不小于 20d 处截断，且从该钢筋强度充分利用截面伸出的长度不应小于 1.2l_a；

2）当 $V > 0.7 f_t bh_0$ 时，应延伸至按正截面受弯承载力计算不需要该钢筋的截面以外不小于 h_0 且不小于 20d 处截断，且从该钢筋强度充分利用截面伸出的长度不应小于 1.2l_a 与 h_0 之和；

3）若按以上 1）、2）项确定的截断点仍位于负弯矩对应的受拉区内，则应延伸至按正截面受弯承载力计算不需要该钢筋的截面以外不小于 1.3h_0 且不小于 20d 处截断，且从该钢筋强度充分利用截面伸出的延伸长度不应小于 1.2l_a 与 1.7h_0 之和。

5.4 受弯构件的裂缝

5.4.1 裂缝的产生和开展

受弯构件未出现裂缝时，由于钢筋与混凝土之间存在粘结力，因而钢筋拉应力、拉应变沿纯弯区段长度大致相同。随着混凝土受弯构件内力的加大，当在混凝土受拉区外边缘最薄弱的截面处达到其极限拉应变值后，就会出现第一批裂缝。混凝土一开裂，裂缝处的受拉混凝土退出工作，于是钢筋承担的拉力突然增加。配筋率越低，钢筋应力增量越大。混凝土一开裂，裂缝两侧的混凝土就开始回缩，但是由于受到钢筋的约束，这种回缩是不自由的，回缩到一定量即被阻止。在回缩的那一段长度 l 中，钢筋与混凝土之间有相对滑移，产生粘结应力，并通过粘结应力的作用，随着离裂缝截面距离的增大，钢筋的拉应力逐渐传递给混凝土而减小；混凝土拉应力由裂缝处的零逐渐增大，达到 l 后，粘结应力消失，混凝土和钢筋又具有相同的拉伸应变。各自的应力又趋于均匀分布。

第一批裂缝出现后，在粘结应力作用长度 l 以外的那部分混凝土仍处于受拉紧张状态中，因此当弯矩继续增大时，另一薄弱截面处出现新裂缝。按此规律，随着弯矩的增大，裂缝将逐条出现。可见，裂缝的开展是由于混凝土的回缩，钢筋的伸长导致混凝土与钢筋之间不断产生相对滑移的结果。

由于受弯构件承受荷载引起开裂后，在荷载长期作用下，由于混凝土的滑移徐变和拉应力的松弛，将导致裂缝间受拉混凝土不断退出工作，使裂缝开展宽度增大；此外，重复荷载作用时，由于荷载的变动使钢筋直径时胀时缩等因素，也将引起粘结强度的降低，导致裂缝宽度的增大。而过大的裂缝宽度将使钢筋锈蚀，从而影响结构的耐久性。

5.4.2 影响裂缝宽度的主要因素

1）纵向钢筋的应力。裂缝宽度与钢筋应力近似成正比。

2）纵筋的直径。当构件内受拉纵筋截面面积相同时，采用直径较细而根数较多的钢筋,则会增大钢筋表面积,因而使钢筋与混凝土的粘结力增大,减小裂缝宽度。

3)纵筋表面形状。带肋钢筋的粘结强度较光面钢筋大得多,可减小裂度宽度。

4)纵筋配筋率。构件受拉区混凝土截面的纵筋配筋率越大,裂缝宽度越小。

5)混凝土保护层厚度。保护层越厚,裂缝宽度越大。

5.4.3 裂缝宽度的计算公式

1)裂缝宽度限值规定。结构构件正截面的受力裂缝控制等级分为三级。在直接作用下,结构构件的裂缝控制等级划分及要求应符合下列规定:

一级——严格要求不出现裂缝的构件,按荷载标准组合计算时,构件受拉边缘混凝土不应产生拉应力。

二级——一般要求不出现裂缝的构件,按荷载标准组合计算时,构件受拉边缘混凝土拉应力不应大于混凝土抗拉强度的标准值。

三级——允许出现裂缝的构件:对钢筋混凝土构件,按荷载准永久组合并考虑长期作用影响计算时,构件的最大裂缝宽度 ω_{max} 不应超过表 5.10 规定的最大裂缝宽度限值 ω_{lim},即 $\omega_{max} \leqslant \omega_{lim}$,此时裂缝宽度满足要求。

结构构件的裂缝控制等级及最大裂缝宽度限值 ω_{lim}　　　　表 5.10

环境类别	钢筋混凝土结构		预应力混凝土结构	
	裂缝控制等级	ω_{lim}(mm)	裂缝控制等级	ω_{lim}(mm)
一	三级	0.30(0.40)	三级	0.20
二 a		0.20		0.10
二 b			二级	—
三 a、三 b			一级	—

注:1. 在一类环境下,对预应力混凝土屋架、托架及双向板体系,应按二级裂缝控制等级进行验算;对预应力混凝土屋面梁、托梁、单向板,按表中二 a 级环境的要求进行验算;

2. 对处于年平均相对湿度小于 60% 地区的一类环境下的受弯构件,其最大裂缝宽度限值可采用括号内的数值;

3. 在一类环境下,对钢筋混凝土屋架、托架及需作疲劳验算的吊车梁,其最大裂缝宽度限值应取为 0.2mm;对钢筋混凝土屋面梁和托梁,其最大裂缝宽度限值应取为 0.3mm;

4. 对于烟囱、筒仓和处于液体压力下的结构构件,其裂缝控制要求应符合专门标准的有关规定;

5. 对处于四、五类环境下的结构构件,其裂缝控制要求应符合专门标准的有关规定;

6. 表中的最大裂缝宽度限值用于验算荷载作用引起的最大裂缝宽度。

2)裂缝宽度计算公式。在矩形、T 形、倒 T 形和 I 形截面的钢筋混凝土受拉、受弯和偏心受压构件中,按准永久组合并考虑长期作用影响的最大裂缝宽度 ω_{max} 可按下列公式计算:

$$\omega_{max}=\alpha_{cr}\psi\frac{\sigma_s}{E_s}\left(1.9c_s+0.08\frac{d_{eq}}{\rho_{te}}\right) \qquad (5.28)$$

$$\psi=1.1-0.65\frac{f_{tk}}{\rho_{te}\sigma_s} \qquad (5.29)$$

$$d_{eq}=\frac{\sum n_i d_i^2}{\sum n_i v_i d_i} \qquad (5.30)$$

$$\rho_{te}=\frac{A_s}{A_{te}} \qquad (5.31)$$

$$\sigma_s=\frac{M_q}{0.87h_0A_s} \qquad (5.32)$$

$$\sigma_s=\frac{N_q}{A_s} \qquad (5.33)$$

式中 α_{cr}——构件受力特征系数，按表 5.11 采用；

ψ——裂缝间纵向受拉钢筋应变不均匀系数：当 $\psi<0.2$ 时，取 $\psi=0.2$；当 $\psi>$ 1.0 时，取 $\psi=1.0$；对直接承受重复荷载的构件，取 $\psi=1.0$；

σ_s——按荷载准永久组合计算的钢筋混凝土构件纵向受拉钢筋应力，受弯构件按式（5.32）计算，受拉构件按式（5.33）计算，其余构件按照《混凝土结构设计规范》相关公式计算；

E_s——钢筋弹性模量；

c_s——最外层纵向受拉钢筋外边缘至受拉区底边的距离（mm）：当 $c_s<20$ 时，取 $c_s=20$；当 $c_s>65$ 时，取 $c_s=65$；

ρ_{te}——按有效受拉混凝土截面面积计算的纵向受拉钢筋配筋率；在最大裂缝宽度计算中，当 $\rho_{te}<0.01$ 时，取 $\rho_{te}=0.01$；

A_{te}——有效受拉混凝土截面面积：对轴心受拉构件，取构件截面面积；对受弯、偏心受压和偏心受拉构件，取 $A_{te}=0.5bh+(b_f-b)h_f$，此处，b_f、h_f 为受拉翼缘的宽度、高度；

A_s——受拉区纵向钢筋截面面积：对轴心受拉构件，取全部纵向受拉钢筋截面面积；对于受弯构件和偏心受压构件，取受拉区纵向钢筋截面面积；对于偏心受拉构件，取受拉较大边的纵向钢筋截面面积；

d_{eq}——受拉区纵向钢筋的等效直径（mm）；

d_i——受拉区第 i 种纵向钢筋的公称直径；

n_i——受拉区第 i 种纵向钢筋的根数；

v_i——受拉区第 i 种纵向钢筋的相对粘结特性系数，按表 5.12 采用；

N_q、M_q——按照荷载的准永久组合计算的轴力值和弯矩值。

构件受力特征系数　　　　　　　　　　　　　　　　　　　　　　　　表 5.11

类型	α_{cr}
	钢筋混凝土构件
受弯、偏心受压	1.9
偏心受拉	2.4
轴心受拉	2.7

钢筋的相对粘结特性系数　　　　　　　　　　　　　　　　　　　　　表 5.12

钢筋类别	钢筋	
	光面钢筋	带肋钢筋
v_i	0.7	1.0

注：对环氧树脂涂层带肋钢筋，其相对粘结特性系数应按表中系数的 0.8 倍取用。

5.4.4   裂缝宽度的验算步骤

对于钢筋混凝土构件裂缝宽度计算步骤为：

1) 按荷载效应的准永久组合计算内力 M_q、N_q
2) 计算纵向受拉钢筋应力 σ_s
3) 计算有效配筋率 ρ_{te}
4) 计算受拉钢筋的应力不均匀系数 ψ
5) 计算最大裂缝宽度 ω_{max}
6) 验算 $\omega_{max} \leqslant \omega_{lim}$

5.5   受弯构件的变形

5.5.1   受弯构件的截面刚度

1. 短期刚度

荷载效应准永久组合的短期作用下的截面弯曲刚度称为短期刚度，用 B_s 表示。

2. 长期刚度

结构构件在荷载长期作用下，构件截面弯曲刚度将会降低，致使构件的挠度增大。在实际工程中，总是有部分荷载长期作用在构件上，这种按荷载效应的准永久组合并考虑荷载效应的长期作用影响的刚度称为长期刚度，用 B 表示。

长期刚度 B 是在短期刚度 B_s 的基础上，考虑荷载效应的准永久组合的长期作用对挠度增大的影响系数后的刚度。长期刚度用于计算构件的挠度。

5.5.2   受弯构件的变形验算

1. 受弯构件的挠度计算

1) 受弯构件的挠度限值规定。为了保证建筑的使用功能，避免出现过大的变形，防止变形对结构构件产生不良影响，应限制受弯构件的变形。受弯构件的挠度应按荷载准永久组合并考虑荷载长期作用影响的刚度 B 进行计算，所求得的挠度计算值不应超过表 5.13 的限值。

2) 挠度计算。矩形、T 形、倒 T 形和 I 形截面钢筋混凝土受弯构件考虑荷载长期作用影响的刚度 B 可按下列规定计算（采用荷载准永久组合）：

$$B = \frac{B_s}{\theta} \tag{5.34}$$

式中 B_s——按荷载准永久组合计算的钢筋混凝土受弯构件的短期刚度；

θ——考虑荷载长期作用对挠度增大的影响系数。对于钢筋混凝土受弯构件，当纵向受压钢筋配筋率 $\rho'=0$ 时，取 $\theta=2.0$；当 $\rho'=\rho$ 时，取 $\theta=1.6$；当 ρ' 为中间数值时，θ 按线性内插法取用。此处，$\rho'=A_s'/(bh_0)$，$\rho=A_s/(bh_0)$。对翼缘位于受拉区的倒 T 形截面，θ 应增加 20%。

受弯构件的挠度限值　　　　　　　　　　表 5.13

构件类型		挠 度 限 值
吊车梁	手动吊车	$l_0/500$
	电动吊车	$l_0/600$
屋盖、楼盖及楼梯构件	$l_0<7\text{m}$	$l_0/200(l_0/250)$
	$7\text{m}\leqslant l_0\leqslant 9\text{m}$	$l_0/250(l_0/300)$
	$l_0>9\text{m}$	$l_0/300(l_0/400)$

注：1. 表中 l_0 为构件的计算跨度。计算悬臂构件的挠度限值时，l_0 按实际悬臂长度的 2 倍取用；

2. 如果构件制作时预先起拱，且使用上也允许，则在验算挠度时，可将计算所得的挠度值减去起拱值；

3. 表中括号内的数值适用于使用对挠度有较高要求的构件。

（3）B_s 的取值。在荷载准永久荷载组合作用下，钢筋混凝土受弯构件的短期刚度 B_s，可按下列公式计算：

$$B_s=\frac{E_sA_sh_0^2}{1.15\psi+0.2+\dfrac{6\alpha_E\rho}{1+3.5\gamma_f'}}\qquad(5.35)$$

式中　ψ——裂缝间纵向受拉钢筋应变不均匀系数，按前述式（5.29）～式（5.33）计算；

α_E——钢筋弹性模量与混凝土弹性模量的比值，即 E_s/E_c；

ρ——纵向受拉钢筋配筋率，对于钢筋混凝土受弯构件取 $\rho=\dfrac{A_s}{bh_0}$；

γ_f'——受压翼缘截面面积与腹板有效截面面积的比值，按式（5.36）确定。

$$\gamma_f'=\frac{(b_f'-b)h_f'}{bh_0}\qquad(5.36)$$

式中　b_f'、h_f'——分别为受压翼缘的宽度和高度；在公式（5.36）中，当 $h_f'>0.2h_0$ 时取 $0.2h_0$。

2. 变形验算的步骤

1）按受弯构件荷载效应的准永久组合计算弯矩值 M_q

2）计算受拉钢筋应变不均匀系数 ψ：

$$\psi=1.1-0.65\frac{f_{tk}}{\rho_{te}\sigma_s}\qquad(5.37)$$

3）计算在荷载准永久荷载组合作用下受弯构件的短期刚度 B_s

（1）计算钢筋与混凝土弹性模量比值 $\alpha_E=E_s/E_c$

（2）计算纵向受拉钢筋配筋率 $\rho=A_s/(bh_0)$

（3）计算受压翼缘面积与腹板有效面积的比值 γ_f'

$$\gamma_f'=\frac{(b_f'-b)h_f'}{bh_0}\qquad(5.38)$$

对于矩形截面 $\gamma_f'=0$

（4）计算短期刚度 B_s

4）计算构件刚度 B

5）将构件刚度代替结构力学计算公式中的弹性刚度 EI 计算构件挠度，并验算

$$f = s \frac{M_q l_0^2}{B} \leqslant f_{\lim} \qquad (5.39)$$

钢筋的公称直径、公称截面面积   附表 5.1

公称直径 (mm)	不同钢筋根数时的计算截面面积(mm²)								
	1	2	3	4	5	6	7	8	9
6	28.3	57	85	113	141	170	198	226	255
8	50.3	101	151	201	252	302	352	402	453
10	78.5	157	236	314	393	471	550	628	707
12	113.1	226	339	452	565	678	791	904	1017
14	153.9	308	461	615	769	923	1077	1231	1385
16	201.1	402	603	804	1005	1206	1407	1608	1809
18	254.5	509	763	1017	1272	1527	1781	2036	2290
20	314.2	628	942	1256	1570	1884	2199	2513	2827
22	380.1	760	1140	1520	1900	2281	2661	3041	3421
25	490.9	982	1473	1964	2454	2945	3436	3927	4418
28	615.8	1232	1847	2463	3079	3695	4310	4926	5542
32	804.2	1608	2413	3217	4021	4826	5630	6434	7238
36	1017.9	2036	3054	4072	5089	6107	7125	8143	9161
40	1256.9	2513	3770	5027	6283	7540	8796	10053	11310
50	1964	3928	5892	7656	9820	11784	13748	15712	17676

各种钢筋间距时每米板宽内的钢筋截面面积表（mm²）   附表 5.2

钢筋间距 (mm)	钢筋直径(mm)									
	6	8	10	12	14	16	18	20	22	25
75	377	670	1047	1508	2053	2681	3393	4189	5068	6545
80	353	628	982	1414	1924	2513	3181	3927	4752	6136
90	314	559	873	1257	1710	2234	2827	3491	4224	5454
100	283	503	785	1131	1539	2011	2545	3142	3801	4909
110	257	457	714	1028	1399	1828	2313	2856	3456	4462
120	236	419	654	942	1283	1676	2121	2618	3168	4091
125	226	402	628	905	1232	1608	2036	2513	3041	3927
130	217	387	604	870	1184	1547	1957	2417	2924	3776
140	202	359	561	808	1100	1436	1818	2244	2715	3506
150	188	335	524	754	1026	1340	1696	2094	2534	3272
160	177	314	491	707	962	1257	1590	1963	2376	3068
170	166	296	462	665	906	1183	1497	1848	2236	2887
175	162	287	449	646	880	1149	1454	1795	2172	2805
180	157	279	436	628	855	1117	1414	1745	2112	2727
200	141	251	393	565	770	1005	1272	1571	1901	2454
250	113	201	314	452	616	804	1018	1257	1521	1963
300	94	168	262	377	513	670	848	1047	1267	1636

习　题

思考题

5.1　简述适筋梁的破坏过程。在实际工程中为什么均应设计成适筋梁？如何防止超筋、少筋破坏？

5.2　梁纵向受力钢筋、箍筋、侧向构造钢筋、架立筋的作用是什么？

5.3　梁纵向受力钢筋布置有何构造要求？

5.4　什么条件下应设置梁的侧向构造钢筋？其构造要求是什么？

5.5　板受力钢筋布置有何构造要求？

5.6　受弯构件斜截面破坏形态有哪几种？如何防止？

5.7　何为单筋梁、双筋梁？

5.8　为什么同等条件下 T 形截面梁的正截面承载力高于矩形截面梁？

5.9　影响裂缝宽度的主要因素是什么？

单项选择题

5.1　某钢筋混凝土现浇板的厚度为 150mm，则该板中受力钢筋的最大间距不宜大于（　　）mm。

A. 70　　　　　B. 200　　　　　C. 225　　　　　D. 250

5.2　某钢筋混凝土现浇板的厚度为 180mm，则该板中受力钢筋的最大间距不宜大于（　　）mm。

A. 70　　　　　B. 200　　　　　C. 250　　　　　D. 270

5.3　某钢筋混凝土梁上部纵筋直径为 22mm，采用 2 根并筋方式布置，则上部纵向受力钢筋的最小净距为（　　）mm。

A. 25　　　　　B. 30　　　　　C. 32　　　　　D. 47

5.4　梁中下列钢筋起抗剪作用的是（　　）。

A. 箍筋　　　　B. 纵向受力钢筋　　C. 侧向构造钢筋　　D. 架立筋

5.5　某钢筋混凝土梁截面尺寸为 240mm×500mm，混凝土强度等级为 C25，梁配置Φ8@150 箍筋，环境类别一事，则下列梁底配筋符合构造要求的是（　　）。

A. 5 Φ 18　　　B. 6 Φ 20 2/4　　C. 4 Φ 25　　　D. 6 Φ 14

5.6　《混凝土结构设计规范》将适筋梁的（　　）应力状态，作为受弯构件正截面承载力计算的依据。

A. Ⅰa　　　　B. Ⅱ　　　　C. Ⅱa　　　　D. Ⅲa

5.7　单筋矩形截面梁正截面受弯承载能力复核时，若 $x>\xi_b h_0$，则该梁为（　　）。

A. 少筋梁　　　B. 适筋梁　　　C. 超筋梁　　　D. 双筋梁

5.8　单筋矩形截面梁，正截面界限破坏的特征是（　　）。

① 受拉钢筋先屈服，受压区混凝土后压碎；

② 受拉钢筋屈服同时受压区混凝土压碎；

③ 混凝土受压区高度 $x=\xi_b h_0$；

④ $M_u=M_{umax}$；

⑤ $M_u \leqslant M_{umax}$。

A. ①③④　　　B. ①③⑤　　　C. ②③④　　　D. ②③⑤

5.9　受弯构件斜截面受剪承载力计算公式是依据（　　）受力特征建立的。

A. 斜压破坏　　B. 斜拉破坏　　C. 剪压破坏　　D. 适筋破坏

5.10　在室内正常环境下，钢筋混凝土楼盖梁出现裂缝是（　　）。

A. 不允许的

B. 允许的，但应满足裂缝深度的要求

C. 允许的，但应满足裂缝宽度的要求

D. 允许的，但应满足裂缝延伸长度的要求

5.11　钢筋混凝土悬臂构件的允许挠度是相同跨度两端支承的受弯构件允许挠度值的（　　）倍。

A. 2.0　　　　　B. 1.5　　　　　C. 1.0　　　　　D. 0.5

5.12　提高受弯构件截面刚度最有效的措施是（　　）。

A. 加大截面高度　　　　　　　　B. 提高纵向受力钢筋的配筋率

C. 提高混凝土强度等级　　　　　D. 提高钢筋强度

5.13　某钢筋混凝土楼盖梁的计算跨度为 7000mm，则其挠度限值为（　　）mm。

A. 23.3　　　　　B. 17.5　　　　　C. 28　　　　　D. 35

5.14　某钢筋混凝土板配置 Φ10/12 @150 的下部受力钢筋，每米板宽的钢筋截面面积是（　　）mm^2。

A. 633　　　　　B. 639　　　　　C. 754　　　　　D. 1278

计算题

5.1　已知矩形截面梁 $b \times h = 250mm \times 550mm$，荷载产生的弯矩设计值 $M = 200kN \cdot m$，混凝土强度等级为 C30，采用 HRB400 级钢筋。安全等级一级，环境类别一类，计算所需纵向受拉钢筋截面面积 A_s。

5.2　单筋矩形截面梁，安全等级二级，截面尺寸 $b \times h = 250mm \times 450mm$，已配 3$\Phi$22 纵向受拉钢筋，截面有效高度 $h_0 = 410mm$，采用 C30 混凝土，环境类别一类，计算该梁受弯承载力设计值。

5.3　单筋矩形截面梁，截面尺寸 $b \times h = 250mm \times 550mm$，截面有效高度 $h_0 = 510mm$，环境类别一类，当采用 C30 混凝土时，计算该梁斜截面极限抗剪承载力。

5.4　单筋矩形截面梁，截面尺寸 $b \times h = 250mm \times 500mm$，截面有效高度 $h_0 = 460mm$，环境类别一类，当梁受匀布荷载，采用 C30 混凝土，箍筋为双肢Φ8@150 时，计算该梁受剪承载力设计值。

5.5　已知矩形截面梁 $b \times h = 250mm \times 550mm$，均布荷载产生的支座剪力设计值 $V = 185kN$，混凝土强度等级为 C30，箍筋采用 HRB400 级钢筋。安全等级二级，环境类别一类，计算所需箍筋数量。

▶ 钢筋混凝土受压构件

6.1 构造要求

建筑工程中以承受压力作用为主的构件称为受压构件。按照纵向力在截面上作用位置的不同，纵向受压构件分为轴心受压构件和偏心受压构件。纵向力作用线与构件轴线重合的构件称为轴心受压构件，如图 6.1（a）所示，否则为偏心受压构件。偏心受压构件又可分为单向偏压受压构件（图 6.1b）和双向偏心受压构件（图 6.1c）。

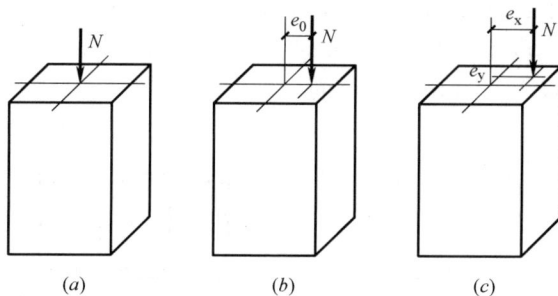

图 6.1 轴心受压与偏心受压构件
（a）轴心受压；（b）单向偏心受压；（c）双向偏心受压

1. 材料强度等级

为了充分发挥混凝土材料的抗压性能，减小构件截面尺寸，节约钢筋，宜采用较高强度等级的混凝土，一般采用 C25～C50 等级。

柱中不宜选用高强度钢筋。其原因是受压钢筋要与混凝土共同工作，钢筋应变受到混凝土极限压应变的限制，而混凝土极限压应变很小，所以高强度钢筋的受压强度不能充分利用；《混凝土结构设计规范》规定轴心受压构件受压钢筋的最大抗压强度为 $400N/mm^2$。提倡应用高强、高性能钢筋，规定梁、柱纵向受力普通钢筋宜采用 HRB400、HRB500、HRBF400、HRBF500 钢筋；箍筋宜采用 HRB400、HRBF400、HPB300、HRB500、HRBF500 钢筋。

2. 截面形式及截面尺寸

钢筋混凝土受压构件通常采用方形或矩形截面，以便制作模板。一般轴心受压柱以方形为主，偏心受压柱以矩形为主。当有特殊要求时，也可采用其他形式的截面，如轴心受压柱可采用圆形、多边形等，偏心受压柱还可采用 I 形、T 形等。

为了充分利用材料强度，避免构件长细比太大而造成降低构件承载力，柱截面尺寸不宜过小。一般应符合 $l_0/b \leqslant 30$、$l_0/h \leqslant 25$、$l_0/d \leqslant 25$（其中 l_0 为柱的计算长度，h 和 b 分别为柱截面的高度和宽度，d 为圆形柱的截面直径）。对于方形和矩形截面，其尺寸不宜小于 $250\text{mm} \times 250\text{mm}$。为了便于模板尺寸模数化，柱截面边长在 800mm 以下者，宜取 50mm 的倍数；在 800mm 以上者，取为 100mm 的倍数。

3. 纵向受力钢筋

轴心受压构件的荷载主要由混凝土承担，设置纵向受力钢筋的目的是：协助混凝土承受压力，以减小构件尺寸；承受可能的弯矩，以及混凝土收缩和温度变形引起的拉应力；防止构件突然的脆性破坏。

纵向受力钢筋直径不宜小于 12mm，通常采用 12～28mm。一般宜采用根数较少，直径较粗的钢筋，以保证钢筋骨架的刚度，减少钢筋在施工时纵向弯曲及减少箍筋用量。

轴心受压柱的纵向受力钢筋应沿截面四周均匀对称布置，偏心受压柱的纵向受力钢筋应布置在与弯矩作用平面相垂直的两侧边。方形和矩形截面柱中纵向受力钢筋不少于 4 根，以便于箍筋形成钢筋骨架。圆柱中不宜少于 8 根且不应少于 6 根，且宜沿周边均匀布置。

柱中纵向钢筋的净间距不应小于 50mm。对水平浇筑的预制柱，其纵向钢筋的最小净距可按梁的有关规定采用。偏心受压柱中，垂直于弯矩作用平面的侧面上的纵向受力钢筋以及轴心受压柱中各边的纵向受力钢筋，其中距不宜大于 300mm。

偏心受压柱的截面高度不小于 600mm 时，在柱的侧面上应设置直径不小于 10mm 的纵向构造钢筋，并相应设置复合箍筋或拉筋，如图 6.2 所示。

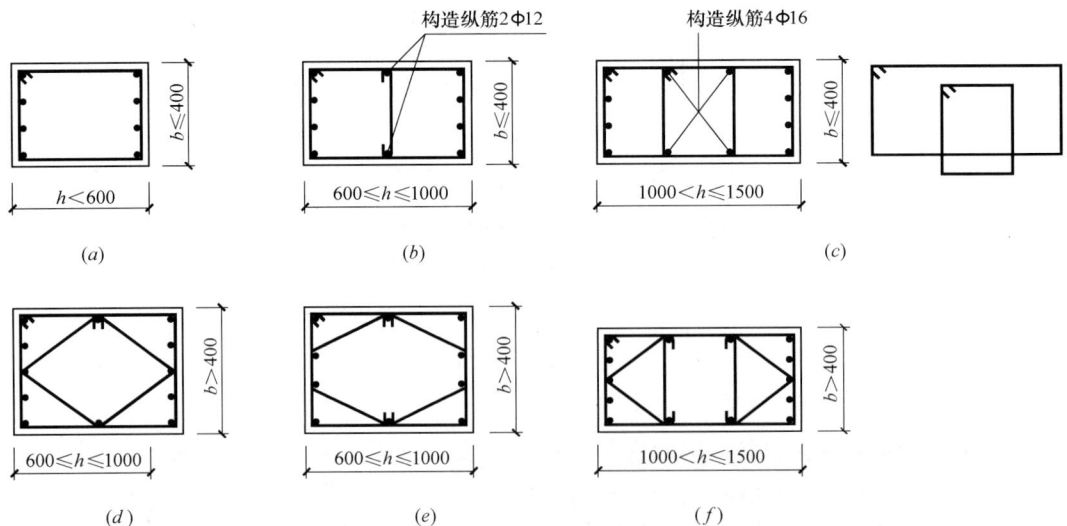

图 6.2   偏心受压柱纵向构造钢筋的设置

受压构件全部纵向钢筋和一侧纵向钢筋的最小配筋率按《混凝土结构设计规范》确定。从经济和施工方便（不使钢筋过于拥挤）角度考虑，全部纵向钢筋的配筋率不宜大于

5%。一般不超过 3%，通常在 0.5%～2% 之间。

4. 箍筋

受压构件中箍筋的作用是为了架立纵向钢筋，承担剪力和扭矩，并与纵筋一起形成对芯部混凝土的围箍约束。

受压构件中的周边箍筋应做成封闭式，且末端应做成 135° 弯钩，弯钩末端平直段长度不应小于 5d（d 为箍筋的直径）。箍筋直径不应小于 d/4（d 为纵向钢筋的最大直径），且不应小于 6mm。箍筋间距不应大于 400mm 及构件截面的短边尺寸，且不应大于 15d（d 为纵向钢筋的最小直径）。

当柱中全部纵向受力钢筋的配筋率超过 3% 时，箍筋直径不应小于 8mm，间距不应大于 10d（d 为纵向受力钢筋的最小直径），且不应大于 200mm；箍筋末端应做成 135° 弯钩且弯钩末端平直段长度不应小于 10d（d 为箍筋的直径）。

在纵筋搭接长度范围内，箍筋的直径不宜小于搭接钢筋最大直径的 0.25 倍。箍筋间距不应大于 5d（d 为搭接钢筋中最小直径），且不应大于 100mm；当受压钢筋直径大于 25 mm 时，尚应在搭接接头两个端面外的 100mm 范围内设置两道箍筋。

当柱截面短边尺寸大于 400mm，且各边纵向钢筋多于 3 根时（图 6.3c），或当柱截面短边尺寸不大于 400mm 但各边纵向钢筋多于 4 根时（图 6.3d），应设置复合箍筋，以防止中间钢筋被压屈。当柱中各边纵向钢筋不多于 3 根时（图 6.3b），或者柱截面短边 b≤400mm 但各边纵筋不多于 4 根时（图 6.3a），可仅采用外围箍筋。复合箍筋的直径、间距与前述箍筋相同。

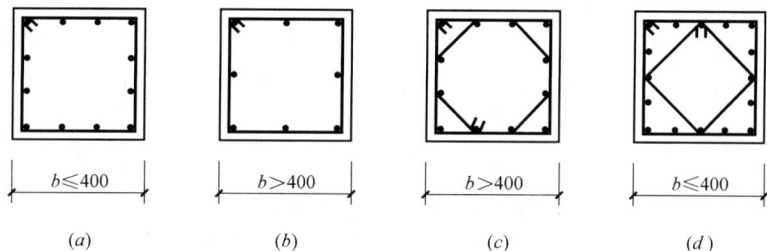

图 6.3 箍筋的构造（b—柱短边）

对于截面形状复杂的构件，不可采用具有内折角的箍筋（图 6.4）。其原因是，内折角处受拉箍筋的合力向外，使该处混凝土保护层崩裂。

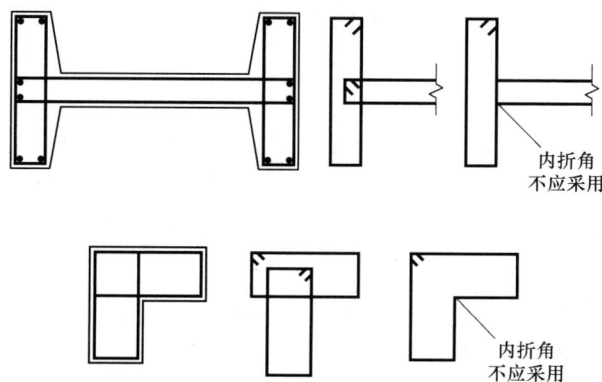

图 6.4 复杂截面的箍筋形式

6.2　轴心受压构件承载力计算

6.2.1　分类及破坏特征

1. 分类

在实际结构中，理想的轴心受压构件是不存在的。当弯矩的作用忽略不计的时候，可按轴心受压构件进行计算。根据箍筋配置方式的不同，钢筋混凝土轴心受压柱可分为两种：一种是配置纵向钢筋和普通箍筋的柱，称为普通箍筋柱；一种是配置纵向钢筋和螺旋筋或焊接环式间接钢筋的柱，称为螺旋箍筋柱或间接箍筋柱（图 6.5）。

按照长细比 l_0/b 的大小，轴心受压柱可分为短柱和长柱两类。对方形和矩形柱，当 $l_0/b \leqslant 8$ 时属于短柱；对圆形柱 $l_0/d \leqslant 7$ 为短柱，否则为长柱。其中 l_0 为柱的计算长度，b 为矩形截面的短边尺寸，d 为圆截面直径。

2. 短柱的破坏特征

配有普通箍筋的矩形截面短柱，在轴向压力 N 作用下整个截面的应变基本上是均匀分布的。N 较小时，构件的压缩变形主要为弹性变形。随着荷载的增大，构件变形迅速增大。与此同时，混凝土塑性变形增加，弹性模量降低，应力增长逐渐变慢，而钢筋应力的增加则越来越快。对配置中等强度的钢筋构件，钢筋将先达到其屈服强度，而后混凝土应变达极限压应变。此时柱子表面出现纵向裂缝，混凝土保护层开始剥落，最后，箍筋之间的纵向钢筋压屈而向外凸出，混凝

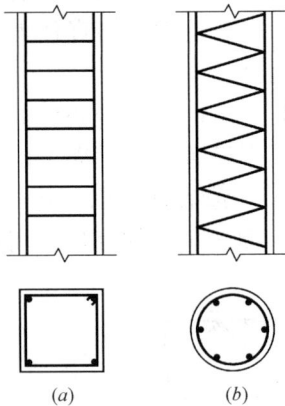

图 6.5　轴心受压柱
(a) 普通箍筋柱；(b) 螺旋箍筋柱

土被压碎崩裂而破坏（图 6.6）。破坏时混凝土的应力达到轴心抗压强度 f_c，取混凝土压应变 $\varepsilon = 0.002$ 作为轴心受压构件破坏时的控制条件。相应的纵向钢筋应力值 $\sigma = E_s \varepsilon_c' = 2 \times 10^5 \times 0.002 = 400 \text{N/mm}^2$。因此，当纵筋为高强度钢筋时，构件破坏时纵筋可能达不到屈服强度。轴心受压构件设计中对于屈服强度超过 400N/mm^2 的钢筋，其抗压强度设计值 f_y' 只能取 400N/mm^2。显然，在受压构件内配置高强度的钢筋不能充分发挥其作用，是不经济的。

3. 长柱的破坏特征

对于长细比较大的长柱，由于各种偶然因素造成的初始偏心距的影响是不可忽略的，在轴心压力 N 作用下，由初始偏心距将产生附加弯矩，而这个附加弯矩产生的水平挠度又加大了原来的初始偏心距，这样相互影响的结果，促使了构件截面材料破坏较早到来，导致承载能力的降低。破坏时首先在凹边出现纵向裂缝，接着混凝土被压碎，纵向钢筋被压弯向外凸出，侧向挠度急速发展，最终柱子失去平衡并将凸边混凝土拉裂而破坏（图 6.7）。试验表明，柱的长细比愈大，其承载力愈低，对于长细比很大的长柱，还有可能发生"失稳破坏"的现象。

图 6.6　短柱的破坏　　　　　　　　　图 6.7　长柱的破坏

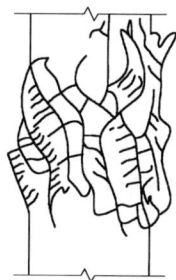

　　由上述试验可知，在同等条件下，即截面相同、配筋相同、材料相同的条件下，长柱承载力低于短柱承载力。在确定轴心受压构件承载力计算公式时，规范采用构件的稳定系数 φ 来表示长柱承载力降低的程度。试验的实测结果表明，稳定系数主要和构件的长细比 l_0/b 有关，长细比 l_0/b 越大，φ 值越小。当 $l_0/b \leqslant 8$ 时，$\varphi = 1$，说明承载力的降低可忽略。

　　稳定系数见表 6.1，矩形截面稳定系数 φ 也可近似按式（6.1）计算，当 l_0/b 不超过 40 时，公式计算值与表 6.1 数值误差不超过 3.5%。

$$\varphi = \frac{1}{1 + 0.002(l_0/b - 8)^2} \tag{6.1}$$

式中　l_0——柱的计算长度；

　　　　b——矩形截面的短边尺寸，圆形截面可取 $b = \dfrac{\sqrt{3}d}{2}$（d 为截面直径），对任意截面可取 $b = \sqrt{12}i$（i 为截面最小回转半径）。

钢筋混凝土轴心受压构件的稳定系数　　　　　　　　　　表 6.1

l_0/b	≤8	10	12	14	16	18	20	22	24	26	28
l_0/d	≤7	8.5	10.2	12	14	15.5	17	19	21	22.5	24
l_0/i	≤28	35	42	48	55	62	69	76	83	90	97
φ	1.00	0.98	0.95	0.92	0.87	0.81	0.75	0.70	0.65	0.60	0.56
l_0/b	30	32	34	36	38	40	42	44	46	48	50
l_0/d	26	28	29.5	31	33	34.5	36.5	38	40	41.5	43
l_0/i	104	111	118	125	132	139	146	153	160	167	174
φ	0.52	0.48	0.44	0.40	0.36	0.32	0.29	0.26	0.23	0.21	0.19

　　注：l_0 为构件的计算长度；b 为矩形截面的短边尺寸；d 为圆形截面的直径；i 为截面的最小回转半径。

　　构件的计算长度 l_0 与构件两端支承情况有关，在实际工程中，由于构件支承情况并非完全符合理想条件，应结合具体情况按《混凝土结构设计规范》的规定取用。

6.2.2　普通箍筋柱的承载力计算

1. 基本公式

钢筋混凝土轴心受压柱的正截面承载力由混凝土承载力及钢筋承载力两部分组成，如图 6.8 所示。

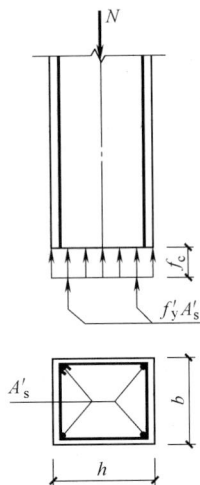

根据力的平衡条件，得短柱和长柱的承载力计算公式：

$$N \leqslant N_u = 0.9\varphi(f_c A + f'_y A'_s) \tag{6.2}$$

式中　N_u——轴向压力承载力设计值；

　　　N——轴向压力设计值；

　　　φ——钢筋混凝土构件的稳定系数，按表 6.1 采用；

　　　f_c——混凝土的轴心抗压强度设计值；

　　　A——构件截面面积，当纵向钢筋配筋率大于 3% 时，A 应改为 $A_c = A - A'_s$；

　　　f'_y——纵向钢筋的抗压强度设计值；

　　　A'_s——全部纵向钢筋的截面面积。

式中系数 0.9，是为保持与偏心受压构件正截面承载力具有相近可靠度而采取的系数。

图 6.8　普通箍筋柱正截面承载力计算简图

2. 计算方法

实际工程中，轴心受压构件的承载力计算问题可归纳为截面设计和截面复核两大类。

1）截面设计

已知构件截面尺寸 $b \times h$，轴向力设计值，构件的计算长度，材料强度等级，求纵向钢筋截面面积 A'_s。

若构件截面尺寸 $b \times h$ 为未知，则可先根据构造要求并参照同类工程假定柱截面尺寸 $b \times h$，然后按式（6.2）计算 A'_s。纵向钢筋配筋率宜在 0.5%～2% 之间。若配筋率 ρ' 过大或过小，则应调整 b、h，重新计算 A'_s。也可先假定 φ 和 ρ' 的值（常可假定 $\varphi = 1$，$\rho' = 1\%$），由下式计算出构件截面面积，进而得出 $b \times h$：

$$A = \frac{N}{0.9\varphi(f_c + \rho' f_y)} \tag{6.3}$$

2）截面承载力复核

已知柱截面尺寸 $b \times h$，计算长度 l_0，纵筋数量及级别，混凝土强度等级求柱的受压承载力 N_u，或已知轴向力设计值 N，判断截面是否安全。

【例 6.1】　已知某多层多跨现浇钢筋混凝土框架结构，底层中柱近似按轴心受压构件计算。该柱安全等级为二级，轴向压力设计值 $N = 1400\text{kN}$，计算长度 $l_0 = 5\text{m}$，纵向钢筋采用 HRB400 级，混凝土强度等级为 C30。求该柱截面尺寸及纵筋截面面积。

【解】　$f_c = 14.3\text{N/mm}^2$，$f'_y = 360\text{N/mm}^2$，$\gamma_0 = 1.0$

（1）初步确定柱截面尺寸

设 $\rho' = \dfrac{A'_s}{A} = 1\%$，$\varphi = 1$，则

$$A=\frac{N}{0.9\varphi\ (f_c+\rho'f'_y)}=\frac{1400\times10^3}{0.9\times1\times(14.3+1\%\times360)}=86902.5mm^2$$

选用方形截面，则 $b=h=\sqrt{86902.5}=294.8mm$，取用 $b=h=300mm$。

（2）计算稳定系数 φ

$l_0/b=5000/300=16.7$

$$\varphi=\frac{1}{1+0.002(l_0/b-8)^2}=\frac{1}{1+0.002(16.7-8)^2}=0.869$$

（3）计算钢筋截面面积 A_s'

$$A_s'=\frac{\dfrac{N}{0.9\varphi}-f_cA}{f'_y}=\frac{\dfrac{1400\times10^3}{0.9\times0.869}-14.3\times300^2}{360}=1397mm^2$$

（4）验算配筋率

$$\rho'=\frac{A'_s}{A}=\frac{1397}{300\times300}=1.55\%$$

$\rho'>\rho'_{min}=0.55\%$，且 $<3\%$，满足最小配筋率要求。

纵筋选用 4⌀22（$A'_s=1520mm^2$），箍筋配置⌀6@300。

【**例 6.2**】 某现浇底层钢筋混凝土轴心受压柱，截面尺寸 $b\times h=300mm\times300mm$，采用 4⌀20 的 HRB400 级（$f'_y=360N/mm^2$）钢筋，混凝土 C25（$f_c=11.9N/mm^2$），$l_0=4.5m$，承受轴向力设计值 800kN，试校核此柱是否安全。

【**解**】 查表得 $f_y'=360N/mm^2$，$f_c=11.9N/mm^2$，$A'_s=1256mm^2$

（1）稳定系数 φ

$l_0/b=4500/300=15$

$$\varphi=\frac{1}{1+0.002(l_0/b-8)^2}=\frac{1}{1+0.002(15-8)^2}=0.911$$

（2）验算配筋率

$$\rho'_{min}=0.55\%<\rho'=\frac{A'_s}{A}=\frac{1256}{90000}=1.4\%<3\%$$

（3）柱截面承载力

$N_u=0.9\varphi(f_cA+f'_yA'_s)=0.9\times0.911\times(11.9\times300\times300+360\times1256)$

$\quad=1248.84\times10^3N=1248.84kN>N=800kN$

柱截面安全。

6.3　偏心受压构件正截面承载力计算

6.3.1　偏心受压构件的破坏特征

偏心受压构件在轴向力 N 和弯矩 M 的共同作用时，等效于承受一个偏心距为 $e_0=M/N$ 的偏心力 N 的作用。当弯矩 M 相对较小时，M 和 N 的比值 e_0 就很小，构件接近于轴心受压；当 N 相对较小时，M 和 N 的比值 e_0 就很大，构件接近于受弯。因此，随着 e_0

的改变，偏心受压构件的受力性能和破坏形态介于轴心受压和受弯之间。按照轴向力的偏心距和配筋情况的不同，偏心受压构件的破坏可分为受拉破坏和受压破坏两种情况。

1. 受拉破坏

当轴向压力偏心距 e_0 较大，且受拉钢筋配置不太多时，构件受轴向压力 N 后，离 N 较远一侧的截面受拉，另一侧截面受压。当 N 增加到一定程度，首先在受拉区出现横向裂缝，随着荷载的增加，裂缝不断发展和加宽，裂缝截面处的拉力全部由钢筋承担。荷载继续加大，受拉钢筋首先达到屈服，并形成一条明显的主裂缝，随后主裂缝明显加宽并向受压一侧延伸，受压区高度迅速减小。最后，受压区边缘出现纵向裂缝，受压区混凝土被压碎而导致构件破坏（图 6.9）。此时，受压钢筋一般也能屈服。由于受拉破坏通常在轴向压力偏心距 e_0 较大时发生，故习惯上也称为大偏心受压破坏。受拉破坏有明显预兆，属于延性破坏。

2. 受压破坏

当构件的轴向压力的偏心距 e_0 较小，或偏心距 e_0 虽然较大但配置的受拉钢筋过多时，就发生这种类型的破坏。加荷后整个截面全部受压或大部分受压，靠近轴向压力 N 一侧的混凝土压应力较高，远离轴向压力一侧压应力较小甚至受拉。随着荷载 N 逐渐增加，靠近轴 N 一侧混凝土出现纵向裂缝，进而混凝土达到极限压应

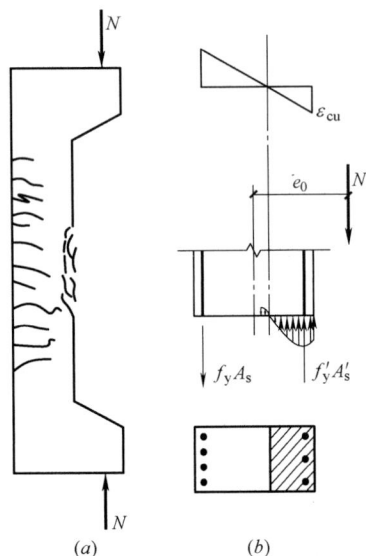

图 6.9　受拉破坏形态

变压碎，受压钢筋 A_s' 的应力也达到 f_y'，远离 N 一侧的钢筋 A_s 可能受压，也可能受拉，但因本身截面应力太小，或因配筋过多，都达不到屈服强度（图 6.10）。由于受压破坏一般在轴向压力偏心距 e_0 较小时发生，故习惯上也称为小偏心受压破坏。受压破坏无明显预兆，属脆性破坏。

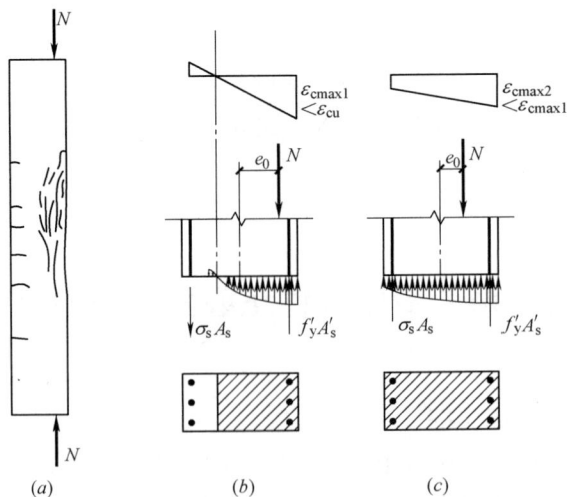

图 6.10　受压破坏形态

3. 受拉破坏与受压破坏的界限

从上述偏压构件的破坏特征中可以看出，受拉破坏与受弯构件正截面适筋破坏类似，而受压破坏类似于受弯构件正截面的超筋破坏，故两种偏心受压破坏的界限条件与受弯构件两种破坏的界限条件也必然相同。受拉破坏与受压破坏也可用相对界限受压区高度 ξ_b 作为界限，即：$\xi \leqslant \xi_b$ 属大偏心受压破坏；$\xi > \xi_b$ 为小偏心受压破坏。其中 ξ_b 与受弯构件的 ξ_b 相同。

6.3.2 对称配筋矩形截面偏心受压构件正截面承载力计算

1. 应力图的简化

1）采用受弯构件的四条基本假定；

2）将理想化的混凝土应力图形用等效矩形应力图形代替。

2. 附加偏心距

实际工程中由于施工尺寸的误差、混凝土质量的不均匀性，以及荷载实际作用位置的偏差等原因，都会造成轴向压力在偏心方向产生附加偏心距 e_a，因此在偏心受压构件的正截面承载力计算中应考虑 e_a 的影响。

初始偏心距 e_i 按下式计算：

$$e_i = e_0 + e_a \tag{6.4}$$

式中　e_i——初始偏心距；

e_0——轴向压力对截面重心的偏心距，$e_0 = M/N$，当需要考虑二阶效应时，M 为按规范调整后确定的弯矩设计值；

e_a——附加偏心距，e_a 应取 20mm 和偏心方向截面尺寸 h 的 1/30 中的较大值。

3. 二阶效应

在偏心力作用下，钢筋混凝土受压构件将产生纵向弯曲变形，即会产生侧向挠度，从而导致截面的偏心距增大（图 6.11）。对于长细比较小的短柱，侧向挠度小，计算时一般

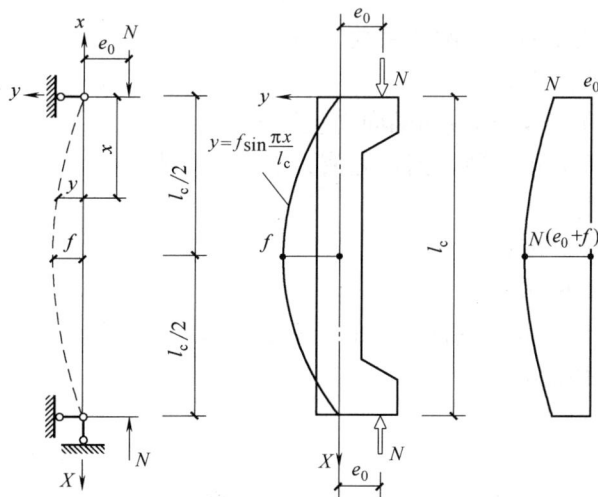

图 6.11　偏心受压构件的侧向挠度

可忽略其影响。而对于长细比较大的长柱，由于侧向挠度的影响，如 1/2 柱高处的偏心距将由 e_0 增大为 e_0+f，截面最大弯矩也将由 Ne_0 增大为 $N(e_0+f)$。f 随着荷载的增大而不断加大，因而弯矩的增长也就越来越快，结果致使柱的承载力降低。偏心受压构件中的弯矩受轴向压力和构件侧向附加挠度影响的现象，称为"挠曲二阶效应"，截面弯矩中的 Ne_0 称为一阶弯矩，将 $N \cdot f$ 称为二阶弯矩或附加弯矩。

《混凝土结构设计规范》规定，弯矩作用平面内截面对称的偏心受压构件，当同一主轴方向的杆端弯矩比 $M_1/M_2 \leqslant 0.9$ 且设计轴压比 $\dfrac{N}{f_c A} \leqslant 0.9$ 时，若构件的长细比满足下式要求，可不考虑附加弯矩的影响：

$$\frac{l_c}{i} \leqslant 34-12\frac{M_1}{M_2} \tag{6.5}$$

式中　M_1、M_2——偏心受压构件两端截面按结构分析确定的对同一主轴的弯矩设计值，绝对值较大端为 M_2，绝对值较小端为 M_1，当构件按单曲率弯曲时，M_1/M_2 为正，否则为负；

　　　　l_c——构件的计算长度，可近似取偏心受压构件相应主轴方向两支撑点之间的距离；

　　　　i——偏心方向的截面回转半径。

当不满足式（6.5）要求时，需要考虑附加弯矩的影响，《混凝土结构设计规范》规定偏心受压构件考虑轴向压力在挠曲杆件中产生的二阶效应后控制截面的弯矩设计值 M 按下列公式计算：

$$M=C_m \eta_{ns} M_2 \tag{6.6}$$

$$C_m=0.7+0.3\frac{M_1}{M_2} \tag{6.7}$$

$$\eta_{ns}=1+\frac{1}{1300(M_2/N+e_a)/h_0}\left(\frac{l_c}{h}\right)^2 \zeta_c \tag{6.8}$$

$$\zeta_c=\frac{0.5f_c A}{N} \tag{6.9}$$

式中　C_m——构件端截面偏心距调节系数，当小于 0.7 时取 0.7；

　　　　η_{ns}——弯矩增大系数；

　　　　N——弯矩设计值 M_2 相应的轴向力设计值；

　　　　ζ_c——截面曲率修正系数，当计算值大于 1.0 时取 1.0；

　　　　h——截面高度；

　　　　h_0——截面有效高度；

　　　　A——构件截面面积。

当 $C_m \eta_{ns} < 1.0$ 时，可取 $C_m \eta_{ns}=1.0$；对剪力墙及核心筒墙，可取 $C_m \eta_{ns}=1.0$。

4. 基本公式及适用条件

1）大偏心受压（$\xi \leqslant \xi_b$）

（1）基本公式

矩形截面大偏心受压构件破坏时的应力分布如图 6.12（a）所示。计算时取图 6.12（b）所示的等效矩形应力图。由平衡条件可得出大偏心受压的基本公式：

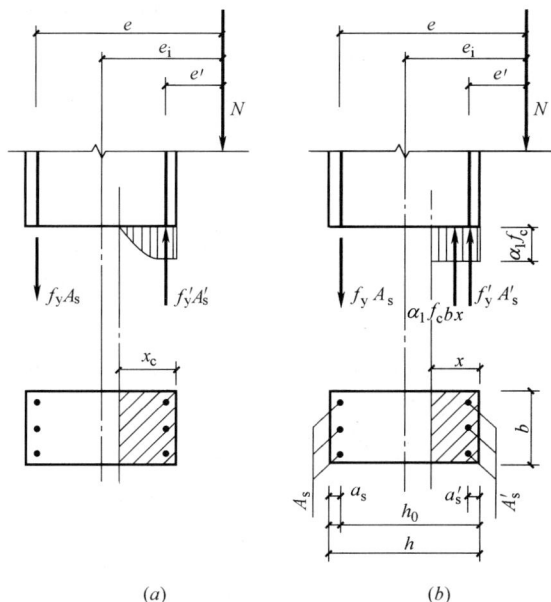

图 6.12 矩形截面大偏心受压构件应力分布

(a) 理想化应力图形；(b) 等效矩形应力图

$$N = \alpha_1 f_c b x + f'_y A'_s - f_y A_s \qquad (6.10)$$

$$Ne = \alpha_1 f_c b x \left(h_0 - \frac{x}{2}\right) + f'_y A'_s (h_0 - a'_s) \qquad (6.11)$$

式中　N——轴向压力设计值；

　　　x——混凝土受压区高度；

　　　e——轴向压力作用点至纵向受拉钢筋合力点之间的距离，$e = e_i + \dfrac{h}{2} - a_s$。

（2）基本公式的适用条件

① 为了保证构件为大偏心受压，即在破坏时受拉钢筋应力能达到抗拉强度设计值 f_y，必须满足：

$$\xi = \frac{x}{h_0} \leqslant \xi_b \qquad (6.12)$$

② 为了保证构件在破坏时，受压钢筋应力能达到抗压强度设计值 f'_y，必须满足：

$$x \geqslant 2a'_s \qquad (6.13)$$

当 $x < 2a'_s$ 时，表示受压钢筋的应力可能达不到 f'_y，此时，近似取 $x = 2a'_s$，构件正截面承载力按下式计算：

$$Ne' = f_y A_s (h_0 - a'_s) \qquad (6.14)$$

式中　e'——轴向压力作用点至纵向受压钢筋合力点之间的距离，$e' = e_i - \dfrac{h}{2} + a'_s$。

2）小偏心受压（$\xi > \xi_b$）

矩形截面小偏心受压的基本公式可按大偏心受压的方法建立。但应注意，小偏心受压构件在破坏时，远离纵向力一侧的钢筋 A_s 未达到屈服，其应力用 σ_s 来表示，$\sigma_s < f_y$，如

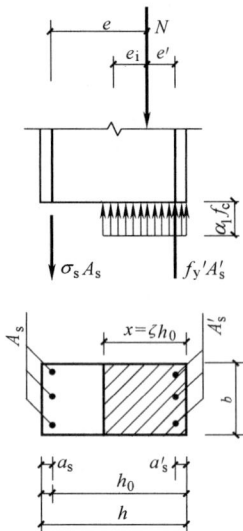

图 6.13　矩形截面小偏心受
压构件等效矩形应力图

图 6.13 所示。由平衡条件可得小偏心受压的基本公式为：

$$N = \alpha_1 f_c b x + f'_y A'_s - \sigma_s A_s \tag{6.15}$$

$$Ne = \alpha_1 f_c b x \left(h_0 - \frac{x}{2} \right) + f'_y A'_s (h_0 - a'_s) \tag{6.16}$$

$$\sigma_s = \frac{f_y}{\xi_b - \beta_1} (\xi - \beta_1) \tag{6.17}$$

式中　σ_s——距轴向力较远一侧的钢筋应力；

β_1——等效矩形应力图受压区高度与中性轴高度的比值，当混凝土强度等级≤C50 时，取 $\beta_1 = 0.8$。

为简化计算，对于对称配筋，《混凝土结构设计规范》给出了 ξ 的近似计算公式。

ξ 可近似按下式计算：

$$\xi = \frac{N - \alpha_1 f_c b h_0 \xi_b}{\dfrac{Ne - 0.43\alpha_1 f_c b h_0^2}{(\beta_1 - \xi_b)(h_0 - a'_s)} + \alpha_1 f_c b h_0} + \xi_b \tag{6.18}$$

5. 对称配筋矩形截面的计算方法

矩形截面配筋方式有两种，一种为对称配筋，另一种为非对称配筋。为施工方便，实际工程中多设计成对称配筋截面，即 $A_s = A'_s$，$f_y = f_y'$ 和 $a_s = a'_s$。

1）大小偏心受压的判别

由于对称配筋 $f_y A_s = f'_y A'_s$，可先按大偏心受压式（6.10）计算 x

$$x = \frac{N}{\alpha_1 f_c b} \tag{6.19}$$

若 $x \leqslant \xi_b h_0$，则为大偏压；若 $x > \xi_b h_0$，则为小偏压。

2）大偏心受压（$x \leqslant \xi_b h_0$）

由式（6.11）可得纵向钢筋截面面积：

$$A'_s = A_s = \frac{Ne - \alpha_1 f_c b x \left(h_0 - \frac{x}{2} \right)}{f'_y (h_0 - a'_s)} = \frac{Ne - \alpha_1 f_c b h_0^2 \xi (1 - 0.5\xi)}{f'_y (h_0 - a'_s)} \tag{6.20}$$

当 $x < 2a'_s$ 时，由式（6.14）可得：

$$A'_s = A_s = \frac{Ne'}{f_y (h_0 - a'_s)} \tag{6.21}$$

3）小偏心受压（$\xi > \xi_b$）

由近似公式（6.18）计算 ξ，重而计算出真实的 x：$x = \xi h_0$。

由式（6.16）得纵向钢筋面积：

$$A'_s = A_s = \frac{Ne - \alpha_1 f_c b x \left(h_0 - \frac{x}{2} \right)}{f'_y (h_0 - a'_s)} \tag{6.22}$$

【例 6.3】　某偏心受压柱，截面尺寸 $b \times h = 300\text{mm} \times 500\text{mm}$，采用 C30 混凝土，纵筋采用 HRB400 级钢筋，柱的计算长度 $l_0 = 4.2\text{m}$，构件处于一类环境。考虑侧移影响的柱两端弯矩（同侧受拉）设计值 $M_1 = 240\text{kN} \cdot \text{m}$，$M_2 = 260\text{kN} \cdot \text{m}$，承受的轴向压力设

计值 $N=600\text{kN}$，$a_s=a_s'=40\text{mm}$，采用对称配筋。求纵向受力钢筋的截面面积 $A_s=A_s'$。

【解】　$f_c=14.3\text{N/mm}^2$，$\alpha_1=1.0$，$f_y=f_y'=360\text{N/mm}^2$，$\xi_b=0.518$

$h_0=h-a_s=500-40=460\text{mm}$

（1）判别大小偏心受压

$$x=\frac{N}{\alpha_1 f_c b}=\frac{600\times10^3}{1.0\times14.3\times300}=140\text{mm}<\xi_b h_0=0.518\times460=238\text{mm}$$

且 $x>2a_s'=2\times40=80\text{mm}$，属大偏心受压

（2）判断是否考虑附加偏心距的影响

附加偏心距 $e_a=\max(20,\ h/30)=\max(20,\ 500/30)=20\text{mm}$

杆端弯矩比 $\dfrac{M_1}{M_2}=\dfrac{240}{260}=0.92>0.9$

轴压比 $\dfrac{N}{f_c A}=\dfrac{600\times10^3}{14.3\times300\times500}=0.28<0.9$

截面回转半径 $i=\sqrt{\dfrac{I}{A}}=\dfrac{h}{\sqrt{12}}=\dfrac{500}{\sqrt{12}}=144.33\text{mm}$

$\dfrac{l_c}{i}=\dfrac{4200}{144.33}=29.1$

$34-12\dfrac{M_1}{M_2}=34-12\times0.92=22.96$

$29.1>22.96$，故需考虑附加偏心距的影响

（3）计算构件端截面偏心距调节系数和弯矩增大系数

$C_m=0.7+0.3\dfrac{M_1}{M_2}=0.7+0.3\times0.92=0.976>0.7$

$\zeta_c=\dfrac{0.5 f_c A}{N}=\dfrac{0.5\times14.3\times300\times500}{600\times10^3}=1.788>1.0\quad 取\ \xi_c=1.0$

$\eta_{ns}=1+\dfrac{1}{1300\ (M_2/N+e_a)\ /h_0}\left(\dfrac{l_c}{h}\right)^2\zeta_c$

$=1+\dfrac{1}{1300\ (260\times10^6/600\times10^3+20)/460}\times\left(\dfrac{4200}{500}\right)^2\times1.0=1.055$

$C_m\eta_{ns}=0.976\times1.055=1.03>1$

（4）计算控制截面弯矩设计值

$M=C_m\eta_{ns}M_2=0.976\times1.055\times260=268\text{kN·m}$

（5）求初始偏心距

$e_0=\dfrac{M}{N}=\dfrac{268\times10^6}{600\times10^3}=447\text{mm}$

$e_i=e_0+e_a=447+20=467\text{mm}$

（6）求 A_s 和 A_s'

$e=e_i+\dfrac{h}{2}-a_s=467+\dfrac{500}{2}-40=677\text{mm}$

$$A_s'=A_s=\frac{Ne-\alpha_1 f_c bx\left(h_0-\dfrac{x}{2}\right)}{f_y'(h_0-a_s')}$$

$$=\frac{600\times10^3\times677-1.0\times14.3\times300\times140\left(460-\frac{140}{2}\right)}{360\ (460-40)}$$

$=1137\text{mm}^2>0.2\%bh=0.2\%\times300\times500=300\text{mm}^2$

全部纵筋面积 $A'_s+A_s=1137+1137=2278\text{mm}^2>0.55\%bh=0.55\%\times300\times500=825\text{mm}^2$

配筋率满足要求。

（7）验算垂直弯矩作用平面的受压承载力

$l_0/b=4200/300=14>8$

$\varphi=\dfrac{1}{1+0.002(l_0/b-8)^2}=\dfrac{1}{1+0.002(14-8)^2}=0.932$

$N_u=0.9\varphi(f_cA+f'_yA'_s)=0.9\times0.932\times[14.3\times300\times500+360\times(1137+1137)]$

$\qquad=2485901\text{N}=2486\text{kN}>N=600\text{kN}$

垂直弯矩作用平面的受压承载力满足要求。

（8）选配钢筋

每侧纵筋选配 4Φ20（$A_s=A'_s=1256\text{mm}^2$），箍筋选用 Φ8@250。

钢筋布置如图 6.14 所示。

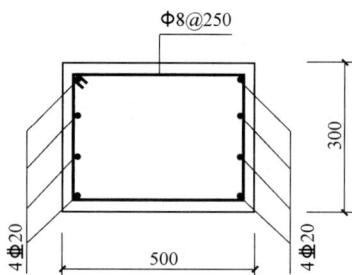

图 6.14 例 6.3 图

6.4 偏心受压构件斜截面承载力计算

偏心受压构件，一般情况下剪力值相对较小，可不进行斜截面承载力的计算。但对于有较大水平力作用的框架柱，有横向力作用下的桁架上弦压杆等，剪力影响相对较大，必须考虑其斜截面受剪承载力。

试验表明，由于轴向压力的存在，能阻止斜裂缝的出现和开展，增加了混凝土剪压高度，使剪压区的面积相对增大，从而提高剪压区混凝土的抗剪能力，但斜裂缝水平投影长度与无轴向压力构件相比基本不变，故对箍筋所承担的剪力没有明显影响。轴向压力对受剪承载力的有利作用也是有限度的，当轴压比 $N/f_cbh=0.3\sim0.5$ 时，受剪承载力达最大值，故《混凝土结构设计规范》取 $N=0.3f_cA$。矩形、T 形和 I 形截面钢筋混凝土偏心受压构件，其斜截面受剪承载力计算公式为：

$$V \leqslant V_{cs} = \frac{1.75}{\lambda + 1.0} f_t b h_0 + f_{yv} \frac{A_{sv}}{s} h_0 + 0.07N \qquad (6.23)$$

式中　λ——偏心受压构件计算截面的剪跨比，取 $\lambda = M/(V h_0)$；

对框架结构中的框架柱：取 $\lambda_0 = H_n/(2h_0)$。当 $\lambda \leqslant 1$ 时，取 $\lambda = 1$；当 $\lambda > 3$ 时，取 $\lambda = 3$；

对其他偏压构件：当承受均布荷载时，取 $\lambda = 1.5$。当承受集中荷载时，λ 的取值同受弯构件斜截面受剪承载力的规定。

N——与剪力设计值 V 相应的轴向压力设计值，当 $N > 0.3 f_c A$ 时，取 $N = 0.3 f_c A$，此处 A 为构件截面积。

与受弯构件斜截面承载力一样，当配箍率过大时，箍筋强度将不能充分发挥作用，因此，《混凝土结构设计规范》规定，矩形截面偏心受压构件的截面尺寸应满足

$$V \leqslant 0.25 \beta_c f_c b h_0 \qquad (6.24)$$

若满足下式条件，则可不进行斜截面抗剪承载力计算，而仅需按构造要求配置箍筋：

$$V \leqslant \frac{1.75}{\lambda + 1.0} f_t b h_0 + 0.07N \qquad (6.25)$$

习　　题

思考题

6.1　受压构件中配置纵向受力筋的作用是什么？

6.2　受压构件中配置箍筋的作用是什么？什么情况下需设置复合箍筋？

6.3　为什么轴心受压长柱的承载力低于短柱的承载力？承载力计算时如何考虑纵向弯曲的影响？

6.4　偏心受压构件正截面的破坏形态有哪几种？破坏特征各是什么？大、小偏心受压破坏的界限是什么？

6.5　偏心受压构件正截面承载力计算时，考虑附加偏心距的原因是什么？

单项选择题

6.1　依据《混凝土结构设计规范》规定，下列关于钢筋混凝土柱中纵向受力钢筋的间距的叙述，正确的是（　　）。

A. 净距不应小于 25mm，中距不宜大于 200mm

B. 净距不应小于 30mm，中距不宜大于 250mm

C. 净距不应小于 40mm，中距不宜大于 300mm

D. 净距不应小于 50mm，中距不宜大于 300mm

6.2　依据《混凝土结构设计规范》规定，钢筋混凝土柱中纵向受力钢筋直径不宜小于（　　）mm。

A. 10　　　　　　B. 12　　　　　　C. 14　　　　　　D. 16

6.3　依据《混凝土结构设计规范》规定，钢筋混凝土柱中全部纵向受力钢筋的配筋率不宜（　　）。

A. 小于 3%　　　B. 大于 3%　　　C. 小于 5%　　　D. 大于 5%

6.4　依据《混凝土结构设计规范》规定，偏心受压柱的截面高度（　　）时，在柱的侧面上应设置直径不小于 10mm 的纵向构造钢筋，并相应设置复合箍筋或拉筋。

A. ≤600mm   B. ≥600mm   C. ≤500mm   D. ≥500mm

6.5 依据《混凝土结构设计规范》规定，若柱中纵向钢筋的最大直径为 25mm，箍筋直径最小应为（   ）mm。

A. 6   B. 8   C. 10   D. 12

6.6 依据《混凝土结构设计规范》规定，图 6.15 柱中需设置复合箍筋的为（   ）。

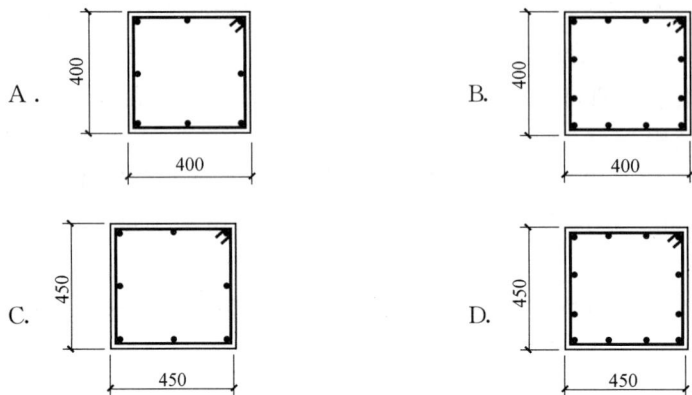

图 6.15

6.7 依据《混凝土结构设计规范》规定，图 6.16 柱中箍筋配置正确且经济合理的为（   ）。

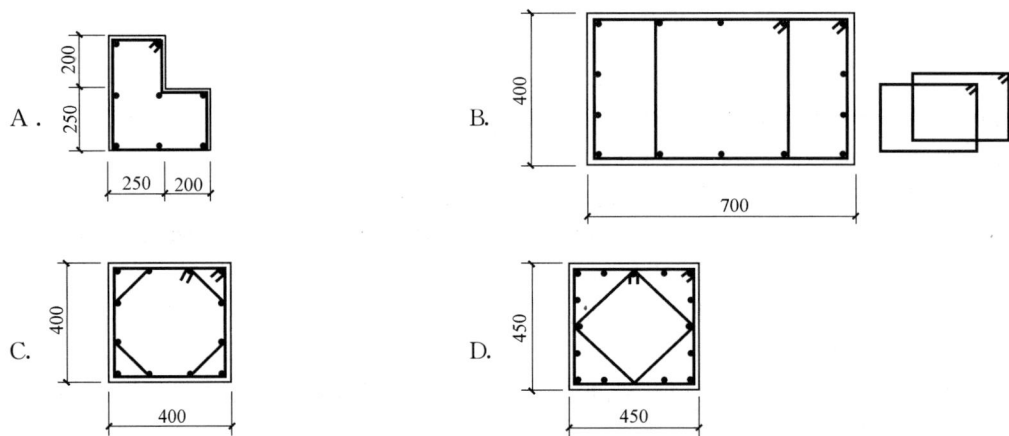

图 6.16

6.8 对于边长为 300mm×350mm 的矩形截面柱，若其纵筋配置为 8Φ18，则依据《混凝土结构设计规范》规定，其箍筋间距可为（   ）mm。

A. 400   B. 350   C. 300   D. 250

6.9 依据《混凝土结构设计规范》规定，（   ）不影响矩形截面钢筋混凝土普通箍筋受压柱的正截面受压承载力。

A. 箍筋的肢距、肢数   B. 混凝土轴心抗压强度

C. 受压区混凝土面积   D. 纵向钢筋截面面积

6.10 两根矩形截面轴心受压钢筋混凝土柱（$l_0/b<8$），除计算高度不同外，其余情况均相同，高柱承载力 N_{u1}，低柱承载力 N_{u2}，其承载力比较，正确的是（   ）。

A. $N_{u1}>N_{u2}$ B. $N_{u1}=N_{u2}$ C. $N_{u1}<N_{u2}$ D. 无法比较

6.11 两根矩形截面轴心受压钢筋混凝土柱（$l_0/b>8$），除计算高度不同外，其余情况均相同，高

柱承载力 N_{u1}，低柱承载力 N_{u2}，其承载力比较，正确的是（　　）。

　　A. $N_{u1}>N_{u2}$　　　B. $N_{u1}=N_{u2}$　　　C. $N_{u1}<N_{u2}$　　　D. 无法比较

6.12　钢筋混凝土轴心受压柱承载力计算公式 $N\leqslant N_u=0.9\varphi(f_cA+f_y'A_s')$ 中，当纵向钢筋配筋率大于（　　）时，则计算构件截面面积 A 应改为 $A_c=A-A_s'$。

　　A. 1%　　　　　B. 2%　　　　　C. 3%　　　　　D. 5%

6.13　某钢筋混凝土轴心受压柱，截面尺寸为 300mm×300mm，安全等级为二级，纵向钢筋采用 HRB400 钢筋，混凝土强度等级为 C30，为满足最小配筋率的要求，最少需配置（　　）纵筋截面面积。

　　A. 180mm²　　　B. 360mm²　　　C. 429mm²　　　D. 495mm²

6.14　某钢筋混凝土轴心受压柱，截面尺寸为 450mm×450mm，安全等级为二级，纵向钢筋采用 HRB400 钢筋，混凝土强度等级为 C25，当按最小配筋率计算配置纵向钢筋时，图 6.17 配筋图中符合构造要求的是（　　）。

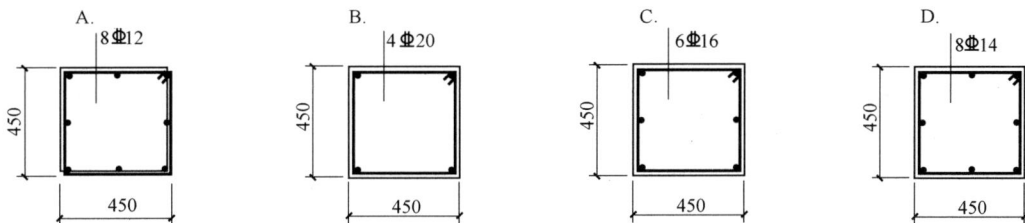

图 6.17

6.15　矩形截面钢筋混凝土柱正截面受压承载力计算时，ξ 表示相对受压区高度，ξ_b 表示相对界限受压高度，x 表示受压区高度，h_0 表示有效高度，则符合（　　）条件时，为小偏心受压构件。

　　A. $\xi>\xi_b$　　　B. $\xi\leqslant\xi_b$　　　C. $x<0.5h_0$　　　D. $x\leqslant0.5h_0$

6.16　大偏心受压破坏形态与小偏心受压破坏形态的根本区别是（　　）。

　　A. 受压区边缘纤维的压应变是否达到混凝土的极限压应变值

　　B. 离轴向力较远一侧的纵向钢筋是否受拉屈服

　　C. 离轴向力较近一侧的纵向钢筋是否受压屈服

　　D. 离轴向力较远一侧的纵向钢筋是否受拉

6.17　矩形截面钢筋混凝土柱正截面受压承载力计算时，受压区高度 x、受压区全部纵向钢筋合力点至截面受压边缘的距离 a_s'，满足 $x\geqslant2a_s'$ 时，表示（　　）。

　　A. 受压区纵向钢筋达到抗压屈服强度　　　B. 受压区混凝土不被压溃

　　C. 构件为小偏心受压柱　　　　　　　　　D. 构件为大偏心受压柱

6.18　与受弯构件比较，偏心受压构件更有利抗剪，其原因主要是（　　）。

　　A. 受压构件纵筋较多　　　　　　　B. 受压构件的轴力产生压应力阻滞斜裂缝的发展

　　C. 截面应力不均匀　　　　　　　　D. 柱截面弯矩上下反向

6.19　偏心受压构件当配箍率过大时，（　　）强度将不能充分发挥作用。因此，《混凝土结构设计规范》规定，矩形截面偏心受压构件的截面尺寸应进行验算。

　　A. 受压区混凝土　　　　　　　　　B. 纵向受拉钢筋

　　C. 箍筋　　　　　　　　　　　　　D. 纵向受压钢筋

计算题

6.1　某钢筋混凝土轴心受压柱，截面尺寸为 300mm×300mm，安全等级二级，轴向压力设计值 $N=1550$kN，计算稳定系数 $\varphi=0.869$，纵向钢筋采用 HRB400 钢筋，混凝土强度等级为 C30，试计算柱纵筋截面面积。

6.2   某钢筋混凝土轴心受压柱，截面尺寸为 400mm×400mm，安全等级二级，轴向压力设计值 $N=2400$kN，计算高度 $l_0=4.2$m，纵向钢筋采用 HRB400 钢筋，混凝土强度等级为 C30，试计算柱纵筋截面面积。

6.3   某现浇钢筋混凝土轴心受压柱，截面尺寸 $b×h=300$mm×300mm，纵向钢筋为 4Φ20，C30 级混凝土，计算高度 $l_0=4.5$m，求柱正截面承载力。

6.4   某现浇钢筋混凝土轴心受压柱，截面尺寸 $b×h=300$mm×400mm，纵向钢筋为 8Φ18，C30 级混凝土，计算高度 $l_0=4.8$m，求该柱正截面承载力。

▶ 钢筋混凝土受扭构件

钢筋混凝土结构中，承受扭矩的构件统称为受扭构件。实际工程中，单纯受扭的构件是很少的，扭矩作用在构件上的同时往往存在弯矩和剪力的作用。例如，钢筋混凝土雨棚梁、钢筋混凝土现浇框架边梁及单层工业厂房中的吊车梁等，如图 7.1 所示。

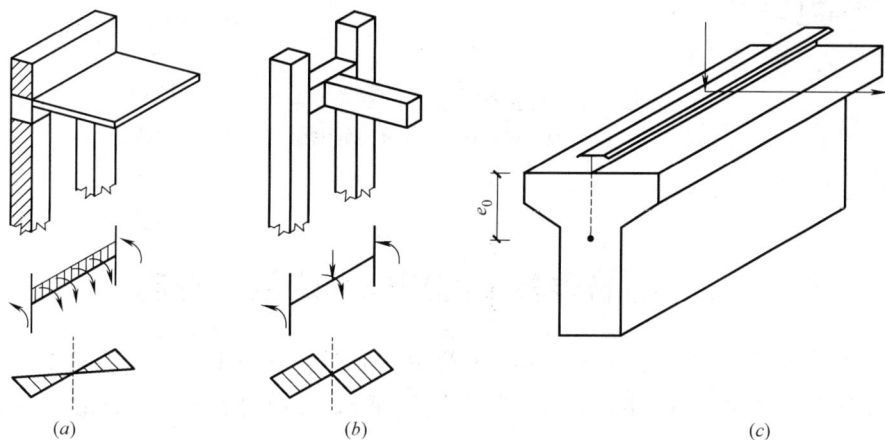

图 7.1 实际工程中的受扭构件

(a) 雨棚梁；(b) 框架边梁；(c) 吊车梁

7.1 钢筋混凝土纯扭构件的受力特点

以纯扭作用下的钢筋混凝土矩形截面构件为例。当构件扭矩较小时，截面上的应力与应变的关系处于弹性阶段，由材料力学公式可知，纯扭构件截面上仅有剪应力 τ 作用，截面上的剪应力流的分布图如图 7.2 所示。由图可知，截面形心处剪应力值等于零，截面边缘处剪应力值较大，其中截面长边中点处剪应力值为最大。

试验表明：矩形截面素混凝土构件在扭矩作用下，构件长边中点将产生与构件轴线成

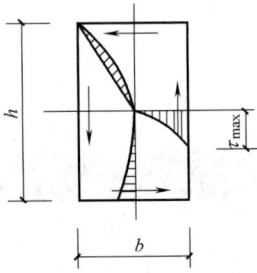

图 7.2 纯扭构件截面应力

45°的主拉应力 σ_{tp}，使截面长边中点处混凝土首先开裂，出现一条与构件轴线成 45°的斜裂缝 ab，该裂缝迅速以螺旋形向相邻两个面延伸至 c 和 d，最后构件形成一个三面受拉、一面受压的斜向空间曲面，如图 7.3 所示，构件随即破坏，该破坏具有典型的脆性破坏性质。在混凝土受扭构件中可沿 45°角主拉应力方向配置螺旋钢筋，并将螺旋钢筋配置在构件截面边缘处，但由于 45°角的螺旋钢筋不便施工，实际工程中通常在构件中配置纵筋和箍筋来承受扭矩。

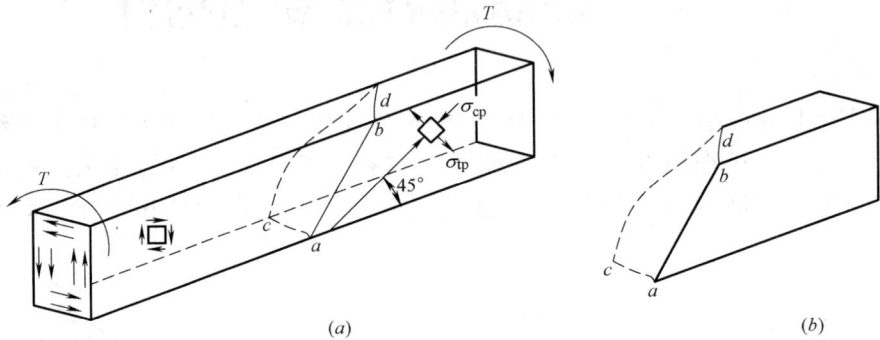

(a)   (b)

图 7.3   纯扭构件应力状态及斜裂缝
(a) 破坏过程；(b) 斜向空间曲面

7.2 钢筋混凝土纯扭构件的破坏形态

钢筋混凝土构件在扭矩作用下，混凝土开裂以前钢筋应力很小，当裂缝出现以后开裂混凝土退出工作，斜截面上的拉应力主要由钢筋承担，结构的破坏特征主要与配筋数量有关：

1. 适筋受扭破坏

当构件的抗扭箍筋和抗扭纵筋的数量配置适当时，随着扭矩的增加，首先是混凝土三面开裂，然后与开裂面相交的抗扭箍筋和抗扭纵筋达到屈服强度，最终受压面混凝土被压碎而导致构件破坏。构件破坏前有较大的变形和裂缝，其破坏类似于受弯构件的适筋梁，属延性破坏，在实际工程应普遍应用。

2. 少筋受扭破坏

当构件的抗扭箍筋和抗扭纵筋的配置数量太少时，构件在扭矩作用下，斜裂缝突然出现并迅速开展，与斜裂缝相交的受扭钢筋超过屈服强度被拉断，随即构件破坏。破坏形态和性质同无筋混凝土受扭构件，其破坏类似于受弯构件的少筋梁，属脆性破坏，在实际工程应予避免。

3. 超筋受扭破坏

当构件的抗扭箍筋和抗扭纵筋的配置数量过多时，构件在扭矩作用下，抗扭箍筋和抗扭纵筋均未达到屈服，受压面混凝土首先达到抗压强度被压碎而破坏。构件破坏时构件的变形和裂缝均较小，其破坏类似于受弯构件的超筋梁，属脆性破坏，在实际工程应予避免。

4. 部分超筋受扭破坏

当混凝土受扭构件的纵筋和箍筋比率相对较大时，即一种钢筋配置数量过多，另一种配置数量基本适当时，随着扭矩的增加，配置数量适当的钢筋达到屈服点，最后受压区混凝土达到抗压强度而破坏。破坏时，配置数量过多的钢筋未达到屈服点，构件有一定的延性性质。

为使抗扭箍筋和抗扭纵筋都能有效地发挥作用，在构件破坏时同时或者先后达到屈服强度，应对抗扭纵筋和箍筋的强度比（ζ）进行控制，ζ 可按下式计算：

$$\zeta = \frac{\dfrac{A_{stl} \cdot f_y}{u_{cor}}}{\dfrac{A_{st1} \cdot f_{yv}}{s}} = \frac{A_{stl} \cdot f_y \cdot s}{A_{st1} \cdot f_{yv} \cdot u_{cor}} \tag{7.1}$$

式中　A_{st1}——箍筋单肢截面面积（mm^2）；

　　　　s——箍筋间距（mm）；

　　　　A_{stl}——对称布置在截面中的全部抗扭纵筋的截面面积（mm^2）；

　　　　u_{cor}——核心截面部分的周长（mm），$u_{cor} = 2(b_{cor} + h_{cor})$，$b_{cor}$ 和 h_{cor} 分别为箍筋内表面计算的核心截面部分的短边和长边尺寸；

　　　　f_y——抗扭纵筋的抗拉强度设计值（N/mm^2）；

　　　　f_{yv}——抗扭箍筋的抗剪强度设计值（N/mm^2）。

实验表明：当 $0.5 \leqslant \zeta \leqslant 2.0$ 时，一般两者均可发挥作用。《混凝土结构设计规范》规定 ζ 应满足，$0.6 \leqslant \zeta \leqslant 1.7$ 的条件。当 $\zeta = 1.2$ 时，纵筋和箍筋的用量比最佳。

7.3　钢筋混凝土矩形截面受扭构件的承载力计算

7.3.1　矩形截面纯扭构件承载力计算

1. 矩形截面钢筋混凝土纯扭构件的开裂扭矩

实际工程中，最常用的截面形式为矩形截面。纯扭构件截面计算主要包括两方面：一为结构受扭的开裂扭矩计算，二为结构受扭的承载力计算。如果结构扭矩大于开裂扭矩矩值时，应按计算配置受扭纵筋和箍筋用以满足截面承载力要求，同时还应满足结构受扭构造要求。

矩形混凝土受扭构件开裂前，扭矩主要由混凝土承受，抗扭钢筋基本不抗扭，故在进行开裂扭矩计算时可忽略钢筋的影响。

（1）将混凝土视为弹性材料时，纯扭构件截面上剪应力流的分布，如图 7.4（a）所示。当截面上最大主拉应力达到混凝土抗拉强度时，构件即达到裂缝极限状态。构件开裂扭矩值可按下式计算：

$$T_{cr} = \beta b^2 h f_t \tag{7.2}$$

式中 β——与截面长边和短边的比值 h/b 有关的系数，当比值 $h/b = 1 \sim 10$ 时，$\beta = 0.208 \sim 0.313$。

（2）将混凝土视为理想弹塑性材料时，当截面上最大主拉应力达到混凝土抗拉强度，此时，构件进入塑性阶段，随即截面上剪应力重新分布，如图 7.4（b）所示。当截面上剪应力全截面达到混凝土抗拉强度时，构件即达到裂缝极限状态。根据塑性力学理论，可将截面上剪应力划分为四个部分，各部分剪应力的合力，如图 7.4（c）所示。根据极限平衡条件，构件开裂扭矩值可按下式计算：

$$T_{cr} = f_t W_t = f_t \frac{b^2}{6}(3h - b) \tag{7.3}$$

实际工程中的构件不是理想弹塑性材料，截面应力分布如图 7.5 所示。因此按式（7.2）计算的受扭开裂扭矩值比实际值低，按式（7.3）计算的受扭开裂扭矩值比实际值高。

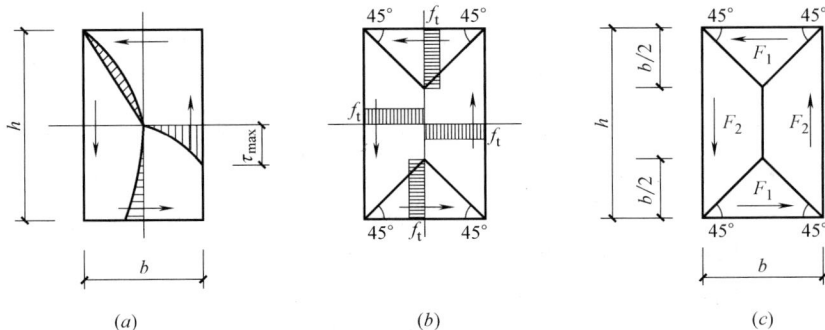

图 7.4   纯扭构件截面应力

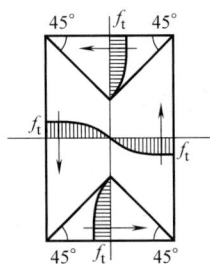

纯扭构件受扭开裂扭矩设计时，采用理想弹塑性材料截面的应力分布计算模式，但结构受扭开裂扭矩值要适当降低。开裂扭矩值可按下式计算：

$$T_{cr} = 0.7 f_t W_t \tag{7.4}$$

式中 f_t——混凝土抗拉强度设计值（N/mm²）；
  　　W_t——截面受扭塑性抵抗矩，对于矩形截面

$$W_t = \frac{b^2}{6}(3h - b) \tag{7.5}$$

图 7.5   实际截面应力

式中 b、h——分别为矩形截面的短边和长边的边长。

2. 矩形截面钢筋混凝土纯扭构件的承载力计算

钢筋混凝土纯扭构件的试验结果表明，构件的受扭承载力包括混凝土的受扭承载力 T_c 和抗扭钢筋的受扭承载力 T_s 两部分：

$$T_u = T_c + T_s \tag{7.6}$$

根据大量实测数据的回归分析，得到矩形截面钢筋混凝土纯扭构件的受扭承载力计算公式可按下式计算：

$$T \leqslant 0.35 f_t W_t + 1.2 \sqrt{\zeta} \frac{f_{yv} A_{st1} A_{cor}}{s} \tag{7.7}$$

式中　T——扭矩设计值（N·mm）；

　　　f_t——混凝土的抗拉强度设计值（N/mm²）；

　　　W_t——截面的抗扭塑性抵抗矩，按式（7.5）采用；

　　　f_{yv}——箍筋的抗拉强度设计值（N/mm²），当数值大于 360N/mm² 时，取 360N/mm²；

　　　A_{st1}——箍筋的单肢截面面积（mm²）；

　　　s——箍筋的间距（mm）；

　　　A_{cor}——核心界面部分的面积（mm²），$A_{cor}=b_{cor}h_{cor}$；

　　　ζ——抗扭纵筋与箍筋的配筋强度比，按式（7.1）采用。

按照公式（7.7）求出 A_{st1}/s 后，可由公式（7.1）求出抗扭纵筋 A_{stl}。为了避免构件出现"少筋"或"完全超配筋"的脆性破坏，在按式（7.7）进行受扭承载力计算时还需满足一定的构造要求。

7.3.2　矩形截面弯剪扭构件承载力计算

1. 矩形截面弯剪扭构件的破坏形态

弯剪扭构件的破坏形态及其承载力与扭弯比 φ_m 和扭剪比 φ_v 有关；还与结构的截面形状、尺寸、配筋形式、数量和材料强度等因素有关。在不同情况下，弯剪扭构件一般有三种情况，如图 7.6 所示。

1）"扭型"破坏——当构件的扭弯比及扭剪比均较大时，裂缝首先在剪应力叠加的一个侧面上开展，随着荷载的增加，呈螺旋形向截面和底面发展，如图 7.6（a）所示。破坏前沿构件全长分布较均匀的大量的螺旋形裂缝。破坏时在剪应力叠加面、顶面和底面三个面上形成一条破坏斜裂缝。最后在剪应力相减面上形成混凝土受压区，其破坏形态同纯扭构件。

2）"弯型"破坏——当构件的扭矩较小弯矩较大，即扭弯比较小时，裂缝首先在底面受拉区出现，随着荷载增大，裂缝沿两个侧面斜向发展，破坏时在斜裂缝顶端出现一个高度很小的剪压区。破坏形态类似于受弯构件的斜截面破坏，如图 7.6（c）所示。

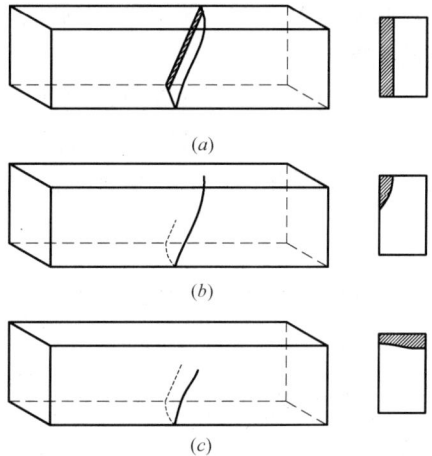

图 7.6　弯剪扭作用下构件的破坏类型
（a）扭型；（b）扭剪型；（c）弯型

3）"扭剪型"破坏——当构件的扭弯比中等时，裂缝的出现、分布和破坏形态介于上述两种情况之间。一般裂缝首先在剪应力叠加面上出现，并呈螺旋形向顶面和底面发展，随后在剪应力相减面出现斜裂缝，最后在顶面和剪应力相减面相交的角部形成受压区而破坏，如图 7.6（b）所示。

2. 矩形截面弯剪扭构件承载力计算

1）混凝土受扭构件承载力降低系数 β_t

试验表明：当构件中同时承受剪力和扭矩作用时，剪力的存在会降低构件的抗扭承载力；扭矩的存在同样会降低构件的抗剪承载力。这称为剪力和扭矩的相关性。然而，当构件中同时承受弯矩、剪力和扭矩作用时，弯矩和其他两个作用的相关性很小。所以，在弯剪扭构件中，受弯的纵筋用量可按受弯构件的正截面承载力公式计算，而剪扭承载力计算公式中，应考虑剪力和扭矩的相互影响。

　　计算时为考虑剪力和扭矩的相互影响，合理的方法是采用相关设计。但这种方法过于复杂，不便于工程设计的实际应用。为此《混凝土结构设计规范》采用了近似方法，即对混凝土部分考虑了剪力和扭矩的相关性，而对钢筋部分不考虑其相关性，这种方法称为部分相关设计法。

　　《混凝土结构设计规范》采用三折线（a—b，b—c，c—d）来代替 1/4 圆的变化规律，如图 7.7 所示。

　　其中：

$$V_{c0} = 0.7 f_t b h_0 \qquad (7.8)$$
$$T_{c0} = 0.35 f_t W_t \qquad (7.9)$$

图中　T_{c0}、V_{c0}——分别为纯扭和纯剪时的截面承载力；

　　　　T_c、V_c——分别为考虑剪扭相关关系后，扭曲截面混凝土的受扭承载力和斜截面混凝土的受剪承载力。

　　（1）当 $T_c/T_{c0} \leqslant 0.5$ 时，取 $V_c/V_{c0} = 1.0$，也就是，当 $T_c \leqslant 0.5$，$T_{c0} = 0.175 f_t W_t$ 时，取 $V_c = V_{c0} = 0.7 f_t b h_0$。即此时可以忽略扭矩的影响，仅按受弯构件的斜截面承载力公式计算。

　　（2）当 $V_c/V_{c0} \leqslant 0.5$ 时，取 $T_c/T_{c0} = 1.0$，也就是，当 $V_c \leqslant 0.5$，$V_{c0} = 0.35 f_t b h_0$ 或 $V_c \leqslant 0.875 f_t b h_0/(\lambda+1)$ 时，取 $T_c = T_{c0} = 0.35 f_t W_t$。即此时可以忽略剪力的影响，仅按纯扭构件的受扭承载力公式计算。

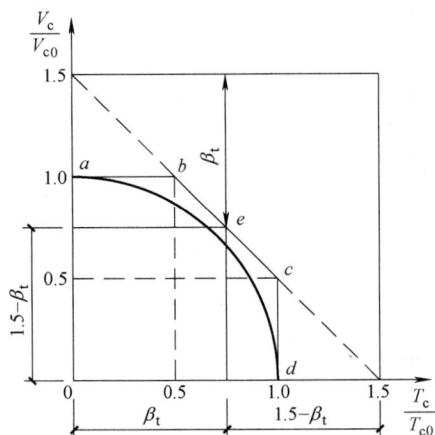

图 7.7　配筋构件混凝土部分剪扭承载力
相关的计算模式

　　（3）当 $0.5 \leqslant T_c/T_{c0} \leqslant 1.0$ 或 $0.5 \leqslant V_c/V_{c0} \leqslant 1.0$ 时，按线性相关考虑剪扭的相关性。

　　线段 b—c 上任意一点 e 到纵坐标轴的距离用 β_t 表示，即

$$T_c/T_{c0} = \beta_t \qquad (7.10)$$

　　而点 e 到横坐标轴的距离为

$$V_c/V_{c0} = 1.5 - \beta_t \qquad (7.11)$$

　　对上两式变换后得

$$T_c = \beta_t T_{c0} \qquad (7.12)$$
$$V_c = (1.5 - \beta_t) V_{c0} \qquad (7.13)$$

　　将式（7.13）等式两边分别除式（7.12）得

$$\frac{V_c/V_{c0}}{T_c/T_{c0}} = \frac{1.5 - \beta_t}{\beta_t} \qquad (7.14)$$

　　化简得

$$\beta_t = \frac{1.5}{1 + \dfrac{V_c/V_{c0}}{T_c/T_{c0}}} \qquad (7.15)$$

　　将式（7.8）和式（7.9）代入式（7.15），并用 V/T 代替式中的 V_c/T_c，再取 $f_t =$

$0.1f_c$，则有

$$\beta_t = \frac{1.5}{1 + \dfrac{V}{T} \cdot \dfrac{0.35 \times 0.1 f_c W_t}{0.07 f_c b h_0}} \qquad (7.16)$$

化简得

$$\beta_t = \frac{1.5}{1 + 0.5 \dfrac{V W_t}{T b h_0}} \qquad (7.17)$$

根据图 7.7 所示，β_t 的适用范围是 $0.5 \leqslant \beta_t \leqslant 1$，故称 β_t 为混凝土受扭构件承载力降低系数。当需考虑剪力和扭矩的相关性时，应对构件的受剪承载力公式和抗扭承载力公式分别按下述规定修正：按照式（7.13）对受剪承载力公式中的混凝土作用项乘以（$1.5 - \beta_t$），按照式（7.12）对纯扭承载力公式中的混凝土作用项乘以 β_t。

2）矩形截面弯剪扭构件的承载力计算

（1）弯扭剪构件的受剪承载力

一般剪扭构件的抗剪承载力可按下列公式计算：

$$V \leqslant 0.7 f_t b h_0 (1.5 - \beta_t) + f_{yv} \frac{n A_{sv1}}{s_v} h_0 \qquad (7.18)$$

式中，β_t 按式（7.17）进行计算。

当独立梁且集中荷载在支座截面中产生的剪力占该截面总剪力 75% 以上时，则改为按下式计算：

$$V \leqslant \frac{1.75}{1 + \lambda} (1.5 - \beta_t) f_t b h_0 + f_{yv} \frac{n A_{sv1}}{s_v} h_0 \qquad (7.19)$$

式中，$1.5 \leqslant \lambda \leqslant 3$，同时 β_t 应按式（7.20）计算。

$$\beta_t = \frac{1.5}{1 + 0.2(\lambda + 1) \dfrac{V W_t}{T b h_0}} \qquad (7.20)$$

此时，β_t 的适用范围仍是 $0.5 \leqslant \beta_t \leqslant 1$。

（2）弯扭剪构件的受扭承载力

$$T \leqslant 0.35 \beta_t f_t W_t + 1.2 \sqrt{\zeta} \frac{f_{yv} A_{st1} A_{cor}}{s_t} \qquad (7.21)$$

式中，β_t 应按抗剪计算的两种情况分别按式（7.17）和式（7.20）计算。

7.3.3 弯剪扭构件计算公式的适用条件

1. 上限值—截面限制条件

为了避免剪扭构件出现配筋过多完全超筋，以致混凝土首先被压碎的脆性破坏，需规定截面限制条件。《混凝土结构设计规范》在试验的基础上，对钢筋混凝土剪扭构件，规定截面限制条件公式如下：

当 $h_w / b \leqslant 4$ 时，

$$\frac{V}{b h_0} + \frac{T}{0.8 W_t} \leqslant 0.25 \beta_c f_c \qquad (7.22)$$

当 $h_w / b = 6$ 时，

$$\frac{V}{bh_0}+\frac{T}{0.8W_t}\leqslant 0.20\beta_c f_c \tag{7.23}$$

当 $4<h_w/b<6$ 时，按线性内插法确定。

式中　h_w——截面的腹板高度，对于矩形截面有效高度为 h_0。对于 T 形截面取有效高度减去翼缘高度；对于工字形截面取腹板净高度。

设计过程中，当不满足式（7.22）和式（7.23）时，应加大构件截面尺寸或提高混凝土强度等级。

2. 下限值—最小配筋率

为了避免剪扭构件出现少筋破坏，受剪和受扭箍筋的配筋率 ρ_{sv} 不应小于最小配箍率 $\rho_{sv,min}$；受扭纵筋的配筋率 ρ_{tl} 不应小于 $\rho_{tl,min}$，即：

$$\rho_{sv}=\frac{nA_{svt1}}{bs}\geqslant\rho_{sv,min}=0.28\frac{f_t}{f_{yv}} \tag{7.24}$$

$$\rho_{tl}=\frac{A_{stl}}{bh}\geqslant\rho_{tl,min}=0.6\sqrt{\frac{T}{Vb}\frac{f_t}{f_y}} \tag{7.25}$$

当 $T/(Vb)>2.0$ 时，取 $T/(Vb)=2.0$。

式中　A_{svt1}——受剪扭箍筋的单肢截面面积；

　　　　s——受剪扭箍筋的间距。

3. 构造配筋界限

《混凝土结构设计规范》规定，当构件的剪扭作用满足式（7.26）时，构件处于开裂的界限状态。此时，由于混凝土尚未开裂，混凝土能够承受荷载作用而不需要设置受剪及受扭钢筋；但在设计时为了安全可靠，以防止混凝土偶然开裂而丧失承载力。按构造要求还应设置符合最小配筋率要求的钢筋截面面积。

$$\frac{V}{bh_0}+\frac{T}{W_t}\leqslant 0.7f_t \tag{7.26}$$

除了满足上述三类规定，构件配筋还需满足相应的构造要求，见 7.4 节。

7.3.4　弯剪扭构件承载力计算步骤

在弯矩、剪力、扭矩共同作用的矩形截面的承载力计算方法和步骤的归纳如下：

1. 计算截面最不利弯矩、剪力和扭矩设计值

2. 初选截面尺寸、钢筋级别和混凝土强度等级

3. 检查简化计算条件

根据上文所述：

当 $T\leqslant 0.175f_tW_t$ 时，可以忽略扭矩的影响，仅按受弯构件计算正截面受弯承载力和斜截面受剪承载力；

当 $V\leqslant 0.35f_tbh_0$（均布荷载）或 $V\leqslant\dfrac{0.875}{\lambda+1}f_tbh_0$（以集中荷载为主的独立梁）时，可以忽略剪力的影响，仅按受弯构件的正截面承载力和纯扭构件的受扭承载力分别计算。

不符合以上规定时，按弯剪扭构件计算。

4. 验算上限值，即截面限制条件

当 $h_w/b\leqslant 4$ 时，

$$\frac{V}{bh_0}+\frac{T}{0.8W_t}\leqslant 0.25\beta_c f_c$$

当 $h_w/b=6$ 时，

$$\frac{V}{bh_0}+\frac{T}{0.8W_t}\leqslant 0.20\beta_c f_c$$

当 $4<h_w/b<6$ 时，按线性内插法确定。

如不能符合上式，应加大截面尺寸或提高混凝土强度等级。

5. 验算构造配筋界限条件

在弯矩、剪力和扭矩共同作用下的构件，当符合下列公式

$$\frac{V}{bh_0}+\frac{T}{W_t}\leqslant 0.7f_t$$

的要求时，可不进行构件受剪扭承载力的计算，仅需按构造要求配置纵向钢筋和箍筋，并满足各自最小配筋率及最小配箍率的要求。

6. 计算箍筋用量

（1）选定配筋强度比 ζ，ζ 宜在 $1\sim1.3$ 之间选用。

（2）计算混凝土降低系数 β_t，按公式（7.17）及（7.20）计算：

均布荷载作用时，

$$\beta_t=\frac{1.5}{1+0.5\dfrac{VW_t}{Tbh_0}} \qquad 0.5\leqslant\beta_t\leqslant 1$$

对集中荷载为主的独立梁时，

$$\beta_t=\frac{1.5}{1+0.2(\lambda+1)\dfrac{VW_t}{Tbh_0}} \qquad \begin{array}{l}0.5\leqslant\beta_t\leqslant 1\\ 1.5\leqslant\lambda\leqslant 3\end{array}$$

（3）按剪扭构件受剪承载力计算受剪所需单肢箍筋用量，按公式（7.18）及（7.19）计算：

均布荷载作用时，

$$\frac{A_{sv1}}{s_v}=\frac{V-0.7f_tbh_0(1.5-\beta_t)}{nf_{yv}h_0}$$

对集中荷载为主的独立梁时，

$$\frac{A_{sv1}}{s_v}=\frac{V-\dfrac{1.75}{1+\lambda}(1.5-\beta_t)f_tbh_0}{nf_{yv}h_0}$$

（4）按剪扭构件受扭承载力计算受扭所需单肢箍筋用量，按公式（7.21）计算：

$$\frac{A_{st1}}{s_t}=\frac{T-0.35\beta_tf_tW_t}{1.2\sqrt{\zeta}f_{yv}A_{cor}}$$

（5）叠加以上（3）和（4）两项计算结果，即得剪扭共同作用时所需单肢箍筋总量：

$$\frac{A_{svt1}}{s}=\frac{A_{sv1}}{s_v}+\frac{A_{st1}}{s_t}$$

然后根据受剪扭箍筋的单肢截面面积 A_{svt1}，可选定箍筋直径 d，从上式计算受剪扭箍筋间距 s。但必须满足构造要求，即 $d\geqslant d_{min}$，$s\leqslant s_{max}$。

7. 验算最小配箍率

按公式（7.24）验算：

$$\rho_{sv} = \frac{nA_{svt1}}{bs} \geqslant \rho_{sv,min} = 0.28 \frac{f_t}{f_{yv}}$$

8. 计算纵向受力钢筋

（1）由计算所得受扭箍筋用量 A_{st1}/s_t 代替纯扭构件公式（7.1）中的 A_{st1}/s，通过配筋强度比 ζ 计算受扭纵向钢筋 A_{stl}：

$$A_{stl} = \zeta \left(\frac{A_{st1}}{s_t} \right) \frac{f_{yv} \cdot u_{cor}}{f_y}$$

抗扭纵向钢筋应按构造要求（详见 7.4 节）沿截面高度布置成若干排，均匀对称地配置在截面底部、顶部及侧面。

（2）按受弯构件正截面承载力计算公式计算受弯所需纵向钢筋 A_s，并设置于弯矩受拉边。

（3）将受弯纵向钢筋 A_s 和分配在弯矩受拉边的抗扭纵向钢筋叠加，然后选定其直径和根数。

9. 验算纵向钢筋最小配筋率

受弯纵向钢筋的配筋率 ρ 和受扭纵向钢筋的配筋率 ρ_{tl}，分别不应小于受弯构件的最小配筋率 ρ_{min} 和受扭构件的最小配筋率 $\rho_{tl,min}$。

即

$$\rho = \frac{A_s}{bh_0} \geqslant \rho_{min} \frac{h}{h_0}$$

$$\rho_{tl} = \frac{A_{stl}}{bh} \geqslant \rho_{tl,min}$$

$$\rho_{tl,min} = 0.6 \sqrt{\frac{T}{Vb}} \frac{f_t}{f_y}$$

当 $T/(Vb) > 2.0$ 时，取 $T/(Vb) = 2.0$。

7.4 钢筋混凝土受扭构件的构造要求

钢筋混凝土受扭构件的构造要求主要针对受扭纵筋和受扭箍筋。

1. 受扭纵筋

受扭纵筋应沿构件截面周边均匀对称布置。试验表明：不对称的受扭纵筋在受扭过程中不能充分发挥作用。矩形截面的四角以及 T 形和 I 字形截面各分块矩形的四角，均必须设置受扭纵筋。受扭纵筋的间距不应大于 200mm，也不应大于梁截面短边长度。如图 7.8 所示。受扭纵向钢筋的接头和锚固要求均应按受拉钢筋的相应要求考虑。

2. 受扭箍筋

受扭箍筋设置同受剪箍筋，但受扭箍筋必须为封闭式，且沿截面周边布置；当采用复合箍筋时，位于截面内部的箍筋不应计入受扭所需的箍筋面积。

为保证箍筋搭接处受力时不致产生相对滑动，受扭箍筋末端应做成 135°的弯钩，弯钩端部应锚入混凝土核芯内，其平直段长度不应小于 $10d$（d 为箍筋直径），如图 7.9 所示。

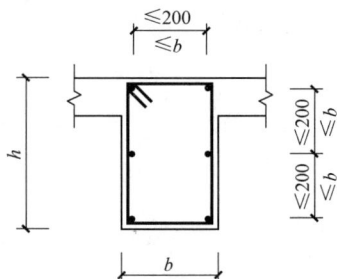

图 7.8　受扭纵筋构造要求

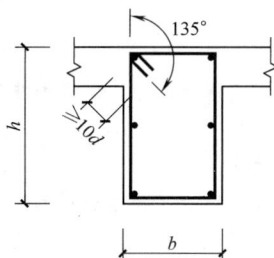

图 7.9　受扭箍筋构造要求

习　　题

思考题

7.1　矩形截面钢筋混凝土纯扭构件的破坏形态与什么因素有关？有哪几种破坏形态？各有什么特点？

7.2　受扭构件中，受扭纵向钢筋为什么要沿截面周边对称放置，并且四角必须放置？

7.3　简述抗扭钢筋的构造要求。

7.4　简述 ζ 和 β_t 的意义和取值限制。

单项选择题

7.1　矩形截面素混凝土构件在扭矩作用下，通常在（　　）处首先开裂。

A. 截面长边　　　　　　　　B. 截面短边

C. 截面角部　　　　　　　　D. 施加荷载

7.2　实际工程中在构件中配置（　　）来承受扭矩。

A. 受扭箍筋　　　　　　　　B. 受扭纵筋

C. 受扭纵筋或受扭箍筋　　　D. 受扭纵筋和受扭箍筋

7.3　实际工程中的受扭构件，下列破坏形态最理想的是（　　）。

A. 超筋破坏　　　　　　　　B. 少筋破坏

C. 适筋破坏　　　　　　　　D. 部分超筋破坏

7.4　梁中受扭纵向钢筋应在（　　）。

A. 梁顶部对称布置　　　　　B. 梁底部对称布置

C. 梁腹部对称布置　　　　　D. 梁截面周边均匀对称布置

7.5　梁中受扭纵向钢筋的间距不应大于（　　）。

A. 200mm　　　　　　　　　B. 梁截面短边尺寸

C. 200mm 和梁截面短边尺寸　D. 200mm 和梁截面长边尺寸

7.6　下列对梁中抗扭箍筋的叙述正确是（　　）。

A. 可采用开口式箍筋

B. 箍筋一端应弯成 135° 的弯钩，另一端可弯成 90° 的直钩，弯钩（直钩）端头平直段长度不应小于 $10d$

C. 当采用复合箍筋时，位于截面内部的箍筋应计入受扭所需的箍筋面积

D. 箍筋两末端均应弯成 $135°$ 的弯钩，弯钩端头平直段长度不应小于 $10d$

7.7　梁中受扭纵向钢筋伸入支座内的锚固长度应不小于（　　）。

A. $12d$　　　　　　　　　　B. $15d$

C. l_{as}　　　　　　　　　　D. l_a（l_{aE}）

7.8　实际工程中，计算纯扭构件时，将构件视为（　　）。

A. 弹性材料　　　　　　　　B. 弹塑性材料

C. 塑性材料　　　　　　　　D. 脆性材料

7.9　某弯剪扭构件破坏形态类似于纯扭构件，则该构件发生了（　　）。

A. "扭剪型"破坏　　　　　　B. "弯型"破坏

C. "剪型"破坏　　　　　　　D. "扭型"破坏

7.10　矩形截面弯剪扭构件，经计算 $\dfrac{A_{sv1}}{s}=0.082$，$\dfrac{A_{st1}}{s}=0.292$，当采用双肢 $\Phi8$ 箍筋时，下列配筋中符合规范且经济的一项是（　　）。

A. $\Phi8@100$　　　　　　　B. $\Phi8@125$

C. $\Phi8@150$　　　　　　　D. $\Phi8@160$

▶ 钢筋混凝土梁板结构

8.1 梁板结构的分类

钢筋混凝土梁板结构是由钢筋混凝土梁和板组成的结构，是土建工程中应用最为广泛的一种结构，如房屋中的楼盖、屋盖、楼梯、筏板基础以及阳台、雨篷等，其中楼盖和屋盖是最典型的梁板结构。楼（屋）盖结构的分类方法有三种。

1. 按施工方法分类

1）现浇整体式。现浇整体式楼盖整体性好，防水性好，抗震、抗冲击性能好，可适应各种特殊的结构布置要求。缺点是需要大量的模板且周转较慢，现场施工的作业量大，工期较长，施工受季节性气候影响比较大。

2）装配式。装配式楼盖是将预制板搁置在梁或墙体上而形成的一种楼盖结构，主要用在多层砌体房屋，但该类建筑整体性较差，不利于结构抗震，因此使用受到限制。

3）装配整体式。装配整体式楼盖是将预制梁、板（或叠合梁、板的预制部分）在现场吊装就位后，通过在节点处连接钢筋并浇筑混凝土使之成为一个整体的楼盖，其最常见的做法是在预制板上做不小于 50mm 厚的钢筋混凝土现浇层，从而使楼盖形成一个整体，是提高装配式楼盖刚度、整体性和抗震性能的一种改进措施。

2. 按预加应力情况分类

按预加应力情况可分为钢筋混凝土楼盖和预应力混凝土楼盖两种。预应力混凝土楼盖用得最普遍的是无粘结预应力混凝土平板楼盖。

3. 按结构形式分类

现浇钢筋混凝土楼盖根据受力及支承条件的不同，可分为肋形楼盖、井式楼盖和无梁楼盖（又称板柱结构）等。其中肋形楼盖在工程中应用最为广泛。

1）肋形楼盖。肋形楼盖是由板、次梁、主梁组成。板被四周的梁分隔成许多矩形区格，板的四周支承在次梁、主梁或墙上，形成四边支承板。板上的荷载通过双向受弯传到四边的支承构件上。

图 8.1 所示承受竖向均布荷载 q 的四边简支矩形板。l_{01}、l_{02} 分别为板的短跨、长跨方向的计算跨度。取出跨度中点两个相互垂直的宽度各为 1m 的板带来分析研究荷载 q 在

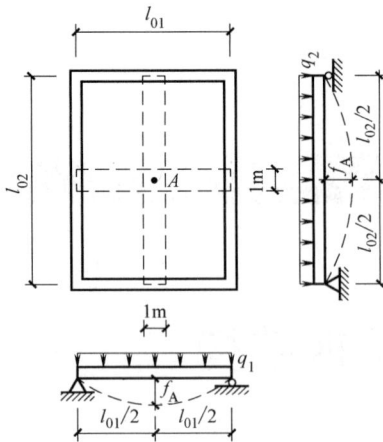

图 8.1　四边支承板的荷载传递

短跨和长跨方向的传递情况。设沿短跨方向传递的荷载为 q_1，沿长跨方向传递的荷载为 q_2，则 $q = q_1 + q_2$。当不计相邻板带对它们的影响时，由跨度中心点 A 处挠度 f_A 相等的原理可知 $\dfrac{5q_1 l_{01}^4}{384EI} = \dfrac{5q_2 l_{02}^4}{384EI}$，由此可求得两个方向传递的荷载比值 $q_1/q_2 = (l_{02}/l_{01})^4$。

则有：$q_1 = \dfrac{l_{02}^4}{l_{01}^4 + l_{02}^4} q$　　　$q_2 = \dfrac{l_{01}^4}{l_{01}^4 + l_{02}^4} q$

当 $l_{02}/l_{01} = 3$ 时，$q_1 = 0.99q$，$q_2 = 0.01q$。由此可见，荷载主要沿短跨方向传递，可忽略荷载沿长跨方向的传递，即板主要在一个跨度方向产生弯曲。这种仅考虑单向受弯的板，称为单向板。

当 $l_{02}/l_{01} = 2$ 时，$q_1 = 0.94q$，$q_2 = 0.06q$。此时应同时考虑荷载沿长跨方向的传递，即板在两个跨度方向均产生弯曲。这种双向受弯的板，称为双向板。

对于四边支承板，当长跨与短跨之比 $l_{02}/l_{01} \geqslant 3$ 时，可按单向板计算；当 $l_{02}/l_{01} \leqslant 2$ 时应按双向板计算；当 $2 < l_{02}/l_{01} < 3$ 时，宜按双向板计算，当按单向板计算时，应沿长跨方向布置足够数量的构造钢筋。

应当注意的是对于悬臂板和两对边支承的板，不论其长短边尺寸的关系如何，都只在一个方向受弯，属于单向板。对于三边支承板或相邻两边支承的板，则将沿两个方向受弯，属于双向板。

在肋形楼盖中，由单向板组成的楼盖称为单向板肋形楼盖；由双向板组成的楼盖称为双向板肋形楼盖。肋形楼盖一般用于民用建筑和多层工业厂房。

2）井式楼盖。为了建筑上的需要或柱间距较大时，通常是在与柱相连的框架梁范围内双向设置相同截面的次梁，将楼板分成若干个接近正方形的小区格，梁格布置呈井字形，称为井式楼盖。井式楼盖一般用于方形或接近方形的中、小礼堂、餐厅以及公共建筑的门厅。

3）无梁楼盖。在楼盖中不设梁，将板直接支承在带有柱帽（或无柱帽）的柱上，这种楼盖称为无梁楼盖（又称为板柱结构）。由于没有梁，与相同柱网尺寸的肋形楼盖相比，其板厚要大些。这种结构板底平整，使得采光和通风的条件大为改善。同时楼层的净空较大便于设备管道铺设。无梁楼盖常用于商场、仓库等建筑中。但无梁楼盖抗侧刚度较小，不利于抗震，一般通过设置一定数量的剪力墙使之成为板柱-剪力墙结构。

8.2　现浇单向板肋形楼盖

现浇单向板肋形楼盖是由板、次梁和主梁（有时无主梁）组成，楼盖支承在柱、墙等竖向构件上。其设计步骤一般可归纳为：①结构平面布置；②确定静力计算简图；③构件内力计算；④截面配筋计算；⑤绘制施工图。

8.2.1 结构平面布置

在单向板肋形楼盖结构中，柱或墙的间距决定了主梁的跨度；主梁的间距决定了次梁的跨度；次梁的间距决定了板的跨度。在结构布置时应综合考虑建筑使用要求、构件受力合理、楼盖整体刚度和经济合理等因素。根据工程实践经验，单向板的经济跨度为1.7～2.7m，常用跨度为2m左右，一般不宜超过3m；次梁的经济跨度为4～6m；主梁的经济跨度为5～8m。

单向板肋形楼盖的结构平面布置方案通常有以下三种：

1) 主梁横向布置，次梁纵向布置，如图8.2（a）所示。这种方案的优点是房屋横向抗侧移刚度大，整体性较好。此外，由于次梁沿外纵墙方向布置，使外纵墙上窗户高度可开得大些，有利于室内的通风与采光。

2) 主梁纵向布置，次梁横向布置，如图8.2（b）所示。这种方案适用于横向柱距比纵向柱距大得多的情况。其优点是减小了主梁的截面高度，增加了室内净高。

3) 只布置次梁，不布置主梁，如图8.2（c）所示。这种方案仅适用于有中间走道的砌体墙承重的混合结构房屋。

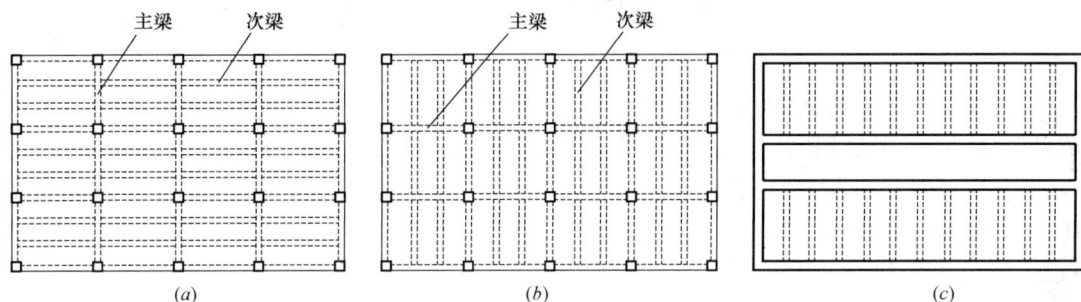

图 8.2　单向板肋形楼盖结构平面布置

(a) 主梁横向布置；(b) 主梁纵向布置；(c) 不设置主梁

一般情况下，宜在主梁跨间布置两根次梁，这样可使主梁跨间弯矩较为平缓，有利于节约钢筋。

8.2.2 计算简图

在结构设计计算时，通常需忽略一些次要因素，把实际结构构件简化为既能反映构件实际受力情况又便于计算的力学模型，称为计算简图。计算简图应反映构件的支座情况、构件的跨数、各跨的跨度和作用在构件上的荷载，如图8.3所示。

1. 支座

在现浇单向板肋形楼盖中，板的支座是次梁、次梁的支座是主梁、主梁的支座是柱或墙体。为简化结构计算，不考虑支承梁的转动约束作用及竖向位移，不论支座是墙还是梁，均简化为铰支座。则板和次梁均按多跨连续构件计算。对于支承在墙体上的主梁，按照连续梁进行计算；对于与钢筋混凝土柱整浇的柱上梁，一律按照框架分析，具体详见教学单元9。

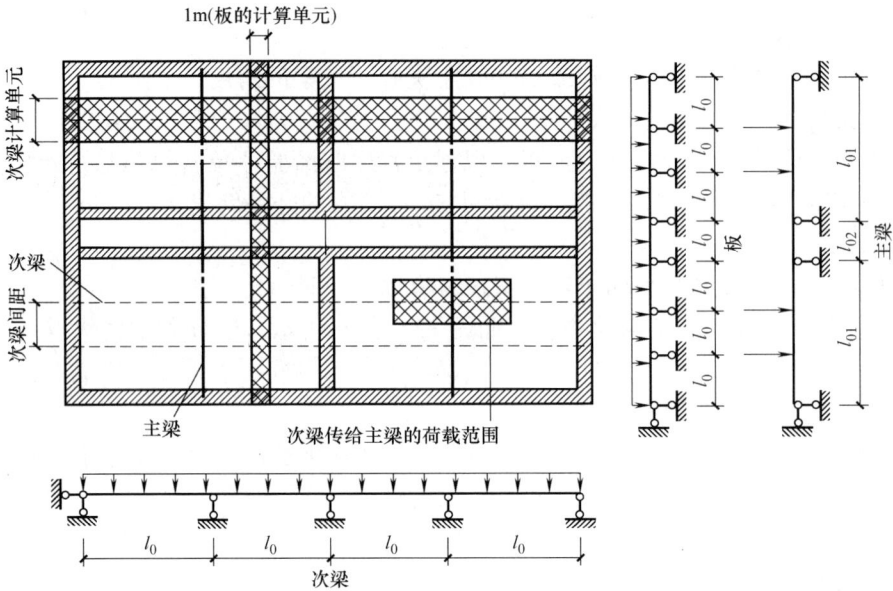

图 8.3 单向板肋形楼盖梁、板计算简图

2. 计算跨数

跨数少于 5 跨的连续梁（板），按实际跨数计算。对于跨数多于 5 跨的连续梁（板），当跨度、刚度和荷载相同时，为了简化计算，可近似的按 5 跨计算。例如，图 8.4（a）所示的 9 跨连续梁（板），可按图 8.4（b）所示的 5 跨连续梁（板）计算内力。在配筋计算时，第 4 跨、5 跨的跨中内力可取与第 3 跨的跨中内力相同；D 支座、E 支座的内力取与 C 支座的内力相同，梁（板）的配筋即按图 8.4（c）的内力计算。

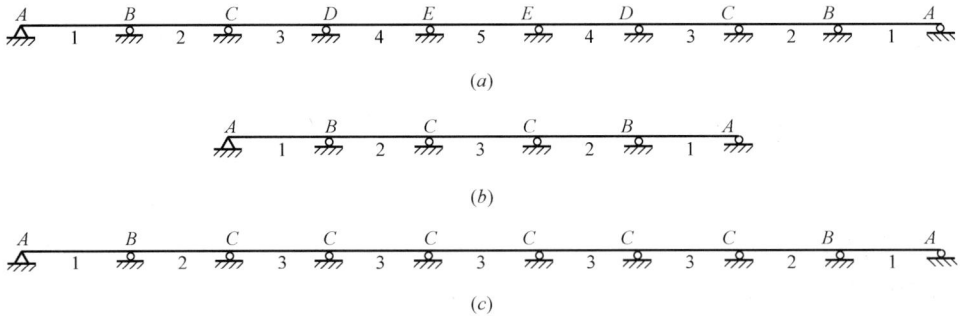

(a)

(b)

(c)

图 8.4 等跨连续梁、板的计算简图

(a) 实际简图；(b) 计算简图；(c) 配筋简图

3. 计算跨度

梁、板的计算跨度是指内力计算时所采用的跨间长度。其值与构件自身刚度、支座情况和支承长度有关。梁、板的计算跨度可按表 8.1 取值。

4. 荷载

楼盖上的竖向荷载一般情况下有永久荷载（如结构自重、装饰层自重等）和可变荷载

（如人群、家具等可移动荷载）两种。单向板肋形楼盖的荷载传递路径为：板→次梁→主梁→柱（或墙体）→基础。在荷载传递过程中，为了简化计算（误差也不大），可忽略梁、板连续性的影响。

　　单向板：设计时通常取 1m 板宽作为板的计算单元（图 8.3），此时板上面荷载（kN/m²）乘以 1m 得到板的均布线荷载（kN/m）。

　　次梁：承受板传来的荷载和次梁自重，其受荷载面积为向次梁两侧各延伸 1/2 间距范围内的面积（图 8.3），则板传递给次梁的均布线荷载（kN/m）为板的面荷载（kN/m²）乘以次梁的间距。次梁的自重均布线荷载（kN/m）为钢筋混凝土重力密度（kN/m³）乘以次梁肋的截面面积（m²）。

　　主梁：承受次梁传来的集中荷载和主梁的自重。在计算时次梁传给主梁的集中荷载（不含次梁自重）可简化为板的面荷载乘以次梁的间距和跨度（图 8.3）。次梁自重集中荷载为次梁自重线荷载乘以次梁跨度。主梁的自重是均布线荷载，由于主梁自重相对较小，为简化计算可将其折算成集中荷载（主梁自重线荷载乘以次梁间距），与次梁自重集中荷载一起加入到次梁传来的集中永久荷载内。

梁、板的计算跨度　　　　　　　　　　表 8.1

按弹性理论计算时单跨梁、板计算跨度 l_0		
支承情况	计算跨度 l_0	
	板	梁
两端简支	$l_0=l_n+h$	
一端简支、一端与梁整体连接	$l_0=l_n+0.5h$	$l_0=l_n+a_1<1.05l_n$
两端与梁整体连接	$l_0=l_n$	

连续梁、板计算跨度 l_0

		边跨	中跨	备注
按塑性计算方法	板	$l_{n1}+\dfrac{h}{2}$	l_n	求支座弯矩时,取该支座相邻两跨计算跨度的较大值进行计算
	梁	$l_{n1}+\dfrac{a_1}{2}\leq1.025l_{n1}$	l_n	
按弹性计算方法	板	$l_{n1}+\dfrac{h}{2}+\dfrac{a}{2}$	l_n+a(取中心距)	求支座弯矩时,取该支座相邻两跨计算跨度的平均值进行计算
	梁	$l_{n1}+\dfrac{a}{2}+\dfrac{a_1}{2}\leq1.025l_{n1}+\dfrac{a}{2}$	l_n+a(取中心距)	

		边跨	中跨	备注
按塑性或弹性计算方法	板	$l_{n1}+\dfrac{a}{2}+\dfrac{h}{2}\leqslant 1.05l_{n1}+\dfrac{h}{2}$	$l_n+a\leqslant 1.1l_n$	求支座弯矩时,取该支座相邻两跨计算跨度的较大值(塑性计算方法)或平均值(弹性计算方法)进行计算
	梁	$l_{n1}+\dfrac{a}{2}+\dfrac{a_1}{2}\leqslant 1.05l_{n1}$	$l_n+a\leqslant 1.05l_n$	

5. 折算荷载

在内力计算时忽略了次梁对板、主梁对次梁的转动约束。这对于等跨连续梁、板在永久荷载作用下带来的误差是不大的,但在可变荷载不利布置的情况下误差较大。为使计算结果更符合实际情况,采用增大永久荷载,相应减少可变荷载,保持总荷载不变的方法来计算内力,以考虑支座转动约束的有利因素。折算荷载的取值如下:

$$连续板\ g'=g+\frac{q}{2};\ q'=\frac{q}{2}\qquad 连续次梁\ g'=g+\frac{q}{4};\ q'=\frac{3q}{4}$$

式中 g、q——永久荷载、可变荷载设计值;

g'、q'——折算永久荷载、折算可变荷载设计值。

应当注意的是:当板、次梁搁置在砌体或钢结构上,此时支座的转动约束能力较小,不能采用折算荷载计算板、次梁的内力;当主梁与柱整浇时按照框架分析,因此主梁也不采用折算荷载计算内力。

8.2.3 内力计算

钢筋混凝土连续梁、板的内力计算方法有弹性理论计算方法和塑性理论计算方法两种。在楼盖结构中板、次梁可按塑性理论的方法计算;主梁必须按弹性理论的方法计算。

1. 弹性理论计算方法

弹性理论是将钢筋混凝土梁、板构件看成理想的匀质弹性体,并认为构件中任一截面的内力达到此截面的极限承载力时,整个构件即被破坏。

1)可变荷载的最不利布置。楼盖承受的荷载有永久荷载和可变荷载,其中可变荷载的作用位置是变化的。为计算方便,认为可变荷载是以一个整跨为单元来变化的。在设计时为保证构件在各种可能出现的可变荷载布置下都能安全可靠地使用,就应考虑可变荷载的最不利布置,从而计算出构件各控制截面的最大内力,并以此作为截面承载力计算的依据。可变荷载的最不利布置的原则如下:

(1)求某跨跨中截面的最大正弯矩时,应在本跨布置可变荷载,然后隔跨布置(图8.5a、b)。

(2)求某跨跨中截面的最小正弯矩时,本跨不布置可变荷载,而在相邻跨布置可变荷载,然后隔跨布置(图8.5a 、b)。

(3)求某一支座截面最大负弯矩时,应在该支座左右两跨布置可变荷载,然后隔跨布置(图8.5c)。

(4)求某支座左、右截面的最大剪力时,可变荷载的布置与求该支座截面最大负弯矩时相同。

2)荷载最不利组合。根据可变荷载最不利布置的原则,确定可变荷载布置的位置。

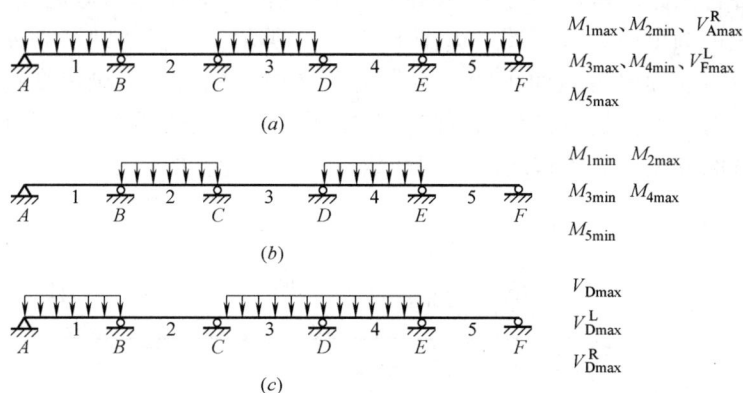

图 8.5 活荷载最不利布置

分别与永久荷载组合在一起，就得到荷载的最不利组合。图 8.6 所示为五跨连续梁、板的荷载最不利组合。

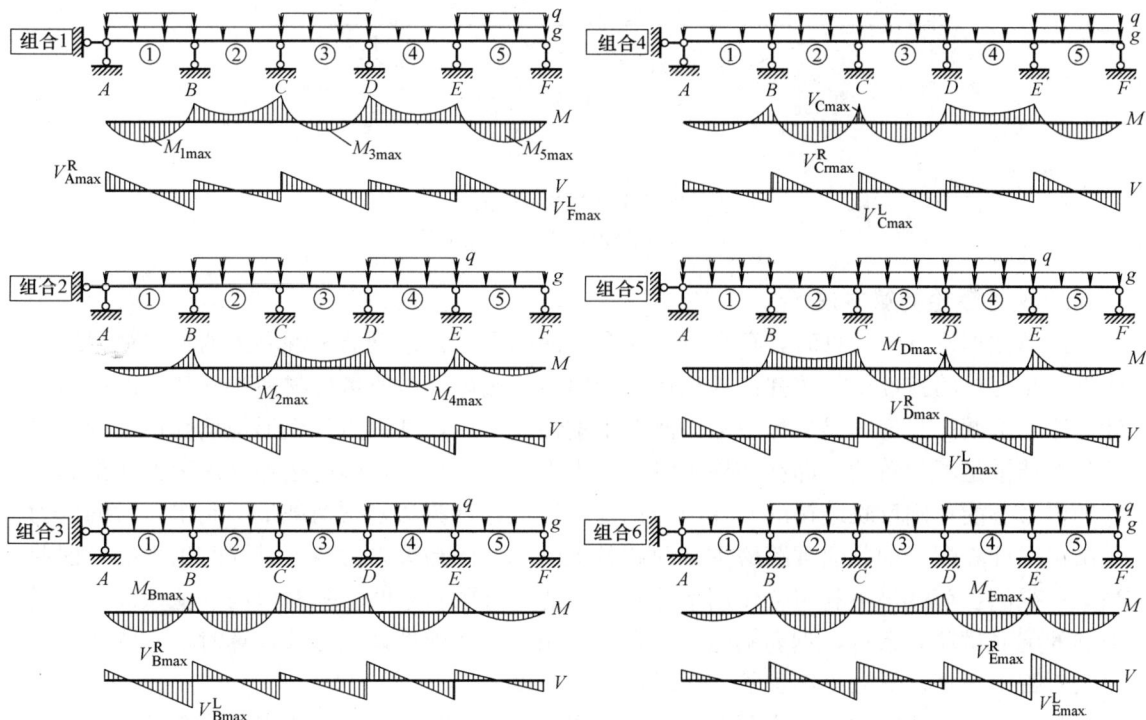

图 8.6 五跨连续梁、板的荷载最不利组合与各截面的最不利内力图

3）内力计算。根据各种荷载最不利组合，按结构力学计算方法（如弯矩分配法）进行内力计算。对于等跨或跨差不超过 10% 的等截面连续梁、板，也可以直接查表计算（参见《建筑结构静力计算手册》）。

4）内力包络图。各种荷载组合作用下的内力图，按同一比例叠画在同一坐标轴上，所得图形称为内力叠合图。由内力叠合图形的外包线构成的内力图，称为内力包络图。

将各种荷载组合作用下的弯矩图（图 8.6），按同一比例叠画在同一坐标轴上，所得图形称为弯矩叠合图。由弯矩叠合图形的外包线构成的弯矩图称为弯矩包络图，如图 8.7 (a) 所示。同理可画出剪力包络图，如图 8.7 (b) 所示。它们反映了在永久荷载和可变荷载共同作用下，连续梁各截面可能产生的最不利内力图形，不论可变荷载处于何种位置，截面上的内力都不会超过包络图范围。弯矩包络图是连续梁纵向受力筋数量计算和确定纵筋截断位置的依据，剪力包络图是箍筋数量计算和配置的依据。

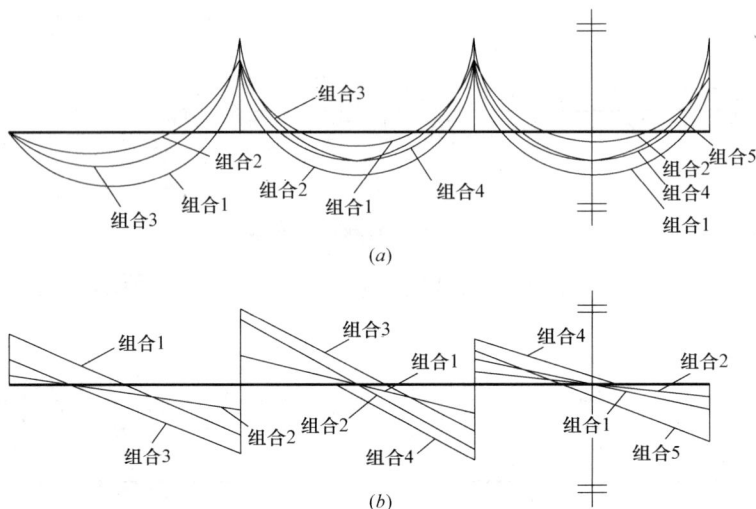

图 8.7   内力包络图
(a) 弯矩包络图；(b) 剪力包络图

2. 塑性理论计算方法

按弹性理论方法计算时，存在以下四个方面的问题：①钢筋和混凝土两种材料组成的构件并非理想的弹性体，按弹性理论计算的内力与按破坏阶段考虑材料塑性变形的截面设计方法不协调；②连续梁、板中某截面发生塑性变形后，其内力和变形与按弹性理论方法计算的结果是不一致的，即在结构中将产生内力重发布现象，因此按弹性理论方法计算得到的内力不能正确反映结构的实际内力；③弹性理论计算法是按荷载最不利组合时的内力包络图来计算配筋的，但各跨跨中截面和各支座截面的最大内力并不是同时出现的，因此当某一截面在荷载最不利组合作用下达到承载能力极限状态时，相对应的其他截面纵向受力筋的配筋量还有余量，钢筋不能充分发挥作用；④按弹性理论方法计算时，支座弯矩往往大于跨中弯矩，导致支座配筋拥挤增加施工难度。

为了解决上述问题，并充分考虑钢筋混凝土材料的塑性性能，提出了按塑性内力重分布的计算方法，它既能较好地符合结构的实际受力情况，也能取得一定的经济效益。

1) 钢筋混凝土受弯构件的塑性铰。图 8.8 (a) 所示为在集中荷载作用下一钢筋混凝土简支梁。从适筋梁正截面工作的三个阶段的应力状态可知，当进入第 Ⅱ 阶段时，混凝土受拉区开裂，受压区塑性变形不断发展。特别是当进入第 Ⅲ 阶段时，受拉钢筋开始屈服 (对应图 8.8c 上 B 点) 并产生塑流，混凝土垂直裂缝迅速发展，混凝土受压区高度不断减小，截面绕中和轴转动，最后受压区边缘混凝土达到极限压应变而被压碎 (对应图 8.8c 上 C 点)。从图 8.8 (c) 中可以看出，自钢筋屈服开始至构件破坏 (BC 段)，在弯矩增加

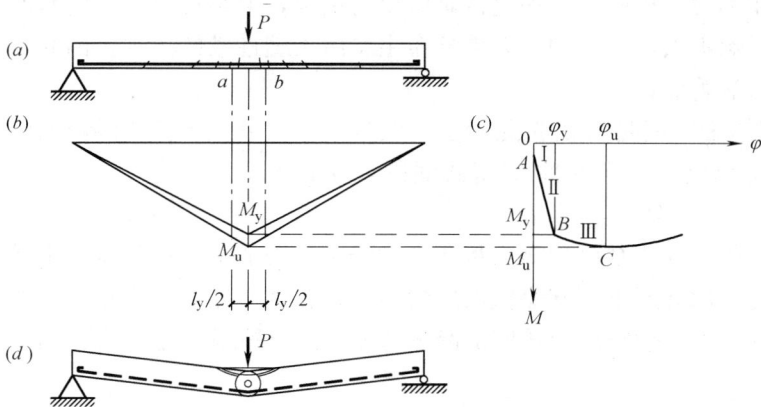

图 8.8 塑性铰的形成
(a) 跨中作用有集中荷载的简支梁；(b) 弯矩图；(c) 跨中正截面的弯矩与
曲率关系曲线；(d) 塑性铰

极少的情况下（图 8.8b），截面相对转角剧增，从而构件在塑性变形集中产生的区域（图 8.8a 所示 ab 范围），犹如形成了一个能够转动的"铰"，工程中称之为塑性铰（图 8.8d）。

塑性铰与理想铰的区别有四点：①理想铰集中于一点，塑性铰则是一个区域（图 8.8d 中 l_y 范围）；②理想铰可以沿任意方向转动，塑性铰只能绕弯矩作用方向转动；③理想铰的转动是任意的，塑性铰的转动能力是有限的；④理想铰不能承受弯矩，塑性铰能承受弯矩，其值等于该截面的受弯承载力 M_u。

对于静定结构，任一截面出现塑性铰后，构件即变成几何可变体系从而丧失承载力，如图 8.8（d）所示。但对于超静定结构，由于存在多余约束，构件某一截面出现塑性铰，并不能使其立即变成几何可变体系。只要塑性区域有足够的转动能力，并在转动过程中受压区混凝土不被压碎，构件仍可继续加载，直到其他截面也陆续出现塑性铰，使得构件整体或局部变成几何可变体系才丧失承载力。

2）超静定结构的塑性内力重分布。图 8.9 所示两跨连续梁，跨中承受集中荷载最大值为 P，按弹性理论计算得到支座最大弯矩为 M_B，对应跨中弯矩为 M_1。截面设计时，若支座截面按弯矩 M_B' 配筋（$M_B > M_B'$），梁在荷载作用下，当

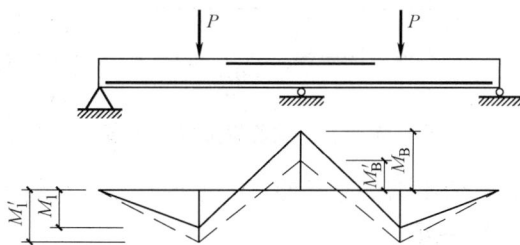

图 8.9 两跨连续梁的塑性内力重分布

支座截面弯矩达到 M_B' 时，支座截面便产生塑性变形而形成塑性铰。随着荷载继续增加，因 B 支座已形成塑性铰只能转动，所承受的弯矩 M_B' 将保持不变，但跨中弯矩将随荷载的增加而增大。当全部荷载 P 作用时，对应跨中弯矩为 M_1'（$M_1' > M_1$），这种由于某个截面出现塑性铰，使该塑性铰截面的内力向其他截面转移的现象，称为塑性内力重分布。实际上超静定结构中，受拉区出现裂缝、混凝土徐变等均会引起结构的内力重分布，使结构中

的内力分布规律不同于按照弹性理论计算所得的结果，但是这些因素引起的内力重分布都较小，对设计影响不大，明显的内力重分布主要由于塑性铰的出现。因此塑性内力重分布是内力重分布的显著形式。

3）弯矩调幅法。就是将钢筋混凝土连续梁、板按弹性理论计算得到的弯矩值和剪力值进行适当地调整，一般是将支座截面的弯矩调小，然后按调整后的内力进行截面设计。

应当指出的是，支座截面的最大负弯矩和跨中截面的最大正弯矩并不是在同一荷载组合作用下产生的，因此当下调支座截面负弯矩时，在这一组荷载作用下增大后的跨中截面正弯矩，一般并不大于包络图上该跨的跨中弯矩。这样既减少了支座截面的配筋，又方便了施工。

4）按塑性理论方法计算应遵循下列基本原则：

① 梁支座截面的负弯矩调幅不宜大于 25%，板支座截面的负弯矩调幅不宜大于20%；

② 弯矩调整后的梁端截面相对受压区高度不应超过 0.35，且不宜小于 0.1；

③ 应满足正常使用极限状态的要求，即必须满足刚度、裂缝宽度的要求；

④ 对于直接承受动力荷载的构件，重要部位的构件，在使用中不允许出现裂缝或对裂缝开展有较高限制的结构，处于侵蚀性环境中的结构，不应采用塑性理论计算方法。

8.2.4　截面设计要点

1. 单向板

板斜截面受剪承载力一般均能满足要求可不进行计算，仅需对正截面受弯承载力进行计算。计算时按短跨方向取 1m 板宽作为计算单元，按受弯构件单筋矩形截面（$b=1000$mm），计算跨中截面和支座截面所需的纵向受力钢筋 A_s。

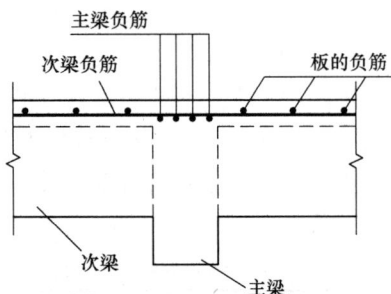

图 8.10　板、次梁、主梁负钢筋相对位置

2. 次梁

由于板与次梁整浇，考虑位于受压区现浇板的共同工作，在正截面承载力计算时，一般情况下跨中截面承受正弯矩，可按 T 形截面计算；支座截面承受负弯矩，按矩形截面计算。

当次梁截面的宽高比和高跨比满足构造要求时，一般不需要进行使用阶段的挠度和裂缝宽度的验算。

3. 主梁

截面形式与次梁相同，跨中截面承受正弯矩，按 T 形截面计算；支座截面承受负弯矩，按矩形截面计算。

在主梁支座处，板、次梁和主梁上部纵向受力钢筋相互交叉重叠，板面负钢筋在外侧，次梁负钢筋在中间，主梁负钢筋在内侧，如图 8.10 所示。这样使得主梁承受负弯矩的纵向受力钢筋位置下移，主梁支座截面处的有效高度减小。因此在计算主梁支座截面负钢筋时，截面有效高度 h_0 应取：一排钢筋时，$h_0=h-(60\sim65)$ mm；二排钢筋时，$h_0=h-(80\sim85)$mm。

8.2.5　构造要求

1. 单向板

除了板厚、受力钢筋的直径和间距应满足受弯构件的一般构造要求外，还应满足下列构造要求：

1) 板的支承长度。除应满足其受力钢筋在支座内锚固的要求外，且不小于板厚，当支承在砌体墙上时，不小于 120mm。

2) 配筋方式。板中受力钢筋应平行于板的短跨方向，布置在板的外侧。板中受力钢筋的配筋方式有弯起式和分离式两种，如图 8.11 所示。

弯起式配筋（图 8.11a），先按跨中正弯矩的需要，确定所需钢筋的直径和间距，然后在支座附近将 1/3~1/2 的钢筋弯起并伸入相邻跨板面一段距离，以承担支座负弯矩，如果还不能满足所需支座负钢筋的要求，再另加直的负钢筋。弯起钢筋与直的负钢筋通常取相同间距，间隔布置。弯起钢筋的弯起角一般为 30°，当板厚大于 120mm 时，可采用 45°。其余跨中未弯起的钢筋伸入支座内锚固，伸入支座内的钢筋间距不应大于 400mm。弯起式配筋整体性好，有利于承受振动荷载，且用钢量省，但施工麻烦，目前已很少采用。

分离式配筋（见图 8.11b），分别确定跨中正弯矩钢筋和支座负弯矩钢筋的直径和间距，并分别设置，这种配筋方式构造简单，施工方便，是建筑工程中常用的配筋方式，但用钢量略高，整体性稍差，故不宜用于直接承受振动荷载的板中。

多跨连续单向板，当各跨跨度相差不超过 20% 时，板内受力钢筋的弯起和切断一般可按图 8.11 确定。图 8.11 中 a 的取值：当板上均布可变荷载 q 与均布永久荷载 g 的比值 $q/g \leqslant 3$ 时，$a = l_n/4$；当 $q/g > 3$ 时，$a = l_n/3$。当各跨跨度相差超过 20%，或各跨荷载相差很大时，则板内受力钢筋的弯起和切断必须按弯矩包络图来确定。

3) 构造钢筋。多跨连续单向板除了按计算配置受力筋外，通常还应布置以下四种构造钢筋：

(1) 分布钢筋。板中分布钢筋应平行于板的长跨，与受力钢筋垂直的方向设置，分布钢筋布置在受力钢筋的内侧。分布钢筋的截面面积不宜少于受力钢筋的 15%，且配筋率不宜小于 0.15%；分布钢筋直径不宜小于 6mm，间距不宜大于 250mm。

(2) 防裂构造钢筋。在温度、收缩应力较大的现浇板区域，应在板的表面双向配置防裂构造钢筋。每个方向的配筋率均不宜小于 0.10%，间距不宜大于 200mm。防裂构造钢筋可利用原有钢筋贯通布置，也可另行设置钢筋并与原有钢筋按受拉钢筋的要求搭接或在周边构件中锚固。

(3) 周边与梁或墙整体浇筑板的板面构造钢筋。按简支边或非受力边设计的与梁或墙整体浇筑的板，应在板面设置垂直于板边的构造钢筋，其直径不宜小于 8mm，间距不宜大于 200mm，且截面面积不宜少于跨中受力钢筋的 1/3。该钢筋自梁边或墙边伸入板内的长度不宜小于 $l_0/4$（l_0 为短跨方向的计算跨度）。

(4) 嵌入砌体墙内板的板面构造钢筋，如图 8.12 所示。对于嵌固在砌体墙内的现浇板，为了防止沿墙边板面出现裂缝，应在板面配置直径不小于 8mm，间距不大于 200mm 的构造钢筋，且受力方向截面面积尚不宜少于跨中受力钢筋的 1/3，其伸出墙边的长度不

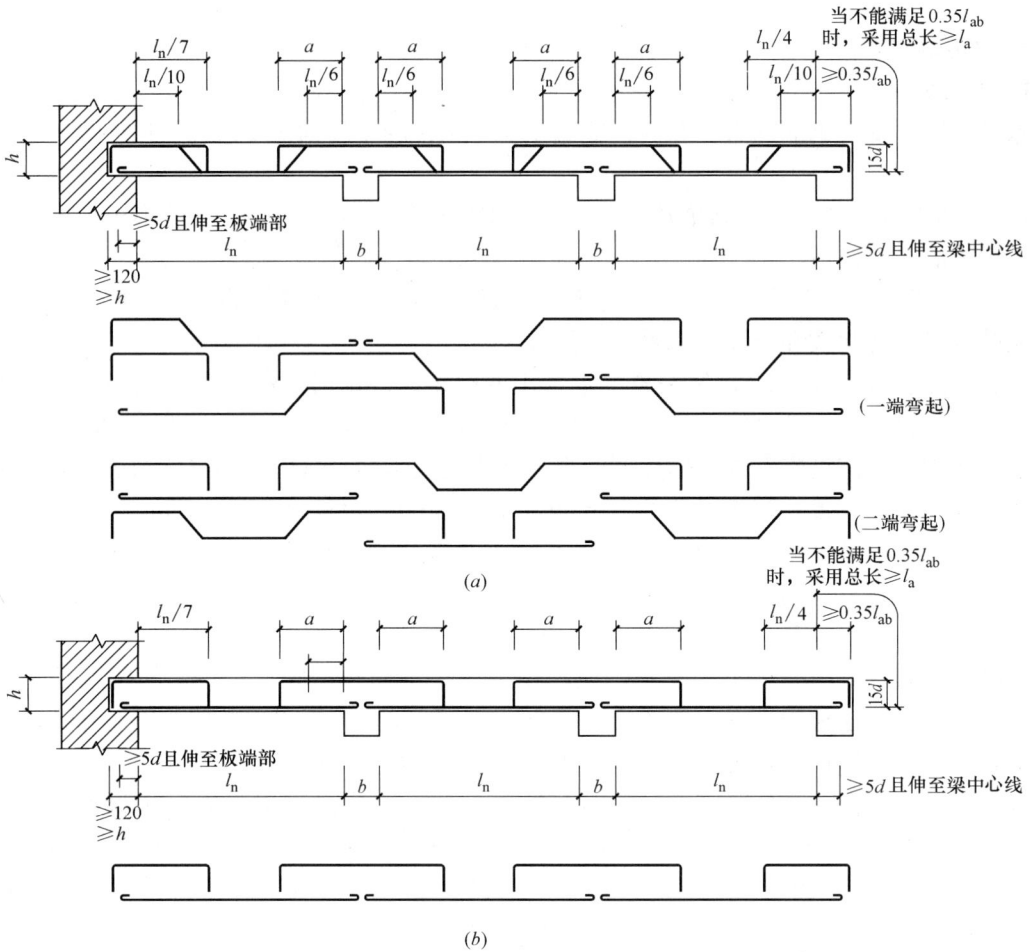

图 8.11　单向板的配筋方式

（a）弯起式配筋；（b）分离式配筋

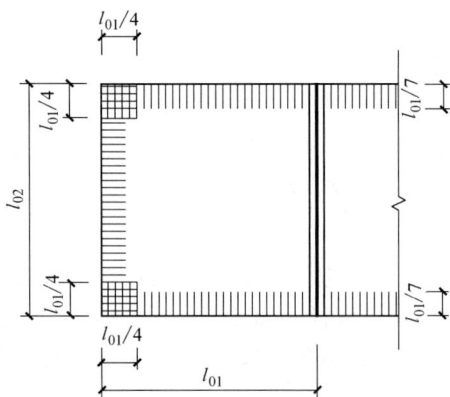

图 8.12　嵌入砌体墙内板的板面构造钢筋

宜小于 $l_{01}/7$（l_{01} 为短跨方向的计算跨度）。对于两边均嵌固在砌体墙内的板角部分，在离板角 $l_{01}/4$ 的范围内应双向配置上述构造钢筋，其伸出墙边的长度不宜小于 $l_{01}/4$。

4）板内孔洞周边的补强钢筋。当矩形洞的边长 b（或圆形洞的直径 d）不大于 300mm 时，可不另设补强钢筋。板内受力钢筋不能切断，应绕过孔洞布置（图 8.13a）。

当 b（或 d）大于 300mm，但不大于 1000mm 时，应在洞边每侧配置加强洞口的补强钢筋（图 8.13b）。补强钢筋的强度等级与被切断钢筋相同，每侧补强钢筋的截面面积不少于同向被切断的纵向钢筋截面面积的 1/2，且不小于 2 根直径 12mm 的钢筋，补强钢筋与被切断钢筋布置在同一层面，两根补强钢筋的净距为 30mm。圆形洞口时，在洞口边上、下再各配置一根直径不小于 10mm 的环向补强钢筋，环向补强钢筋的搭接长度不小于 $1.2l_a$。洞口边被切断钢筋端部的构造详见图 8.13（c）。

当 b（或 d）大于 1000mm 时，或虽小于 1000mm 但洞边有集中荷载作用时，应在洞边设梁（图 8.13d）。

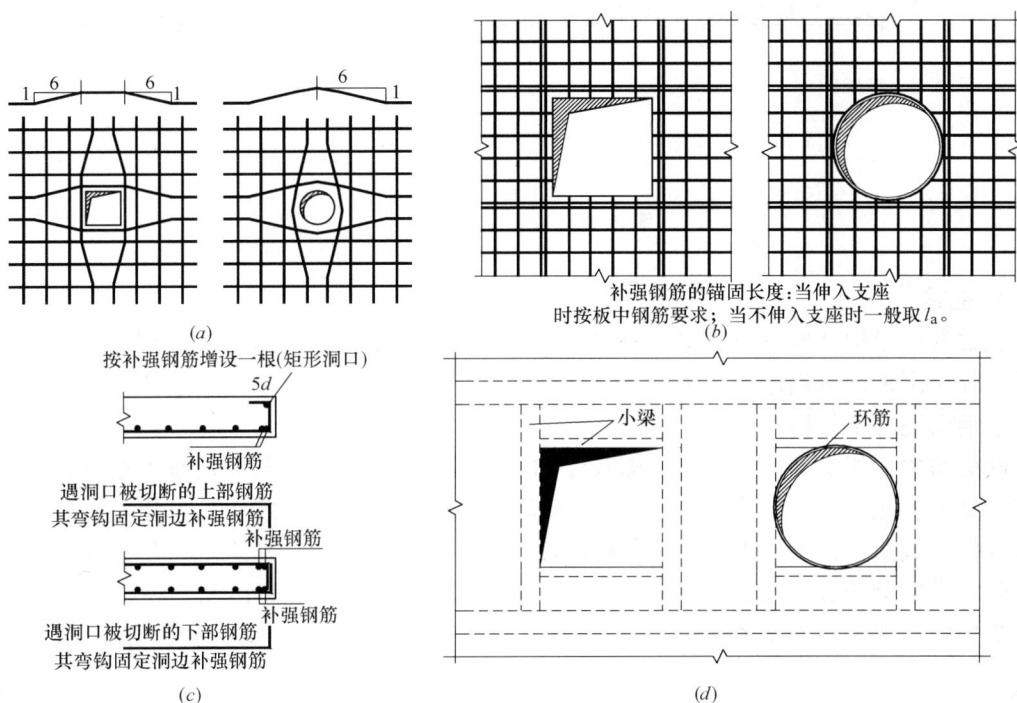

图 8.13　板内有孔洞时钢筋构造

（a）b（或 d）≤300mm；（b）300mm＜b（或 d）≤1000mm；
（c）洞口边被切断钢筋端部的构造；（d）b（或 d）＞1000mm

2. 次梁

次梁的一般构造要求与受弯构件的构造要求相同，次梁的配筋方式分无弯起钢筋和有弯起钢筋两种，工程中常用的是无弯起钢筋的配筋方式。当相邻跨度相差不超过 20%，且均布活荷载与均布恒荷载设计值之比 q/g≤3 时，可按图 8.14 所示配筋。

1) 当次梁的端支座为砌体墙时，次梁伸入墙内的长度一般不应小于 240mm。

2) 次梁上部纵向钢筋的切断。图 8.14 中 l_n 的取值：端支座取本跨的净跨；中间支座取该支座左、右两净跨的大值，上部纵向受力筋如有两排时，第二排可以在 $l_n/4$ 处切断。

3) 连续次梁的上部纵筋应贯穿中间支座；下部纵筋伸入支座内的锚固长度应不小于 l_{as}（中间支座按照 $V＞0.7f_tbh_0$ 考虑）。

4) 箍筋通常沿梁全长布置，第一道箍筋离支座边 50mm。当支承在砌体墙内时，在纵向受力钢筋的锚固长度范围内应配置不少于 2 个箍筋，其直径不宜小于 $d/4$，d 为纵向受力钢筋的最大直径；间距不宜大于 10d，d 为纵向受力钢筋的最小直径。

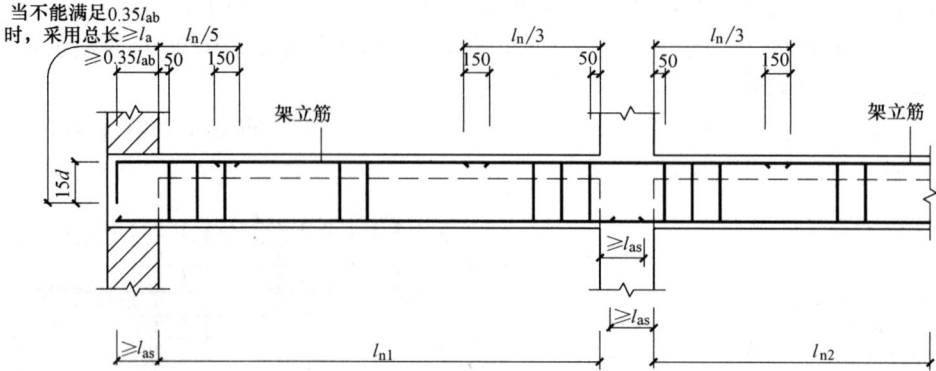

图 8.14   次梁的配筋构造

3. 主梁

主梁的一般构造要求与次梁的构造要求相同，但纵筋的截断位置应根据弯矩包络图绘制抵抗弯矩图来最终确定。当主梁为框架梁时，应同时满足框架梁的构造要求（详见多层及高层钢筋混凝土结构）。

次梁与主梁相交处，在主梁截面高度的中、下部承受由次梁传来的集中荷载，使主梁下部混凝土可能产生斜裂缝（图 8.15），最后被拉脱而发生局部破坏。因此《混凝土结构设计规范》规定，位于梁下部或梁截面高度范围内的集中荷载，应全部由附加横向钢筋承担。附加横向钢筋数量按照式（8.1）计算确定，其形式有箍筋和吊筋两种，优先采用箍筋。附加横向钢筋应布置在长度为 s 的范围内（图 8.16a、b）。第一道附加箍筋离次梁边 50mm。

$$mnA_{sv1}f_{yv}+2A_{sb}f_y\sin\alpha \geqslant F \tag{8.1}$$

式中 m——两侧附加箍筋的总个数，取不小于计算值的偶数；

　　　　n——附加箍筋的肢数；

A_{sv1}、f_{yv}——附加箍筋的单肢截面面积及其抗拉强度设计值；

　A_{sb}、f_y——单侧吊筋的总截面面积及其抗拉设计强度值；

　　　　F——次梁传来集中力设计值。

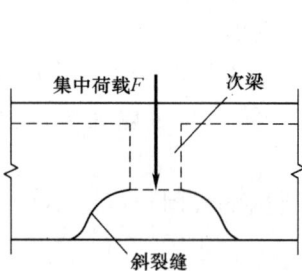

图 8.15   主梁腹部局部破坏

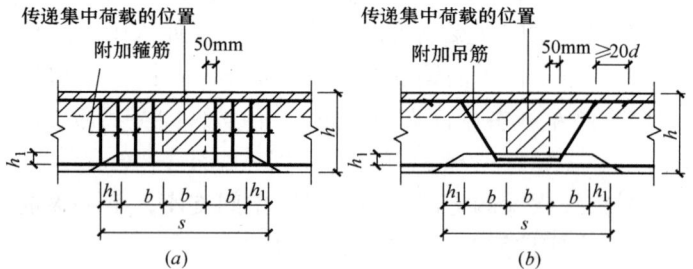

图 8.16   附加横向钢筋布置
（a）附加箍筋；（b）附加吊筋

8.3 现浇双向板肋形楼盖

纵、横两个方向的弯曲均不能忽略的板称为双向板。在肋梁楼盖中,当梁的布置使各区格板的长边与短边比值 $l_2/l_1 \leq 2$ 时,应按双向板计算;当 $2 < l_2/l_1 < 3$ 时,宜按双向板计算。由双向板组成的楼盖称为双向板肋梁楼盖。

8.3.1 受力特点

四边支承的双向板在荷载作用下,板双向弯曲,在板两个方向的横截面上不仅作用有弯矩、剪力,同时还有扭矩。

试验研究表明,在承受均布荷载的四边简支单跨矩形板中(图 8.17a),第一批裂缝出现在平行于长边方向的板底中部,当荷载继续增加,这些裂缝沿 45°方向逐渐向板角延伸,然后在板面四角也出现圆弧形裂缝,最终由于跨中受力钢筋达到屈服而导致破坏。

在承受均布荷载的四边简支单跨正方形板中(图 8.17b),首先在板底中部出现裂缝,然后裂缝沿板对角线方向逐渐向板角扩展,在接近破坏时,板面四角附近出现圆弧形裂缝,最终导致板破坏。

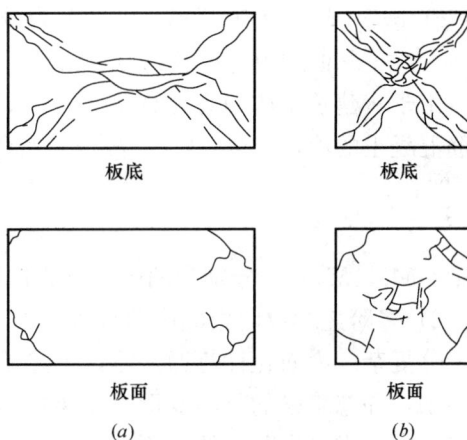

图 8.17 四边支承双向板的破坏裂缝
(a) 矩形板;(b) 正方形板

8.3.2 结构平面布置

在荷载作用下,不论是正方形双向板还是矩形双向板,由于有扭矩的存在,使板的四角都有向上翘起的趋势。受到支承构件的约束后,使板的跨中弯矩减少,因此双向板的受力性能比单向板的受力性能好,其跨度可达 5m 左右。由于双向板肋形楼盖的受力性能好,当梁格尺寸较大或使用荷载较大时,双向板肋形楼盖比单向板肋形楼盖经济。常用于民用建筑房屋跨度较大的房间、门厅等处以及工业建筑中。

现浇双向板肋形楼盖的结构平面布置原则与单向板肋形楼盖相同,常用的形式如图 8.18 所示。

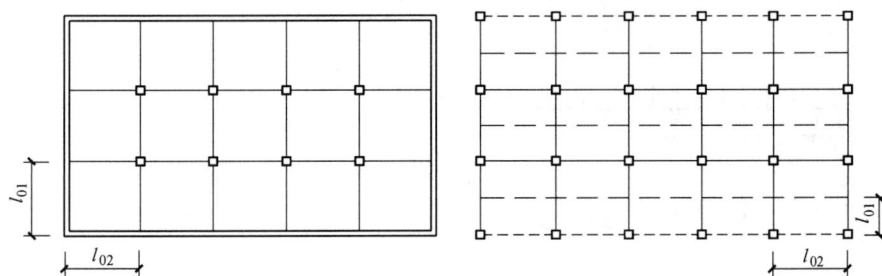

图 8.18 双向板肋形楼盖结构平面布置

8.3.3　内力计算

1. 双向板

双向板的内力计算有弹性理论计算法和塑性理论计算法两种，工程中通常用弹性理论计算法。

1) 单跨双向板的内力计算。根据实际支承情况，按《建筑结构静力计算手册》相应表格查出弯矩系值，即可求得弯矩。

$$M = 表中系值 \times (g+q)l_0^2 \tag{8.2}$$

式中　M——跨中或支座单位板宽内的弯矩设计值（kN·m）；

　　　g、q——均布永久荷载、可变荷载设计值（kN/m²）；

　　　l_0——板的短跨计算跨度（m）。

由于《建筑结构静力计算手册》相应表格中给出的是泊松比 $\mu=0$ 时的跨中弯矩系数。钢筋混凝土的泊松比 $\mu=1/6$，故应对跨中弯矩进行调整，而支座弯矩无需调整。

$$M_x^{\mu} = M_x + \mu M_y \tag{8.3}$$

$$M_y^{\mu} = M_y + \mu M_x \tag{8.4}$$

式中　M_x、M_y——分别为两个跨度方向单位板宽内的跨中弯矩设计值（kN·m）。

2) 多跨连续双向板的内力计算。按弹性理论计算法精确计算多跨连续双向板的内力将十分复杂。为简化计算通常是以上述单跨双向板内力计算为基础，假定板在梁上可以自由转动，并忽略梁的竖向变形，将梁视为板的不动铰支座。计算多跨连续双向板的最大弯矩时，应考虑可变荷载的最不利布置。

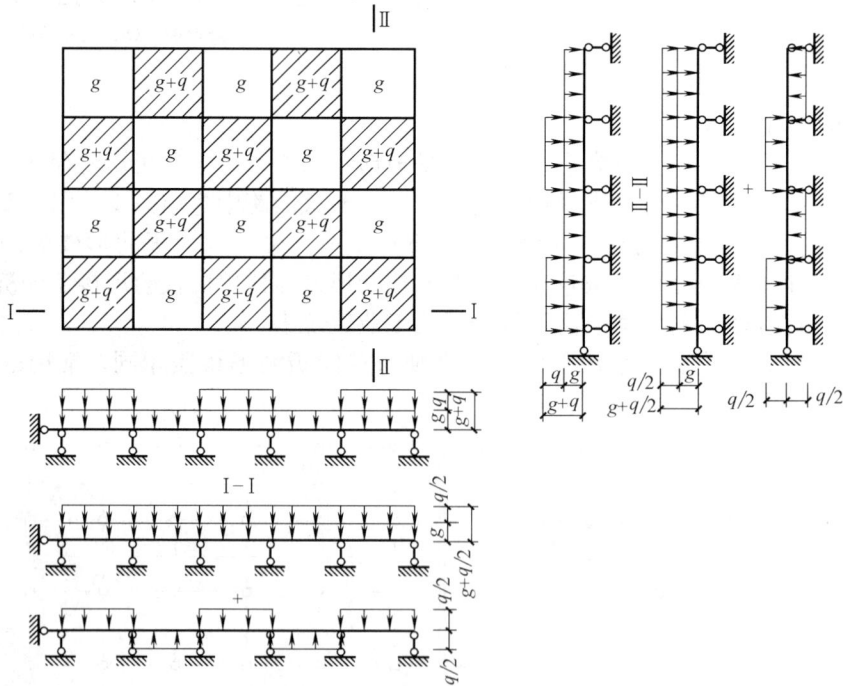

图 8.19　连续双向板荷载布置图

（1）跨中最大正弯矩，荷载布置如图 8.19 所示。将荷载分解为满布各跨的 $g+q/2$ 和隔跨交替布置的 $\pm q/2$ 两部分。

当各区格满布 $g+q/2$ 时，每一区格板在中间支座按固定边，当隔跨交替布置 $\pm q/2$ 时，每一区格板在中间支座按简支边，沿楼盖周边均按实际支承情况确定。按单跨板分别计算出在两种荷载作用下的跨中弯矩，然后叠加得到各区格板的跨中最大正弯矩。

（2）支座最大负弯矩。可近似按各跨满布可变荷载，中间支座按固定边，沿楼盖周边按实际支承情况，然后按单跨板计算出每块板的支座负弯矩。当相邻区格板分别求得的同一支座两边负弯矩不相同时，取较大值作为该支座的最大负弯矩。

2. 梁

连续双向板传至各支承梁的荷载如图 8.20 所示。支承梁承受由板传来的荷载为三角形或梯形，支承梁的内力可按等效均布荷载的方法计算。其步骤为：①按支座弯矩相等的条件，将三角形荷载（或梯形荷载）换算成等效均布荷载；②用等效均布荷载求得连续梁的支座弯矩；③按实际的荷载分布（三角形荷载或梯形荷载），将求得的支座弯矩作为梁端弯矩，按单跨简支梁法求出各跨跨中弯矩和支座剪力。对一端固定一端简支和两端固定单跨梁，三角形（或梯形）荷载换算成等效均布荷载 p_{eq}，如图 8.21 所示。

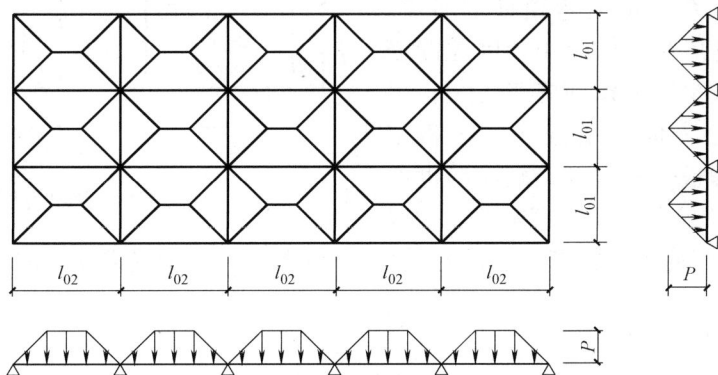

图 8.20　多跨连续双向板支承梁的荷载分配

边梁 $p=g$（或 q）$l_{01}/2$;　　　中间梁 $p=g$（或 q）l_{01}

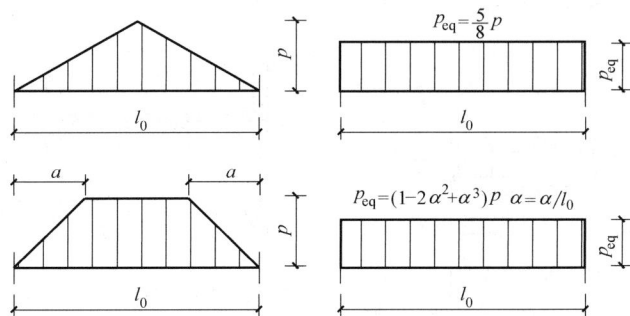

图 8.21　换算的等效均布荷载

8.3.4　截面设计特点

1）板的截面有效高度。由于短跨方向的跨中弯矩大于长跨方向的跨中弯矩，因此短

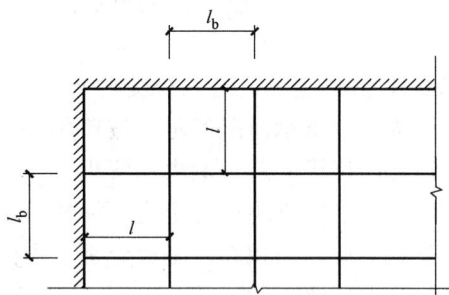

图 8.22　边区格板弯矩折减时
计算跨度的规定

跨方向的受力钢筋应放在长跨方向受力钢筋的外侧，则长跨方向板的截面有效高度是短跨方向板的截面有效高度减去 10mm。

2）弯矩折减。双向板在荷载作用下由于板开裂后产生拱的作用，使板的跨中弯矩减少，在截面设计时考虑这种有利因素的影响，对周边与梁整体连接的板，其计算弯矩按下列情况予以减少：

（1）中间区格的板，跨中弯矩及中间支座弯矩减少 20%。

（2）边区格的板，跨中弯矩及从楼板边缘算起的第二支座上的弯矩，当 $l_b/l<1.5$ 时，减少 20%；当 $1.5<l_b/l<2$ 时，减少 10%。l 为垂直于板边缘方向的计算跨度；l_b 为沿板边缘方向的计算跨度。如图 8.22 所示。

（3）角区格的板不应减少。

3）双向板跨中两个方向的受力钢筋是根据相应方向的跨中最大弯矩计算所得，而靠近板的两边其弯矩已减小，因此配筋也可相应逐渐减少。考虑到施工方便，可将整块板在两个方向各划分成三个板带（图 8.23），边缘板带的宽度是较小跨度的 1/4，中间板带按最大弯矩计算配筋，边缘板带的配筋量为相应中间板带配筋量的 1/2，但间距不宜大于受力筋允许的最大间距。

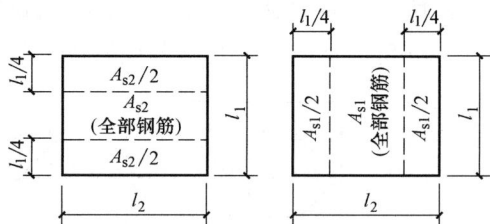

图 8.23　板带的划分

8.3.5　构造要求

1）双向板的最小板厚为 80mm，且短跨的计算跨度与板厚的比值不大于 40。

2）板中长跨方向钢筋放在短跨方向钢筋的内侧。

3）单跨双向板、连续双向板分离式配筋时，板面负钢筋的切断位置如图 8.24 所示。

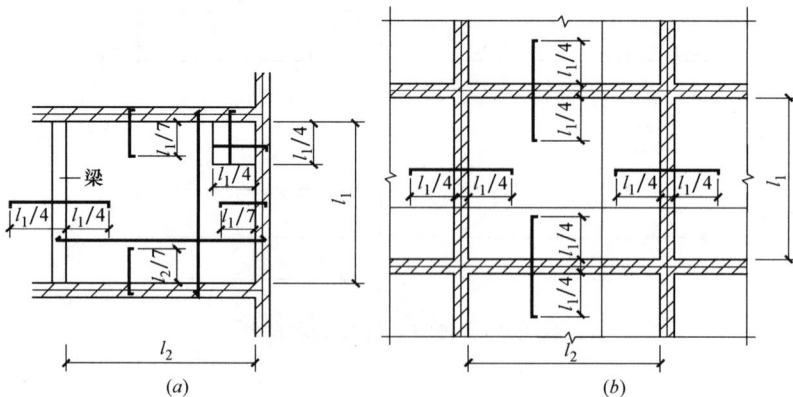

图 8.24　板面负钢筋的切断位置
（a）单跨双向板（$l_2>l_1$）；（b）连续双向板（$l_2>l_1$）

4）梁、板其他构造与单向板肋形楼盖中梁、板的构造要求相同。

8.4 现浇钢筋混凝土楼梯

8.4.1 概述

楼梯是房屋的竖向通道，是房屋的重要组成部分。楼梯一般由梯段、栏杆和平台几部分组成。楼梯的平面布置、踏步尺寸、栏杆形式和尺寸等由建筑设计确定。

楼梯按承重构件所用材料，可分为钢筋混凝土楼梯、钢楼梯和木楼梯。其中钢筋混凝土楼梯由于经济耐用、防火性能好而被广泛应用。

楼梯按结构受力状态的不同，可分为板式楼梯、梁式楼梯、悬臂楼梯、螺旋式楼梯和剪刀式楼梯。板式楼梯和梁式楼梯是最常用的楼梯形式；悬臂楼梯因抗震性能和整体性较差，已很少使用；螺旋式楼梯和剪刀式楼梯由于施工复杂、造价较高，一般在宾馆等公共建筑中采用。

选择楼梯结构形式，应根据楼梯的使用要求，施工条件等因素，本着适用、经济、美观的原则确定。一般当楼梯使用荷载较小，且梯段水平投影长度不大于 3m 时，采用板式楼梯较为经济；当楼梯使用荷载较大，且梯段水平投影长度较大时，宜采用梁式楼梯。

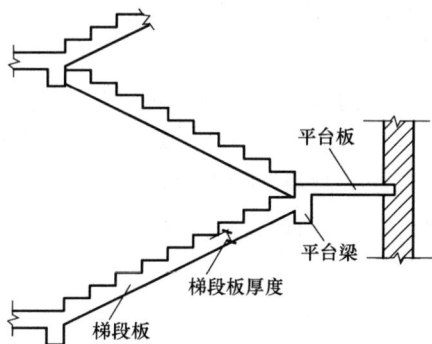

图 8.25 板式楼梯的组成

8.4.2 现浇板式楼梯

板式楼梯由梯段板、平台板和平台梁组成，如图 8.25 所示。带锯齿形的梯段板斜向支承在平台梁上，梯段板的侧面不能伸入墙内。其优点是梯段板底平整美观，施工方便。

板式楼梯荷载传递路径为：

平台板

↓

梯段板→平台梁→墙（或柱）

梯段板和平台板承受均布面荷载，平台梁承受由梯段板和平台板传来的均布线荷载（平台板为单向板时）。

1. 梯段板

1）截面设计特点。梯段板（图 8.26a）的荷载有梯段板及装饰层自重、栏杆自重和可变荷载等。其中栏杆自重和可变荷载是沿水平方向分布的，而梯段板及装饰层自重是沿板的倾斜方向分布的，为了计算方便应将其换算成沿水平方向分布的荷载。在计算内力时，将梯段板简化为两端简支的单跨板（图 8.26b）。

在荷载及水平计算跨度都相同时，简支斜梁（板）在竖向均布荷载作用下（沿水平投影长度）的最大弯矩与相应的简支水平梁（板）的最大弯矩是相等的，即可将如图 8.26b

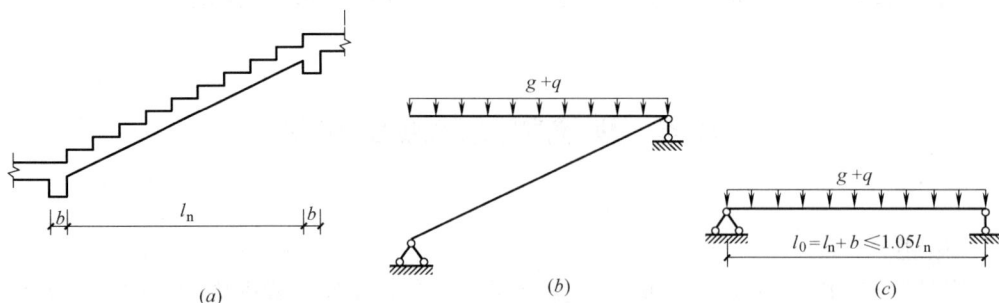

图 8.26   梯段板的计算简图

所示的简支斜板转换为如图 8.26c 所示的简支水平板计算。

考虑到梯段板与平台梁和平台板整体浇筑，平台对梯段板的转动变形具有一定的约束作用这一有利因素，因此计算梯段板跨中最大正弯矩时，可近似取 $M_{max}=(g+q)l_0^2/10$。同时由于这约束作用，使得梯段板在支座处实际存在有负弯矩，为避免支座处板面产生过大裂缝，应在板面布置一定数量负钢筋，工程中负钢筋的用量一般取与跨中截面配筋相同。

2）构造要求。除满足受弯构件板的构造要求外，还应满足下列条件：

（1）梯段板的最小厚度，不小于梯段板斜向净跨的 1/30，且不小于 80mm。

（2）梯段板下部纵筋伸入支座内的锚固长度不小于 5d，且伸过支座中心线。上部纵筋伸入支座内的锚固如图 8.27 所示，伸出支座边不小于 $l_n/4$。

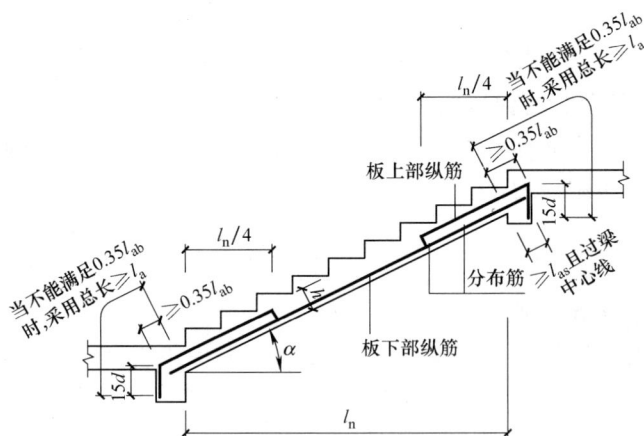

图 8.27   梯段板的配筋构造

（3）分布筋布置在纵向受力筋的内侧，沿斜面每踏步范围内不少于 1 根，且间距不大于 250mm，直径不小于 6mm。

2. 平台板

平台板应根据实际支承情况，按单向板或双向板计算，当平台板与支承梁整体浇筑时，考虑到支座处实际存在有一定的负弯矩，应配置支座负钢筋。其构造要求与单、双向板相同。

3. 平台梁

平台梁一般两端支承在楼梯间两侧的横墙（或柱）上，承受由梯板、平台板传来的均布线荷载或梯形荷载（平台板为双向板时），其构造要求同一般简支受弯构件。

8.4.3 现浇梁式楼梯

梁式楼梯由踏步板、斜梁、平台板和平台梁组成，如图8.28所示。

梁式楼梯荷载传递路径为：

平台板

↓

踏步板→斜梁→平台梁→墙（或柱）

踏步板和平台板承受均布面荷载，斜梁承受由踏步板传来的均布线荷载，平台梁承受由平台板传来的均布线荷载（平台板为单向板时）和斜梁传来的集中荷载。

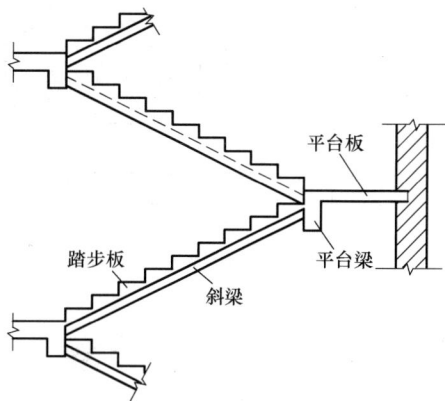

图8.28 梁式楼梯的组成

1. 踏步板

踏步板两端支承在斜梁上（或一端支承在斜梁上，另一端支承在墙上），如图8.29所示。

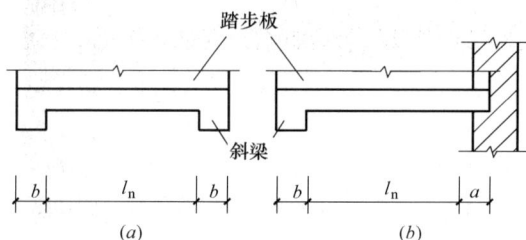

图8.29 踏步板的支承情况

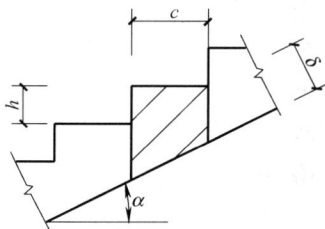

图8.30 踏步板的截面

1）截面设计特点。梁式楼梯中每个踏步板受力情况相同，计算时可取一个踏步作为计算单元。踏步板由三角形踏步和其下的斜板组成，如图8.30所示，每个踏步的截面形状为直角梯形。正截面受弯承载力计算时，可近似地按宽度为c，厚度为h_T的矩形截面计算，$h_T = h/2 + \delta/\cos\alpha$。

当踏步板两端与斜梁整体连接时（图8.29a），考虑到斜梁对踏步板的约束作用，其跨中弯矩取$M = (g+q)l_n^2/10$；当踏步板一端与斜梁整体连接，另一端支承在墙上时（图8.29b），按简支板计算跨中弯矩，即$M = (g+q)l_0^2/8$，$(l_0 = l_n + a/2)$。

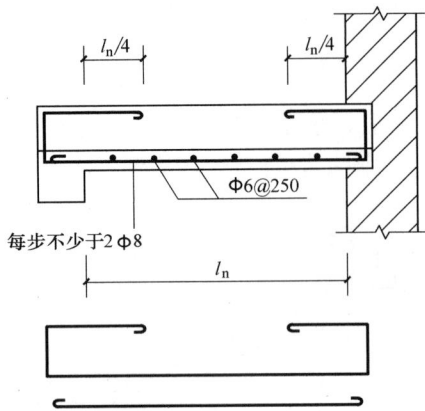

图 8.31　踏步板的配筋构造

2）斜梁的构造要求与一般简支受弯构件的要求相同。

3. 平台板

梁式楼梯平台板与前述板式楼梯平台板的要求相同。

4. 平台梁

1）截面设计特点。平台梁承受斜梁传来的集中荷载、平台板传来的均布荷载和平台梁自重，计算简图如图 8.32 所示。平台梁可按倒 L 形截面计算。由于平台梁两侧荷载不同，所以平台梁实际承受有一定的扭矩作用，但一般不进行计算，只需适当增加箍筋用量。同时平台梁承受由斜梁传来的集中荷载，因此在斜梁支承处两侧应设置附加横向钢筋，如图 8.33 所示。

2）构造要求。平台梁的构造要求与一般简支受弯构件相同。平台梁与斜梁相交处，斜梁底面应高于（或平齐）平台梁底面，以保证斜梁的主筋能放在平台梁的主筋上。

2）构造要求。踏步下斜板的厚度 δ 不宜小于 40mm。每级踏步下配置不少于 2 根钢筋，直径不宜小于 8mm，其中一根钢筋两端弯起至踏步面（图 8.31），以承受在支座处可能出现的负弯矩。分布筋直径不宜小于 6mm，间距不宜大于 250mm。

2. 斜梁

1）截面设计特点。斜梁两端支承在平台梁上，梁式楼梯的斜梁与前述板式楼梯的梯段板内力分析相同。计算中不考虑平台梁的约束作用，即 $M_{max} = (g+q)l_0^2/8$。但是其剪力值应按照对应的水平梁剪力乘以 $\cos\alpha$，即 $V_{max} = (g+q)l_n\cos\alpha/2$。

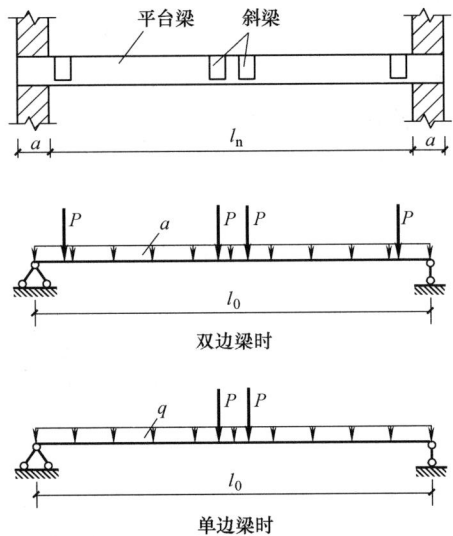

图 8.32　梁式楼梯平台梁的计算简图

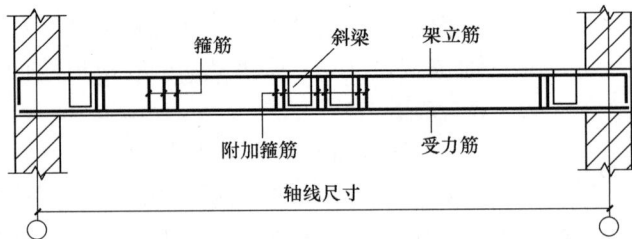

图 8.33　平台梁的配筋构造

8.4.4　折线形楼梯

在某些特定情况下，由于使用上的要求，可将楼层梁（或平台梁）向内（或外）移动，这样就形成了折线形楼梯（图 8.34）。折线形梁式（板式）楼梯，虽然有斜段和水平段之分，但都位于其两支承梁之间，属于同一构件。因此，折线形梁式（板式）楼梯中，斜段和水平段的梁高（板厚）尺寸应相同。

折板式楼梯的内折角处，受拉钢筋应断开，并各自延伸至受压区锚固，如图 8.35 所示。

折梁式楼梯的受拉区内折角处，除了受拉钢筋应断开，并各自延伸至受压区锚固外，同时还应在该处增设附加箍筋，增设的箍筋应能承受未伸入受压区锚固的纵向受拉钢筋的合力，且任何情况下不应小于全部纵向受力钢筋合力的 35%。附加钢筋应布置在长度为 $s=h\tan(3\alpha/8)$ 的范围内，如图 8.36 所示。

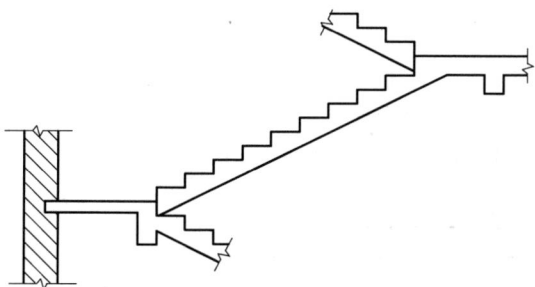

图 8.34　折线形楼梯

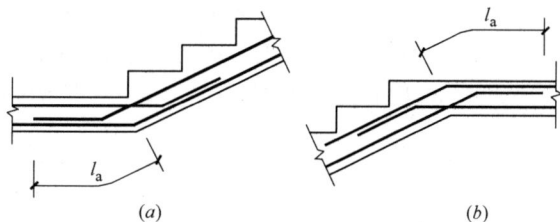

图 8.35　折板内折角处配筋

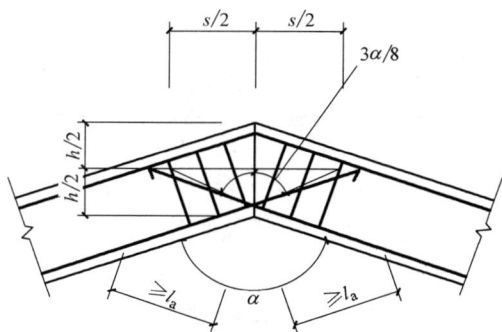

图 8.36　折梁内折角处配筋

习　　题

思考题

8.1　钢筋混凝土楼盖结构按施工方法分有哪几种类型？各自的特点是什么？

8.2　简述现浇单向板肋形楼盖的设计步骤。

8.3　在现浇钢筋混凝土楼盖结构中，哪些构件可按塑性理论方法进行计算？哪些构件应按弹性理论方法进行计算？

8.4　按弹性理论方法计算现浇钢筋混凝土单向板肋形楼盖的连续梁、板内力时，其可变荷载最不利布置的原则有哪些？

8.5　什么叫弯矩叠合图、弯矩包络图？什么叫内力包络图？

8.6　什么叫塑性铰？它与理想铰的区别是什么？

8.7　按塑性理论方法计算应遵循哪些基本原则？

8.8　次梁与主梁相交处，为什么在主梁内需设置附加横向钢筋？如何确定附加横向钢筋的布置范围？

8.9　简述现浇钢筋混凝土板式楼梯和梁式楼梯荷载的传递路径。

8.10　折梁式楼梯在受拉区内折角处，应增设哪种钢筋？其布置范围如何确定？

单项选择题

8.1　下列有关混凝土板计算原则说法错误的是（　　）。

A. 两对边支承板应按单向板计算

B. 四边支承板，当长边与短边长度之比不大于 2.0 时，应按双向板计算

C. 四边支承板，当长边与短边长度之比大于 2.0、小于 3 时，宜按单向板计算

D. 四边支承板，当长边与短边长度之比不小于 3.0 时，可按单向板计算

8.2　图 8.37 所示五跨连续梁，求第一内支座 B 最大负弯矩时，可变荷载应布置在（　　）。

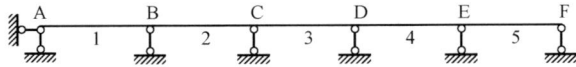

图 8.37

A. 1 跨，3 跨，5 跨　　　　B. 1 跨，2 跨，4 跨　　　　C. 2 跨，4 跨　　　　D. 1 跨，2 跨，5 跨

8.3　如图 8.38 所示的荷载布置时，产生的最不利内力为（　　）。

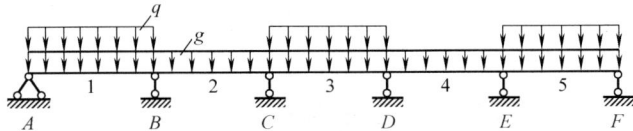

图 8.38

①$M_{1,3,5\max}$；②$M_{2,4\max}$；③$M_{B,E\max}$；④$V_{A\max}^{R}$；⑤$V_{F\max}^{L}$

A. ①③　　　　　　　　B. ②③　　　　　　　　C. ①④⑤　　　　　　　　D. ②④⑤

8.4　现浇钢筋混凝土次梁与主梁相交处，在主梁上应设置附加横向钢筋。当采用附加吊筋时，吊筋的弯起点与次梁边距离为（　　）。

A. 0　　　　　　　　　B. 5mm　　　　　　　　C. 50mm　　　　　　　　D. 100mm

8.5　现浇板的板面构造钢筋从混凝土梁边、柱边、墙边伸入板内的长度不宜小于（　　）。

A. $l_0/4$　　　　　　　B. $l_0/5$　　　　　　　C. $l_0/7$　　　　　　　D. $l_0/10$

8.6　如图 8.39 所示钢筋混凝土连续板，板的净跨 $l_n=2400$mm，当可变荷载设计值与永久荷载设计值之比 $q/g=1.2$ 时，板上部钢筋切断点位置尺寸 a 值为（　　）。

A. 400mm　　　　　　B. 500mm　　　　　　C. 600mm　　　　　　D. 800mm

8.7　如图 8.40 所示现浇钢筋混凝土次梁端支座的构造，且设计按铰接考虑，当边跨的计算跨度为 4500mm 时，支座上部构造钢筋伸出支座边的长度 c 值为（　　）。

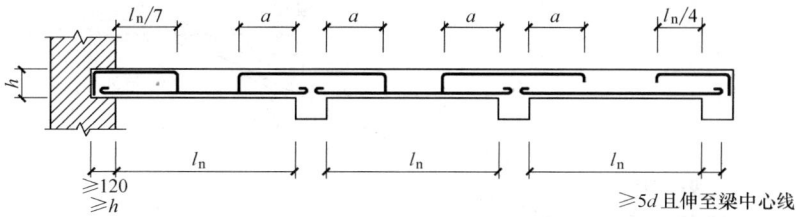

图 8.39

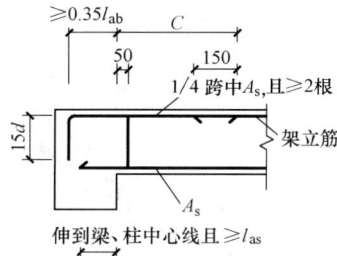

图 8.40

A. 1500mm　　　　　　　B. 1150mm　　　　　　C. 900mm　　　　D. 650mm

8.8　现浇钢筋混凝土单向板肋形楼盖在主梁支座处，板、次梁和主梁负弯矩钢筋布置正确的是（　　）。

A. 次梁负筋在下部、板负筋在上部、主梁负筋在中部

B. 次梁负筋在上部、板负筋在中部、主梁负筋在下部

C. 次梁负筋在中部、板负筋在上部、主梁负筋在下部

D. 次梁负筋在中部、板负筋在下部、主梁负筋在上部

8.9　四边支承钢筋混凝土现浇双向板，跨中下部纵向受力钢筋放置正确的是（　　）。

A. 短跨方向受力筋放在板底的最下部位　　　　　B. 长跨方向受力筋放在板底的最下部位

C. 根据荷载的大小确定　　　　　　　　　　　　D. 根据施工方便确定

8.10　现浇钢筋混凝土板式楼梯的踏步斜板配筋正确的是（　　）。

A. 受力筋垂直于板的跨度方向布置，每踏步一根

B. 分布筋平行于板的跨度方向布置，间距不大于250mm

C. 受力筋平行于板的跨度方向布置在板的下部

D. 踏步斜板按三边支承板配筋

8.11　现浇钢筋混凝土梁式楼梯踏步板的配筋正确的是（　　）。

A. 踏步板按四边支承双向板配筋

B. 踏步板受力筋平行于踏步板跨度方向布置，每步不少于2Φ8

C. 踏步板受力筋垂直于踏步板跨度方向布置，两端伸入平台梁内

D. 踏步板分布筋布置在踏步板受力筋的外侧

8.12　现浇钢筋混凝土板式楼梯踏步板，如图8.41所示，当采用C30混凝土时，图中标注长度a不得小于（　　）。

A. 420mm　　　　　　　B. 510mm　　　　　　C. 590mm　　　　D. 680mm

8.13　现浇钢筋混凝土板式楼梯踏步板如图8.42所示，根据《混凝土结构施工图平面整体表示方法制图规则和构造详图（现浇混凝土板式楼梯)》16G101-2规定，图示长度a和b分别为（　　）。

A. $a=680$mm，$b=250$mm　　　　　　　　　B. $a=850$mm，$b=250$mm

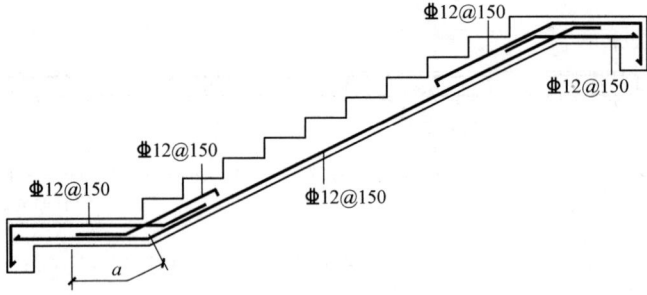

图 8.41

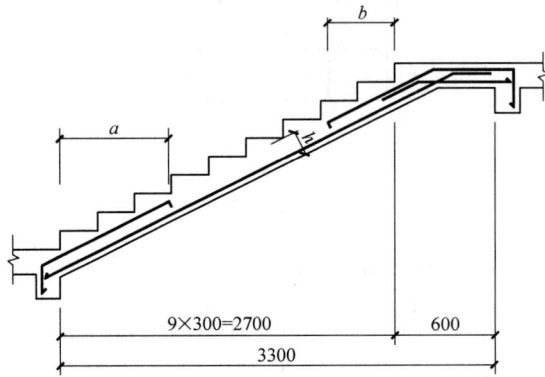

图 8.42

C. $a=680$mm，$b=540$mm   D. $a=850$mm，$b=540$mm

▶ 多层及高层钢筋混凝土结构

高度和层数是高层建筑的两个主要指标，多少层以上或多少高度以上的建筑称为高层建筑？迄今为止，世界各国对多层与高层建筑的划分界限并不统一；同一国家、同一建筑标准在不同时期的划分界限也不尽相同。对高层建筑的定义与一个国家的经济条件、建筑技术、电梯设备、消防装备等许多因素有关。

我国高层钢筋混凝土结构的现行标准为《高层建筑混凝土结构技术规程》JGJ 3—2010（以下简称《高规》）。该标准规定，高层建筑是指层数在 10 层及 10 层以上或房屋高度超过 28m 的住宅建筑以及房屋高度大于 24m 的其他民用建筑（如办公楼、酒店、综合楼、商场、会议中心等）。除高层与单层建筑外，一般称为多层建筑。

对于高度大于 24m 的体育场馆、航站楼、大型火车站等大跨度空间结构，应符合国家现行有关标准的规定，《高规》有关规定仅供参考。

高层建筑具有节约用地（地球表面陆地面积仅为 29%，71% 被水覆盖，陆地面积中可用于居住与耕种的土地只占地球表面面积的 6.3%）、节约城市基础设施费用，改善城市市容、有利于建筑工业化发展等优点；伴随着施工技术的不断发展，轻质、高强、高延性、复合材料的涌现，以及机械化、电气化、计算机等在建筑中的推广，高层建筑得到了广泛的应用；我国人口众多，可耕地少，需要发展高层建筑。

9.1 多层及高层钢筋混凝土房屋结构体系

结构是指能承受和传递作用并具有适当刚度的由各连接部件组合而成的整体，俗称承重骨架。

随着房屋高度的不断增大，水平作用（主要包括风荷载与水平地震作用）越来越起控制作用，对结构的侧向刚度要求也越来越高。

目前，多、高层钢筋混凝土房屋常用的结构体系有框架结构、剪力墙结构、框架-剪力墙结构和筒体结构等。

9.1.1 框架结构

框架结构指由梁和柱以刚接或铰接相连接成承重体系的房屋建筑结构。框架节点一般为刚性节点，也可将部分节点设计为铰接或半铰接。柱底一般为固定支座。

框架结构建筑具有以下特点：

——承重结构和围护、分隔构件完全分开；

——平面布置灵活，便于满足生产工艺和使用要求；

——施工简便，造价经济；

——便于构件标准化，施工工业化；

——具有较高的承载力和较好的整体性；

——在水平荷载作用下侧向刚度小，水平位移大，属于柔性结构；

——对支座不均匀沉降较敏感。

框架结构被广泛地应用于多层工业厂房及多高层办公楼、医院、旅馆、教学楼、住宅等建筑中，图 9.1 为多层框架结构民用建筑。

图 9.1   框架结构

随着房屋层数的增加、水平荷载逐渐增大，框架结构将因侧移过大而不能满足要求，或形成肥梁胖柱而不经济。框架结构的适用范围宜为 15 层以下建筑。

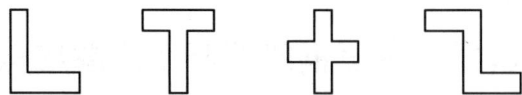

图 9.2   典型异形柱截面形式

框架柱的截面形式一般为矩形、方形或圆形，其截面边长或直径比墙厚要大，致使使用面积减小并给使用带来一些不便，尤其是在住宅结构中。若柱截面宽度与墙等厚，上述问题便可得到解决。异形柱结构，柱截面形式一般为 L 形、T 形、十字形和 Z 形且肢长与肢厚之比不大于 4，如图 9.2 所示，柱截面宽度与墙厚相同（一般为 180～300mm），在住宅结构中得到广泛的应用。异形柱结构的最大优点是，柱截面宽度等于墙厚，室内墙面平整，便于布置。但其抗震性能较差，目前一般用于多层及小高层的住宅建筑中。

框架结构按施工方法可分为现浇式框架、装配式框架（全装配式框架和装配整体式框架），常用的有现浇式框架和装配整体式框架两种。

（1）现浇式框架

现浇式框架是指：全部的框架梁、柱均在施工现场支模、绑扎钢筋、浇筑混凝土而成的混凝土结构。一般做法是每层的柱与其上部的梁板同时支模、绑扎钢筋，然后一次浇筑混凝土。板中钢筋伸入梁内锚固，梁的纵向钢筋伸入柱内锚固。因此，现浇式框架整体性强、抗震性能好，缺点是模板消耗量大，现场湿作业多，施工周期长，在寒冷地区冬期施工困难等。

（2）装配整体式框架

装配整体式框架是指：全部或部分框架梁、柱采用预制构件构建成的装配整体式混凝土结构，简称装配整体式框架结构。

装配整体式框架既具有较好的整体性与抗震能力，又可采用预制构件，保证质量，减少现场混凝土浇筑的工作量，但节点区现场浇筑混凝土施工较复杂。装配整体式混凝土结构有利于实现建筑工业化，是今后发展的方向。

9.1.2　剪力墙结构

剪力墙是利用建筑外墙和内隔墙位置布置的钢筋混凝土结构墙，是下端固定在基础顶面的竖向悬臂板。竖向荷载在墙体内主要产生向下的压力，侧向力在墙体内产生水平剪力与弯矩。由于其平面的刚度很大、侧移小，具有较大的承受侧向力（水平剪力）的能力，故被称为剪力墙。在地震组合作用下，侧向力为水平地震作用，因此，剪力墙在抗震规范中称为抗震墙。

剪力墙结构是由剪力墙组成的能承受竖向和水平作用的结构，如图 9.3 所示。

剪力墙按墙肢截面高度（h_w）与墙厚（b_w）之比分为：柱（$h_w/b_w \leqslant 4$）、短肢剪力墙（厚不大于 300mm、各肢截面高度与厚度之比的最大值大于 4 但不大于 8 的剪力墙，即 $4 < h_w/b_w \leqslant 8$）、普通剪力墙（墙肢的截面高度与厚度之比大于 8 时的剪力墙，即 $h_w/b_w > 8$）。

一般情况下，剪力墙结构楼盖内可不设梁，楼板直接支承在墙上，墙体既是承重构件，又起围护、分隔作用。在实际工程中，为了加强楼板与墙的连接，有时在楼板处设置一些加强构件，比如暗梁（暗梁不是普通梁，只是加强带，有边框剪力墙时设置，防止墙体的劈裂破坏）。

剪力墙结构具有以下特点：墙间距较小、数量较多，侧向刚度大，整体性好，对承受水平作用有

图 9.3　剪力墙体系

利；无凸出墙面的梁柱，整齐美观，便于室内家具的布置；可使用大模板、隧道模、桌模（台模）、滑升模板等先进施工方法，利于缩短工期，节省人力。但剪力墙体系的空间划分受到较大限制，因而一般用于住宅、旅馆等开间要求较小的建筑；剪力墙结构适用的高度范围较大，一般可用于十几层至四五十层的建筑。

当剪力墙结构的底部要求有较大空间时，可将底部一层或几层部分剪力墙设计为框支剪力墙（这种不落地的框支剪力墙不能在房屋周边），形成部分框支剪力墙体系。部分框支剪力墙结构属竖向不规则结构，上、下层不同结构的内力和变形通过转换层传递，抗震性能较差。

9.1.3 框架-剪力墙结构

为了弥补框架结构随房屋层数增加、水平作用效应迅速增大而侧向刚度不足的缺点，可在框架结构中部分跨间布置钢筋混凝土剪力墙，形成由框架和剪力墙共同承受竖向和水平作用的结构，即框架-剪力墙结构（图 9.4），简称框-剪结构。剪力墙可以是单片墙体，也可以是电梯井、楼梯井、管道井组成的封闭式井筒。框架-剪力墙结构也可理解为将剪力墙结构中的部分剪力墙抽掉改成框架结构。框架-剪力墙体系的侧向刚度比框架结构大，大部分水平作用由剪力墙承担，而竖向荷载主要由框架承受，因而用于高层房屋比框架结构更为经济合理；同时由于它只在部分位置上设置剪力墙，保持了框架结构易于分割空间、立面易于变化等优点；此外，这种体系的抗震性能也较好。所以，框-剪结构体系在多层及高层办公楼、旅馆等建筑中得到了广泛应用。框-剪结构体系的适用高度一般为10～40 层。

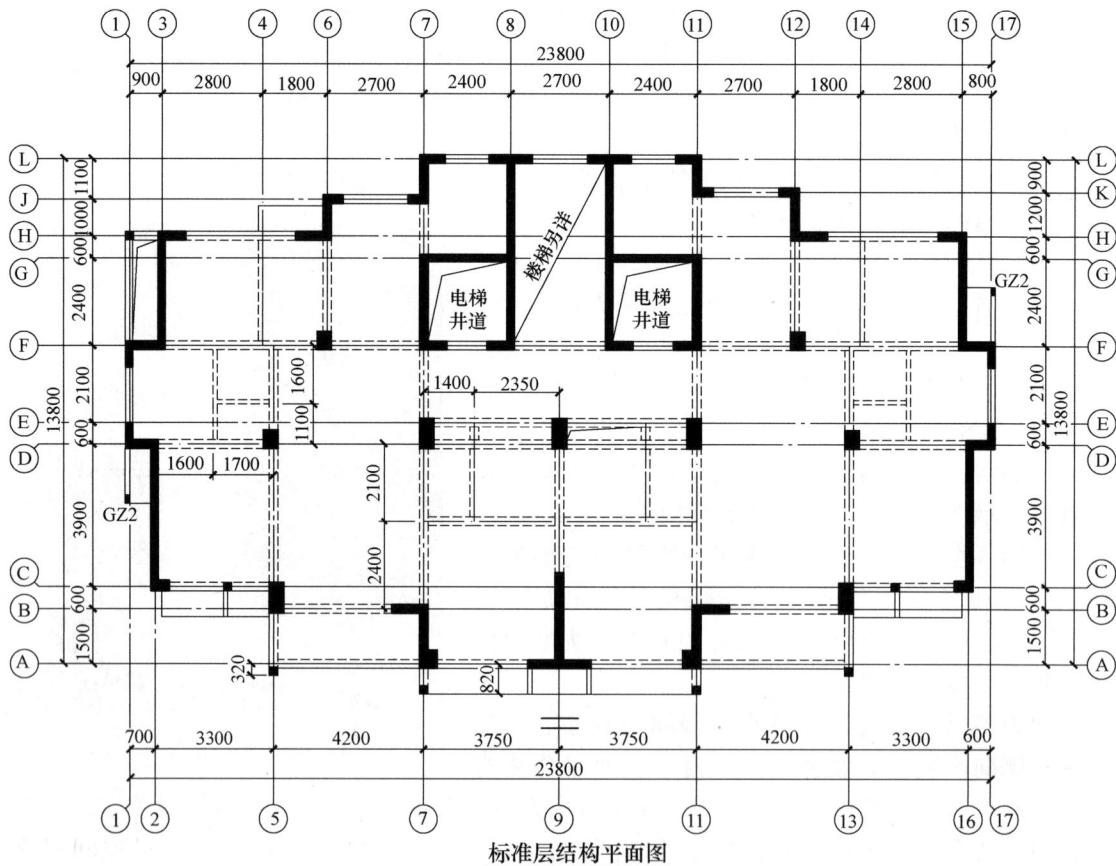

图 9.4 框架-剪力墙结构

9.1.4 筒体结构

由竖向筒体为主组成能承受竖向和水平作用的高层建筑结构称为筒体结构。筒体分为剪力墙围成的薄壁筒和由密柱框架或壁式框架围成的框筒（由布置在房屋四周的密集立柱与高跨比很大的窗间梁所组成的多孔筒体，犹如四榀平面框架在房屋的四角组合而成，故称为框筒结构，属空腹筒）等，其受力与一个固定于基础上的筒形悬臂构件相似。

筒体结构的种类很多，常见的结构形式有框架-核心筒结构（由核心筒与外围的稀柱框架组成的筒体结构，主要抗侧力结构为核心筒）、筒中筒结构（由核心筒与外围框筒组成的筒体结构）、成束筒结构、框筒结构等（图9.5、图9.6）。

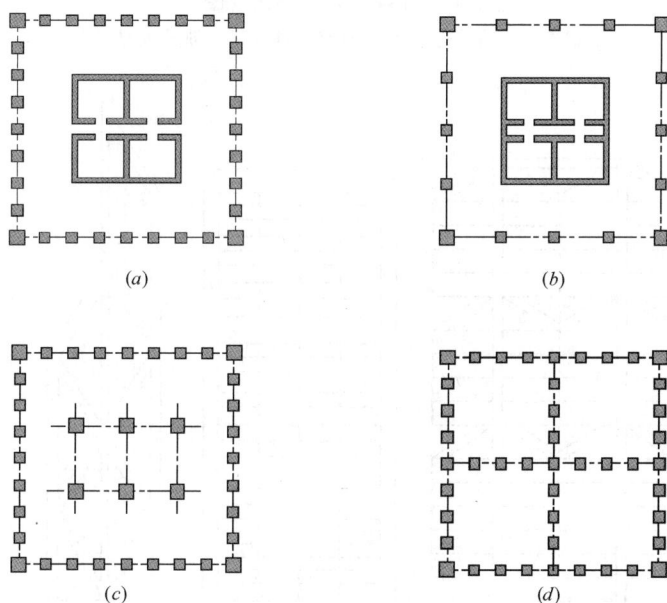

图9.5 筒体示意

(*a*) 筒中筒结构；(*b*) 框架-核心筒结构；(*c*) 框筒结构；(*d*) 成束筒结构

筒体结构是空间结构，抵抗水平作用的能力更大，特别适合在超高层建筑中采用。目前，世界最高的100幢高层建筑约三分之二采用筒体结构。

9.1.5 新型结构体系

除上述常用的结构体系外，还有板柱-剪力墙结构（由无梁楼板和柱组成的板柱框架与剪力墙共同承受竖向和水平作用的结构）、悬挂结构（将楼、屋盖荷载通过吊杆传递到竖向承重体系的建筑结构）、巨型结构（由巨柱、巨梁、巨支撑构成的主结构与常规结构构成的次结构共同承受竖向和水平作用的结构）等多种形式。

较为新颖的竖向承重结构有多塔楼结构（未通过结构缝分开的裙楼上部具有两个或两个以上塔楼的结构）、连体结构（除裙楼以外，两个或两个以上塔楼之间带有连接体的结构）、带转换层结构、带加强层结构、错层结构等，如图9.7所示。

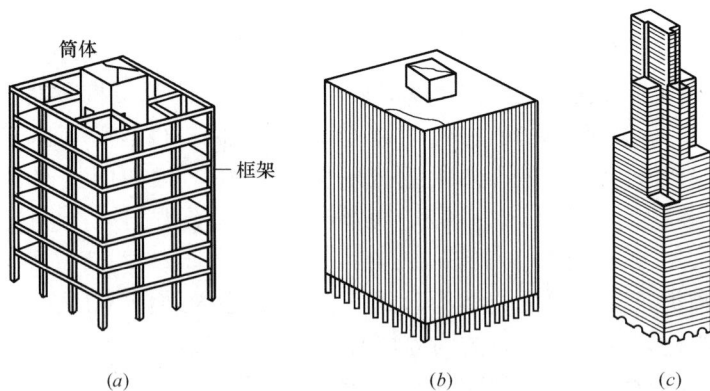

图 9.6   几种筒体结构透视图
(a) 框架核心筒结构；(b) 筒中筒结构；(c) 成束筒结构

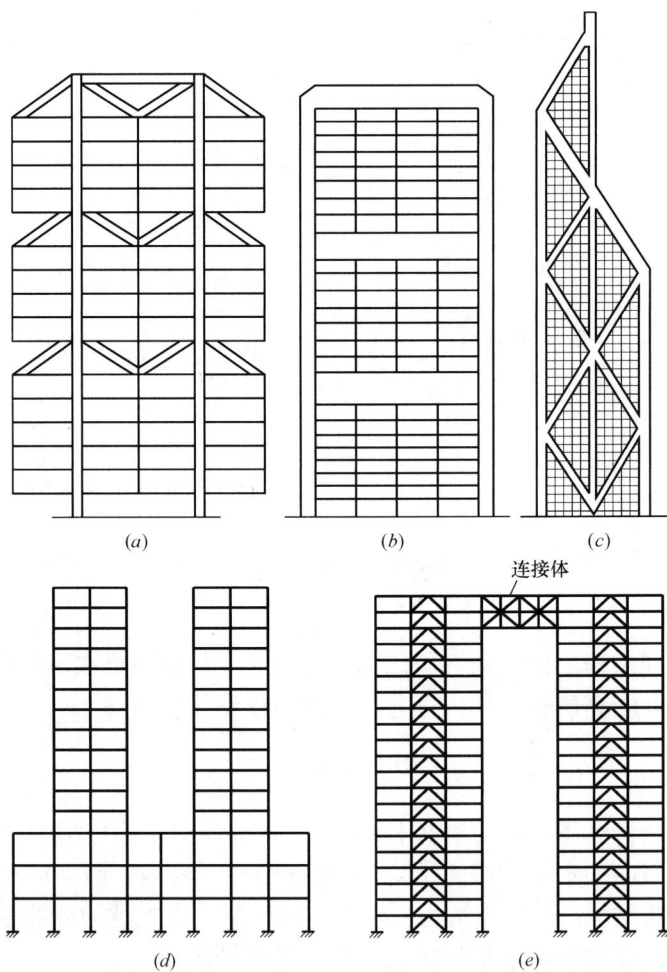

图 9.7   新型竖向承重结构体系（一）
(a) 悬挂结构；(b) 巨型框架结构；(c) 巨型桁架结构；(d) 多塔楼结构；(e) 连体结构

核心筒(剪力墙)

加强层

框架

转换层

(f)　　　　　　　　　(g)　　　　　　(h)

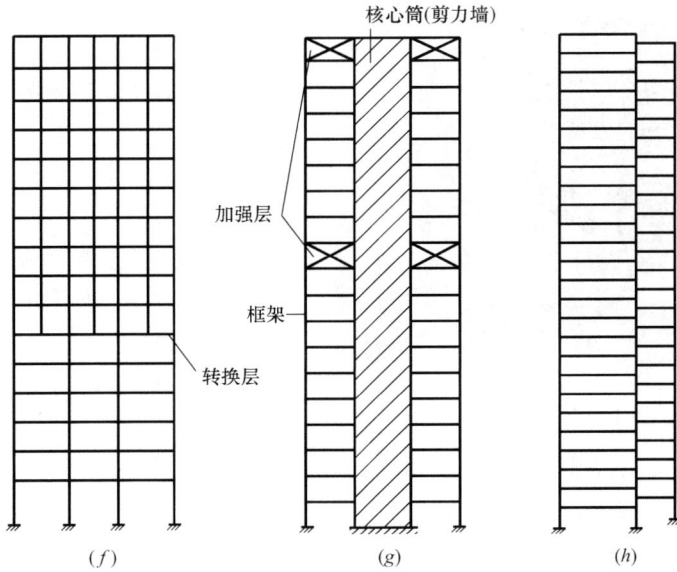

图 9.7　新型竖向承重结构体系（二）

（f）带转换层结构；（g）带加强层结构；（h）错层结构

9.2　多层及高层钢筋混凝土房屋的抗震

9.2.1　钢筋混凝土结构的震害

在我国大部分的多、高层房屋建筑采用钢筋混凝土结构建造，我国又是多地震国家，如果建筑物的平面布置不当而造成刚度中心与质量中心不重合且偏差较大时，极易使结构在地震作用下产生过大的应力集中、扭转而破坏；若结构沿竖向刚度有过大的突变，容易造成薄弱层的破坏；抗震缝如果宽度不足，其两侧的结构单元在地震时就会相互碰撞而产生震害。

1. 钢筋混凝土框架结构的震害

框架结构具有较好的延性，但整体侧向刚度较小，在强烈地震作用下侧向变形较大，易造成部分框架柱失稳破坏；由于赘余度较少，容易导致结构整体倾覆倒塌。同时，非结构构件破坏比较严重，不仅地震中危及人身安全和造成较大的财产损失，而且震后的加固修复费用很高。

框架结构的震害主要有：

（1）结构在强震作用下整体倒塌破坏。

平立面简单、对称，抗侧力体系的刚度和承载力上下变化连续、均匀，没有明显的刚度和承载力突变，有利于建筑物的抗震。

若钢筋混凝土框架结构在整体设计上存在较大的不均匀性，使结构存在层间屈服强度特别弱的楼层。在强烈地震作用下，结构的薄弱层率先屈服，并形成弹、塑形变形集中的

图 9.8　结构整体破坏

现象。较小的赘余度容易导致结构连续倒塌。当地震能量过大，远远超过结构的极限承载能力，也会导致结构整体倾覆倒塌破坏，如图 9.8 所示。

多高层钢筋混凝土框架结构应尽量设置多道抗震防线，如增加斜支撑或柱两侧增设钢筋混凝土翼墙等，作为第一道防线，首先承担地震作用、吸收地震能量，防止柱子破坏导致结构整体倒塌。

（2）结构层间屈服强度有明显薄弱楼层的破坏。震害表明，结构刚度沿高度方向的突然变化，会使破坏集中在刚度薄弱的楼层，对建筑的抗震十分不利。结构刚度中心与质量中心不重合且偏差较大时，或框架柱在平面内或高度方向不对齐、不连续，地震中的扭转效应和传力路径的中断可能造成结构的严重破坏。

图 9.9 是 1995 年日本阪神地震中某医院第五层（薄弱层）整体破坏，柱混凝土压酥，钢筋屈曲，首层完好无损；图 9.10 为某建筑首层（薄弱层）在地震中完全坍塌。

图 9.9　薄弱楼层的破坏

图 9.10　某建筑首层倒塌破坏

（3）柱端与节点的破坏比较严重。

钢筋混凝土框架结构的震害一般是梁轻柱重、柱顶比柱底严重，尤其是角柱与边柱更易发生破坏。普通柱一般是柱端发生弯曲破坏，轻者是水平或斜向裂缝，重者是混凝土压碎、钢筋受压弯曲、箍筋崩脱，如图 9.11 所示。

剪跨比较小的短柱易发生剪切型脆性破坏。强度较高的填充墙不合理砌筑，往往会导致普通柱因侧向变形受到约束而形成短柱，地震中发生严重的剪切型脆性破坏。

框架结构的变形能力与框架的破坏机制密切相关，梁先屈服，可使框架有较大的内力重分布和能量消耗能力，极限层间位移增大，抗震性能较好。

（4）单跨框架结构体系破坏较为严重。

单跨框架结构的侧向刚度小，耗能能力弱，结构超静定次数较少，一旦柱子出现塑性铰（在强震作用下不可避免），出现连续倒塌的可能性很大，且层数越高破坏的可能性越大。

（5）非结构构件（填充墙）的破坏普遍比较严重。

钢筋混凝土框架结构的砌体填充墙刚度大，受力初期填充墙受到的地震作用很大，而砌体的极限变形很小，在往复水平地震作用下产生交叉斜裂缝，甚至倒塌。

框架结构的砖砌填充墙破坏较为严重，一般 7 度即出现裂缝。端墙、窗间墙及门窗洞口边角部分裂缝最多。多层框架柱间的填充墙，通常采用在柱子上预留锚筋将砌块或砖拉住。由于在梁下部的几皮砖不容易砌好，地震时，梁下的填充墙出现水平裂缝，如果墙和柱拉结不好则会产生竖向裂缝，强烈地震作用时会产生 X 形裂缝，甚至外倾或倒塌。9 度以上填充墙大部分倒塌。其原因是在地震作用下，框架的层间位移较大，填充墙企图阻止其侧移，因砖砌体的极限变形很小，在往复水平地震作用下，即产生斜裂缝，甚至倒塌。

图 9.11　柱端的破坏

框架的变形为剪切型，其特点是层间位移随楼层增高而减小，因此填充墙在房屋中下部几层震害严重，空心砌体墙震害重于实心砌体墙、圆弧形填充墙震害重于直线填充墙。

因此，规范规定，砌体填充墙宜与柱脱开或采用柔性连接，并采用相应的拉结措施。

图 9.12 为某框架结构建筑首层填充墙的 X 形裂缝。

（6）抗震缝的破坏严重。

对于结构体系复杂、不规则的结构，往往在适当的部位设置抗震缝，以形成多个较规则的结构单元，避免在地震作用下形体复杂的结构产生过大的扭转、应力集中、局部严重破坏等。

为防止建筑物在地震中相碰，抗震缝应留有足够的宽度，实际工程中抗震缝的宽度往往难以满足强烈地震时实际的侧移量，从而造成相邻结构单元碰撞而产生震害。图 9.13 为相邻建筑因缝宽不足在地震中发生碰撞。

2. 具有剪力墙的钢筋混凝土结构的震害

具有剪力墙的钢筋混凝土结构一般是指钢筋混凝土框架-剪力墙结构和钢筋混凝土剪力墙结构。历次地震震害表明，具有剪力墙的钢筋混凝土结构具有较好的抗震性能，其震害较轻。2008 年汶川大地震中，具有剪力墙的钢筋混凝土房屋无一倒塌，绝大部分主体结构基本完好或轻微损坏，小部分中等程度破坏。

具有剪力墙的钢筋混凝土结构的震害主要有：

（1）连梁的破坏较为普遍。

开洞剪力墙中，由于洞口应力集中，连梁的端部较为敏感，在约束弯矩作用下，很容易在端部形成竖向的弯曲裂缝。在连梁的跨高比较大时（跨度与梁高之比大于 5），梁以受弯为主，可能出现弯曲破坏。

图 9.12　某框架结构建筑首层填充墙的 X 形裂缝

图 9.13　相邻建筑物在地震中发生碰撞

图 9.14　剪力墙连梁的 X 形裂缝

大多数情况下，剪力墙的连梁往往跨高比较小，除了在端部很容易形成竖向的弯曲裂缝外，还很容易出现斜向的剪切裂缝。当连梁的剪力过大或抗剪箍筋配置不足时，有可能出现剪切破坏，使墙肢间丧失连系，剪力墙承载能力降低。图 9.14 为某剪力墙连梁的 X 形裂缝。

剪力墙连梁是剪力墙结构的耗能构件，是抗震的第一道防线。为了使连梁能消耗较多的地震能量，应使连梁向墙肢传递较大的轴向力，在地震作用下，使连梁达到弯曲屈服而不致引起剪切破坏。具有剪力墙的钢筋混凝土结构，宜使多数连梁的屈服发生在墙肢底部屈服之前，即强肢弱梁。

连梁的相关规定与构造措施，目的是实现连梁的强剪弱弯，推迟剪切破坏，提高延性。

（2）强烈地震作用下墙肢的破坏。

开口剪力墙的底部墙肢内力最大，容易在墙肢底部出现裂缝与破坏。震害表明，在水平作用下位于弯矩受拉区的墙肢往往轴向压力较小，在强震作用下甚至出现拉力，墙肢底部很容易出现水平裂缝。对于墙肢（墙段）总高度与其肢宽（截面高度）的比值，即高宽比 H/h_w 较小的墙肢（尤其是矮墙 $H/h_w < 1.5$），也容易出现剪切的斜裂缝。

当剪力墙的高宽比 H/h_w 较小时，墙肢中的斜向裂缝可能贯穿成大的斜向裂缝而出现剪切破坏；当高宽比较大 H/h_w 或剪跨比较大、墙肢的抗剪能力较大时，剪力墙以弯曲为主，通常导致底部受压区混凝土压碎剥落，钢筋压曲。

（3）填充墙的破坏。

剪力墙结构的变形接近弯曲型，其特点是层间位移随楼层增高而增大，故填充墙在房屋上部几层震害严重。框架-剪力墙结构填充墙上下楼层均有破坏，而且由于墙体的刚度较大，受力初期填充墙受到的地震作用很大，而砌体的极限变形很小，较早出现裂缝。

9.2.2 设计一般规定

1. 钢筋混凝土房屋的最大适用高度及高宽比限值

房屋高度系指建筑室外地面至主要屋面的高度，不包括局部突出屋面的楼梯间、电梯间、水箱间、装饰构架、女儿墙等。

每一种结构体系都有各自比较合适的房屋高度，超过该范围，势必会对结构的整体性能以及整个结构的经济性、合理性产生影响。房屋的高宽比也是影响结构整体刚度、整体稳定、承载能力以及经济性、合理性的宏观控制指标，如果高宽比过大，会使结构失稳、倾覆。

《建筑抗震设计规范》GB 50011—2010（含局部修订，以下简称《抗震规范》）规定：多层及 A 级高度钢筋混凝土高层建筑的最大适用高度见表 9.1。《高层建筑混凝土结构技术规程》JGJ 3—2010（以下简称《高规》）规定：B 级高度钢筋混凝土高层建筑的最大适用高度见表 9.2；钢筋混凝土高层建筑结构适用的最大高宽比见表 9.3。

多层及 A 级高度钢筋混凝土高层建筑的最大适用高度（m）　　表 9.1

结构体系		抗震设防烈度				
		6 度	7 度	8 度		9 度
				0.20g	0.30g	
框架		60	50	40	35	24
框架-剪力墙		130	120	100	80	50
剪力墙	全部落地剪力墙	140	120	100	80	60
	部分框支剪力墙	120	100	80	50	不应采用
筒体	框架-核心筒	150	130	100	90	70
	筒中筒	180	150	120	100	80
板柱-剪力墙		80	70	55	40	不应采用

注：1. 表中框架不含异形柱框架；
　　2. 部分框支剪力墙结构指首层或底部两层为框支层的结构，不包括仅个别框支墙的情况；
　　3. 乙类建筑可按本地区抗震设防烈度确定其适用的最大高度，甲类建筑，6、7、8 度时宜按本地区设防烈度提高一度后符合本表的要求，9 度时应专门研究；
　　4. 超过表内高度的房屋，应进行专门研究和论证，采取有效的加强措施。

B 级高度钢筋混凝土高层建筑的最大适用高度（m）　　表 9.2

结构体系		抗震设防烈度			
		6 度	7 度	8 度	
				0.20g	0.30g
框架-剪力墙		160	140	120	100
剪力墙	全部落地剪力墙	170	150	130	110
	部分框支剪力墙	140	120	100	80
筒体	框架-核心筒	210	180	140	120
	筒中筒	280	230	170	150

注：1. 部分框支剪力墙结构指地面以上有部分框支剪力墙的剪力墙结构；
　　2. 乙类建筑可按本地区抗震设防烈度确定其适用的最大高度；甲类建筑，6、7 度时宜按本地区设防烈度提高一度后符合本表的要求，8 度时应专门研究；
　　3. 当房屋高度超过表中数值时，结构设计应有可靠依据，并采取有效措施。

钢筋混凝土高层建筑结构适用的最大高宽比　　　　　表 9.3

结构体系	抗震设防烈度		
	6 度、7 度	8 度	9 度
框架	4	3	—
板柱-剪力墙	5	4	—
框架-剪力墙、剪力墙	6	5	4
框架-核心筒	7	6	4
筒中筒	8	7	5

2. 楼盖结构

楼盖应具有较大的平面内刚度，使各抗侧力构件能共同变形，并保证建筑物的空间整体稳定和水平作用的有效传递。平面内刚度取决于楼盖结构的整体性，现浇楼盖、装配整体式楼盖与装配式楼盖其整体性和平面内刚度依次降低。

《高规》对不同的结构承重体系、房屋高度以及抗震等级时的楼盖形式作了规定：

（1）房屋高度超过 50m 时，框架-剪力墙结构、筒体结构及复杂高层建筑结构应采用现浇楼盖结构，剪力墙结构和框架结构宜采用现浇楼盖结构。

（2）房屋高度不超过 50m，8、9 度抗震设计时宜采用现浇楼盖结构；6、7 度抗震设计时可采用装配整体式楼盖，且应符合下列要求：

① 无现浇叠合层的预制板，板端搁置在梁上得长度不宜小于 50mm。

② 预制板板端宜留胡子筋，其长度不宜小于 100mm。

③ 预制空心板端头应有堵头，堵头深度不宜小于 60mm，并采用强度等级不低于 C20 的混凝土浇灌密实。

④ 楼盖的预制板板缝上缘宽度不宜小于 40mm，板缝大于 40mm 时应在板缝内配置钢筋，并宜贯通整个结构单元。现浇板缝、板缝梁的混凝土强度等级宜高于预制板的混凝土强度等级。

⑤ 楼盖每层宜设置钢筋混凝土现浇层。现浇层的厚度不应小于 50mm，并应双向配置直径不小于 6mm、间距不大于 200mm 的钢筋网，钢筋应锚固在梁或剪力墙内。

（3）房屋的顶层、结构转换层、大底盘多塔楼结构的底盘顶层、平面复杂或开洞过大的楼层、作为上部结构嵌固部位的地下室楼层应采用现浇楼盖结构。一般楼层现浇楼板厚度不应小于 80mm，当板内预埋暗管时不宜小于 100mm；顶层楼板厚度不宜小于 120mm，宜双层双向配筋；普通地下室顶板厚度不宜小于 160mm；作为上部结构嵌固部位的地下室楼层的顶楼盖应采用梁板结构，楼板厚度不宜小于 180mm，应采用双层双向配筋，且每层每个方向的配筋率不宜小于 0.25%。

3. 抗震结构的延性与抗震等级

（1）抗震结构的延性要求

延性是结构屈服后变形能力大小的一种性质，是结构吸收能量能力的一种体现，常用延性系数来表示。所谓延性系数是结构最大变形与屈服变形的比值，即

$$\mu = \Delta u / \Delta y \tag{9.1}$$

式中　μ——延性系数，表示结构延性的大小；

　　　Δu——结构最大变形；

Δy——结构屈服变形。

显然，延性系数越大的结构，延性就越好。地震作用具有瞬时性和反复性，在地震作用下，结构中的某些杆件首先会屈服，形成塑性铰，吸收地震能量，并使变形控制在可修复的范围内，使房屋在强震作用下不至于倒塌。

结构的延性不仅和组成结构构件的延性有关，还与节点区设计和各构件连接及锚固有关。结构构件的延性与纵筋配筋率、钢筋种类、混凝土的极限压应变及轴压比等因素有关，要使结构具有较好延性，归纳起来以下四个方面值得注意：

① 强柱弱梁。所谓的强柱弱梁是指节点处柱端实际受弯承载力 $\dot{M}_{cy}$ 和梁端实际受弯承载力 M_{by} 之间满足，$\sum M_{cy} > \sum M_{by}$。目的是控制塑性铰先出现的位置在梁端，尽可能避免塑性铰先在柱中出现。试验及理论分析表明，梁先屈服，可使整个框架有较大的内力塑性重分布和耗能能力。为了保证剪力墙结构的延性，要求强墙弱梁，使连梁首先屈服。

② 强剪弱弯。所谓强剪弱弯就是防止梁端、柱和剪力墙底部在弯曲破坏前出现剪切破坏，它意味着构件的受剪承载力要大于构件弯曲破坏时实际达到的剪力，目的是保证构件发生弯曲延性破坏，不发生剪切脆性破坏。

③ 强节弱杆。所谓强节弱杆就是防止杆件破坏之前发生节点的破坏。节点核心区是保证框架承载力和延性的关键部位，它包括节点核心受剪承载力以及杆件端部钢筋的锚固。节点一旦发生剪切破坏或锚固钢筋失效，结构的赘余约束大大减少，抗震性能明显降低，甚至可能导致结构成为可变机构或倒塌。

④ 强压弱拉。所谓强压弱拉指构件破坏特征是受拉区钢筋先屈服，受压区混凝土后破坏。构件破坏前，其裂缝和挠度有一明显的发展过程，故而具有良好的延性，属延性破坏。

（2）抗震等级

根据结构类型、设防烈度、房屋高度和场地类别将结构划分为不同的等级进行抗震设计，以体现在同样烈度下不同的结构体系、不同高度和不同场地条件有不同的抗震要求。《抗震规范》对钢筋混凝土结构将抗震等级作为确定抗震措施的依据，将结构划分为四个抗震等级。《高规》对 B 级高度建筑的抗震等级增加了特一级。

现浇钢筋混凝土房屋（丙类建筑）的抗震等级见表 9.4，B 级高度丙类建筑钢筋混凝土结构抗震等级见表 9.5。

现浇钢筋混凝土房屋的抗震等级   表 9.4

结构类型		设 防 烈 度							
		6		7		8		9	
框架结构	高度（m）	≤24	>24	≤24	>24	≤24	>24	≤24	
	框架	四	三	三	二	二	一	一	
	大跨度框架	三		二		一		一	
框架-剪力墙结构	高度（m）	≤60	>60	≤24	25～60	>60	≤24	25～60	>60	≤24	25～50
	框架	四	三	四	三	二	三	二	一	二	一
	剪力墙	三		三	二		二	一		一	
剪力墙结构	高度（m）	≤80	>80	≤24	25～80	>80	≤24	25～80	>80	≤24	25～60
	剪力墙	四	三	四	三	二	三	二	一	二	一

续表

结构类型		设防烈度								
		6		**7**			**8**			**9**
部分框支剪力墙结构	高度(m)	≤80	>80	≤24	25~80	>80	≤24	25~80	/	/
	剪力墙 一般部位	四	三	四	三	二	三	二		
	剪力墙 加强部位	三	二	三	二	一	二	一		
	框支层框架	二		二			一			一
框架-核心筒	框架	三			二			一		一
	核心筒	二			二			一		一
筒中筒	内筒	三			二			一		一
	外筒	三			二			一		一
板柱-剪力墙结构	高度(m)	≤35	>35	≤35	>35		≤35	>35		/
	框架、板柱的柱	三	二	二	二		一	一		/
	剪力墙	二	二	二	一		二	一		/

注：1. 应按照表 9.6 规定调整设防标准后所对应的烈度确定抗震等级；
　　2. 接近或等于高度分界时，应允许结合房屋不规则程度及场地、地基条件确定抗震等级；
　　3. 大跨度框架指跨度不小于 18m 的框架；
　　4. 高度不大于 60m 的框架-核心筒结构按框架-剪力墙结构要求设计时，应按表中框架-剪力墙结构的规定确定其抗震等级。

B 级高度的高层建筑结构抗震等级　　　　　　　　　　　表 9.5

结构类型		设 防 烈 度		
		6度	7度	8度
框架-剪力墙	框架	二	一	一
	剪力墙	二	一	特一
剪力墙	剪力墙	二	一	特一
部分框支剪力墙	底部加强部位的剪力墙	一	一	特一
	非底部加强部位的剪力墙	二	二	一
	框支框架	一	特一	特一
框架-核心筒	框架	二	一	一
	筒体	二	一	特一
筒中筒	内筒	二	一	特一
	外筒	二	一	特一

注：底部带转换层的筒体结构，其转换框架和底部加强部位筒体的抗震等级应按表中部分框支剪力墙结构的规定采用。

　　在实际工程中，尚应根据抗震设防类别、设计基本地震加速度、场地类别按表 9.6 对设防标准作相应的调整，并按调整后的设防标准确定抗震等级及抗震措施。

　　对于高层建筑，当地下室顶板作为上部结构的嵌固端时，地下一层相关范围的抗震等级应按上部结构采用，地下一层以下抗震构造措施的抗震等级可逐层降低一级，但不应低于四级；地下室中超出上部主楼范围且无上部结构的部分，其抗震等级可根据具体情况采用三级或四级。

确定结构抗震措施时的设防标准   表 9.6

抗震设防类别	本地区抗震设防烈度		确定抗震措施时的设防标准				
			Ⅰ类场地		Ⅱ类场地	Ⅲ、Ⅳ类场地	
			内力调整	构造措施	抗震措施	内力调整	构造措施
甲类建筑 乙类建筑	6度	0.05g	7	6	7	7	7
	7度	0.10g	8	7	8	8	8
		0.15g	8	7	8	8	9
	8度	0.20g	9	8	9	9	9
		0.30g	9	8	9	9	9+
	9度	0.40g	9+	9	9+	9+	9+
丙类建筑	6度	0.05g	6	6	6	6	6
	7度	0.10g	7	6	7	7	7
		0.15g	7	6	7	7	8
	8度	0.20g	8	7	8	8	8
		0.30g	8	7	8	8	9
	9度	0.40g	9	8	9	9	9
丁类建筑	6度	0.05g	6	6	6	6	6
	7度	0.10g	7−	7−	7−	7−	7−
		0.15g	7−	7−	7−	7−	8−
	8度	0.20g	8−	8−	8−	8−	8−
		0.30g	8−	8−	8−	8−	9−
	9度	0.40g	9−	9−	9−	9−	9−

注：1. 表中的抗震措施包括内力调整和抗震构造措施两个方面；
　　2. 带"＋"表示比该烈度更高要求；"－"表示比该烈度适当降低要求。

抗震设计时，与主楼连为整体的裙房的抗震等级，除应按裙房本身确定外，相关范围不应低于主楼的抗震等级；主楼结构在裙房顶板上、下各一层应适当加强抗震构造措施。裙房与主楼分离时，应按裙房本身确定抗震等级。

4. 钢筋的锚固与连接

钢筋混凝土结构纵向受拉钢筋的抗震锚固长度 l_{aE} 应按下式计算：

$$l_{aE}=\zeta_{aE}l_a \tag{9.2}$$

式中　ζ_{aE}——纵向受拉钢筋的锚固长度修正系数，对一、二级抗震等级取 1.15；对三级抗震等级取 1.05；对四级抗震等级取 1.00；

　　　l_a——纵向受拉钢筋的锚固长度。

当采用搭接连接时，纵向受拉钢筋的抗震搭接长度 l_{lE} 应按下式计算：

$$l_{lE}=\zeta_l l_{aE} \tag{9.3}$$

式中　ζ_l——纵向受拉钢筋搭接长度修正系数，按照教学单元 4 表 4.10 取值。

钢筋混凝土结构纵向受拉钢筋的抗震基本锚固长度 l_{abE} 可按表 9.7 选用。

钢筋混凝土结构纵向受拉钢筋的抗震锚固长度 l_{aE} 可按表 9.8 选用。

抗震设计时受拉钢筋基本锚固长度 l_{abE} 　　　　　表 9.7

钢筋种类		混凝土强度等级								
		C20	C25	C30	C35	C40	C45	C50	C55	≥C60
HPB300	一、二级	45d	39d	35d	32d	29d	28d	26d	25d	24d
	三级	41d	36d	32d	29d	26d	25d	24d	23d	22d
HRB400 HRBF400	一、二级	—	46d	40d	37d	33d	32d	31d	30d	29d
	三级	—	42d	37d	34d	30d	29d	28d	27d	26d
HRB500 HRBF500	一、二级	—	55d	49d	45d	41d	39d	37d	36d	35d
	三级	—	50d	45d	41d	38d	36d	34d	33d	32d

注：1. 四级抗震时，$l_{abE}=l_{ab}$。

　　2. 当锚固钢筋的保护层厚度≤5d 时，锚固长度范围内应配置箍筋或横向钢筋，其直径不应小于最大锚固钢筋直径的 1/4；其间距，对梁、柱、斜撑等构件不应大于最小锚固钢筋直径的 5 倍，对板、墙等平面构件不应大于最小锚固钢筋直径的 10 倍，且均不应大于 100mm。

受拉钢筋抗震锚固长度 l_{aE} 　　　　　表 9.8

钢筋种类		混凝土强度等级						
		C20	C25		C30		C35	
		d≤25	d≤25	d>25	d≤25	d>25	d≤25	d>25
HPB300	一、二级	45d	39d	—	35d	—	32d	—
	三级	41d	36d	—	32d	—	29d	—
HRB400 HRBF400	一、二级	—	46d	51d	40d	45d	37d	40d
	三级	—	42d	46d	37d	41d	34d	37d
HRB500 HRBF500	一、二级	—	55d	61d	49d	54d	45d	49d
	三级	—	50d	56d	45d	49d	41d	45d

钢筋种类		混凝土强度等级								
		C40		C45		C50		C55		C60	
		d≤25	d>25	d≤25	d>25	d≤25	d>25	d≤25	d>25	d≤25	d>25
HPB300	一、二级	29d	—	28d	—	26d	—	25d	—	24d	—
	三级	26d	—	25d	—	24d	—	23d	—	22d	—
HRB400 HRBF400	一、二级	33d	37d	32d	36d	31d	35d	30d	33d	29d	32d
	三级	30d	34d	29d	33d	28d	32d	27d	30d	26d	29d
HRB500 HRBF500	一、二级	41d	46d	39d	43d	37d	40d	36d	39d	35d	38d
	三级	38d	42d	36d	39d	34d	37d	33d	36d	32d	35d

注：1. 当为环氧树脂涂层带肋钢筋时，表中数值尚应乘以 1.25。

　　2. 当纵向受拉钢筋在施工过程中易受扰动时，表中数值尚应乘以 1.10。

　　3. 当锚固长度范围内纵向受拉钢筋周边保护层厚度为 3d、5d（d 为锚固钢筋直径）时，表中数值可应分别乘以 0.8、0.7，中间时按内插值。

　　4. 当纵向受拉钢筋锚固长度修正系数（注 1～注 3）多于一项时，可以连乘计算。

　　5. 受拉钢筋锚固长度计算值不应小于 200mm。

　　6. 四级抗震时，$l_{aE}=l_a$。

　　7. 当锚固钢筋的保护层厚度≤5d 时，锚固长度范围内应配置箍筋或横向钢筋，其直径不应小于最大锚固钢筋直径的 1/4；其间距，梁、柱、斜撑等构件不应大于最小锚固钢筋直径的 5 倍，板、墙等平面构件不应大于最小锚固钢筋直径的 10 倍，且均不应大于 100mm。

5. 变形缝

（1）伸缩缝

当钢筋混凝土体积较大时，因温度变化、混凝土收缩会产生内应力，当受拉的应力超过混凝土的抗拉强度时会出现裂缝。为防止由于混凝土的收缩或温度变化引起构件的过大裂缝，对于较长体形的建筑物应设置伸缩缝，伸缩缝处的基础可连续。混凝土结构伸缩缝的最大间距可按表9.9确定。

混凝土结构伸缩缝的最大间距（m）　　　　　　　　表9.9

结构类别		室内或土中	露天
排架结构	装配式	100	70
框架结构	装配式	75	50
	现浇式	55	35
剪力墙结构	装配式	65	40
	现浇式	45	30
挡土墙、地下室墙壁等类结构	装配式	40	30
	现浇式	30	20

注：1. 装配整体式结构房屋的伸缩缝间距可取表中装配式与现浇式结构之间的数值；
　　2. 框架-剪力墙结构或框架-核心筒结构房屋的伸缩缝间距可根据结构的具体布置情况按表中框架结构与剪力墙结构之间的数值；
　　3. 当屋面无保温或隔热措施时，框架结构、剪力墙结构的伸缩缝间距，宜按表中露天栏的数值取用；
　　4. 现浇挑檐、雨罩等外露结构不宜大于12m。

当采取有效措施减少温度和收缩的影响，可适当增大伸缩缝的间距。

（2）沉降缝

房屋基础的不均匀沉降会使建筑物产生裂缝，过大的不均匀沉降会影响建筑物使用，甚至影响建筑物的安全性和耐久性。

建筑物的下列部位，宜设置沉降缝：

① 建筑平面的转折部位；
② 建筑高度差异处或荷载差异处；
③ 地基土的压缩性有显著差异处；
④ 结构或基础类型不同处；
⑤ 分期建造房屋的交界处；
⑥ 长高比过大的钢筋混凝土框架结构的适当部位。

沉降缝应有足够的宽度，最小缝宽可按表9.10选用。

房屋沉降缝的最小宽度（mm）　　　　　　　　表9.10

房屋层数	沉降缝的最小宽度
二～三层	50～80
四～五层	80～120
五层以上	不小于120

（3）抗震缝

为提高房屋的抗震性能，宜采用规则的建筑平面，尽量不设抗震缝。对于结构体型复杂、不规则的结构，则应在适当的部位设置抗震缝，以形成多个较规则的结构单元。

混凝土结构抗震缝的最小宽度应分别符合下列要求：

① 框架结构（包括设置少量剪力墙的框架结构）房屋，当高度不超过 15m 时不应小于 100mm；高度超过 15m 时，6 度、7 度、8 度和 9 度分别每增加高度 5m、4m、3m 和 2m，宜加宽 20mm；

② 框架-剪力墙结构房屋不应小于上述第①项规定数值的 70%，剪力墙结构房屋不应小于上述第①项规定数值的 50%；且二者均不宜小于 100mm；

③ 抗震缝两侧结构体系不同时，抗震缝的宽度应按不利的结构类型确定；

④ 抗震缝两侧的房屋高度不同时，抗震缝的宽度可按较低的房屋高度确定；

⑤ 抗震缝应沿房屋全高设置，不兼作沉降缝的地下室、基础可不断开，但应加强构造和连接；

⑥ 设有其他变形缝时，其缝宽均应符合抗震缝的要求。

6. 砌体填充墙

钢筋混凝土结构中的砌体填充墙，应符合下列要求：

（1）填充墙宜选用轻质块体材料，其强度等级应符合自承重墙轻质材料强度等级《砌体结构设计规范》GB 50003—2011（以下简称《砌体规范》）的规定。

（2）填充墙砌筑砂浆的强度等级不宜低于 M5（Mb5、Ms5）。

（3）填充墙墙体墙厚不应小于 90mm。

（4）用于填充墙的夹心复合砌块，其两肢块体之间应有拉结。

（5）填充墙在平面和竖向的布置，宜均匀对称，宜避免形成薄弱层或短柱。

（6）楼梯间和人流通道的填充墙，尚应采用钢丝网砂浆面层加强。

《砌体规范》规定，填充墙与框架的连接，可根据设计要求采用脱开或不脱开方法。有抗震设防要求时宜采用填充墙与框架脱开的方法。

当填充墙与框架采用脱开的方法时，宜符合下列规定：

（1）填充墙两端与框架柱，填充墙顶面与框架梁之间留出不小于 20mm 的间隙。

（2）填充墙端部应设置构造柱，柱间距宜不大于 20 倍墙厚且不大于 4000mm，柱宽度不小于 100mm。柱竖向钢筋不宜小于 $\phi 10$，箍筋宜为 $\phi^R 5$，竖向间距不宜大于 400mm。竖向钢筋与框架梁或其挑出部分的预埋件或预留钢筋连接，绑扎接头时不小于 30d，焊接时（单面焊）不小于 10d（d 为钢筋直径）。柱顶与框架梁（板）应预留不小于 15mm 的缝隙，用硅酮胶或其他弹性密封材料封缝。当填充墙有宽度大于 2100mm 的洞口时，洞口两侧应加设宽度不小于 50mm 的单筋混凝土柱。

（3）填充墙两端宜卡入设在梁、板底及柱侧的卡口铁件内，墙侧卡口板的竖向间距不宜大于 500mm，墙顶卡口板的水平间距不宜大于 1500mm。

（4）墙体高度超过 4m 时宜在墙高中部设置与柱连通的水平系梁。水平系梁的截面高度不小于 60mm。填充墙高不宜大于 6m。

（5）填充墙与框架柱、梁的缝隙可采用聚苯乙烯泡沫塑料板条或聚氨酯发泡材料充填，并用硅酮胶或其他弹性密封材料封缝。

（6）所有连接用钢筋、金属配件、铁件、预埋件等均应作防腐防锈处理，并应符合《砌体规范》有关耐久性的规定。嵌缝材料应能满足变形和防护要求。

当填充墙与框架采用不脱开的方法时，宜符合下列规定：

（1）沿柱高每隔 500mm 配置 2 根直径 6mm 的拉结钢筋（墙厚大于 240mm 时配置 3 根直径 6mm），钢筋伸入填充墙长度不宜小于 700mm，且拉结钢筋应错开截断，相距不宜小于 200mm。填充墙墙顶应与框架梁紧密结合。顶面与上部结构接触处宜用一皮砖或配砖斜砌楔紧。

（2）当填充墙有洞口时，宜在窗洞口的上端或下端、门洞口的上端设置钢筋混凝土带，钢筋混凝土带应与过梁的混凝土同时浇筑，其过梁的断面及配筋由设计确定。钢筋混凝土带的混凝土强度等级不小于 C20。当有洞口的填充墙尽端至门窗洞口边距离小于 240mm 时，宜采用钢筋混凝土门窗框。

（3）填充墙长度超过 5m 或墙长大于 2 倍层高时，墙顶与梁宜有拉接措施，墙体中部应加设构造柱；墙高度超过 4m 时宜在墙高中部设置与柱连接的水平系梁；墙高超过 6m 时，宜沿墙高每 2m 设置与柱连接的水平系梁，梁的截面高度不小于 60mm。

9.3 钢筋混凝土框架结构

9.3.1 框架结构布置

框架结构由梁柱连接而成，框架节点通常为刚接，有时也可将部分节点设计为铰接，柱底一般为固定支座。为有利于结构受力，框架梁宜拉通、对直，框架柱宜纵横对齐、上下对中，梁柱轴线宜在同一竖向平面内。

为满足使用功能与建筑造型的需要，框架结构可以部分缺梁或缺柱，梁可以是水平的，也可为斜梁，一般情况下柱是垂直的，也可以是斜柱，如图 9.15 所示。

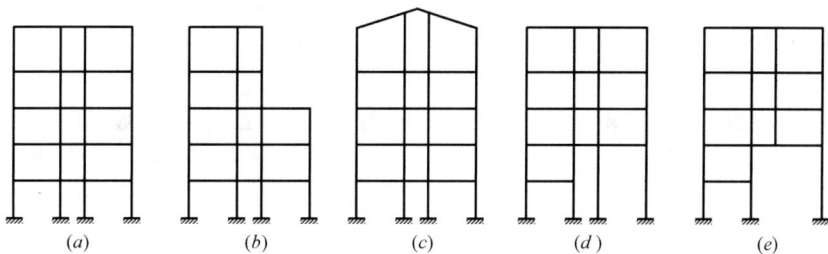

(a)　　　　(b)　　　　(c)　　　　(d)　　　　(e)

图 9.15　框架简图示例

1. 柱网布置

框架结构的柱网布置既要满足生产工艺和建筑平面布置的要求，又要使结构受力合理、施工方便，柱网布置应尽可能规则、整齐。框架结构的柱网常见的有内廊式和跨度组合式，如图 9.16 所示。

在办公、旅馆等民用建筑中，柱网布置应与建筑分隔墙布置相协调，一般将柱设置在纵横墙的交点上，尽量减少柱子对使用功能的影响。

图 9.17 为旅馆建筑中柱网的两种常见布置方式；一般情况由于图 9.17（a）布置方式梁的跨度、内力分布更均匀合理，施工更方便。

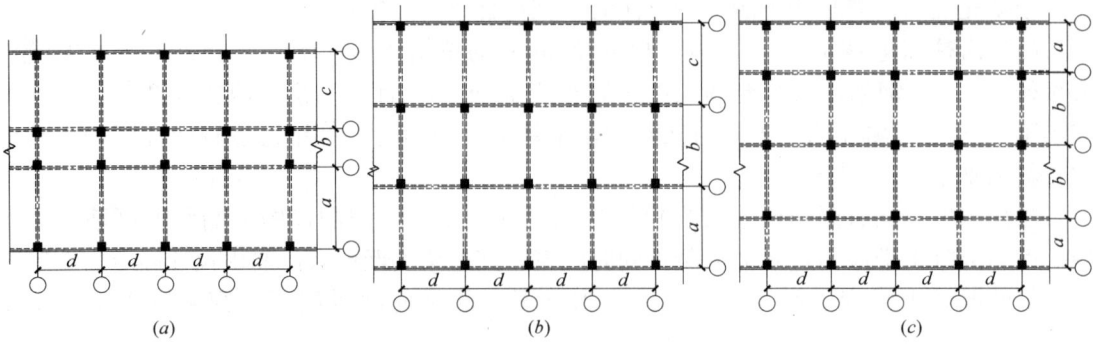

图 9.16 框架结构柱网布置

（a）内廊式；（b）等跨式；（c）对称不等跨式

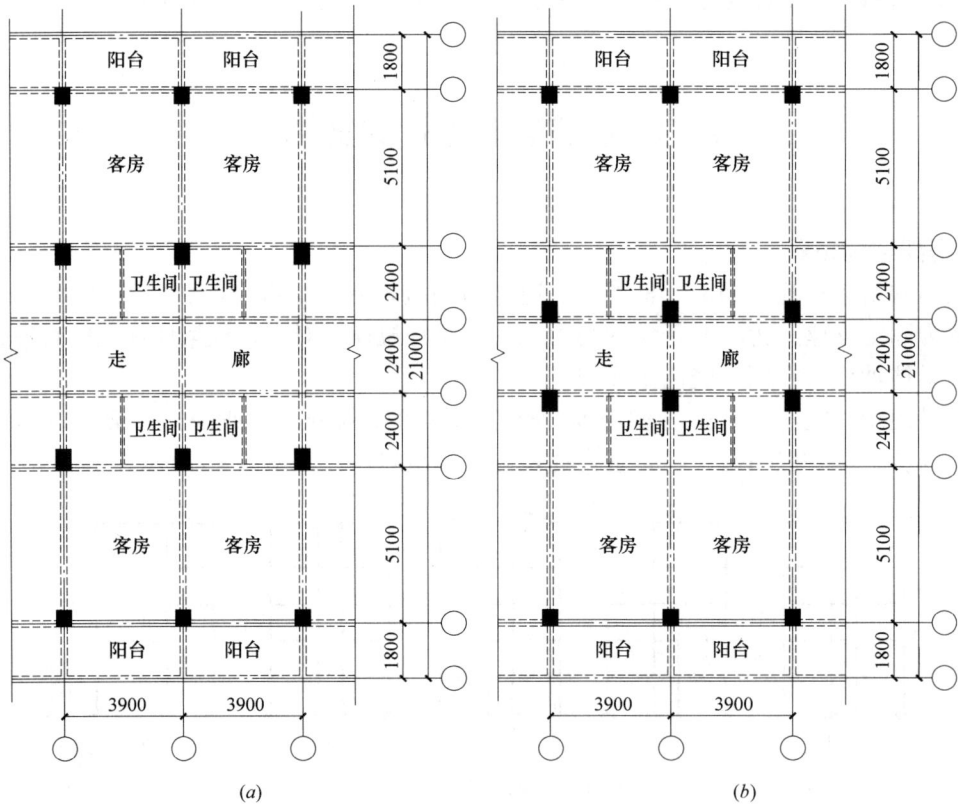

图 9.17 旅馆建筑柱网布置

图 9.18 为办公建筑中柱网的两种常见布置方式；图 9.18（b）布置方式结构的内力分布更均匀、对称、合理；当结构跨度较小、层数较少时，也可按图 9.18（a）布置，其经济性可能会更好。

2. 承重框架的布置

框架结构根据楼板布置方式可分为横向承重框架、纵向承重框架、纵横向承重框架三种承重方案。

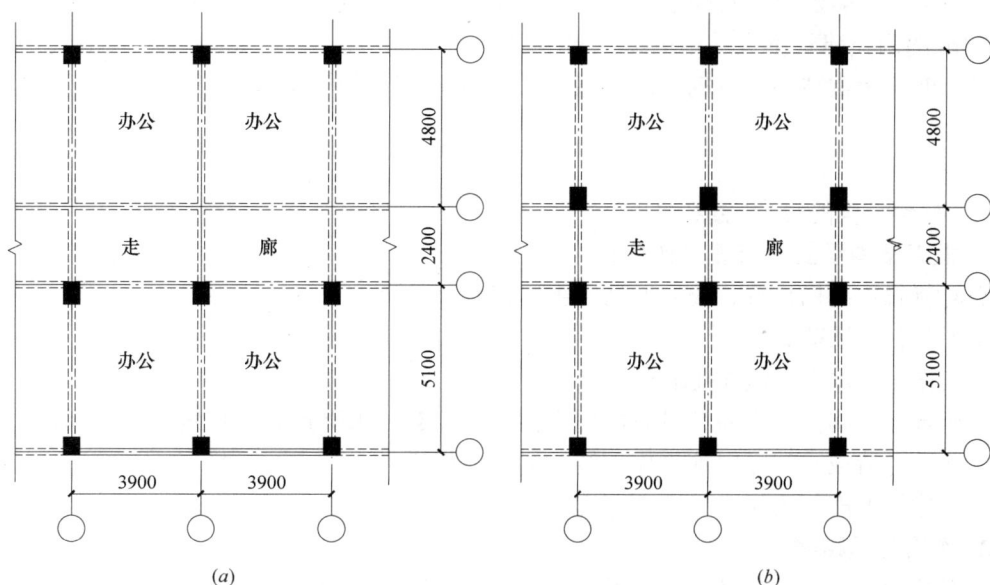

图 9.18　办公建筑柱网布置

（1）横向为主要承重框架。主框架沿房屋横向布置，承受竖向作用和横向的水平作用，见图9.19。房屋纵向设置非主要承重框架，承受平行于房屋纵向的水平作用。

（2）纵向为主要承重框架。主框架沿房屋纵向布置，承受竖向作用和平行于房屋纵向的水平作用，见图9.20。房屋横向设置非主要承重框架，承受平行于房屋横向的水平作用。房屋的横向刚度较弱，因此纵向承重框架应用较少。

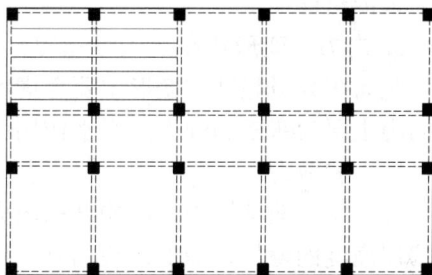

图 9.19　横向承重框架

（3）纵横向承重框架。在柱网为正方形或接近正方形或楼面活荷载较大，采用纵横向框架承重方案，见图9.21。此时常采用现浇双向板楼盖。

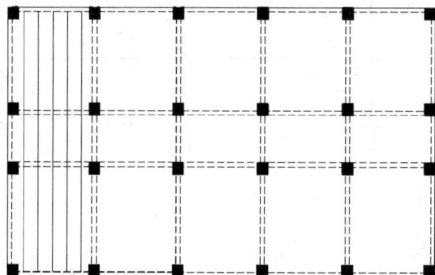

图 9.20　纵向承重框架

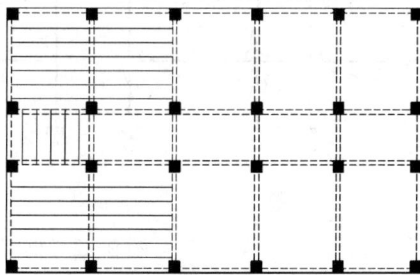

图 9.21　纵横向承重框架

（4）框架结构抗震设计时，不应采用部分由砌体墙承重的混合形式。框架结构中的楼、电梯间及局部出屋面的电梯机房、楼梯间、水箱间等，应采用框架承重，不应采用砌体墙承重。

（5）甲、乙类建筑以及高度大于 24m 的丙类建筑，不应采用单跨框架结构；高度不大于 24m 的丙类建筑不宜采用单跨框架结构。

（6）框架承重结构布置时，非承重隔墙宜采用轻质材料，构件类型、尺寸的规格尽量少。

9.3.2 框架结构的受力特点

1. 框架结构承受的荷载（作用）

竖向荷载：结构自重、楼屋面活（雪）荷载。

水平荷载：风荷载。

地震作用：水平地震作用和竖向地震作用。

风荷载和地震作用方向都具有不确定性。风荷载或水平地震作用统称水平作用。竖向荷载（即重力荷载）和竖向地震作用统称为竖向作用。

一般建筑地震作用仅考虑水平地震作用。

2. 作用传递路线

框架结构是空间结构体系，沿房屋的长向（或短向）视为纵向框架（或横向框架）。横向框架承受横向水平作用；纵向框架承受纵向水平作用。竖向作用按照负荷范围就近由楼面板传至框架。

3. 内力、变形特点

竖向荷载引起结构变形主要考虑梁的挠度，引起结构的侧移很小，一般不必考虑。柱的内力主要为弯矩和轴力。水平作用引起结构变形主要是结构的侧移，柱的内力主要为弯矩、轴力和剪力。

在多层框架结构中，影响结构内力、截面尺寸、构件配筋的主要因素是竖向荷载；随着房屋高度的增加，增加最快的是结构位移，弯矩次之。因此在高层框架结构中，水平作用产生的内力和位移则成控制因素。

图 9.22 为三层三跨框架在竖向均布荷载作用下的内力图。

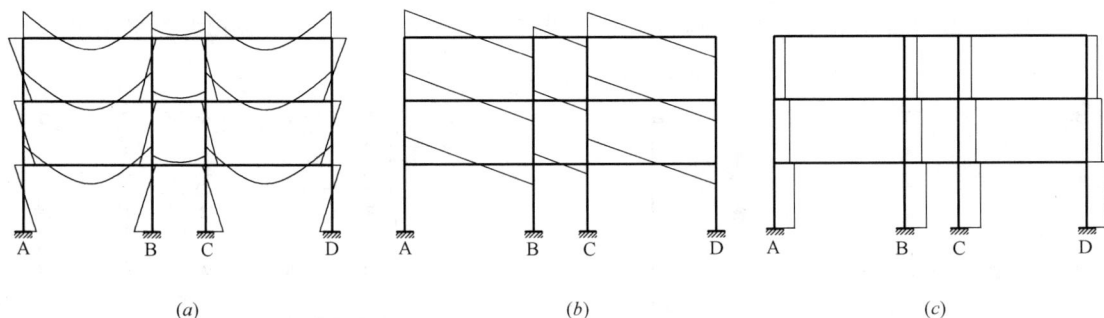

（a）   （b）   （c）

图 9.22   框架结构在竖向荷载作用下的内力图

（a）竖向作用下弯矩图；（b）竖向作用下剪力图；（c）竖向作用下轴力图

图 9.23 为三层三跨框架在水平节点风载作用下的弯矩图，地震水平作用时类同。

从上述内力图可知：框架梁在竖向荷载和风荷载作用下，两端支座负弯矩和剪力为最大，跨中正弯矩为最大（跨度较小的中间跨可能出现负弯矩），梁为受弯构件，应进行正截面和斜截面承载力计算。框架柱为偏心受压构件，在柱的上、下两端弯矩最大为最不

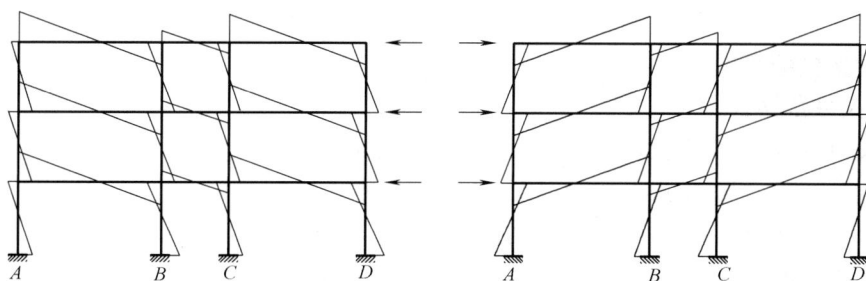

图 9.23　框架结构在水平荷载作用下的弯矩图

利，一般情况下剪力不大。

　　水平荷载将在框架柱中产生剪力，剪力使框架柱产生反向弯曲，反弯点大约在柱中，上下柱引起的作用于节点的弯矩使节点相邻的梁产生反向弯曲，该梁柱的变形引起框架的整体变形，使各层间产生水平位移。由于框架下部各层的内力大，层间变形也大，愈到上部内力、层间变形愈小，整个结构呈现剪切型变形，如图 9.24（a）所示。

　　外部水平荷载产生的整体弯矩，使部分框架柱受拉、部分框架柱受压，柱子的拉伸和压缩引起结构整体弯曲变形，并产生水平位移。整体弯曲变形引起的层间位移随高度的增加而增大，房屋顶部层间变形最大、底部层间变形最小，如图 9.24（b）所示。

　　以上两部分变形叠加，一般多、高层框架结构的变形仍然呈现剪切型变形的特征，如图 9.24（c）所示。

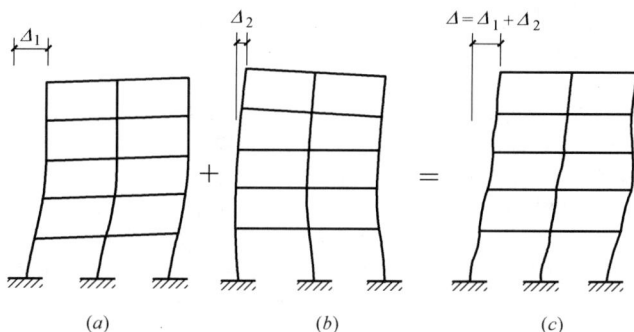

图 9.24　框架结构在水平荷载作用下的变形
（a）框架的剪切型变形；（b）框架的弯曲型变形；（c）框架的最终变形

　　考虑地震组合时，一般情况向不考虑竖向地震作用，此时结构上同时受到重力荷载代表值和地震水平作用，其内力和变形特点与上述类同。

　　随着建筑高度加大，第二部分变形比例逐渐加大。结构过大的侧向变形不仅会使人感到不适，还会使填充墙或建筑装修出现裂缝或损坏，使主体结构出现裂缝，甚至倒塌。因此，高层建筑不仅需要较大的承载能力，而且需要较大的刚度。框架侧向刚度主要取决于梁、柱的截面尺寸。通常梁柱截面惯性矩小，侧向变形较大，所以称框架结构为柔性结构。虽然通过合理设计，可以使钢筋混凝土框架获得良好的延性，但由于框架结构层间变形较大，尤其在地震时，高层框架结构容易引起非结构构件的破坏，也因此限制了框架结构的适用高度。

9.3.3 框架柱配筋构造

1. 框架柱截面尺寸

（1）矩形截面柱的边长，抗震等级为四级或层数不超过 2 层时最小截面尺寸不宜小于 300mm，一、二、三级抗震等级且层数超过 2 层时不宜小于 400mm；圆柱的直径，抗震等级为四级或层数不超过 2 层时不宜小于 350mm，一、二、三级抗震等级且层数超过 2 层时不宜小于 450mm；

（2）柱剪跨比宜大于 2；

（3）柱截面长边与短边的边长比不宜大于 3。

2. 框架柱轴压比

钢筋混凝土柱轴压比不宜超过表 9.11 的规定；对于Ⅳ类场地上较高的高层建筑，其轴压比限值应适当减小。

柱轴压比限值   表 9.11

结构类型	抗震等级			
	一级	二级	三级	四级
框架结构	0.65	0.75	0.85	0.90
框架-剪力墙、板柱-剪力墙、框架-核心筒、筒中筒结构	0.75	0.85	0.90	0.95
部分框支剪力墙结构	0.6	0.70	—	

注：1. 轴压比指柱考虑地震作用组合的轴向压力设计值与柱的全截面面积和混凝土轴心抗压强度设计值乘积之比值；

2. 表内限值适用于混凝土强度等级不高于 C60 的柱；当混凝土强度等级为 C65、C70 时，轴压比限值应降低 0.05；当混凝土强度等级为 C75、C80 时，轴压比限值应降低 0.10；

3. 表内限值适用于剪跨比大于 2 的柱，剪跨比不大于 2 但不小于 1.5 的柱，轴压比限值应降低 0.05；剪跨比小于 1.5 的柱，轴压比限值应专门研究并采取特殊构造措施；

4. 沿柱全高采用井字复合箍，箍筋肢距不大于 200mm、间距不大于 100mm、直径不小于 12mm，或沿柱全高采用复合螺旋箍、箍筋螺距不大于 100mm、箍筋肢距不大于 200mm、直径不小于 12mm，或沿柱全高采用连续复合矩形螺旋箍、螺距不大于 80mm、肢距不大于 200mm、直径不小于 10mm，轴压比限值均可增加 0.10；

5. 在柱的截面中部附加芯柱，且附加的纵向钢筋的截面面积不少于柱截面面积的 0.8%，轴压比限值可增加 0.05；此项措施与注 4 的措施共同采用时，轴压比限值可增加 0.15，但箍筋的配箍特征值仍可按轴压比增加 0.10 的要求确定；

6. 调整后的柱轴压比限值不应大于 1.05。

3. 框架柱纵向钢筋配置

（1）柱全部纵向钢筋的配筋率，不应小于表 9.12 的规定值，且柱截面每一侧纵向钢筋配筋率不应小于 0.2%；对Ⅳ类场地上较高的高层建筑，表中数值应增加 0.1；

（2）宜采用对称配筋；

（3）截面尺寸大于 400mm 的柱，纵向钢筋间距不宜大于 200mm；柱纵向钢筋净距不应小于 50mm；

（4）全部纵向钢筋的配筋率，不应大于 5%；

柱截面纵向钢筋的最小总配筋率（%）　　　　　　　　　表 9.12

柱类型	抗震等级			
	一级	二级	三级	四级
中柱和边柱	0.9(1.0)	0.7(0.8)	0.6(0.7)	0.5(0.6)
角柱	1.1	0.9	0.8	0.7
框支柱	1.1	0.9	—	—

注：1. 表中括号内数值用于框架结构；

2. 采用 400MPa 级纵向受力钢筋时，表中数值应增加 0.05；

3. 混凝土强度等级高于 C60 时，上述数值应相应增加 0.1。

（5）抗震等级一级且剪跨比不大于 2 的柱，其单侧纵向钢筋的配筋率不宜大于 1.2%；

（6）柱的纵筋不应与箍筋、拉筋及预埋件等焊接。

4. 框架柱箍筋配置

1）柱箍筋加密区长度应符合下列要求：

（1）底层柱的上端和其他各层柱的两端，应取矩形截面柱长边尺寸（或圆形截面柱之直径）、柱净高的 1/6 和 500mm 中的最大值；

（2）底层柱刚性地面上、下各 500mm；

（3）底层柱下端不小于该层柱净高的 1/3；

（4）剪跨比不大于 2 的柱、因设置填充墙等形成的柱净高与柱截面高度之比不大于 4 的柱取全高。

（5）抗震等级一、二级的框架角柱取全高。

柱箍筋加密区示意详见图 9.25。

2）柱箍筋在规定的范围内应加密，除应满足加密区体积配箍率的规定外，还应符合下列要求：

（1）一般情况下，箍筋的最大间距和最小直径，应按表 9.13 采用；

（2）抗震等级一级框架柱箍筋直径不小于 12mm 且箍筋肢距不大于 150mm 及二级框架柱箍筋直径不小于 10mm 且箍筋肢距不大于 200mm 时，除柱根外最大间距应允许采用 150mm；三级框架柱的截面尺寸不大于 400mm 时，箍筋最小直径应允许采用 6mm；四级框架柱的剪跨比不大于 2 时，箍筋直径不应小于 8mm。高层建筑中，柱中全部纵向钢筋的配筋率大于 3% 时，箍筋直径不应小于 8mm。

（3）剪跨比不大于 2 的柱，箍筋间距不应大于 100mm。

3）柱箍筋设置尚应符合下列要求：

（1）箍筋应为封闭式，其末端应做成 135° 弯钩且弯钩末端平直段长度不应小于 10 倍的箍筋直径，且不应小于 75mm。

（2）箍筋加密区的箍筋肢距，一级不宜大于 200mm，二、三级不宜大于 250mm 和 20 倍箍筋直径的较大值，四级不宜大于 300mm。每隔一根纵向钢筋宜在两个方向有箍筋约束；采用拉筋组合箍时，拉筋宜紧靠纵向钢筋并勾住封闭箍。

（3）柱加密区范围内箍筋的体积配箍率，应符合下式的要求：

$$\rho_{sv} \geqslant \lambda_v f_c / f_{yv} \qquad (9.4)$$

式中 ρ_{sv}——柱箍筋的体积配箍率，它是柱箍筋的总体积与对应的混凝土核心体积的比值，计算时可取加密区一个箍筋间距进行，混凝土核心体积为箍筋间距 s 与箍筋外围所围成的核心面积 A_{cor} 的乘积；

λ_v——柱最小配箍特征值，根据柱轴压比及抗震等级按照《抗震规范》确定；

f_c——混凝土轴心受压强度设计值，强度低于 C35 时，应按 C35 计算；

f_{yv}——箍筋或拉筋的抗拉强度设计值。

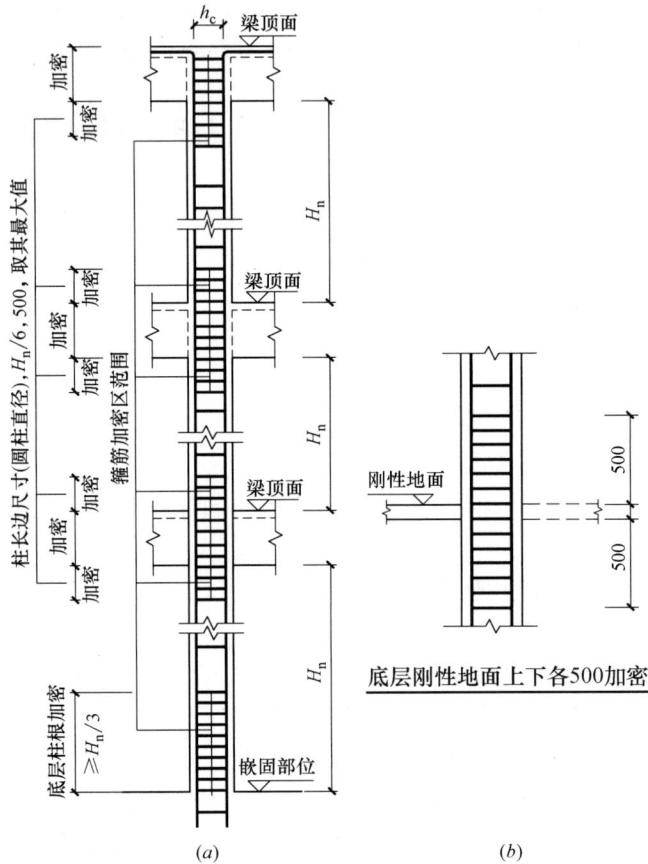

图 9.25   框架柱箍筋加密区示意

柱箍筋加密区的箍筋最大间距和最小直径   表 9.13

抗震等级	箍筋最大间距(采用较小值,mm)	箍筋最小直径(mm)
一	$6d$,100	10
二	$8d$,100	8
三	$8d$,150(柱根 100)	8
四	$8d$,150(柱根 100)	6(柱根 8)

注：1. d 为柱纵筋最小直径；

2. 柱根指框架柱底部嵌固部位。

对于一级、二级、三级、四级框架柱，其加密区范围内箍筋的体积配箍率分别不应小于 0.8%、0.6%、0.4% 和 0.4%；框支柱及剪跨比不大于 2 的框架柱宜采用复合螺旋箍或井字复合箍，其配箍率对于框支柱不应小于 1.5%，框架柱不应小于 1.2%，9 度一级框架柱时不应小于 1.5%。

（4）柱箍筋非加密区的体积配箍率不宜小于加密区的 50%，其箍筋间距对于一、二级框架柱不应大于 10 倍纵向钢筋直径，三、四级框架柱不应大于 15 倍纵向钢筋直径；当为高层建筑时，非加密区箍筋间距，不应大于加密区箍筋间距的 2 倍。

4）框架节点核芯区应设置水平箍筋，且符合下列规定：

一、二、三级框架节点核芯区配箍特征值分别不宜小于 0.12、0.10 和 0.08，且体积配箍率分别不宜小于 0.6%、0.5% 和 0.4%。柱剪跨比不大于 2 的框架节点核芯区，体积配箍率不宜小于核芯区上、下柱端的较大体积配箍率。

除上述要求外尚应满足对于柱端箍筋加密区关于箍筋的最小直径和最大间距的要求。

9.3.4　框架柱纵筋锚固与连接

1. 柱纵筋在基础中的锚固

基础梁或独立承台是框架柱的支座，底层柱的纵筋应插至基础的底部，并支在底部的钢筋网上。当基础高度满足直锚（柱纵筋在基础内的竖向投影长度不小于钢筋锚固长度 l_{aE}）时，柱的纵筋插至基础的底部，端部设 90° 弯折段，弯折段的水平投影长度应取 $6d$，并不小于 150mm；当基础高度不满足直锚（柱纵筋在基础内的竖向投影长度小于钢筋锚固长度 l_{aE}）时，纵筋锚入基础梁或独立承台内的竖向投影长度应不小于 $0.6l_{abE}$ 且不小于 $20d$，端部设 90° 弯折段，弯折段的水平投影长度应为 $15d$，详见图 9.26。当柱两侧基础梁的截面高度不同时，基础高度应取较小梁的截面高度。

基础内柱箍筋要求：当柱插筋保护层厚度不小于纵筋较大直径的 5 倍时，柱在基础内的箍筋数量至少两道，箍筋间距不大于 500mm；当柱插筋保护层厚度小于纵筋较大直径的 5 倍时，柱在基础内的箍筋直径不应小于 $d/4$（d 为纵筋的较大直径），箍筋间距不应大于 $5d$（d 为纵筋的较小直径），且不应大于 100mm；基础内柱箍筋均为非复合箍。

当符合下列条件之一时，可仅将柱四角纵筋伸至底板钢筋网片上或筏形基础中间层钢筋网片上（伸至底板钢筋网片上柱纵筋间距不应大于 1000），其余纵筋锚固在基础顶面以下 l_{aE} 即可。

（1）柱为轴心受压或小偏心受压，基础高度或基础顶面至中间层钢筋网片顶面距离不小于 1200；

（2）柱为大偏心受压，基础高度或基础顶面至中间层钢筋网片顶面距离不小于 1400。

2. 中间层柱纵筋的连接

由于施工需要，柱钢筋骨架一般分层施工。柱纵筋的连接方法有绑扎连接、机械连接和焊接三种。框架柱纵筋连接要求，详见图 9.27。

连接要求为：

（1）纵筋不能在柱端箍筋加密区范围内连接，柱上、下两端（含梁柱节点核心区）为柱箍筋加密区范围（详见图 9.25）；

（2）纵筋连接接头应分二批；

（3）相邻纵向钢筋接头位置应错开。

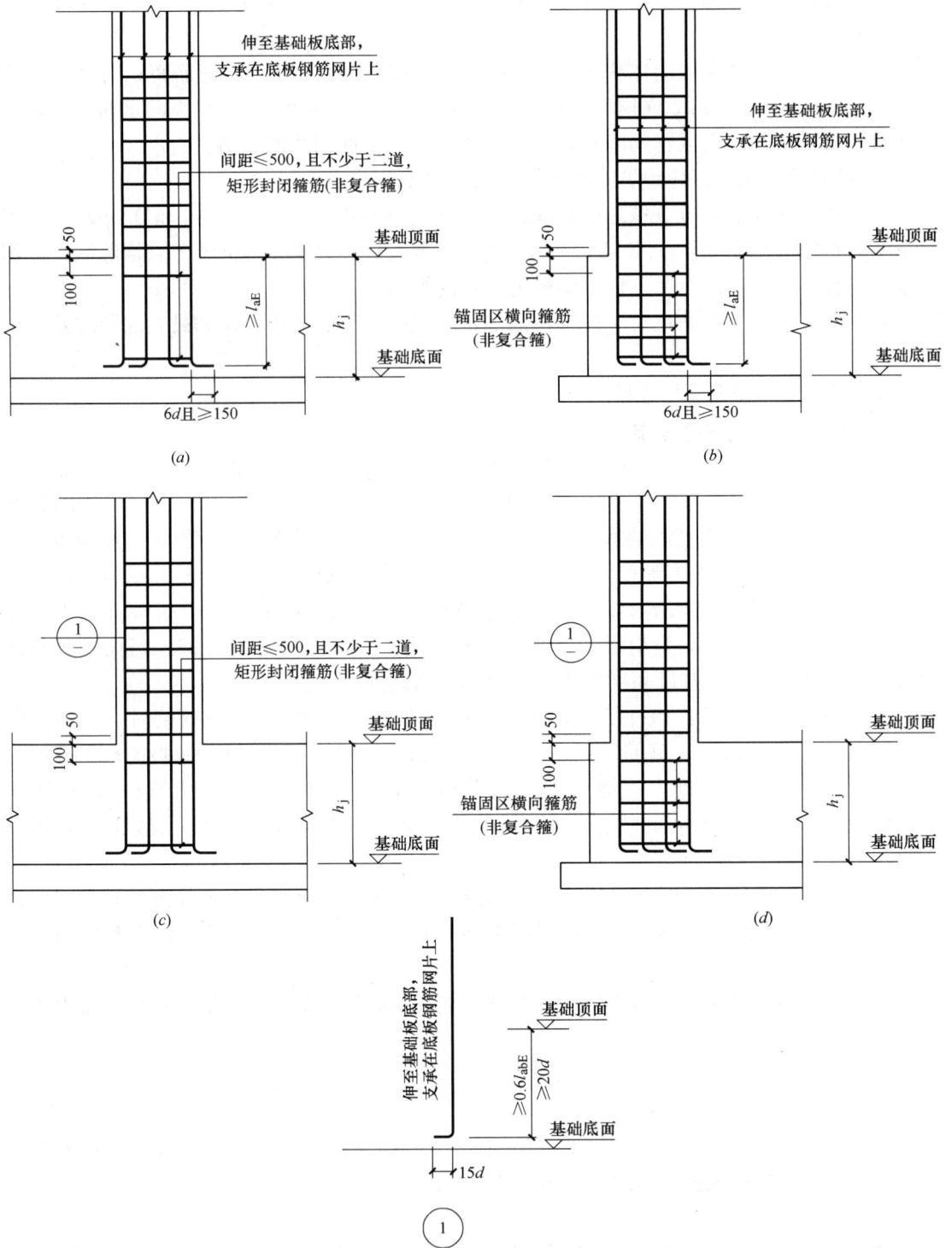

图 9.26   框架柱纵筋在基础中的锚固

(a) 保护层层厚度＞5d，基础高度满足直锚；(b) 柱插筋保护层层厚度≤5d，基础高度满足直锚；

(c) 保护层层厚度＞5d，基础高度不满足直锚；(d) 柱插筋保护层层厚度≤5d，基础高度不满足直锚

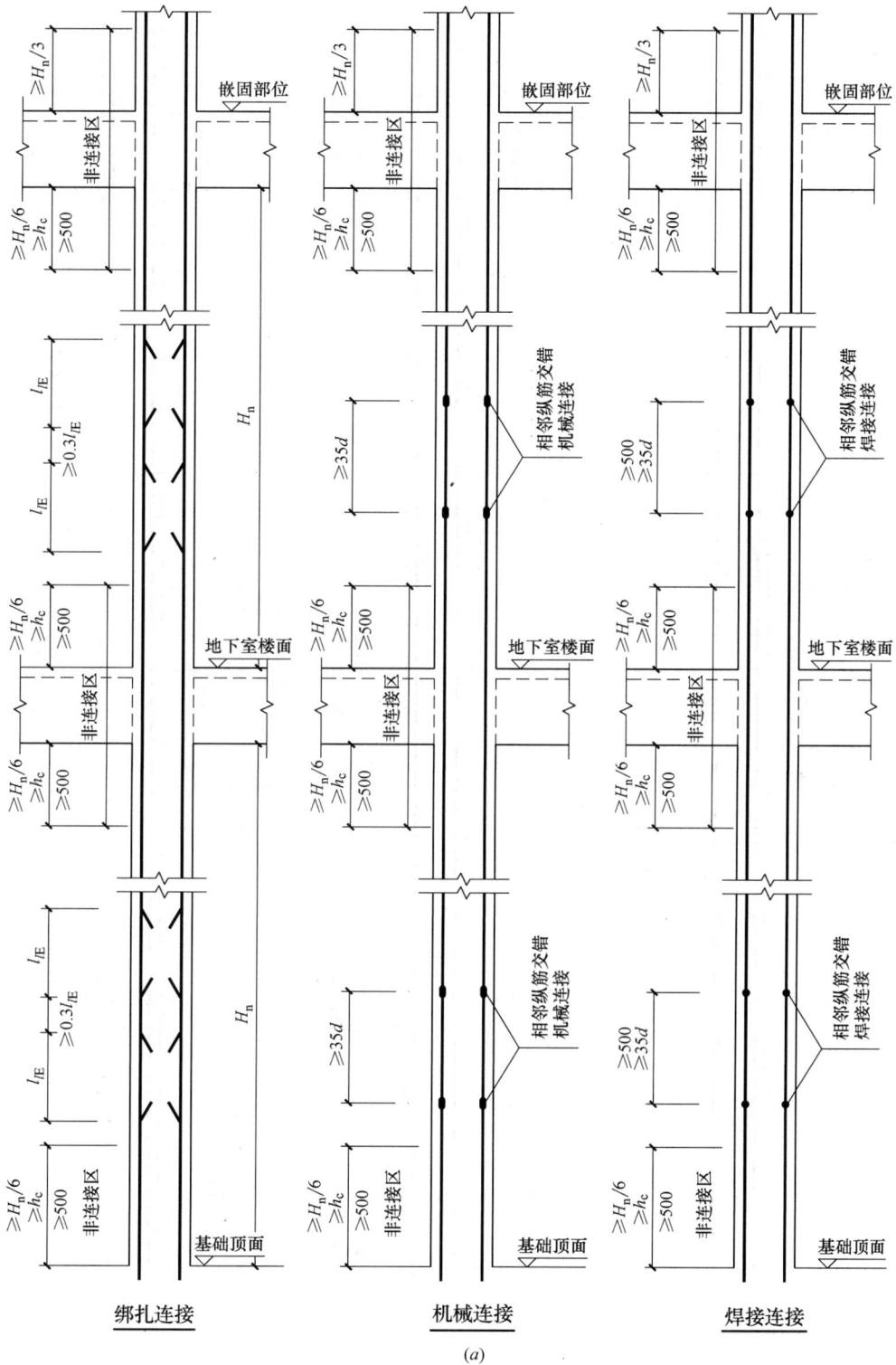

绑扎连接　　　机械连接　　　焊接连接

(a)

图 9.27　框架柱纵筋连接（一）

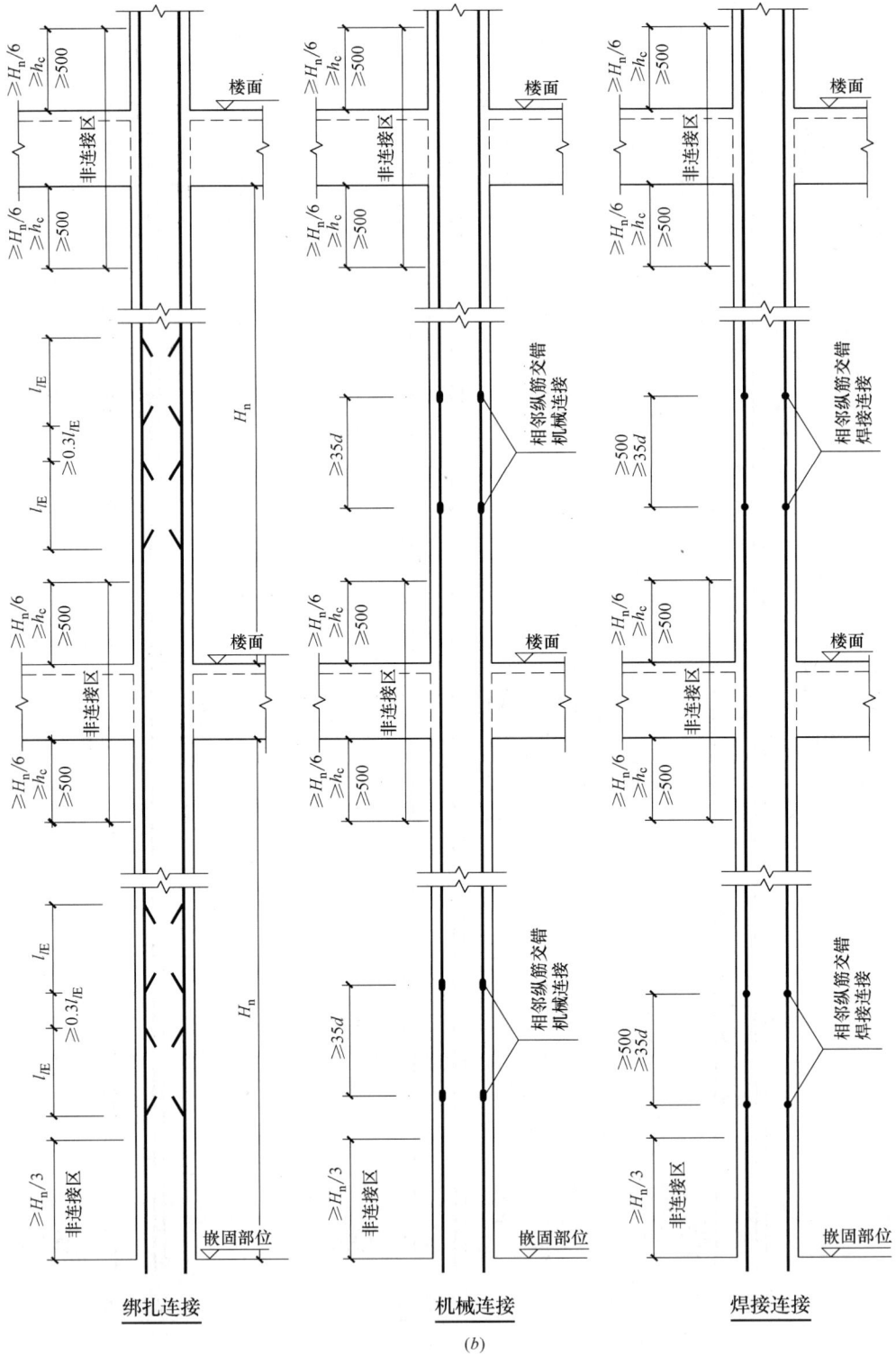

(b)

绑扎连接　　　　机械连接　　　　焊接连接

图 9.27　框架柱纵筋连接（二）

3. 中柱顶层纵筋的锚固

框架柱是梁的支座，柱纵筋应伸至柱顶。

顶层中间节点的柱纵向钢筋及顶层边节点的柱内侧纵向钢筋，根据梁高的不同，分为以下几种情况：

（1）当梁的截面高度较大时，柱的纵筋可用直线方式锚入顶层节点，其自梁底起的钢筋竖向投影长度（从梁底标高较高的梁底起）应不小于 l_{aE}，且必须伸至柱顶，见图 9.28 节点构造①；

（2）当直锚长度小于 l_{aE} 时，柱纵向钢筋应伸至柱顶并向节点内水平弯折，其弯折前的竖直投影长度不应小于 $0.5l_{abE}$，弯折段的水平投影长度不应小于 $12d$（d 为纵向钢筋的直径），见图 9.28 节点构造Ⓐ；当柱顶有不小于 100mm 厚的现浇板时，柱纵向钢筋也可向外弯折，弯折段的水平投影长度不应小于 $12d$，见图 9.28 节点构造Ⓑ；

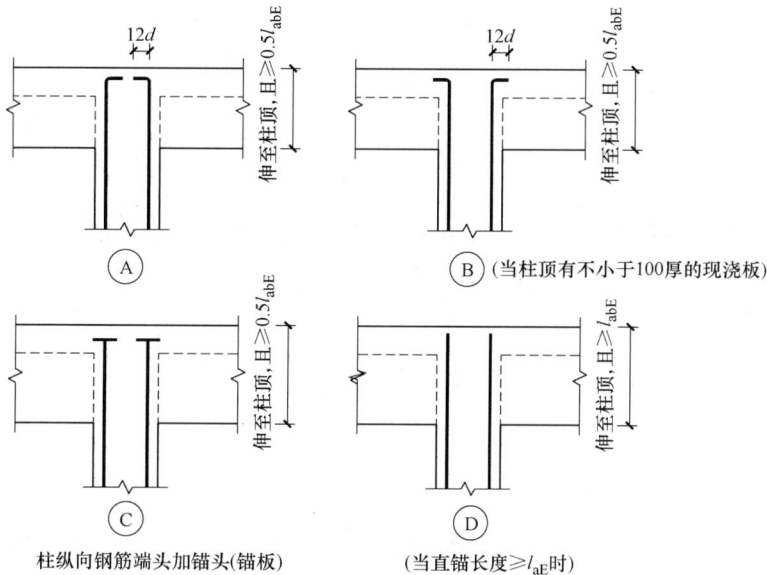

图 9.28　框架中柱顶层纵筋构造

（3）也可在柱纵筋端头加锚板（锚头），纵筋自梁底起的竖直投影长度不应小于 $0.5l_{abE}$，见图 9.28 节点构造Ⓒ。

4. 边柱顶层外侧纵筋的连接

边柱顶层外侧纵筋分为边柱与角柱两种情况，详见图 9.29。边柱顶层内侧纵筋构造要求同中柱顶层纵筋。

边柱顶层外侧纵筋当与梁上部钢筋数量匹配时，可将位于梁截面宽度范围内的柱外侧钢筋直接弯入梁内，作为梁上部负弯矩钢筋使用。也可使梁上部钢筋与柱外侧钢筋在顶层端节点区域搭接，具体构造分下列两种，在没有特别指定的情况下，可根据实际情况任选：

（1）梁柱钢筋在顶层端节点外侧和梁端顶部弯折搭接（图 9.30）。

此时，框架梁边支座上部钢筋全部伸至框架梁底，框架柱部分外侧纵筋弯入梁内，梁柱纵筋搭接长度应不小于 $1.5l_{abE}$。当柱外侧纵向钢筋配筋率大于 1.2% 时，伸入梁内的柱纵向钢筋宜分两批截断，其截断点之间的距离不宜小于 $20d$（d 为柱纵筋直径）。

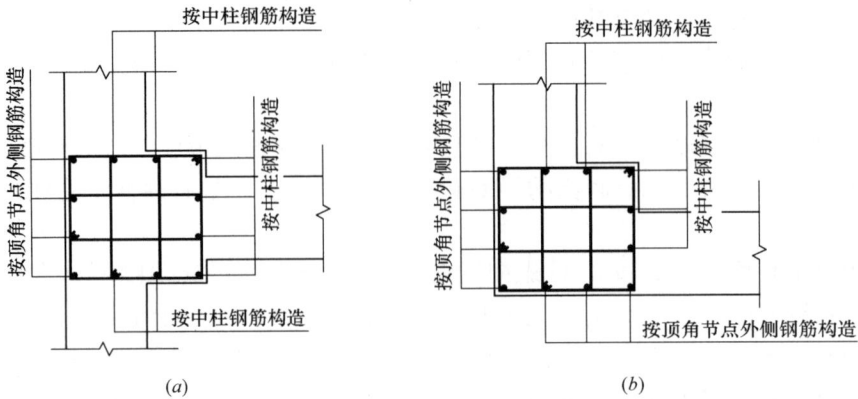

图 9.29   顶层边柱外侧钢筋构造

（a）顶层边柱钢筋构造；（b）顶层角柱钢筋构造

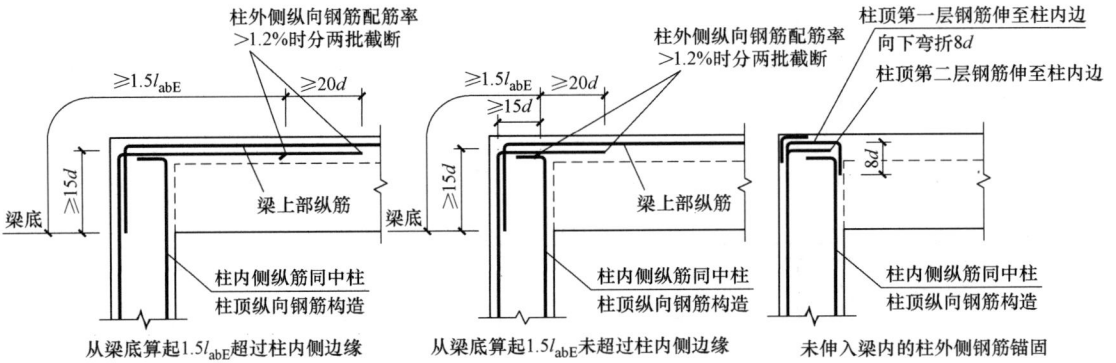

图 9.30   梁柱纵筋在顶层端节点外侧和梁端顶部弯折搭接

伸入梁内的柱外侧纵向钢筋截面面积不宜小于柱外侧全部纵向钢筋截面面积的 65％，梁宽范围以外的柱外侧纵筋可伸入现浇板内，其伸入长度与伸入梁内的相同，且应符合伸入板内不宜小于 15d（d 为柱纵筋直径）的要求。

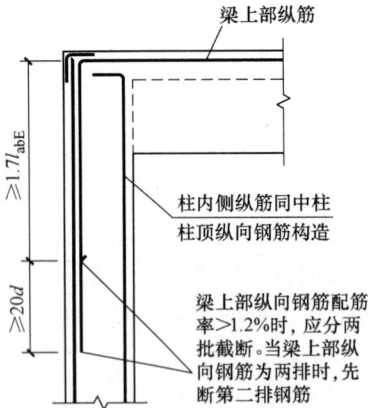

图 9.31   钢筋在柱顶层端节点外侧直线搭接

未伸入梁板内的柱外侧纵向钢筋，宜沿节点顶部伸至柱内边；当柱纵向钢筋位于柱顶第一层时，至柱内边后宜向下弯折不小于 8d 后截断；当柱纵向钢筋位于柱顶第二层时，可不向下弯折。

（2）梁柱钢筋在柱顶层端节点外侧直线搭接（图 9.31）。

此时，柱外侧纵筋均伸至柱顶，框架梁上部钢筋均伸入柱内，梁柱纵筋竖直段搭接长度应不小于 1.7l_{abE}。当梁上部纵向钢筋的配筋率大于 1.2％时，弯入柱外侧的梁上部纵筋宜分两批截断（当梁上部钢筋分两排时，宜先截断第二排钢筋），其截断点之间的距离不宜小于 20d（d 为梁上部纵向钢筋的直径）。

5. 柱变截面时纵筋的构造

在实际工程中，常出现框架柱变截面的情况。根据工程实际，框架柱变截面时纵筋构造可按图 9.32 施工。

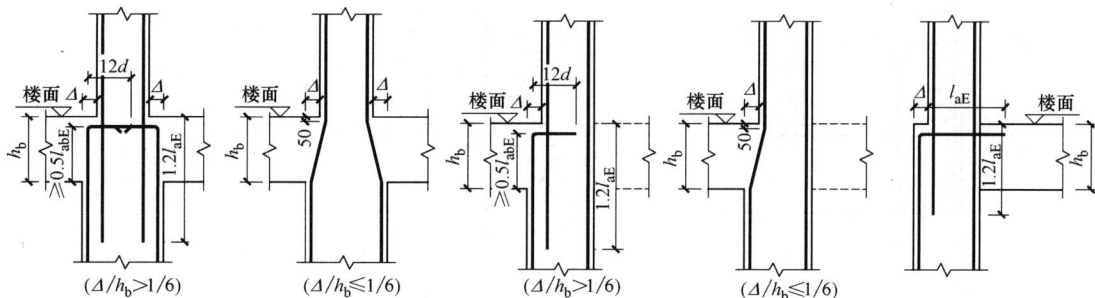

图 9.32 框架柱变截面时纵筋构造

6. 柱纵筋数量与直径改变时纵筋的构造

在实际工程中，框架柱除变截面的情况外，纵筋数量与直径也可能改变，上下层柱纵筋位置还可能错位。

框架柱纵筋数量改变或上下层柱纵筋位置错位时，下柱多出的钢筋（指上柱相对应的平面位置无纵筋与之连接；与上、下柱纵筋数量无直接关系）应从梁底面起伸入上柱 $1.2l_{aE}$ 后切断，见图 9.33 (a)；上柱多出的钢筋（指下柱相对应的平面位置无纵筋与之连接；与上、下柱纵筋数量无直接关系）应从梁顶面起插入下柱 $1.2l_{aE}$，见图 9.33 (b)。

当上柱钢筋直径大于下柱相应钢筋直径时，应在下层柱上端、箍筋加密区以外将小直径钢筋通过连接换成与上柱同直径的钢筋，见图 9.33 (c)。

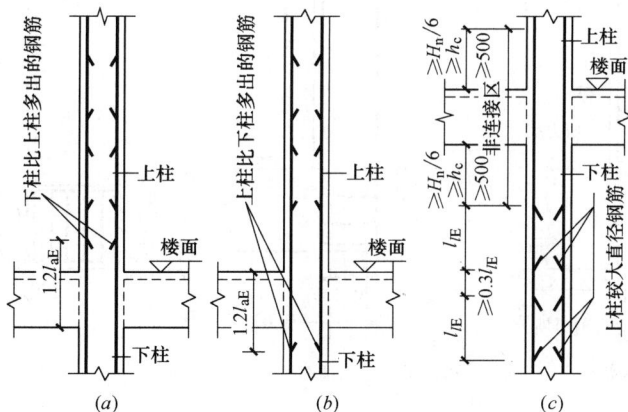

图 9.33 框架柱纵筋数量与直径改变时构造

在实际工程中同时出现变截面、柱纵筋数量与直径改变时，可按图 9.32 与图 9.33 组合使用。

7. 角柱或边柱出屋面的构造

在装配式工程中，框架边柱可能采用出屋面的做法，要求及做法详见图 9.34。

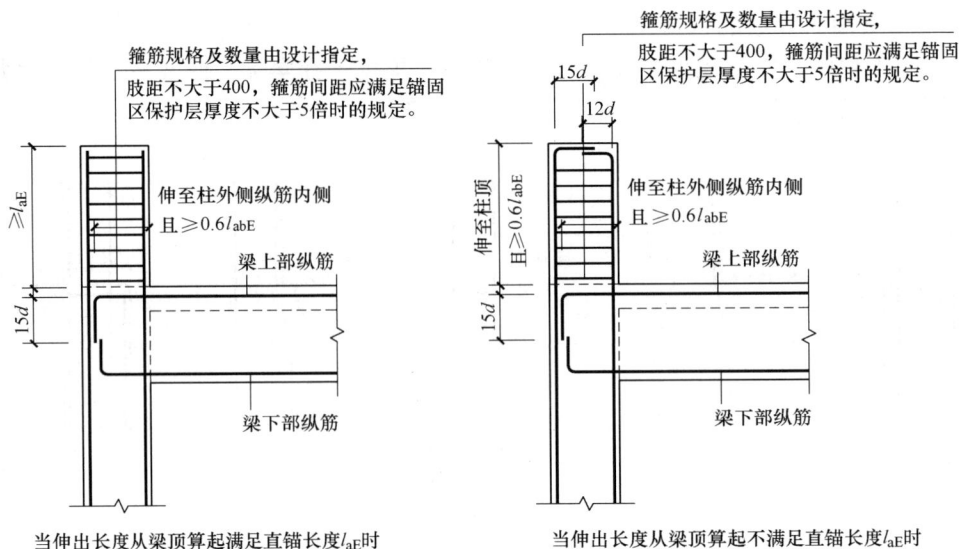

图 9.34 角柱或边柱柱顶等截面伸出屋面时纵筋构造

8. 墙上柱、梁上柱的构造

墙上柱：分柱、墙重叠一层及墙顶起柱两种，在墙顶面以下锚固范围内的柱箍筋间距按上柱非加密区要求设置箍筋。

梁上柱：在梁内柱的箍筋间距不大于 500mm，且不少于两道；节点平面外应设梁；柱宽大于梁宽时梁应设水平加腋。详见图 9.35。

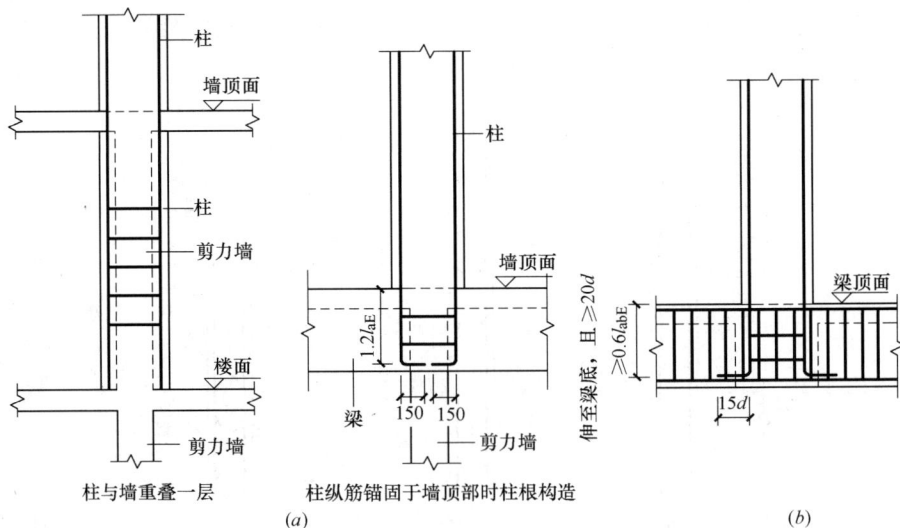

图 9.35 墙上柱、梁上柱构造

（a）墙上柱；（b）梁上柱

9.3.5 框架梁配筋构造

1. 框架梁截面尺寸

框架结构的主梁截面高度可按（1/10～1/18）l_b 确定，l_b 为主梁计算跨度；梁净跨与截面高度之比不宜小于 4，梁截面的高宽比不宜大于 4，梁的截面宽度不宜小于 200mm。

2. 框架梁纵向受力钢筋

（1）纵向受拉钢筋的最小配筋率 ρ_{min} （%），不应小于表 9.14 规定的数值；

（2）梁端纵向受拉钢筋的配筋率不宜大于 2.5%；高层建筑时，不应大于 2.75%；

（3）梁端截面的底面和顶面纵向钢筋截面面积的比值，除按计算确定外，一级不应小于 0.5，二、三级不应小于 0.3；

（4）沿梁全长顶面和底面至少各配置两根纵向钢筋，一、二级抗震等级时钢筋直径不应小于 14mm，且分别不应小于梁两端顶面和底面纵向配筋中较大截面面积的 1/4；三、四级抗震设计钢筋直径不应小于 12mm；

梁纵向受拉钢筋最小配筋百分率 ρ_{min} （%）　　　　　　　　表 9.14

抗震等级	位　　置	
	支座（取较大值）	跨中（取较大值）
一级	0.40 和 $80f_t/f_y$	0.30 和 $65f_t/f_y$
二级	0.30 和 $65f_t/f_y$	0.25 和 $55f_t/f_y$
三、四级	0.25 和 $55f_t/f_y$	0.20 和 $45f_t/f_y$

（5）一、二、三级抗震等级的框架梁内贯通中柱的每根纵向钢筋的直径，对矩形截面柱，不宜大于柱在该方向截面尺寸的 1/20，对圆柱截面柱，不宜大于纵向钢筋所在位置柱截面弦长的 1/20。

3. 框架梁箍筋

1）梁端箍筋的加密区长度、箍筋最大间距和最小直径应符合表 9.15 的要求；当梁端纵向钢筋配筋率大于 2% 时，表中箍筋最小直径应增大 2mm。框架梁箍筋加密区范围示意详见图 9.36。

梁端箍筋加密区的长度、箍筋最大间距和最小直径 （mm）　　　　表 9.15

抗震等级	加密区长度（取较大值）	箍筋最大间距（取较小值）	箍筋最小直径
一	$2.0h_b$，500	$h_b/4,6d,100$	10
二	$1.5h_b$，500	$h_b/4,8d,100$	8
三	$1.5h_b$，500	$h_b/4,8d,150$	8
四	$1.5h_b$，500	$h_b/4,8d,150$	6

注：1. d 为纵向钢筋直径，h_b 为梁截面高度；

　　2. 一、二级抗震等级的框架梁，当箍筋直径大于 12mm、肢数不少于 4 肢且肢距不大于 150mm 时，箍筋加密区最大间距允许适当放宽，但不得大于 150mm。

2）框架梁的箍筋尚应符合下列构造要求：

（1）框架梁沿梁全长箍筋的面积配箍率应符合下列要求：

一级　　　　$\rho_{sv} \geqslant 0.30 f_t/f_{yv}$　　　　　　　　　　　（9.5）

二级　　　　$\rho_{sv} \geqslant 0.28 f_t/f_{yv}$　　　　　　　　　　　（9.6）

三、四级　　$\rho_{sv} \geqslant 0.26 f_t/f_{yv}$　　　　　　　　　　　（9.7）

（2）第一个箍筋应设置在距支座边缘 50mm 处；

（3）在箍筋加密区范围内的箍筋肢距：一级不宜大于 200mm 和 20 倍箍筋直径的较大

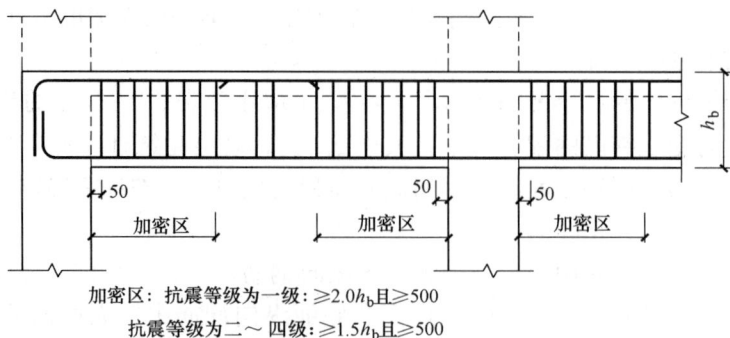

加密区：抗震等级为一级：≥2.0h_b且≥500
抗震等级为二～ 四级：≥1.5h_b且≥500

图 9.36　框架梁箍筋加密区范围示意

值，二、三级不宜大于 250mm 和 20 倍箍筋直径的较大值，四级不宜大于 300mm；

（4）箍筋应设 135°弯钩，弯钩端头直段长度不应小于 10 倍的箍筋直径和 75mm 的较大值；

（5）在纵向钢筋搭接长度范围内的箍筋间距，不应大于搭接钢筋较小直径的 5 倍，且不应大于 100mm；

（6）框架梁非加密区箍筋间距不宜大于加密区箍筋间距的 2 倍。

4. 框架梁上部纵筋切断点长度

为施工方便，《混凝土结构施工图平面整体表示方法制图规则和构造详图》16G101-1 规定，凡框架梁的所有支座的上部纵筋的延伸长度 a_0 取为：第一排非贯通筋从柱（梁）边起延伸长度为 1/3l_n；第二排非贯通筋的延伸长度为 1/4l_n。l_n 对于端支座为本跨净跨；对于中间支座为相邻两跨较大的净跨值。有特殊要求时应予以注明，详见图 9.37。当为屋面梁时支座的上部纵筋延伸长度同上所述，但端部支座的上部纵筋锚固按照顶层边节点构造。

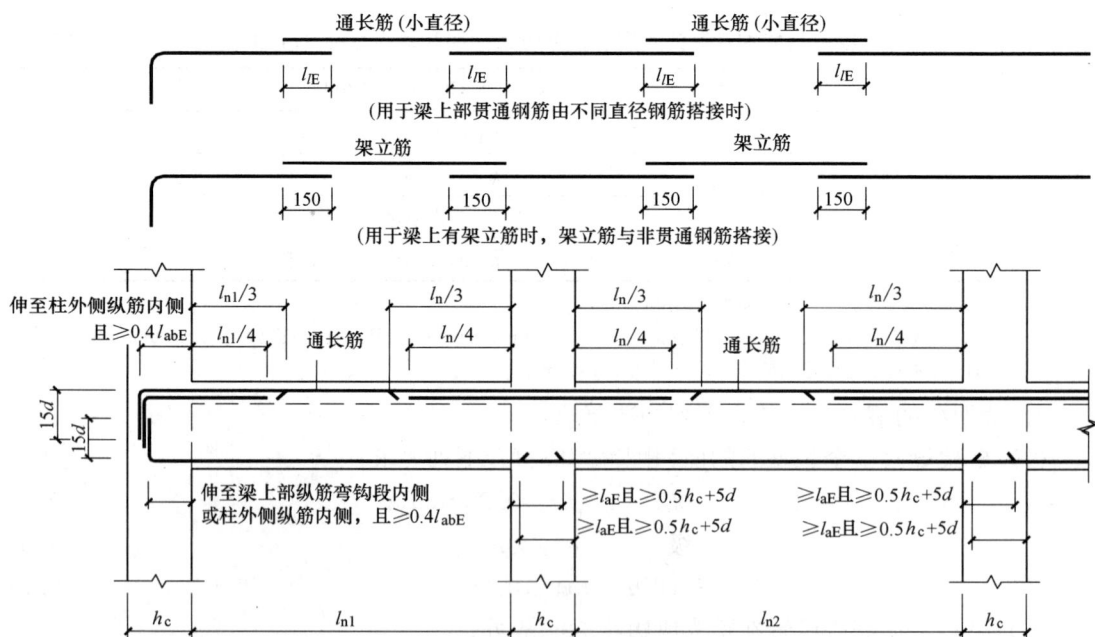

图 9.37　框架梁纵向钢筋构造

9.3.6 框架梁柱节点构造

梁、柱节点构造是保证框架结构整体空间受力性能的重要措施。现浇框架的梁、柱节点应做成刚性节点。

根据构造做法不同，框架结构的节点可分为图9.38 所示的 4 种类型。

1. 中间层边节点

框架柱是框架梁的支座，由于地震作用方向的不确定性，梁上、下部纵向钢筋的锚固长度均按受拉钢筋考虑。

图 9.38 框架节点类型
1—中间层中间节点；2—中间层边节点；
3—顶层边节点；4—顶层中间节点

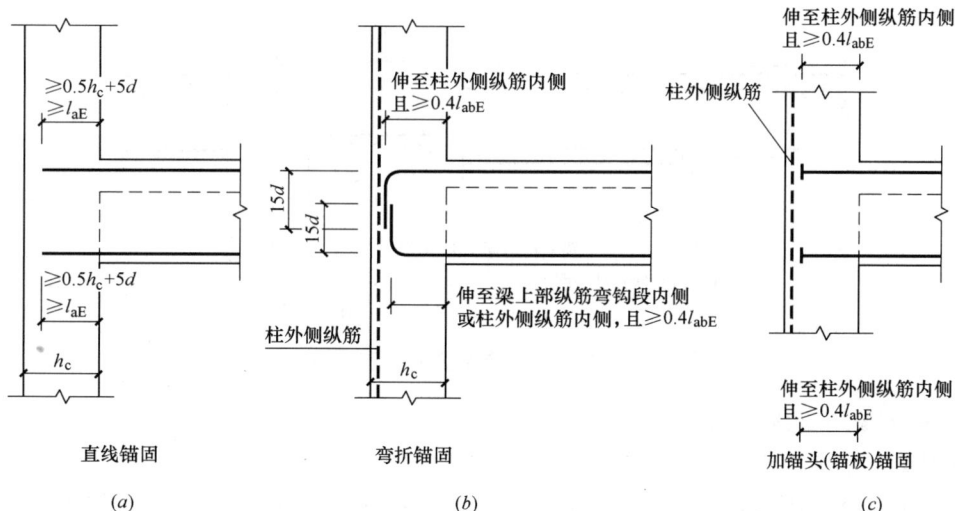

框架梁上、下部纵向钢筋伸入柱内的锚固长度，当采用直线锚固形式时不应小于 l_{aE}，且应伸过柱中心线不小于 5d（d 为梁纵向钢筋的直径），详见图 9.39（a）。

当框架梁纵向钢筋在柱内水平锚固长度不能满足直线锚固要求时，可采用弯折锚固的形式：梁上部纵向钢筋应伸至柱外侧钢筋的内侧并向下弯折，梁下部纵向钢筋应伸至柱外侧钢筋的内侧或梁上部钢筋的内侧并向上弯折，梁筋在柱内的水平投影长度（包括弯弧段在内）不应小于 $0.4l_{abE}$，弯折后的竖向投影长度（包括弯弧段在内）应不小于 15d，详见图 9.39（b）。

当框架梁纵向钢筋在柱内水平锚固长度不能满足弯折锚固要求时，可采用机械锚固的形式：梁纵向钢筋应伸至柱外侧钢筋的内侧，水平投影锚固长度不应小于 $0.4l_{abE}$，详见图 9.39（c）。

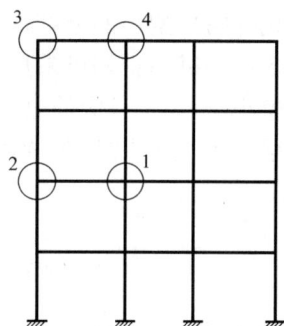

图 9.39 端支座的锚固

2. 中间层中节点

1）框架梁上部纵向钢筋

一般情况下，相邻跨框架梁的上部钢筋相同、梁面平齐，此时，框架梁上部纵向钢筋应贯穿中间节点，详见图 9.40。

当相邻跨框架梁的上部钢筋不同（一般是钢筋直径相同，钢筋数量不同）、梁顶面平齐时，多出的纵向钢筋可采用直线锚固的方式，伸入柱内的锚固长度（可伸入相邻跨的梁内）不应小于 l_{aE}，且应伸过柱中心线不小于 $5d$（d 为梁纵向钢筋的直径）；当相邻跨框架梁的梁宽不同或错开布置时，将无法直通的钢筋弯折锚固或直线锚固在柱内，详见图 9.41。

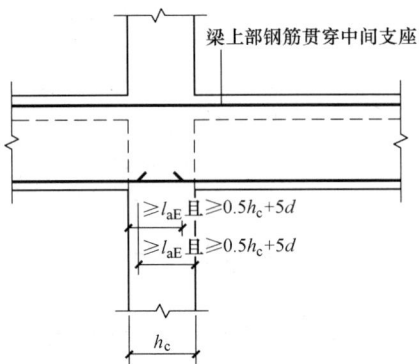

图 9.40　框架梁纵向钢筋构造

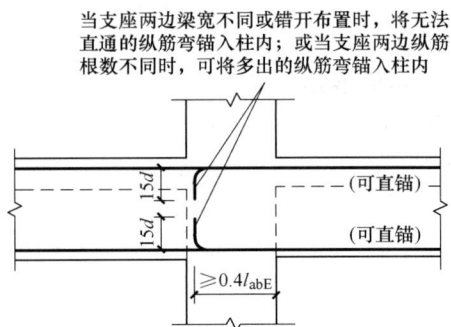

图 9.41　邻跨框架梁的梁宽不同或错开布置时构造

当相邻跨框架梁梁面不平时，框架梁的上部钢筋可采用直线锚固或弯折锚固，有时也可将钢筋弯折连续布置（注意钢筋弯折点的位置），详见图 9.42。

当实际工程中出现复杂情况时，可按上述要求组合。

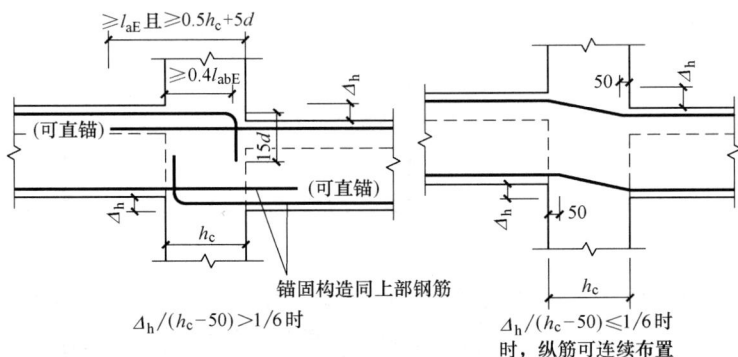

图 9.42　梁面不平齐时钢筋构造

2）框架梁下部纵向钢筋

框架梁下部纵向钢筋在中间节点处的锚固要求详见图 9.40～图 9.42。

当梁下部钢筋不能在柱内锚固时，可在节点外搭接，相邻跨钢筋直径不同时，搭接位置应在钢筋直径较小跨，详见图 9.43。

3. 顶层边节点

1）框架梁上部纵向钢筋

与框架柱顶层边节点纵筋构造相对应，梁上部纵向钢筋构造有下列两种：

（1）搭接接头沿顶层端节点外侧及梁端顶部布置（图 9.44）。此时，梁上部纵向钢筋应伸至柱外侧钢筋的内侧并向下弯至梁底后截断。

该方案的优点是，梁上部钢筋不伸入梁底以下柱内，利于在底标高处设置混凝土施工缝。但当梁上部和柱外侧钢筋数量过多时，将造成节点顶部钢筋拥挤，不利于混凝土浇筑。该方案适用于梁上部和柱外侧钢筋不太多的情况。

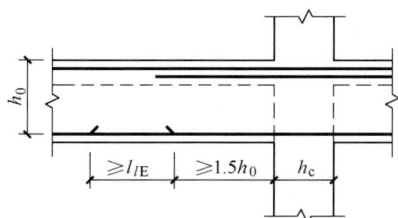

图 9.43　下部钢筋在节点外搭接

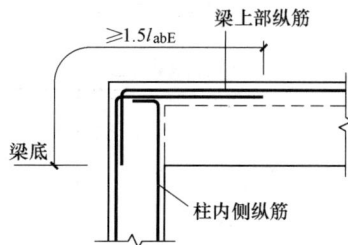

图 9.44　搭接接头沿顶层端节点外侧及梁端顶部布置

（2）搭接接头沿柱顶外侧布置（图9.45）。此时，梁上部钢筋全部伸至柱外侧纵向钢筋内侧并向下弯折，梁、柱纵筋的搭接长度应不小于 $1.7l_{abE}$；当梁上部纵向钢筋的配筋率大 1.2％时，梁上部钢筋在柱内宜分两批截断（当梁上部钢筋分两排时，宜先截断第二排钢筋），其截断点之间的距离不宜小于 $20d$（d 为梁上部纵向钢筋的直径）。

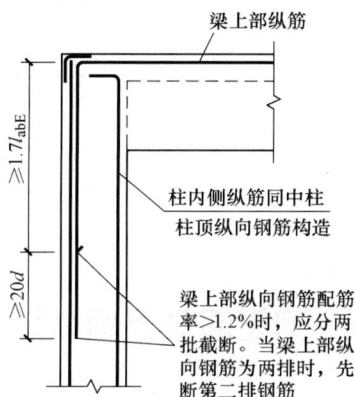

图 9.45　搭接接头沿柱顶外侧布置

该方案适用于梁上部和柱外侧钢筋较多的情况。

2）框架梁下部纵向钢筋

框架梁下部纵向钢筋的锚固要求同中间层框架边节点下部纵筋。

4. 顶层中节点

1）框架梁上部纵向钢筋

框架梁上部纵向钢筋一般应贯穿中间节点。梁面标高不同时上部纵向钢筋分别锚固。当支座两边梁宽不同或错开布置时，上部无法直通的纵筋弯锚入柱内，且竖直投影长度为 l_{aE}。详见图 9.46。

2）框架梁下部纵向钢筋

框架梁下部纵向钢筋的锚固要求以及下部纵筋在节点外搭接构造同中间层中节点下部纵向钢筋，参见图 9.40、图 9.43。框架梁底标高不同时，下部纵向钢筋在中间节点处分别锚固。当支座两边梁宽不同或错开布置时，下部无法直通的纵筋弯锚入柱内，水平投影长度不小于 $0.4l_{abE}$，竖直投影长度为 $15d$。详见图 9.46。

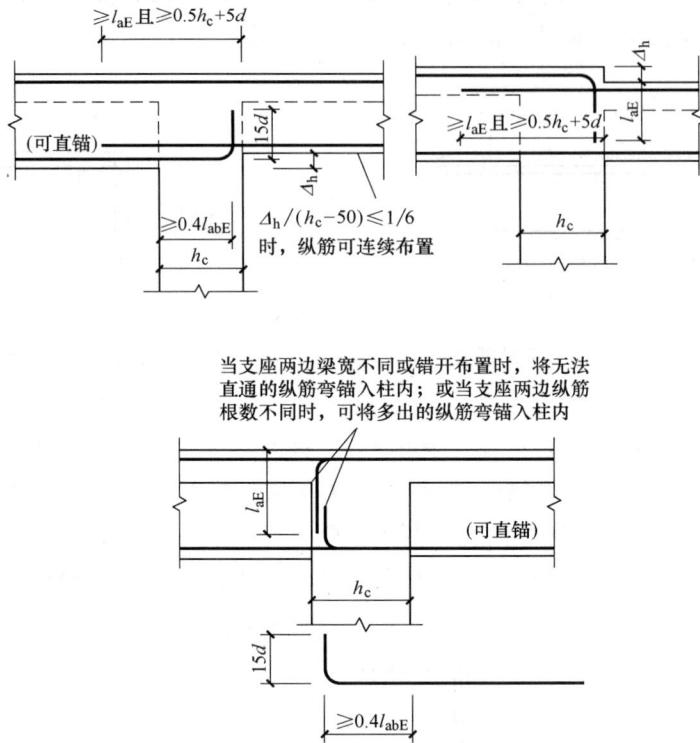

图 9.46　顶层中节点框架梁纵向钢筋构造

9.4　钢筋混凝土剪力墙结构

9.4.1　剪力墙结构的布置

剪力墙的高度一般与房屋的高度相同，从基础至屋顶。相对而言，它的厚度很薄，在墙身平面内的侧向刚度很大，而墙身平面外的刚度很小。为使剪力墙具有较好的受力性能，结构平面布置时应使纵横向剪力墙连成整体，使墙肢形成Ⅰ形、T形、Z形、〔形等截面形式。

在立面上剪力墙常因开门、开窗而需开设洞口，应尽量使洞口上下对齐，规则布置，使洞口至墙边及相邻洞口之间形成墙肢、上下洞口之间形成连梁。规则成列开洞的剪力墙受力明确、传力直接，而错洞剪力墙往往受力复杂，洞口角边容易产生明显的应力集中，地震中易发生震害。

剪力墙结构的布置要求：

（1）剪力墙结构中，剪力墙宜沿主轴方向或其他方向双向布置。剪力墙墙肢截面宜简单、规则。剪力墙结构两个方向的侧向刚度不宜相差过大。

（2）高层建筑结构不应全部采用短肢剪力墙结构。B级高度的高层建筑以及抗震设防烈度为9度的A级高度高层建筑，不宜布置短肢剪力墙，不应采用具有较多短肢剪力墙的剪力墙结构。

（3）剪力墙的门窗洞口宜上下对齐、成列布置，形成明确的墙肢和连梁，宜避免使墙肢刚度相差悬殊的洞口设置。

（4）较长的剪力墙宜开设洞口，将其分成长度较为均匀的若干墙段，墙段之间宜采用弱连梁连接，每个独立墙段的总高度与其墙段长度之比不宜小于3，墙段长度不宜大于8m。

（5）宜自下到上连续布置，避免刚度突变。

图9.47为某30层剪力墙结构住宅的剪力墙平面图。

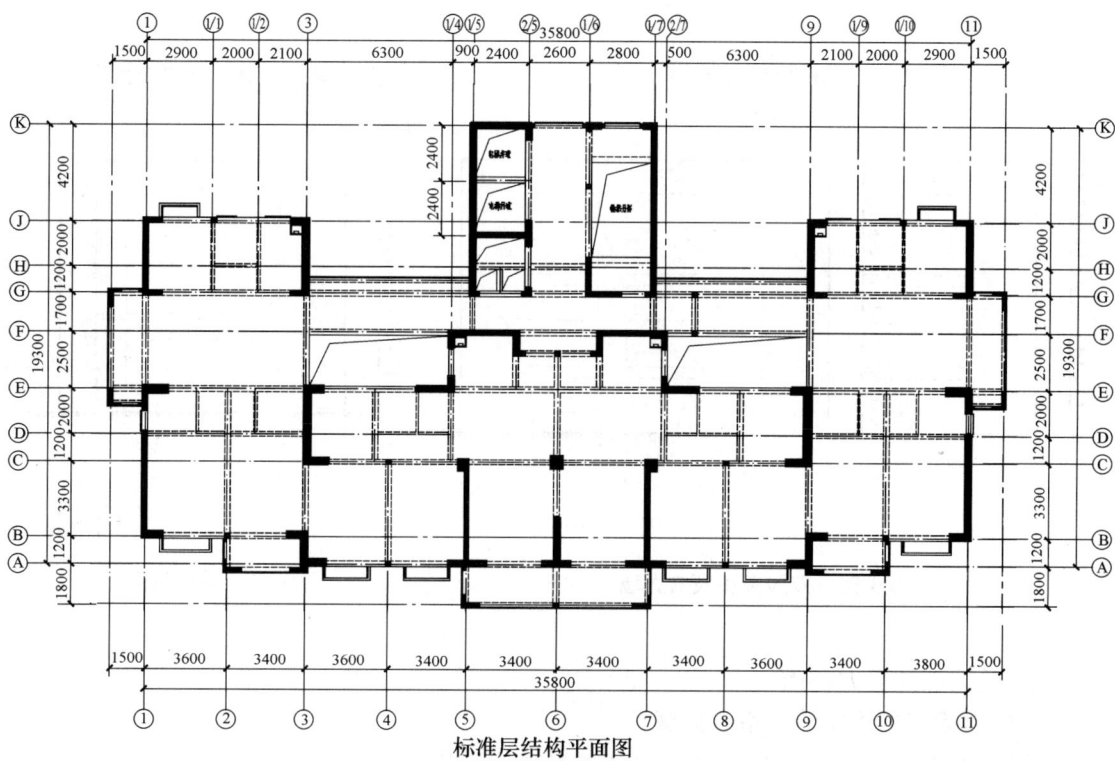

图9.47　某30层剪力墙结构住宅平面图

开洞剪力墙由墙肢和连梁两种构件组成，不开洞的剪力墙仅有墙肢。按墙面开洞情况，剪力墙可分为四类：整截面剪力墙（不开洞或开洞面积不大于15%的墙，且洞口间净距及洞口至墙边的净距都大于洞口的长边尺寸时为整体剪力墙，如图9.48所示）、整体小开口剪力墙（开洞面积大于15%，但仍较小的墙，如图9.49所示）、双肢及多肢剪力墙（开口较大、洞口成列布置的剪力墙，如图9.50所示）、壁式框架（洞口尺寸大，连梁线刚度大于或接近墙肢线刚度的墙，如图9.51所示）。

按剪力墙总高度 H 与墙肢长度（截面高度）h_w 的比值的不同，剪力墙分为高墙（$H/h_w \geqslant 3$）、中高墙（$1.5 \leqslant H/h_w < 3$）、矮墙（$H/h_w < 1.5$）三种，详见图9.52。

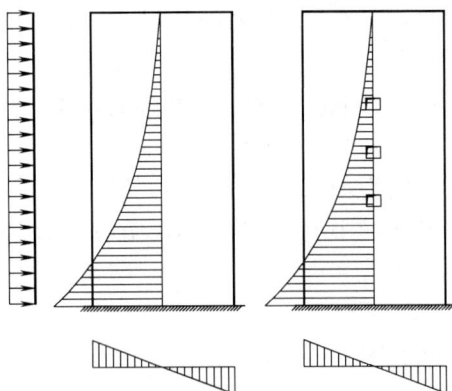

图 9.48　整截面剪力墙

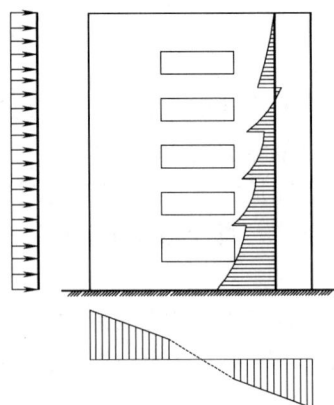

图 9.49　整体小开口剪力墙

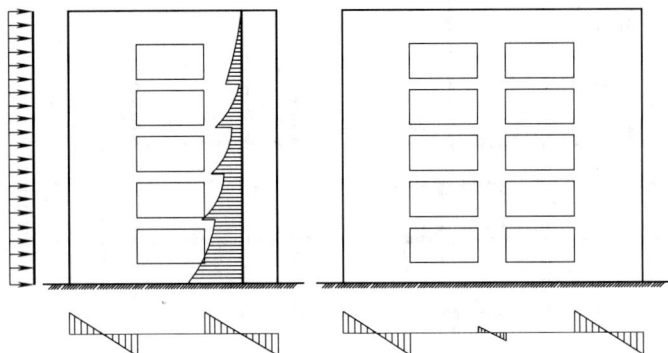

图 9.50　双肢及多肢剪力墙

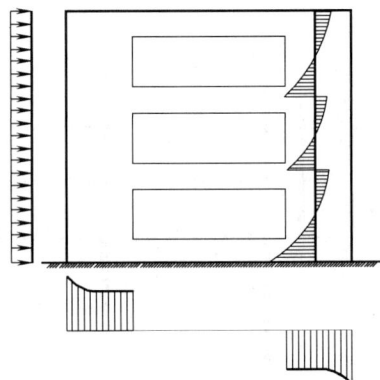

图 9.51　壁式框架

9.4.2　剪力墙的受力特点

1. 剪力墙结构承受的作用（荷载）

剪力墙结构承受的作用包括竖向荷载、水平荷载和地震作用。

2. 内力、变形特点

（1）在水平作用下，整截面剪力墙如同一片整体的悬臂墙，在墙肢的整个高度上，弯矩图沿墙高呈曲线分布，弯矩图既不突变，也无反弯点，截面上的正应力呈直线分布，剪力墙的变形以弯曲型为主（图 9.48）。整体小开口剪力墙肢的弯矩图在连梁处发生突变，但在整个墙肢高度上没有或仅仅在个别楼层中出现反弯点，整个墙截面上的正应力接近直线分布，剪力墙的变形仍以弯曲型为主（图 9.49）。双肢及多肢剪力墙与整体小开口剪力墙相似（图 9.50）。壁式框架洞口面积很大，墙肢较弱，沿墙肢高度各层弯矩图出现反弯点，受力性能已接近框架，其侧移呈剪切型为主（图 9.51）。

（2）在竖向作用下，墙肢内主要产生轴力。当纵墙和横墙整体联结时，荷载可以相互扩散。因此，在楼板下一定距离以外，可认为竖向荷载在纵、横墙内均匀分布。

（3）在竖向、水平共同作用下，剪力墙的墙肢
为压、弯、剪构件，而开洞剪力墙的墙肢可能是
压、弯、剪，有时可能是拉、弯、剪构件。

（4）连梁受弯、受剪，按照受弯构件设计。剪
力墙结构连梁受力性能随着剪跨比（或跨高比 l/h_b）
的大小而不同：

① 连梁跨高比 $l/h_b \leqslant 2.5$ 时：很容易出现斜向
的剪切裂缝，可能很早就出现剪切脆性破坏，使墙
肢间丧失连系，墙肢间的约束将削弱和全部消失，
使联肢墙蜕化为两个或多个独立的墙肢，使结构的
刚度大大降低、承载能力降低。

② 连梁跨高比 $2.5 < l/h_b < 5$ 时：梁端先出现
垂直裂缝，跨中受拉区会出现较小的裂缝，在地震

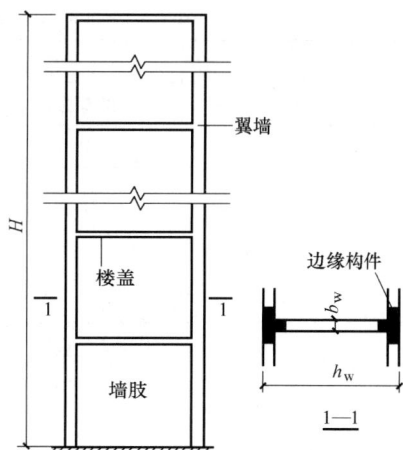

图 9.52　墙的分类

作用下会出现交叉裂缝，并形成塑性铰。塑性铰的出现，结构刚度降低，变形加大，从而
吸收大量的地震能量，同时通过塑性铰仍能继续传递弯矩和剪力，对墙肢起到一定的约束
作用，使剪力墙保持足够的刚度和强度。在这一过程中，连梁起到了一种耗能的作用，对
减少墙肢内力，延缓墙肢屈服有着重要的作用。但在地震反复作用下，连梁的裂缝会不断
发展、加宽，直到混凝土受压破坏。当箍筋数量不足时也会产生剪切破坏。

③ 连梁跨高比 $l/h_b \geqslant 5$ 时：受
力性能同框架梁类似，按照框架梁
进行设计。

（5）较高的剪力墙具有较好的
延性，底部会出现塑性铰，破坏时一
般为具有延性的弯曲破坏；矮墙容易
出现斜裂缝，容易出现脆性的剪切破
坏，在抗震结构中应尽量避免采用矮
墙，以保证结构延性。高墙、中高
墙、矮墙的裂缝分布如图 9.53 所示。

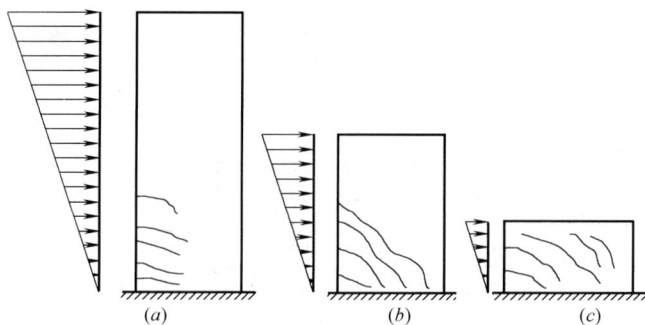

图 9.53　剪力墙的裂缝分布
(a) 高墙；(b) 中高墙；(c) 矮墙

9.4.3　剪力墙墙身构造要求

1. 剪力墙的厚度

为了保证墙体平面的刚度和稳定性，确保混凝土的质量，《高规》规定，剪力墙的厚
度除应符合稳定验算要求外，最小厚度还应满足表 9.16 要求。

剪力墙井筒中，分隔电梯井或管道井的墙肢截面厚度可适当减小，但不宜小于
160mm。短肢剪力墙底部加强部位尚不应小于 200mm，其他部位尚不应小于 180mm。

2. 剪力墙底部加强部位

剪力墙底部加强部位的高度应从地下室顶板算起，并应符合表 9.17 规定。

当结构计算嵌固端位于地下一层底板或以下时，底部加强部位宜延伸到计算嵌
固端。

剪力墙最小厚度（mm）   表 9.16

抗震等级	一般剪力墙		一字形独立剪力墙	
	底部加强部位	其他部位	底部加强部位	其他部位
一、二级	200	160	220	180
三、四级	160	160	180	160

剪力墙底部加强部位高度   表 9.17

剪力墙类别		底部加强部位
一般剪力墙	房屋高度≤24	底部一层
	房屋高度>24	底部两层和墙肢总高度的 1/10 二者的较大值
部分框支剪力墙结构		框支层加框支层以上两层的高度和落地剪力墙总高度的 1/10 二者的较大值

3. 剪力墙的配筋

剪力墙的钢筋有水平分布钢筋、竖向分布钢筋及拉筋组成。这些分布钢筋的作用是：①由于竖向分布筋参与受力，使剪力墙有一定的延性，破坏前有明显的位移和预告，防止突然脆性破坏；②当混凝土受剪破坏后，水平分布钢筋仍有足够抗剪能力，剪力墙不会突然倒塌；③减少和防止产生温度裂缝；④当因施工拆模或其他原因使剪力墙产生裂缝时，能有效地控制裂缝继续发展。竖向分布钢筋布置在墙的内侧，水平分布钢筋布置在墙的外侧。当墙厚 $b_w \leqslant 400mm$ 时可配双排钢筋，当墙厚 $400mm < b_w \leqslant 700mm$ 时配三排钢筋，当墙厚 $b_w > 700mm$ 时配四排钢筋，见图 9.54。

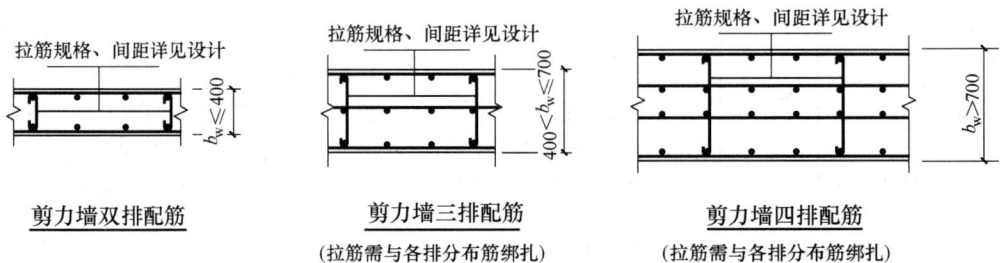

图 9.54   剪力墙的配筋

各排分布钢筋之间应在水平、竖向分布钢筋的交点处设置拉筋，同时勾住外侧水平、竖向分布钢筋。拉筋间距不应大于 600mm，拉筋直径不应小于 6mm。当钢筋间距不大于 150mm 时，宜设置梅花拉筋，当钢筋间距 150mm < S ≤ 200mm 时，宜设置矩形拉筋，见图 9.55。用于剪力墙身分布筋拉结的拉筋，两端做成 135° 弯钩（也可一端做成 90° 弯钩，但应错开布置），弯钩端部平直段不小于拉筋直径的 5 倍。

剪力墙的水平和竖向分布钢筋的配筋应符合下列规定：

（1）一、二、三级抗震等级的剪力墙的竖向和水平分布筋的配筋率均不应小于 0.25%；四级抗震等级的剪力墙不应小于 0.20%。竖向和水平分布钢筋的间距均不宜大于 300mm。

（2）部分框支剪力墙结构的落地剪力墙底部加强部位，水平和竖向分布钢筋配筋率不

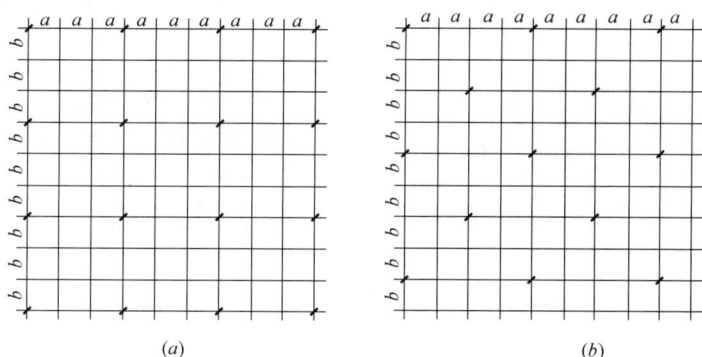

图 9.55 剪力墙拉筋示意

(a) 拉筋@3a3b 矩形（a≤200、b≤200）；(b) 拉筋@4a4b 梅花（a≤150、b≤150）

应小于 0.3%，水平和竖向分布钢筋的间距不宜大于 200mm。

（3）对高度小于 24m 且剪压比很小的四级抗震等级剪力墙，墙体竖向分布钢筋的最小配筋率应允许按 0.15% 采用。

（4）剪力墙竖向和水平分布钢筋的直径，均不宜大于墙厚的 1/10 且不应小于 8mm；竖向分布钢筋的直径不宜小于 10mm。

（5）高层建筑房屋顶层剪力墙、长矩形平面房屋的楼梯间和电梯间剪力墙、端开间纵向剪力墙、端山墙的水平和竖向分布钢筋的最小配筋率均不应小于 0.25%，钢筋间距均不应大于 200mm。

4. 剪力墙水平分布钢筋的锚固和连接

剪力墙水平分布钢筋的锚固和连接应符合下列要求：

（1）剪力墙水平分布钢筋的最小锚固长度为 l_{aE}。

（2）水平分布钢筋采用搭接连接时，钢筋搭接长度不应小于 $1.2l_{aE}$。同排水平分布钢筋的搭接接头之间以及上、下相邻水平分布钢筋的搭接接头之间应错开，沿水平方向的净间距均不宜小于 500mm，见图 9.56。

（3）端柱端部墙，内墙两侧和外墙内侧的水平分布钢筋应伸至端柱外侧纵筋的内侧，并分别向两侧水平弯折，弯折长度不小于 15d；当伸入柱内的长度大于等于 l_{aE} 时，可直锚。外墙外侧水平分布钢筋伸入柱内水平投影长度还应不小于 $0.6l_{abE}$；见图 9.57。

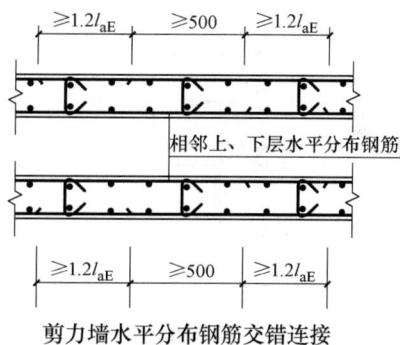

图 9.56 剪力墙水平分布钢筋构造（一）

（4）端柱转角墙、端柱翼墙水平分布钢筋构造类似于端柱端部墙，见图 9.58。

（5）墙中水平分布钢筋应伸至墙端，并向内水平弯折 10d，d 为钢筋直径，见图 9.59。

（6）翼墙水平分布钢筋构造，见图 9.60。

（7）转角墙水平分布钢筋构造，见图 9.61。

（8）剪力墙水平钢筋计入约束边缘构件体积配箍率时的构造，见图 9.62、图 9.63。

注意：当墙体水平分布钢筋与约束边缘构件的箍筋及拉筋位置不同（标高）时，约束边缘构件非阴影区应设置封闭箍筋。约束边缘构件的箍筋及拉筋在高度方向，宜设在相邻水平分布钢筋的中间，即水平分布钢筋的间距宜与约束边缘构件的箍筋及拉筋一致。

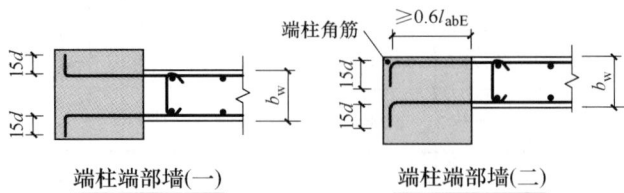

端柱端部墙(一)   端柱端部墙(二)

图 9.57   剪力墙水平分布钢筋构造（二）

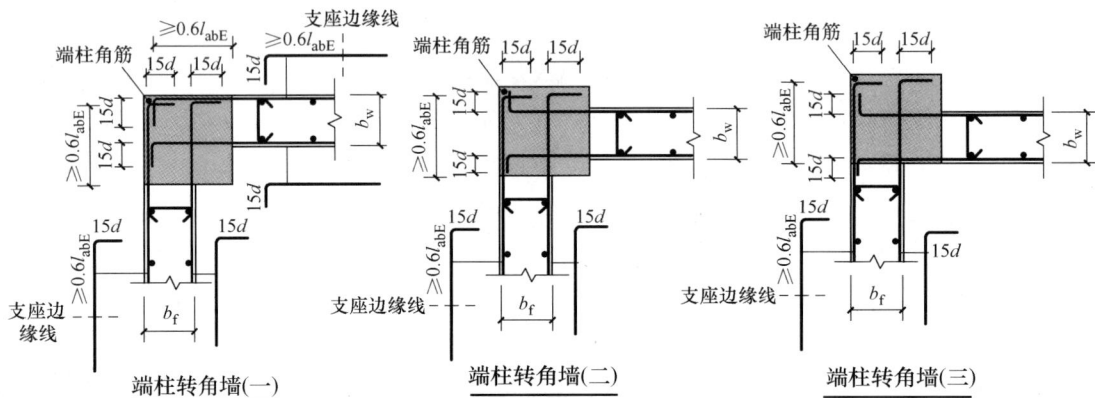

端柱转角墙(一)   端柱转角墙(二)   端柱转角墙(三)

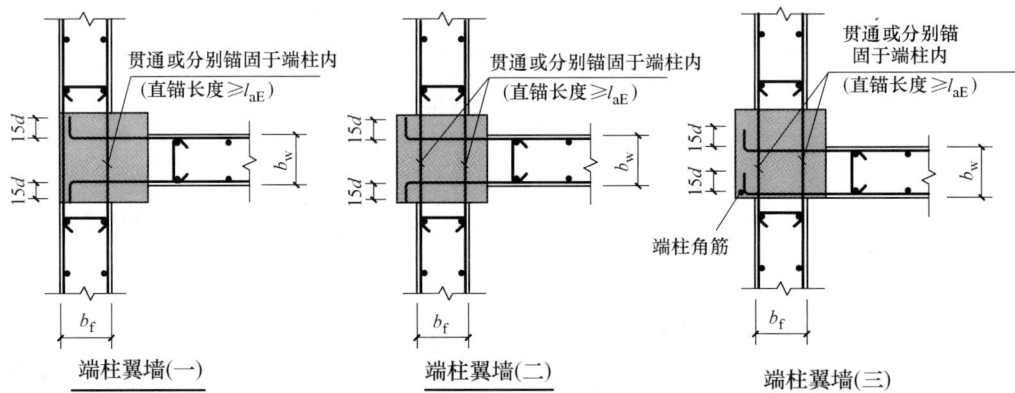

端柱翼墙(一)   端柱翼墙(二)   端柱翼墙(三)

图 9.58   剪力墙水平分布钢筋构造（三）

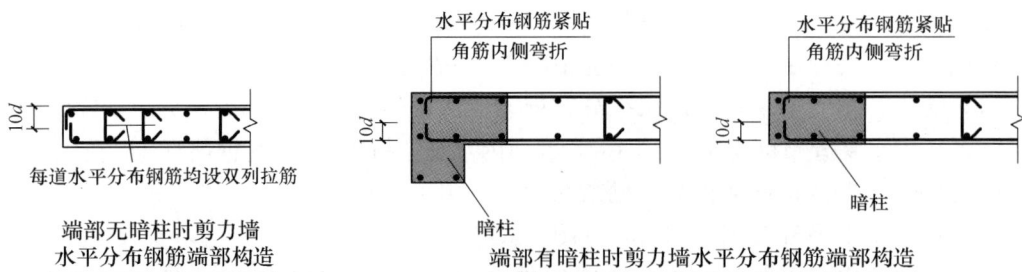

每道水平分布钢筋均设双列拉筋

端部无暗柱时剪力墙
水平分布钢筋端部构造

端部有暗柱时剪力墙水平分布钢筋端部构造

图 9.59   剪力墙水平分布钢筋构造（四）

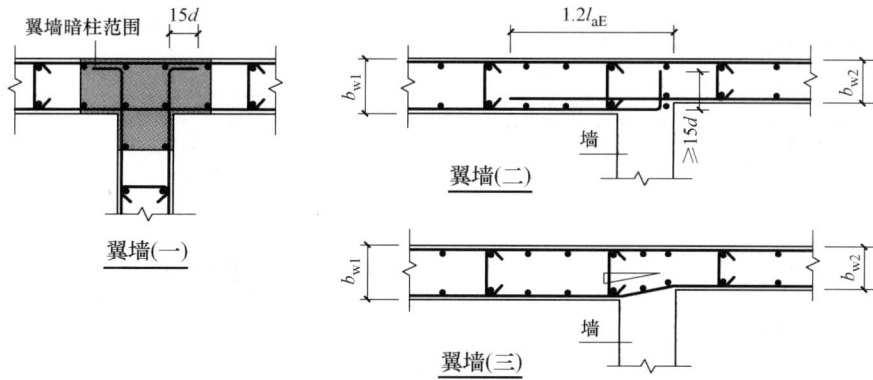

图 9.60 剪力墙水平分布钢筋构造（五）

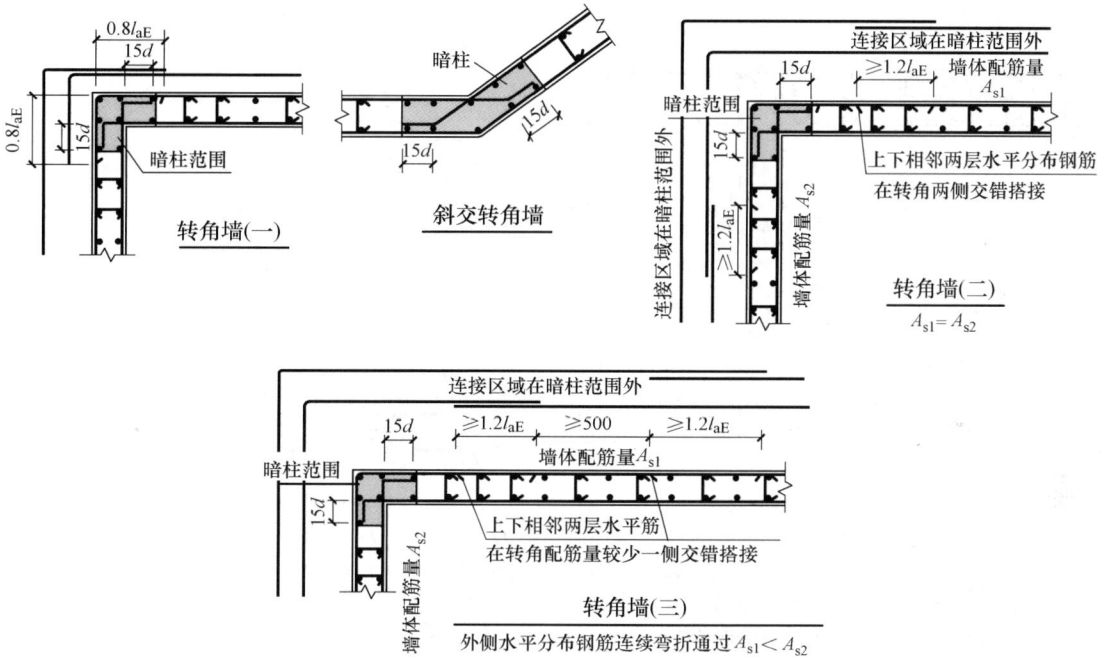

图 9.61 剪力墙水平分布钢筋构造（六）

约束边缘端柱做法参照约束边缘暗柱。

5. 剪力墙竖向分布钢筋的锚固和连接

（1）剪力墙竖向分布钢筋与基础的连接构造。

基础梁或独立承台是剪力墙的支座，底层剪力墙的竖向分布钢筋应插至基础的底部，并支在底部钢筋网上。

当基础高度满足直锚要求时，墙的竖向分布钢筋插至基础的底部，端部设 90°弯折段，弯折段的水平投影长度取 $6d$，且不小于 150mm。

当基础高度不满足直锚要求时，插筋锚入基础梁或独立承台内的竖向投影长度应不小于 $0.6l_{abE}$，且不小于 $20d$，端部设 90°弯折段，弯折段的水平投影长度为 $15d$。

基础内墙身水平钢筋及拉筋要求：当插筋保护层厚度不小于插筋直径的 5 倍时，在基础内墙身水平钢筋及拉筋数量至少两道，间距应不大于 500mm。

约束边缘暗柱(一)

约束边缘暗柱(二)

约束边缘转角墙

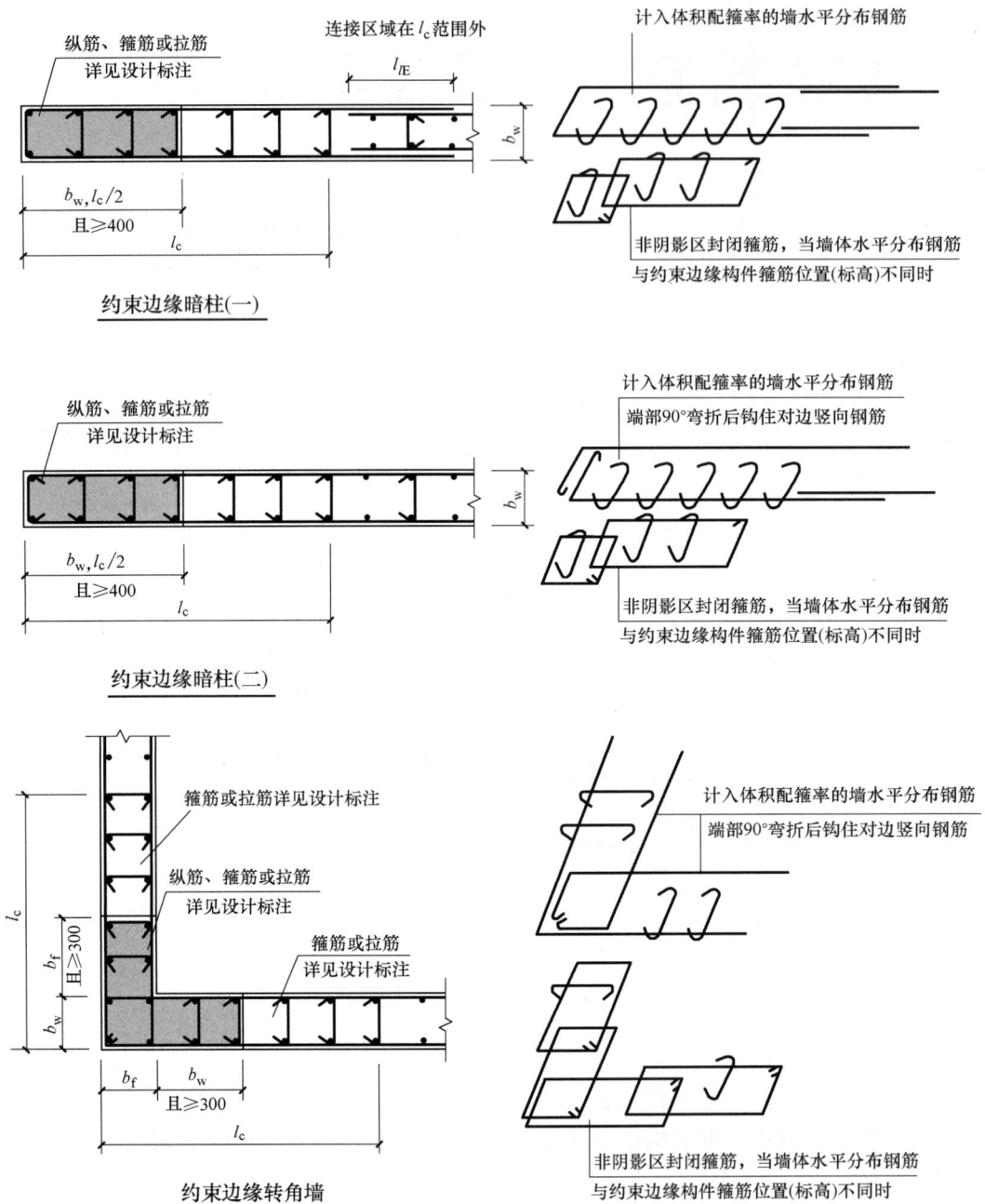

图 9.62 剪力墙水平钢筋计入约束边缘构件体积配箍率构造（一）

当墙体某侧竖向钢筋保护层厚度小于纵筋直径的 5 倍时，应在该侧基础内设置横向钢筋，横向钢筋直径应不小于 $d/4$（d 为插筋的较大直径），间距应不大于 $10d$（d 为插筋的较小直径），且不大于 100mm。

当墙两侧的保护层厚度不一致时，保护层厚度不大于 $5d$ 的部分设置锚固区横向钢筋。见图 9.64。

箍筋或拉筋详见设计标注

纵筋、箍筋或拉筋
详见设计标注

连接区域在 l_c 范围外

l_{lE}

$2b_f$

b_f
且≥300

b_w

b_f
且≥300

$2b_f$

计入体积配箍率的
墙水平分布钢筋

非阴影区封闭箍筋，当墙体水平分布钢筋
与约束边缘构件箍筋位置(标高)不同时

b_f　b_w
且≥300
l_c

约束边缘翼墙(一)

箍筋或拉筋详见设计标注

纵筋、箍筋或拉筋
详见设计标注

$2b_f$

b_f
且≥300

b_w

b_f

$2b_f$

计入体积配箍率的墙水平分布钢筋
端部90°弯折后钩住对边竖向钢筋

非阴影区封闭箍筋，当墙体水平分布钢筋
与约束边缘构件箍筋位置(标高)不同时

箍筋或拉筋详见设计标注

b_f　b_w
且≥300
l_c

约束边缘翼墙(二)

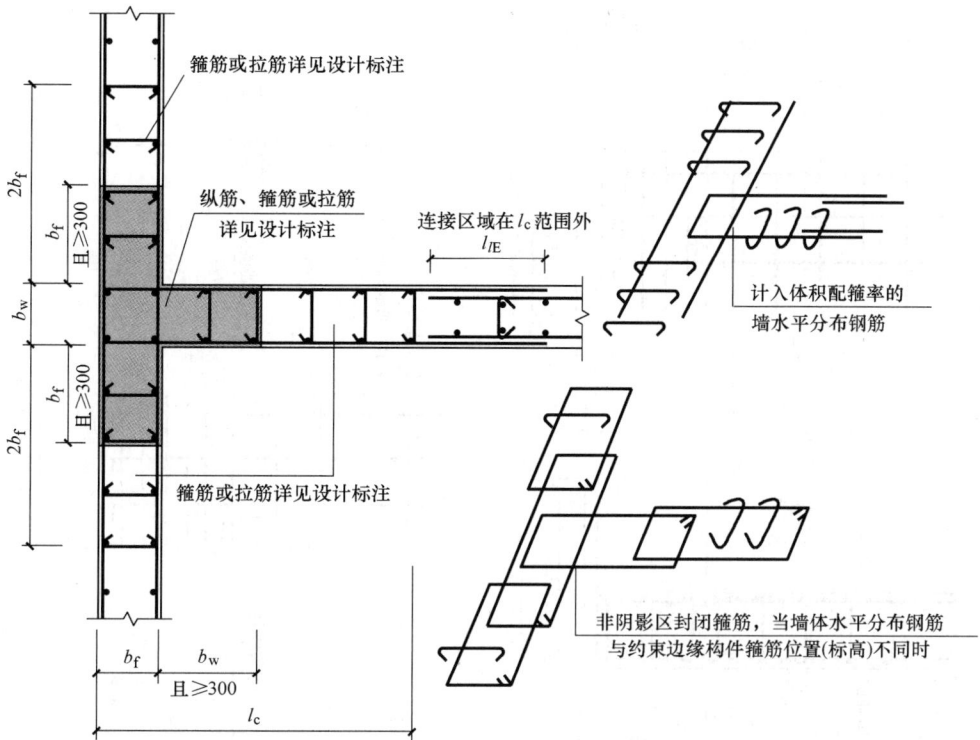

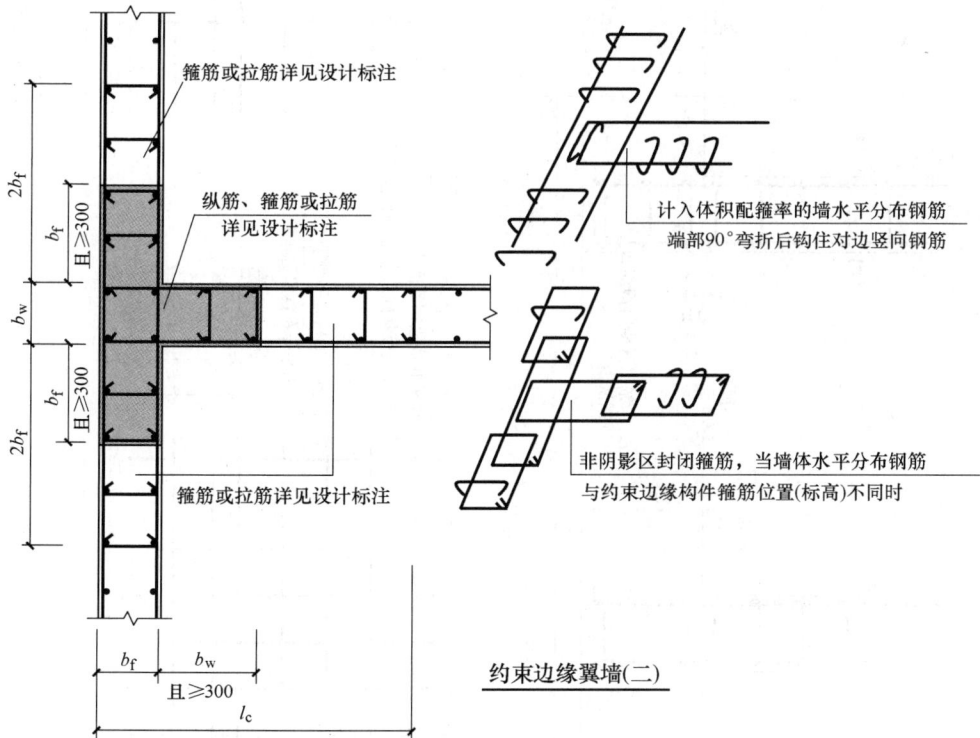

图 9.63　剪力墙水平钢筋计入约束边缘构件体积配箍率构造（二）

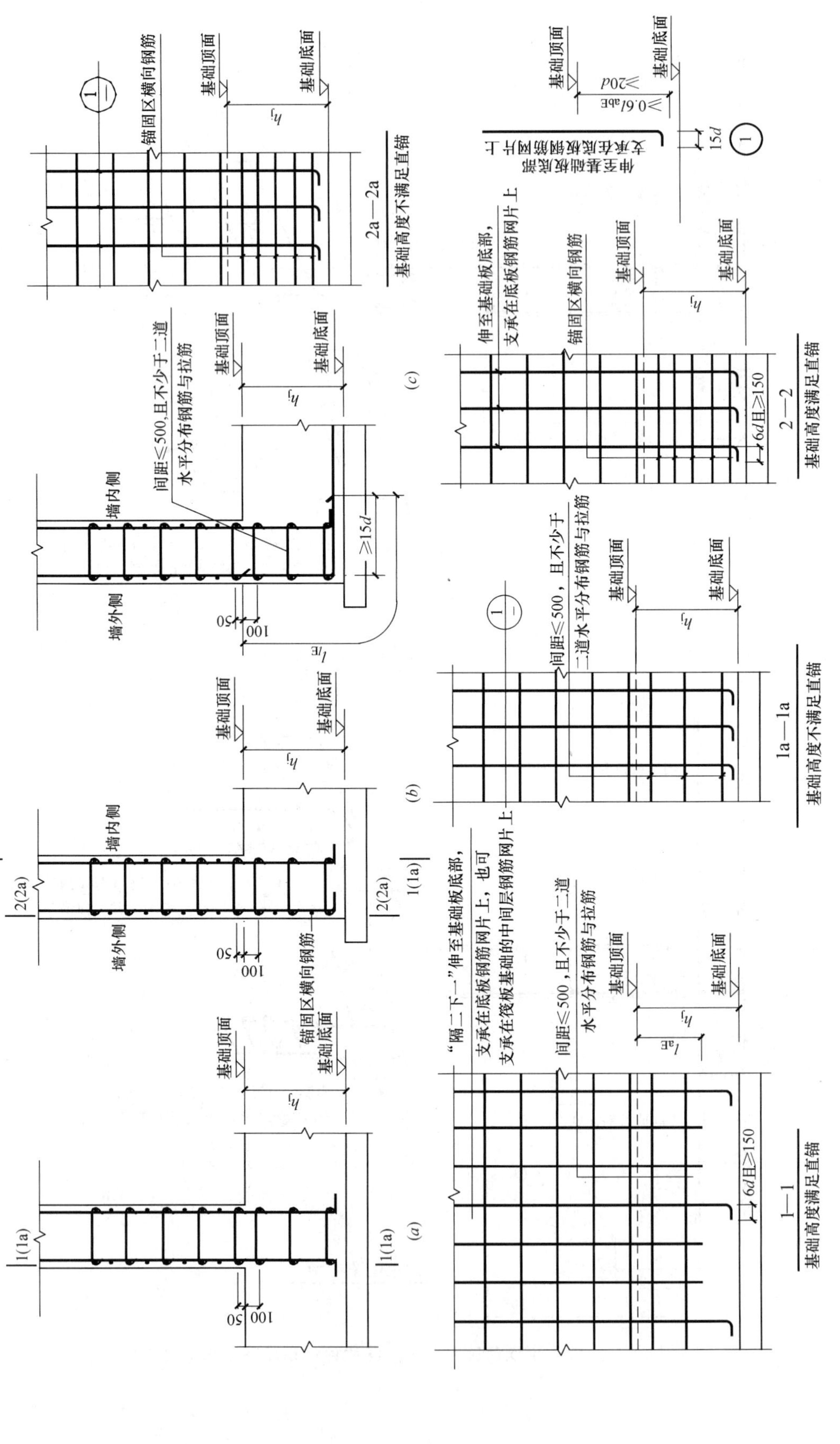

图 9.64　剪力墙竖向钢筋与基础连接构造

（2）剪力墙竖向分布钢筋采用搭接连接时，一、二级抗震等级的剪力墙底部加强部位，接头位置应错开，同一截面连接的钢筋数量不宜超过总数量的 50%，错开净距不宜小于 500mm；其他情况可在同一截面搭接，钢筋搭接长度不应小于 $1.2l_{aE}$；见图 9.65。

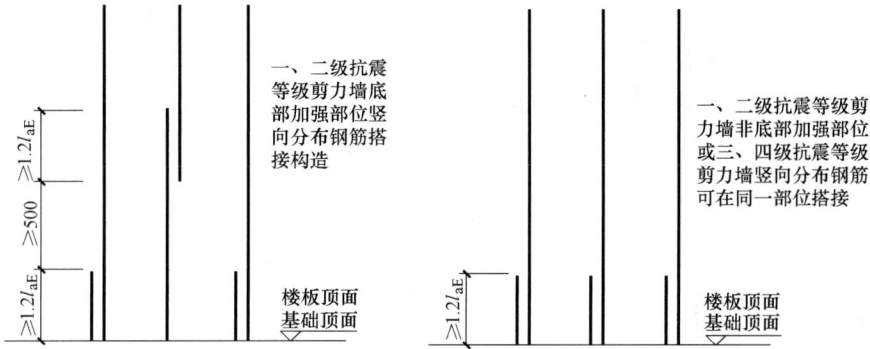

图 9.65　剪力墙竖向分布钢筋连接构造（一）

（3）墙竖向分布钢筋采用焊接、机械连接时，接头位置宜错开，同一截面连接的钢筋数量不宜超过总数量的 50%；见图 9.66。

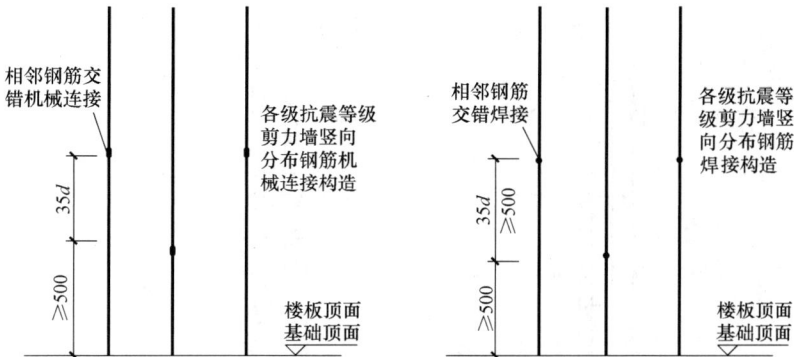

图 9.66　剪力墙竖向分布钢筋连接构造（二）

（4）墙竖向分布钢筋（含边缘构件纵筋）顶部构造。

当墙顶部无边框梁时，或墙顶部设边框梁但梁高小于 l_{aE} 时，竖向钢筋伸至板面并向板内水平弯折，弯折段的水平投影长度不应小于 12d（d 为纵向钢筋的直径）；当墙顶部设边框梁、梁高满足直锚要求时，竖向钢筋伸入梁内的竖向投影长度，不应小于 l_{aE}（括号内的 15d，适用于考虑屋面板的上部钢筋与墙外侧钢筋搭接传力时的要求）；当边缘构件为端柱时，端柱纵筋应伸至柱顶，端柱与边框梁或暗梁连接按照框架柱构造；见图 9.67。

（5）墙身变截面时竖向分布钢筋构造设计原理同框架柱变截面，见图 9.68。

（6）剪力墙上起边缘构件纵筋构造及剪力墙竖向分布钢筋锚入连梁构造，见图 9.69。

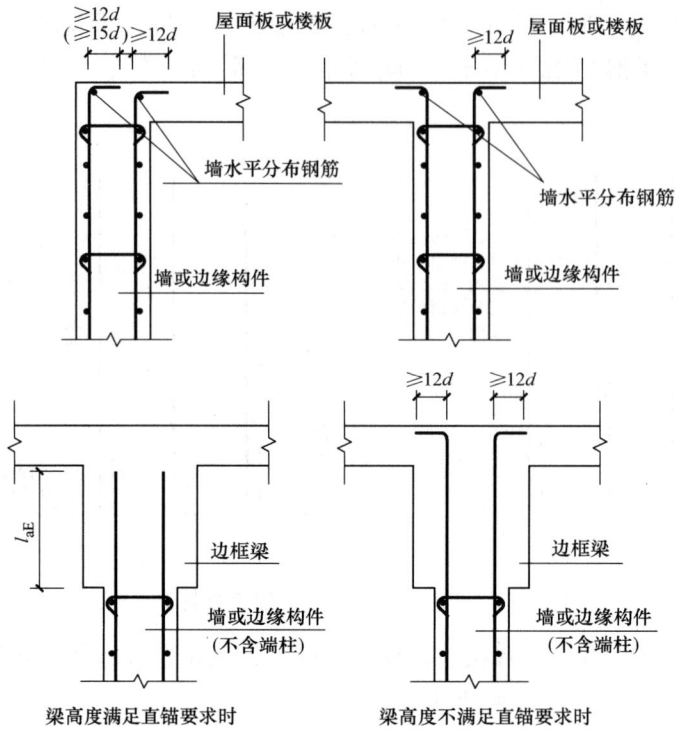

图 9.67   墙竖向分布钢筋顶部构造

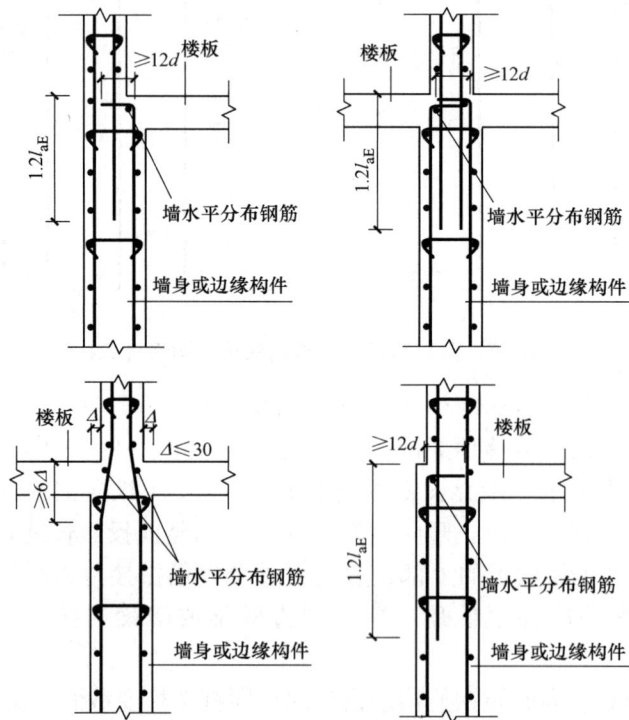

图 9.68   剪力墙变截面时竖向分布钢筋构造

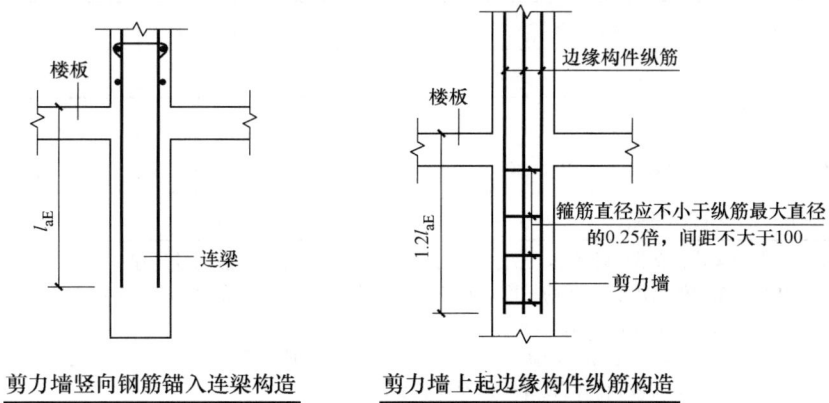

剪力墙竖向钢筋锚入连梁构造   剪力墙上起边缘构件纵筋构造

图 9.69 剪力墙上起边缘构件纵筋构造、剪力墙竖向
分布钢筋锚入连梁构造

9.4.4 剪力墙柱构造要求

剪力墙柱包括边缘构件、非边缘暗柱、扶壁柱三类。边缘构件是设于剪力墙端部及洞口两侧的剪力墙柱，它包括约束边缘构件和构造边缘构件。

底层墙肢底截面的轴压比大于表 9.18 规定的一、二、三级抗震等级的剪力墙，以及部分框支剪力墙结构的剪力墙，应在底部加强部位及相邻的上一层的墙肢端部设置约束边缘构件。除上述部位以外的其他部位可设置构造边缘构件。

底层墙肢底截面的轴压比不大于表 9.18 规定的一、二、三级抗震剪力墙，以及四级抗震剪力墙，墙肢端部可设置构造边缘构件。

剪力墙设置构造边缘构件的最大轴压比   表 9.18

抗震等级或烈度	一级（9 度）	一级（6、7、8 度）	二、三级
轴压比	0.1	0.2	0.3

1. 约束边缘构件

约束边缘构件应符合下列要求：

（1）约束边缘构件截面分为阴影区和非阴影区，在阴影区通过计算设置复合封闭箍约束混凝土，提高边缘处混凝土的抗压强度和延性，保证边缘构件纵筋的受力。非阴影区作为过渡区，可采用箍筋或者拉筋与水平分布筋约束混凝土，其约束作用适当降低。非阴影区的范围通过沿墙肢方向的长度 l_c 来确定，配箍数量由体积配箍率计算并通过配箍特征值 λ_v 来控制。约束边缘墙肢方向的长度 l_c 和配箍特征值 λ_v 应符合表 9.19 要求；一级抗震设计时箍筋或拉筋的间距不宜大于 100mm，二、三级不宜大于 150mm。箍筋或拉筋沿水平方向的肢距不宜大于 300mm，不应大于竖向钢筋间距的二倍。

（2）约束边缘构件如图 9.70 所示，阴影部分的纵向钢筋数量按照设计要求，其配筋率一、二、三级时分别不应小于 1.2%、1.0% 和 1.0%，并分别不应小于 8ϕ16、6ϕ16 和 6ϕ14 的钢筋（ϕ 表示钢筋直径）。

约束边缘构件范围 l_c 及其配箍率特征值 λ_v

表 9.19

项目	一级（9 度）		一级（6、7、8 度）		二、三级	
	$\lambda \leqslant 0.2$	$\lambda > 0.2$	$\lambda \leqslant 0.3$	$\lambda > 0.3$	$\lambda \leqslant 0.4$	$\lambda > 0.4$
λ_v	0.12	0.20	0.12	0.20	0.12	0.20
l_c（暗柱）	$0.20h_w$	$0.25h_w$	$0.15h_w$	$0.20h_w$	$0.15h_w$	$0.20h_w$
l_c（翼缘或端柱）	$0.15h_w$	$0.20h_w$	$0.10h_w$	$0.15h_w$	$0.10h_w$	$0.15h_w$

注：1. λ_v 为约束边缘构件的配箍特征值，h_w 为剪力墙墙肢长度，λ 为墙肢的轴压比；

2. l_c 为约束边缘构件沿墙肢方向的长度，且不小于墙厚 b_w 和 400mm，有翼墙或端柱时尚不应小于翼墙厚度或端柱沿墙肢方向截面高度加 300mm；

3. 翼墙长度小于其厚度 3 倍或端柱截面边长小于墙厚的 2 倍时，视为无翼墙或无端柱；端柱有集中荷载时，配筋构造尚应满足与墙相同抗震等级框架柱的要求。

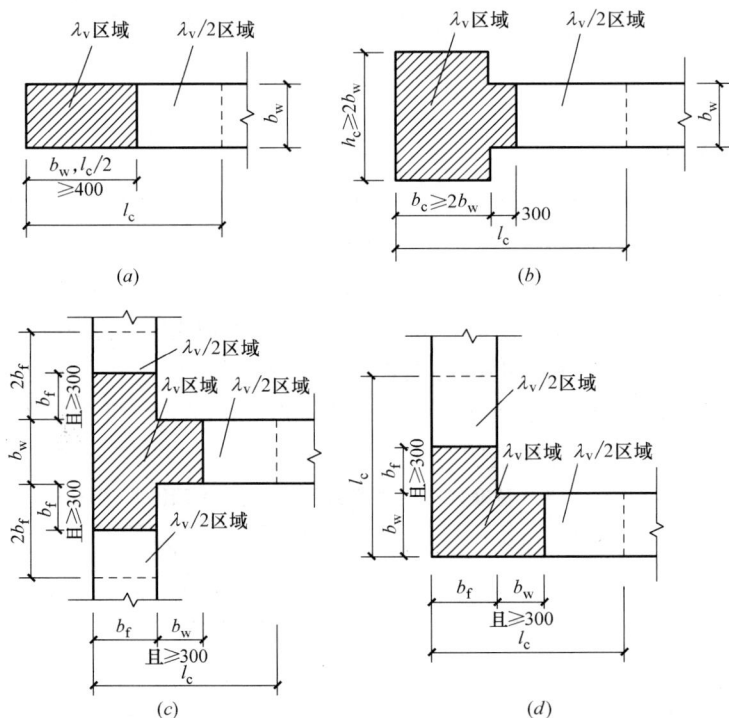

图 9.70　剪力墙约束边缘构件

(a) 约束边缘暗柱；(b) 约束边缘柱端；(c) 约束边缘翼墙；(d) 约束边缘转角墙

按平法标准图 16G101-1，有非阴影区设置拉筋与非阴影区外圈设置封闭箍筋两种做法；当约束边缘构件内箍筋、拉筋位置（标高）与墙体水平分布钢筋不同时，必须在非阴影区外圈设置封闭箍筋，此时非阴影部分箍筋应伸入阴影区内两列纵筋，详见图 9.71、图 9.72；箍筋、拉筋与墙体水平分布钢筋标高相同时可任选，详见图 9.71、图 9.72。

剪力墙柱（包括约束构件非阴影部分）中拉筋用于约束混凝土，因此拉筋两端应做成 135°弯钩，弯钩平直段应不小于 $10d$ 和 75mm，考虑到施工方便，加工时允许一端可先做成 90°弯钩，绑扎成型后再弯成 135°，拉筋应同时勾住交叉点处两个方向钢筋。

约束边缘暗柱(一)
非阴影区设置拉筋

约束边缘暗柱(二)
非阴影区外围设置封闭箍筋

约束边缘翼墙(一)
非阴影区设置拉筋

约束边缘翼墙(二)
非阴影区外围设置封闭箍筋

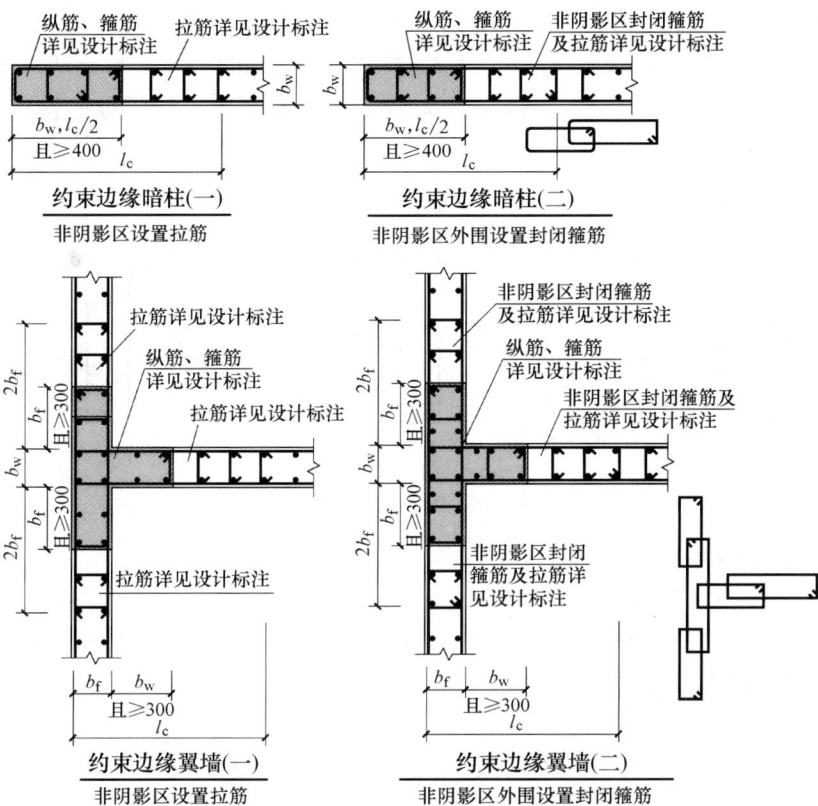

图 9.71 约束边缘构件配筋构造 (一)

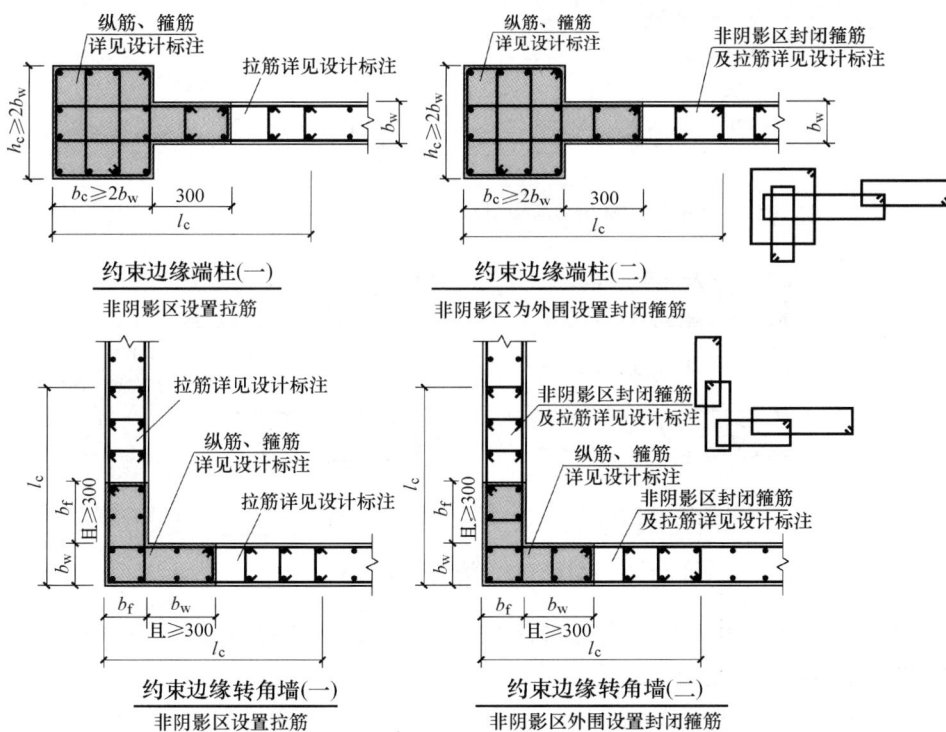

约束边缘端柱(一)
非阴影区设置拉筋

约束边缘端柱(二)
非阴影区为外围设置封闭箍筋

约束边缘转角墙(一)
非阴影区设置拉筋

约束边缘转角墙(二)
非阴影区外围设置封闭箍筋

图 9.72 约束边缘构件配筋构造 (二)

（3）约束边缘构件纵向钢筋的连接：

约束边缘构件纵向钢筋承受剪力墙在平面内偏心受力时引起的拉力或压力，其连接方法有搭接、焊接、机械连接三种，要求纵向钢筋分二批连接，相邻纵筋接头位置要错开，类似于框架柱，详见图 9.73。

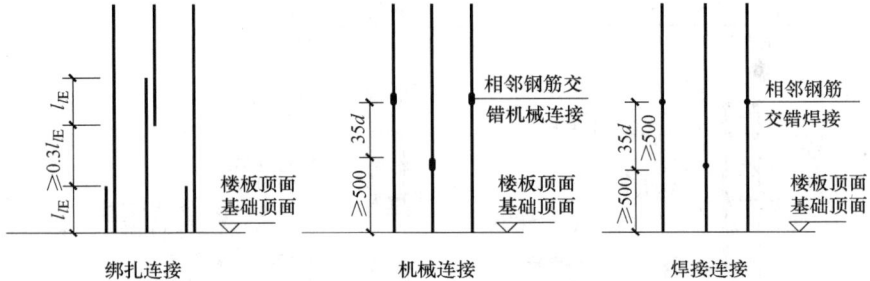

图 9.73　剪力墙边缘构件纵向钢筋连接构造

2. 构造边缘构件

（1）构造边缘构件为图 9.74、图 9.75 中的阴影范围，其纵向受力钢筋详见设计。

图 9.74、图 9.75 中做法（二）（三）用于非底部加强部位，墙体水平分布钢筋宜在构造边缘范围外错开连接。

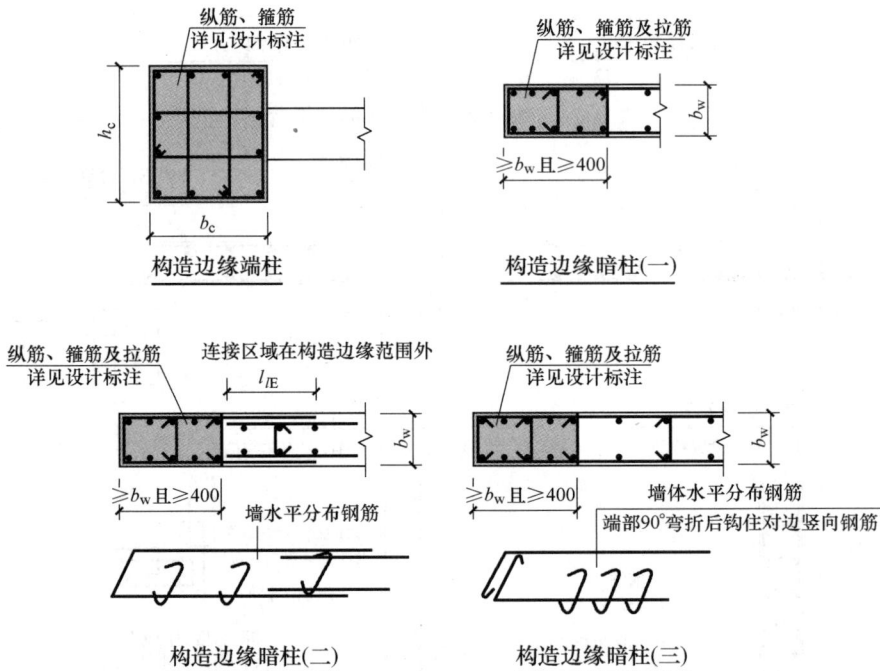

图 9.74　剪力墙构造边缘构件（一）

（2）构造边缘构件纵向钢筋的连接及拉筋构造同约束边缘构件，详见图 9.73。

3. 非边缘暗柱、扶壁柱

非边缘暗柱、扶壁柱为图 9.76 中的阴影范围。非边缘暗柱的截面高度可取墙的厚度，截面宽度可取梁宽加 2 倍墙厚；扶壁柱的截面宽度不应小于梁的宽度。暗柱及端柱内纵向钢筋连接和锚固要求宜与框架柱相同。其纵向受力钢筋详见设计。

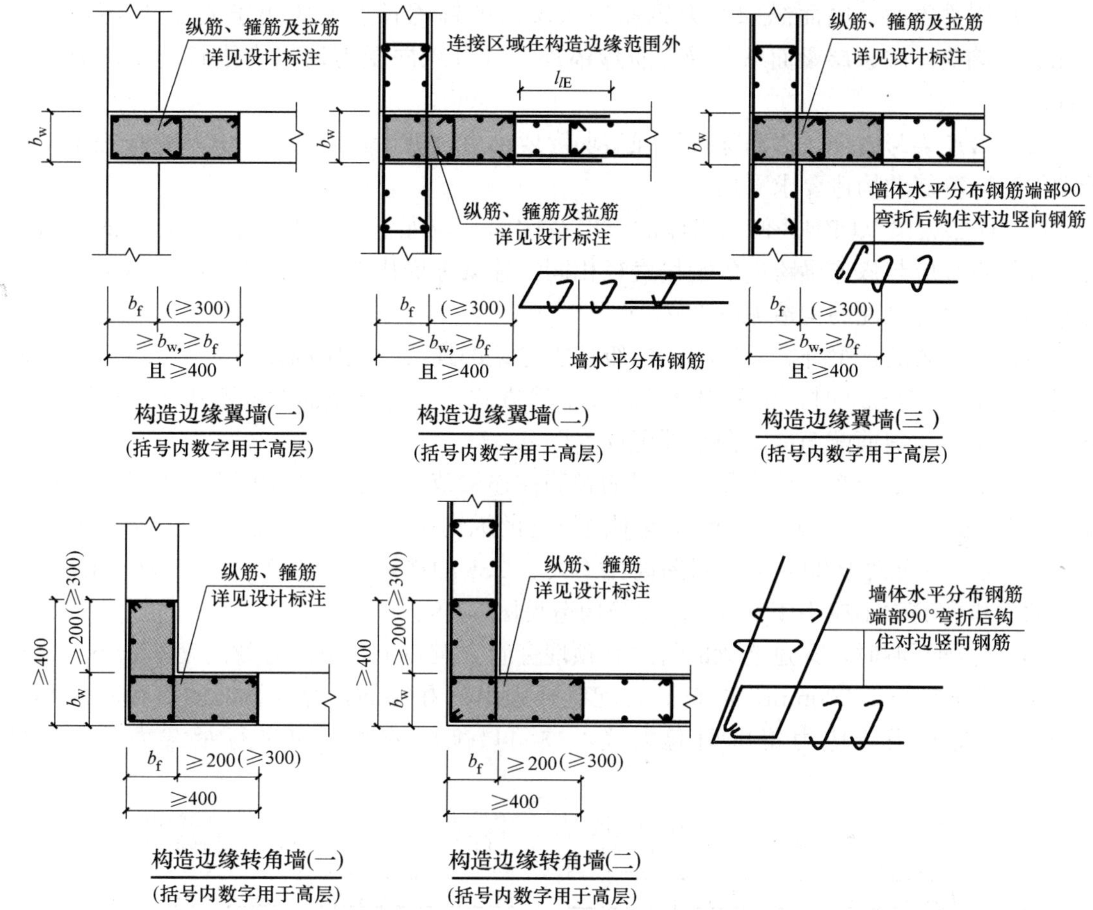

构造边缘翼墙(一)
(括号内数字用于高层)

构造边缘翼墙(二)
(括号内数字用于高层)

构造边缘翼墙(三)
(括号内数字用于高层)

构造边缘转角墙(一)
(括号内数字用于高层)

构造边缘转角墙(二)
(括号内数字用于高层)

图 9.75 剪力墙构造边缘构件（二）

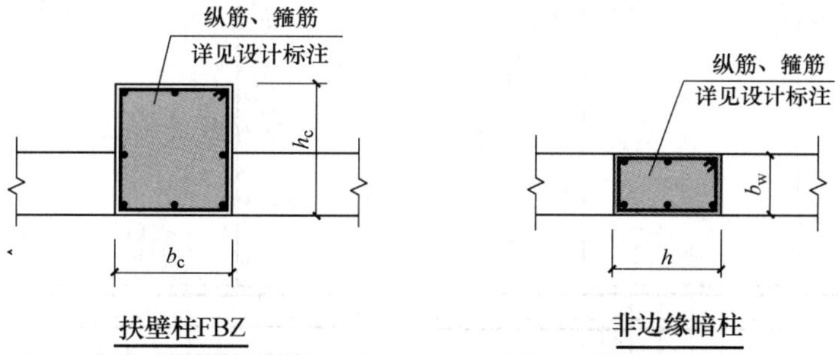

扶壁柱FBZ

非边缘暗柱

图 9.76 剪力墙非边缘暗柱、扶壁柱

9.4.5 剪力墙梁的构造要求

剪力墙中较大洞口上、下方的墙体称为连梁，作为抗震的第一道防线，是对剪力墙结构抗震性能影响较大的构件；跨高比小于 5 时按连梁设计，跨高比不小于 5 时宜按框架梁设计（除纵筋在墙肢内锚固构造及纵筋锚固区箍筋设置要求同连梁外，其余要求均同框架梁，抗震等级同剪力墙）。

连梁配筋应符合的构造要求：

（1）连梁顶面、底面纵向受力钢筋伸入墙内的锚固长度不应小于l_{aE}，且不应小于600mm；端支座除顶层梁面纵向受力筋弯锚外，其余纵向受力筋当直锚长度足够时可以直锚。

（2）沿连梁跨内全长箍筋除按照强剪弱弯要求由抗剪计算确定外，其构造应按框架梁梁端加密区箍筋的构造要求采用。

（3）顶层连梁纵向钢筋伸入墙体的长度范围内，应配置间距不大于150mm的构造箍筋，箍筋直径应与该连梁跨内的箍筋直径相同。连梁配筋构造见图9.77（a）、（b）；跨高比不小于5时连梁配筋构造见图9.77（c）。

（4）除一般的连梁外，对于一、二级抗震等级的连梁，当跨高比不大于2.5且连梁截面宽度不小于250mm时，可采用交叉斜筋配筋方式；当连梁截面宽度不小于400mm时，宜采用集中对角斜筋配筋或对角暗撑配筋（图9.78）。

（5）墙体水平分布钢筋应作为连梁的腰筋在连梁范围内拉通连续配置；当连梁截面高度大于700mm时，其两侧面沿梁高范围内设置的纵向构造钢筋（腰筋）的直径不应小于10mm，间距不应大于200mm；对跨高比不大于2.5的连梁，梁两侧的纵向构造钢筋（腰筋）的面积配筋率不应小于0.3%；配筋构造见图9.79。

（6）连梁开洞时，穿过连梁的管道宜预埋套管，洞口上、下的有效高度不宜小于梁高的1/3，且不宜小于200mm，洞口处宜配置补强纵筋和箍筋，补强纵筋的直径不应小于12mm。以防止由于应力集中引起裂缝，被洞口削弱的截面应进行承载力验算，见图9.80。

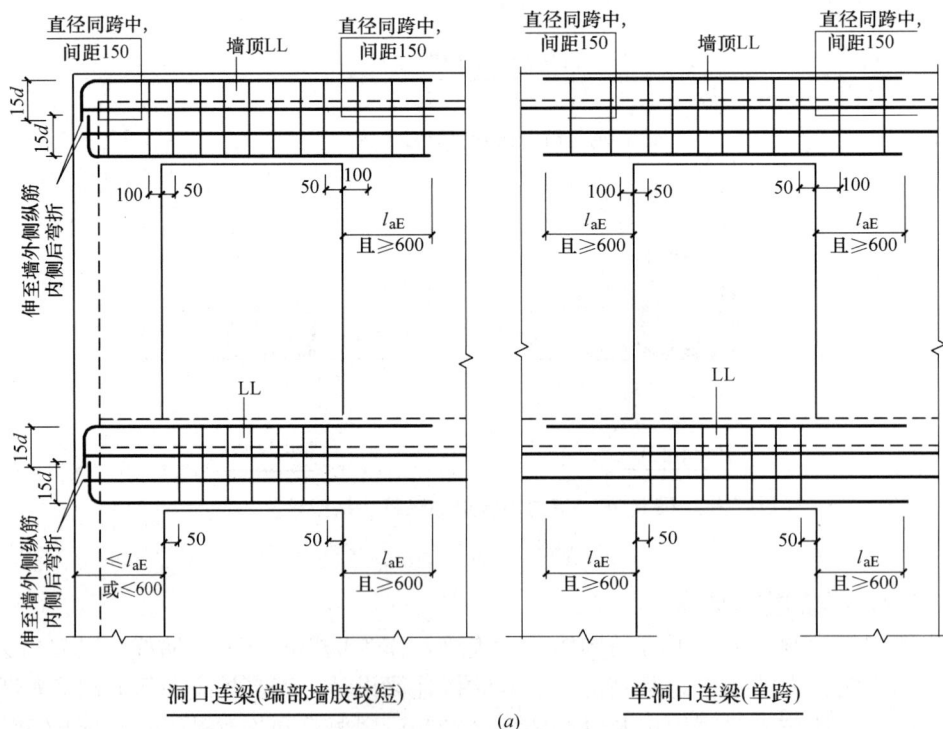

图 9.77　连梁配筋构造（一）

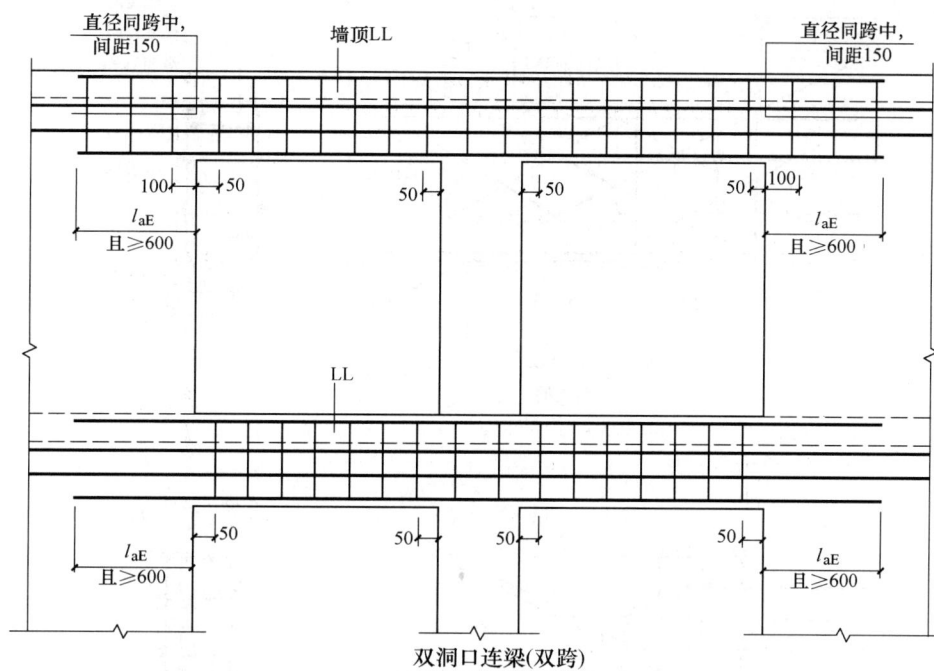

双洞口连梁(双跨)

(b)

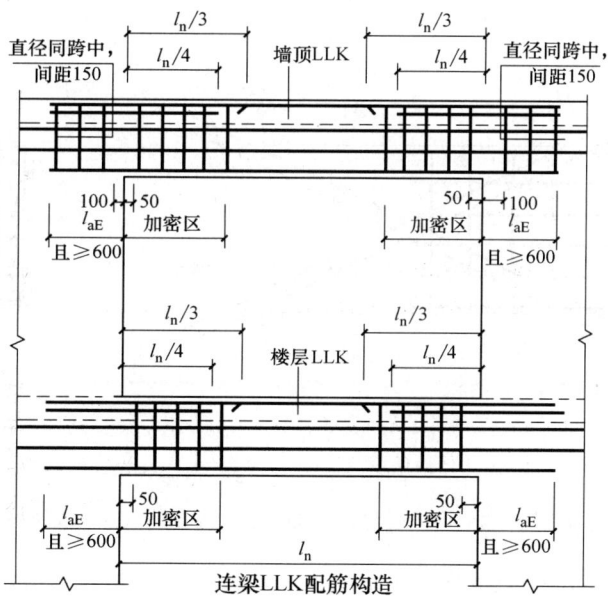

连梁LLK配筋构造

(c)

图 9.77 连梁配筋构造（二）

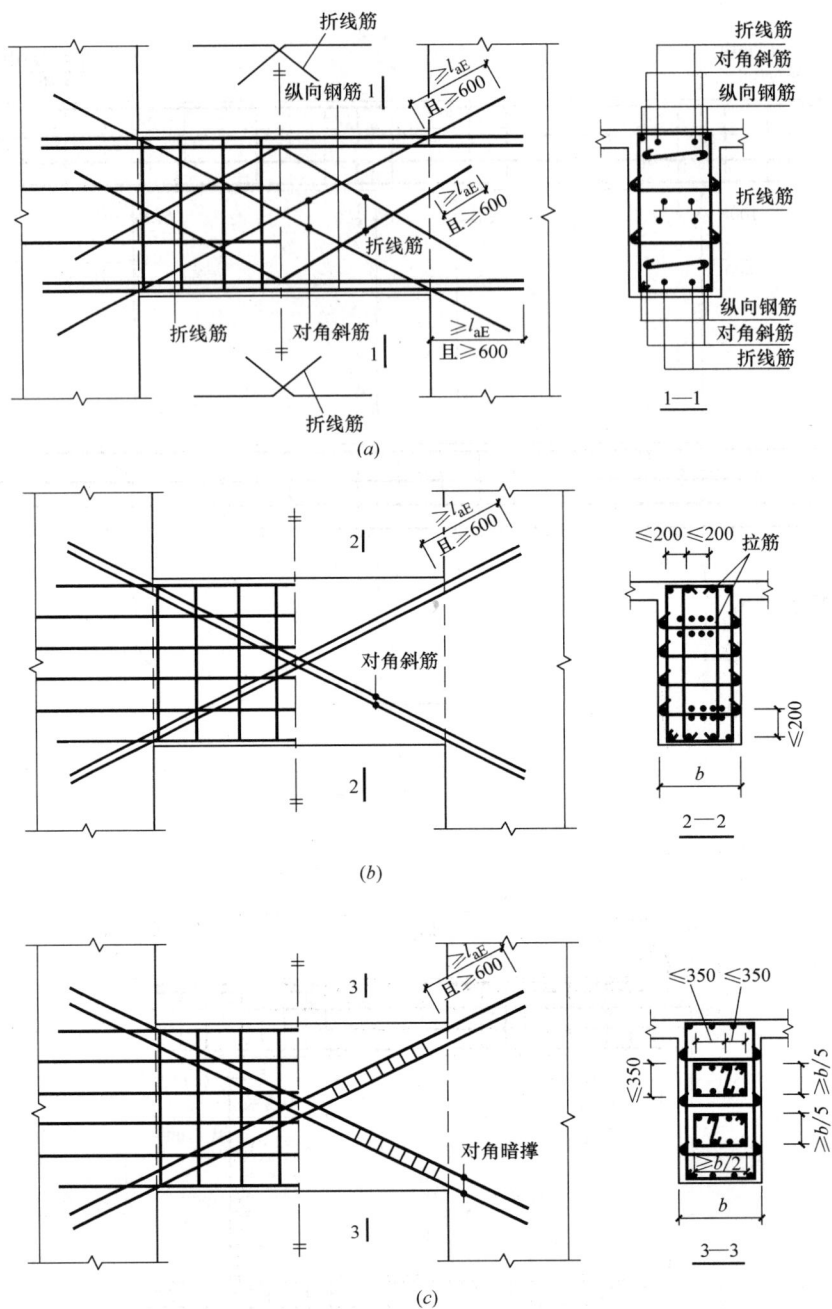

图 9.78 连梁配筋构造

（a）连梁交叉斜筋配筋构造；（b）连梁集中对角斜筋配筋构造；（c）连梁集中对角暗撑配筋构造

9.4.6 剪力墙洞口补强

当剪力墙墙面开有非连续小洞口（其各边长度小于 800mm），且在整体计算中不考虑其影响时，应将洞口处被截断的分布钢筋分别集中配置在洞口上、下和左、右两边，洞口补强钢筋直径不应小于 12mm。

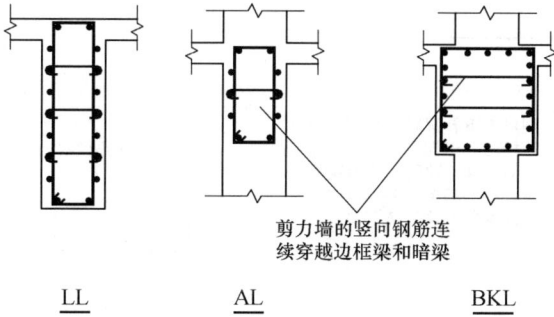

图 9.79　连梁侧向构造钢筋

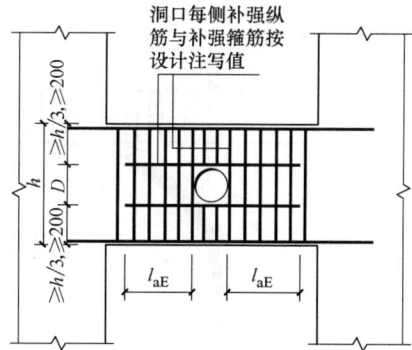

图 9.80　连梁洞口补强构造

　　当剪力墙墙面开有宽度及高度均大于 800mm 的洞口时，应在洞口上下均设置补强暗梁、洞口左右两侧设置边缘构件。见图 9.81。

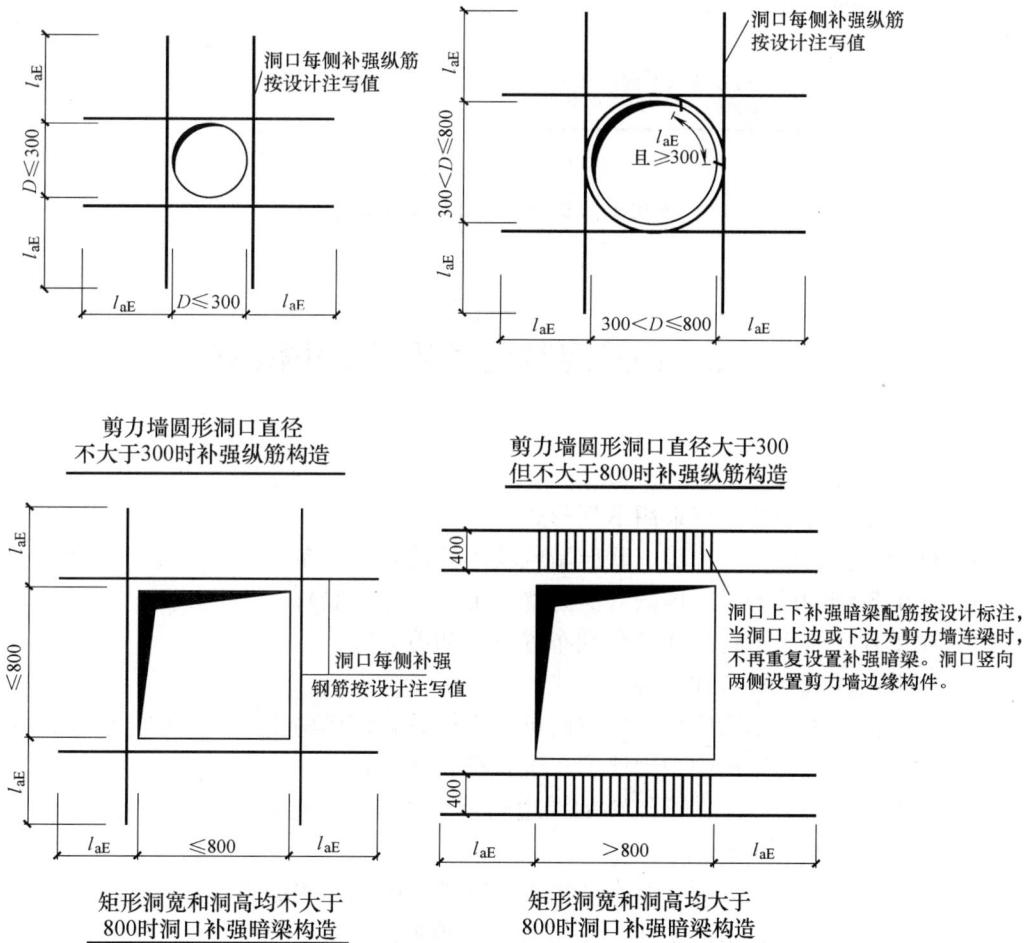

(a)

图 9.81　剪力墙洞口补强构造（一）

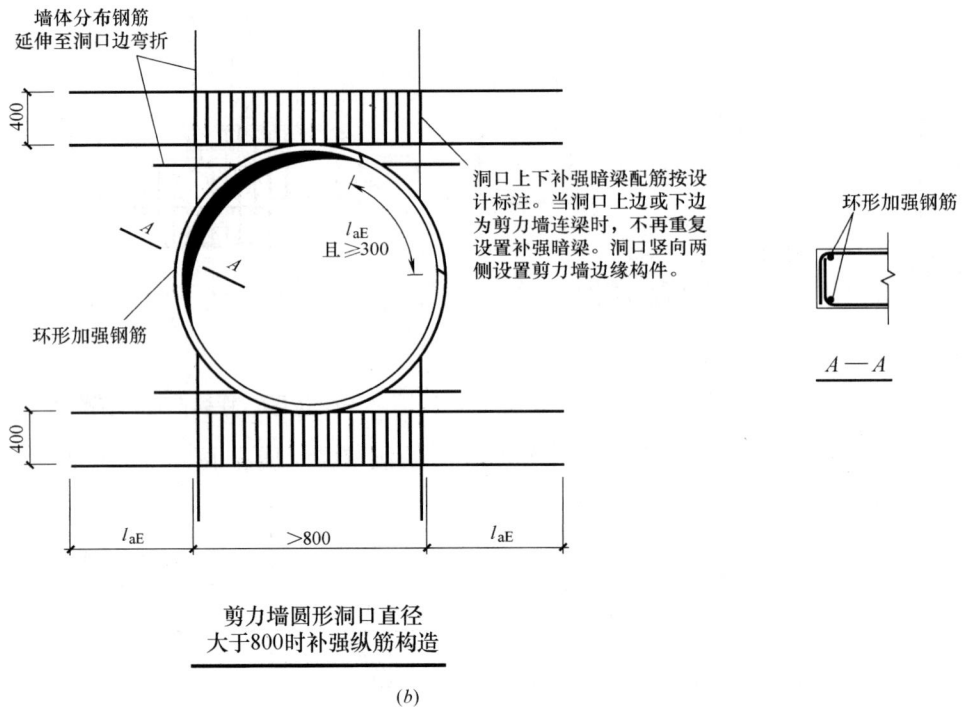

图 9.81　剪力墙洞口补强构造（二）

9.5　钢筋混凝土框架-剪力墙结构

9.5.1　一般规定

（1）框架-剪力墙结构可采用下列形式：

① 框架与剪力墙（单片墙、联肢墙或较小井筒）分开布置；

② 在框架结构的若干跨内嵌入剪力墙（带边框剪力墙）；

③ 在单片抗侧力结构内连续分别布置框架和剪力墙；

④ 以上两种或三种形式的混合。

（2）框架-剪力墙结构应设计成双向抗侧力体系，结构两主轴方向均应布置剪力墙。

（3）框架-剪力墙结构中剪力墙的布置宜符合下列要求：

① 剪力墙宜均匀布置在建筑物的周边附近、楼梯间、电梯间、平面形状变化及恒载较大的部位，剪力墙间距不宜过大；

② 平面形状凹凸较大时，宜在凸出部分的端部附近布置剪力墙；

③ 纵、横剪力墙宜组成 L 形、T 形和 ［形等形式；

④ 剪力墙宜贯通建筑物的全高，宜避免刚度突变；剪力墙开洞时，洞口宜上下对齐；

⑤ 楼、电梯间等竖井宜尽量靠近抗侧力结构结合布置；

⑥ 剪力墙的布置宜使结构各主轴方向的刚度接近。

（4）长矩形平面或平面有一部分较长的建筑中，纵向剪力墙不宜集中布置在房屋的两尽端。

9.5.2　受力特点

对于框架-剪力墙结构由框架单元和剪力墙单元组成，通过楼板将框架单元和剪力墙单元连成整体共同工作，剪力墙单元既是主要的抗侧力构件又是抗震的第一道防线，框架-剪力墙结构是具有多道防线的抗侧力体系。

水平地震作用下，框架-剪力墙的屈服顺序为：剪力墙根部—框架各层梁端—框架各柱根部。当剪力墙开裂后刚度退化，弹塑性受力阶段（大震）一部分水平地震作用传给框架，框架单元受力加大。此时剪力墙与框架共同受力为第二道防线，需要结构有较好延性消耗地震能量。

框架结构易于形成较大、自由灵活的使用空间，以满足建筑使用功能的要求；剪力墙可以提供较大的侧向刚度，以减少结构在水平作用下的侧向位移，有利于提高结构的抗震性能和抗侧力性能，因此，框架-剪力墙结构具有广泛的适用范围。

在框架-剪力墙结构中，框架和剪力墙同时承受竖向荷载和水平作用。由于这两类抗侧力单元单独承受水平作用时的变形特征完全不同，当水平作用单独作用于剪力墙结构时，结构侧向位移曲线呈弯曲型（图9.82a），当水平作用单独作用于框架结构时，结构侧向位移曲线呈剪切型（图9.82b）。当框架-剪力墙结构受到水平作用时，由于楼盖结构的连接作用，框架和剪力墙共同变形，协调后的结构侧向位移曲线呈弯剪型，如图9.82（c）所示。

在框架-剪力墙结构中，框架与剪力墙对整个结构侧移曲线的影响，沿结构高度方向是变化的。在结构底部，框架结构层间位移较大，剪力墙结构的层间位移较小，剪力墙发挥了较大的作用，框架结构的变形受到了剪力墙结构的"制约"；而在结构顶部，框架结构层间位移较小，剪力墙结构的层间位移较大，剪力墙受到了框架结构的"扶持"，如图9.83所示。框架和剪力墙的相互作用是借助于楼盖结构平面内的剪力来实现的，楼盖的整体性和刚度必须得到保证。

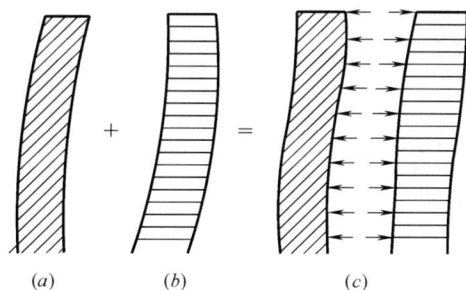

图9.82　框架-剪力墙结构的变形特点
（a）弯曲变形；（b）剪切变形；（c）共同变形

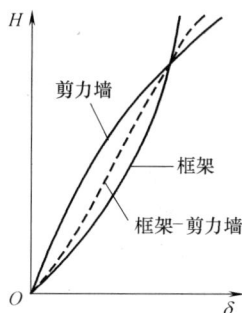

图9.83　框架-剪力墙结构的变形曲线

框架-剪力墙结构协同工作时，由于剪力墙的刚度比框架大很多，因此剪力墙承担了大部分水平力，并且框架和剪力墙分担水平力的比例，沿结构高度方向是变化的，如图

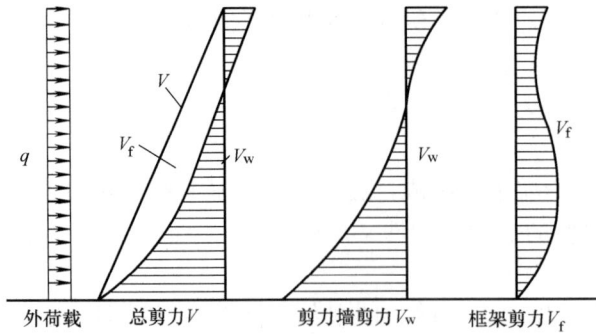

图 9.84   框架-剪力墙结构的剪力分配

9.84 所示。在房屋底部，由于剪力墙刚度大，制约了框架的变形，剪力墙承担更多剪力，而框架承担的剪力较少。在房屋顶部，情况恰好相反，剪力墙承担剪力的比例降低，而框架承担剪力比例增大。其上下各层层间变形趋于均匀，并减小了顶点侧移，同时，框架各层剪力趋于均匀，各层梁柱截面和配筋也趋于均匀。

9.5.3   构造要求

除满足框架与剪力墙的一般要求外，尚应满足以下要求：

（1）剪力墙竖向和水平分布钢筋的配筋率不应小于 0.25%，并应双排布置。各排分布钢筋之间应设置拉筋，拉筋直径不应小于 6mm，间距不应大于 600mm。

（2）带边框剪力墙的构造应符合下列要求：

① 一、二级剪力墙的底部加强部位剪力墙厚度不应小于 200mm，其他情况下不应小于 160mm。剪力墙的厚度还应符合稳定性计算要求。

② 剪力墙的水平钢筋应全部伸入边框柱内，锚固长度不应小于 l_{aE}。

③ 带边框剪力墙的混凝土强度等级宜与边框柱相同。

④ 与剪力墙重合的框架梁可保留（称为边框梁），亦可做成宽度与墙厚相同的暗梁，暗梁截面高度可取墙厚的 2 倍或与该片框架梁截面等高，暗梁的配筋可按构造配置且应符合一般框架梁相应抗震等级的最小配筋要求。

⑤ 剪力墙底部加强部位边框柱的箍筋宜沿全高加密；当带边框剪力墙上的洞口紧邻边框柱时，边框柱的箍筋宜沿全高加密。

习　　题

思考题

9.1   《高层建筑混凝土结构技术规程》JGJ 3—2010 对高层混凝土结构是如何规定的？

9.2   高层混凝土结构的结构体系有哪些？

9.3   钢筋混凝土框架结构的震害主要有哪些？

9.4   结构的延性与什么因素有关？如何提高结构的延性？

9.5   钢筋混凝土框架柱的箍筋加密区如何规定？

9.6   钢筋混凝土框架柱纵筋的连接方法有几种？各有什么要求？

9.7   钢筋混凝土框架梁的箍筋加密区如何规定？

9.8   钢筋混凝土框架梁上部纵筋切断点长度如何确定？

9.9   钢筋混凝土剪力墙墙身配筋（竖向分布钢筋、水平分布钢筋、拉筋）构造有哪些？

9.10   剪力墙竖向、水平分布钢筋的锚固与连接构造要求有哪些？

9.11　剪力墙墙柱纵筋连接构造要求有哪些？

9.12　剪力墙连梁的锚固长度与一般框架梁有何不同？

9.13　剪力墙连梁的钢筋布置与一般框架梁有何不同？

9.14　剪力墙按墙面开洞情况，可分为哪几类？

单项选择题

9.1　根据《高层建筑混凝土结构技术规程》JGJ 3—2010规定，下列属于高层建筑的是（　　）。

① 6层，房屋高度大于24m的非住宅建筑；②10层及10层以上的住宅建筑；

③ 1层，房屋高度大于24m的非住宅建筑；④8层，高度大于28m的住宅建筑；

⑤ 高度大于28m的住宅建筑。

A. ①②③④⑤　　　　　　　　　B. ②④⑤

C. ①②④⑤　　　　　　　　　D. ①②⑤

9.2　某住宅楼的侧立面如图9.85所示，该房屋的结构高度为（　　）m。

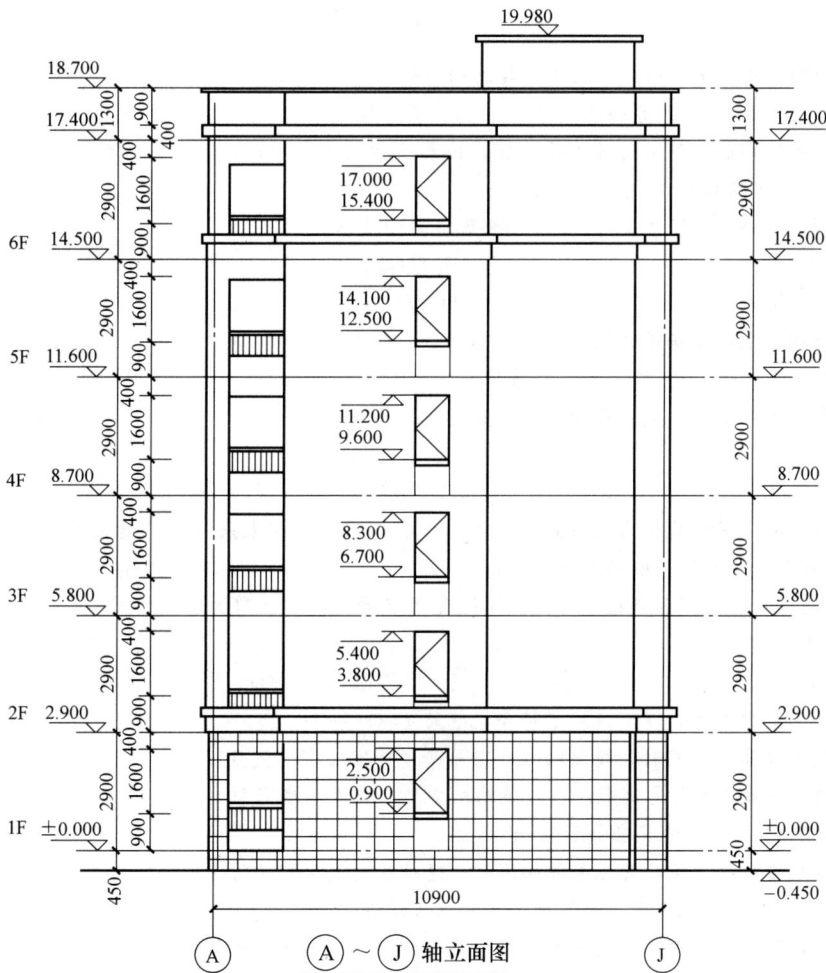

图9.85

A. 20.430　　　　B. 18.700　　　　C. 19.980　　　　D. 17.850

9.3　三幢建筑采用了以下四种不同的结构体系，如果它们的层数、房屋高度、平面尺寸均相同，它们的侧向刚度从小到大的排列顺序为（　　）。

①框架结构；②框架-剪力墙结构；③剪力墙结构；④筒体结构。

A. ①②③④   B. ①③②④   C. ②③①④   D. ④③②①

9.4   四幢高层建筑采用了图 9.86 四种不同的平面布置，如果它们的层数、房屋高度、建筑面积均相同，且质量刚度分布均匀，则其抗震性能最佳的平面形状是（   ）。

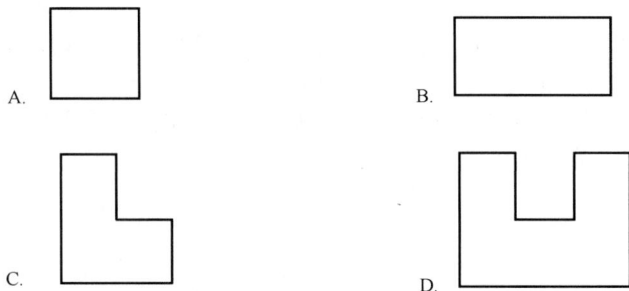

图 9.86

9.5   剪力墙结构在水平荷载作用下，其结构的整体变形以（   ）为主 。

A. 弯曲型变形   B. 剪切型变形   C. 弯剪型变形   D. 扭转型变形

9.6   A 级高度钢筋混凝土高层建筑，当其抗震设防烈度相同时，下列三种结构体系最大适用高度从小到大排列顺序正确的是（   ）。

①框架结构；②框架-剪力墙结构；③全部落地剪力墙结构

A. ①＜②＜③   B. ①＜③＜②

C. ③＜②＜①   D. ③＜①＜②

9.7   现浇钢筋混凝土房屋的抗震等级与（   ）有关。

① 抗震设防烈度；② 结构类型；③ 房屋高度；

④ 结构重要性系数；⑤ 建筑物的抗震设防类别；⑥ 场地类别

A. ①②③   B. ①②③④

C. ①②③⑤⑥   D. ①②③④⑤

9.8   以下四种不同结构体系的建筑，屋面均设有保温层，在未采取其他措施时，其宜设置伸缩缝的最大间距，从大到小的排列顺序是（   ）。

①装配式框架结构；②现浇框架结构；③框架-剪力墙结构；④剪力墙结构

A. ④＞③＞②＞①   B. ①＞②＞③＞④

C. ①＞③＞②＞④   D. ②＞③＞④＞①

9.9   关于防震缝宽度，以下说法不符合规范的是（   ）。

A. 缝两侧房屋高度不同时，按照较低的房屋高度确定防震缝宽度

B. 防震缝的设置宽度与地震烈度、建筑结构类型、房屋高度有关

C. 当高度不超过 15m 时不应小于 70mm

D. 同一结构类型的建筑，其他条件相同时，建筑物越高所需的防震缝越宽

9.10   关于伸缩缝、沉降缝、抗震缝，下列说法错误的是（   ）。

A. 抗震设防区，伸缩缝、沉降缝的宽度均应符合防震缝最小宽度的要求

B. 伸缩缝仅需上部结构脱开，基础可相连

C. 沉降缝必须使房屋从基础到屋顶完全脱开

D. 抗震缝必须使房屋从基础到屋顶完全脱开

9.11   钢筋混凝土结构砌体填充墙采用不脱开做法时，下列要求中不符合《砌体结构设计规范》要求的是（   ）。

A. 墙长大于5m或层高2倍时，墙顶与梁宜有拉结

B. 墙长超过5m或层高2倍时，墙体中部应设置钢筋混凝土构造柱

C. 墙高超过5m时，墙体半高宜设置与柱连接且沿墙全长贯通的钢筋混凝土水平系梁

D. 填充墙的厚度不应小于90mm

9.12　有关钢筋混凝土框架结构的震害，下列说法错误的是（　　　）。

A. 梁比柱严重　　　　　　　　　　B. 柱顶比柱底严重

C. 边柱比中柱严重　　　　　　　　D. 角柱比边柱严重

9.13　要使结构具有较好延性，应做到（　　　）。

①强柱弱梁；②强剪弱弯；③强节点弱杆件；④强压弱拉

A. ①②③　　　　　　　　　　　　B. ①②③④

C. ②③　　　　　　　　　　　　　D. ②③④

9.14　框架柱的截面尺寸下列要求中不符合规范规定的是（　　　）。

A. 框架柱截面的宽度和高度，四级抗震时不宜小于300mm

B. 框架柱截面的宽度和高度，一、二、三级抗震时不宜小于400mm

C. 框架柱截面长边和短边之比不宜大于3

D. 圆柱的直径，四级抗震时不宜小于350mm

9.15　矩形框架柱截面尺寸下列要求中不符合规范规定的是（　　　）。

A. 抗震等级为四级或层数不超过两层时不宜小于300mm

B. 抗震等级为一、二、三级数且层数超过两层时不宜小于350mm

C. 柱的截面长边与短边的边长之比不宜大于3

D. 柱的净高与截面高度之比不宜小于4（柱剪跨比宜大于2）

9.16　截面尺寸大于400mm的矩形框架柱，纵向钢筋间距不宜大于（　　　）mm。

A. 150　　　　　B. 200　　　　　C. 100　　　　　D. 250

9.17　柱端箍筋加密范围；下列叙述中不符合规范要求的是（　　　）。

A. 柱截面长边尺寸（或圆柱直径）、柱净高的1/6和500mm三者的最大值

B. 嵌固端的柱根加密区长度为不应小于柱净高的1/4

C. 刚性地面处，取其上、下各500mm

D. 剪跨比不大于2的柱和柱净高与柱截面高度之比不大于4的柱、框支柱、一级及二级框架的角柱，取全高加密

9.18　框架柱箍筋设置要求不符合规范要求的是（　　　）。

A. 至少每隔一根纵向钢筋宜在两个方向有箍筋约束

B. 拉筋宜紧靠纵向钢筋并钩住箍筋

C. 应为封闭箍，末端设置135°弯钩，弯钩平直段长度为10倍箍筋直径

D. 节点范围内梁柱箍筋均应设置

9.19　现浇框架节点内（　　　）。

A. 可不设置水平箍筋

B. 应设置竖向箍筋

C. 按梁端箍筋加密区要求设置竖向箍筋

D. 至少按柱端箍筋加密区要求设置水平箍筋

9.20　钢筋混凝土框架柱，纵筋采用焊接连接时，不符合规范要求的是（　　　）。

A. 相邻纵向钢筋接头位置宜错开，同一截面连接的钢筋数量不宜超过总数量的50%

B. 接头中心之间的距离不应小于500mm

C. 柱纵筋接头位置宜避开柱端箍筋加密区

D. 柱纵筋接头无法避开柱端箍筋加密区时，纵筋应采用机械连接或焊接

9.21　钢筋混凝土框架柱，纵筋采用机械连接时，不符合规范要求的是（　　）。

A. 相邻钢筋接头位置宜错开，同一截面连接的钢筋数量不宜超过总数量的 50%

B. 接头中心之间的距离不应小于 500mm

C. 柱纵筋接头位置宜避开柱端箍筋加密区

D. 框支柱宜采用机械连接接头

9.22　钢筋混凝土框架柱，纵筋采用绑扎搭接连接时，不符合规范要求的是（　　）。

A. 相邻钢筋接头位置宜错开

B. 接头中心之间的距离不应小于 $1.3l_{lE}$，$l_{lE}=1.2l_{aE}$

C. 柱纵筋接头位置宜避开柱端箍筋加密区

D. 受拉钢筋直径大于 25mm、受压钢筋直径大于 28mm 时，不宜采用绑扎搭接连接

9.23　按《混凝土结构施工图平面整体表示方法制图规则和构造详图》16G101-1，图 9.87 中钢筋混凝土框架柱，$l_{aE}=35d$，满足要求且最经济的 a 值应为（　　）mm。

A. 700　　　　　B. 840　　　　　C. 924　　　　　D. 980

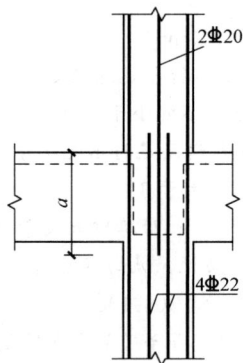

图 9.87

9.24　按《混凝土结构施工图平面整体表示方法制图规则和构造详图》16G101-1，图 9.88 中钢筋混凝土框架柱，$l_{aE}=35d$，满足规范且最经济的 b 值应为（　　）mm。

A. 770　　　　　B. 924　　　　　C. 840　　　　　D. 1080

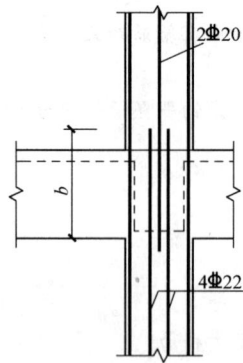

图 9.88

9.25　按《混凝土结构施工图平面整体表示方法制图规则和构造详图》16G101-1，钢筋混凝土框架柱，当上柱纵筋直径大于下柱纵筋直径时，下列叙述错误的是（　　）。

A. 应将上柱大直径纵筋伸入下柱与小直径钢筋连接

B. 钢筋接头位置应避开柱端箍筋加密区

C. 连接接头的长度应按较大直径计算

D. 同一截面连接的钢筋数量不宜超过总数量的 50%

9.26 按《混凝土结构施工图平面整体表示方法制图规则和构造详图》16G101-1，钢筋混凝土框架柱，当设有地下室且房屋的嵌固端为地下室顶板面，对于柱端箍筋加密区范围，下列叙述错误的是（　　）。

A. 嵌固端以下框架柱，柱端箍筋加密区范围为柱截面长边尺寸（或圆柱直径）、柱净高的 1/6 和 500mm 三者的最大值

B. 嵌固端以下（除基础顶面柱端）框架柱，柱端箍筋加密区范围为柱截面长边尺寸（或圆柱直径）、柱净高的 1/6 和 500mm 三者的最大值

C. 嵌固端的柱根（嵌固部位上柱的下端）箍筋加密区长度为不应小于柱净高的 1/3

D. 刚性地面处，取其上、下各 500mm

9.27 钢筋混凝土框架柱，中柱柱顶纵筋构造不符合规范要求的是（　　）。

A. 柱纵筋应伸至柱顶，当顶层框架梁高小于柱纵筋锚固长度时，柱纵筋在顶层框架梁内的竖向投影长度不应小于 $0.5l_{abE}$，端部设 $90°$ 弯钩，弯钩水平投影长度不应小于 $12d$

B. 当柱顶有不小于 100mm 厚的现浇板时，纵筋端部可向节点外弯折

C. 当柱纵筋端头加锚板时，柱纵筋应伸至柱顶，柱纵筋在顶层框架梁内的竖向投影长度不应小于 $0.5l_{abE}$

D. 当顶层框架梁高满足直锚要求时，柱纵筋在顶层框架梁内的竖向投影长度不应小于 l_{aE}

9.28 按《混凝土结构施工图平面整体表示方法制图规则和构造详图》16G101-1，钢筋混凝土结构，关于梁上柱纵筋的构造，下列叙述错误的是（　　）。

A. 柱纵筋宜伸至梁下部纵筋的上方，在梁内的竖向投影长度不应小于 $0.5l_{abE}$，且不应小于 $20d$；纵筋端部设水平弯钩，弯钩水平投影长度不应小于 $15d$

B. 在梁内至少设两道箍筋，箍筋间距不应大于 500mm

C. 梁平面外方向应设梁

D. 柱宽大于梁宽时，梁应水平加腋

9.29 如图 9.89 所示，$l_{abE}=37d$，框架顶层端节点中搭接长度 a 最接近规范要求的值为（　　）mm。

A. 740　　　　　　B. 1110　　　　　　C. 900　　　　　　D. 850

9.30 如图 9.90 所示，$l_{abE}=37d$，框架顶层端节点中搭接长度 a 最接近规范要求的值为（　　）。

A. 750　　　　　　B. 1150　　　　　　C. 1258　　　　　　D. 900

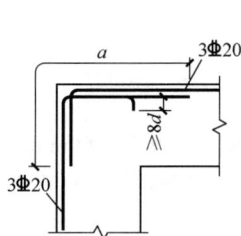

图 9.89

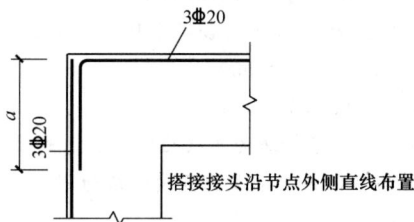

搭接接头沿节点外侧直线布置

图 9.90

9.31 框架中柱，纵筋（$d=20$mm）应伸至柱顶，且在节点内垂直段投影长度 a 和水平段投影长度 b 应分别满足相关要求。如图 9.91 所示，$l_{abE}=37d$，满足规范要求且最经济的 a、b 值分别是

（　　）mm。

A. $a \geqslant 300$，$b \geqslant 240$ 　　　　　　　　　B. $a \geqslant 450$，$b \geqslant 300$

C. $a \geqslant 400$，$b \geqslant 240$ 　　　　　　　　　D. $a \geqslant 400$，$b \geqslant 300$

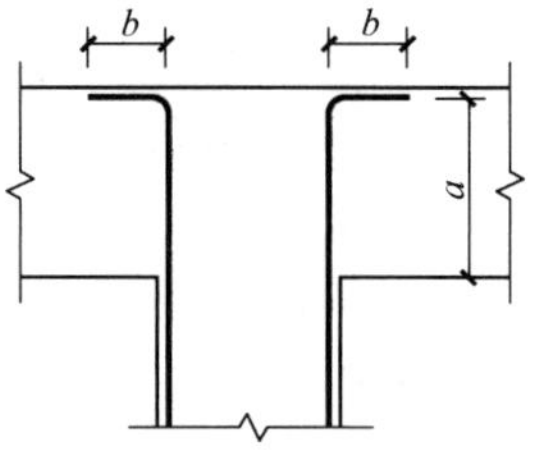

9.32　如图9.92所示，抗震等级为三级的框架柱，截面尺寸为500mm×600mm。二层楼面梁高600mm，该框架柱柱端箍筋加密区范围 h_1 及 h_2，符合规范且经济合理的一项是（　　）mm。

A. $h_1 = 1700$，$h_2 = 850$ 　　　　　　　B. $h_1 = 750$，$h_2 = 750$

C. $h_1 = 1300$，$h_2 = 600$ 　　　　　　　D. $h_1 = 1500$，$h_2 = 750$

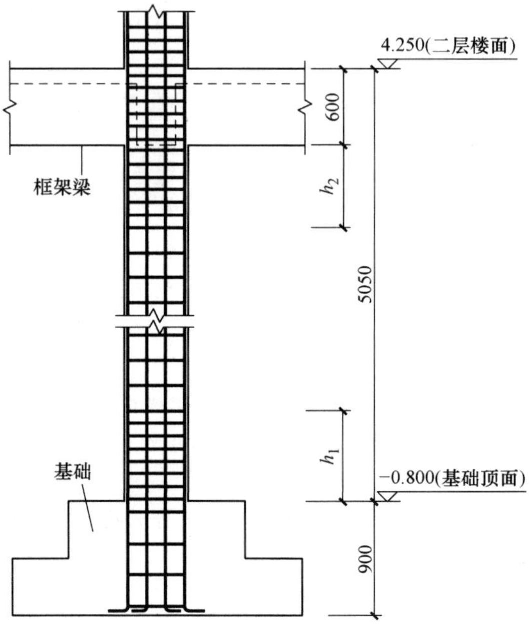

图9.91

图9.92

9.33　抗震等级为三级的框架柱，截面尺寸为450mm×650mm，层高为4000mm，二、三层梁高均为500mm，如图9.93所示。该框架柱二层柱端箍筋加密区范围 h_1 及 h_2，符合规范且经济合理的一项是（　　）mm。

A. $h_1 = 500$，$h_2 = 500$ 　　　　　　　B. $h_1 = 600$，$h_2 = 600$

C. $h_1 = 650$，$h_2 = 650$ 　　　　　　　D. $h_1 = 700$，$h_2 = 700$

9.34　抗震等级为四级的框架柱，如图9.94所示，柱截面尺寸为400mm×500mm，该框架柱柱端箍筋加密区长度 a、b 符合规范且经济合理的选项是（　　）mm。

A. $a = 700$，$b = 550$ 　　　　　　　B. $a = 700$，$b = 700$

C. $a = 650$，$b = 650$ 　　　　　　　D. $a = 550$，$b = 550$

9.35　抗震等级为四级的框架柱，截面尺寸为450mm×450mm，各层层高均为3600mm，各层楼面框架梁高400mm，混凝土强度等级为C30；如图9.95所示柱纵筋连接构造详图，符合规范且经济合理的一项是（　　）。

9.36　钢筋混凝土框架梁，抗震等级为三级，当纵筋采用HRB400钢筋时，梁底和梁顶配置的通长钢筋不应少于（　　）。

A. 2Φ10　　　　　B. 2Φ12　　　　　C. 2Φ14　　　　　D. 2Φ16

9.37　抗震等级为三级的框架梁（梁高为 h_b），梁端箍筋加密区长度为（　　）的较大值。

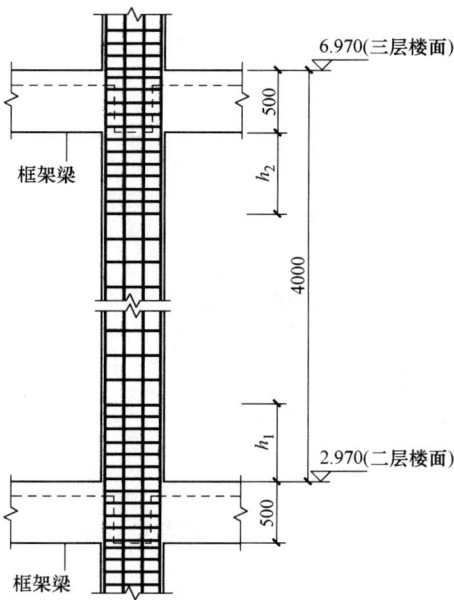

图9.93

A. 1.5h_b和500mm　　　　B. 2h_b和500mm

C. 1.5h_b和1000mm　　　　D. 2h_b和1000mm

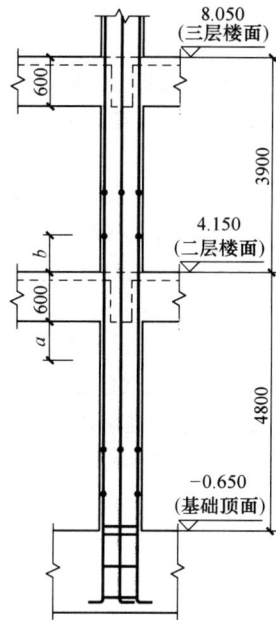

图9.94

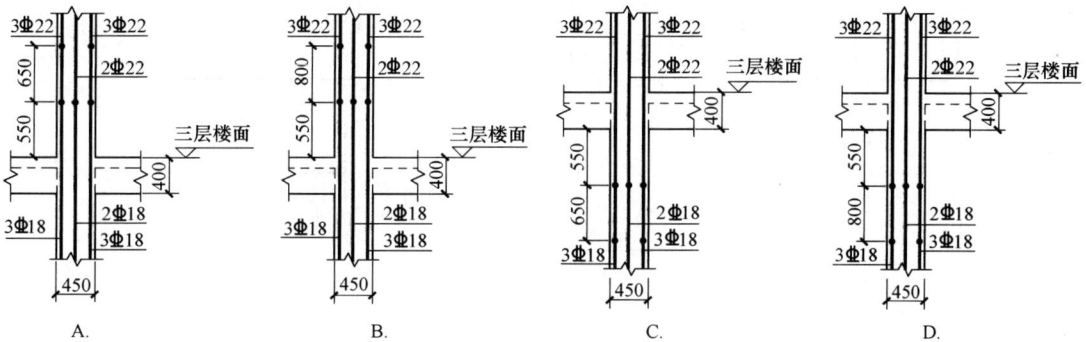

图9.95

9.38　抗震等级为一级的框架梁（梁高为h_b），梁端箍筋加密区长度为（　　）的较大值。

A. 1.5h_b和500mm　　　　B. 2h_b和500mm

C. 1.5h_b和1000mm　　　　D. 2h_b和1000mm

9.39　框架梁梁端设置的第一道箍筋离柱边缘的距离为（　　）。

A. 0　　　　　　　　　　　B. 50mm

C. 100mm　　　　　　　　　D. 1倍箍筋间距

9.40　如图9.96所示为框架中间层边节点，梁上部纵筋应伸至柱外侧纵筋的内侧向节点内弯折，如$l_{abE}=37d$，水平投影长度a和垂直投影长度b满足规范要求且最经济的分别是（　　）mm。

A. $a\geqslant300$，$b\geqslant240$

B. $a\geqslant300$，$b\geqslant300$

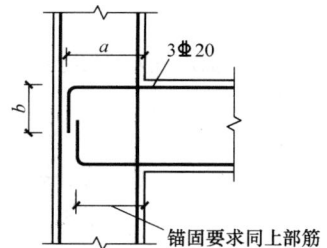

图9.96

C. $a \geqslant 400$，$b \geqslant 240$

D. $a \geqslant 450$，$b \geqslant 300$

9.41　按《混凝土结构施工图平面整体表示方法制图　规则和构造详图》16G101-1，当框架梁上部需设置架立筋时，不符合标准要求的是（　　　）。

A. 梁上部受力筋伸出柱边 $l_{ni}/3$ 后与架立筋连接

B. 若采用搭接连接时，搭接长度为 150mm

C. 也可采用焊接或机械连接

D. 若采用绑扎搭接连接时，搭接长度应为 l_{lE}

9.42　按《混凝土结构施工图平面整体表示方法制图规则和构造详图》16G101-1，当框架梁上部通长角筋的直径变化时，不符合标准要求的是（　　　）。

A. 梁上部大直径角筋伸出柱边 $l_{ni}/3$ 与小直径通长钢筋连接

B. 若采用搭接连接时，搭接长度为 l_{lE}，搭接长度按较大钢筋直径计算

C. 也可采用焊接或机械连接

D. 若采用搭接连接时，搭接长度为 l_{lE}，搭接长度按较小钢筋直径计算

9.43　抗震等级为三级的框架梁，梁高、配筋及净跨如图 9.97 所示，该框架梁梁端箍筋加密区长度 h_1，符合规范且经济合理的选项是（　　　）mm。

A. $h_1 = 500$　　　　B. $h_1 = 800$　　　　C. $h_1 = 850$　　　　D. $h_1 = 1100$

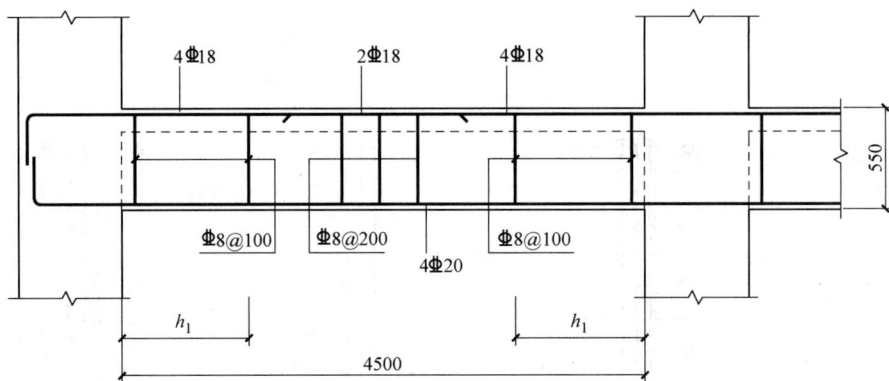

图 9.97

9.44　抗震等级为一级的框架梁，如图 9.98 所示，该框架梁梁端箍筋加密区长度 h_1，符合规范且经济合理的选项是（　　　）mm。

A. $h_1 = 600$　　　　B. $h_1 = 900$　　　　C. $h_1 = 1000$　　　　D. $h_1 = 1250$

9.45　抗震等级二级的框架梁，其截面尺寸为 250mm×500mm，梁的箍筋加密区间距为 100mm，那么梁一端加密区箍筋个数为（　　　）个。

A. 7　　　　　　　　B. 8　　　　　　　　C. 9　　　　　　　　D. 11

9.46　抗震等级三级的框架梁，净跨为 6.9m，梁高 700mm，箍筋为Φ8@100/200（2），那么该跨共需箍筋（　　　）个。

A. 43　　　　　　　B. 44　　　　　　　C. 45　　　　　　　D. 46

9.47　当框架梁一端的支座为梁时，下列叙述不符合《混凝土结构施工图平面整体表示方法制图规则和构造详图》16G101-1 规定的是（　　　）。

A. 与支承梁连接端，梁端箍筋可按非加密区要求施工

B. 梁端箍筋应按加密区要求施工

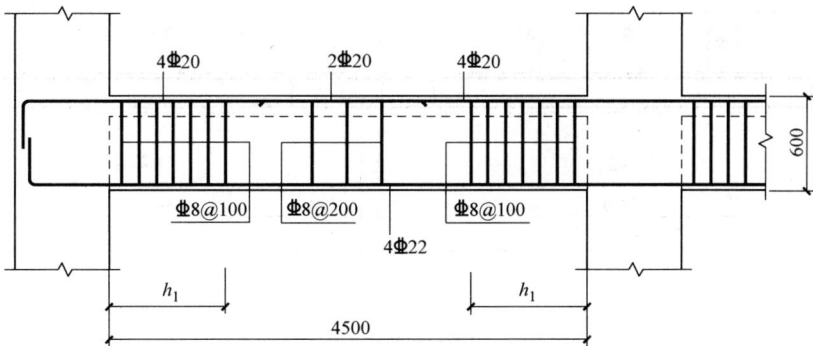

图 9.98

C. 框架梁上部纵筋伸至主梁外侧角筋的内侧下弯

D. 框架梁纵筋在支承梁内的锚固长度要求应由设计单位注明

9.48 如图 9.99 所示中间楼层边节点框架梁纵向钢筋构造，已知该框架抗震等级为四级，$l_{abE} = 40d$，请选择符合规范的一项是（ ）。

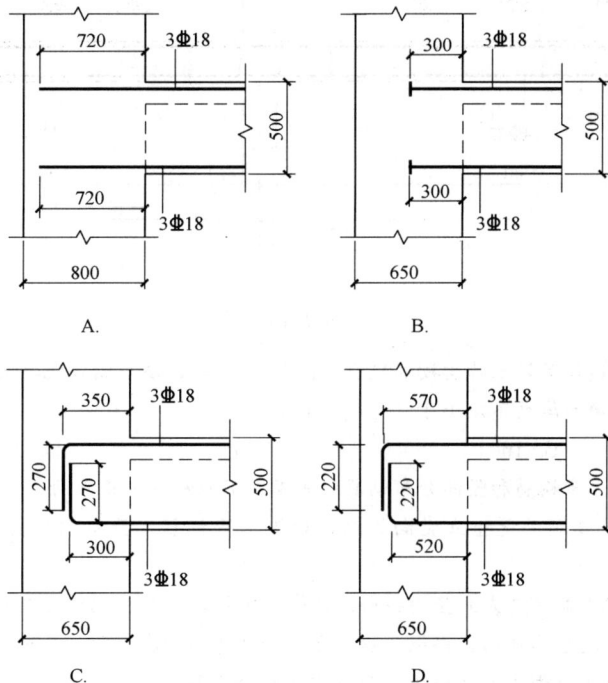

图 9.99

9.49 框架抗震等级为三级，如图 9.100 所示。根据《混凝土结构施工图平面整体表示方法制图规则和构造详图》16G101-1，2Φ20 非通长钢筋延伸长度 a、b，符合标准要求且经济合理的选项是（ ）mm。

A. $a=2400$，$b=2400$　　　　　　　　B. $a=2400$，$b=1870$

C. $a=2570$，$b=2050$　　　　　　　　D. $a=2570$，$b=2570$

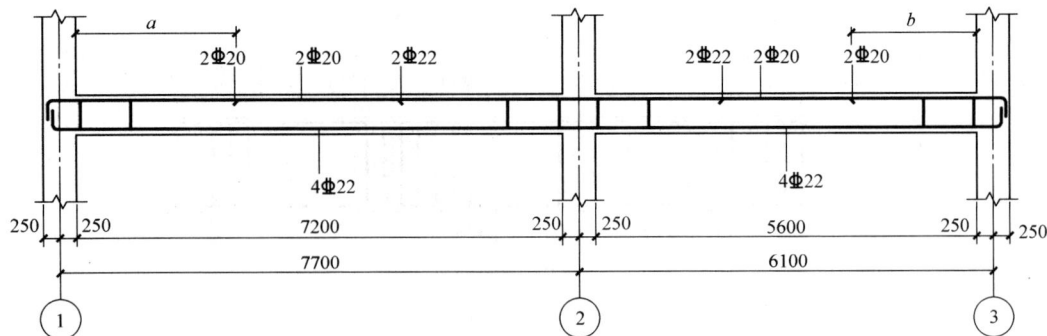

图 9.100

9.50 抗震等级为三级，如图 9.101 所示；根据《混凝土结构施工图平面整体表示方法制图规则和构造详图》16G101-1，2Φ22 非通长钢筋延伸长度 a、b，符合标准要求且经济合理的选项是（   ）mm。

A. $a=2400$，$b=1870$ B. $a=2400$，$b=2400$

C. $a=2570$，$b=2050$ D. $a=2570$，$b=2570$

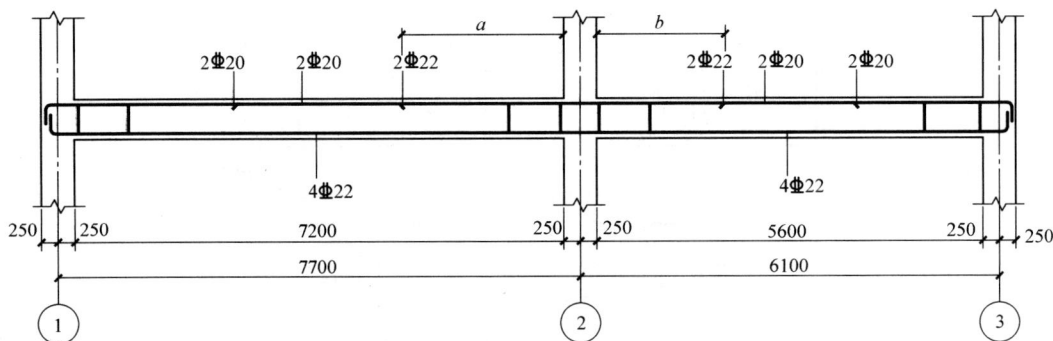

图 9.101

9.51 根据《高层建筑混凝土结构技术规程》JGJ 3—2010，高层钢筋混凝土剪力墙结构，三、四级抗震等级一般部位剪力墙的厚度不应小于（   ）mm。

A. 140   B. 160   C. 180   D. 200

9.52 剪力墙水平分布钢筋和竖向分布钢筋的布置，下列叙述中正确的（   ）。

A. 剪力墙钢筋的施工顺序是先立竖向钢筋，后绑水平钢筋，竖向钢筋宜在内侧，水平钢筋宜在外侧

B. 剪力墙钢筋的施工顺序是先立竖向钢筋，后绑水平钢筋，竖向钢筋宜在外侧，水平钢筋宜在内侧

C. 根据剪力墙四边支承形成的区格板，短边方向的分布筋放在外侧，长边方向的分布筋放在内侧

D. 根据剪力墙四边支承形成的区格板，长边方向的分布筋放在外侧，短边方向的分布筋放在内侧

9.53 高层钢筋混凝土剪力墙结构，剪力墙的配筋构造不符合《高层建筑混凝土结构技术规程》JGJ 3—2010 规定的是（   ）。

A. 当墙厚 160mm＜h_w≤400mm 时可配二排钢筋

B. 当墙厚 400mm＜h_w≤700mm 时配三排钢筋

C. 当墙厚 h_w＞700mm 时配四排钢筋

D. 当墙厚 h_w≤160mm 时可配单排钢筋

9.54 钢筋混凝土剪力墙结构，各排分布钢筋之间应设置拉筋，拉筋的最大间距与最小直径分别为

（　　）mm。

    A. 450，6　　　　　　B. 450，8　　　　　　C. 600，6　　　　　　D. 600，8

9.55　根据《高层建筑混凝土结构技术规程》JGJ 3—2010，剪力墙分布钢筋的最大间距与最小直径分别为（　　）mm。

    A. 150，10　　　　　B. 200，10　　　　　C. 300，8　　　　　D. 250，8

9.56　钢筋混凝土剪力墙结构，剪力墙水平分布钢筋的搭接长度不应小于（　　）。

    A. l_{lE}　　　　　　B. $1.2l_{aE}$　　　　　　C. $1.4l_{aE}$　　　　　　D. $1.6l_{aE}$

9.57　钢筋混凝土剪力墙结构，不同排水平分布钢筋及同排相邻水平分布钢筋沿水平方向搭接接头的净距不宜小于（　　）。

    A. $0.3l_{lE}$　　　　　B. 500mm　　　　　C. 600mm　　　　　D. 35d

9.58　钢筋混凝土剪力墙结构，剪力墙竖向分布钢筋的绑扎搭接连接不符合《高层建筑混凝土结构技术规程》JGJ 3—2010规定的是（　　）。

    A. 竖向分布钢筋采用搭接连接时，一、二、三级抗震等级的剪力墙底部加强部位，相邻钢筋接头位置应错开

    B. 需错开搭接时，同一截面连接的钢筋数量不宜超过总数量的50%，相邻接头之间的净距不宜小于500mm

    C. 一、二级抗震等级的非底部加强部位及三、四级抗震等级时可在同一截面搭接

    D. 分布钢筋搭接长度，不应小于1.2l_{aE}

9.59　钢筋混凝土剪力墙结构，剪力墙竖向分布钢筋的焊接连接不符合《混凝土结构施工图平面整体表示方法制图规则和构造详图》16G101-1要求的是（　　）。

    A. 相邻钢筋接头位置宜错开，同一截面连接的钢筋数量不宜超过总数量的50%

    B. 相邻钢筋接头之间的净距不宜小于35d

    C. 第一批接头位置距基础或楼板面不宜小于500mm

    D. 各抗震等级的剪力墙连接要求相同

9.60　钢筋混凝土剪力墙结构，剪力墙竖向分布钢筋的机械连接不符合《混凝土结构施工图平面整体表示方法制图规则和构造详图》16G101-1要求的是（　　）。

    A. 相邻钢筋接头位置宜错开，同一截面连接的钢筋数量不宜超过总数量的50%

    B. 相邻接头之间的净距不宜小于500mm

    C. 第一批接头位置距基础或楼板面不宜小于500mm

    D. 各抗震等级的剪力墙连接要求相同

9.61　钢筋混凝土剪力墙竖向分布钢筋（外墙除外），当墙顶部无边框梁时，应伸至板面并向板内水平弯折，弯折段的水平投影长度不应小于（　　）。

    A. 12d　　　　　　B. 15d　　　　　　C. 200mm　　　　　D. 150mm

9.62　钢筋混凝土剪力墙结构，剪力墙边缘构件纵向钢筋的绑扎搭接连接不符合《混凝土结构施工图平面整体表示方法制图规则和构造详图》16G101-1要求的是（　　）。

    A. 相邻钢筋接头位置应错开，同一截面连接的钢筋数量不宜超过总数量的50%

    B. 相邻接头之间的净距不宜小于500mm

    C. 第一批接头位置可为基础或楼板面

    D. 各抗震等级的边缘构件连接要求相同

9.63　钢筋混凝土剪力墙结构，剪力墙边缘构件纵向钢筋的焊接连接不符合《混凝土结构施工图平面整体表示方法制图规则和构造详图》16G101-1要求的是（　　）。

    A. 相邻钢筋接头位置应错开，同一截面连接的钢筋数量不宜超过总数量的50%

    B. 相邻接头之间的净距不宜小于35d

C. 第一批接头位置距基础或楼板面不宜小于 500mm

D. 各抗震等级的边缘构件连接要求相同

9.64　钢筋混凝土剪力墙结构，剪力墙边缘构件纵向钢筋的机械连接不符合《混凝土结构施工图平面整体表示方法制图规则和构造详图》16G101-1 要求的是（　　）。

A. 相邻钢筋接头位置应错开，同一截面连接的钢筋数量不宜超过总数量的 50%

B. 相邻接头之间的净距不宜小于 500mm

C. 第一批接头位置距基础或楼板面不宜小于 500mm

D. 各抗震等级的边缘构件连接要求相同

9.65　高层钢筋混凝土剪力墙结构，连梁钢筋构造不符合《高层建筑混凝土结构技术规程》JGJ 3—2010 规定的是（　　）。

A. 墙体水平分布钢筋应作为连梁的腰筋在连梁范围内拉通连续配置

B. 连梁的箍筋应在墙体水平钢筋的内侧

C. 连梁顶面、底面纵向受力钢筋伸入墙内的锚固长度不应小于 l_{aE}

D. 顶层连梁纵筋在支座范围内均应设置间距不大于 150mm 的箍筋

9.66　按《混凝土结构施工图平面整体表示方法制图规则和构造详图》16G101-1，连梁钢筋布置错误的是（　　）。

A. 连梁箍筋在墙身水平钢筋内侧

B. 连梁箍筋在墙身水平钢筋外侧

C. 连梁纵向受力钢筋布置在箍筋内侧

D. 纵向受力钢筋的锚固长度为 l_{aE} 且 ≥600mm

9.67　下列关于剪力墙的叙述，错误的是（　　）。

A. 短肢剪力墙是指截面厚度不大于 300mm、各肢截面高度与厚度之比的最大值大于 4 但不大于 8 的剪力墙

B. 当剪力墙墙肢截面高度与厚度之比不大于 4 时，宜按框架柱进行截面设计

C. 独立墙段的总高度与其截面高度之比不宜小于 3，墙肢截面高度不宜大于 8m

D. 对剪力墙结构，各墙肢之间连梁的刚度越大对结构越有利

9.68　剪力墙底部加强部位的范围，不符合规范规定的是（　　）。

A. 房屋高度大于 24m 时，可取底部两层和墙肢总高度的 1/10 二者的较大值

B. 房屋高度不大于 24m 时，可取底部一层

C. 以上底部加强部位的高度应从嵌固端算起

D. 当结构计算嵌固端位于地下一层底板或以下时，底部加强部位宜延伸到计算嵌固端

▶ 砌体结构

10.1 砌体材料及力学性能

由块体和砂浆砌筑而成的墙、柱作为建筑物主要受力构件的结构，称为砌体结构，是砖砌体、砌块砌体和石砌体结构的统称。

10.1.1 块材

砌体结构中常用的块材有砖、砌块和石材三种。块材的强度等级是块材力学性能的基本标志，用符号"MU"表示。

1. 砖

我国目前用于砌体结构的砖主要有以下三类：

（1）烧结砖，分为烧结普通砖和烧结多孔砖两种。烧结普通砖其规格尺寸为 240mm×115mm×53mm，工程上也称为标准砖。烧结多孔砖按照《烧结多孔砖和多孔砌块》GB 13544—2011 规定，其规格尺寸（长、宽、高）应符合 290、240、190、180、140、115、90 的要求。按照主要原料分为页岩砖（Y）、煤矸石砖（M）、粉煤灰砖（F）、淤泥砖（U）、固体废弃物砖（G）等，强度等级分为 MU30、MU25、MU20、MU15 和 MU10 共五级。

（2）蒸压砖，分为蒸压灰砂普通砖和蒸压粉煤灰普通砖。规格尺寸均为 240mm×115mm×53mm。强度等级分为 MU25、MU20 和 MU15 共三级。

《砌体结构设计规范》GB 50003—2011（简称《砌体规范》）规定，蒸压灰砂砖、蒸压粉煤灰砖不应用于 3～5 类环境等有侵蚀介质的建筑部位。

（3）混凝土砖，分为混凝土实心砖和混凝土多孔砖。混凝土实心砖其主规格尺寸为 240mm×115mm×53mm、240mm×115mm×90mm 等；混凝土多孔砖其主规格尺寸为 240mm×115mm×90mm、240mm×190mm×90mm、190mm×190mm×90mm 等。强度等级分为 MU30、MU25、MU20 和 MU15 共四级。

2. 砌块

根据制作砌块的原材料不同，主要有混凝土空心砌块、加气混凝土砌块、水泥炉渣空心砌块、粉煤灰硅酸盐砌块等。根据砌块尺寸大小，可分为小型砌块（高度为 180～350mm）、中型砌块（高度为 360～900mm）和大型砌块（高度大于 900mm）。由于受到人工起重的限制，中型和大型砌块已很少应用。强度等级分为 MU20、MU15、MU10、MU7.5 和 MU5 共五级。

3. 石材

石材可分为料石和毛石，料石按加工后的外形规则程度又可分为细料石、粗料石和毛料石。

（1）细料石通过细加工，外形规则，叠砌面凹入深度不应大于 10mm，截面的宽度、高度不宜小于 200mm，且不应小于长度的 1/4。

（2）粗料石规格尺寸同细料石，但叠砌面凹入深度不应大于 20mm。

（3）毛料石外形大致方正，一般不加工或稍加修整，高度不应小于 200mm，叠砌面凹入深度不应大于 25mm。

（4）毛石形状不规则，中部厚度不小于 200mm。

无明显风化的天然石材由于抗压强度高，抗冻性、抗水性、抗气性、耐久性均较好等优点。石材的强度等级分为 MU100、MU80、MU60、MU50、MU40、MU30 和 MU20 共七级。

10.1.2　砂浆

砂浆在砌体中的作用是使块材与砂浆的接触表面产生粘结力，从而把块材粘结成整体以承受荷载，并垫平块材的上、下表面，使块材应力分布均匀。同时，砂浆填满了块体间的缝隙，减少砌体的透气性，从而提高砌体的隔热、防水和抗冻性能。砂浆分为普通砂浆（强度等级用符号"M"表示）和专用砂浆。

1. 普通砂浆

（1）水泥砂浆：强度高、耐久性和耐火性好，但其流动性和保水性差，施工相对较困难，常用于地面以下结构或经常受水侵蚀的砌体部位。

（2）混合砂浆：强度较高，且耐久性、流动性和保水性均较好，便于施工，容易保证施工质量，是砌体结构房屋中常用的砂浆。

（3）非水泥砂浆：强度较低，耐久性差，但流动性和保水性较好，可用于砌筑较干燥环境下的砌体，一般用于临时建筑或简易房屋中。

2. 专用砂浆

专用砂浆是专门用于砌筑某种块材的砂浆，有混凝土砌块（砖）专用砌筑砂浆（强度等级用符号"Mb"表示）和蒸压灰砂普通砖、蒸压粉煤灰普通砖专用砌筑砂浆（强度等级用符号"Ms"表示）。

10.1.3　砌体材料的选用

砌体所用块材和砂浆主要依据承载能力、耐久性、保温隔热性能、抗冻性等要求，结合砌体的工作环境、施工条件和当地的材料供应情况选择。多层建筑砌体材料强度等级需要变化的宜按层变化，变化不宜太多，同一层内不宜采用不同强度等级的材料，以免造成施工麻烦和用错材料。《砌体规范》规定：烧结普通砖和烧结多孔砖砌体采用的普通砂浆强度等级为 M15、M10、M7.5、M5 和 M2.5。

蒸压灰砂普通砖和蒸压粉煤灰普通砖砌体采用的专用砌筑砂浆强度等级为 Ms15、Ms10、Ms7.5 和 Ms5。

混凝土普通砖、混凝土多孔砖、单排孔混凝土砌块和煤矸石混凝土砌块砌体采用的专用砌筑砂浆强度等级为 Mb20、Mb15、Mb10、Mb7.5 和 Mb5。

毛料石、毛石砌体采用的普通砂浆强度等级为 M7.5、M5 和 M2.5。

对于地面以下或防潮层以下的砌体，潮湿房间的墙或环境类别 2 的砌体，所用块材及砂浆最低强度等级应满足表 10.1 的规定。

处于环境类别 3～5 等有侵蚀性介质的砌体材料应符合耐久性的有关规定。

地面以下或防潮层以下的砌体，潮湿房间的墙所用材料的最低强度等级　　表 10.1

潮湿程度	烧结普通砖	混凝土普通砖蒸压普通砖	混凝土砌块	石材	水泥砂浆
稍潮湿的	MU15	MU20	MU7.5	MU30	M5
很潮湿的	MU20	MU20	MU10	MU30	M7.5
含水饱和的	MU20	MU25	MU15	MU40	M10

注：1. 在冻胀地区，地面以下或防潮层以下的砌体，不宜采用多孔砖，如采用时，其孔洞应用不低于 M10 的水泥砂浆预先灌实。当采用混凝土空心砌块时，其孔洞应采用强度等级不低于 Cb20 的混凝土预先灌实。

2. 对安全等级为一级或设计使用年限大于 50 年的房屋，表中材料强度等级应至少提高一级。

10.1.4　砌体的种类

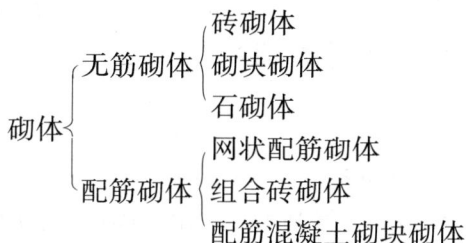

$$
砌体
\begin{cases}
无筋砌体
\begin{cases}
砖砌体 \\
砌块砌体 \\
石砌体
\end{cases} \\
配筋砌体
\begin{cases}
网状配筋砌体 \\
组合砖砌体 \\
配筋混凝土砌块砌体
\end{cases}
\end{cases}
$$

1. 砖砌体

砖砌体是最常见的砌体。砖砌体的厚度主要根据强度和稳定性确定，其厚度尺寸主要有 120mm（半砖）、240mm（一砖）、370mm（一砖半）、490mm（二砖）及 620mm（二砖半）等。

2. 砌块砌体

砌块砌体其厚度尺寸主要有为 190mm、200mm、240mm 和 290mm 等。砌块砌体自重轻，保温隔热性能好，施工进度快，经济效果好，又具有优良的环保概念，特别是小型砌块砌体具有很广阔的发展前景。

3. 石砌体

石砌体是由石材和砂浆或石材和混凝土砌筑而成，它可分为料石砌体、毛石砌体和毛石混凝土砌体。在产石的山区，由于石料价格低廉，可就地取材，因此应用还较为广泛。料石砌体通常用于建筑物的墙、柱，毛石砌体常用于建筑物基础、挡土墙。

4. 配筋砌体

当构件截面尺寸受到限制或为了提高砌体的抗压、抗弯和抗剪承载力，可在砌体内配置适量的钢筋，目前工程上采用的配筋砌体主要有网状配筋砌体和组合砖砌体。

　　1）网状配筋砖砌体（图 10.1）。是在砖柱或砖墙中沿高度方向每隔一段距离（不超过 5 皮砖，且不应大于 400mm），在其水平灰缝中设置直径为 3～4mm 的钢筋网片。钢筋网中的钢筋间距，不应大于 120mm，并不应小于 30mm。网状配筋砖砌体所用的砂浆强度等级不应低于 M7.5；灰缝厚度应保证钢筋上下至少各有 2mm 厚的砂浆层。在砌体受压时，网状配筋可约束砌体的横向变形，从而提高砌体的抗压强度。

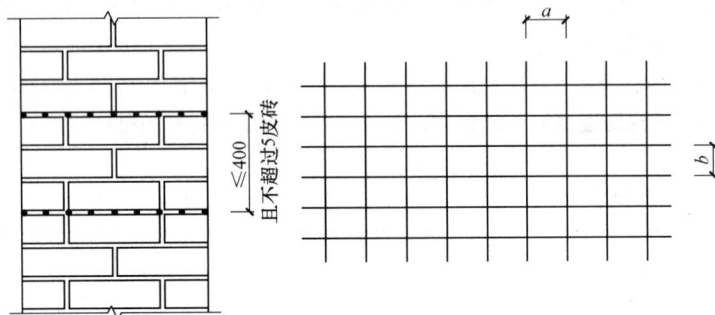

图 10.1　网状配筋砖砌体

图 10.2　砖砌体和构造柱组合墙截面

　　2）组合砖砌体。工程中最常见的组合砖砌体是砖砌体和钢筋混凝土构造柱组合墙（图 10.2）。这不但能提高墙体承载力，并且由于构造柱和圈梁组成钢筋混凝土空间骨架，对增强房屋的变形能力和抗倒塌能力十分明显。

10.1.5　砌体的抗压强度

1. 影响砌体抗压强度的主要因素

　　（1）块材和砂浆强度。块材和砂浆强度是决定砌体抗压强度最主要因素。当块材强度提高时，其抗弯、抗剪的能力随之加大，砌体抗压强度也就提高了。砂浆强度提高时，使砂浆与砖的横向变形系数更加接近，砌体内块材拉应力减少，砌体抗压强度随着提高，但提高块材强度效果更为明显。

　　（2）砂浆的性能。砂浆的流动性和保水性好，容易铺砌成厚度均匀、密实性好的水平灰缝，降低砌体内块材的弯剪应力，从而提高了砌体的强度。但流动性过大，使砂浆在硬化时的横向变形加大，反而会降低砌体的强度。

　　（3）块材的尺寸、形状及灰缝厚度。厚度大的块体，其抗弯、抗剪、抗拉的能力增大，会推迟砌体的开裂；长度较大时，块体在砌体中引起的弯、剪应力也较大，易引起块体开裂破坏。因此砌体强度随块材厚度的增大而提高，随块材的平面尺寸增加而降低。块材的外形比较规则、平整时，砌体中块材受弯、剪应力的不利影响减少，从而使砌体强度相对得到提高。灰缝越厚，越容易铺砌均匀，但砂浆的横向变形增大，使得砌体抗压强度降低。灰缝太薄又难以铺设均匀，砌体强度也将降低。因此对砖和小型砌块砌体的灰缝厚度应控制在 8～12mm；对石砌体中的细料石砌体不宜大于 5mm，毛料石和粗料石砌体不宜大于 20mm。

（4）砌筑质量。其影响因素是多方面的，如块材砌筑时的含水率、工人的技术水平、砂浆搅拌方式、灰缝质量等。其中灰缝质量包括灰缝的均匀性、密实度和饱满度等，灰缝均匀、密实、饱满可显著改善块体在砌体中的复杂应力状态，使砌体抗压强度明显提高。

《砌体结构工程施工质量验收规范》GB 50203—2011 将砌体施工质量控制等级分为三级，见表 10.2。配筋砌体不得为 C 级施工。

砌体施工质量控制等级　　　　　　　　　　　表 10.2

项目	施工质量控制等级		
	A	B	C
现场质量管理	监督检查制度健全，并严格执行；施工方有在岗专业技术管理人员，人员齐全，并持证上岗	监督检查制度健全，并严格执行；施工方有在岗专业技术管理人员，人员齐全，并持证上岗	有监督检查制度；施工方有在岗专业技术管理人员
砂浆、混凝土强度	试块按规定制作，强度满足验收规定，离散性小	试块按规定制作，强度满足验收规定，离散性较小	试块按规定制作，强度满足验收规定，离散性大
砂浆拌合	机械拌合；配合比计量控制严格	机械拌合；配合比计量控制一般	机械或人工拌合；配合比计量控制较差
砌筑工人	中级工以上，其中，高级工不少于30%	高、中级工不少于70%	初级工以上

2. 砌体抗压强度设计值

龄期为 28d 的以毛截面计算的各类砌体抗压强度设计值，当施工质量控制等级为 B 级时，根据块材和砂浆的强度等级可分别按表 10.3～表 10.8 采用。施工阶段砂浆尚未硬化的新砌砌体的强度和稳定性，可按砂浆强度为零进行验算。冬期施工时，采用掺盐砂浆法施工的砌体，砂浆强度等级按常温施工的强度等级提高一级时，砌体强度和稳定性可不验算。但配筋砌体不得用掺盐砂浆施工。

烧结普通砖和烧结多孔砖砌体的抗压强度设计值（MPa）　　表 10.3

砖强度等级	砂浆强度等级					砂浆强度
	M15	M10	M7.5	M5	M2.5	0
MU30	3.94	3.27	2.93	2.59	2.26	1.15
MU25	3.60	2.98	2.68	2.37	2.06	1.05
MU20	3.22	2.67	2.39	2.12	1.84	0.94
MU15	2.79	2.31	2.07	1.83	1.60	0.82
MU10	—	1.89	1.69	1.50	1.30	0.67

注：当烧结多孔砖的孔洞率大于30%时，表中数值应乘以0.9。

混凝土普通砖和混凝土多孔砖砌体的抗压强度设计值（MPa）　　表 10.4

砖强度等级	砂浆强度等级					砂浆强度
	Mb20	Mb15	Mb10	Mb7.5	Mb5	0
MU30	4.61	3.94	3.27	2.93	2.59	1.15
MU25	4.21	3.60	2.98	2.68	2.37	1.05

续表

砖强度等级	砂浆强度等级					砂浆强度
	Mb20	Mb15	Mb10	Mb7.5	Mb5	0
MU20	3.77	3.22	2.67	2.39	2.12	0.94
MU15	—	2.79	2.31	2.07	1.83	0.82

蒸压灰砂砖和蒸压粉煤灰砖砌体的抗压强度设计值（MPa）　　表 10.5

砖强度等级	砂浆强度等级				砂浆强度
	M15	M10	M7.5	M5	0
MU25	3.60	2.98	2.68	2.37	1.05
MU20	3.22	2.67	2.39	2.12	0.94
MU15	2.79	2.31	2.07	1.83	0.82

单排孔混凝土砌块和轻集料混凝土砌块对孔砌筑砌体的抗压强度设计值（MPa）

表 10.6

砖强度等级	砂浆强度等级					砂浆强度
	Mb20	Mb15	Mb10	Mb7.5	Mb5	0
MU20	6.30	5.68	4.95	4.44	3.94	2.33
MU15	—	4.61	4.02	3.61	3.20	1.89
MU10	—	—	2.79	2.50	2.22	1.31
MU7.5	—	—	—	1.93	1.71	1.01
MU5	—	—	—	—	1.19	0.70

注：1. 对独立柱或厚度为双排组砌的砌块砌体，应按表中数值乘以 0.7；

　　2. 对 T 形截面墙体、柱，应按表中数值乘以 0.85；

毛料石砌体的抗压强度设计值（MPa）　　表 10.7

毛料石强度等级	砂浆强度等级			砂浆强度
	M7.5	M5	M2.5	0
MU100	5.42	4.80	4.18	2.13
MU80	4.85	4.29	3.73	1.91
MU60	4.20	3.71	3.23	1.65
MU50	3.83	3.39	2.95	1.51
MU40	3.43	3.04	2.64	1.35
MU30	2.97	2.63	2.29	1.17
MU20	2.42	2.15	1.87	0.95

注：对细料石砌体、粗料石砌体和干砌勾缝石砌体，表中数值应分别乘以调整系数 1.4、1.2 和 0.8。

毛石砌体的抗压强度设计值（MPa）　　表 10.8

毛石强度等级	砂浆强度等级			砂浆强度
	M7.5	M5	M2.5	0
MU100	1.27	1.12	0.98	0.34
MU80	1.13	1.00	0.87	0.30

毛石 强度等级	砂浆强度等级			砂浆强度
	M7.5	M5	M2.5	0
MU60	0.98	0.87	0.76	0.26
MU50	0.90	0.80	0.69	0.23
MU40	0.80	0.71	0.62	0.21
MU30	0.69	0.61	0.53	0.18
MU20	0.56	0.51	0.44	0.15

3. 砌体抗压强度设计值调整系数

《砌体规范》规定下列情况的各类砌体，其砌体强度设计值应乘以调整系数 γ_a：

（1）对于无筋砌体构件，其截面面积小于 $0.3m^2$ 时，γ_a 为其截面面积加 0.7；对配筋砌体构件，当其中砌体截面面积小于 $0.2m^2$ 时，γ_a 为其截面面积加 0.8；构件截面面积以 m^2 计。这是考虑截面较小的砌体构件，局部碰损或缺陷对强度影响较大而采取的调整系数。

（2）当砌体用强度等级小于 M5.0 的水泥砂浆砌筑时，对于抗压强度 γ_a 为 0.9。

（3）当验算施工中房屋的构件时，γ_a 为 1.1。

（4）当施工质量控制等级为 C 级时，γ_a 为 0.89；当 A 为级时，γ_a 为 1.05。

10.2 砌体结构房屋承重体系和静力计算方案

房屋的主要承重结构是由不同的材料所组成，称为混合结构。形式主要有钢-混凝土混合结构、钢-木混合结构、混凝土-砌体混合结构和砌体-木混合结构等。这里讲述的是混凝土-砌体混合结构（工程上俗称为砖混结构），其楼、屋盖水平承重结构采用钢筋混凝土，而竖向承重结构采用砌体。这种结构形式目前在我国多层民用建筑中十分普遍。

10.2.1 砌体结构房屋的承重体系

砌体结构承重墙的布置，会直接影响到房屋平面的划分和房间的大小，而且对房屋的荷载传递路线、承载的合理性、墙体的稳定性以及房屋的空间工作性能有着密切的关系。根据竖向荷载传递方式不同，砌体房屋的结构布置方案可分为三种：横墙承重体系、纵墙承重体系、纵横墙承重体系。

1. 横墙承重体系

横墙承担由板（或梁）传来的楼面和屋面的竖向荷载，而纵墙主要起围护、分隔和将横墙连成整体的作用，如图 10.3 所示。其荷载的传递路径为：板（或梁）→横墙→基础→地基。

横墙承重体系的特点：①房屋的侧向刚度大、整体性好；②纵墙上可以开较大的门、窗，有利于房屋的通风和采光；③楼盖、屋盖材料用量少，能节约钢筋和水泥，但墙体材料用量较多；④房屋平面布置受到横墙间距的限制不够灵活。

横墙承重体系适用于开间不大、房间面积较小的建筑，如招待所、住宅、宿舍等横墙间距较小的建筑。

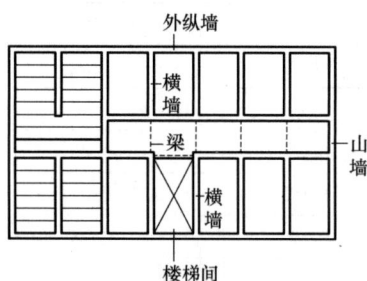

图 10.3 横墙承重体系图

2. 纵墙承重体系

纵墙承担由板（或梁）传来的楼面和屋面的竖向荷载，而横墙主要起围护、分隔和将纵墙连成整体的作用，如图 10.4（a）所示。山墙有时也是承重墙，但它仅承受墙体一侧的小部分竖向荷载，如图 10.4（b）所示。纵墙承重体系其荷载的主要传递路径为：板（或梁）→纵墙→基础→地基。

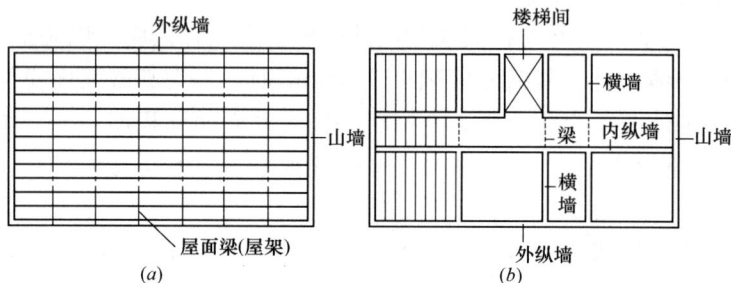

图 10.4 纵墙承重体系

纵墙承重体系的特点：①房屋的空间较大，有利于房屋平面的灵活布置；②纵墙上开设门、窗的大小和位置受到一定的限制；③相对于横墙承重体系，楼盖、屋盖材料用量多，但墙体材料用量较少；④房屋的侧向刚度相对较差。

纵墙承重体系适用于使用上需有较大内部空间的建筑，如教学楼、试验楼、办公楼、医院等。

3. 纵横墙承重体系

纵墙和横墙共同承担由板（或梁）传来的楼面和屋面的竖向荷载，如图 10.5 所示。其荷载的传递路径为：板（或梁）→横墙（或纵墙）→基础→地基。

纵横墙承重体系的特点：①建筑平面布置灵活；②房屋纵、横向刚度均较好；③兼顾了上述两种承重体系的优点。

纵墙承重体系适用于使用上需有较大内部空间的建筑，如教学楼、试验楼、办公楼、医院等。

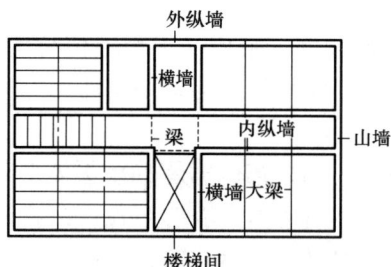

图 10.5 纵横墙承重体系图

10.2.2 砌体结构房屋的静力计算方案

砌体结构是由楼盖、屋盖、墙、柱和基础构成的承重体系，它们互相影响、共同工作，因此整个结构体系处于空间工作状态。为了对其墙和柱进行内力分析，必须选取合理的、基本上符合实际且计算简便的计算模型。

1. 刚性方案

当房屋的楼、屋盖的水平刚度较大，横墙间距较小时，房屋的空间刚度较大，则在水平荷载作用下，房屋的水平位移很小可以忽略不计。其计算简图确定时，将屋盖和楼盖视为墙、柱的水平不动铰支承，墙、柱内力按侧向有不动铰支承的竖向构件计算，如图 10.6（a）所示。按这种方法进行静力计算的房屋称为刚性方案房屋，对于一般多层住宅，办公室、宿舍等砌体结构房屋均宜设计成刚性方案房屋。

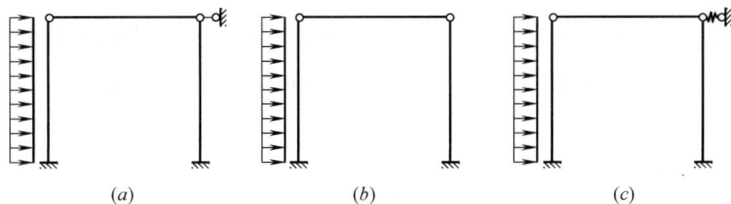

图 10.6   房屋静力计算方案

（a）刚性方案；（b）弹性方案；（c）刚弹性方案

2. 弹性方案

当房屋的横墙间距很大或无山墙（横墙）时，楼、屋盖的水平刚度较小时，房屋的空间刚度很小，水平荷载下的侧移大，横墙在抵抗水平荷载中所起的作用很小。确定计算简图时，不考虑房屋的空间工作的影响，墙、柱按上端与屋盖铰接，下端固定于基础的平面排架来计算，如图 10.6（b）所示。按这种方法进行静力计算的房屋称为弹性方案房屋。长度较大的单层礼堂、食堂等属于这种房屋。由于弹性方案房屋空间工作性能差、内力大、稳定性差、容易引起连续倒塌，因而多层砌体结构房屋不宜采用弹性方案房屋。

3. 刚弹性方案

房屋的空间刚度介于上述两者之间，楼、屋盖具有一定的水平刚度，横墙的间距不太大，能起一定的空间作用，水平荷载下的侧移比弹性方案房屋小，但又不能忽略，静力计算时可根据房屋空间刚度的大小，按楼、屋盖与墙、柱铰接，考虑空间工作的排架或框架来计算墙、柱内力，如图 10.6（c）所示。按这种方法进行静力计算的房屋称为刚弹性方案房屋。如长度不大的单层礼堂、食堂、小型砌体结构单层厂房等通常属于这类房屋。

《砌体规范》根据房屋楼（屋）盖的水平刚度和横墙间距，按房屋空间刚度的大小直接给出三种方案的划分，见表 10.9。

房屋的静力计算方案   表 10.9

	屋盖或楼盖类别	刚性方案	刚弹性方案	弹性方案
1	整体式、装配整体和装配式无檩体系钢筋混凝土屋盖或钢筋混凝土楼盖	$s<32$	$32 \leqslant s \leqslant 72$	$s>72$
2	装配式有檩体系钢筋混凝土屋盖、轻钢屋盖和有密铺望板的木屋盖或木楼盖	$s<20$	$20 \leqslant s \leqslant 48$	$s>48$
3	瓦材屋面的木屋盖和轻钢屋盖	$s<16$	$16 \leqslant s \leqslant 36$	$s>36$

注：1. 表中 s 为房屋横墙间距，其长度单位为"m"；

　　2. 当计算屋盖、楼盖类别不同或横墙间距不同的上柔下刚多层房屋时，顶层可按单层房屋计算；

　　3. 对无山墙或伸缩缝处无横墙的房屋，应按弹性方案考虑。

从表 10.9 中可以看出，横墙间距是确定房屋静力计算方案的一个重要因素，因此刚性方案和刚弹性方案房屋的横墙，应具备足够的刚度，以保证房屋的空间工作性能，故应符合下列要求：

（1）横墙中开有洞口时，洞口的水平截面面积不应超过横墙截面面积的 50%；

（2）横墙的厚度不宜小于 180；

（3）单层房屋的横墙长度不宜小于其高度，多层房屋的横墙长度不宜小于 $H/2$（H 为横墙总高度）。

当横墙不能同时符合上述要求时，应对横墙刚度进行验算。如其最大水平位移值不超过横墙总高度的 1/4000 时，仍可视作刚性或刚弹性方案房屋的横墙。

10.3　墙柱高厚比验算

砌体结构中墙、柱一般是受压构件，除应满足强度要求外，还必须保证其稳定性。高厚比的验算就是为了保证墙、柱在施工阶段和使用阶段的稳定性和房屋的空间刚度。

墙、柱高厚比指墙、柱的计算高度 H_0 与墙厚（或柱的边长 h）值的比值，用 β 表示。墙、柱的高厚比越大，它的刚度愈小，稳定性愈差，即使承载力没有问题，也可能在施工砌筑阶段因过度的偏差、倾斜、鼓肚等现象以及施工和使用过程中出现的偶然撞击、振动等因素造成失稳。同时还考虑到正常使用阶段在荷载作用下墙、柱应具有足够的刚度，不产生影响正常使用的过大变形。因此，《砌体规范》采用允许高厚比 $[\beta]$ 的方法来进行限制，规定墙、柱实际高厚比 β 不得超过允许高厚比 $[\beta]$。墙、柱的允许高厚比 $[\beta]$ 值见表 10.10。

墙、柱的允许高厚比 $[\beta]$ 值　　　　　　　　　　　　　　表 10.10

砌体种类	砂浆强度等级	墙	柱
无筋砌体	M2.5	22	15
	M5.0 或 Mb5.0、Ms5.0	24	16
	≥M7.5 或 Mb7.5、Ms7.5	26	17
配筋砌块砌体	—	30	21

注：1. 毛石墙、柱的允许高厚比应按表中数值降低 20%；
　　2. 带有混凝土或砂浆面层的组合砖砌体构件的允许高厚比，可按表中数值提高 20%；但不得大于 28；
　　3. 验算施工阶段砂浆尚未硬化的新砌砌体构件高厚比时，允许高厚比对墙取 14，对柱取 11。

10.3.1　矩形截面墙、柱高厚比的验算

对于矩形截面墙、柱的高厚比按下式验算：

$$\beta = \frac{H_0}{h} \leqslant \mu_1 \mu_2 [\beta] \tag{10.1}$$

式中　H_0——墙、柱的计算高度，按表 10.11 取用；

　　　　h——墙厚或矩形柱与 H_0 相对应的边长；

　　　　μ_1——自承重墙允许高厚比的修正系数；

　　　　μ_2——有门窗洞口墙允许高厚比修正系数；

　　　　$[\beta]$——墙、柱允许高厚比，按表 10.10 取用。

厚度 ≤240mm 的自承重墙，允许高厚比修正系数 μ_1 应按下列规定采用：

当 $h=240\text{mm}$ 时，$\mu_1=1.2$；

当 $h=90\text{mm}$ 时，$\mu_1=1.5$；

当 $240\text{mm}>h>90\text{mm}$ 时，μ_1 可按插入法取值。

上端为自由端墙的允许高厚比，除按上述规定提高外，尚可提高 30%。

对厚度小于 90mm 的隔墙，当双面用不低于 M10 的水泥砂浆抹面，包括抹面层的墙厚不小于 90mm 时，可按厚度等于 90mm 验算高厚比。

对有门窗洞口的墙，允许高厚比修正系数 μ_2 应按下式计算：

$$\mu_2=1-0.4\frac{b_s}{s} \qquad (10.2)$$

式中　b_s——在宽度 s 范围内的门窗洞口总宽度，见图 10.7；

　　　s——相邻窗间墙或壁柱之间的距离。

当按式（10.2）算得 μ_2 的值小于 0.7 时，应取 0.7；

当洞口高度不大于墙高的 1/5 时，可取 $\mu_2=1.0$。

当洞口高度大于或等于墙高的 4/5 时，可按独立墙段验算高厚比。当与墙连接的相邻两横墙间的距离 $s\leqslant\mu_1\mu_2[\beta]h$ 时，墙的高度可不受高厚比条件的限制。

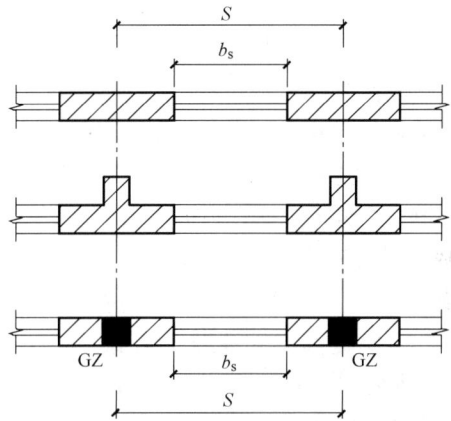

图 10.7　门窗洞口宽度示意图

受压构件的计算高度 H_0　　　　　　　　　　　　　表 10.11

房屋类别			柱		带壁柱墙或周边拉接的墙		
			排架方向	垂直排架方向	$s>2H$	$2H\geqslant s>H$	$s<H$
有吊车的单层厂房	变截面柱上段	弹性方案	$2.5H_u$	$1.25H_u$	$2.5H_u$		
		刚性、刚弹性方案	$2.0H_u$	$1.25H_u$	$2.0H_u$		
	变截面柱下段		$1.0H_l$	$0.8H_l$	$1.0H_l$		
无吊车的单层和多层房屋	单跨	弹性方案	$1.5H$	$1.0H$	$1.5H$		
		刚弹性方案	$1.2H$	$1.0H$	$1.2H$		
	多跨	弹性方案	$1.25H$	$1.0H$	$1.25H$		
		刚弹性方案	$1.1H$	$1.0H$	$1.1H$		
	刚性方案		$1.0H$	$1.0H$	$1.0H$	$0.4s+0.2H$	$0.6s$

注：1. 表中 H_u 为变截面柱的上段高度；H_l 为变截面柱的下段高度；

2. 对于上端为自由端的构件 $H_0=2H$；

3. 独立砖柱，当无柱间支承时，柱在垂直排架方向的 H_0 应按表中数值乘以 1.25 后采用；

4. s 为房屋横墙间距；

5. 自承重墙的计算高度应根据周边支承或拉接条件确定；

6. 表中 H 为构件实际高度，在房屋底层，为楼板顶面到构件下端支点的距离。下端支点的位置，可取在基础顶面。当埋置较深且有刚性地坪时，可取室外地面下 500mm 处；在房屋其他层，为楼板或其他水平支点的距离；对于无壁柱的山墙，可取层高加山墙尖高度的 1/2；对于带壁柱的山墙可取壁柱处的山墙高度。

10.3.2　带壁柱墙高厚比的验算

对于带壁柱墙的高厚比按下列规定验算：

1. 整片墙的高厚比验算

在整片墙的高厚比验算时，将壁柱视为墙体的一部分，整片墙截面为 T 形截面。

$$\beta=\frac{H_0}{h_T}\leqslant\mu_1\mu_2[\beta] \tag{10.3}$$

式中　h_T——带壁柱墙的折算厚度，可近似按 $3.5i$ 计算，i 为 T 形截面回转半径，$i=\sqrt{I/A}$；I 为 T 形截面惯性矩，A 为截面面积。

其余符号意义同前。

在确定带壁柱墙的计算高度 H_0 时，s 应取相邻横墙间的距离。

带壁柱墙的计算截面翼缘宽度 b_f，可按下列规定采用：

① 多层房屋，当有门窗洞口时，可取窗间墙宽度；当无门窗洞口时，每侧翼墙宽度可取壁柱高度（层高）的 1/3，但不应大于相邻壁柱间的距离。

② 单层房屋，可取壁柱宽加 2/3 墙高，但不应大于窗间墙宽度和相邻壁柱间的距离。

2. 壁柱间墙的高厚比验算

按公式（10.1）进行验算。在确定壁柱间墙的计算高度 H_0 时，按刚性方案，s 应取相邻壁柱间的距离。

10.3.3　带构造柱墙高厚比的验算

对于带构造柱墙的高厚比按下列规定验算：

1. 整片墙的高厚比验算

当构造柱截面宽度不小于墙厚时，可按下式验算带构造柱墙的高厚比：

$$\beta=\frac{H_0}{h}\leqslant\mu_1\mu_2\mu_c[\beta] \tag{10.4}$$

在确定带构造柱墙的计算高度 H_0 时，s 应取相邻横墙间的距离。

μ_c 为带构造柱墙允许高厚比 $[\beta]$ 的提高系数，可按下式计算：

$$\mu_c=1+\gamma\frac{b_c}{l} \tag{10.5}$$

式中　γ——系数，对细料石砌体，$\gamma=0$；对混凝土砌块、混凝土多孔砖、粗料石、毛料石及毛石砌体，$\gamma=1.0$；其他砌体，$\gamma=1.5$；

b_c——构造柱沿墙长方向的宽度；

l——构造柱的间距。

当 $b_c/l>0.25$ 时，取 $b_c/l=0.25$；当 $b_c/l<0.05$ 时，取 $b_c/l=0$。

应该注意的是，考虑构造柱有利作用而对墙体允许高厚比的提高，只适用于构造柱与墙体形成整体后的使用阶段，并且构造柱与墙体有可靠的连接，不适用于施工阶段。

2. 构造柱间墙的高厚比验算

按公式（10.1）进行验算。在确定构造柱间墙的计算高度 H_0 时，按刚性方案，s 应取相邻构造柱间的距离。

需要说明的是，按公式（10.1）验算壁柱间墙或构造柱间墙的高厚比时，设有钢筋混凝土圈梁的带壁柱或带构造柱墙，当相邻壁柱间或相邻构造柱间的距离为 s，而圈梁的截面宽度为 b，当 $b/s \geqslant 1/30$ 时，圈梁可视为壁柱间墙或构造柱间墙的不动铰支点。当不满足上述条件且不允许增加圈梁宽度时，可按平面外等刚度原则增加圈梁高度。

【例 10.1】 某刚性方案房屋底层砖柱，截面为 $370mm \times 490mm$，柱顶标高为 $3.9m$，基础顶面标高为 $-0.9m$，采用 M5.0 混合砂浆砌筑，试验算此砖柱的高厚比。

【解】 查表 10.10 得 $[\beta] = 16$

独立砖柱，$\mu_1 = \mu_2 = 1$

砖柱实际高度 $H = 3.9 + 0.9 = 4.8m$

查表 10.11 得 $H_0 = 1.0H = 4.8m$

$$\beta = \frac{H_0}{h} = \frac{4800}{370} = 13 \leqslant \mu_1 \mu_2 [\beta] = 1 \times 1 \times 16 = 16$$

砖柱高厚比满足要求。

【例 10.2】 某横墙承重体系办公楼，墙厚 240mm，开间为 3.9m，外纵墙上每开间开有 2.4m 宽的窗，墙体计算高度为 4.2m，采用 M5 水泥砂浆砌筑，试验算该外纵墙的高厚比。

【解】 查表 10.10 得 $[\beta] = 24$

外纵墙为自承重墙，墙厚 240mm，则 $\mu_1 = 1.2$

$$\mu_2 = 1 - 0.4 \frac{b_s}{s} = 1 - 0.4 \frac{2.4}{3.9} = 0.75$$

$$\beta = \frac{H_0}{h} = \frac{4200}{240} = 17.5 \leqslant \mu_1 \mu_2 [\beta] = 1.2 \times 0.75 \times 24 = 21.6$$

该外纵墙的高厚比满足要求。

【例 10.3】 某单层单跨无吊车厂房的承重外纵墙，墙厚 240mm，基础顶面标高为 $-0.6m$，墙顶标高为 5.1m，横墙间距为 36m，采用 MU10 烧结普通页岩砖和 M5 水泥砂浆砌筑，沿外纵墙长方向每隔 6m 设截面尺寸为 $370mm \times 490mm$ 的壁柱，两壁柱中间开 2.1m 宽的窗，试验算该外纵墙的高厚比。

【解】 **1. 求带壁柱窗间墙截面的几何特征**

带壁柱窗间墙截面，如图 10.8 所示。

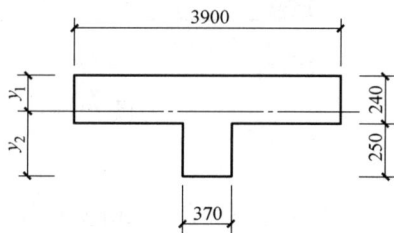
图 10.8

$$A = 240 \times 3900 + 250 \times 370 = 936000 + 92500$$
$$= 1028500mm^2$$

$$y_1 = \frac{936000 \times 120 + 92500\left(240 + \frac{250}{2}\right)}{1028500} = 142mm$$

$$y_2 = 490 - 142 = 348mm$$

$$I = \frac{1}{12} \times 3900 \times 240^3 + 3900 \times 240 \times (142-120)^2 +$$

$$\frac{1}{12} \times 370 \times 250^3 + 370 \times 250 \times (348-125)^2 = 100.275 \times 10^8 \, \text{mm}^4$$

$$i = \sqrt{\frac{I}{A}} = \sqrt{\frac{100.275 \times 10^8}{1028500}} = 98.7 \, \text{mm}$$

$$h_T = 3.5i = 3.5 \times 98.7 = 345.5 \, \text{mm}$$

2. 整片墙的高厚比验算

横墙间距 $s = 36$m，查表 10.9 可知该厂房为刚弹性方案房屋。

查表 10.10 得 $[\beta] = 24$

外纵墙为承重墙，则 $\mu_1 = 1.0$

$$\mu_2 = 1 - 0.4 \frac{b_s}{s} = 1 - 0.4 \frac{2.1}{6} = 0.86$$

查表 10.11 得 $H_0 = 1.2H = 1.2 \times (5.1 + 0.6) = 6.84$m

$\beta = \frac{H_0}{h_T} = \frac{6840}{345.5} = 19.8 \leqslant \mu_1 \mu_2 [\beta] = 1 \times 0.86 \times 24 = 20.6$，整片墙的高厚比满足要求。

3. 壁柱间墙的高厚比验算

此时 s 取壁柱间距，即 $s = 6$m，按刚性方案查表 10.11

$$2H = 2 \times 5.7 = 11.4 > s = 6\text{m} > H = 5.7\text{m}$$

则 $H_0 = 0.4s + 0.2H = 0.4 \times 6 + 0.2 \times 5.7 = 3.54$m

$$\mu_1 = 1.0, \mu_2 = 0.86$$

$\beta = \frac{H_0}{h} = \frac{3540}{240} = 14.8 \leqslant \mu_1 \mu_2 [\beta] = 1 \times 0.86 \times 24 = 20.6$ 壁柱间墙的高厚比满足要求。

因此该承重外纵墙的高厚比满足要求。

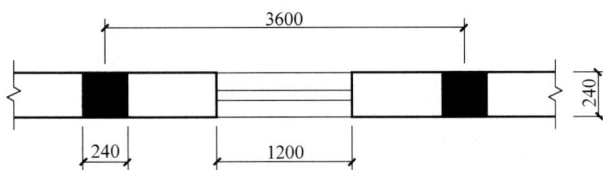

图 10.9

【例 10.4】 某单层仓库的承重外纵墙，墙厚 240mm，基础顶面标高为 -0.6m，墙顶标高为 4.2m，横墙间距为 28.8m，采用 MU10 烧结普通页岩砖和 M5 水泥砂浆砌筑，整体式钢筋混凝土屋盖，沿外纵墙长方向每隔 3.6m 设钢筋混凝土构造柱，两构造柱间开 1.2m 宽的窗（图 10.9），试验算该外纵墙的高厚比。

【解】 查表 10.10 得 $[\beta] = 24$

1. 整片墙的高厚比验算

横墙间距 $s = 28.8$m，查表 10.9 可知该单层仓库为刚性方案房屋。

$$s = 28.8\text{m} \geqslant 2H = 2 \times (4.2 + 0.6) = 9.6\text{m}$$

查表 10.11 得 $H_0 = 1.0H = 4.8$m

外纵墙为承重墙，则 $\mu_1 = 1.0$

$$\mu_2 = 1 - 0.4 \frac{b_s}{s} = 1 - 0.4 \frac{1.2}{3.6} = 0.87$$

$$\gamma = 1.5, b_c = 240\text{mm}, l = 3600\text{mm}$$

$$\mu_c = 1 + \gamma \frac{b_c}{l} = 1 + 1.5 \times \frac{240}{3600} = 1.1$$

$\beta = \dfrac{H_0}{h} = \dfrac{4800}{240} = 20 \leqslant \mu_1 \mu_2 \mu_c [\beta] = 1 \times 0.87 \times 1.1 \times 24 = 23$ 整片墙的高厚比满足要求。

2. 构造柱间墙的高厚比验算

此时 s 取构造柱间距，即 $s = 3.6\text{m}$，按刚性方案查表 10.11
$s = 3.6\text{m} < H = 4.8\text{m}$，则 $H_0 = 0.6s = 0.6 \times 3.6 = 2.16\text{m}$

$$\mu_1 = 1.0$$

$$\mu_2 = 1 - 0.4\frac{b_s}{s} = 1 - 0.4\frac{1.2}{3.6} = 0.87$$

$\beta = \dfrac{H_0}{h} = \dfrac{2160}{240} = 9 \leqslant \mu_1 \mu_2 [\beta] = 1 \times 0.87 \times 24 = 20.9$ 构造柱间墙的高厚比满足要求。

因此该承重外纵墙的高厚比满足要求。

10.4　无筋砌体受压构件承载力计算

《砌体规范》对无筋砌体受压构件，无论是轴心受压还是偏心受压，也无论是长柱还是短柱，统一按下式进行计算：

$$N \leqslant \varphi f A \tag{10.6}$$

式中　N——轴向力设计值；

　　　f——砌体的抗压强度设计值（查表 10.3～表 10.8，并考虑砌体强度设计值调整系数 γ_a）；

　　　A——砌体截面面积；

　　　φ——高厚比 β 和轴向力的偏心距 e 对受压构件承载力的影响系数（查附表 10.1、附表 10.2）。

在按附表 10.1、附表 10.2 查 φ 时，构件的高厚比按下式确定：

矩形截面　　　　　　　　　$\beta = \gamma_\beta \dfrac{H_0}{h}$ 　　　　　　　　　（10.7）

T 形截面　　　　　　　　　$\beta = \gamma_\beta \dfrac{H_0}{h_T}$ 　　　　　　　　（10.8）

式中　γ_β——不同材料砌体构件的高厚比修正系数，按表 10.12 采用。

应该注意的是：

对于矩形截面构件，当轴向力偏心方向的截面边长大于另一方向的边长时，除按偏心受压构件计算外，还应对较小边长方向按轴心受压进行验算。

偏心受压构件的偏心距较大时，受压面积相应减小，构件的刚度和稳定性也随之削弱，最终导致构件承载力的降低。因此《砌体规范》规定，偏心距 e 的计算值不应超过 $0.6y$，y 为截面重心到轴向力所在偏心方向截面边缘的距离。

高厚比修正系数 γ_β　　　　　　　　　　　　　　　　　表 10.12

砌体材料类别	γ_β
烧结普通砖、烧结多孔砖	1.0
混凝土普通砖、混凝土多孔砖、混凝土及轻骨料混凝土砌块	1.1
蒸压灰砂普通砖、蒸压粉煤灰普通砖、细料石	1.2
粗料石、毛石	1.5

【例 10.5】　某截面为 $370\text{mm}\times490\text{mm}$ 的独立砖柱，采用 MU10 烧结普通页岩砖和 M5.0 混合砂浆砌筑，柱的计算高度 $H_0=4.8\text{m}$，承受轴向压力设计值 $N=170\text{kN}$（包括砖柱自重），试验算此砖柱的受压承载力。

【解】　查表 10.12，得高厚比修正系数 $\gamma_\beta=1.0$

查受压构件承载力影响系数 φ 时的高厚比

$$\beta=\gamma_\beta\frac{H_0}{h}=1\times\frac{4800}{370}=13$$

查附表 10.1 中的 $e/h=0$ 项，得 $\varphi=0.795$

查表 10.3，得砌体的抗压强度设计值 $f=1.5\text{N/mm}^2$

$A=0.37\times0.49=0.1813\text{m}^2<0.3\text{m}^2$，则砌体的抗压强度设计值应乘以调整系数 γ_a

$$\gamma_a=0.7+A=0.7+0.1813=0.8813$$

$N_u=\varphi\gamma_a fA=0.795\times0.8813\times1.5\times181300=190.5\times10^3\text{N}=190.5\text{kN}>170\text{kN}$。

该砖柱受压承载力满足要求。

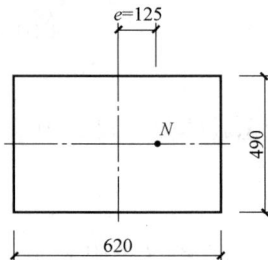

图 10.10

【例 10.6】　某截面为 $490\text{mm}\times620\text{mm}$ 的偏心受压独立砖柱，柱两个方向的计算高度均为 6.5m，采用 MU10 烧结普通页岩砖和 M5.0 混合砂浆砌筑，承受偏心压力设计值 $N=190\text{kN}$（包括砖柱自重），如图 10.10 所示，试验算此砖柱的受压承载力。

【解】　1）弯矩作用平面内承载力计算

查表 10.12，得高厚比修正系数 $\gamma_\beta=1.0$

查受压构件承载力影响系数 φ 时的高厚比

$$\beta=\gamma_\beta\frac{H_0}{h}=1\times\frac{6500}{620}=10.5$$

$$e=125\text{mm}<0.6y=0.6\times620/2=186\text{mm}$$

$$e/h=125/620=0.2$$

查附表 10.1，得 $\varphi=0.4525$

查表 10.3，得砌体的抗压强度设计值 $f=1.5\text{N/mm}^2$

$A=0.49\times0.62=0.3038\text{m}^2>0.3\text{m}^2$，则砌体的抗压强度设计值调整系数 $\gamma_a=1$

$$N_u=\varphi\gamma_a fA=0.4525\times1\times1.5\times303800=206.2\times10^3\text{N}=206.2\text{kN}>190\text{kN}$$

2）弯矩作用平面外承载力计算

由于偏心力作用在长边方向，则还应对短边方向按轴心受压进行验算。

$$\beta=\gamma_\beta\frac{H_0}{h}=1\times\frac{6500}{490}=13.3$$

查附表 10.1 中的 $e/h=0$ 项，得 $\varphi=0.7875$

$N_u=\varphi\gamma_a fA=0.7875\times1\times1.5\times303800=358.9\times10^3 N=358.9kN>190kN$

该砖柱的受压承载力满足要求。

10.5　砌体房屋构造要求

10.5.1　一般构造要求

砌体结构房屋除了要满足高厚比和对材料的最低强度等级等构造要求外，还应满足下列构造要求：

(1) 预制钢筋混凝土板在混凝土圈梁上的支承长度不应小于 80mm，板端钢筋应与圈梁可靠连接，且同时浇筑；预制钢筋混凝土板在墙上的支承长度不应小于 100mm，并应按下列方法进行连接：

① 板支承于内墙时，板端钢筋伸出长度不应小于 70mm，且与支座处沿墙配置的纵筋绑扎，用强度等级不应低于 C25 的混凝土浇筑成板带；

② 板支承于外墙时，板端钢筋伸出长度不应小于 100mm，且与支座处沿墙配置的纵筋绑扎，用强度等级不应低于 C25 的混凝土浇筑成板带；

③ 预制钢筋混凝土板与现浇板对接时，预制板端钢筋应伸入现浇板中进行连接后，再浇筑现浇板。

(2) 墙体转角处和纵横墙交接处应沿竖向每隔 400～500mm 设置拉结钢筋，其数量为每 120mm 墙厚不少于 1 根直径 6mm 的钢筋；或采用焊接钢筋网片，埋入长度从墙的转角或交接处算起，对实心砖墙每边不小于 500mm，对多孔砖墙和砌块墙不小于 700mm。

(3) 承重的独立砖柱截面尺寸不应小于 240mm×370mm，毛石墙的厚度不宜小于 350mm，毛料石柱较小边长不宜小于 400mm。当有振动荷载时墙、柱不宜采用毛石砌体。

(4) 支承在墙、柱上的吊车梁、屋架以及跨度大于或等于下列数值的预制梁的端部，应采用锚固件与墙、柱上的垫块锚固：对砖砌体为 9m；对砌块和料石砌体为 7.2m。

(5) 跨度大于 6m 的屋架和跨度大于下列数值的梁，应在支承处砌体上设置混凝土或钢筋混凝土垫块：对砖砌体为 4.8m；对砌块和料石砌体为 4.2m；对毛石砌体为 3.9m。当墙中设有圈梁时，垫块与圈梁宜浇成整体。

(6) 当梁跨度大于或等于下列数值时，其支承处宜加设壁柱，或采取其他加强措施：对 240mm 厚的砖墙为 6m；对 180mm 厚的砖墙为 4.8m；对砌块、料石墙为 4.8m。

(7) 山墙处的壁柱或构造柱宜砌至山墙顶部，且屋面构件应与山墙可靠拉结。

(8) 砌块砌体应分皮错缝搭砌，上下皮搭砌长度不应小于 90mm。当搭砌长度不满足上述要求时，应在水平灰缝内设置不少于 2 根，直径不小于 4mm 的焊接钢筋网片（横向钢筋间距不宜小于 200mm），网片每端应伸出该垂直缝不小于 300mm。

(9) 砌块墙与后砌隔墙交接处，应沿墙高每 400mm 在水平灰缝内设置不少于 2 根直径不小于 4mm、横筋间距不应大于 200mm 的焊接钢筋网片（图 10.11）。

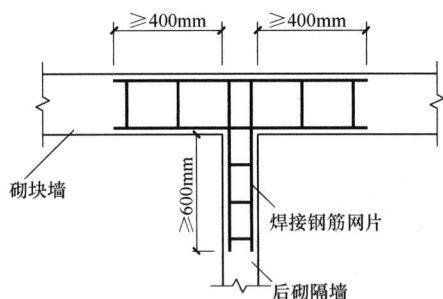

图 10.11　砌块墙与后砌隔墙交接处钢筋网片

（10）混凝土砌块房屋，宜将纵横墙交接处，距墙中心线每边不小于 300mm 范围内的孔洞，采用不低于 Cb20 灌孔混凝土沿全墙高灌实。

10.5.2　防止或减轻墙体开裂的主要措施

引起砌体结构房屋墙体裂缝的原因主要有三个：①外荷载；②温度变化和砌体干缩变形；③地基不均匀沉降。墙体因荷载作用而可能产生的裂缝，通过承载力计算来加以避免。

1. 防止由于收缩和温度变形引起墙体开裂的主要措施

1）产生裂缝的原因：

结构构件由温度变化引起热胀冷缩的变形为温度变形。钢筋混凝土的线膨胀系数一般为 10×10^{-4}，砖砌体的线膨胀系数为 5×10^{-4}，可见在相同的温差下钢筋混凝土的变形要比砖砌体的变形大一倍以上。由钢筋混凝土楼（屋）盖与砖砌体组成的砖混结构房屋，由于构件间的相互约束，温度变化或材料发生收缩时，各自的变形不能自由地进行而引起应力。两种材料均为抗拉强度较低的脆性材料，当拉应力超过其抗拉强度时，就出现不同形式的裂缝。当房屋较长时，大气温度的改变，墙体的伸缩变形受到基础的约束，也会产生裂缝。对于砌块砌体房屋，虽然线膨胀系数相差较小（混凝土小型砌块砌体为 10×10^{-4}），但干缩较大，而且即使干缩稳定后，当再次被雨水或潮气浸湿后还会产生较大的再次干缩。因此由于温度变形和砌块的干缩而引起的墙体裂缝比较普遍。

2）温度变形和收缩引起房屋裂缝的主要形态有：

（1）平屋顶下边外墙的水平裂缝和包角裂缝（图 10.12）；

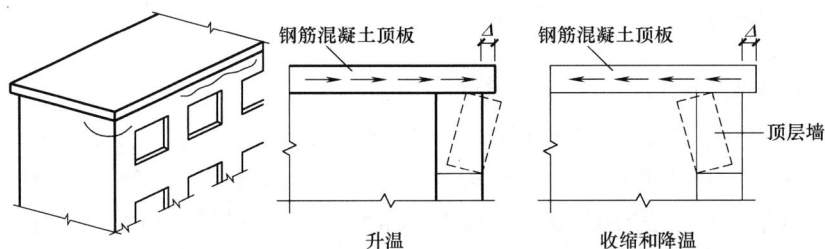

图 10.12　平屋顶下边外墙的水平裂缝和包角裂缝

（2）顶层内外纵墙和横墙的八字形裂缝（图 10.13）；

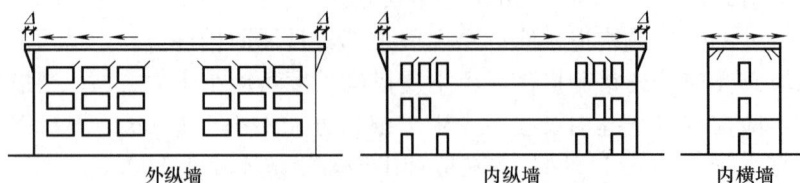

图 10.13　顶层内外纵墙和横墙的八字形裂缝

（3）房屋错层处墙体的局部垂直裂缝（图 10.14）；

（4）对砌块砌体房屋，由于基础的约束，房屋底部几层较长的实墙体的中部，即山墙、楼梯的墙中部出现竖向干缩裂缝，此裂缝越向顶层越轻。

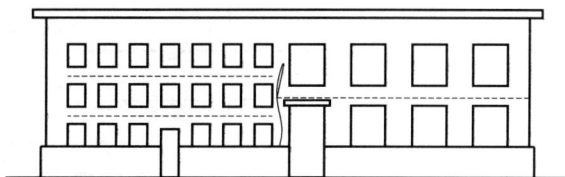

图 10.14　房屋错层处墙体的局部垂直裂缝

3）防止或减轻由于收缩和温度变形引起墙体开裂的主要措施有：

（1）设置伸缩缝。为了防止或减轻房屋在正常使用条件下，由温度和砌体干缩引起的墙体竖向裂缝，应在墙体中设置伸缩缝。伸缩缝应设置在因温度和收缩变形可能引起应力集中、砌体产生裂缝可能性最大的地方。伸缩缝的间距可按表 10.13 采用。

（2）对房屋顶层墙体，宜根据情况采取下列措施：

① 屋面应设置保温、隔热层；

② 屋面保温（隔热）层或屋面刚性面层及砂浆找平层应设置分隔缝，分隔缝间距不宜大于 6m，其缝宽不小于 30mm，并与女儿墙隔开；

③ 采用装配式有檩体系钢筋混凝土屋盖和瓦材屋盖；

④ 顶层屋面板下设置现浇钢筋混凝土圈梁，并沿内外墙拉通，房屋两端圈梁下的墙体内宜设置水平钢筋；

⑤ 顶层墙体有门窗等洞口时，在过梁上的水平灰缝内设置 2～3 道焊接钢筋网片或 2 根直径 6mm 钢筋，并应伸入洞口两端墙内不小于 600mm；

⑥ 顶层及女儿墙砂浆强度等级不低于 M7.5（Mb7.5、Ms7.5）；

⑦ 女儿墙应设置构造柱，构造柱间距不宜大于 4m，构造柱应伸至女儿墙顶并与钢筋混凝土压顶整浇在一起；

⑧ 顶层挑梁末端下墙体灰缝内设置 3 道焊接钢筋网片或 2 根直径 6mm 钢筋，钢筋网片或钢筋应自挑梁末端伸入两边墙体不小于 1m（图 10.15）。

砌体房屋伸缩缝的最大间距（m）　　　　　　　　　　表 10.13

屋盖或楼盖类别		间距
整体式或装配整体式钢筋混凝土结构	有保温层或隔热层的屋盖、楼盖	50
	无保温层或隔热层的屋盖	40
装配式无檩体系钢筋混凝土结构	有保温层或隔热层的屋盖、楼盖	60
	无保温层或隔热层的屋盖	50
装配式有檩体系钢筋混凝土结构	有保温层或隔热层的屋盖	75
	无保温层或隔热层的屋盖	60
瓦材屋盖、木屋盖或楼盖、轻钢屋盖		100

注：1. 对烧结普通砖、烧结多孔砖、配筋砌块砌体房屋，取表中数值；对石砌体、蒸压灰砂普通砖、蒸压粉煤灰普通砖和混凝土砌块、混凝土普通砖和混凝土多孔砖房屋，取表中数值乘以 0.8 的系数，当墙体有可靠外保温措施时，其间距可取表中数值；
　　2. 在钢筋混凝土屋面上挂瓦的屋盖应按钢筋混凝土屋盖采用；
　　3. 层高大于 5m 的烧结普通砖、烧结多孔砖、配筋砌块砌体结构单层房屋，其伸缩缝间距可按表中数值乘以 1.3；
　　4. 温差较大且变化频繁地区和严寒地区不采暖的房屋及构筑物墙体的伸缩缝的最大间距，应按表中数值予以适当减小；
　　5. 墙体的伸缩缝应与结构的其他变形缝相重合，缝宽度应满足各种变形缝的变形要求；在进行立面处理时，必须保证缝隙的伸缩作用。

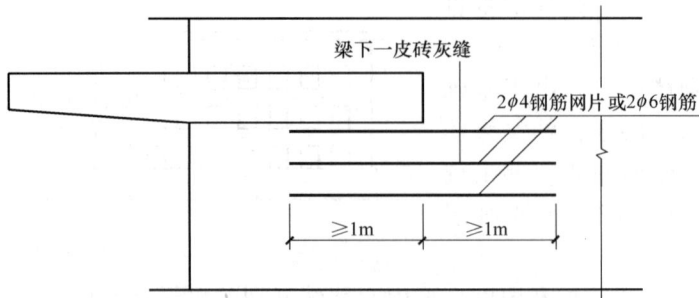

图 10.15   顶层挑梁末端钢筋网片或钢筋

（3）对房屋底层墙体，宜根据情况采取下列措施：

① 增大基础圈梁的高度；

② 在底层的窗台下墙体灰缝内设置 3 道焊接钢筋网片或 2 根直径 6mm 钢筋，并应伸入两边窗间墙内不小于 600mm。

（4）在每层门、窗过梁上方的水平灰缝内及窗台下第一和第二道水平灰缝内，宜设置焊接钢筋网片或 2 根直径 6mm 钢筋，并应伸入两边窗间墙内不小于 600mm。当墙长大于 5m 时，宜在每层墙高度中部设置 2～3 道焊接钢筋网片或 3 根直径 6mm 的通长水平钢筋，竖向间距为 500mm。

（5）对房屋两端和底层第一、第二开间门窗洞口处，可采取下列措施：

① 在门窗洞口两边墙体的水平灰缝中设置长度不小于 900mm，竖向间距为 400mm 的 2 根直径 4mm 的焊接钢筋网片；

② 在顶层和底层设置通长钢筋混凝土窗台梁，窗台梁高宜为块材厚度的模数，梁内纵筋不少于 4 根，直径不小于 10mm，箍筋直径不小于 6mm，间距不大于 200mm 混凝土强度等级不低于 C20；

③ 在混凝土砌块房屋门窗洞口两侧不少于一个孔洞中设置直径不小于 12mm 的竖向钢筋，竖向钢筋应在楼层圈梁基础内锚固，孔洞用不低于 Cb20 混凝土灌实。

2. 防止因地基不均匀沉降引起墙体开裂的主要措施

1）裂缝的主要形态。因地基过大不均匀沉降引起的墙体裂缝往往为由下而上指向沉降较大处，裂缝形态主要有正八字形、倒八字形裂缝和斜裂缝，当底层门窗洞口较大时还可能出现窗台下墙体的垂直裂缝等（图 10.16）。

2）防止或减轻因地基不均匀沉降引起墙体开裂的主要措施有：

（1）设置沉降缝。在地基土性质相差较大处，房屋高度、荷载、结构刚度变化较大处，房屋结构形式变化处，高低层的施工时间不同处设置沉降缝，将房屋分割为若干长高比较小、体型规则、整体刚度较好的独立单元。

（2）加强房屋整体刚度。如合理布置承重墙体、增大基础圈梁刚度、增设钢筋混凝土圈梁等。

（3）对处于软土地区或土质变化较复杂地区，利用天然地基建造房屋时，房屋体型力求简单，采用对地基不均匀沉降不敏感的结构形式和基础形式。

（4）合理安排施工顺序，先施工层数多、荷载大的单元，后施工层数少、荷载小的单元。

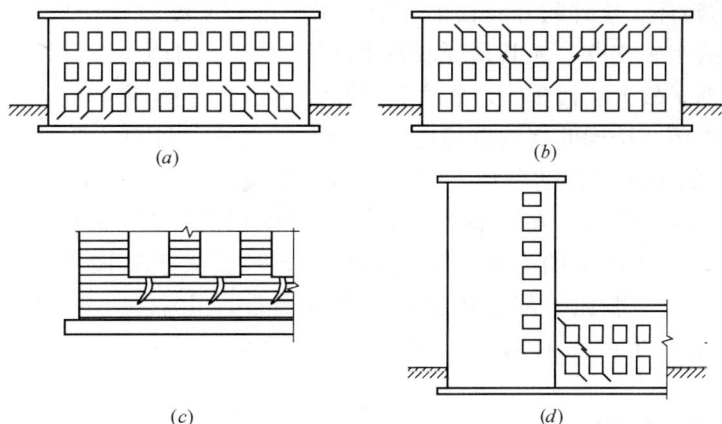

图 10.16　由地基不均匀沉降引起的裂缝

(a) 正八字裂缝；(b) 倒八字裂缝；(c) (d) 斜向裂缝

10.5.3　砌体结构房屋的抗震

由于砌体结构的墙体材料属于脆性性质，导致砌体房屋的抗震能力较差，历次强烈地震中，砌体房屋的破坏率都较高。因此采取适当的抗震措施，使砌体房屋具有一定的抗震能力显得十分重要。

1. 震害特点

在强烈地震作用下，多层砌体房屋的破坏主要在墙身和构件之间的连接处，具体部位主要是：

1）墙体的破坏。主要由于墙体的抗剪承载力的不足。对于无筋砌体房屋的墙体，在地震作用下，当墙体内主拉应力产生的应变超过砌体的极限拉应变时，墙体出现斜向交错裂缝、水平裂缝等（图 10.17）。这种裂缝在底层墙体较为严重。在纵墙中的窗间墙和窗顶、窗底部位墙体中易产生交叉裂缝，外纵墙窗口上、下截面处及大房间外纵墙产生水平裂缝。随着地面运动的加剧，墙体将会产生倾斜、错动和倒塌现象，从而引起房屋局部甚至全部倒塌的发生。

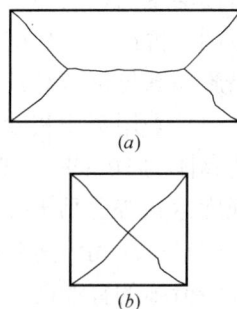

图 10.17　不同高宽比墙的破坏特征

(a) 高宽比较小的墙；
(b) 高宽比接近 1 的墙

2）墙体转角处的破坏。其原因是因为墙角位于房屋尽端，受力复杂且约束作用较弱，使该处的抗震能力减弱。在地震荷载作用下，当房屋发生扭转时，墙角处的位移较其他地方大。同时墙体转角处还是应力集中的部位。

3）纵横墙连接处破坏。纵横墙连接处要承受两个方向上的地震作用，受力复杂。当墙体间拉接不好，特别是有些建筑内外墙分别砌筑，以直槎或马牙槎连接，易出现竖向裂缝，拉脱、纵墙外闪，严重者可造成整片纵墙脱离横墙而倒塌。

4）楼、屋盖的破坏。主要是支承失效，楼盖、屋盖自身的破坏较少。特别是整体性较差的装配式楼、屋盖，往往由于预制板搁置长度过短或无可靠连接时，在强烈地震中极易造成滑落，并可能造成墙体倒塌。

5）楼梯间的破坏。楼梯间开间较小，墙体水平抗剪刚度较大，承担水平地震作用较大，但缺乏有力的水平支撑。尤其是顶层自由高度较大，竖向压应力较小，墙体极易产生斜裂缝或交叉裂缝，故上层楼梯间墙震害比下层严重。当将楼梯间布置于房屋端部和转角处时，由于扭转作用，楼梯间墙的破坏更为严重，甚至发生倒塌。

6）突出屋面的附属构件的破坏。突出屋面的附属构件，如屋顶间（出屋面楼梯间、电梯机房、水箱间）、烟囱、女儿墙等。受地震"鞭梢效应"（是指建筑物末端形状和刚度发生变化时，端部产生的力和变形突然增大，远远大于其按重力分配到的地震作用的现象）的影响，一般比下部主体结构的破坏严重，几乎在 6 度区就有所破坏。特别是较高的女儿墙、出屋面的烟囱，在 7 度区普遍破坏，8～9 度区几乎全部损坏或倒塌。

2. 抗震设计的一般规定

1）房屋的层数和总高度的限制。震害表明，在一般场地条件下，砌体房屋层数越多，高度越高，其震害和破坏率就越大。之所以震害随房屋层数增加而加重，是因为当房屋总高度一定时，房屋层数越多，则房屋质量越大，地震时受到的地震作用也越大。因此《建筑抗震设计规范》GB 50011—2010（以下简称《抗震规范》）对砌体房屋的层数和总高度作出了如下规定：

（1）多层砌体房屋的层数和总高度限值（表 10.14）。

（2）各层横墙较少的多层砌体房屋，总高度应比表 10.14 中的规定降低 3m，层数相应较少一层；各层横墙很少的多层砌体房屋，还应再减少一层。

横墙较少是指同一楼层内开间大于 4.2m 的房间占该层总面积的 40％以上。横墙很少是指同一楼层内开间不大于 4.2m 的房间占该层总面积不到 20％，且开间大于 4.8m 的房间占该层总面积的 50％以上。

（3）抗震设防烈度为 6 度、7 度时，横墙较少的丙类多层砌体房屋，当按规定采取加强措施并满足抗震承载力要求时，其高度和层数应允许仍按表 10.14 中的规定采用。

（4）采用蒸压灰砂砖和蒸压粉煤灰砖的砌体的房屋，当砌体的抗剪强度仅达到普通黏土砖砌体的 70％时，房屋的层数应比普通砖房减少一层，总高度应减少 3m；当砌体的抗剪强度达到普通黏土砖砌体的取值时，房屋层数和总高度的要求同普通砖房屋。

（5）多层砌体房屋的层高，不应超过 3.6m，当使用功能确有需要时，采用约束砌体等加强措施的普通砖房屋，层高不应超过 3.9m。底部框架－抗震墙房屋的底部，层高不应超过 4.5m；当底层采用约束砌体抗震墙时，底层的层高不应超过 4.2m。

多层砌体房屋的层数和总高度限值（m）   表 10.14

房屋类别		最小抗震墙厚度（mm）	烈度和设计基本地震加速度											
			6		7				8				9	
			0.05g		0.10g		0.15g		0.20g		0.30g		0.40g	
			高度	层数	高度	层数	高度	层数	高度	层数	高度	层数	高度	层数
多层砌体房屋	普通砖	240	21	7	21	7	21	7	18	6	15	5	12	4
	多孔砖	240	21	7	21	7	18	6	18	6	15	5	9	3
	多孔砖	190	21	7	18	6	15	5	15	5	12	4	—	—
	小砌块	190	21	7	21	7	18	6	18	6	15	5	9	3

续表

房屋类别		最小抗震墙厚度（mm）	烈度和设计基本地震加速度										
			6		7				8				9
			0.05g		0.10g		0.15g		0.20g		0.30g		0.40g
			高度	层数	高度	层数	高度	层数	高度	层数	高度	层数	高度	层数
底部框架—抗震墙砌体房屋	普通砖多孔砖	240	22	7	22	7	19	6	16	5	—	—	—	—
	多孔砖	190	22	7	19	6	16	5	13	4	—	—	—	—
	小砌块	190	22	7	22	7	19	6	16	5	—	—	—	—

注：1. 房屋的总高度指室外地面到主要屋面板板顶或檐口的高度，半地下室应从室内地面算起，全地下室和嵌固条件好的半地下室应允许从室外地面算起；对带阁楼的坡屋面应算到山尖墙的 1/2 高度处；

　　2. 室内外高差大于 0.6m 时，房屋总高度应允许比表中数据适当增加，但增加量应少于 1m；

　　3. 乙类的多层砌体房屋仍按本地区设防烈度查表，其层数应减少一层且总高度应降低 3m，不应采用底部框架-抗震墙砌体房屋。

2）房屋最大高宽比的限制。为了保证砌体房屋整体弯曲的承载力，多层砌体房屋总高度与总宽度的最大比值，宜符合表 10.15 的要求。

3）房屋抗震横墙间距的限制。对于多层砌体房屋，横向水平地震作用主要由横墙承受，因此对于横墙，除了要满足抗震承载力的要求之外，还需要横墙间距保证楼盖传递水平地震作用所需要的刚度。因此《抗震规范》规定，多层砌体房屋的横墙间距不应超过表 10.16 的要求。

房屋最大高宽比　　　　　　　　　　表 10.15

烈度	6	7	8	9
设计基本地震加速度	0.05g	0.10g、0.15g	0.20g、0.30g	0.40g
最大高宽比	2.5	2.5	2.0	1.5

注：1. 单面走廊房屋的总宽度不包括走廊宽度；

　　2. 建筑平面接近正方形时，其高宽比宜适当减小。

房屋抗震横墙最大间距（m）　　　　　　　表 10.16

房 屋 类 别		烈度和设计基本地震加速度			
		6	7	8	9
		0.05g	0.10g、0.15g	0.20g、0.30g	0.40g
多层砌体	现浇或装配整体式钢筋混凝土楼盖、屋盖	15	15	11	7
	装配式钢筋混凝土楼盖、屋盖	11	11	9	4
	木屋盖	9	9	4	—
底部框架-抗震墙	上部各层	同多层砌体房屋			—
	底层或底部两层	18	15	11	—

注：1. 多层砌体房屋的顶层，除木屋盖外的最大横墙间距应允许适当放宽，但应采取相应加强措施；

　　2. 多孔砖抗震横墙厚度为 190mm 时，最大横墙间距应比表中数值减少 3m。

4）房屋局部尺寸的限制。在强烈地震作用下，房屋首先从薄弱部位破坏。这些薄弱部位一般是：窗间墙、尽端墙、突出屋面的女儿墙等。为此《抗震规范》规定，多层砌体房屋中砌体的墙段的局部尺寸限值宜符合表 10.17 的要求。

房屋的局部尺寸限值（m）　　　　　　　　　　表 10.17

部位	烈度和设计基本地震加速度			
	6	7	8	9
	0.05g	0.10g、0.15g	0.20g、0.30g	0.40g
承重窗间墙最小宽度	1.0	1.0	1.2	1.5
承重外墙尽端至门窗洞边的最小距离	1.0	1.0	1.2	1.5
非承重外墙尽端至门窗洞边的最小距离	1.0	1.0	1.0	1.0
内墙阳角至门窗洞边的最小距离	1.0	1.0	1.5	2.0
无锚固女儿墙（非出入口处）的最大高度	0.5	0.5	0.5	0.0

注：1. 局部尺寸不足时，应采取局部加强措施弥补，且最小宽度不宜小于 1/4 层高和表列数据的 80%；
　　2. 出入口处的女儿墙应有锚固。

　　5）多层砌体房屋的建筑布置和结构体系，应符合下列要求：

　　（1）应优先采用横墙承重或纵横墙共同承重的结构体系，不应采用砌体墙和混凝土墙混合承重的结构体系。

　　（2）纵横向砌体抗震墙的布置应符合下列要求：

　　① 宜均匀对称，沿平面内宜对齐，沿竖向应上下连续；且纵横向墙体的数量不宜相差过大；

　　② 平面轮廓凹凸尺寸，不应超过典型尺寸的 50%；当超过典型尺寸的 25% 时，房屋转角处应采取加强措施；

　　③ 楼板局部大洞口的尺寸不宜超过楼板宽度的 30%，且不应在墙体两侧同时开洞；

　　④ 房屋错层的楼板高差超过 500mm 时，应按两层计算；错层部位的墙体应采取加强措施；

　　⑤ 同一轴线上的窗间墙宽度宜均匀；在满足墙段的局部尺寸限值的前提下，墙面洞口的立面面积，6、7 度时不宜大于墙面总面积的 55%，8～9 度时不宜大于 50%；

　　⑥ 在房屋宽度方向的中部应设置内纵墙，其累计长度不宜小于房屋总长度的 60%（高宽比大于 4 的墙段不计入）。

　　（3）房屋有下列情况之一时宜设置防震缝，缝两侧均应设置墙体，缝宽应根据烈度和房屋高度确定，可采用 70～100mm：

　　① 房屋立面高差在 6m 以上；

　　② 房屋有错层，且楼板高差大于层高的 1/4；

　　③ 各部分结构刚度、质量截然不同。

　　（4）楼梯间不宜设置在房屋的尽端或转角处。

　　（5）不应在房屋转角处设置转角窗。

　　（6）横墙较少、跨度较大的房屋，宜采用现浇钢筋混凝土楼、屋盖。

10.5.4　多层砖砌体房屋抗震构造措施

1. 钢筋混凝土构造柱

　　构造柱对提高砌体的抗剪承载力是有限的，但是通过设置构造柱与圈梁，把墙体分割包围，构成对墙体的约束和防止墙体开裂后砖的散落，限制开裂后砌体裂缝的延伸和砌体错位，使砖墙能维持竖向承载力，并能吸收较大的地震能量，避免墙体倒塌的发生。同时通过加强楼、屋盖构件、墙体等的拉结，对房屋的薄弱部位予以加强等一系列抗震构造措施，来提高房屋的抗震能力。

1) 多层砖砌体房屋，应按下列要求设置构造柱：

(1) 构造柱的设置部位，一般情况应符合表 10.18 的要求。

(2) 外廊式和单面走廊式的多层房屋，应根据房屋增加一层后的层数，按照表 10.18 的要求设置构造柱，且单面走廊两侧的纵墙均应按外墙处理。

(3) 横墙较少的房屋，应根据房屋增加一层后的层数，按表 10.18 的要求设置构造柱。当横墙较少的房屋为外廊式或单面走廊式时，应按上述外廊式和单面走廊式多层房屋的要求设置构造柱；但 6 度不超过四层、7 度不超过三层和 8 度不超过二层时，应按增加二层的层数对待。

(4) 各层横墙很少的房屋，应按增加二层的层数设置构造柱。

(5) 采用蒸压灰砂砖和蒸压粉煤灰砖的砌体房屋，当砌体的抗剪强度仅达到普通黏土砖砌体的 70% 时，应根据增加一层的层数按上述要求设置构造柱；但 6 度不超过四层、7 度不超过三层和 8 度不超过二层时，应按增加二层的层数对待。

(6) 有错层的多层房屋，在错层部位应设置墙，其与其他墙交接处应设置构造柱；在错层部位的错层楼板位置应设现浇钢筋混凝土圈梁；当房屋层数不低于四层时，底部 1/4 楼层处错层部位墙中部的构造柱间距不宜大于 2m。

(7) 房屋高度和层数接近表 10.14 的限值时，纵、横墙内构造柱间距尚应符合下列要求：

① 横墙内的构造柱间距不宜大于层高的两倍；下部 1/3 楼层的构造柱间距适当减小。

② 当外纵墙开间大于 3.9m 时，应另设加强措施。内纵墙的构造柱间距不宜大于 4.2m。

多层砖砌体房屋构造柱设置要求　　　　　　　　　表 10.18

房屋层数				设 置 部 位	
6 度	7 度	8 度	9 度		
0.05g	0.10g、0.15g	0.20g、0.30g	0.40g		
≤五	≤四	≤三		楼、电梯间四角，楼梯斜梯段上下端对应的墙体处；外墙四角和对应转角；错层部位横墙与外纵墙交接处；大房间内外墙交接处；较大洞口两侧	隔 12m 或单元横墙与外纵墙交接处；楼梯间对应的另一侧内横墙与外纵墙交接处
六	五	四	二		隔开间横墙（轴线）与外墙交接处；山墙与内纵墙交接处
七	六、七	五、六	三、四		内墙（轴线）与外墙交接处；内墙的局部较小墙垛处；内纵墙与横墙（轴线）交接处

注：1. 较大洞口，内墙指不小于 1.2m 的洞口；外墙在内墙交接处已经设置构造柱时应允许适当放宽，但洞两侧墙体应加强。

2. 当按照前述（2）～（5）规定调整的层数超过表 10.18 范围，构造柱设置要求不应低于表中相应烈度的最高要求且宜适当提高。

2）多层砖砌体房屋的构造柱应符合下列构造要求：

（1）构造柱的最小截面可采用 180mm × 240mm（墙厚 190mm 时为 180mm × 190mm），纵向钢筋宜采用 ϕ12（该处 ϕ 仅表示钢筋直径，本章余同），箍筋直径可采用 6 mm，间距不宜大于 250mm，且在柱上下端宜适当加密；6、7 度时超过六层、8 度时超过五层和 9 度时，构造柱纵向钢筋宜采用 4ϕ14，箍筋间距不应大于 200mm；房屋四角的构造柱可适当加大截面与配筋。

（2）构造柱与墙体连接处应砌成马牙槎（图 10.18），并且应沿墙高每隔 500mm 设置 2ϕ6 水平钢筋和 ϕ4 分布短筋平面内点焊组成的拉结网片或 ϕ4 点焊钢筋网片，每边伸入墙内不宜小于 1m。

6、7 度时底部 1/3 楼层，8 度时底部 1/2 楼层，9 度时全部楼层，上述拉结钢筋网片应沿墙体水平通长设置。

（3）构造柱与圈梁连接处，构造柱的纵筋应在圈梁纵筋内侧穿过，保证构造柱纵筋上下贯通。

（4）构造柱可不单独设置基础，但应伸入室外地面下 500mm，或与埋深小于 500mm 基础圈梁相连。

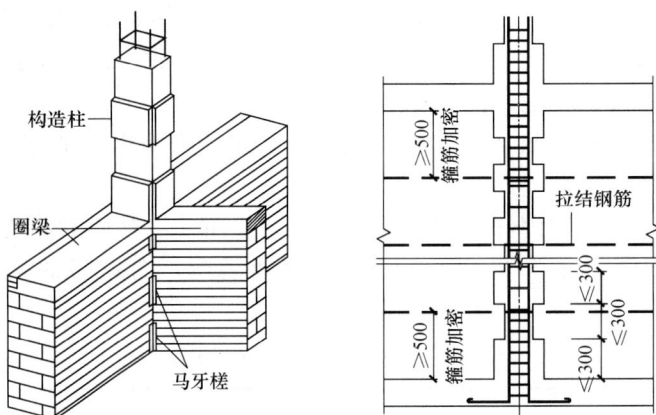

图 10.18 构造柱示意图

2. 钢筋混凝土圈梁

对于砖砌体房屋，设置钢筋混凝土圈梁是有效的抗震措施之一。圈梁可以增强房屋的整体性，提高楼、屋盖的水平刚度，限制墙体斜裂缝的开展和延伸，减轻地震时地基不均匀沉降对房屋的影响。设置在基础顶面和檐口部位的圈梁对抵抗不均匀沉降最有效，当房屋中部沉降较两端大时，基础顶面圈梁作用大；当房屋两端沉降较中部大时，檐口圈梁作用大。

1）多层砖砌体房屋，应按下列要求设置圈梁：

（1）圈梁的设置应符合表 10.19 的要求。

（2）装配式钢筋混凝土楼盖、屋盖或木屋盖的砖房，应按表 10.19 的要求设置圈梁；纵墙承重时，抗震横墙上的圈梁间距应比表 10.19 的要求适当加密。

（3）现浇或装配式钢筋混凝土楼、屋盖与墙体有可靠连接的房屋，应允许不另设圈梁，但楼板沿抗震墙体周边均应加强配筋并与相应的构造柱钢筋可靠连接。

多层砖砌体房屋现浇钢筋混凝土圈梁设置要求   表 10.19

墙类	烈度和设计基本地震加速度			
	6	7	8	9
	0.05g	0.10g、0.15g	0.20g、0.30g	0.40g
外墙与内纵墙	屋盖处及每层楼盖处	屋盖处及每层楼盖处		屋盖处及每层楼盖处
内横墙	屋盖处及每层楼盖处; 屋盖处间距不应大于4.5m; 楼盖处间距不应大于7.2m; 构造柱对应部位	屋盖处及每层楼盖处; 各层所有横墙,其间距不应大于4.5m; 构造柱对应部位		屋盖处及每层楼盖处; 各层所有横墙

2) 多层砖砌体房屋的圈梁应符合下列构造要求:

(1) 圈梁宜连续地设在同一水平面上,并形成封闭状,圈梁宜与预制板设在同一标高处或紧靠板底。当圈梁被门窗洞口截断时,应在洞口上部增设相同截面的附加圈梁。附加圈梁与圈梁的搭接长度不应小于其中到中垂直间距的2倍,且不得小于1m。

(2) 圈梁在表10.19要求的间距内无横墙时,应利用梁或板缝中配筋替代圈梁。圈梁兼作过梁时,过梁部分的钢筋应另行计算增配。

(3) 混凝土圈梁的宽度宜与墙厚相同,当墙厚不小于240mm时,其宽度不宜小于墙厚的2/3。圈梁的截面高度不应小于120mm。配筋应符合表10.20的要求。纵筋的连接按照受拉考虑。

多层砖砌体房屋圈梁配筋要求   表 10.20

配筋	烈度和设计基本地震加速度			
	6	7	8	9
	0.05g	0.10g、0.15g	0.20g、0.30g	0.40g
最小纵筋	4φ10		4φ12	4φ14
箍筋最大间距(mm)	250		200	150

(4) 当多层砌体房屋的地基为软弱黏性土、液化土、新近填土或严重不均匀时,基础圈梁的高度不应小于180mm,配筋不小于4φ12。

(5) 纵横墙交接处的圈梁应有可靠的连接(图10.19)。

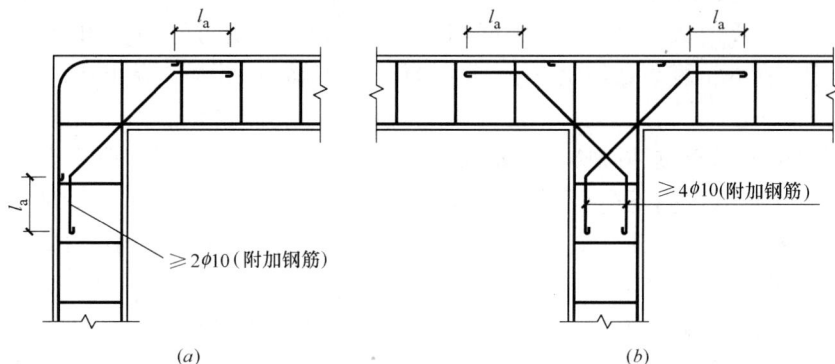

图 10.19 圈梁在房屋转角及丁字交叉处的连接构造
(a) 房屋转角处;(b) 丁字交叉处

3. 约束普通砖墙的构造

(1) 墙段两端设有符合《建筑抗震设计规范》GB 50011—2010 要求的构造柱，且墙肢两端及中部构造柱的间距不大于层高或 3.0m，较大洞口两侧应设置构造柱；构造柱最小截面尺寸不宜小于 240mm×240mm（墙厚 190mm 时，不宜小于 240mm×190mm），边柱和角柱的截面宜适当加大；构造柱的纵筋和箍筋设置宜符合表 10.21 的要求。

约束普通砖墙构造柱的纵筋和箍筋设置要求   表 10.21

位置	纵向钢筋			箍筋		
	最大配筋率（%）	最小配筋率（%）	最小直径（mm）	加密区范围（mm）	加密区间距（mm）	最小直径（mm）
角柱	1.8	0.8	14	全高	100	6
边柱			14	上端 700 下端 500		
中柱	1.4	0.6	12			

(2) 墙体在楼、屋盖标高处均设置满足《建筑抗震设计规范》GB 50011—2010 要求的圈梁，上部各楼层处圈梁截面高度不宜小于 150mm；圈梁纵向钢筋应采用强度等级不低于 HRB335 的钢筋，直径满足表 10.20 的要求；箍筋不小于 $\phi6$。

4. 楼、屋盖与墙体之间的连接

(1) 现浇钢筋混凝土楼板或屋面板伸进纵、横墙内的长度，均不应小于 120mm。

(2) 装配式钢筋混凝土楼板或屋面板，当圈梁未设在板的同一标高时，板端伸进外墙的长度不应小于 120mm，伸进内墙的长度不应小于 100mm，伸入梁内不应小于 80mm。

(3) 当板的跨度大于 4.8m 并与外墙平行时，靠外墙的预制板侧边应与墙或圈梁拉结。

(4) 房屋端部大房间的楼盖，6 度时房屋的屋盖和 7～9 度时房屋的楼、屋盖，当圈梁设在板底时，钢筋混凝土预制板应相互拉结，并应与梁、墙或圈梁拉结。

(5) 楼、屋盖的钢筋混凝土梁或屋架应与墙、柱（包括构造柱）或圈梁可靠连接；不得采用独立砖柱。跨度不小于 6m 大梁的支承构件应采用组合砌体等加强措施，并满足承载力要求。

5. 墙体之间的连接

(1) 6 度、7 度时大于 7.2m 的大房间，以及 8 度、9 度时外墙转角及内外墙交接处，应沿墙高每隔 500mm 配置 $2\phi6$ 通长钢筋和 $\phi4$ 分布短筋平面内点焊组成的拉结网片或 $\phi4$ 点焊网片。

(2) 后砌的非承重砌体隔墙，应沿墙高每隔 500～600mm 配置 $2\phi6$ 拉结钢筋与承重墙或柱拉结，每边伸入墙内不应少于 500mm；8 度和 9 度时，长度大于 5m 的后砌隔墙，墙顶尚应与楼板或梁拉结，独立墙肢端部及大门洞边宜设钢筋混凝土构造柱。

6. 楼梯间构造

(1) 顶层楼梯间墙体应沿墙高每隔 500mm 设 $2\phi6$ 通长钢筋和 $\phi4$ 分布短钢筋平面内点焊组成的拉结网片或 $\phi4$ 点焊网片；7～9 度时其他各层楼梯间墙体应在休息平台或楼层半高处设置 60mm 厚、纵向钢筋不应少于 $2\phi10$ 的钢筋混凝土带或配筋砖带，配筋砖带不少于 3 皮，每皮的配筋不少于 $2\phi6$，砂浆强度等级不应低于 M7.5 且不低于同层墙体的砂浆强度等级。

（2）楼梯间及门厅内墙阳角处的大梁支承长度不应小于 500mm，并应与圈梁连接。

（3）装配式楼梯段应与平台板的梁可靠连接，8 度、9 度时不应采用装配式楼梯段；不应采用墙中悬挑式踏步或踏步竖肋插入墙体的楼梯，不应采用无筋砖砌栏板。

（4）突出屋顶的楼、电梯间，构造柱应伸至顶部，并与顶部圈梁连接，所有墙体应沿墙高每隔 500mm 设 $2\phi6$ 通长钢筋和 $\phi4$ 分布短筋平面内点焊组成的拉结网片或 $\phi4$ 点焊网片。

10.5.5　多层砌块房屋抗震构造措施

1. 钢筋混凝土芯柱

1）多层小砌块房屋应按表 10.22 的要求设置钢筋混凝土芯柱。对外廊式和单面走廊式的多层房屋、横墙较少的房屋、各层横墙很少的房屋，应分别按多层砖砌体房屋中关于增加层数的对应要求，按表 10.22 的要求设置芯柱。

多层小砌块房屋芯柱设置要求　　　　　　　　　表 10.22

房屋层数				设置部位	设置数量
6 度	7 度	8 度	9 度		
0.05g	0.10g 0.15g	0.20g 0.30g	0.40g		
≤五	≤四	≤三		外墙转角,楼、电梯间四角,楼梯斜梯段上下端对应的墙体处； 大房间内外墙交接处； 错层部位横墙与外纵墙交接处； 隔 12m 或单元横墙与外纵墙交接处	外墙转角,灌实 3 个孔； 内外墙交接处,灌实 4 个孔； 楼梯斜段上下端对应的墙体处,灌实 2 个孔
六	五	四	一	同上； 隔开间横墙（轴线）与外纵墙交接处	
七	六	五	二	同上； 各内墙（轴线）与外纵墙交接处； 内纵墙与横墙（轴线）交接处和洞口两侧	外墙转角,灌实 5 个孔； 内外墙交接处,灌实 4 个孔； 内墙交接处,灌实 4～5 个孔； 洞口两侧各灌实 1 个孔
	七	六	三	同上； 横墙内芯柱间距不大于 2m	外墙转角,灌实 7 个孔； 内外墙交接处,灌实 5 个孔； 内墙交接处,灌实 4～5 个孔； 洞口两侧各灌实 1 个孔

注：1. 转角、内外墙交接处、楼、电梯间四角等部位，应允许采用钢筋混凝土构造柱替代部分芯柱。
　　2. 当按照前述规定调整的层数超过本表范围，芯柱设置要求不应低于表中相应烈度的最高要求且宜适当提高。

2）多层小砌块房屋的芯柱，应符合下列构造要求：

（1）芯柱的截面不宜小于 120mm×120mm。

（2）混凝土强度等级不应低于 Cb20。

（3）芯柱的竖向插筋应贯通墙身且与圈梁连接；插筋不应小于 $1\phi12$，6、7 度时超过五层、8 度时超过四层和 9 度时，插筋不应小于 $1\phi14$。

（4）芯柱应伸入室外地面下 500mm 或与埋深小于 500mm 的基础圈梁相连。

（5）为提高墙体抗震受剪承载力而设置的芯柱，宜在墙体内均匀布置，最大净距不宜大于 2.0m。

（6）多层小砌块房屋墙体交接处或芯柱与墙体连接处应设置拉结钢筋网片，网片可采用直径 4mm 的钢筋点焊而成，沿墙高间距不大于 600mm，并应沿墙体水平通长设置。6、7 度时底部 1/3 楼层，8 度时底部 1/2 楼层，9 度时全部楼层，上述拉结钢筋网片沿墙高间距不大于 400mm。

3）多层小砌块房屋中替代芯柱的钢筋混凝土构造柱，应符合下列构造要求：

（1）构造柱截面不宜小于 190mm×190mm，纵向钢筋宜采用 $4\phi12$，箍筋间距不宜大于 250mm，且在柱上下端应适当加密；6、7 度时超过五层、8 度时超过四层和 9 度时，构造柱纵向钢筋宜采用 $4\phi14$，箍筋间距不应大于 200mm；外墙转角的构造柱可适当加大截面及配筋。

（2）构造柱与砌块墙连接处应砌成马牙槎，与构造柱相邻的砌块孔洞，6 度时宜填实，7 度时应填实，8、9 度时应填实并插筋。构造柱与砌块墙之间沿墙高每隔 600mm 设置 $\phi4$ 点焊拉结钢筋网片，并应沿墙体水平通长设置。6、7 度时底部 1/3 楼层，8 度时底部 1/2 楼层，9 度全部楼层，上述拉结钢筋网片沿墙高间距不大于 400mm。

（3）构造柱与圈梁连接处，构造柱的纵筋应在圈梁纵筋内侧穿过，保证构造柱纵筋上下贯通。

（4）构造柱可不单独设置基础，但应伸入室外地面下 500mm，或与埋深小于 500mm 的基础圈梁相连。

2. 钢筋混凝土圈梁

多层小砌块房屋现浇钢筋混凝土圈梁的设置位置同多层砖砌体房屋（表 10.19）。圈梁宽度不应小于 190mm，配筋不应少于 $4\phi12$，箍筋间距不应大于 200mm。

3. 水平现浇钢筋混凝土带

多层小砌块房屋的层数，6 度时超过五层、7 度时超过四层、8 度时超过三层和 9 度时，在底层和顶层的窗台标高处，沿纵横墙应设置通长的水平现浇钢筋混凝土带；其截面高度不小于 60mm，纵筋不少于 $2\phi10$，并应有分布拉结钢筋；其混凝土强度等级不应低于 C20。

水平现浇混凝土带亦可采用槽形砌块替代模板，其纵筋和拉结钢筋不变。

10.6   过梁、挑梁和雨篷

10.6.1   过梁

承受门窗洞口上部墙体的重力和楼、屋盖传来的荷载，在门窗洞口顶部设置的梁称为过梁。目前工程中所用过梁一般为钢筋混凝土过梁。

1. 过梁上的荷载

作用于过梁的荷载，除过梁自重外，还有墙体荷载和梁板荷载。过梁的工作不同于一般的简支梁，当过梁上的墙体达到一定高度且砂浆硬化后，由于砌体与过梁的组合作用，过梁上的墙体形成内拱将产生卸载作用，使一部分荷载直接传递给支座，从而减轻过梁的荷载。试验表明，作用于过梁上的墙体荷载仅相当于高度等于跨度的 1/3 的墙体重量，同样当墙体高度超过 0.8 倍净跨时施加外荷载，过梁的挠度基本不变。但工程上由于过梁的跨度通常不大，将过梁仍然按简支梁计算，荷载取值见表 10.23。

过梁上的荷载取值　　　　　　　　　　　　　　　　表 10.23

荷载类型	简图	砌体种类		荷载取值
墙体荷载	（简图）	砖砌体	$h_w < l_n/3$	应按墙体的均布自重采用
			$h_w \geq l_n/3$	应按高度为 $l_n/3$ 的墙体的均布自重采用
		混凝土砌块砌体	$h_w < l_n/2$	应按墙体的均布自重采用
			$h_w \geq l_n/2$	应按高度为 $l_n/2$ 的墙体的均布自重采用
梁板荷载	（简图）	砖砌体，混凝土砌块砌体	$h_w < l_n$	应计入梁、板传来荷载
			$h_w \geq l_n$	可不考虑梁、板荷载

注：1. 墙体荷载的取值与梁、板位置无关；
　　2. l_n 为过梁的净跨。

2. 过梁的构造

（1）对有较大振动荷载或可能产生不均匀沉降的房屋，抗震结构房屋应采用混凝土过梁。

（2）过梁的支承长度，6～8 度时不应小于 240mm，9 度时不应小于 360mm。

10.6.2　挑梁

1. 挑梁的受力特点

挑梁是指嵌固在砌体中的悬挑式钢筋混凝土梁，一般有阳台挑梁、雨篷挑梁和外走廊挑梁。挑梁承受的荷载通常有悬挑端集中力、挑梁自重、挑梁埋入长度上部墙体重量以及通过墙体传来的上部荷载，有时还有挑梁悬挑部分的其他荷载。

挑梁在挑出段荷载和埋入段上下界面分布压力作用下的内力分布，如图 10.20（a）所示。挑梁最大弯矩发生在计算倾覆点处（图中距墙边 x_0 处）截面，至尾端减为零；最大剪力发生在墙边截面。

挑梁从加载到破坏，经历弹性工作阶段、带裂缝工作阶段和破坏阶段三个阶段。图
10.20（b）为挑梁弹性工作阶段埋入墙体部分的上、下界面应力分布情况，图 10.20（c）
为裂缝分布情况。

2. 挑梁的破坏形态

1）挑梁倾覆破坏。挑梁倾覆力矩大于抗倾覆力矩，挑梁尾端墙体斜裂缝不断开展，
挑梁绕倾覆点发生倾覆破坏（图 10.21a）。

2）梁下砌体局部受压破坏。当挑梁埋入墙体较深、梁上墙体高度较大时，挑梁下靠
近墙边小部分砌体由于压应力过大发生局部受压破坏（图 10.21b）。

3）挑梁自身弯曲破坏或剪切破坏。

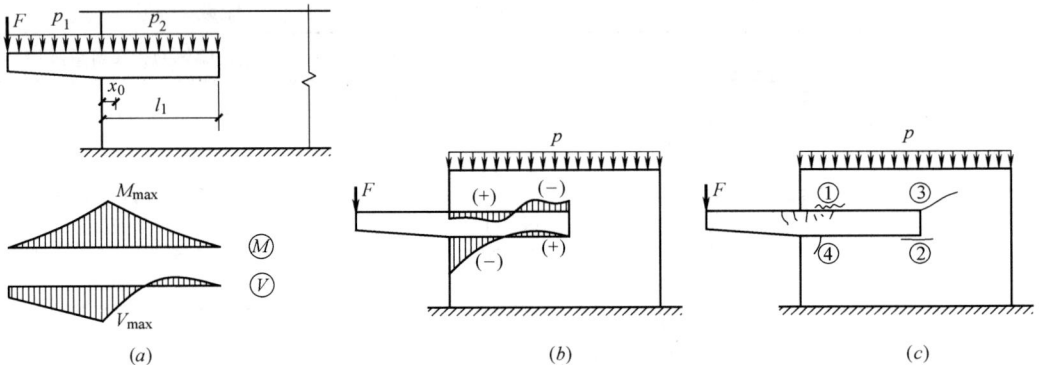

图 10.20　挑梁的内力、应力与裂缝分布
（a）内力分布；（b）弹性阶段界面应力（σ_y）分布；（c）裂缝分布

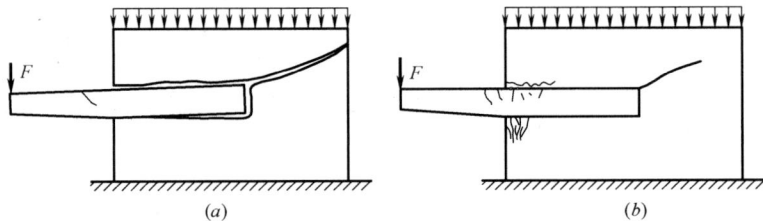

图 10.21　挑梁的破坏形态
（a）倾覆破坏；（b）挑梁下砌体局部受压或挑梁破坏

3. 挑梁的构造要求

1）挑梁根部的截面高度不宜小于悬挑长度的 1/6。

2）挑梁上部纵向受力筋至少应有 1/2 的钢筋面积伸入梁尾端，且不少于 2φ12。其余
钢筋伸入支座的长度不应小于 $2l_1/3$。

3）挑梁埋入砌体长度 l_1 与挑出长度 l 之比宜大于 1.2；当挑梁上无砌体时，l_1 与 l 之
比宜大于 2。

10.6.3　雨篷

雨篷按支承条件可分为板式雨篷和梁式雨篷。本节仅介绍在工业与民用建筑中最常见
的现浇钢筋混凝土板式雨篷。

1. 雨篷的受力特点

现浇板式钢筋混凝土雨篷是由雨篷板和雨篷梁组成。雨篷板为悬臂板，是一个受弯构件。雨篷梁不仅要承受雨篷板传来的扭矩，还要承受上部结构传来的弯矩和剪力，因此雨篷梁是一个弯剪扭构件。这种雨篷的破坏有以下三种形态：

（1）雨篷板根部抗弯承载力不足而破坏（图 10.22a）；

（2）雨篷梁受弯、剪、扭破坏（图 10.22b）；

（3）雨篷整体倾覆（图 10.22c）。

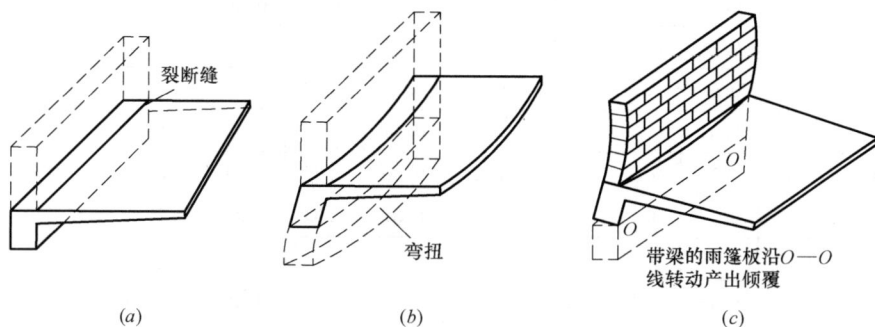

图 10.22　雨篷的破坏形式
（a）雨篷板根部断裂；（b）雨篷梁受弯、剪、扭破坏；（c）雨篷倾覆

2. 雨篷的构造

（1）雨篷板。端部最小厚度为 60mm。当雨篷板悬臂长度≤500mm 时，根部最小厚度为 60mm；当雨篷板悬臂长度等于 1200mm 时，根部最小厚度为 100mm（工程上一般取悬臂长度的 1/12 作为雨篷板的根部最小厚度）。雨篷板的配筋如图 10.23 所示。

（2）雨篷梁。梁宽 b 一般与墙厚相同；雨篷梁的配筋构造应满足本书教学单元 7 章第 7.4 节受扭构件的构造要求。

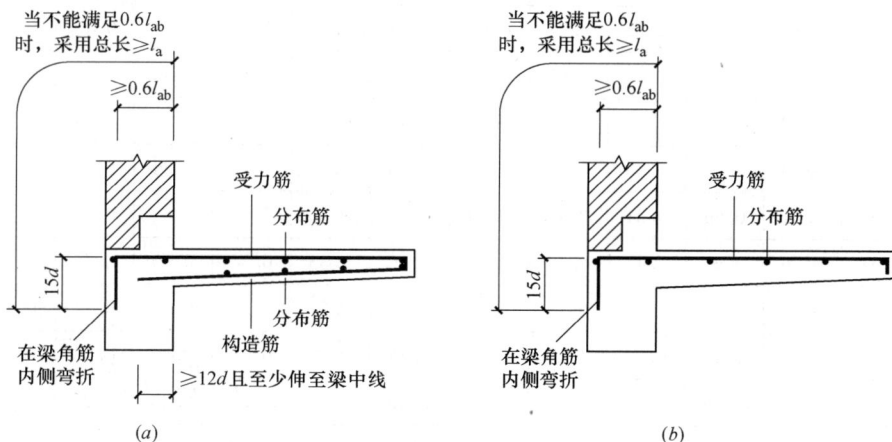

图 10.23　雨篷板的配筋构造
（a）板上、下部均配筋；（b）板仅上部配筋

影响系数 φ（砂浆强度等级≥M5）　　　　　　附表 10.1

β	e/h 或 e/h_T												
	0	0.025	0.05	0.075	0.1	0.125	0.15	0.175	0.2	0.225	0.25	0.275	0.3
≤3	1	0.99	0.97	0.94	0.89	0.84	0.79	0.73	0.68	0.62	0.57	0.52	0.48
4	0.98	0.95	0.90	0.85	0.80	0.74	0.69	0.64	0.58	0.53	0.49	0.45	0.41
6	0.95	0.91	0.86	0.81	0.75	0.69	0.64	0.59	0.54	0.49	0.45	0.42	0.38
8	0.91	0.86	0.81	0.76	0.70	0.64	0.59	0.54	0.50	0.46	0.42	0.39	0.36
10	0.87	0.82	0.76	0.71	0.65	0.60	0.55	0.50	0.46	0.42	0.39	0.36	0.33
12	0.82	0.77	0.71	0.66	0.60	0.53	0.51	0.47	0.43	0.39	0.36	0.33	0.31
14	0.77	0.72	0.66	0.61	0.56	0.51	0.47	0.43	0.40	0.36	0.34	0.31	0.29
16	0.72	0.67	0.61	0.56	0.52	0.47	0.44	0.40	0.37	0.34	0.31	0.29	0.27
18	0.67	0.62	0.57	0.52	0.48	0.44	0.40	0.37	0.34	0.31	0.29	0.27	0.25
20	0.62	0.57	0.53	0.48	0.44	0.40	0.37	0.34	0.32	0.29	0.27	0.25	0.23
22	0.58	0.53	0.49	0.45	0.41	0.38	0.35	0.32	0.30	0.27	0.25	0.24	0.22
24	0.54	0.49	0.45	0.41	0.38	0.35	0.32	0.30	0.28	0.26	0.24	0.22	0.21
26	0.50	0.46	0.42	0.38	0.35	0.33	0.30	0.28	0.26	0.24	0.22	0.21	0.19
28	0.46	0.42	0.39	0.36	0.33	0.30	0.28	0.26	0.24	0.22	0.21	0.19	0.18
30	0.42	0.39	0.36	0.33	0.31	0.28	0.26	0.24	0.22	0.21	0.20	0.18	0.17

影响系数 φ（砂浆强度等级 M2.5）　　　　　　附表 10.2

β	e/h 或 e/h_T												
	0	0.025	0.05	0.075	0.1	0.125	0.15	0.175	0.2	0.225	0.25	0.275	0.3
≤3	1	0.99	0.97	0.94	0.89	0.84	0.79	0.73	0.68	0.62	0.57	0.52	0.48
4	0.97	0.94	0.89	0.84	0.78	0.73	0.67	0.62	0.57	0.52	0.48	0.44	0.40
6	0.93	0.89	0.84	0.78	0.73	0.67	0.62	0.57	0.52	0.48	0.44	0.40	0.37
8	0.89	0.84	0.78	0.72	0.67	0.62	0.57	0.52	0.48	0.44	0.40	0.37	0.34
10	0.83	0.78	0.72	0.67	0.61	0.56	0.52	0.47	0.43	0.40	0.37	0.34	0.31
12	0.78	0.72	0.67	0.61	0.56	0.52	0.47	0.43	0.40	0.37	0.34	0.31	0.29
14	0.72	0.66	0.61	0.56	0.51	0.47	0.43	0.40	0.36	0.34	0.31	0.29	0.27
16	0.66	0.61	0.56	0.51	0.47	0.43	0.40	0.36	0.34	0.31	0.29	0.26	0.25
18	0.61	0.56	0.51	0.47	0.43	0.40	0.36	0.33	0.31	0.29	0.26	0.24	0.23
20	0.56	0.51	0.47	0.43	0.39	0.36	0.33	0.31	0.28	0.26	0.24	0.23	0.21
22	0.51	0.47	0.43	0.39	0.36	0.33	0.31	0.28	0.26	0.24	0.23	0.21	0.20
24	0.46	0.43	0.39	0.36	0.33	0.31	0.28	0.26	0.24	0.23	0.21	0.20	0.18
26	0.42	0.39	0.36	0.33	0.31	0.28	0.26	0.24	0.22	0.21	0.20	0.18	0.17
28	0.39	0.36	0.33	0.30	0.28	0.26	0.24	0.22	0.21	0.20	0.18	0.17	0.16
30	0.36	0.33	0.30	0.28	0.26	0.24	0.22	0.21	0.20	0.18	0.17	0.16	0.15

习　题

思考题

10.1　影响砌体抗压强度的主要因素有哪些?

10.2　砌体结构房屋的承重体系有哪些? 砌体结构房屋的静力计算方案有哪些?《砌体规范》是根据什么条件来确定房屋静力计算方案的?

10.3　什么是墙、柱高厚比? 砌体结构中为什么要限制墙、柱高厚比?

10.4　引起砌体结构房屋墙体开裂的主要原因有哪些? 由于收缩和温度变形引起房屋墙体裂缝的主要形态有哪些?

10.5　减轻因地基不均匀沉降引起墙体开裂的主要措施有哪些?

10.6　在强烈地震作用下, 多层砌体房屋的破坏主要在墙身和构件之间的连接处, 其具体部位主要是有哪几处?

10.7　简述多层砖砌体房屋抗震构造措施中, 构造柱与墙体连接、构造柱与圈梁连接的要求有哪些。

10.8　在砌体结构中钢筋混凝土圈梁的作用是什么?

10.9　挑梁的破坏形态有哪些? 挑梁有哪些构造要求?

10.10　简述现浇钢筋混凝土板式雨篷的受力特点。此类雨篷的破坏有哪几种形态?

单项选择题

10.1　关于砌筑砂浆的使用, 下列叙述错误的是 (　　)。

A. 地面以上砖砌体一般采用混合砂浆

B. 地面以上混凝土砌块砌体一般采用专用砌筑砂

C. 各种砖砌体均可采用水泥砂浆砌筑

D. 地面以下石砌体可采用混合砂浆砌筑

10.2　刚弹性方案砌体结构房屋, 若增大横墙间距则该房屋 (　　)。

A. 结构的侧移将减小, 趋于弹性方案　　　B. 结构的侧移将减小, 趋于刚性方案

C. 结构的侧移将增大, 趋于弹性方案　　　D. 结构的侧移将增大, 趋于刚性方案

10.3　确定砌体受压构件的计算高度 H_0 时, 需先确定构件的实际高度 H, 下列关于 H 的说法错误的是 (　　)。

A. 在房屋底层, H 为楼板顶面到构件下端支点的距离

B. 当埋置较深且有刚性地坪时, 构件下端支点取室外地面下 500mm 处

C. 在房屋的其他层, H 为楼板或其他水平支点间的距离

D. 对于带壁柱的山墙, 可取层高加山墙尖高度的 1/2

10.4　刚性和刚弹性方案房屋的横墙须符合若干规定, 其中错误的是 (　　)。

A. 横墙开有洞口时, 洞口的水平截面面积不应超过横墙截面面积的 50%

B. 横墙的厚度不宜小于 240mm

C. 单层房屋的横墙长度不宜小于其高度

D. 多层房屋的横墙长度不宜小于 $H/2$ (H 为横墙总高度)。

10.5　带壁柱墙的局部平面如图 10.24 所示, 壁柱截面尺寸、间距均相同, 下列叙述中正确的是 (　　)。

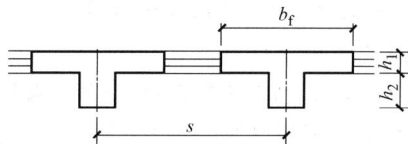

图 10.24

A. 仅需对带壁柱整片墙进行验算，厚度取折算厚度 h_T

B. 仅需对壁柱间墙进行验算，厚度取 h_1

C. 带壁柱整片墙、壁柱间墙都需进行验算，厚度前者取 h_T，后者取 h_1

D. 带壁柱整片墙、壁柱间墙都需进行验算，厚度取 $(h_1+h_2)/2$

10.6 砌体结构带构造柱墙的局部平面如图 10.25 所示，下列叙述中正确的是（   ）。

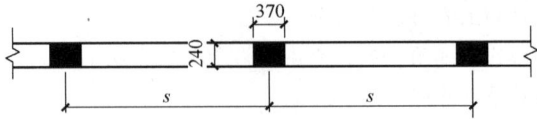

图 10.25

A. 仅需对带构造柱墙整片墙进行验算，其中厚度取 240mm

B. 仅需对构造柱间墙进行验算，其中厚度取 240mm

C. 带构造柱整片墙和构造柱间墙都需进行验算，厚度都取 240mm

D. 带构造柱整片墙和构造柱间墙都需进行验算，厚度都取 370mm

10.7 矩形砌体受压构件，截面尺寸 $b \times h$ 及竖向力合力点如图 10.26 所示，下列砌体受压承载力计算的叙述，正确的是（   ）。

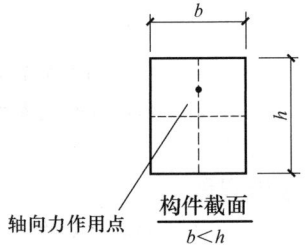

图 10.26

A. 仅需对 h 边方向按偏压计算

B. 仅需对 b 边方向按偏压计算

C. 不仅需对 h 边方向按偏压计算，而且需对 b 边方向按轴压计算

D. 不仅需对 b 边方向按偏压计算，而且需对 h 边方向按轴压计算

10.8 为了防止或减轻房屋顶层墙体的开裂，设计和施工时需采取一定的措施，下列叙述与此无关的一项是（   ）。

A. 屋面应设置保温、隔热层

B. 屋面刚性面层及砂浆找平层应设置分隔缝

C. 墙体材料宜采用黏土砖

D. 女儿墙应设置构造柱

10.9 关于抗震设防地区砌体房屋的楼梯间构造要求，不符合规范的是（   ）。

A. 顶层楼梯间横墙和外墙应沿墙高每隔 500mm 设通长拉结钢筋

B. 楼梯间及门厅内墙阳角处的大梁支承长度不应小于 500mm，并应与圈梁连接

C. 当采用墙中悬挑式踏步楼梯时，踏步板深入墙体的长度不应小于 240mm

D. 突出屋顶的楼、电梯间，构造柱应伸至顶部，并与顶部圈梁连接

10.10 砖墙的局部立面如图 10.27 所示，计算钢筋混凝土过梁上荷载时，墙体荷载取值中正确的是（   ）。

A. 取高度为 1560mm 墙体的自重

B. 取高度为 420mm 墙体的自重

C. 取高度为 660mm 墙体的自重

D. 取高度为 700mm 墙体的自重

计算题

10.1 某刚性方案房屋的砖柱，截面为 490mm×370mm，实际高度 $H=5.4$m，采用 M5.0 混合砂浆砌筑，试验算此砖柱的高厚比。

10.2 某纵横墙承重体系办公楼，墙厚 240mm，开间为 3.6m，进深为 4.8m，外纵墙上每开间开有 2.4m 宽的窗，墙体计算高度为 3m，采用 M5.0 混合砂浆砌筑，试验算该外纵墙的高厚比。

10.3　某单层单跨无吊车仓库的承重外纵墙，墙厚240mm，基础顶面标高为－0.6m，墙顶标高为4.8m，横墙间距为42m，采用MU10烧结普通页岩砖和M5.0水泥砂浆砌筑，沿外纵墙长方向每隔6m设截面尺寸为370mm×490mm的壁柱，两壁柱中间开二樘1.2m宽的窗，现浇钢筋混凝土屋盖，试验算该外纵墙的高厚比。

10.4　某刚性方案房屋的独立砖柱，截面为370mm×490mm，基础顶面标高为－0.8m，柱顶标高为4.2m，采用MU10烧结普通页岩砖和M5.0混合砂浆砌筑，承受轴向压力设计值$N=175kN$（包括砖柱自重），试验算此砖柱的受压承载力。

10.5　某截面为490mm×620mm的单方偏心受压独立砖柱，柱两个方向的计算高度均为5.6m，采用MU10烧结普通页岩砖和M5.0混合砂浆砌筑，柱底承受轴向压力设计值为$N=185kN$，弯矩设计值$M=22.9kN \cdot m$（沿长边方向），试验算此砖柱的受压承载力。

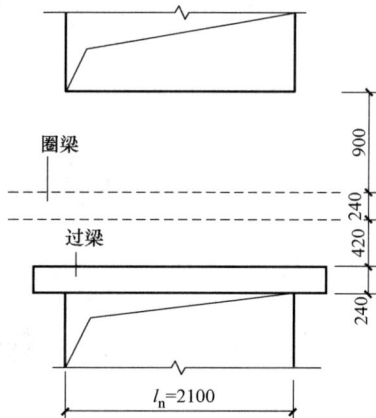

图 10.27

▶ 钢结构

11.1 概　述

11.1.1 钢结构的特点

钢结构是指采用钢板、热轧型钢、冷弯型钢等材料，制作而形成的建筑物或构筑物。构件（部件）通过工厂加工制作，运输至工地现场后通过焊接、螺栓连接等方式进行安装，并采用具有保温隔热、防水、隔声功能的材料，作为楼层、屋面、墙体部件，从而形成的建筑物或构筑物，统称为钢结构。

钢结构由钢材建造而成，从材料的特性及其用途上可归纳出钢结构具有自重轻、强度高、塑性韧性好、抗震性好、材料均匀、工业化生产、施工速度快、节能环保、可循环使用、密闭性较好等优点，同时也存在着易锈蚀、耐热不耐火、低温冷脆的缺点。

（1）自重轻、强度高。钢材的强度高，钢结构适用于大跨度、高耸建筑，适用于承载大的重型结构。钢结构建筑的相对质量较轻，基础荷载小，基础造价相对较低。

（2）塑性、韧性好。钢构件通常条件下不会因超载而突然断裂，破坏前有较明显变形，破坏易被发现。良好塑性可降低局部高峰应力，使应力变化趋缓。良好韧性可适宜动力荷载下工作，地震区采用钢结构较为有利。

（3）抗震性好。钢结构由于自重轻，结构体系相对较柔，所以受到的地震作用较小，钢材具有较高的抗拉和抗压强度，较好的塑性、韧性性能，国内外的历次地震过程中，钢结构是损坏最轻的结构物，已被公认为在抗震设防地区，特别是强震区最为适合的结构物。

（4）材质均匀。钢材由于冶炼和轧制过程的科学控制，内部结构组织比较均匀，接近于各向同性，符合理想的弹-塑性体。因此，设计上不定性较小，计算结果比较可靠。

（5）工业化生产、施工速度快。利用各种型钢或钢板进行钢构（部）件的加工制作，制造加工精度高、速度快，便于工业化生产。构（部）件运抵现场进行现场拼装，施工速度快、周期短。

（6）节能环保、可循环使用。结构部分的钢材回用率甚至可达100%，对于多高层钢结构、大型钢构厂房、大跨度空间结构、钢结构住宅，可循环使用优势明显，是绿色可持续发展的结构形式。

（7）密闭性较好。钢材及其连接方式，尤其是焊接连接，水密性和气密性均较好，适于制作高压容器、油罐、气柜、管道等要求密闭性板壳结构。

（8）易锈蚀。钢材本身容易锈蚀，通常采用涂装工艺进行防锈处理，喷涂涂装层前必须彻底除锈，涂层质量和厚度应符合设计要求。尽量避免结构受潮、漏雨，避免构造上出现难以检修的死角。

（9）耐热不耐火。温度在200℃以内时，钢材的主要性能（屈服点和弹性模量）下降不多。当温度超过200℃后，材质性能变化较大，强度逐步降低并伴有蓝脆和徐变现象。温度达600℃时，钢材强度几乎为零。设计时，应做好钢材表面防火隔热保护措施。

（10）低温冷脆。钢结构低温或其他条件下，容易发生脆性断裂，设计施工时应特别注意这一点。

11.1.2 钢结构的类型

根据建筑物或构筑物使用功能的区别，形成了各种不同类型的钢结构。

1. 高层、超高层钢结构

高层、超高层钢结构建筑的设计与施工能力，能衡量一个国家的经济实力和科技水平，超高层建筑常被当作一个城市的标志性建筑，最近十几年间，尤其是大型超高层钢结构，更是呈现出斜、扭、悬等特异性的特点。

超高层建筑又称摩天大楼，联合国将9层及9层以上的建筑定义为高层建筑，并按层数和高度将其分为4类：第一类高层建筑为9~16层（最高到50m）；第二类高层建筑为17~25层（最高到75m）；第三类高层建筑为26~40层（最高到100m）；第四类高层建筑（即超高层建筑），为40层以上（高度在100m以上）。美国将高度大于500英尺（152m）的建筑定义为超高层建筑。我国《高层民用建筑钢结构技术规程》JGJ 99—2015适用于10层及10层以上或高度大于28m的住宅建筑以及房屋高度大于24m的其他民用建筑钢结构的设计、制作与安装。如图11.1所示。

图 11.1　超高层钢结构建筑
（a）浙江杭州钱江世纪城人才大厦；（b）杭州武林门旅游客运中心

从 20 世纪 80 年代至今，我国已建成和在建高层和超高层钢结构建筑已超过 100 幢，总面积近千万平方米，用钢量达到 100 万吨。今后，我国每年还将有 200 万至 300 万平方米的高层、超高层钢结构建筑开工，总用钢量约为 45 万吨。

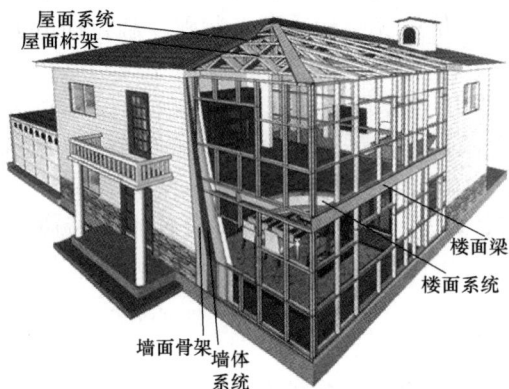

图 11.2 轻型钢结构别墅示意图

2. 轻型钢结构

轻型钢结构是相对于普通钢结构而言的一种结构形式，包括轻型门式刚架、冷弯薄壁轻型钢结构、轻型钢管结构等，主要用于工业厂房、仓库、体育场馆、交易市场、低层住宅楼，以及别墅等。如图 11.2 所示为轻型钢结构别墅。

轻型钢结构的特点是：自重轻、截面小、刚度较好、施工周期短、施工占地小、可多次拆装、回收率高、抗腐蚀性强、保温隔热隔声性能好，屋面和墙面采用轻质复合板或彩色压型钢板，其型号丰富，抗风抗震、轻巧、大方、色彩多样。如图 11.3 所示为门式刚架轻型钢结构体系。

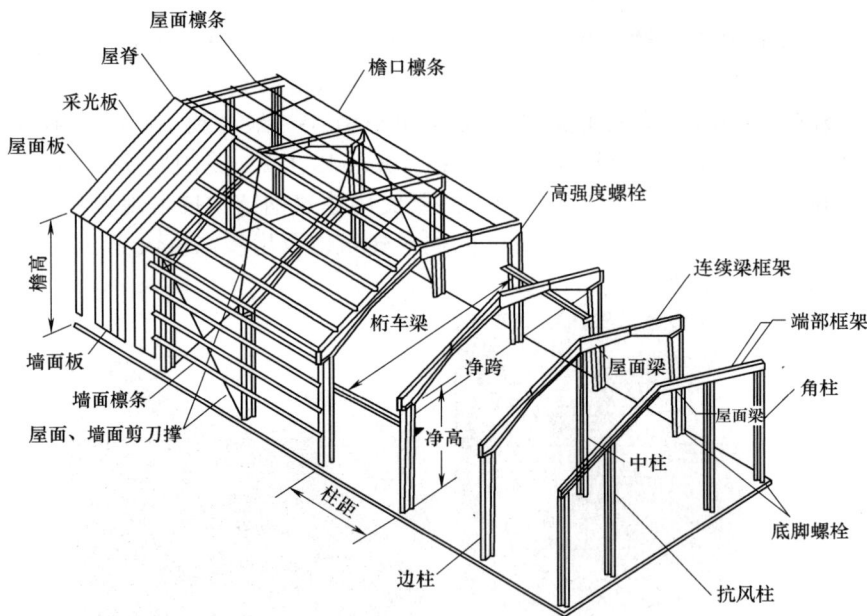

图 11.3 门式刚架轻型钢结构体系

3. 大跨度空间钢结构

空间钢结构是指空间跨度较大的钢结构建筑，目前在建筑领域，空间钢结构的主要结构形式有网架、网壳、桁架、门式刚架、悬索结构、斜拉索结构、预应力结构等，以及上述几种结构的组合，主要应用于厂房、体育场馆、汽（火）车站、飞机场、大型储煤库、展览馆、大型会议厅等。如图 11.4 所示为杭州国际博览中心顶楼的大跨度空间网架结构。

4. 钢与混凝土组合结构

组合结构是由钢筋混凝土与结构钢组合而形成的建筑结构形式，结构钢包括型钢梁、型钢柱、楼面压型钢板等。组合结构充分发挥了钢材和混凝土这两种材料的各自优点，进行了合理组合，具有优良的静、动力工作性能，能大量节约钢材、降低工程造价、加快施工速度，对环境污染较少，符合建筑结构的发展方向。组合结构包括：钢管混凝土组合结构、型钢混凝土组合结构等。如图11.5所示为钢与混凝土组合结构示意图。

图 11.4　杭州国际博览中心顶楼的
大跨度空间网架结构

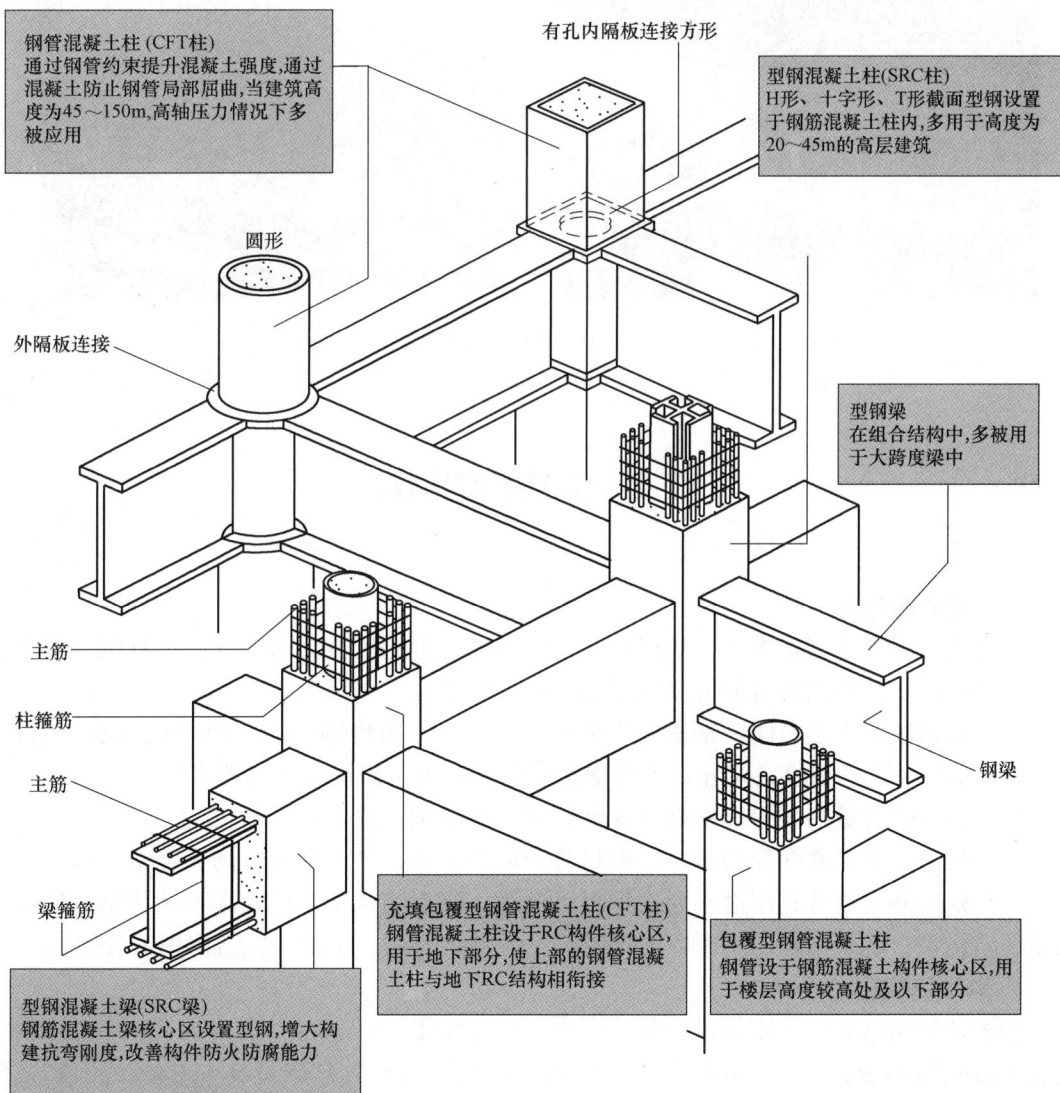

钢管混凝土柱 (CFT柱)
通过钢管约束提升混凝土强度,通过混凝土防止钢管局部屈曲,当建筑高度为45～150m,高轴压力情况下多被应用

有孔内隔板连接方形

型钢混凝土柱(SRC柱)
H形、十字形、T形截面型钢设置于钢筋混凝土柱内,多用于高度为20～45m的高层建筑

圆形

外隔板连接

型钢梁
在组合结构中,多被用于大跨度梁中

主筋

柱箍筋

主筋

钢梁

梁箍筋

充填包覆型钢管混凝土柱(CFT柱)
钢管混凝土柱设于RC构件核心区,用于地下部分,使上部的钢管混凝土柱与地下RC结构相衔接

包覆型钢管混凝土柱
钢管设于钢筋混凝土构件核心区,用于楼层高度较高处及以下部分

型钢混凝土梁(SRC梁)
钢筋混凝土梁核心区设置型钢,增大构建抗弯刚度,改善构件防火防腐能力

图 11.5　钢与混凝土组合结构示意图

5. 钢结构住宅

钢结构住宅是指以钢材作为承重骨架的住宅，具有重量轻、强度高、抗震性能好、空间利用率高、现场作业量少、工期短的优点。钢结构住宅能实现部品件的组装和集成，符合建筑产业化的发展趋势。多层轻钢结构住宅，通常采用冷弯薄壁型钢密肋体系、轻钢框架体系。多层普钢结构住宅，通常采用钢框架-支撑结构体系、钢框架-开缝钢板剪力墙结构体系；中高层、高层钢结构住宅可采用型钢混凝土柱框架结构、钢框架-支撑结构、钢框架-核心筒结构、钢框架-钢板剪力墙结构等结构体系。如图11.6所示。

6. 高耸钢结构

采用钢材为主要承重材料建造的高耸结构为高耸钢结构，包括塔架和桅杆结构，如高压输电线路的塔架、采油钻井塔、环境监测塔、火箭发射塔，广播、通信和电视发射用的塔架和桅杆等。

图11.6 轻钢结构住宅

11.2 钢结构的材料

11.2.1 钢材的分类

钢材的分类方法有很多种，如根据用途的不同，钢材可分为结构钢、工具钢、特殊钢（如不锈钢等），结构钢又可分为建筑用钢和机械用钢。

（1）根据脱氧方法不同，钢材分为沸腾钢（F）、半镇静钢（b）、镇静钢（Z）和特殊镇静钢（TZ）。镇静钢脱氧充分，沸腾钢脱氧较差，半镇静钢介于二者之间。

（2）根据碳含量的多少，钢材分为低碳钢、中碳钢、高碳钢。

（3）根据合金元素含量的多少，钢材分为低合金钢、中合金钢、高合金钢。

（4）根据化学成分和用途不同，钢材可分为：碳素结构钢、优质碳素结构钢、低合金高强度结构钢、建筑结构用钢板、Z向钢板、耐候结构钢、铸钢件、结构用钢管等。

1. 碳素结构钢

碳素结构钢（相应国家标准《碳素结构钢》GB/T 700—2006），是常用的工程用钢，按其含碳量的多少，可分为低碳钢、中碳钢、高碳钢三种，含碳量在0.03%～0.25%范围之内的钢材称为低碳钢，含碳量在0.26%～0.60%范围内的称为中碳钢，含碳量在

$0.60\%\sim2.0\%$ 的钢材称为高碳钢,建筑钢结构主要使用低碳结构钢。

碳素结构钢的强度等级按屈服点数值的不同,划分为四种,即 Q195、Q215、Q235、Q275,"Q"表示钢材的屈服点"屈"的汉语拼音首字母。《钢结构设计标准》GB 50017—2017 推荐使用碳素钢中的 Q235 碳素结构钢。

碳素结构钢的牌号由代表屈服点的字母、屈服点数值、质量等级、脱氧方法,四个部分按顺序组成,有 A、B、C、D 四个质量等级。

质量等级为 A 级的钢材,只确保抗拉强度、屈服点与伸长率,必要时可附加冷弯试验的要求,化学成分对碳、锰的含量,不作为交货条件。B、C、D 级钢,均保证抗拉强度、屈服点、伸长率、冷弯以及冲击韧性的力学性能,冲击韧性试验的温度分别为 $+20℃$、$0℃$、$-20℃$。另外,化学成分对碳、硫、磷的极限含量均有严格要求。在牌号组成的表示方法中,"Z"和"TZ"符号予以省略,例如:Q235-AF 表示屈服强度为 235N/mm^2 的 A 级沸腾钢,Q234-B 表示屈服强度为 235N/mm^2 的 B 级镇静钢。

2. 优质碳素结构钢

优质碳素结构钢(相应国家标准《优质碳素结构钢》GB/T 699—2015)与碳素结构钢的主要区别在于,钢中含杂质元素较少,磷、硫等有害元素的含量均不大于 0.035%。根据锰含量的不同可分为:普通锰含量(锰含量<0.8%)和较高锰含量(锰含量0.7%~1.2%)两组。优质碳素结构钢的缺陷控制较严格,具有较好的综合性能,但由于优质碳素结构钢的价格较高,在钢结构中使用较少,仅用经热处理的优质碳素结构钢做冷拔高强钢丝和制作高强度螺栓、自攻螺丝等。

3. 低合金高强度结构钢

低合金高强度结构钢(相应国家标准《低合金高强度结构钢》GB/T 1591—2018),是指在炼钢过程中添加的合金元素总量不超过 5% 的钢材。合金元素在 5%~10% 之间的是中合金钢,高于 10% 的是高合金钢。加入合金元素后,钢材的强度等力学性能可明显改善,从而提高所制成钢件的承载力。建筑工程中,低合金高强度结构钢被广泛地应用于大跨度、高层、超高层钢结构,比碳素结构钢节省钢材 20%~30%。

按屈服点数值的不同,低合金高强度结构钢分为 Q345、Q390、Q420、Q460、Q500、Q550、Q620、Q690 八种,其质量等级有 A、B、C、D、E 五个等级。前四个质量等级的要求与碳素结构钢基本相似,E 级则要求满足 $-40℃$ 时的冲击韧性试验要求。低合金高强度结构钢牌号的表示方法与碳素结构钢类似,例如 Q345-B、Q390-C,加入合金元素进行冶炼,脱氧充分,形成镇静钢或特殊镇静钢,因此,牌号中的脱氧方法可予以省略。根据《钢结构设计标准》GB 50017—2017,推荐使用 Q345、Q390、Q420、Q460 的低合金高强度结构用钢。对于厚度方向有要求的钢板,在质量等级后加上厚度方向性能级别(Z15、Z25、Z35),例如 Q345C-Z25。

4. 建筑钢结构用钢板

根据《建筑结构用钢板》GB/T 19879—2015 的规定,钢板牌号有代表屈服点的 Q 字母、屈服点数值、代表高性能建筑结构用板的汉语拼音字母(GJ),代表质量等级的符号(B、C、D、E)组成,如 Q345GJC。对于厚度方向性能有要求的钢板,在质量等级后面加厚度方向性能级别,如 Q345GJC-Z15。

5. Z 向钢板

钢板沿三个方向机械性能有差别，沿轧制方向性能最好，垂直于轧制方向性能稍差，厚度方向性能更次之。层数较高和跨度较大的建筑结构，常会出现沿钢板厚度方向受拉的情况，例如梁与柱连接处，为保证结构安全，要求采用抗层状撕裂的厚度方向性能钢板，即 Z 向钢板，又称为"抗层状撕裂钢板"。根据《厚度方向性能钢板》GB/T 5313—2010 的规定，Z 向钢板牌号是在母级钢牌号后面加上 Z 向钢板等级标记，如 Z15、Z25、Z35，Z 字后面的数字为截面收缩率的指标（%）。

6. 耐候结构钢

钢材冶炼过程中加入少量特定合金元素，使金属表面生成致密防腐薄膜，耐大气腐蚀能力约为碳素钢的 4 倍。我国的耐候钢分为焊接耐候钢和高耐候钢两类，统称耐候结构钢。根据《耐候结构钢》GB/T 4171—2008 规定，焊接耐候钢牌号由 Q、屈服点数值、耐候字母 NH、质量等级（A、B、C、D、E）组成，如 Q355NHC。焊接耐候钢分 Q235NH、Q295NH、Q355NH、Q415NH、Q460NH、Q500NH、Q550NH 七种。高耐候钢的耐候性能比焊接耐候钢更好，牌号由 Q、屈服点数值、字母 GNH 组成。《钢结构设计标准》GB 50017—2017 中指出，处于外露环境且对耐腐蚀有特殊要求或处于侵蚀性介质环境中的承重结构，可采用 Q235NH、Q355NH 和 Q415NH 牌号的耐候结构钢。

7. 铸钢件

建筑钢结构，尤其在大跨度结构中，常需要用到铸钢件节点。非焊接结构用铸钢件的质量应符合《一般工程用铸造碳钢件》GB/T 11352—2009 的规定，铸钢件示例：ZG200-400 表示铸钢的屈服点为 200MPa，抗拉强度为 400MPa。焊接结构用铸钢件质量应符合《焊接结构用铸钢件》GB/T 7659—2010 的规定。如图 11.7 所示为铸钢件节点示意图。

图 11.7　铸钢件节点

8. 结构用钢管

结构用钢管有无缝钢管和焊接钢管两大类。结构用无缝钢管分热轧和冷拔两种。结构用无缝钢管按《结构用无缝钢管》GB/T 8162—2018。焊接钢管由钢带卷焊而成，依据焊缝的设置分为直缝焊和螺旋焊两种。冷拔管只限于小管径，热轧无缝钢管所用钢主要为优质碳素结构钢和低合金高强度结构钢。如图 11.8 所示为结构用钢管。

图 11.8　结构用钢管
(a) 无缝钢管；(b) 螺旋焊接钢管

11.2.2 钢材的规格

钢结构采用的型材包括热轧成型的钢板、型钢，以及冷弯（或冷压）成型的型钢。

1. 钢板、钢带

钢结构使用的钢板、钢带，是节点板、加劲肋、支座底板、柱头顶板，以及各种组合截面钢构件加工的原材料，钢板按轧制方法分为热轧板和冷轧板。钢板和钢带的区别在于成品的形状，钢板是矩形平板状板材，可以直接轧制或由钢带剪切而成。钢带是成卷供货，宽度一般≥600mm（宽度＜600mm 的称为窄钢带，可直接轧制，或由宽钢带纵向剪切而成）。

热轧钢板和钢带是建筑钢结构应用最多的原材料，国家标准详见《碳素结构钢和低合金结构钢热轧厚钢板和钢带》GB/T 3274—2017。

钢板按厚度不同分为薄板、中板、厚板、特厚板和超厚板，厚度一般在 4mm 以下为薄板，4～30mm 为中板，30～80mm 为厚板，80～120 为特厚板，120mm 以上为超厚板。薄钢板是冷弯薄壁型钢的原材料。钢板的标注为"—厚度×宽度×长度"，例如"—6×300×1000"，单位 mm，图纸上标注为 $\frac{-6\times300}{1000}$。

2. 热轧型钢

热轧型钢的截面形式，包括等边角钢、不等边角钢、钢管、槽钢、工字钢、热轧 H型钢以及剖分 T 型钢。如图 11.9 所示。

| 等边角钢 | 不等边角钢 | 钢管 | 槽钢 | 工字钢 | H型钢 | 部分T型钢 |

图 11.9　热轧型钢截面

（1）等边角钢的表示方法：∟边长×厚度，例如∟100×8，单位 mm。

（2）不等边角钢的表示方法：∟长边×短边×厚度，例如∟100×80×8，单位 mm。

（3）钢管的表示方法：φ外径×厚度，如 φ40×5，表示钢管外径为 40mm，壁厚为 5mm。

（4）槽钢的表示方法：符号"["后面跟着截面高度及 a、b、c 符号，截面高度单位 cm，a、b、c 用来区别腹板厚度和翼缘宽度。截面高度为 14～22cm 时，槽钢有 a、b 两种规格，截面高度为 24～40cm 时，槽钢有 a、b、c 三种规格。a 是腹板最薄，翼缘最窄的品种，b 居中，c 是腹板最厚，翼缘最宽的品种。例如 [28a、[28b、[28c，这三种规格的槽钢，截面高度都是 28cm，腹板厚度分别是 7.5 mm、9.5mm 和 11.5mm。槽钢的长度通常为 5～19m。

（5）工字钢的表示方法：符号"I"后面跟着截面高度及 a、b、c，截面高度单位 cm，截面高度 20～28cm 时有 a、b 两种规格，截面高度为 30～63cm 时有 a、b、c 三种规格。例如 I32a 表示工字钢截面高度为 32cm，a 是最薄最窄的品种；I40b 表示工字钢截面高度为 40cm，腹板厚度和翼缘宽度居中的品种；I45c，则表示工字钢截面高度为 45cm，最厚最宽品种。工字钢长度通常为 5～19m。

（6）H 型钢的表示方法：H 截面高度×截面宽度×腹板厚度×翼缘厚度，单位为mm。根据《热轧 H 型钢和剖分 T 型钢》GB/T 11263—2017 规定，热轧 H 型钢分为四类，其代号分别为：

宽翼缘 H 型钢，HW（W 为 Wide 英文字头），这一系列常用作柱及支撑，截面高宽比 1∶1，弱轴的回转半径相对较大，具有良好的受压性能，截面规格 100mm×100mm～500mm×500mm，如 HW400×400×11×18。

中翼缘 H 型钢，HM（M 为 Middle 英文字头），这一系列常用作柱及梁，截面高宽比 2∶1～1.3∶1，截面规格 150mm×100mm～600mm×300mm，如 HM200×150×6×9。

窄翼缘 H 型钢，HN（N 为 Narrow 英文字头），这一系列常用作梁，有良好的受弯性能，截面高宽比为 3.3∶1～2∶1，截面高度为 100～1000mm，如 HN150×75×5×7。

薄壁 H 型钢，HT（T 为 Thin 英文字头），翼缘和腹板厚度均较薄，高宽比为 2∶1～1∶1，截面规格为 100mm×50mm～400mm×200mm。

（7）剖分 T 型钢的表示方法：T 截面高度×截面宽度×腹板厚度×翼缘厚度，单位 mm。

根据《热轧 H 型钢和剖分 T 型钢》GB/T 11263—2017 的规定，剖分 T 型钢是热轧 H 型钢在腹板中部一剖为二形成的。剖分 T 型钢分为 3 类，其代号分别为：

宽翼缘剖分 T 型钢，TW，如 TW150×300×10×15；

中翼缘剖分 T 型钢，TM，如 TM170×250×9×14；

窄翼缘剖分 T 型钢，TN，如 TN125×125×6×9。

3. 冷弯型钢和压型钢板

冷弯型钢在钢结构建筑中，主要用于建筑承重骨架、单体构件、围护板件，可制作成桁架、钢架、墙架、檩条、支撑平台、楼梯、龙骨、门窗等。《冷弯型钢通用技术要求》GB/T 6725—2017 规定，冷弯型钢按产品截面形状分为冷弯闭口型钢和冷弯开口型钢。

冷弯闭口型钢主要有：圆形空心型钢（即圆管），方形空心型钢（即方管），矩形空心型钢（即矩形管）、异形空心型钢（即异形管）。闭口型钢冷弯后，一般采用高频焊接封闭成型。

冷弯开口型钢主要有：等边角钢、卷边等边角钢、不等边角钢、卷边不等边角钢、等边槽钢、不等边槽钢、内卷边槽钢、外卷边槽钢、Z 形钢、卷边 Z 形钢。冷弯型钢的屈服强度等级有 235、345、390 三种。冷弯型钢壁厚一般为 1.2～1.6mm，长度通常为 4～16m。如图 11.10 所示为部分冷弯型钢的截面示意图。

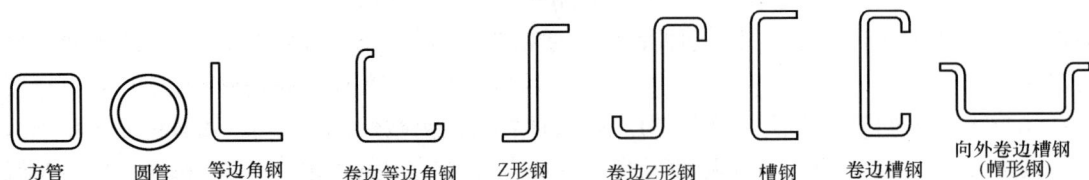

方管　圆管　等边角钢　卷边等边角钢　Z形钢　卷边Z形钢　槽钢　卷边槽钢　向外卷边槽钢（帽形钢）

图 11.10　部分冷弯型钢的截面示意图

薄钢板经冷压或冷轧成型的钢材称为压型钢板。是有机涂层彩色压型钢板、镀锌薄钢板、防腐薄钢板或其他压型薄钢板的统称。压型钢板具有单位重量轻、强度高、抗震性能好、施工快速、外形美观等优点，是钢结构建筑的重要配套产品，主要用于围护结构和楼承板，也可用于其他构筑物的建造，在轻型钢结构，多、高层钢结构，组合结构建筑中得到普遍应用，如图 11.11 所示。压型钢板根据使用功能的不同，可压制形成单波形、双曲波形、肋形、V 形、加劲型等。压型钢板型号表示为：YX 波高-波距-有效覆盖宽度。相关国家标准主要有《建筑用压型钢板》GB/T 12755—2008、《彩色涂层钢板及钢带》GB/T 12754—2019。

图 11.11　压型钢板安装示意图
(a) 压型钢板楼面上绑扎钢筋；(b) 采用压型钢板铺设的楼盖

钢筋桁架楼承板属于无支撑压型组合楼承板的一种，将上下层纵向钢筋与弯折成型的钢筋焊接形成能承受荷载的小桁架，组成一个施工阶段无需模板，能够承受湿混凝土和施工荷载的组合楼板结构，图 11.12 所示为钢筋桁架楼承板示意图。现场施工时将钢筋桁架楼承板的端部用栓钉焊接在钢梁上，再将铺设好的钢筋桁架楼承板进行固定，验收完成后浇筑混凝土。钢筋桁架楼承板可显著减少现场钢筋绑扎工程量，加快施工进度，安全可靠。

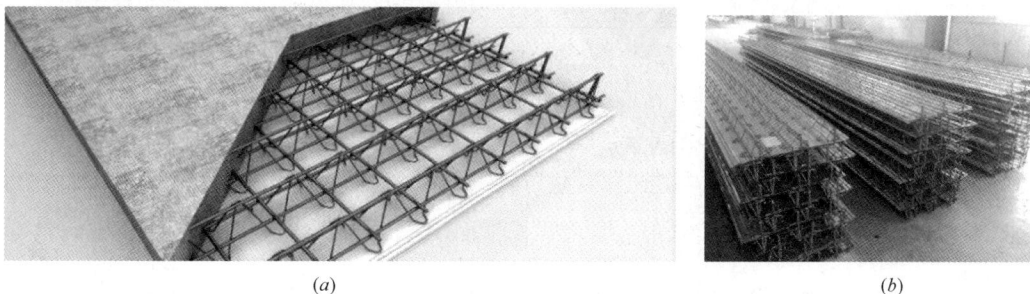

图 11.12　钢筋桁架楼承板示意图
(a) 应用钢筋桁架楼承板的混凝土楼板三维效果；(b) 工厂加工钢筋桁架楼承板

11.2.3　钢材的力学指标

1. 主要力学指标

钢材的力学性能指标主要有屈服强度（屈服点）f_y 和抗拉强度 f_u、伸长率、冷弯性能、冲击韧性。

（1）屈服强度 f_y，是钢材强度设计指标，强度设计值是屈服强度标准值除以材料分项系数 γ_f。

（2）抗拉强度 f_u，是钢材破坏前能承受的最大应力。屈强比用于衡量钢材的强度储备。

（3）伸长率，是衡量钢材塑性性能的指标。

（4）冷弯性能，通过冷弯试验不仅能直接检验钢材的弯曲变形能力或塑性变形能力，还能暴露出钢材的内部缺陷，冷弯性能是衡量钢材力学性能的综合指标。

（5）冲击韧性，是指钢材塑性变形和断裂过程中吸收能量的能力，是钢材抵抗动力荷载能力的指标，是强度和塑性的综合表现，是判断动力荷载作用下是否发生脆性破坏的指标。

2. 设计用强度指标

由于厚度大的钢材在轧制过程中的压延次数比薄钢材少，其晶粒不如薄钢材细密，力学性能与薄钢材相比有差别，钢材设计用强度指标应根据钢材厚度或直径进行分类，见表 11.1（摘自《钢结构设计标准》GB 50017—2017）。

钢材的设计用强度指标（N/mm²）　　　　　　　　　表 11.1

钢材牌号		钢材厚度或直径(mm)	强度设计值			钢材强度	
			抗拉、抗压和抗弯 f	抗剪 f_v	端面承压（刨平顶紧）f_{ce}	屈服强度 f_y	抗拉强度最小值 f_u
碳素结构钢	Q235	≤16	215	125		235	
		>16,≤40	205	120	320	225	370
		>40,≤100	200	115		215	
低合金高强度结构钢	Q345	≤16	300	175		345	
		>16,≤40	295	170		335	
		>40,≤63	290	165	400	325	470
		>63,≤80	280	160		315	
		>80,≤100	270	155		305	
	Q390	≤16	345	200		390	
		>16,≤40	330	190	415	370	490
		>40,≤63	310	180		350	
		>63,≤100	295	170		330	
	Q420	≤16	375	215		420	
		>16,≤40	355	205	440	400	520
		>40,≤63	320	185		380	
		>63,≤100	305	175		360	
	Q460	≤16	410	235		460	
		>16,≤40	390	225	470	440	550
		>40,≤63	355	205		420	
		>63,≤100	340	195		400	

注：1. 表中直径指实芯棒材直径，厚度系指计算点的钢材或钢管壁厚度，对轴心受拉和轴心受压构件系指截面中较厚板件的厚度。

　　2. 冷弯型材和冷弯钢管，其强度设计值应按现行有关国家标准的规定采用。

11.2.4 钢结构的选材

结构钢材的选用，应遵循技术可靠、经济合理的原则，综合考虑结构重要性、荷载特征、连接方法、工作环境、钢材厚度等。

1. 选材考虑的因素

（1）结构重要性。结构和构件按其用途、部位、破坏后果的严重性，可以分为重要、一般和次要三类。对于重要结构，如重型工业建筑结构，大跨度钢结构，高层、超高层钢结构建筑，重级工作制吊车梁等，应考虑选用质量等级高的钢材。对于一般的工业与民用建筑中构件，如屋架、梁、柱、楼梯、栏杆、平台等，可选用质量等级较低的钢材。

（2）荷载特征。对于承受静力荷载的结构，可选用价格较低的 Q235 低碳结构钢，对于承受动力荷载的结构，以及强地震区的结构，应选用综合性能更好，质量等级高的钢材。例如：Q345、Q390、Q420、Q460 等。

（3）连接方法。钢结构的连接方法有焊接与非焊接之分，焊接结构由于在焊接过程中不可避免地会产生焊接变形、焊接应力和焊接缺陷，如咬肉、气孔、裂纹、夹渣等，有导致结构产生裂缝或脆性断裂的危险，因此，焊接结构对材质的要求更为严格，焊接结构用钢必须严格控制碳、硫、磷的极限含量。非焊接结构，如采用高强度螺栓连接的结构，这些要求可以适当放宽。

（4）工作环境。钢材处于低温环境时容易出现冷脆现象，低温环境下工作的结构，特别是焊接结构，应选用具有良好抗低温脆断性能的镇静钢或特殊镇静钢。此外，露天结构的钢材极易产生时效，在有害介质作用下，钢材易腐蚀，易产生疲劳和断裂，使用时应加以区别选用不同材质。

（5）钢材厚度。薄钢板的辊轧次数多，轧制压缩比大。厚度大的钢材不但强度较低，而且塑性、冲击韧性和焊接性能也较差，因此，厚度大的焊接结构应采用材质较好的钢材。

2. 钢材选用的原则

承重结构所用的钢材应具有屈服强度、抗拉强度、断后伸长率和硫、磷含量的合格保证，对焊接结构的钢材尚应具备碳当量的合格保证。

焊接承重结构以及重要的非焊接承重结构采用的钢材应具有冷弯试验的合格保证；对直接承受动力荷载或需验算疲劳的构件，所用钢材尚应具有冲击韧性的合格保证。

3. 钢材质量等级的选用

（1）A 级钢仅可用于结构工作温度高于 0℃不需验算疲劳的结构，Q235A 钢不宜用于焊接结构。

（2）需验算疲劳的焊接结构应符合下列要求：当工作环境温度高于 0℃时，其质量等级不应低于 B 级；当工作环境温度不高于 0℃但高于−20℃时，Q235、Q345 钢不应低于 C 级，Q390、Q420、Q460 钢不应低于 D 级；当工作环境温度不高于−20℃时，Q235 和 Q345 钢不应低于 D 级，Q390、Q420、Q460 钢应选用 E 级。

（3）需验算疲劳的非焊接结构，其钢材质量等级要求可较上述焊接结构降低一级，但不应低于 B 级。吊车起重量不小于 50t 中级工作制吊车梁，其所用钢材质量等级应与需验算疲劳构件相同。

（4）连接材料的选用。焊条或焊丝型号和性能应与相应母材性能相适应，其熔敷金属的力学性能应符合设计规定，且不应低于相应母材标准的下限值；对直接承受动力荷载或需要验算疲劳的结构，以及低温环境下工作的厚板结构，宜采用低氢型焊条；连接薄钢板采用的自攻螺钉、钢拉铆钉（环槽铆钉）、射钉等，应符合有关标准的规定。

（5）锚栓可选用 Q235、Q345、Q390 或强度更高的钢材，其质量等级不宜低于 B 级。

11.3 钢结构的连接

11.3.1 连接方法

钢结构是将钢板或型钢连接成梁、柱、斜撑等钢构件，整个钢结构建筑物（构筑物）需在节点处通过连接方法，将构（部件）拼装连接形成整体。因此，钢结构连接接头的质量好坏，直接影响到钢结构建筑的整体质量。

钢结构的连接方法，历史上曾运用过销钉、铆钉、焊缝、螺栓连接等方式，其中销钉和铆钉连接，由于废工废料，已极少运用于新建的钢结构建筑，因此，以下内容中主要涉及的连接方法为焊接和螺栓连接两种方法。设计时，应根据施工环境条件和作用力的性质选择连接方法。同一连接部位中不得采用普通螺栓或承压型高强度螺栓与焊剂共用的连接。

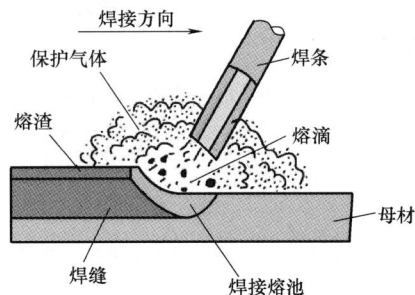

图 11.13 电弧焊示意图

1. 焊接连接

焊接连接是建筑钢结构普遍采用的一种连接方法。

金属的焊接方法多种多样，考虑到成本及应用条件等因素，在建筑钢结构制造与安装领域，广泛使用的是电弧焊。电弧焊是利用电弧放电（俗称电弧燃烧）所产生的热量，使焊条与待连接金属局部熔化，并在冷凝后形成焊缝，从而获得牢固接头的焊接方法，电弧焊包括手工电弧焊、埋弧焊、气体保护焊，如图 11.13 所示为电弧焊示意图。钢结构连接中还会用到电渣焊、栓钉焊等焊接方法。

焊接连接的优点是：不会削弱被连接构件的截面，附加钢板等连接件较少，节省钢材；密闭性能好，构造简单，适用的连接形式广泛；加工制造方便，生产效率高。缺点是：焊缝附近的钢材因高温作用而形成热影响区，使部分材质变脆；焊接过程中钢材受到不均匀高温后冷却，使焊件产生焊接残余应力和残余变形，会影响结构的工作性能；焊接构件容易产生裂纹，对动力荷载非常敏感，疲劳强度较低，容易发生脆性断裂；焊接连接的塑性、韧性较差。

钢结构焊接连接构造设计应符合：①尽量减少焊缝的数量和尺寸；②焊缝的布置宜对称于构件截面的型心轴；③节点区留有足够空间，便于焊接操作和焊后检测；④应避免焊缝密集和双向、三向相交；⑤焊缝位置宜避开最大应力区；⑥焊缝连接宜选择等强配比，当不同强度的钢材连接时，可采用与低强度钢材相匹配的焊接材料。

2. 螺栓连接

螺栓连接按螺栓的材质不同分为普通螺栓和高强螺栓连接两种。普通螺栓连接使用较早，高强度螺栓连接则是 20 世纪中叶发展起来，现已被广泛运用于承受动力荷载的钢结构。

螺栓连接的优点是：施工工艺简单，安装方便，适用于工地安装连接，工程进度、质量易得到保证。缺点：因开孔对构件截面有一定的削弱，且被连接的板件需要相互搭接，或另加拼接板等连接件，因此，比焊接连接的用材更多，构造较繁琐。

普通螺栓通常采用 Q235 的热轧圆钢制成，用普通扳手拧紧即可。建筑结构中使用的普通螺栓，一般为六角头螺栓，标记为 $Md \times z$，d 为螺栓规格即直径，z 为螺栓的公称长度。性能等级为 8.8 级及以下。按制作精度分为 A、B 级精致螺栓和 C 级粗制螺栓，钢结构建筑用的普通连接螺栓，除特殊注明外，一般为 C 级粗制螺栓，如图 11.14 所示。常用 4.6 级与 4.8 级普通螺栓（C级），以及 5.6 级与 8.8 级普通螺栓（A 或 B 级），质量应符合《紧固件机械性能　螺栓、螺钉和螺柱》GB/T 3098.1—2010 规定。

图 11.14　普通螺栓

高强度螺栓的材质为低碳合金钢或中碳钢，经热处理（淬火、回火）后的高强度钢材制成，用特制电动扳手拧紧。高强度螺栓从外形上看，分为大六角头和扭剪型两种。大六角头高强度螺栓的质量应符合《钢结构用高强度大六角头螺栓》GB/T 1228、《钢结构用高强度大六角螺母》GB/T 1229、《钢结构用高强度垫圈》GB/T 1230、《钢结构用高强度螺栓、大六角螺母、垫圈技术条件》GB/T 1231 的规定。扭剪型高强度螺栓的质量应符合《钢结构用扭剪型高强度螺栓连接副》GB/T 3632 的要求。高强度螺栓按性能等级可分为 8.8 级、10.9 级、12.9 级，如图 11.15 所示。

(a)　　　　　　　　(b)

图 11.15　高强度螺栓

11.3.2　焊接连接

1. 焊接材料

1）焊条。焊条由焊芯和药皮两部分组成，焊条的两端分别称为引弧端和夹持端。

（1）焊芯与药皮。焊芯是指焊条中被药皮包裹的金属芯，焊芯的作用是传导电流、引燃电弧、过渡合金元素。通常所说的焊条直径是指焊芯直径，结构钢焊条直径从 1.6～

6.0mm，7 种规格，应用最多是直径 3.2mm、4.0mm、5.0mm 三种焊条。焊条长度是指焊芯长度，一般为 200～550mm。药皮是指焊条上压涂在焊芯表面上涂料层，作用是起到机械保护、冶金处理、改善焊接工艺性能的作用。

（2）焊条的分类。焊条分类方法很多，一般可根据用途、熔渣的酸碱度、性能特征或药皮类型等进行分类。钢结构制造与建造过程中，应用比较多的是按焊条熔渣碱度分类，将焊条分为酸性和碱性焊条（又称为低氢型焊条）两类，酸性焊条熔渣以酸性氧化物为主，碱性焊条熔渣以碱性氧化物为主。

（3）焊条的型号与特性。碳钢焊条：按《非合金钢及细晶粒钢焊条》GB/T 5117—2012 规定，碳钢焊条型号根据熔敷金属力学性能、药皮类型、焊接位置、焊接电流种类划分。碳钢焊条型号含义："E"表示焊条，前两位数字表示熔敷金属抗拉强度最小值；第三位表示焊接位置，"0"或"1"表示适合全位置焊条（平、立、横、仰），"2"表示适用于平焊及平角焊；"4"表示适用于向下立焊，第三、四位数字的组合表示焊接电流种类及药皮类型。低合金钢焊条：按国家标准《热强钢焊条》GB/T 5118—2012 规定，热强钢焊条型号按熔敷金属力学性能、化学成分、药皮类型、焊接位置、电流种类划分。

图 11.16 实心焊丝

2）焊丝。作为填充金属或同时用来导电的金属丝为焊丝，分为埋弧焊焊丝、CO_2 气体保护焊用焊丝、电渣焊焊丝、自保护焊焊丝和气焊焊丝等。钢构焊接常用埋弧焊焊丝、CO_2 气体保护焊用焊丝、电渣焊焊丝三种。按截面形状分为实芯焊丝和药芯焊丝，如图 11.16 所示为实芯焊丝。气保焊焊丝符合《气体保护电弧焊用碳钢、低合金钢焊丝》GB/T 8110—2008，埋弧焊焊丝和焊剂组合应符合《埋弧焊用非合金钢及细晶粒钢实心焊丝、药芯焊丝和焊丝-焊剂组合分类要求》GB/T 5293—2018。

3）焊剂。焊剂是埋弧焊和电渣焊时能够形成熔渣和气体，对熔化金属起保护和复杂冶金反应作用的一种颗粒状物质，焊剂是不可缺少的焊接材料。焊剂分为熔炼焊剂和非熔炼焊剂。我国目前生产的焊剂大部分是熔炼焊剂，有 30 余个品种，其中 HJ431 用量占熔炼焊剂总用量的 80% 左右。碳钢焊接结构常用 H08A 或 H08MnA 焊丝，一般选用高锰高硅焊剂（如 HJ431）。

2. 焊接方法

钢结构制造与建造过程中，常用的焊接方法有手工电弧弧焊、气体保护焊、埋弧焊、电渣焊、螺柱焊（栓钉焊）等。

（1）手工电弧焊。采用药皮焊条的手工电弧焊，其原理是在涂有药皮的金属电极与焊件间施加电压，由于电极强烈放电导致气体电离，产生焊接电弧，高温下致使焊条和焊件局部熔化，形成气体、熔渣、熔池，气体和熔渣对熔池起保护作用，同时，熔渣与熔池金属产生冶炼反应后凝固成焊渣，冷却凝成焊缝，固态焊渣覆盖于焊缝金属表面后成形。焊条的型号和性能应与母材的性能相适应，其熔敷金属的力学性能应符合设计规定，且不应低于相应母材标准的下限值。

（2）气体保护焊。气体保护焊是利用焊枪中喷出 CO_2 气体或其他惰性气体（如氩气），作为保护介质的一种电弧焊的方法，焊丝可自动送入，CO_2 气体或氩气作为保护气体，使熔化的金属不与空气接触，防止有害气体侵入并保证焊接过程的稳定性，电弧加热集中，熔化深度大，焊接速度快，焊缝强度高，塑性好。气体保护焊常采用高锰、高硅型焊丝，具有较强抗锈蚀能力，焊缝不易产生气孔，适用于低碳钢、低合金钢的焊接。气体保护焊即可用手工操作，也可进行自动焊接。焊缝熔化区没有熔渣，焊工能清楚地看到焊缝的成型过程。

（3）埋弧焊。埋弧焊是一种电弧在可熔化颗粒状焊剂覆盖下燃烧的一种电弧焊方法，与普通手工弧焊相比，具有焊接质量稳定、生产效率高、节省焊材和电能、焊接变形小、无弧光、烟尘少等优点。埋弧焊是焊接 H 形钢、箱型钢梁柱、压力容器、管段制造的主要焊接方法，如图 11.17 所示，埋弧焊按自动化程度的不同分为全自动埋弧焊和半自动埋弧焊。

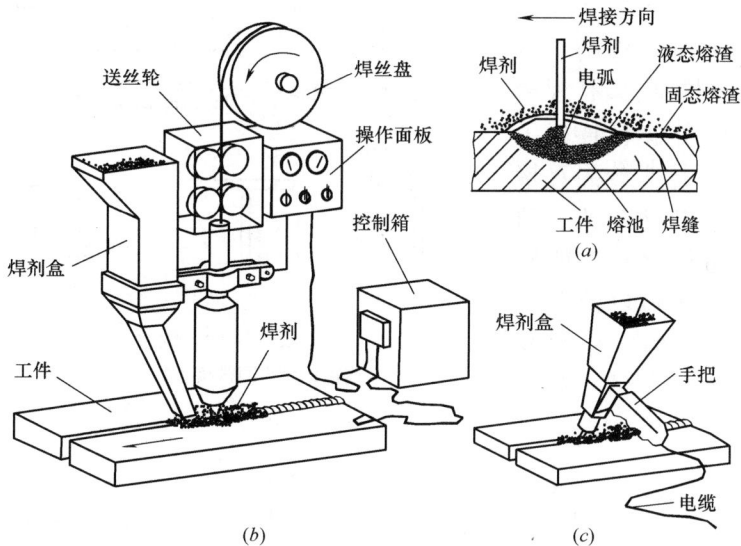

图 11.17　埋弧焊示意图
（a）埋弧焊过程示意图；（b）自动埋弧焊；（c）半自动埋弧焊

全自动埋弧焊是指电弧的移动和焊丝的送进均有专门机构控制完成，焊丝在焊剂层下全自动完成焊接过程的设备，适用于水平位置或与水平位置倾斜度不大于 10° 的各种有、无坡口的对接焊缝、搭接焊缝和角焊缝。半自动埋弧焊的焊丝送进是自动的，但电弧移动依靠手工移动完成，半自动埋弧焊可代替全自动设备焊接弯曲处或较短焊缝。

（4）电渣焊。电渣焊是利用电流通过熔渣所产生的电阻来熔化金属，焊丝作为电极伸入并穿过渣池，使渣池产生电阻热将焊件金属及焊丝熔化，沉积于熔池中，形成焊缝。电渣焊一般在立焊位置进行，目前多用熔嘴电渣焊，以管状焊条作为熔嘴，焊丝从管内递进。熔嘴周围有均匀涂层，厚 1.5～3.0mm，管材用 15 号或 20 号冷拔无缝钢管，填充丝在焊接 Q235 钢材时，用 H08MnA 焊丝；焊接 Q345 钢材时，用 H08MnMoA 焊丝。

（5）电弧螺柱焊（栓钉焊）。螺柱焊是将金属螺柱或其他金属紧固件（栓、钉等）焊接到工件上去的方法，在钢结构工程上被称为圆柱头栓钉焊。栓钉焊枪直接将螺柱（栓钉）瞬间焊接于母材上，就像将栓钉种植在母材上一样，因此，俗称"种焊"或"植焊"，

图 11.18 电弧螺柱焊（栓钉焊）

如图 11.18 所示。栓钉焊质量主要通过打弯试验来检验，即用铁锤敲击栓钉圆柱头部位使其弯曲 30°后，观察其焊后部位有无裂纹；若无裂纹为合格。对接头外形不符合要求的情况可采用手工电弧焊补焊。

3. 焊接接头的形式

采用焊接方法连接的不可拆卸接头，称为焊接接头，它由焊缝、热影响区及邻近母材共同组成。焊接接头主要起到两方面作用，一是连接作用，即把被焊工件连成整体，二是传力作用，即传递被焊工件所承受的荷载。焊接结构还可以根据被连接工件的相对位置、构造特点、施焊位置进行分类。

（1）根据被连接工件的相对位置进行分类。焊接接头有板接头和管接头之分，根据被连接工件的相对位置，板接头分为对接接头、T 形接头、搭接接头、角部接头这四种接头形式，如图 11.19 所示。管接头可以分为 T（X）形、Y 形、K 形、K 形复合、偏离中心连接等形式，如图 11.20 所示。

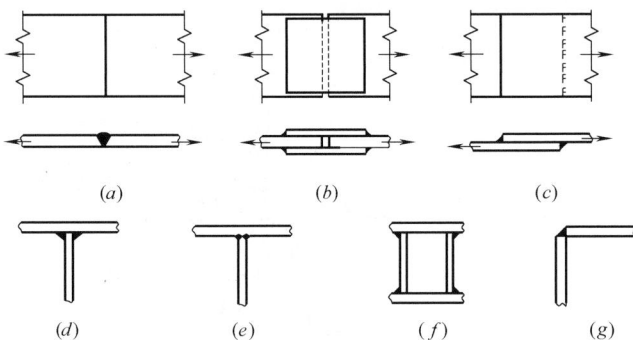

图 11.19 板接头的形式

（a）对接连接；（b）用拼接盖板的对接连接；（c）搭接连接；
（d）（e）T 形连接；（f）（g）角部连接

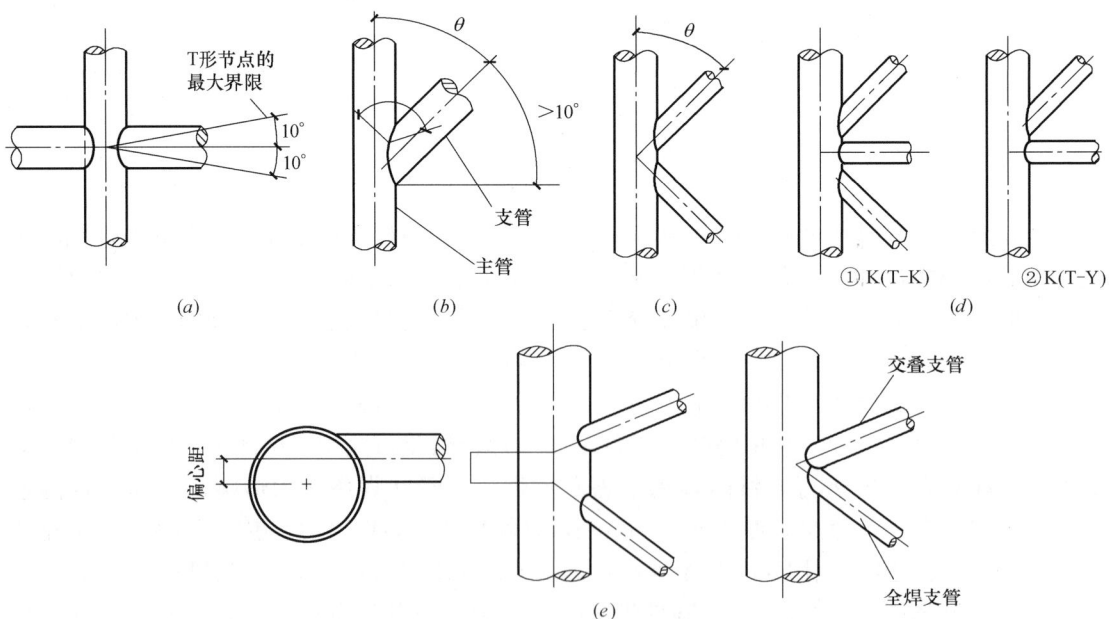

图 11.20 管接头的形式

（a）T（X）形节点；（b）Y 形节点；（c）K 形节点；（d）K 形复合节点；（e）偏离中心的连接

（2）按焊缝本身的构造进行分类，可将焊缝分为对接焊缝和角焊缝两种类型。对接焊缝位于被连接板件或其中一个板件的平面内；角焊缝位于两个被连接板件的边缘位置。对接焊缝又分为完全焊透对接焊缝和局部焊透对接焊缝，完全焊透对接焊缝包括正焊缝和斜焊缝。如图 11.21、图 11.22 所示，根据板件的坡口形式不同，可分为 V 形、K 形、U 形、J 形坡口的对接焊缝。

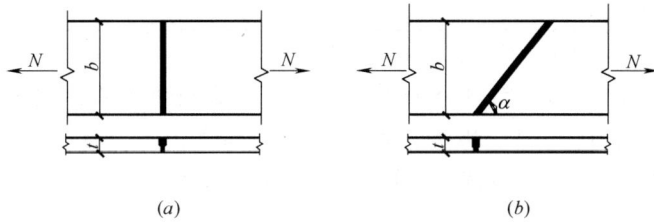

图 11.21　完全焊透对接焊缝示意图

（a）对接正焊缝；（b）对接斜焊缝

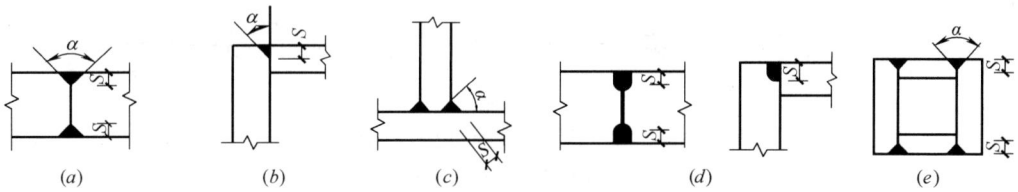

图 11.22　局部焊透对接焊缝示意图

（a）V 形坡口；（b）单边 V 形坡口；（c）K 形坡口；（d）U 形坡口；（e）J 形坡口

表 11.2 为焊接方法及焊透种类代号，表 11.3 为焊接接头形式及焊缝坡口形状的代号。

焊接方法及焊透种类代号　　　　　　　　　　　　　　　表 11.2

焊接方法	焊透种类	代号
手工电弧焊	完全焊透	MC
	部分焊透	MP
气体保护焊	完全焊透	GC
	部分焊透	GP
埋弧焊	完全焊透	SC
	部分焊缝	SP

焊接接头形式及焊缝坡口形状的代号　　　　　　　　　表 11.3

接头形式			坡口形式	
名称		代号	名称	代号
板接头	对接接头	B	I 形坡口	I
	搭接接头	F	单边 V 形坡口	L
	T 形接头	T	双边 V 形坡口	V
	角接接头	C	K 形坡口	K
	十字接头	X	X 形坡口	X

接头形式		坡口形式	
名称	代号	名称	代号
管接头　T 形接头	T	单边 U 形坡口	J
K 形接头	K	双边 U 形坡口	U
Y 形接头	Y	—	—

注：当钢板厚度不小于 50mm 时，可采用 U 形或 J 形坡口。

　　角焊缝按其与作用力的关系可分为正面角焊缝、侧面角焊缝，如图 11.23 所示。焊缝轴线与焊件受力方向垂直的焊缝称为正面角焊缝，与受力方向平行的焊缝称为侧面角焊缝。角焊缝按其截面形式可分为直角角焊缝和斜角角焊缝。

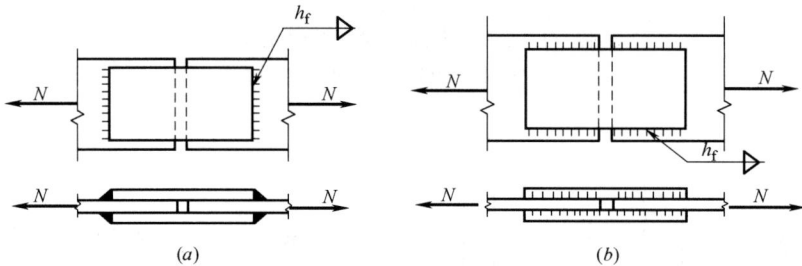

图 11.23　正面和侧面角焊缝示意图
(a) 正面角焊缝；(b) 侧面角焊缝

　　角焊缝按其截面形式可分为直角角焊缝和斜角角焊缝，如图 11.24 所示。

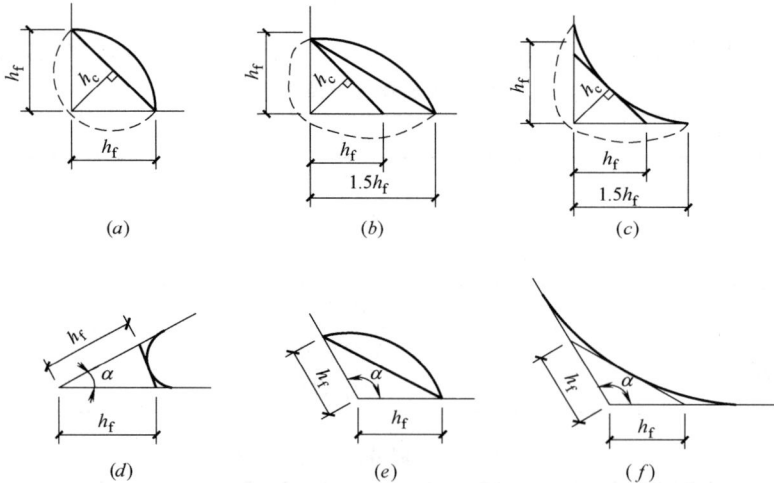

图 11.24　角焊缝的截面形式
(a) 等边直角焊缝截面；(b) 不等边直角焊缝截面；(c) 等边凹形直角焊缝截面；
(d) 凹形锐角焊缝；(e) 钝角焊缝截面；(f) 凹形钝角焊缝截面

　　角焊缝沿长度方向的布置分连续角焊缝和断续角焊缝两种形式，如图 11.25 所示。连续角焊缝受力情况较好；断续角焊缝容易引起应力集中现象，可用于一些次要的构件或次要的焊接连接中，重要结构应避免采用。断续角焊缝焊段长度不得小于 $10h_f$ 或 50mm，且

其间断距离 L 不宜太长，一般在受压构件中不应大于 $15t$，在受拉构件中不应大于 $30t$，t 为较薄焊件的厚度。

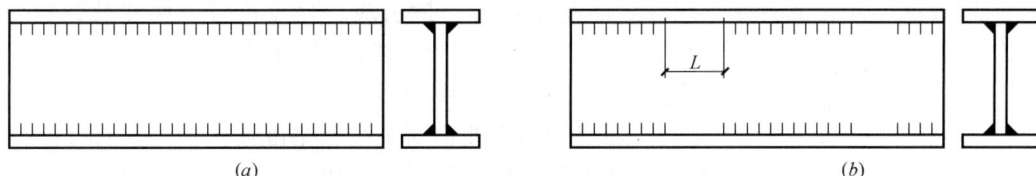

图 11.25　连续角焊缝和断续角焊缝示意图
（a）连续角焊缝；（b）断续角焊缝

（3）按施焊位置进行分类

按施焊时焊缝与焊件之间的相对空间位置，即施焊时的方位不同，分为平焊（即俯焊）、横焊、立焊、仰焊四种主要类型，如图 11.26 所示。

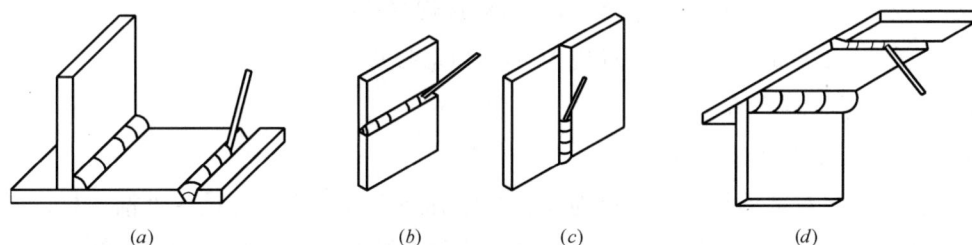

图 11.26　施焊位置示意图
（a）平焊；（b）横焊；（c）立焊；（d）仰焊

平焊时，施焊人俯身朝下面向焊件，手把夹持焊条，由左向右的连续移动进行焊接；横焊时，施焊人站立正面对着焊件，手把夹持焊条，由左向右连续或点式移动焊接；立焊时，施焊人站立对着竖向焊缝，手把夹持焊条，由下至上一点接一点移动焊接；仰焊时，施焊人站或躺，仰视焊件，手把夹持焊条，由左向右一点接一点移动焊接。

平焊的焊接工作最方便，质量也最好，应尽量采用。横焊和立焊的质量及生产效率比平焊差一些。仰焊的操作条件最差，焊缝质量不易保证，应尽量避免采用。

表 11.4 为焊接施焊位置代号，表 11.5 为焊接面及垫板种类的代号。

焊接施焊位置代号　　　　　　　　　　　表 11.4

焊接位置	代号	焊接位置	代号
平焊	F	立焊	V
横焊	H	仰焊	O

焊接面及垫板种类的代号　　　　　　　　　表 11.5

衬垫材料	代号	焊接面	代号
钢衬垫	BS	单面焊接	1
其他材料的衬垫	BF	双面焊接	2

4. 焊缝符号的标注

（1）焊缝符号标注的相关规定

　　钢结构施工图中需要使用焊缝符号来表明焊缝的形式、焊缝的尺寸及其补充说明的要点。根据《建筑结构制图标准》GB/T 50105—2010 和《焊缝符号表示法》GB/T 324—2008 的相关规定，完整的焊缝符号是由基本符号、指引线、补充符号、尺寸及数据等组成，为了简化，标注焊缝时通常只采用基本符号和指引线，其他内容一般在有关文件（如焊接工艺规程等）中明确。

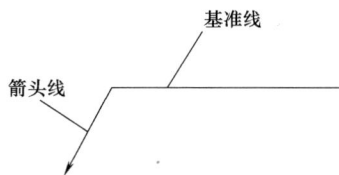

图 11.27　焊缝标注的指引线

　　焊缝的指引线由箭头线和基准线组成，如图 11.27 所示。基准线一般应与图纸底边平行，特殊情况也可与底边相垂直。焊缝基本符号表示焊缝截面形式，用图形表示焊缝的截面形式。

　　用"┤┤"表示对接焊缝中的直边缝；

　　用"⊥"表示带钝边的单边 V 形坡口对接焊缝；

　　用"⊻"表示不带钝边的双边 V 形坡口对接焊缝；

　　用"Y"表示带钝边的双边 V 形坡口对接焊缝；

　　用"✕"表示带钝边的双面双边 V 形坡口对接焊缝；

　　用"◺"表示单面角焊缝；

　　用"◿"表示双面角焊缝。

　　基本符号标注在基准线上，其相对位置规定如下：如果焊接在接头处箭头指向的同一侧，应将基本符号标注在基准线的上方；如果焊接在接头处箭头指向的另一侧，即非箭头侧，则焊缝的基本符号应标注在基准线下方，如图 11.28 和图 11.29 所示。如果为双面对称焊缝，其标注方法，如图 11.30 所示。对于有坡口焊缝，箭头线应指向带有坡口的一侧，当两侧坡口角度不同时，箭头线指向坡口角度大的一侧。

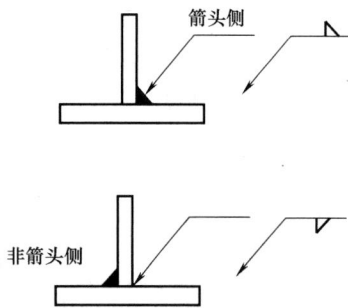

图 11.28　单面角焊缝的标注

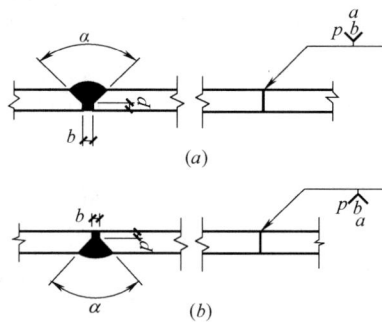

图 11.29　单面对称坡口的对接焊缝标注

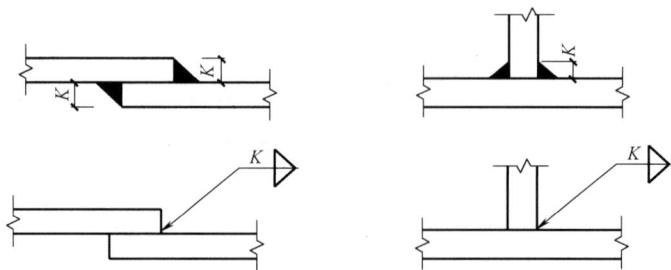

图 11.30　双面角焊缝的标注

焊缝的补充符号是为了补充说明焊缝某些特征而采用的符号，如三面围焊、四周围焊、现场施焊、底部有垫板等情况。有关焊缝横截面尺寸（如角焊缝焊脚尺寸），一律标注在基本符号左边，有关焊缝长度方向尺寸（如断续焊缝的长度），一律标注在基本符号的右边。对接焊缝坡口尺寸，标注在焊缝基本符号上侧或下侧。焊缝分布不规则时，在标注焊缝基本符号的同时，在焊缝位置处加栅线表示。

（2）常见焊接符号的标注

相互焊接的两个焊件，当为单面带双边不对称坡口焊缝时，指引线箭头指向较大坡口的焊件，如图 11.31 所示。环绕工作件周围的围焊缝符号用圆圈表示，画在指引线转折处，并标注其焊角尺寸 K，如图 11.32 所示。

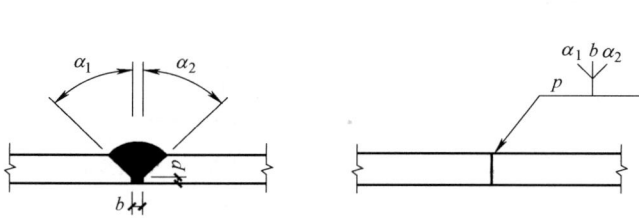

图 11.31　单面不对称坡口焊缝的标注

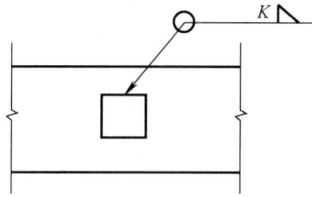

图 11.32　围焊缝的标注

三个及三个以上焊件相互焊接时，其焊缝不能作为双面焊缝标注，焊缝符号和尺寸应分别标注，如图 11.33 所示。在施工现场进行焊接的焊件，需要标注现场施焊符号，符号为涂黑三角旗，绘在指引线转折处，如图 11.34 所示。相互焊接的两个焊件中，当只有一侧焊件带坡口时（如单边 V 形或 K 形对接焊缝），指引线箭头指向带坡口的焊件，如图 11.35 所示。

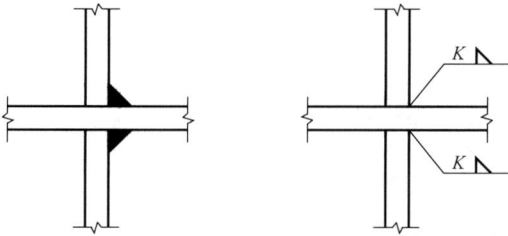

图 11.33　三个及三个以上焊件的焊缝标注

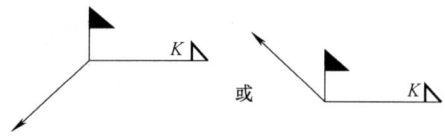

图 11.34　现场焊缝的标注

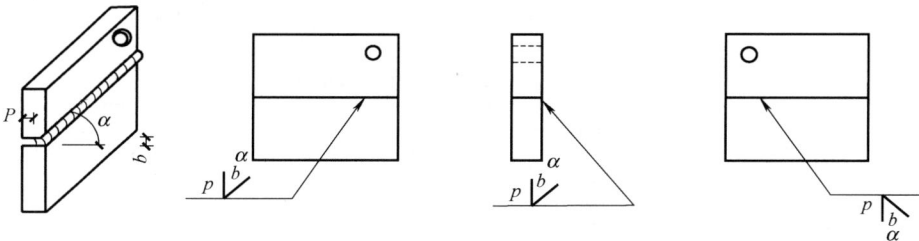

图 11.35　单个焊件带坡口的焊缝标注

当焊缝形式、截面尺寸、辅助要求均相同时，可只选择一处标注焊缝符号，与其相同的焊缝，加注相同焊缝符号，相同焊缝符号为 3/4 圆弧，画在指引线转折处，如图 11.36 (a) 所示。在同一套图纸上，有多种相同焊缝符号时，将焊缝符号分类编号，将编号标注在基准线尾部。分类编号采用 A、B、C…，同一类焊缝中可选择一处标注编号，其余用相同焊缝符号替代，如图 11.36 (b) 所示。如图 11.37 所示，熔透角焊缝符号为涂黑的圆圈，画在指引线转折处。

当焊缝分布不规则时，在标注焊缝符号的同时，在焊缝处加中实线表示可见焊缝或加栅线表示不可见焊缝，如图 11.38 所示。

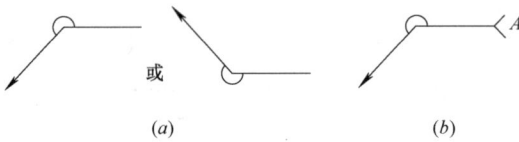

图 11.36　相同焊缝符号

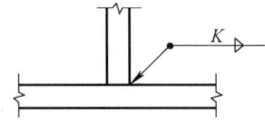

图 11.37　熔透角焊缝的标注

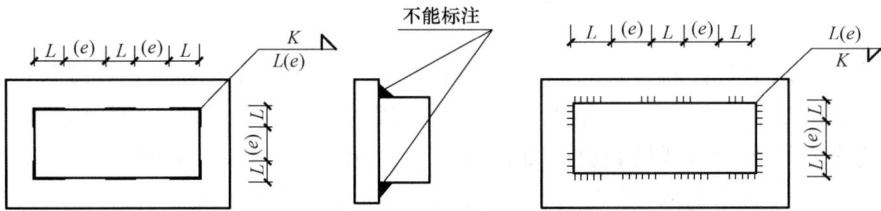

图 11.38　不规则焊缝的标注

5. 焊缝的强度设计值

焊缝的强度设计值见表 11.6。

焊缝的强度设计值表 （N/mm²）　　　　　　　　　　　　　　表 11.6

焊接方法和焊条型号	构件钢材		对接焊接强度设计值				角焊缝强度设计值
	牌号	厚度或直径 (mm)	抗压 f_c^w	焊缝质量为下列等级时，抗拉 f_t^w		抗剪 f_v^w	抗拉、抗压和抗剪 f_f^w
				一、二级	三级		
自动焊、半自动焊和 E43 型焊条手工焊	Q235	≤16	215	215	185	125	160
		>16,≤40	205	205	175	120	
		>40,≤100	200	200	170	115	
自动焊、半自动焊和 E50、E55 型焊条手工焊	Q345	≤16	305	305	260	175	200
		>16,≤40	295	295	250	170	
		>40,≤63	290	290	245	165	
		>63,≤80	280	280	240	160	
		>80,≤100	270	270	230	155	

焊接方法和焊条型号	构件钢材		对接焊接强度设计值				角焊缝强度设计值
	牌号	厚度或直径（mm）	抗压 f_c^w	焊缝质量为下列等级时,抗拉 f_t^w		抗剪 f_v^w	抗拉、抗压和抗剪 f_f^w
				一、二级	三级		
自动焊、半自动焊和 E50、E55 型焊条手工焊	Q390	≤16	345	345	295	200	200(E50) 220(E55)
		>16,≤40	330	330	280	190	
		>40,≤63	310	310	265	180	
		>63,≤100	295	295	250	170	
自动焊、半自动焊和 E55、E60 型焊条手工焊	Q420	≤16	375	375	320	215	220(E55) 240(E60)
		>16,≤40	355	355	300	205	
		>40,≤63	320	320	270	185	
		>63,≤100	305	305	260	175	
自动焊、半自动焊和 E55、E60 型焊条手工焊	Q460	16	410	410	350	235	220(E55) 240(E60)
		>16,≤40	390	390	330	225	
		>40,≤63	355	355	300	205	
		>63,≤100	340	340	290	195	
自动焊、半自动焊和 E50、E55 型焊条手工焊	Q345GJ	>16,≤35	310	310	265	180	200
		>35,≤50	290	290	245	170	
		>50,≤100	285	285	240	165	

注：表中厚度系指计算点的钢材厚度，对轴心受拉和轴心受压构件系指截面中较厚板件的厚度。

焊缝的强度设计值按上表采用，并应符合下列规定：

（1）手工焊用焊条、自动焊和半自动焊所采用的焊丝和焊剂，应保证其熔敷金属的力学性能不低于母材的性能。

（2）焊缝质量等级应符合现行国家标准《钢结构焊接规范》GB 50661—2011 的规定，其检验方法符合现行国家标准《钢结构工程施工质量验收规范》GB 50205—2001 的规定。其中厚度小于 6mm 钢材的对接焊缝，不应采用超声波探伤确定焊缝质量等级。

（3）对接焊缝在受压区的抗弯强度设计值取 f_{cw}，在受拉区的抗弯强度设计值取 f_{tw}。

（4）计算下列情况的连接时，表 11.6 规定的强度设计值应乘以相应的折减系数；几种情况同时存在时，其折减系数应连乘。①施工条件较差的高空安装焊缝乘以系数 0.9；②进行无垫板的单面施焊对接焊缝的连接计算应乘折减系数 0.85。

6. 焊缝的计算厚度

（1）全焊透的对接焊缝及对接与角接组合焊缝。当采用双面焊的全焊透对接焊缝，计算厚度 h_e 应为焊接部位较薄板件的厚度。对于对接与角接组合焊缝，如图 11.39 所示，应为坡口根部至焊缝两侧表面（不计余高）的最短距离之和；采用加衬垫单面焊，计算厚度 h_e 应为坡口根部至焊缝表面（不计余高）的最短距离。

（2）部分焊透对接焊缝及对接与角接组合焊缝。部分焊透对接焊缝及对接与角接组合焊缝的计算厚度 h_e，应根据不同焊接方法、坡口形式及尺寸、焊接位置，对坡口深度 h 进行折减。

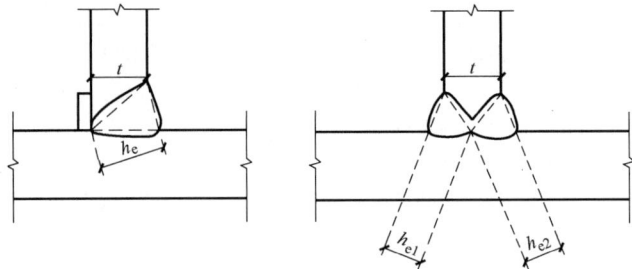

图 11.39   全焊透的对接与角接组合焊缝计算厚度

（3）搭接角焊缝及直角角焊缝计算厚度。搭接角焊缝及直角角焊缝计算厚度 h_e 的取值，按下列公式计算，塞焊和槽焊焊缝计算厚度 h_e，按角焊缝的计算方法确定。

当间隙 $b \leqslant 1.5$ 时，$h_e = 0.7 h_f$

当间隙 $1.5 < b \leqslant 5$ 时，$h_e = 0.7(h_f - b)$

（4）角焊缝的尺寸应符合下列规定。角焊缝最小计算长度为焊脚尺寸 h_f 的 8 倍，且不应小于 40mm；焊缝计算长度应为扣除引弧、收弧长度后的焊缝长度；角焊缝有效面积为焊缝计算长度与 h_e 的乘积。对任何方向的荷载，角焊缝上的应力应视为作用在这一有效面积上；断续角焊缝焊段的最小长度不应小于最小计算长度；角焊缝的最小焊脚尺寸，宜按表 11.7 取值。被焊构件中较薄板厚度 $\geqslant 25$mm 时，宜采用局部开坡口的角焊缝；角焊缝十字接头，不宜将厚板焊接到较薄板上。

角焊缝的最小焊脚尺寸（单位：mm）   表 11.7

母材厚度 t	角焊缝的最小焊脚尺寸 h_f	母材厚度 t	角焊缝的最小焊脚尺寸 h_f
$t \leqslant 6$	3	$12 < t \leqslant 20$	6
$6 < t \leqslant 12$	5	$t > 20$	8

注：1. 采用不预热的非低氢焊接方法进行焊接时，t 等于焊接接头中较厚焊件厚度，宜采用单道焊缝；采用预热的非低氢焊接方法或低氢焊接方法进行焊接时，t 等于焊接接头中较薄件厚度。

2. 焊缝尺寸不要求超过焊接连接部位中较薄件厚度的情况除外。

7. 对接焊缝的计算

（1）轴心受力对接焊缝。轴心受力的对接焊缝是指作用力通过焊件截面的形心，且垂直焊缝长度方向，其强度应根据下式计算：

$$\sigma = \frac{N}{l_w t} \leqslant f_t^w \text{ 或 } f_c^w \tag{11.1}$$

式中 N——轴心拉力或轴心压力的设计值；

l_w——对接焊缝的计算长度，当未采用引弧板时，取实际焊缝长度减去 $2h_f$，当采用引弧板时施焊时，取焊缝的实际长度；

t——对接接头中为连接件较小的厚度，在 T 形接头中为腹板厚度；

f_t^w、f_c^w——对接焊缝的抗拉、抗压强度设计值。

（2）斜向受力对接焊缝。对接焊缝受斜向力是指作用力通过焊缝重心，与焊缝长度方向呈 θ 的角度。图 11.40 所示的轴心受拉斜焊缝，可按式（11.2）、式（11.3）计算。

正应力　$\sigma=\dfrac{N\sin\theta}{l_w t}\leqslant f_t^w$（或 f_c^w）　　　（11.2）

剪应力　　$\tau=\dfrac{N\cos\theta}{l_w t}\leqslant f_v^w$　　　（11.3）

式中　l_w——对接焊缝的计算长度，加引弧板时，$l_w=b/\sin\theta$ 无引弧板时，$l_w=b/\sin\theta-2t$；

　　　f_v^w——对接焊缝的抗剪强度设计值。

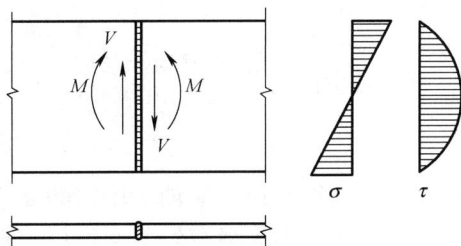

图 11.40　弯矩和剪力共同作用下矩形截面对接焊缝

由于一、二级检验要求的焊缝与母材强度相等，故只有三级检验的焊缝才需按公式进行抗拉强度的验算。如用直缝不能满足强度需要时，可采用斜向受力的对接焊缝。通过验证，当斜向受力的焊缝倾角 $\theta\leqslant56.3°$，即 $\tan\theta\leqslant1.5$ 时，斜焊缝的强度不低于母材，不需要进行验算。

（3）弯矩和剪力共同作用下的对接焊缝。在对接和 T 形连接中，承受弯矩和剪力共同作用的，对接焊缝或对接角接组合焊缝，如图 11.40 所示，应分别计算正应力和剪应力。

$$\sigma_{max}=\frac{M}{W_x}\leqslant f_t^w（或\ f_c^w）\tag{11.4}$$

$$\tau_{max}=\frac{VS_w}{I_w h_e}\leqslant f_v^w\tag{11.5}$$

式中　W_x——焊缝截面的抵抗矩；

　　　S_w——焊缝截面计算点以上（或以下）截面对中和轴的面积矩；

　　　I_w——焊缝截面对其中和轴的惯性矩。

对于 I 形截面，对于腹板和翼缘的交界点，正应力、剪应力虽不是最大，但都比较大，如图 11.41 所示，所以除了分别验算最大正应力、最大剪应力外，还需验算交界点处的折算应力，即

$$\sigma_{zs}=\sqrt{\sigma_1^2+3\tau_1^2}\leqslant1.1f_t^w\tag{11.6}$$

式中　σ_1、τ_1——腹板与翼缘交界点处的正应力和剪应力；

　　　1.1——考虑到最大折算应力只在部分截面的部分点出现，而将强度设计值适当提高。

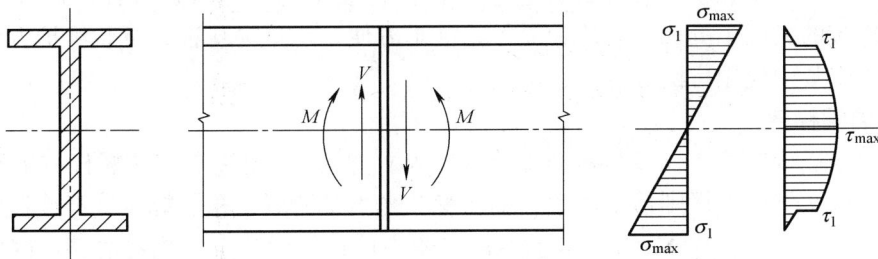

图 11.41　工字形截面在弯矩和剪力共同作用下的对接焊缝应力分布图

8. 角焊缝的计算

（1）对于正面角焊缝，此时 $\tau_f=0$，焊缝连接强度应按下式计算：

$$\sigma_f = \frac{N}{h_e l_w} \leqslant \beta_f f_f^w \tag{11.7}$$

（2）对于侧面角焊缝，此时 $\sigma_f = 0$，焊缝连接强度应按下式计算：

$$\tau_f = \frac{N}{h_e l_w} \leqslant f_f^w \tag{11.8}$$

式中 N——轴心拉力或轴心压力的设计值

　　　　σ_f——根据焊缝有效截面计算，垂直于焊缝长度方向的应力；

　　　　τ_f——根据焊缝有效截面计算，沿焊缝长度方向的剪应力；

　　　　l_w——角焊缝的计算长度，当未采用引弧板时，取实际焊缝长度减去 $2h_f$；当采用引弧板时施焊时，取焊缝的实际长度；

　　　　h_e——角焊缝的计算厚度，对直角角焊缝等于 $0.7h_f$，h_f 为焊脚尺寸；

　　　　β_f——正面角焊缝强度设计值增大系数，对于承受静力荷载和间接承受动力荷载的结构，$\beta_f = 1.22$；对于直接承受动力荷载的结构，$\beta_f = 1.0$。

（3）采用三面围焊时，先按式（11.9）计算端面角焊缝所承担的内力。

$$N_1 = \beta_f f_f^w \sum h_e l_{w1} \tag{11.9}$$

式中 $\sum h_e l_{w1}$——连接面一侧正面角焊缝有效面积的总和。

再由式（11.10）计算侧面角焊缝的强度。

$$\tau_f = \frac{N - N_1}{\sum h_e l_{w2}} \leqslant f_f^w \tag{11.10}$$

式中 $\sum h_e l_{w2}$——连接面一侧侧面角焊缝有效面积的总和。

（4）在各种力综合作用下，σ_f 和 τ_f 的共同作用处，焊缝连接强度应按下式计算：

$$\sqrt{\left(\frac{\sigma_f}{\beta_f}\right)^2 + \tau_f^2} \leqslant f_f^w \tag{11.11}$$

式中 f_f^w——角焊缝的强度设计值；

　　　　β_f——正面角焊缝的强度设计值增大系数，对于承受静力荷载和间接承受动力荷载的结构，$\beta_f = 1.22$，对于直接承受动力荷载的结构，$\beta_f = 1.0$。

11.3.3 螺栓连接

钢结构紧固件包括螺栓、铆钉、销钉等，目前，铆钉和销钉连接在钢结构工程上使用较少，本节主要介绍螺栓连接。螺栓连接按螺栓材质不同分为普通螺栓和高强度螺栓连接。螺栓连接的紧固工具和工艺均较简单，施工方便，质量易保证，拆装维护方便，螺栓连接在钢构安装中应用广泛。

1. 普通螺栓连接

普通螺栓连接中使用较多是粗制螺栓（C 级），其抗剪连接是依靠螺杆抗剪和孔壁承压来承担荷载。抗拉连接则依靠沿螺杆轴向受拉来承受荷载。粗制螺栓抗剪连接中栓杆孔径较栓杆公称直径大 $1.0 \sim 1.5mm$，有空隙，受力后板件间会发生相对滑移，因此，只能用于不直接承受动力荷载次要构件或可拆卸结构连接，及临时固定用连接。

普通螺栓中的精致螺栓（A、B 级）连接，受力和传力情况与粗制螺栓连接完全相同，质量较好，可用于要求较高的抗剪连接，但由于精致螺栓加工复杂，安装要求高，价格相对较贵，工程上已较少使用，逐渐被高强度螺栓所替代。

(1) 普通螺栓性能与规格。螺栓按强度等级分为 3.6、4.6、4.8、5.6、5.8、6.8、8.8、9.8、10.9、12.9 十个等级，钢结构连接采用 4.6 级、4.8 级（C 级）或 5.6 级、8.8 级（A、B）级普通螺栓。螺栓性能等级标号的数字表示螺栓公称抗拉强度和材质屈强比，例如：4.6 级螺栓 4 表示螺栓材质抗拉强度 400MPa，6 表示螺栓材质屈强比 0.6，螺栓材质屈服强度值为 400×0.6＝240MPa。

普通螺栓按外形不同，可分为六角头螺栓、双头螺栓、沉头螺栓等。普通螺栓在《六角头螺栓 C 级》GB 5780—2016 和《六角头螺栓 全螺纹 C 级》GB 5781—2016 规范中有给出了具体规格。螺母应与螺栓相一致，一般为粗牙螺纹（除非特殊注明用细牙螺纹）。

(2) 螺栓及螺栓孔的图例。钢结构中采用的普通螺栓一般为六角头型，粗牙普通螺纹，代号用字母 M 和公称直径表示，如 M16、M20 等。C 级螺栓采用 Ⅱ 类孔，孔壁表面的粗糙度不应大于 25μm，其螺栓孔径 d_0 比螺栓栓杆直径 d 大 1.0～1.5mm，即 $d_0＝d＋$ (1.0～1.5) mm。表 11.8 列出了螺栓及螺栓孔的图例。

螺栓及螺栓孔的图例　　　　　　　　　　　　　　　　　　表 11.8

序号	名　称	图　例	说　明
1	永久螺栓		
2	安装螺栓		
3	高强度螺栓		(1)细"＋"表示定位线； (2)M 表示螺栓型号； (3)ϕ 表示螺栓孔直径；
4	胀锚锚栓		(4)d 表示膨胀螺栓直径； (5)采用引出线标注螺栓时，横线上标注螺栓规格，横线下标注螺栓孔直径
5	螺栓圆孔		
6	椭圆形螺栓孔		
7	电焊铆钉		

(3) 螺栓的排列要求。螺栓在连接中的排列应遵循简单整齐、便于施工的原则，常用的排列方式有两种：并列和错列。如图 11.42 所示，并列排布较简单，但栓孔对被连接件截面削弱较大；错列可减少栓孔对截面削弱，但栓孔排列不如并列紧凑，连接板尺寸较大。

受力要求：构件受拉时螺栓间中距不宜太小。垂直受力方向：对于受拉构件，各排螺栓中距及边距不能太小，以免螺栓周围应力集中且相互影响，使钢板截面削弱过多，降

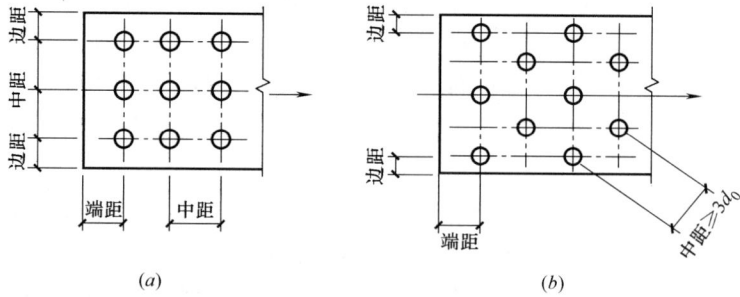

图 11.42　钢板上的螺栓排列

(a) 并列；(b) 错列

低其承载能力。顺力作用方向：端距应满足被连接材料抗挤压及抗剪切强度条件要求，以使板端不致被螺栓撕裂，规范规定端距不应小于 $2d_0$。受压构件的中距也不宜过大，以免被连接板件间发生鼓曲现象。

构造要求：螺栓中距不应过大，否则钢板间贴合不紧密，边距、端距也不宜过大，防止潮气侵入缝隙使钢材锈蚀。施工要求：保证施工操作空间，便于扳手拧紧螺帽。根据扳手尺寸和工人施工经验，规定最小中距 $3d_0$。综上，规范规定钢板上螺栓孔距、边距、端距容许值见表 11.9。

螺栓的孔距、边距和端距容许值

表 11.9

名称	位置和方向				最大容许距离 (取两者中的较小值)	最小容许距离
中心 间距	外排（垂直内力方向或顺内力方向）				$8d_0$ 或 $12t$	$3d_0$
	中间排	垂直内力方向			$16d_0$ 或 $24t$	
		顺内力方向	构件受压力		$12d_0$ 或 $18t$	
			构件受拉力		$16d_0$ 或 $24t$	
	沿对角线方向				—	
中心至构件 边缘距离	顺内力方向				$4d_0$ 或 $8t$	$2d_0$
	垂直内力方向	剪切边或手工气割边				$1.5d_0$
		轧制边、自动气 割或锯割边	高强度螺栓			$1.5d_0$
			其他螺栓			$1.2d_0$

注：1. d_0 为螺栓或柳钉孔的孔径，t 为外层较薄板件的厚度。

2. 钢板边缘与刚性构件（如角钢、槽钢等）相连的螺栓或铆钉的最大间距，可按中间排的数值采用。

3. 计算螺栓孔引起的截面削弱时，可取 $d+4mm$ 和 d_0 的较大值。

（4）构造要求及连接工艺。普通螺栓作为永久性连接螺栓时，除满足上述排列要求外，还应符合下列构造要求：为使连接可靠，每一杆件在节点上及拼接接头一端，永久性螺栓数不宜少于 2 个。

（5）螺栓直径及长度的选择。螺栓直径确定应由设计人员按等强原则通过计算确定，对同一个工程，螺栓直径规格应尽可能少，便于施工和管理，另外，螺栓直径还应与被连接件的厚度相匹配。螺栓长度通常是指螺栓螺头内侧面到螺栓端头的长度，一般都是 5mm 的倍数。从螺栓规格上可以看出螺纹长度基本不变，影响螺栓长度的因素主要有：

被连接件厚度、螺母高度、垫圈数量及厚度等，可按公式（11.12）计算：

$$L=\delta+H+nh+C \tag{11.12}$$

式中　δ——被连接件的总厚度（mm）；

　　　H——螺母高度（mm），一般为 $0.8D$；

　　　n——垫圈个数；

　　　h——垫圈厚度（mm）；

　　　C——螺纹外露部分的长度（mm）（2～3 个丝扣为宜，一般为 5mm）。

2. 高强度螺栓连接

高强度螺栓的杆身、螺母、垫圈都要用抗拉强度高的钢材来制作，性能等级分为 10.9 级和 8.8 级两种。高强度螺栓连接按受力特征不同分为摩擦型、承压型、张拉型连接三种，前两种连接主要承受剪力，第三种连接主要承受拉力。

摩擦型连接：主要依靠被连接件间的摩擦力传递外力，安装时将螺栓拧紧使栓杆产生预拉力压紧构件接触面，靠摩擦力来阻止连接件相对滑移，从而达到传递外力的目的，当剪力与摩擦力相等时处于连接承载力极限状态。高强度螺栓摩擦型连接与普通螺栓连接的不同之处主要在于不依靠螺杆抗剪与孔壁承压来传力，而是依靠板件接触面间的摩擦力来传力。

承压型连接：当剪力超过摩擦力时板件间产生相对滑移，螺杆与孔壁接触，使螺杆受剪，孔壁受压，破坏形式与普通螺栓一样，以螺杆被剪坏或孔壁被压坏作为承载的极限状态。承压型连接的承载力高于摩擦型连接，但变形较大，不宜用于直接承受动力荷载结构。

张拉型连接：当外力与高强度螺栓轴向一致时，如法兰连接、T 形连接、螺栓球节点等，这类高强度螺栓连接属于张拉型连接，外力和由高强度螺栓预紧力产生在连接件间的拉压平衡。

1）高强度螺栓的种类及规格

高强度螺栓从外形上分为大六角头和扭剪型两种。大六角头高强度螺栓连接副含 1 个螺栓、1 个螺母、2 个垫圈，扭剪型高强度螺栓连接副含 1 个螺栓、1 个螺母、1 个垫圈。目前，国内使用的大六角头高强度螺栓有 8.8 级和 10.9 级，扭剪型高强度螺栓国内只有 10.9 级。表 11.10 为高强度螺栓连接副的性能等级及规格。

高强度螺栓连接副性能等级及规格表　　　　　　　　　　表 11.10

规范编号	规范名称	性能等级	规格	连接副组成
GB/T 1228—2006	钢结构用高强度大六角头螺栓	8.8S 10.9S	M8～M30	1 个螺栓 1 个螺母 2 个垫圈
GB/T 1229—2006	钢结构用高强度大六角螺母			
GB/T 1230—2006	钢结构用高强度垫圈			
GB/T 1231—2006	钢结构用高强度大六角头螺栓大六角螺母垫圈技术条件			
GB/T 3632—2008	钢结构用扭剪型高强度螺栓连接副	10.9S	M16～M24	1 个螺栓、1 个螺母、1 个垫圈

2）高强度螺栓的预拉力

高强度螺栓的预拉力是通过扭紧螺母来实现，一般采用扭矩法、转角法、扭剪法进行施工。

（1）扭矩法。扭矩法是采用直接显示扭矩的特制扳手，由事先测定的扭矩和螺栓拉力之间的关系施加扭矩，使其达到设定的预拉力。对大六角头高强度螺栓连接副来说，当扭矩系数 K 确定后，螺栓轴力（预拉力）P 由设计规定，螺栓应施加的扭矩值 M 通过式（11.13）进行计算确定，根据计算确定施工扭矩值后，使用扳手按扭矩值进行终拧。

$$M=K \cdot d \cdot P \tag{11.13}$$

式中 M——施加于螺母上的扭矩值（kN·m）；

   K——扭矩系数，事先由试验测定；

   d——螺栓公称直径（mm）；

   P——设计规定的螺栓预拉力（即轴向紧固力）（kN）。

高强度螺栓的设计预拉力值由材料强度和螺栓有效截面确定，同时考虑①在扭紧螺栓时扭矩使螺栓产生的剪应力将降低螺栓承拉能力，故对材料强度除以 1.2；②施工时为补偿预拉力松弛对螺栓超张拉 5%～10%，乘以 0.9；③材料抗力变异等影响，乘以 0.9。预拉力设计值按下式计算：

$$P=\frac{0.9 \times 0.9}{1.2} \times 0.9 f_u A_e = 0.608 f_u A_e \tag{11.14}$$

式中 f_u——高强度螺栓的抗拉强度；

   A_e——高强度螺栓的有效截面面积。

高强度螺栓抗拉强度最小值，10.9 级螺栓取 1040N/mm²，8.8 级螺栓取 830N/mm²。按 11.14 公式计算预拉力 P 值，并取 5kN 倍数，即得表 11.11 所示的数值。

一个高强度螺栓的设计预拉力 P 值（单位：kN）　　表 11.11

螺栓的性能等级	螺栓公称直径(mm)					
	M16	M20	M22	M24	M27	M30
8.8 级	80	125	150	175	230	280
10.9 级	100	155	190	225	290	355

（2）转角法。转角法是利用螺母旋转角度控制螺杆弹性伸长量来控制螺栓轴向力的方法。转角法施工时先用手工扳手初拧螺母，直至其拧不动为止，初拧后螺母的旋转角度与螺栓轴向力成对应关系，当螺栓受拉处于弹性范围内，两者呈线性关系，根据这一线性关系，在确定螺栓施工预拉力（一般为 1.1 倍设计预拉力）后，就可得到螺母旋转角度，施工时按此旋转角度再终拧，即以初拧时拧紧位置为起点按螺栓直径和板叠厚度所确定终拧角度，自动或人工控制旋拧螺母到预定角度，即达到设计所需预拉力值。

（3）扭剪法。扭剪法是采用扭剪型高强度螺栓专用电动扳手对扭剪型高强度螺栓进行安装。螺栓端部设有十二角体梅花头，如图 11.43 所示，拧紧螺母时靠拧断螺栓尾部梅花头切口处截面来控制螺栓达到所需的预拉力值。扭剪型高强度螺栓专用电动扳手扳头由内外两个套筒组成，外套筒套在螺母上，内套筒套在尾部梅花头上，紧固时梅花头承受紧固螺母所产生的反扭矩，此扭矩与外套筒施加在螺母上扭矩大小相等，方向相反，梅花头切口处承受该纯扭矩作用，当施加在螺母上扭矩值增至梅花头切口处的扭断力矩时，切口断

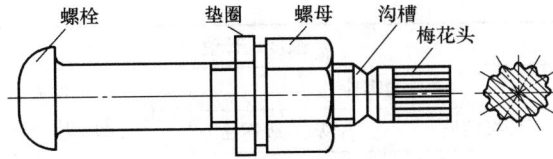

图 11.43　扭剪型高强度螺栓带十二角体梅花头

裂，紧固完毕。

3）摩擦面抗滑移系数 μ

高强度螺栓摩擦型连接依靠被连接件的摩擦阻力传力，摩擦阻力大小与被连接件的材料及其接触面抗滑移系数 μ 值有关。构件接触面经过特殊处理后的摩擦面抗滑移系数见表 11.12。承压型连接的板件接触面只要求清除油污和浮锈。

钢材摩擦面的抗滑移系数 μ 值　　　　　表 11.12

连接处构件接触面的处理方法	构件的钢号		
	Q235 钢	Q345 或 Q390 钢	Q420 或 Q460 钢
喷硬质石英砂或铸钢棱角砂	0.45	0.45	0.45
抛丸（喷砂）	0.40	0.40	0.40
钢丝刷清除浮锈或未经处理的干净轧制面	0.30	0.35	—

注：1. 钢丝刷除锈方向应与受力方向垂直；
　　2. 当连接构件采用不同钢材牌号时，μ 值；
　　3. 采用其他方法处理时，其处理工艺及抗滑移系数值均需经试验确定。

3. 螺栓连接的强度

螺栓连接的强度设计值见表 11.13。

螺栓连接的强度指标（N/mm²）　　　　　表 11.13

螺栓的钢材牌号（或性能等级）和构件的钢材牌号		强度设计值										高强度螺栓的抗拉强度最小值 f_u^b
		普通螺栓						锚栓	承压型连接或网架用高强度螺栓			
		C 级螺栓			A 级、B 级螺栓							
		抗拉 f_t^b	抗剪 f_v^b	承压 f_c^b	抗拉 f_t^b	抗剪 f_v^b	承压 f_c^b	抗拉 f_t^a	抗拉 f_t^b	抗剪 f_v^b	承压 f_c^b	
普通螺栓	4.6 级、4.8 级	170	140	—	—	—	—	—	—	—	—	—
	5.6 级	—	—	—	210	190	—	—	—	—	—	—
	8.8 级	—	—	—	400	320	—	—	—	—	—	—
锚栓	Q235 钢	—	—	—	—	—	—	140	—	—	—	—
	Q345 钢	—	—	—	—	—	—	180	—	—	—	—
	Q390 钢	—	—	—	—	—	—	185	—	—	—	—
承压型连接高强度螺栓	8.8 级	—	—	—	—	—	—	—	400	250	—	830
	10.9 级	—	—	—	—	—	—	—	500	310	—	1040
螺栓球节点用高强度螺栓	9.8 级	—	—	—	—	—	—	—	385	—	—	—
	10.9 级	—	—	—	—	—	—	—	430	—	—	—

续表

螺栓的钢材牌号（或性能等级）和构件的钢材牌号	强度设计值										高强度螺栓的抗拉强度最小值 f_u^b
	普通螺栓						锚栓	承压型连接或网架用高强度螺栓			
	C级螺栓			A级、B级螺栓							
	抗拉 f_t^b	抗剪 f_v^b	承压 f_c^b	抗拉 f_t^b	抗剪 f_v^b	承压 f_c^b	抗拉 f_t^b	抗拉 f_t^b	抗剪 f_v^b	承压 f_c^b	
构件钢材牌号　Q235	—	—	305	—	—	405	—	—	—	470	—
Q345	—	—	385	—	—	510	—	—	—	590	—
Q390	—	—	400	—	—	530	—	—	—	615	—
Q420	—	—	425	—	—	560	—	—	—	655	—
Q460	—	—	450	—	—	595	—	—	—	695	—
Q345GJ	—	—	400	—	—	530	—	—	—	615	—

注：1. A级螺栓用于 $d \leqslant 24$mm 和 $L \leqslant 10d$ 或 $L \leqslant 150$mm（按较小值）的螺栓；B级螺栓用于 $d > 24$mm 和 $L > 10d$ 或 $L > 150$mm（按较小值）的螺栓；d 为公称直径，L 为螺栓公称长度。

2. A、B级螺栓孔的精度和孔壁表面粗糙度，C级螺栓孔的允许偏差和孔壁表面粗糙度，均应符合现行国家标准《钢结构工程施工质量验收规范》GB 50205 的要求。

3. 用于螺栓球节点网架的高强度螺栓，M12～M36 为 10.9 级，M39～M64 为 9.8 级。

4. 普通螺栓连接的计算

1）受剪螺栓受力性能

如图 11.44 所示为单个受剪螺栓的连接，钢板受拉力 N 作用，钢板间的相对位移为 δ，则 $N\text{-}\delta$ 曲线可表示螺栓抗剪连接由零载一直加载至连接破坏的全过程，经历了以下四个阶段：

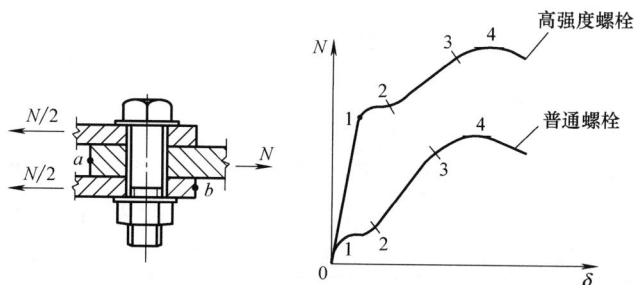

图 11.44　单个螺栓连接的抗剪试验

（1）摩擦传力弹性阶段。施加荷载之初，荷载较小，连接件中剪力也较小，荷载靠接触面的摩擦力传递，栓杆与孔壁间空隙保持不变，处于弹性阶段，$N\text{-}\delta$ 图上的 0-1 斜直线段。

（2）滑移阶段。当荷载增大，连接件受剪力达到摩擦力最大值，板件产生相对滑移，最大滑移量为螺栓杆与孔壁的间隙，直至栓杆与孔壁接触，$N\text{-}\delta$ 图上 1-2 阶段。

（3）栓杆直接传力的弹性阶段。荷载继续增加，连接所承受剪力主要靠栓杆与孔壁接触传递，$N\text{-}\delta$ 图上 2-3 阶段。栓杆除受剪力外，还有弯矩和轴向拉力，孔壁受挤压。栓杆伸长受到螺帽约束，增大了板件间的压紧力，摩擦力随之增大。$N\text{-}\delta$ 曲线呈上升状态，达到"3"点时达到弹性极限。

（4）弹塑性阶段。荷载继续增加，即使给荷载很小的增量，连接的剪切变形也会迅速加大，直到连接最后破坏。N-δ 图上的最高点 "4"，所对应荷载即为螺栓连接极限荷载。

2）受剪螺栓破坏的形式。当受剪螺栓连接达到极限承载力时，可能出现以下五种破坏形式：

（1）螺栓杆被剪断（图 11.45a）——当螺栓直径较小而钢板相对较厚时可能发生；

（2）孔壁被压坏（图 11.45b）——当螺栓直径较大而钢板相对较薄时可能发生；

（3）钢板被拉断（图 11.45c）——当钢板因螺栓孔削弱过多时可能发生；

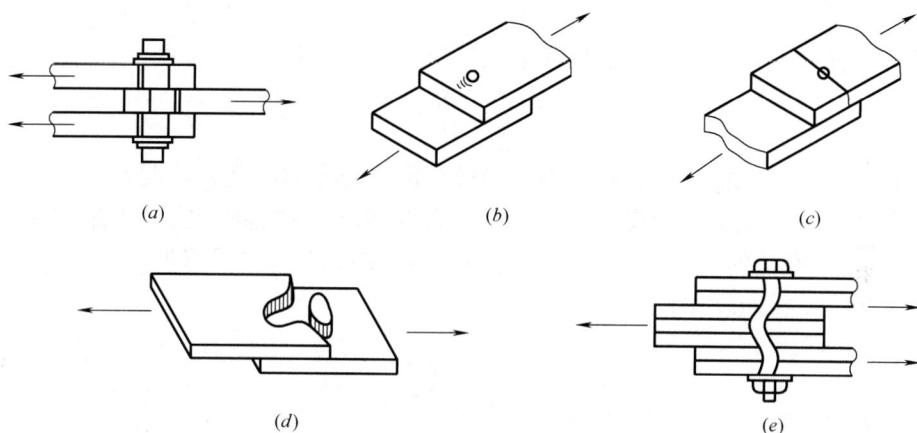

图 11.45　抗剪螺栓连接的破坏形式

（4）端部钢板被剪断（图 11.45d）——当沿受力方向的端距过小时可能发生；

（5）螺栓杆受弯破坏（图 11.45e）——当螺栓过长时可能发生。

上述破坏形式中第 4 种破坏形式，由螺栓端距$\geqslant 4d_0$来保证；第 5 种破坏形式由所选螺栓的夹紧长度为 4～6 倍（普通螺栓）和 5～7 倍（高强螺栓）螺栓直径，通过构造要求来保证。对其他三种形式的破坏需通过计算来防止。

3）受剪螺栓的计算方法

（1）单个螺栓的承载力。假定螺栓受剪面上剪应力均匀分布，则单个螺栓抗剪承载力设计值为：

$$N_v^b = n_v \cdot \frac{\pi d^2}{4} \cdot f_v^b \tag{11.15}$$

式中　n_v——单个螺栓的受剪面数，单剪 $n_v = 1$，双剪 $n_v = 2$。

d——螺栓杆的直径；

f_v^b——螺栓的抗剪强度设计值，其取值见表 11.13。

承压承载力：假定螺栓孔壁的承压应力沿截面均匀分布，在孔壁尚未压坏前单个螺栓的承压承载力设计值 N_c^b 为：

$$N_c^b = d \sum t \cdot f_c^b \tag{11.16}$$

式中　$\sum t$——在同一受力方向承压构件，即被连接板件的较小总厚度，取 $2t_1$ 和 t_2 中的较小值；

f_c^b——螺栓的承压强度设计值，取值见表 11.13。

显然，单个受剪螺栓的承载力设计值应取 N_v^b 和 N_c^b 中的较小值，即 $N_{min}^b = min（N_v^b、N_c^b）$。

（2）普通螺栓群在轴力作用下的计算。每一杆件在节点上以及拼接接头的一端，永久螺栓数不宜少于两个，因此螺栓连接中的螺栓，一般都是以螺栓群形式出现。

确定螺栓数目：螺栓群抗剪连接承受轴力时，螺栓群在长度方向上各螺栓受力不均匀，两端受力大，而中间受力小。当连接长度 $l_1 \leqslant 15d_0$（d_0 为螺栓孔直径）时，由于连接工作进入弹塑性阶段后内力发生重分布，各螺栓受力将逐渐趋于相等，故可按平均受力计算。

因此，连接一侧需要螺栓的数目按下式计算：

$$n = \frac{N}{N_{min}^b} \tag{11.17}$$

在构件的节点处或拼接接头的一端，当螺栓沿受力方向的连接长度 l_1 过大时，各螺栓的受力将很不均匀，端部螺栓受力最大，往往首先破坏，然后依次逐个向内破坏。因此，当 $l_1 < 15d_0$ 时，螺栓的承载力设计值 N_{min}^b 应乘以折减系数 η 给予降低。

即当 $15d_0 < l_1 < 60d_0$ 时

$$\eta = 1.1 - \frac{l_1}{150d_0} \tag{11.18}$$

当 $l_1 \geqslant 60d_0$ 时

$$\eta = 0.7 \tag{11.19}$$

验算净截面强度：为防止构件或连接板因螺孔削弱而拉或压断，还需按式（11.20）验算构件或连接板的净截面强度。

$$\sigma = \frac{N}{A_n} \leqslant f \tag{11.20}$$

式中 A_n——构件或连接板的净截面面积；

   f——钢材的抗拉或抗压强度的设计值。

在进行净截面的强度验算时，应选择构件或连接板的最不利截面，即内力最大或螺栓孔较多的截面。如图 11.46（a）所示，螺栓为并列布置时，构件最不利截面为 I-I 截面，其内力最大为 N。

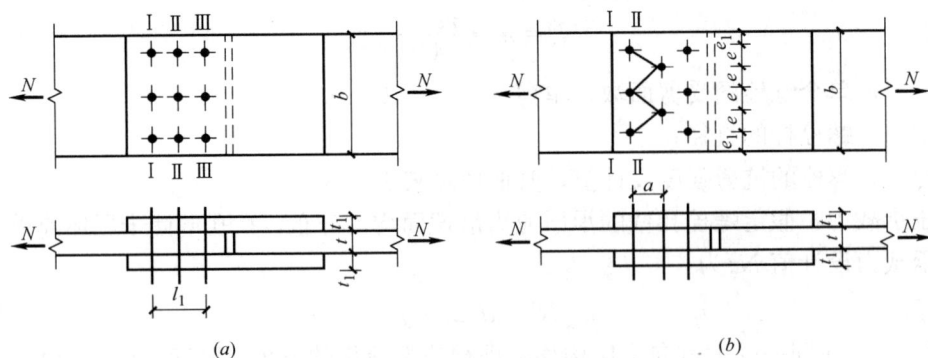

图 11.46 螺栓群受轴向力作用

（a）螺栓并列；（b）螺栓错列

　　而 II-II 和 III-III 截面，虽然板件截面面积与 I-I 截面相同，但因前面螺栓已传递部分内力，故内力分别递减为 $N-(n_1/n)N$ 和 $N-[(n_1+n_2)/n]N$，（n_1、n_2、n 分别为连接一侧的螺栓总数和 I-I、II-II 截面上的螺栓数），均较截面 I-I 小。因此，当其螺栓孔数未增多时，即可不予计算。

　　对连接板（拼接盖板）各截面，因受力相反，III-III 截面受力最大为 N，故还需按下式比较 III-III 和 I-I 净截面面积，以确定最不利截面。

　　构件截面 I-I：

$$A_n = (b - n_3 d_0)t \tag{11.21}$$

　　连接板截面 III-III：　　　　$A_n = 2(b - n_3 d_0)t_1 \tag{11.22}$

　　当螺栓错列布置时，如图 11.46（b）所示，构件或连接板除可能沿直线截面 I-I 破坏外，还可能沿折线截面 II-II 破坏。截面 II-II 长度虽较大，但螺孔较多，故还需按式（11.23）计算其净截面面积，以确定最不利截面。

$$A_n = [2e_1 + (n_2 - 1)\sqrt{a^2 + e^2} - n_2 d_0]t \tag{11.23}$$

式中　n_2——II-II 折线截面上的螺栓孔数。

5. 高强度螺栓连接的计算

1）高强度螺栓连接的承载力

（1）摩擦型连接的抗剪承载力。高强度螺栓摩擦型连接承受剪力时的设计，外力不得超过摩擦阻力。每个螺栓摩擦阻力是 $n_f \mu P$，单个高强度螺栓摩擦型连接的抗剪承载力设计值按下式计算：

$$N_v^b = 0.9 k n_f \mu P \tag{11.24}$$

式中　N_v^b——一个高强度螺栓的受剪承载力设计值；

　　　　k——孔型系数，标准孔取 1.0，大圆孔取 0.85；内力与槽孔长向垂直时 0.7，内力与槽孔长向平行时取 0.6；

　　　　n_f——一个螺栓的传力摩擦面数目；

　　　　μ——摩擦面的抗滑移系数，见表 11.12；

　　　　P——一个高强度螺栓的预拉力设计值，见表 11.11。

　　（2）承压型连接的抗剪、抗压承载力。高强度螺栓承压型连接受剪时，为了充分利用高强度螺栓的潜力，高强度螺栓承压型连接的极限承载力由杆身抗剪和孔壁承压决定，摩擦力只起延缓滑动的作用，计算方法和普通螺栓相同。

　　单个螺栓的承载力设计值应按式（11.25）和式（11.26）计算。

　　抗剪承载力设计值：　　　　$N_v^b = n_v \dfrac{\pi d^2}{4} f_v^b \tag{11.25}$

　　抗压承载力设计值：　　　　$N_c^b = d \sum t \cdot f_c^b \tag{11.26}$

式中　f_v^b、f_c^b——承压型高强度螺栓的抗剪、承压强度设计值，见表 11.13。

　　（3）抗拉连接的承载力。高强度螺栓用作抗拉连接设计时，在施加外力作用前（图 11.47a），预拉力 P 和挤压力 C 处于平衡状态，即 $P = C$；当施加外力 N_t 后（图 11.47b），预拉力由 P 变为 P_f，挤压力由 C 变为 C_f，由其平衡状态得出 $P_f = C_f + N_t$。方程中 P_f、C_f 都是未知的，是一个超静定问题，解此方程需补充变形条件后方能解得如下关系式：

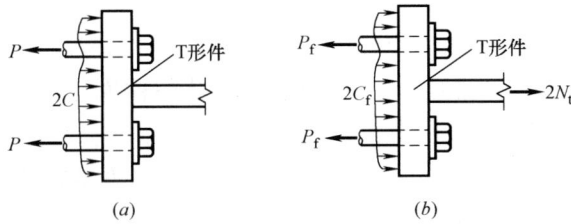

图 11.47 高强度螺栓受拉的 T 形接头

$$P_f = P + \frac{N_t}{A_p/A_b + 1} \tag{11.27}$$

式中 A_b——螺栓杆截面面积；

A_p——被接件挤压面面积。

通常 A_p 比 A_b 大得多，取 $A_p/A_b = 10$，当连接件被拉开时 $C_f = 0$，$P_f = N_t$，由式（11.27）得

$$P_f = 1.1P \tag{11.28}$$

可见当外拉力增量为预拉力 P 的 10% 时，连接件被拉开。因此，每个摩擦型高强度螺栓的抗拉设计承载力，由式（11.29）得

$$N_t^b = 0.8P \tag{11.29}$$

2）高强度螺栓群连接的计算

（1）轴心力作用时的计算高强度螺栓群连接的计算方法和普通螺栓连接计算相同，只是净截面强度验算有区别。如图 11.48 所示，在最不利截面 I-I 前，孔前的接触面已经传去了一部分力。孔前传力占螺栓传力的 50%，则最不利截面 I-I 传力为：

$$N' = N \times \left(1 - 0.5\frac{n_1}{n}\right) \tag{11.30}$$

式中 n_1——计算截面上的螺栓数；

n——连接一侧的螺栓总数。

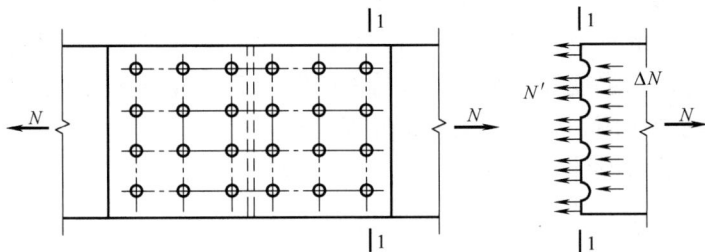

图 11.48 摩擦型高强度螺栓孔前传力

（2）在扭矩及扭矩、剪力、轴心力共同作用下的计算所用计算公式和计算方法与普通螺栓相同。

（3）高强度螺栓群在弯矩作用下的计算，如图 11.49 所示，为由高强度螺栓连接的在弯矩 M 作用下的梁柱接头。弯矩 M 引起的拉力由螺栓承担，引起的压力由钢板受压区承担。实际计算时为方便，偏安全地假设无论受拉区、受压区都由螺栓承担，只要受力最大

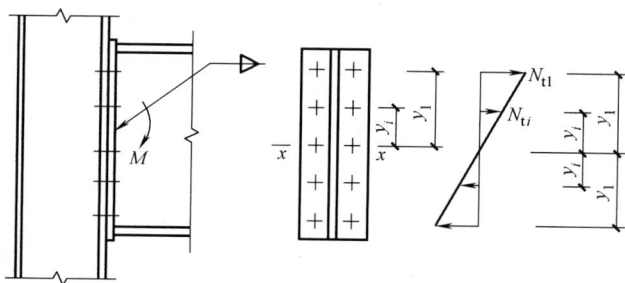

图 11.49　高强度螺栓受弯连接

的螺栓的拉力小于 $0.8P$，被连接构件的接触面一直保持紧密贴合。中和轴像梁一样，位置在截面高度中央，可以认为就在螺栓群形心轴线上。如果以板不被拉开为承载能力的极限，最上端的螺栓拉力应满足式（11.31）。

$$N_1^M = \frac{My_1}{m\sum y_i^2} \leqslant 0.8P \tag{11.31}$$

（4）在弯矩、剪力、轴心拉力共同作用下，高强度螺栓连接计算，如图 11.50 所示，如果承托只起安装作用，则高强度螺栓群受拉剪共同作用。

3）摩擦型连接高强度螺栓群的计算

当拉力为 N_t 时，板件间的挤压力 P 将变为 $P-N_t$ 这时每个螺栓的抗滑移承载力将减少，同时摩擦系数 μ 也将减少。考虑到这些影响，对同时承受拉力和剪力的摩擦型连接的高强度螺栓，每个螺栓承载力按式（11.32）计算，摩擦系数 μ 仍用原值。

$$\frac{N_v}{N_v^b} + \frac{N_t}{N_t^b} \leqslant 1 \tag{11.32}$$

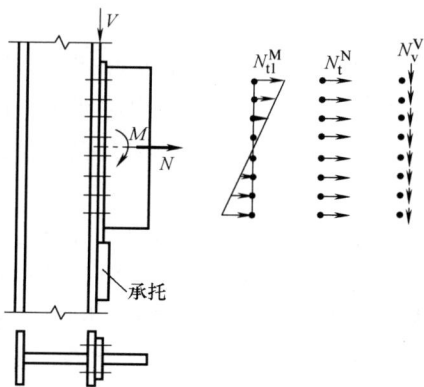

图 11.50　在 M、N、V 共同作用
下高强度螺栓群的受力

式中　N_v、N_t——一个螺栓所承受的剪力、拉力：

$$N_v = \frac{V}{n} \tag{11.33}$$

$$N_t = N_{t1}^M + N_t^N = \frac{My_1}{m\sum y_i^2} + \frac{N}{n} \tag{11.34}$$

N_v^b、N_t^b——单个高强度螺栓受剪、受拉承载力设计值，分别由式（11.25）、式（11.29）计算。

4）承压型连接高强度螺栓群的计算

同时承受剪力和杆轴方向拉力用时，所计算的高强度螺栓，其承载力应满足式（11.35）（11.36）的要求。

$$\sqrt{\left(\frac{N_v}{N_v^b}\right)^2 + \left(\frac{N_t}{N_t^b}\right)^2} \leqslant 1 \tag{11.35}$$

$$N_v \leqslant \frac{N_c^b}{1.2} \tag{11.36}$$

式中　　　　N_t——螺栓群中危险螺栓所承受的最大拉力设计值；

　　　　　　N_v——螺栓群中一个高强度螺栓承受的剪切力设计值，且满足式（11.36）；

N_v^b、N_t^b、N_c^b——承压型高强度螺栓按普通螺栓计算时的抗剪、抗拉、承压承载力设计值；

　　　　　　1.2——由于螺栓杆轴向的外拉力使孔壁承压强度的设计值有所降低，取折减系数 1.2。

11.4　受弯构件

11.4.1　受弯构件概述

1. 受弯构件的类型

受弯构件截面形式有实腹式和格构式两类，实腹式受弯构件通常称为梁，在土木、桥梁工程中广泛应用，例如房屋建筑中的楼盖梁、屋盖梁、吊车梁、檩条、墙架横梁等，桥梁工程中的梁式桥、大跨度斜拉桥、悬索桥中的桥面梁等。格构式受弯构件，即通常所说的桁架。

钢梁按制作方法的不同，可分为型钢梁和组合截面梁两类。梁的荷载和跨度较小时常采用型钢梁。型钢梁构造简单，成本较低，应优先选用。当荷载较大或跨度较大，现有规格型钢截面不能满足梁强度、刚度、稳定性要求时，则选用组合截面梁，组合梁的设计与制作较灵活，截面材料分布合理，梁跨较大时为使得穿通管线更方便，常采用空腹式组合梁。

型钢梁分为热轧型钢梁和冷弯薄壁型钢梁，热轧型钢梁通常采用槽钢和 H 型钢制成。槽钢梁，如图 11.51（a）所示，截面扭转中心在腹板外侧，弯曲时将同时产生扭转，受荷不利，使用上应注意，槽钢只有在构造上使荷载作用线接近扭转中心或能保证截面不发生扭转时才能使用。H 型钢梁，如图 11.51（b）所示，截面分布最为合理，翼缘内外边缘平行，与其他板件连接方便，应优先选用，H 型钢型号规格较多，用于梁的 H 型钢截面宜采用窄翼缘 HN 型。

冷弯薄壁型钢梁，如图 11.51（c）（d）（e）所示，作轻型受弯构件（如檩条、墙架横梁）比较经济。

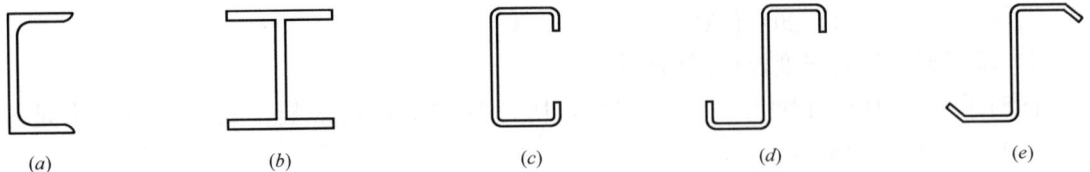

(a)　　　　(b)　　　　(c)　　　　(d)　　　　(e)

图 11.51　型钢梁的截面形式

组合梁常用截面形式，如图 11.52 所示，这些截面由焊接、螺栓连接或栓焊混合连接的方法制造而成，由钢板或型钢焊接而成。常用焊接组合梁由上、下翼缘板和腹板组成的工字形截面和箱形截面，后者较费料且制作工序较繁，但具有较大抗弯刚度和抗扭刚度，适用于有侧向荷载和抗扭要求较高或梁高受到限制等情况。由三块钢板焊接而成的工字形截面，如图 11.52 (a) 所示；由两个 T 形钢和中间的一块钢板焊接而成的工字钢截面，如图 11.52 (b) 所示；当焊接组合梁翼缘需要一定的厚度时，可采用两层翼缘板截面，如图 11.52 (c) 所示；当钢材焊接性能不能满足梁的工作环境或荷载特性（如动力荷载）要求时，可采用高强度螺栓来制作组合梁，如图 11.52 (d) 所示；当梁承受荷载很大且其高度受到限制或其抗扭刚度要求较高时，可采用箱形截面梁，如图 11.52 (e) 所示。

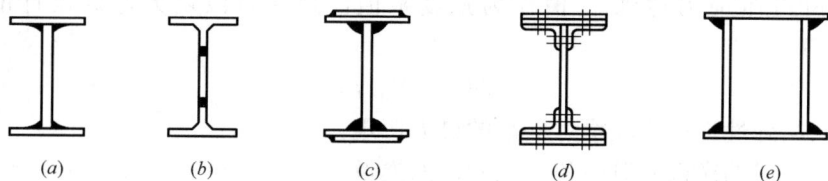

(a) (b) (c) (d) (e)

图 11.52　组合梁的截面形式

(a) 三块钢板焊接的工字型截面；(b) 两个 T 形钢与一块钢板组成的截面；
(c) 两层翼缘板的工字型截面；(d) 组合梁；(e) 箱形截面

空腹式梁截面形式，如图 11.53 所示，将 H 型钢沿腹板折线（图 11.53a）切割成两部分，然后将齿尖对齿尖地焊接起来，形成一个比原 H 型钢高、腹板有似蜂窝孔洞的工字截面梁（图 11.53b），称为蜂窝梁。蜂窝梁与原 H 型钢相比，承载力及刚度均显著增大。

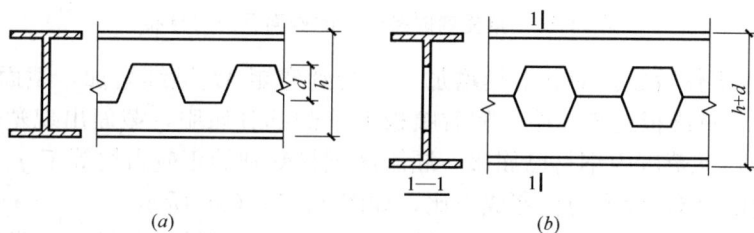

(a) (b)

图 11.53　空腹式蜂窝梁的截面形式

(a) 原 H 型钢梁；(b) 焊接而成的空腹式梁

2. 梁的设计要求

（1）强度条件。梁主要承受弯曲正应力和剪应力，首先应满足梁净截面抗弯强度和抗剪强度。梁上横向集中力，如主次梁的支反力、吊车梁的轮压等产生局部压应力，特别是在梁的受压翼缘和腹板交接处，应当满足局部抗压强度。当上述这些应力同时出现在一点时，应按材料力学的强度理论验算其折算应力强度。

（2）刚度条件。梁的刚度是用其竖向挠度来衡量，竖向挠度和梁截面高度的 3 次方成反比，为提高梁的抗变形能力，梁的截面宜做得窄而高，刚度必须满足设计要求。

11.4.2 受弯构件截面设计

1. 正应力发展的三个阶段

受弯构件——梁截面的弯曲正应力发展阶段，截面受弯矩 M_x 作用时，其上下边缘正应力 σ 最大。截面弯矩从零逐渐增加时正应力发展分三个阶段，即弹性阶段、弹塑性阶段、塑性阶段。

（1）弹性工作阶段。当作用在梁上弯矩 M_x 较小时，梁截面正应力都小于材料屈服强度，即 $\sigma < f_y$，全截面处于弹性阶段，如图 11.54（a）所示，应力与应变成正比，应力成直线分布。弹性阶段的极限如图 11.54（b）所示，此时弯矩承载力对于需要计算疲劳的梁，常以最外纤维应力达到 f_y 值作为强度限值，弹性阶段最大弯矩设计值根据公式（11.37）计算。

$$M_{xe} = W_{nx} f_y \tag{11.37}$$

式中 M_{xe}——弹性工作阶段梁对 x 轴的最大弯矩；

　　　　W_{nx}——梁的净截面对中和 x 轴的截面模量；

　　　　f_y——钢材的屈服强度。

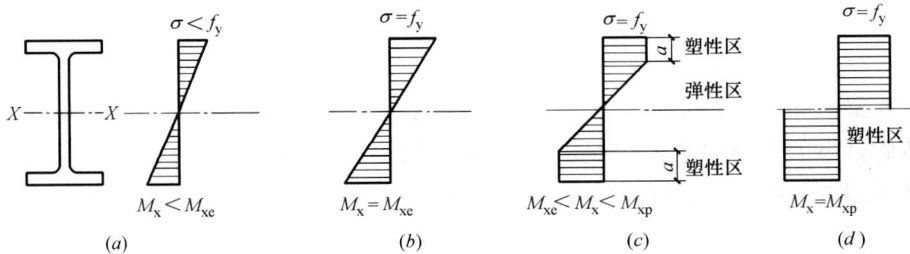

图 11.54 梁受弯时各阶段的截面正应力分布

（2）弹塑性工作阶段。荷载继续增加，梁受到弯矩 M_x 继续增加，截面边缘应变 $\varepsilon > f_y/E$ 时梁的两块翼缘板逐渐屈服，随后腹板上下侧部分屈服，截面出现塑性区，高度为 a（$0 < a < h/2$），此范围内钢材已屈服，屈服区钢材受到的正应力均等于 f_y，中间未屈服截面仍保持弹性工作，应力与应变成正比，如图 11.54（c）所示。

（3）塑性工作阶段。继续加载，M_x 继续增加，截面塑性区不断向内发展，最后全截面形成塑性变形，弹性区完全消失，如图 11.54（d）所示，此时，梁抗弯承载能力达到极限。M_x 将不再增加，但变形继续增加，形成"塑性铰"。塑性工作阶段，对 x 轴的最大弯矩设计值可根据公式（11.38）计算。

$$M_{xp} = (S_{1nx} + S_{2nx}) f_y = W_{pnx} f_y \tag{11.38}$$

式中 M_{xp}——塑性工作阶段，梁对 x 轴的最大弯矩；

　　　　S_{1nx}——中和轴以上净截面面积对中和轴 x 的面积矩；

　　　　S_{2nx}——中和轴以下净截面面积对中和轴 x 的面积矩；

　　　　W_{pnx}——梁的净截面对 x 轴的塑性截面模量，$W_{pnx} = S_{1nx} + S_{2nx}$。

由公式（11.37）（11.38）可见，塑性工作阶段最大弯矩和弹性工作阶段最大弯矩的比值，仅与截面几何性质有关，与材料强度无关。

2. 梁截面的弯曲正应力计算

钢梁受弯时正应力-应变曲线相似于受拉时的状态，屈服点也相差不多。所以，梁抗弯强度计算仍然采用钢材的理想弹-塑性体假定。截面上、下边缘应力达到屈服点 f_y 之前，材料处于弹性阶段，梁截面满足平截面假定，其强度条件根据公式（11.39）计算。

$$\sigma=\frac{M_x}{W_{nx}}\leqslant f \tag{11.39}$$

式中 M_x——梁截面对 x 轴的弯矩设计值；

       f——钢材抗弯强度设计值，详见表 11.1；

     W_{nx}——梁截面对 x 轴的净截面模量。

梁按塑性方法设计其抗弯强度计算公式为（11.40）和（11.41）。

单向受弯 $$\sigma=\frac{M_x}{\gamma_x W_{nx}}\leqslant f \tag{11.40}$$

双向受弯 $$\sigma=\frac{M_x}{\gamma_x W_{nx}}+\frac{M_y}{\gamma_y W_{ny}}\leqslant f \tag{11.41}$$

式中 M_x、M_y——梁的最大刚度平面（绕 x 轴）和最小刚度平面（绕 y 轴）的弯矩设计值；

           f——钢材的抗弯强度设计值，详见表 11.1；

   W_{nx}、W_{ny}——截面对 x 轴和 y 轴的净截面模量；

     γ_x、γ_y——截面对 x 轴和 y 轴的塑性发展系数，取值详见《钢结构设计标准》GB 50017—2017。

3. 梁截面的弯曲剪应力计算

梁在承受弯矩的同时通常也同时承受剪力，对工字形和槽形截面等构件，除考虑腹板屈服后的强度外，在竖向剪力 V 作用下的剪应力也应考虑，剪应力在梁腹板截面的分布，如图 11.55 所示。梁在主平面内受弯时，其横截面上任一点的剪应力可按下式计算：

$$\tau=\frac{VS}{It_w} \tag{11.42}$$

式中 V——计算截面沿腹板平面的剪力设计值（N）；

     S——计算剪应力处以上或以下毛截面对中和轴的面积矩（mm^3）；

     I——毛截面惯性矩（mm^4）；

   t_w——腹板厚度（mm）。

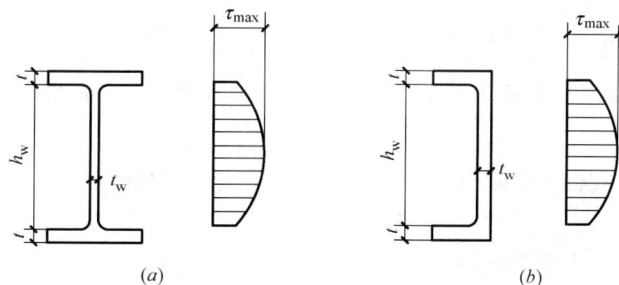

图 11.55   梁腹板剪应力

(a) 工字形截面；(b) 槽形截面

梁截面上最大剪应力发生在腹板的中和轴处，所以抗剪强度计算公式为：

$$\tau_{max} = \frac{VS_{max}}{It_w} \leqslant f_v \tag{11.43}$$

式中　S_{max}——中和轴以上毛截面对中和轴的面积矩；

　　　f_v——钢材的抗剪强度设计值，详见表 11.1。

当梁的抗剪强度不足时，最有效的办法是增大腹板的厚度 t_w。

4. 梁的整体稳定

（1）当铺板密铺在梁的受压翼缘上，并与其牢固相连，能阻止梁受压翼缘的侧向位移时，可不计算梁的整体稳定性。

（2）除上述（1）情况外，仅在最大刚度主平面内受弯的构件，其整体稳定性计算应满足（11.44）的要求。

$$\frac{M_x}{\varphi_b W_x} \leqslant f \tag{11.44}$$

式中　M_x——绕强轴作用的最大弯矩设计值；

　　　W_x——按受压最大纤维确定的梁毛截面模量；

　　　φ_b——梁的稳定系数，《钢结构设计标准》GB 50017—2017 附录。

（2）除上述第一条外，在两个主平面受弯的 H 型钢或工字形截面构件，其整体稳定性计算应满足（11.45）要求。

$$\frac{M_x}{\varphi_b W_x} + \frac{M_y}{\gamma_y W_y} \leqslant f \tag{11.45}$$

式中　M_x、M_y——绕强轴作用的最大弯矩设计值和绕弱轴作用的最大弯矩设计值；

　　　W_x、W_y——按受压最大纤维确定的对 x 轴的稳定计算截面模量和对 y 轴的毛截面模量（mm^3）；

　　　φ_b——绕强轴弯曲所确定的梁整体稳定系数，《钢结构设计标准》GB 50017—2017 附录。

5. 梁的局部稳定

（1）对钢梁腹板的要求

腹板高厚比应符合 $h_0/t_w \leqslant 80\sqrt{235/f_y}$ 的要求，否则要设置横向加劲肋。

当腹板高厚比 $h_0/t_w > 150\sqrt{235/f_y}$ 时，应设置纵向加劲肋。

（2）对钢梁翼缘的要求

钢梁受压翼缘自由外伸宽度与其厚度之比，应符合 $b/t \leqslant 13\sqrt{235/f_y}$。

箱形截面梁受压翼缘板在两腹板之间的无支撑宽度与其厚度之比，应符合 $b_0/t \leqslant 40\sqrt{235/f_y}$。

当箱形截面梁受压翼缘板设有纵向加劲肋时，b_0 取为腹板与纵向加劲肋之间的宽度。

（3）对钢梁加劲板的要求

在腹板两侧成对配置的横向加劲肋，其截面尺寸应符合下列要求：

加劲板外伸宽度 b_s　　　　　　　$b_s \geqslant \dfrac{h_0}{30} + 40$

加劲板厚度 t_s　　　　　　　　　$t_s \geqslant \dfrac{b_s}{15}$

6. 受弯构件的刚度要求

梁的变形（即挠度）过大不但影响正常使用，同时会造成不利工作条件。因此，梁设计时除保证强度条件外，还应保证其正常使用具有足够刚度。梁的刚度采用最大挠度来衡量，最大挠度值不应超过允许值，符合下式：

$$v \leqslant [v] \text{ 或 } v/l \leqslant [v]/l \qquad (11.46)$$

式中　l——梁的跨度，悬臂梁取 2 倍跨长；

　　　v——梁的最大挠度，按荷载标准值计算，截面按毛截面考虑；

　　v/l——梁的相对挠度；

　$[v]/l$——容许相对挠度，见《钢结构设计标准》GB 50017—2017。

受弯构件不能符合刚度要求时，应调整截面尺寸，其中以增加截面高度最为有效。

11.4.3　梁与梁的连接构造

梁与梁的连接主要指主、次梁的连接，有铰接和刚接两种受力形式。

（1）主、次梁的铰接连接。主、次梁的铰接连接可做成叠接或平接，如图 11.56 所示。

叠接：将次梁直接搁置在主梁上面，用螺栓或焊缝相连，这种连接方式构造简单，便于施工，但所占结构高度较大，如图 11.56（a）所示。

平接：次梁从侧面与主梁相连，次梁与主梁可为等高，或略高于或略低于主梁顶面。为便于与主梁加劲肋相连，次梁上下翼缘应切割一段。这种连接构造简单，安装方便，降低结构高度，焊接工作量较大，考虑偏心影响，计算所需焊缝或螺栓数量时宜将支座反力增加 20%～30%。当次梁截面或支座反力较大时，采用承托连接，以便安装就位。如图 11.56（b）、11.56（c）所示。

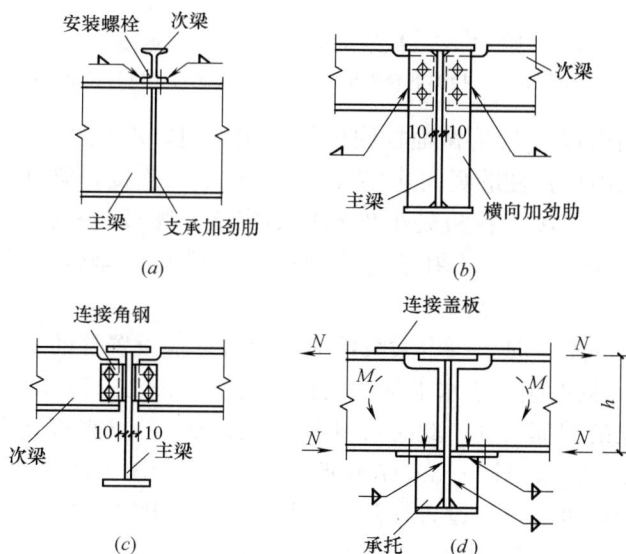

图 11.56　次梁与主梁的连接

（a）叠接；（b）平接；（c）平接；（d）刚接

（2）主次梁刚性连接。主次梁刚性连接也同样分为叠接和平接，如图 11.56（d）所示为刚性连接的平接。

叠接：次梁为连续梁与主梁叠接时，只需将次梁置于主梁顶面直接连续通过，做法同铰接叠接。

平接：主次梁平接时，次梁应支承于主梁承托上，梁顶面上应设置连接盖板。次梁支座反力靠承托传递给主梁，次梁的支座负弯矩所产生的上翼缘拉力由盖板传递，下翼缘压力由承托水平顶板传递，并按此水平力 N 计算连接盖板的截面及次梁的连接焊缝和承托顶板与主梁腹板的连接焊缝。水平力 $N=M/h$，h 为次梁高度。盖板和主梁上翼缘间连接焊缝因不受力，按构造要求施焊。为避免仰焊，上层板件应比下层板件稍窄。

11.4.4 梁与柱的连接构造

（1）框架梁柱连接宜采用柱贯通型，两个方向的梁都与柱刚性连接时，柱宜采用箱形截面。

（2）当框架梁与柱翼缘刚性连接时，梁翼缘与柱应采用全熔透焊缝连接，梁腹板与柱宜采用摩擦型高强度螺栓连接，如图 11.57（a）所示，悬臂梁段与柱应采用全焊接连接，如图 11.57（b）所示。

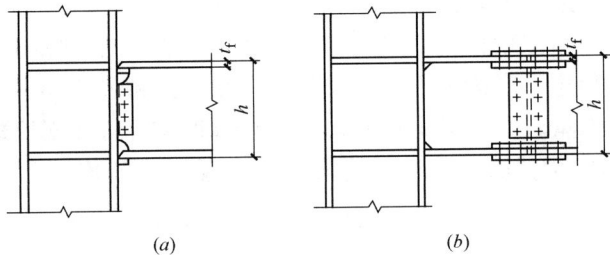

图 11.57 框架梁与柱翼缘的刚性连接
（a）框架梁与柱栓焊混合连接；（b）框架梁悬臂梁段与柱全焊接

（3）当框架梁端垂直于 H 形截面柱腹板与柱刚接时，应在梁翼缘对应位置设置横向加劲肋，在梁高范围内设置柱的竖向连接板。梁与柱现场连接，梁翼缘与柱横向加劲肋用全熔透焊缝连接，并应避免连接板处板件宽度的突变。腹板与柱连接板用高强度螺栓连接，如图 11.58（a）所示。当采用悬臂梁段时，梁段与柱全部焊接，如图 11.58（b）所示。

（4）当柱两侧梁高不等时，每个梁翼缘对应位置均应设置柱的水平加劲肋。加劲肋间距不应小于 150mm，且不应小于水平加劲肋的宽度，如图 11.59（a）所示。当不能满足此要求时，应调整梁的端部高度，此时可将截面高度较小的梁腹板高度局部加大，腋部翼缘的坡度不得大于 1∶3，如图 11.59（b）所示。当与柱相连的梁在柱的两个相互垂直的方向高度不等时，同样也应分别设置柱的水平加劲肋，如图 11.59（c）所示。

（5）梁与柱铰接，有两种方式，一是梁与柱的强轴连接，如图 11.60（a）所示，二是梁与柱的弱轴连接，如图 11.60（b）所示，与腹板相连的高强度螺栓，除应承受梁端剪力外，尚应承受偏心弯矩的作用。

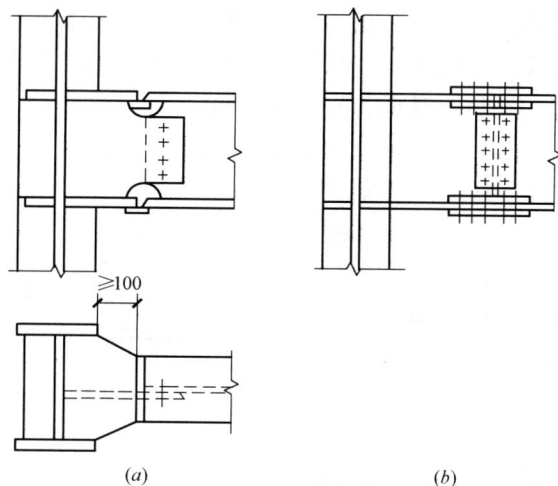

图 11.58　梁端垂直于 H 形截面柱腹板的刚性连接

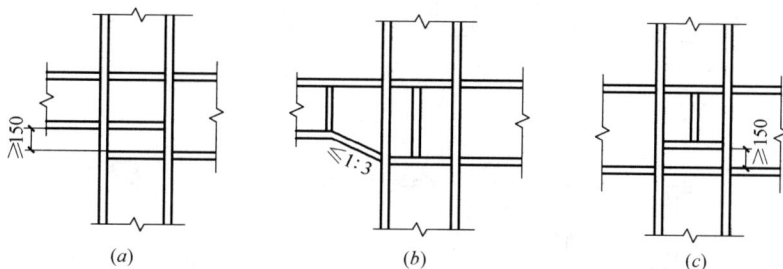

图 11.59　柱两侧梁高不等时的水平加劲肋

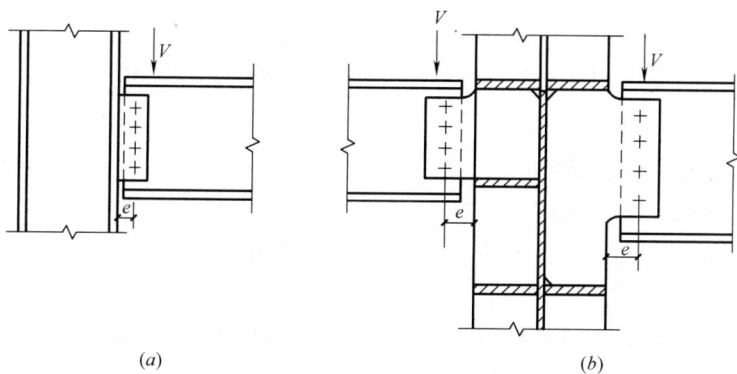

图 11.60　梁与柱的铰接

11.5　轴心受压构件

11.5.1　轴心受压构件的概述

　　钢结构建筑中，轴心受压构件应用比较广泛。受压构件根据截面形式的不同，分为实腹式受压构件和格构式受压构件两大类，实腹式受压构件有分三种形式：一是热轧型钢截面，如图 11.61（a）所示，如圆钢管、H 型钢、工字钢、槽钢、方钢管等；二是冷弯薄壁型钢截面，有方钢管、圆钢管等；三是型钢与型钢或型钢与钢板组合截面，如图 11.61（b）所示。

格构式受压构件容易实现两个主轴方向的等稳定性，同时刚度大、抗扭性能好，用料较省，如尺寸宽大的双肢、三肢、四肢格构式组合截面，如图 11.61（c）所示。

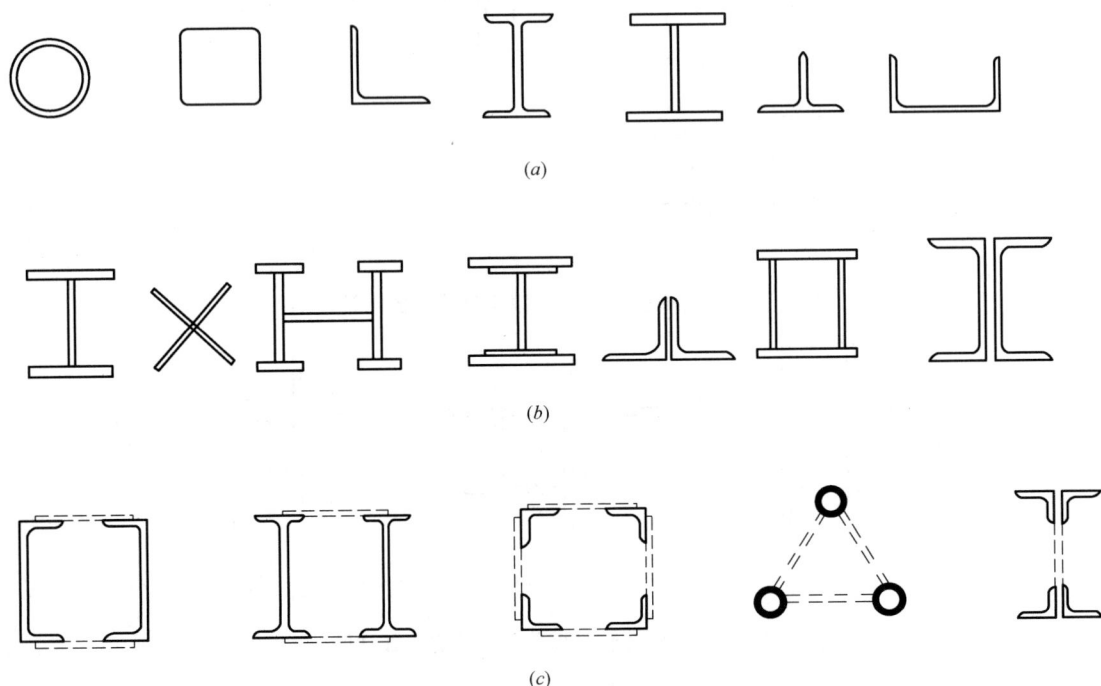

(a)

(b)

(c)

图 11.61　轴向受压构件的截面形式

（a）实腹式热轧型钢截面；（b）实腹式组合截面；（c）格构式组合截面

11.5.2　实腹式轴心受压构件

1. 受压构件截面设计原则

为了实现经济、合理的设计效果，解决可靠与经济这对矛盾，在确定实腹式轴心受压构件截面时，应考虑下列四个方面：

（1）等稳定性。使实腹式轴心受压构件两主轴方向的稳定承载能力基本相等，达到可靠且经济。

（2）宽肢薄壁。满足构件中板件高（宽）厚比限值条件的情况下，尽量使截面面积分布开展，以便获得较大惯性矩与回转半径，从而提高实腹式轴心受压构件的截面刚度及整体稳定性。

（3）连接方便。实腹式轴心受压构件构造简单，一般选用开敞式截面形式，因为开敞式截面便于与其他构件的连接，且制造方便，节省钢材。

（4）制造省工。尽可能要构造简单，加工省工，取材容易。

2. 受压构件的长细比

钢结构构件不应过分柔弱，应具有必要的刚度，保证构件不产生过大变形。这种过大的变形可能因其自重产生，也可能在运输或安装过程中产生。轴心受压构件还可能因为初始弯矩而在压力作用下变形逐渐增大，而产生屈曲，因此，为确保轴心受压构件能正常使用，对其刚度要求通过长细比来进行控制，即按下式验算：

$$\lambda_{max}=(l_0/i)_{max}\leqslant[\lambda] \tag{11.47}$$

式中　λ_{max}——杆件的最大长细比；

　　　l_0——杆件的计算长度；

　　　i——截面的回转半径；

　　　$[\lambda]$——容许长细比，见表 11.14。

受压构件的长细比容许值　　　　　　　　　　　　　　　　表 11.14

构件名称	容许长细比
轴心受压柱、桁架和天窗架中的压杆	150
柱的缀条、吊车梁或吊车桁架以下的柱间支撑	150
支撑	200
用以减少受压构件计算长度的杆件	200

3. 实腹式轴心受压构件的截面设计

设计实腹式轴心受压构件截面时，首先根据截面设计原则确定其合适的截面形式，然后对截面尺寸进行初选，再根据《钢结构设计标准》对应两个极限状态要求，验算实腹式轴心受压构件的承载能力极限状态（强度、整体稳定、局部稳定）及正常使用极限状态（刚度），具体步骤如下：

（1）假设实腹式轴心受压构件的长细比 λ，求出所需的截面面积 A。通常假定长细比 λ 为 50~100，当轴心压力较大，计算长度较小时，可取较小值，反之则取较大值。按照长细比 λ、截面分类及钢种可查《钢结构设计标准》GB 50017—2017 附录 D，得轴心受压构件稳定系数 φ，则所需截面面积可根据下式计算：

$$A\geqslant\frac{N}{\varphi f} \tag{11.48}$$

（2）求两个主轴所需要的回转半径，即

$$i_x=\frac{l_{0x}}{\lambda_x}\quad i_y=\frac{l_{0y}}{\lambda_y} \tag{11.49}$$

（3）由以上所求得的截面面积 A 与两个主轴的回转半径 i_x、i_y 优先选择热轧型钢，如工字钢、H 型钢等。若现有型钢规格不能满足所需截面尺寸，则可以采用三块钢板焊接的组合截面，此时需先初定截面轮廓尺寸，再根据回转半径确定所需截面的高度 h 与宽度 b，即

$$h=\frac{i_x}{\alpha_1}\quad b=\frac{i_y}{\alpha_2} \tag{11.50}$$

α_1、α_2 为系数，表示 h、b 与回转半径 i_x、i_y 之间的近似数值关系。若选用焊接组合截面，确定所需要的 A、h、b 之后，再考虑构造要求、局部稳定以及钢材规格等，确定组合截面的初选尺寸。

4. 受压构件的承载力计算

（1）考虑整体稳定轴心受压构件的承载力计算

$$\sigma=\frac{N}{\varphi A_n}\leqslant f \tag{11.51}$$

式中　N——受压构件的轴心压力设计值；

　　　A_n——受压构件的净截面面积；

　　　φ——轴心受压构件的稳定系数，见《钢结构设计标准》GB 50017—2017 附录 D。

（2）框架柱的承载力计算

$$\frac{N}{A_n}+\frac{M_x}{\gamma_x W_{nx}}+\frac{M_y}{\gamma_y W_{ny}}\geqslant f \tag{11.52}$$

式中　N——框架柱受到的轴心压力设计值；

　　　A_n——框架柱净截面面积；

　M_x、M_y——框架柱绕 x 轴和绕 y 轴的弯矩设计值；

　　　f——钢材的强度设计值，见表 12.1；

W_{nx}、W_{ny}——截面对 x 轴和 y 轴的净截面模量；

　γ_x、γ_y——截面对 x 轴和 y 轴的塑性发展系数，见《钢结构设计标准》GB 50017—2017。

5. 轴心受压构件的屈曲形式

理想轴心受压构件的整体屈曲形式包括以下三种形式，所谓理想轴心受压构件，就是假定杆件完全挺直，荷载沿杆件型心轴作用，杆件在受荷之前既没有初始应力，也没有初弯曲和初偏心等缺陷，截面沿杆件是均匀的。若此种杆件失稳，即称为发生屈曲，屈曲形式包括以下三种：

（1）弯曲屈曲：构件失稳时只发生弯曲变形，杆件截面只绕一个主轴旋转，杆的纵轴由直线变为曲线，是双轴对称截面常见的失稳形式。

（2）扭转失稳：构件失稳时除杆件的支承端外，各截面均绕纵轴扭转，是某些双轴对称截面可能发生的屈曲形式。

（3）弯扭失稳：对于单轴对称截面，当构件绕对称轴屈曲时，杆件在发生弯曲变形的同时也会伴随着扭转。

6. 轴心受压构件的整体稳定

实际的压杆与理想的压杆是不一样的，不可避免地会存在初始缺陷，这些初始缺陷对轴压构件的稳定承载均有不利的影响。

构件的初始缺陷可分为力学缺陷和几何缺陷两种，力学缺陷包括截面的纵向残余应力和截面各部分屈服点不一致等；几何缺陷包括构件的初弯曲和加载初偏心等，它们均会导致受压构件的稳定承载力下降。此外，构件端部的约束情况对压杆整体稳定也有影响，在一定情况下端部约束越强，构件的稳定承载力越高。

影响轴心受压构件稳定性的主要因素是构件的长细比，而长细比又与构件的自由长度、截面的回转半径、约束条件有关，在构件的中部加设支撑减小构件的自由，不但可以显著增加构件的稳定性，而且节约钢材，施工方便。

7. 实腹式受压柱的构造要求

为了增加实腹式受压柱的刚度，防止腹板运输和施工过程中发生较大的变形，提高柱的抗扭刚度，因此，当腹板的计算高度与厚度之比 $h_0/t_w>80\sqrt{235 f_y}$ 时，应设置横向加劲肋，加劲

肋的间距不大于 $3h_0$，双侧加劲肋的外伸宽度 $b_s \geq h_0/30+40$ （mm），厚度 $t_s \geq b_s/15$ （mm）。加劲肋宜对称设置，焊接柱的加劲肋与翼缘板相连接处应切角，避免过多的焊缝相交。

对于大型实腹式柱，应在每个运输单元的两端设置横隔，构件较长时还应设置中间横隔，其间距不得大于构件截面长边尺寸的 9 倍和 8m。

轴心受压实腹柱的纵向焊缝（翼缘与腹板的连接焊缝）受力很小，不必计算，可按照构造要求确定焊缝尺寸。

11.5.3　格构式轴心受压构件

格构式轴心受压构件，一般采用双轴对称截面。常用的截面形式是用两根槽钢或两根工字钢作为肢件，通过缀材（缀条或缀板）连成整体，便于调整两肢之间的距离，使构件对两个主轴的稳定性相等。有时也可采用四根角钢或三个圆钢管，作为肢件，通过缀材连成整体。

格构式轴心受压构件横截面上，穿过分肢腹板的轴叫作实轴（一般用 y-y 轴表示），而穿过两分肢之间与缀材平面相垂直的轴则叫作虚轴（一般用 x-x 轴表示）。

槽钢的翼缘可以向内，也可以向外，前者应用较为普遍，因为在其轮廓尺寸相同的情况下，可以获得较大的惯性矩，并且外观平整，方便和其他构件相连接。

受力较大构件，可采用两根工字钢作为肢件，必要时还可以采用组合工字形或 H 型钢作为肢件。

受力较小而长细比较大的构件，可采用四根角钢作为分肢组成格构式截面，四面都用缀材相连接，这时两个轴 x-x、y-y 皆为虚轴。这种截面可以使较小的截面面积获得较大的截面刚度，但其不足是制作比较费工。

缀条式格构柱常用角钢作为缀条，缀条可布置成带横杆的三角形体系或不带横杆的三角形体系，如图 11.62 （a）（b）所示。缀板式格构柱常采用钢板作为缀板，如图 11.62 （c）所示。

如图 11.63 所示，为四根角钢作为肢件的缀板式格构柱。

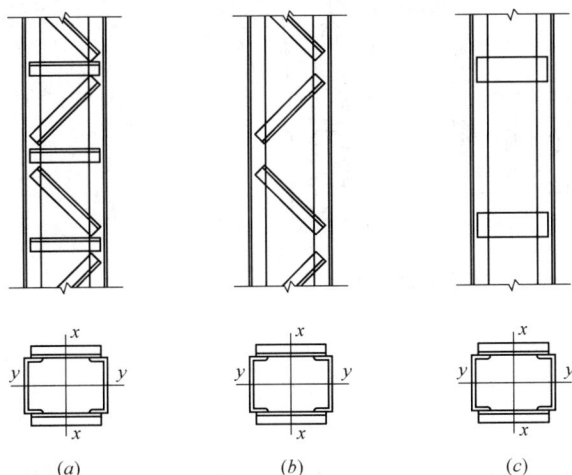

图 11.62　双肢格构柱

（a）带横杆的缀条式格构柱；（b）不带横杆的缀条式格构柱（c）缀板式格构柱

图 11.63　四根角钢作为肢件的缀板式格构柱

11.5.4   柱与柱的连接构造

（1）钢框架宜采用工字形柱或箱形柱，钢骨混凝土框架部分宜采用工字形或十字形柱。

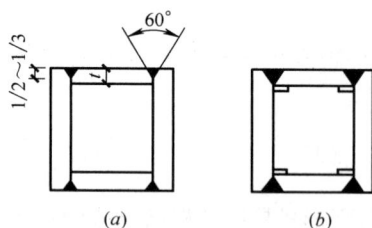

图 11.64   箱形组合柱的
角部组装焊缝

（*a*）部分熔透焊缝；（*b*）全熔透焊缝

（2）箱形柱宜采用焊接柱，其角部的组装焊缝应为部分焊透的 V 形或 U 形焊缝，焊缝厚度不应小于板厚的 1/3，并不应小于 14mm，抗震设防时不应小于板厚的 1/2（图 11.64*a*）。当梁与柱刚性连接时，在框架梁的上、下 600mm 范围内，应采用全熔透焊缝（图 11.64*b*）。

（3）在柱的工地接头处应设置安装耳板，耳板厚度应根据阵风和其他的施工荷载确定，并不得小于 10mm。耳板宜仅设置于柱的一个方向的两侧，或柱接头受弯应力最大处。

（4）十字形柱与箱形柱相连处，在两种截面的过渡段中，十字形柱腹板应伸入箱形柱内，其伸入长度应不小于钢柱截面高度加 200mm。如图 11.65 所示，与上部钢结构相连的钢骨混凝土柱，沿其全高应设栓钉，栓钉间距和列距在过渡段内宜采用 150mm，不大于 200mm；在过渡段外不大于 300mm。

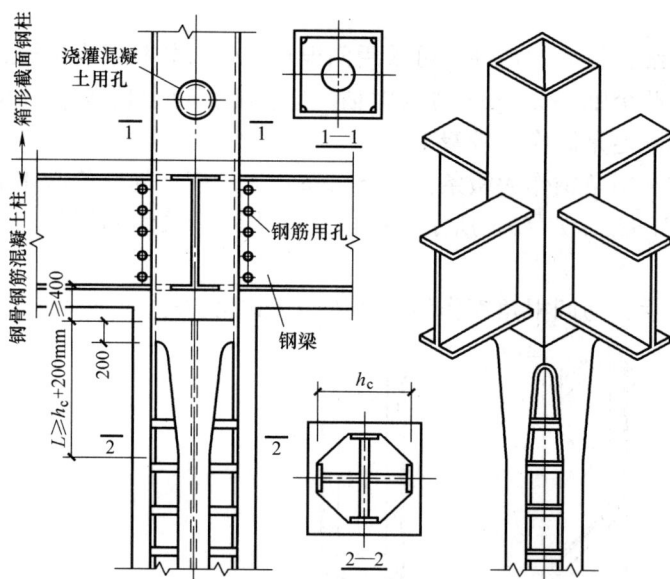

图 11.65   箱形截面柱与十字形截面柱的连接

11.5.5   柱脚节点的构造

1. 柱脚的功能

柱脚的功能是将柱子的内力，可靠地传递给基础，并和基础有牢固的连接。柱脚构造应该尽可能符合结构的计算简图。作为钢结构的柱脚，亦即钢柱与钢筋混凝土基础或基础梁的连接节点，设计时必须明确地反映出受力特性，才能使施工者有足够的认识，以保证施工的质量。

2. 柱脚的形式

柱脚具体构造取决于柱的截面形式及柱与基础的连接方式。柱与基础的连接方式有铰接连接柱脚和刚性固定连接柱脚两大类，如图 11.66 和图 11.67 所示。刚性固定连接柱脚

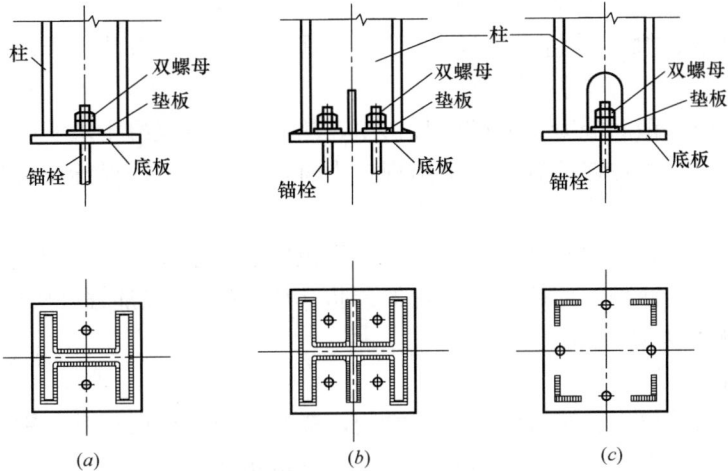

图 11.66　铰接柱脚示例

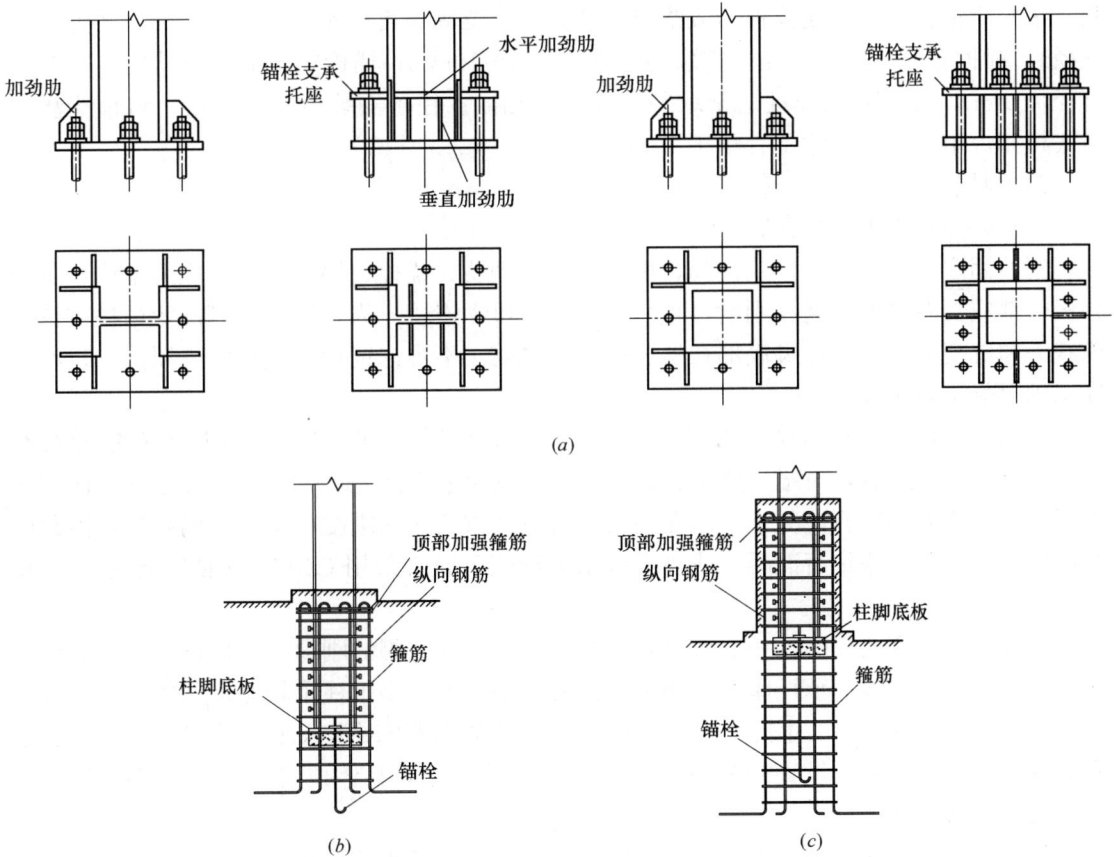

(a)

图 11.67　刚性固定柱脚示例
(a) 刚性固定外露（支承）式柱脚；(b) 埋入式柱脚；(c) 外包式柱脚

（简称刚接柱脚）与混凝土基础的连接方式有埋入式、外包式、外露式（支承式）三种，铰接柱脚宜采用外露式。

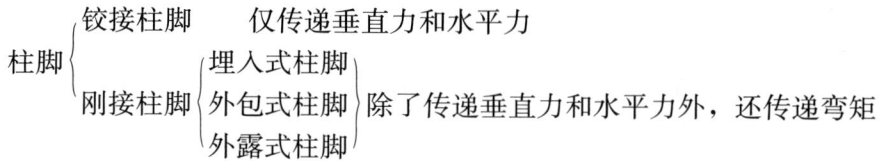

$$
柱脚
\begin{cases}
铰接柱脚 & 仅传递垂直力和水平力 \\
刚接柱脚
\begin{cases}
埋入式柱脚 \\
外包式柱脚 \\
外露式柱脚
\end{cases}
& 除了传递垂直力和水平力外，还传递弯矩
\end{cases}
$$

埋入式柱脚插入钢筋混凝土基础的杯口中，然后用细石混凝土填实，通过柱身与混凝土之间的接触传力。当柱在荷载组合下出现拉力时，可采用预埋锚栓或柱翼缘设置栓钉等办法解决。

外包式柱脚的传力方式与埋入式相似，因外包层混凝土较薄，需配置钢筋予以加强。

支承（外露）式柱脚，一般均应设置加劲肋（加劲板），以加强柱脚的刚度。

3. 柱脚的基本构造

1）铰接柱脚

铰接柱脚的锚栓仅作安装过程的固定之用，锚栓直径通常根据其与钢柱板件厚度和底板厚度相协调的原则来确定，一般可在 20～42mm 的范围内采用，且不宜小于 20mm。锚栓数目通常采用 2 个或 4 个，同时尚应与钢柱的截面形式、截面大小，以及按照要求相协调。锚栓应设置弯钩，或锚板，或锚梁，此时，其锚固长度一般不宜小于 25d（d 为锚栓直径）。锚栓底板的锚栓孔径，宜取锚栓直径加 5～10mm；锚栓垫板的锚栓孔径，取锚栓直径加 2mm。锚栓垫板厚度通常取与底板厚度相同。柱子安装矫正完毕后，将锚栓垫板与底板相焊牢，焊接尺寸不宜小于 10mm。

2）刚接柱脚

（1）外露（支承）式柱脚

刚性固定外露（支承）式柱脚，由底板、加劲肋、锚栓、锚栓支承托座等组成，各部分板件都应具有足够强度和刚度，且相互间应有可靠连接。为了满足柱脚固定，提供柱脚承载力和抗变形能力，柱脚底部在形成塑性铰之前，不容许锚栓和底板发生屈曲，也不容许基础混凝土被压坏。

采用增设加劲肋和锚栓支承托座等补强措施，如图 11.68 所示。设计上对锚栓留有 15%～20% 的富余量，对锚栓施加预拉力，预拉力宜控制在 5～8kN/m² 的范围。柱脚底板下部二次浇灌的细石混凝土或水泥砂浆，将对柱脚的初期刚度产生很大的影响，因此应灌注以高强度微膨胀细石混凝土或高强度水泥砂浆，通常采用 C40 细石混凝土或 M50 膨胀水泥砂浆。

刚性固定外露式柱脚，一般应设置加劲肋，以加强柱脚的刚度，当荷载大、嵌固要求高时，尚应增设锚栓支承托座等补强措施。底板厚度不应小于柱子较厚板件的厚度，且不宜小于 30mm。当底板尺寸较大时，为在底板下二次浇灌混凝土或水泥砂浆，并保证能紧密充满，应在底板上开设直径 80～105mm 的排气孔数个，具体位置根据柱脚构造确定。

（2）埋入式柱脚

刚性固定埋入式柱脚是直接将钢柱埋入钢筋混凝土基础或基础梁的柱脚，如图 11.68（e）所示。柱脚的埋入办法：一是预先将钢柱脚按要求组装固定在设计标高上，然后浇灌基础或基础梁的混凝土；另一种是预先按要求浇灌基础或基础梁的混凝土，在浇灌混凝土

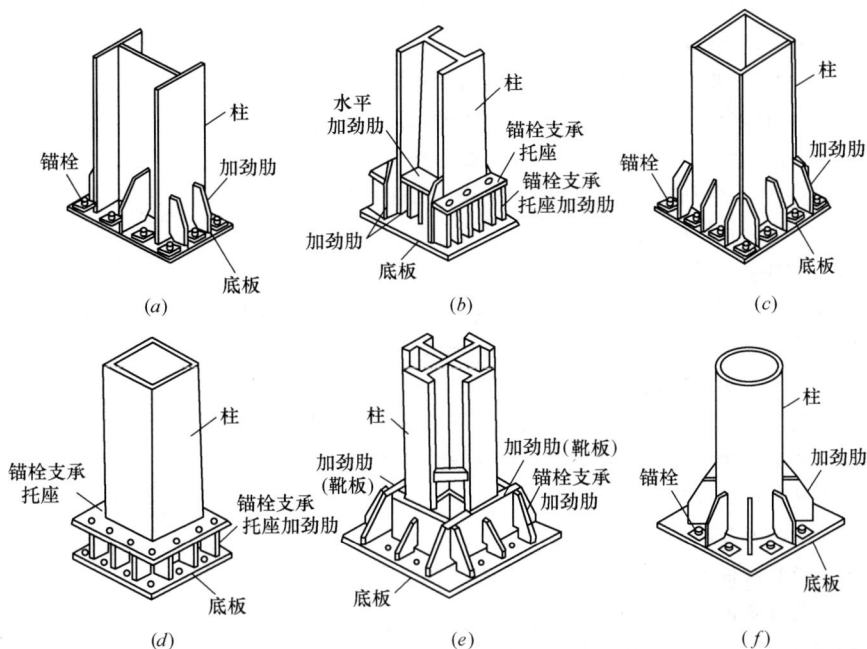

图 11.68　外露式柱脚的补强示例

时，按要求留出安装钢柱脚用的插入杯口，待安装好钢柱脚后，再用混凝土强度等级比基础高一级的混凝土灌实。通常情况下，前一种方法对提高和确保钢柱脚和混凝土基础或基础梁的组合效应和整体刚度有利，所以工程实际中常被采用。

埋入式柱脚中，钢柱埋入基础或基础梁的深度 S_d，一般可在以下范围内采用：

对于轻型工字形截面柱：$S_d \geq 2.0 h_c$。

对于大型截面 H 型钢柱、箱形截面柱、圆钢管截面柱：$S_d \geq 3.0 h_c$。

h_c——钢柱的截面高度或管径。

（3）外包式柱脚

刚性固定外包式柱脚，就是按一定的要求将钢柱脚采用混凝土包起来（图 11.68f）。外包式柱脚的设置位置，有在楼、地面之上的，也有在楼、地面之下的，视具体情况而定。外包式柱脚中，钢筋混凝土的包脚高度 H_{Rc} 一般可在以下范围内采用：

对于轻型工字型截面柱：$H_{Rc} \geq 2.0 h_c$。

对于大型截面 H 型钢柱、箱形截面柱、圆钢管截面柱：$H_{Rc} \geq 3.0 h_c$。

h_c——钢柱的截面高度或管径。

习　题

思考题

11.1　钢结构有哪些优缺点？

11.2　根据化学成分和用途不同，钢材可分为哪些类型？

11.3　热轧型钢截面形式有哪些?

11.4　钢材的主要力学指标有哪些?

11.5　结构钢材的选用应遵循哪些原则,钢材质量等级如何选用?

11.6　钢结构的连接方法有哪些?目前最常用的连接方式是哪两种?

11.7　钢结构焊接连接的构造设计应符合哪些原则?

11.8　埋弧焊有哪些特点?主要用于哪些钢构件的焊接?

11.9　螺栓连接按材质不同分为哪两种?

11.10　螺栓连接形式具有哪些优缺点?

11.11　高强度螺栓从外形上分哪两种?高强度螺栓按受力特征不同分为哪些类型?

11.12　钢结构构件采用焊接连接时,焊接接头主要起什么作用?

11.13　焊接接头根据被连接工件的相对位置分为哪些接头形式?

11.14　焊缝的基本符号有哪些?请绘制图形来表达焊缝常见接头形式。

11.15　实腹式和格构式受弯构件可分别设计成哪些截面形式?

11.16　受弯构件梁的设计有哪些要求?

11.17　保证梁的整体稳定措施有哪些?

11.18　轴心受压构件可以设计成哪些截面形式?

11.19　受压构件截面设计有哪些原则?

11.20　如何保证轴心受压构件的整体稳定性?

单项选择题

11.1　空间钢结构是指空间跨度较大的钢结构建筑,对其主要结构形式的描述准确的是(　　)。

A. 网架、网壳、门式刚架、悬索结构等

B. 钢框架、钢平台、钢扶梯、钢爬梯

C. 型钢混凝土结构、钢管混凝土结构、索膜结构、预应力结构

D. 轻钢结构、框架结构、筒体结构、塔桅结构

11.2　空间钢结构主要用于建造(　　)。

A. 别墅、住宅、厂房等

B. 体育场馆、机场、展览馆等

C. 电梯井、雨棚、地铁站等

D. 影剧院、住宅、公寓等

11.3　高耸钢结构包括塔架和桅杆结构,下列选项中均属于高耸钢结构的是(　　)。

A. 电视发射塔、飞机修理库、环境气象塔

B. 机场指挥塔、景观平台、输电线路塔

C. 火箭发射塔、电视发射塔、微波发射塔

D. 炼油化工塔、排气塔、操场看台

11.4　B、C、D、E这四个质量等级的低合金钢,均需保证抗拉强度、屈服点、伸长率、冷弯以及冲击韧性的力学性能,冲击韧性试验的温度分别为(　　)。

A. +20℃、0℃、-20℃、-40℃

B. +40℃、+20℃、0℃、-20℃

C. +30℃、+20℃、+10℃、0℃

D. +20℃、+10℃、0℃、-10℃

11.5　下列H型钢符号中第二个字母被＊代替了,请根据截面尺寸的高宽比,判断出属于宽翼缘H型钢的是(　　)。

A. H＊500×500×15×20

B. H * 250×175×7×11

C. H * 200×100×5.5×8

D. H * 400×150×8×13

11.6　钢板按厚度的不同，可分为薄板、中板、厚板、特厚板和超厚板，均属于厚板的选项是（　　）。

A. 12mm、40mm、50mm 厚度的钢板

B. 40mm、60mm、70mm 厚度的钢板

C. 100mm、110mm、120mm 厚度的钢板

D. 140mm、150mm、180mm 厚度的钢板

11.7　焊条的选用应按等强度、同性能原则进行选用，焊条应与焊件金属强度相适应，对于 Q235 钢焊件，选用（　　）系列焊条。

A. E43　　　　　B. E50　　　　　C. E55　　　　　D. E60

11.8　下列哪种破坏形式，由所选螺栓的夹紧长度为 4～6 倍（普通螺栓）和 5～7 倍（高强螺栓）螺栓直径的构造要求来保证？（　　）

A. 螺栓杆被剪断　　　　　　　　B. 螺栓杆受弯破坏

C. 钢板被拉断　　　　　　　　　D. 端部钢板被剪断

11.9　施焊人俯着身体，面朝下进行操作，手把夹持焊条由左向右连续移动，这种施焊方式为（　　）。

A. 平焊（即俯焊）　B. 横焊　　　　　C. 立焊　　　　　D. 仰焊

11.10　施焊人对着工件，手把夹持焊条由下至上一点接一点连续移动，这种施焊方式为（　　）。

A. 平焊（即俯焊）　B. 横焊　　　　　C. 立焊　　　　　D. 仰焊

11.11　焊接操作条件最差，焊缝质量不易保证，应尽量避免采用的是（　　）。

A. 平焊（即俯焊）　B. 横焊　　　　　C. 立焊　　　　　D. 仰焊

11.12　下列哪张图属于高强度螺栓（　　）。

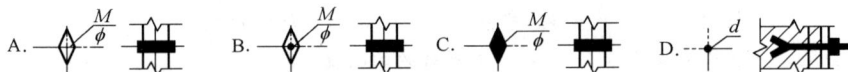

11.13　下列哪种破坏形式，由螺栓端距 $\geq 4d_0$ 来保证？（　　）

A. 螺栓杆被剪断　　B. 孔壁被压坏　　C. 钢板被拉断　　D. 端部钢板被剪断

11.14　假定螺栓受剪面上的剪应力均匀分布，单个螺栓抗剪承载力设计值的计算公式为（　　）。

A. $N_v^b = n_v \cdot \dfrac{\pi d^2}{4} \cdot f_v^b$　　　　　　B. $N_c^b = d \cdot \sum t \cdot f_c^b$

C. $N_v^b = \alpha_R n_f \mu P$　　　　　　　　D. $\sigma = \dfrac{N}{A_n} \leqslant f$

11.15　下列哪种螺栓连接方式，其承载力高于摩擦型连接，但变形较大，不宜用于直接承受动力荷载的结构？（　　）

A. 摩擦型　　　　　B. 承压型　　　　　C. 张拉型　　　　　D. 剪压型

11.16　H 型钢的型号规格较多，用于梁的 H 型钢宜为（　　）。

A. 宽翼缘型（即 HW 型）　　　　　B. 中翼缘（即 HM 型）

C. 窄翼缘型（即 HN 型）　　　　　D. 薄壁型（即 HT 型）

11.17　梁按塑性方法设计抗弯强度时，受单向弯矩 M_x 作用下的梁，其弯曲正应力计算公式是（　　）。

A. $M_{xe} = W_{nx} f_y$　　　　　　B. $M_{xp} = f_y(S_{1nx} + S_{2nx}) = W_{pnx} f_y$

C. $\sigma=\dfrac{M_x}{\gamma_x W_{nx}}\leqslant f$ 　　　　　　　　　D. $\sigma=\dfrac{M_x}{\gamma_x W_{nx}}+\dfrac{M_y}{\gamma_y W_{ny}}\leqslant f$

11.18　梁按塑性方法设计抗弯强度时，受双向弯矩 M_x、M_y 联合作用，双向弯曲的梁，其弯曲正应力的计算公式是（　　）。

A. $M_{xe}=W_{nx}f_y$ 　　　　　　　　B. $M_{xp}=f_y(S_{1nx}+S_{2nx})=W_{pnx}f_y$

C. $\sigma=\dfrac{M_x}{\gamma_x W_{nx}}\leqslant f$ 　　　　　　　　D. $\sigma=\dfrac{M_x}{\gamma_x W_{nx}}+\dfrac{M_y}{\gamma_y W_{ny}}\leqslant f$

11.19　梁截面上最大剪应力发生在腹板的中和轴处，所以抗剪强度计算公式为（　　）。

A. $\tau_{max}=\dfrac{VS_{max}}{It_w}\leqslant f_v$ 　　　　　　B. $\tau=\dfrac{VS}{It_w}$

C. $\sigma=\dfrac{M_x}{\gamma_x W_{nx}}\leqslant f$ 　　　　　　D. $\sigma=\dfrac{M_x}{\gamma_x W_{nx}}+\dfrac{M_y}{\gamma_y W_{ny}}\leqslant f$

11.20　梁的刚度可用梁的最大挠度来衡量，最大挠度允许值表达 $w/l\leqslant[w/l]$ 中的 $[w/l]$ 是指（　　）。

A. 梁的跨度　　　B. 最大挠度　　　C. 相对挠度　　　D. 容许相对挠度

11.21　为确保轴心受压构件能正常使用，对其刚度要求按公式 $\lambda_{max}=(l_0/i)_{max}\leqslant[\lambda]$ 进行控制，其中 λ_{max} 的含义是（　　）。

A. 杆件的最大长细比　　　　　　B. 构件的长细比值
C. 构件的最大刚度值　　　　　　D. 杆件的刚度

11.22　十字形柱与箱形柱相连处，在两种截面的过渡段中，十字形柱的腹板应伸入箱形柱内，其伸入长度应不小于钢柱截面高度加（　　）。

A. 100mm　　　B. 200mm　　　C. 300mm　　　D. 400mm

11.23　埋入式柱脚插入钢筋混凝土基础的杯口中，然后用细石混凝土填实，通过柱身与混凝土之间的接触传力。当柱在荷载组合下出现拉力时，可采用（　　）等方法解决。

A. 设置抗剪件　　B. 焊接钢筋　　C. 预埋锚栓　　D. 柱翼缘设置栓钉

11.24　外包式柱脚的传力方式与埋入式相似，因外包层混凝土较薄，需配置（　　）予以加强。

A. 钢筋　　　B. 栓钉　　　C. 檩条　　　D. 压型钢板

11.25　支承式柱脚，一般均应设置（　　），以加强柱脚的刚度。

A. 加劲肋　　　B. 加劲板　　　C. 钢筋　　　D. 栓钉

11.26　铰接柱脚的锚栓仅作安装过程的固定之用，锚栓的直径通常根据其与钢柱板件厚度和底板厚度相协调的原则来确定，一般可在（　　）的范围内采用，且不宜小于20mm。

A. 10～30mm　　B. 22～36mm　　C. 20～42mm　　D. 30～40mm

11.27　刚性固定支承式柱脚，主要由（　　）等组成。

A. 底板、加劲肋、锚栓、锚栓支承托座　　B. 钢板、托座、锚栓、隔撑
C. 底板、螺栓、加劲板、锚栓　　　　　　D. 钢板、肋板、锚栓、加劲板

11.28　埋入式柱脚中，h_c 为钢柱的截面高度或管径，则对于轻型工字形截面钢柱埋入基础或基础梁的深度 S_d 的要求是（　　）。

A. $S_d\geqslant1.0h_c$　　B. $S_d\geqslant2.0h_c$　　C. $S_d\geqslant3.0h_c$　　D. $S_d\geqslant4.0h_c$

11.29　外包式柱脚中，h_c 为钢柱的截面高度或管径，钢筋混凝土的包脚高度 H_{Rc}，对于轻型工字形截面柱取（　　）。

A. $H_{Rc}\geqslant1.0h_c$　　B. $H_{Rc}\geqslant2.0h_c$　　C. $H_{Rc}\geqslant3.0h_c$　　D. $H_{Rc}\geqslant4.0h_c$

11.30　验算轴心受压构件的正常使用极限状态，应考虑的是（　　）。

A. 强度　　　B. 整体稳定　　　C. 局部稳定　　　D. 刚度

混凝土结构施工图识读

12.1 概　　述

12.1.1　建筑工程施工图的组成与作用

1. 建筑工程施工图的组成

建筑工程施工图通常由建筑施工图、结构施工图、设备施工图、建筑节能、绿色建筑设计等内容组成。

（1）建筑施工图（简称建施）

建筑施工图主要表达房屋建筑的规划位置、内部各空间的功能布置、立面造型、内外装修、建筑高度、节点构造及施工要求等。由建筑设计总说明、建筑总平面图、各层平面图、立面图、剖面图及详图等组成。

（2）结构施工图（简称结施）

结构施工图主要表达房屋的基础类型、基础平面、基础详图，梁、板、柱（墙）等各构件布置，构件的材料、截面尺寸、配筋以及构件间的连接、构造要求。由结构设计总说明、桩位图、基础平面图、基础详图、墙柱平面图、梁平面图、结构平面图及详图等组成。

（3）设备施工图

设备施工图一般按工种分为给水排水施工图、电气施工图、采暖通风施工图、楼宇智能化（弱电）施工图等。设施图由施工说明、各设备的平面布置图、系统图、施工详图及材料表等组成。

2. 混凝土结构施工图的组成

结构施工图是结构设计的最终成果，是一套表达建筑物的结构类型、结构构件布置（含截面与配筋）及结构详图、结构材料的图纸；混凝土结构施工图一般由结构设计说明、结构构件布置图（含配筋）及详图组成。

1）结构设计说明

结构设计总说明，一般位于结施图的首页，主要内容有：

（1）结构概况。叙述结构设计的基本情况。

（2）主要设计依据。采用的结构设计标准及影响结构设计的各种技术条件。

（3）地基及基础。注明设计要求及设计参数，明确施工及检测要求等。

（4）材料的选用。

（5）有关构造及施工要求。

（6）采用标准图集的名称与编号。

（7）其他需要说明的内容。

结构设计说明的内容具有全局性、纲领性，是施工的重要依据，需逐条认真阅读。

2）结构构件布置平面图及配筋图

主要表达基础、梁、板、柱（墙）等构件的平面布置，各构件的截面尺寸、配筋。结构平面图一般由：

（1）基础平面图（桩基础时还包括桩位平面图、承台平面图）；

（2）各标准层结构平面图，当为现浇楼（屋）盖时在平面图中同时表示板的配筋；

（3）梁、柱、剪力墙各标准层平面及配筋详图。

3）详图

包括基础详图，楼梯、电梯间结构详图，节点详图。

结构施工图图号一般按施工顺序排序，依次为图纸目录、结构设计总说明、基础平面图（含基础详图）、柱（剪力墙）平面及配筋（自下而上按层排列）、楼（屋）面结构平面图（自下而上按层排列）、梁平面及配筋（自下而上按层排列）、楼梯及节点详图等。

3. 施工图的作用

建筑工程设计文件是工程技术界的通用语言，是有关工程技术人员进行信息传递的载体，是具有法律效力的正式文件，是建筑工程重要的技术档案。

结构施工图是设计人员综合考虑建筑的规模、使用功能、业主的要求、当地材料的供应情况、场地周边的现状、抗震设防要求等因素，根据国家及省市有关现行规范、规程、规定，以经济合理、技术先进、确保安全为原则而形成的结构工种设计文件。

结构施工图，是建筑工程主体结构施工的指导性文件，它是进行结构构件制作、安装、编制预算和施工进度计划的依据，是监理单位工程质量检查与验收的依据。

建筑工程竣工后，施工单位必须根据工程施工图纸及设计变更文件，认真绘制竣工图纸交给业主存档，作为今后使用与维修、改建、鉴定的重要依据。

12.1.2　混凝土结构施工图平面整体表示方法

现行混凝土结构施工图一般均按混凝土结构施工图平面整体表示方法制图规则绘制。《混凝土结构施工图平面整体表示方法制图规则和构造详图》16G101-1～3 由中国建筑标准设计研究院编制出版（以下简称平法），它由制图规则与构造详图两部分组成。本单元仅介绍适用于上部结构的 16G101-1 图集。

1. 平法施工图的表达方式与特点

混凝土结构施工图平面整体表示方法，概括来讲，就是将结构构件的尺寸和配筋等，按照平面整体表示方法制图规则，整体、直接表达在各类构件的结构平面布置图上，再与标准构造详图配合，即构成一套新型完整的结构设计文件。

　　构造详图是根据现行《混凝土结构设计规范》《高层建筑混凝土结构技术规程》《建筑抗震设计规范》等有关规定，对各类构件的保护层厚度、锚固长度、钢筋连接、节点构造给出标准做法。设计人员也可根据工程实际情况，按国家有关规范对其作出必要的修改，并在结构施工说明中加以注明。《混凝土结构施工图平面整体表示方法制图规则和构造详图》16G101-1供设计、施工单位直接选用。

　　平法施工图具有以下特点：

　　(1) 采用平法制图规则，单张施工图纸的信息量大，易修改、校审，有利于提高工程设计质量，便于施工管理。

　　(2) 构件分类明确，采用标准化的构造详图，可避免节点详图的重复绘制、漏绘、错绘，有利于减少设计差错，保证工程质量。

　　(3) 有利于提高设计效率，降低设计成本，有利于节能减排。

2. 平法施工图一般规定

　　平法制图规则适用于各种现浇混凝土结构的柱、剪力墙、梁、板等构件的结构施工图设计。

　　按平法制图规则绘制结构施工图时，必须按照各类构件的平法制图规则，在按结构层（标准层）绘制的平面布置图上直接表示各构件的尺寸和配筋。在平面布置图上表示各构件的尺寸和配筋的方式有平面注写方式、列表注写方式、截面注写方式三种。

　　按平法制图规则绘制结构施工图时，应当用表格或其他方式注明包括地下和地上各层的结构层楼（地）面标高、结构层高及相应的结构层号，注明上部结构嵌固部位位置；框架柱的嵌固部位在基础顶面时，可不注；框架柱的嵌固部位不在基础顶面时，应在层高表嵌固部位标高下使用双细线注明，并在层高表下注明嵌固部位标高；框架柱的嵌固部位不在地下室顶板，但仍需考虑地下室顶板对上部结构实际存在的嵌固作用时，可在层高表地下室顶板标高下使用双虚线注明，此时首层柱端箍筋加密区长度范围及纵筋连接位置均按嵌固部位要求设置。对于剪力墙尚应注明底部加强部位位置。

　　结构层楼面标高与结构层高在单项工程中必须统一，并应将其分别放在柱（墙）、板、梁等各类构件的平法施工图中。结构层号应与建筑楼层号一致。

　　按平法制图规则绘制结构施工图时，应将所有柱、墙、梁、板等构件进行编号，编号中含有类型代号和序号；其中，类型代号的作用是指明所选用的标准构造详图。在标准构造详图上，已经按其所属构件类型注明代号，以明确该详图与平法施工图中构件的互补关系，使两者结合构成完整的结构设计图。

　　当采用平法标准图集时，其标准构造详图可根据具体工程实际，按现行国家标准进行相应的修改变更，并在结构施工图中注明。

　　当采用平法设计时，应在结构设计总说明中写明下列内容：

　　(1) 注明所选用平法标准图集的图集号。

　　(2) 应注明抗震设防烈度及结构抗震等级，以便正确选用相应的标准构造详图。

　　(3) 注明各类构件在其所在部位所选用的混凝土强度等级与钢筋级别，以确定钢筋的锚固长度与连接要求。

　　(4) 注明不同部位构件所处的环境类别，以便确定相应的混凝土保护层厚度。

（5）当采用平法标准图集，其标准详图有多种做法可供选择时，应写明在何部位采用何种做法；未注明时，施工人员可以任选一种构造做法进行施工；但是部分节点要求设计者直接明确构造做法。

（6）设置后浇带时，注明后浇带的位置、浇筑时间、后浇带混凝土强度等级以及其他要求。

（7）若对平法标准图集的标准构造详图作出变更时应写明变更的具体内容。

（8）其他特殊要求。

12.1.3　混凝土结构施工图识读方法与步骤

一个建筑单体的施工图，有建施、结施、水施、暖施、电施及智能化设计等施工图组成，图纸数量通常有几十张甚至上百张。施工单位在项目开工前，首先应通过对设计施工图全面、仔细的识读，对建筑的概况、要求有一个全面的了解，及时发现设计中各工种之间存在矛盾的、设计中不明确的、施工中有困难的及设计图中有差错的地方，并通过图纸会审的方式予以提出，便于设计单位对施工图作进一步的修改与完善，以保证工程施工的顺利进行。

初学者拿到施工图后，通常会感到无从着手，不得要领。要提高识图效率，首先应熟悉施工图制图规则，熟悉房屋建筑构造、结构构造，熟悉有关规范；其次要有正确的识读方法；第三，还应有现场施工与管理经验。只有通过大量的生产实践，才能不断提高识图能力。

结构施工图识读一般宜遵循以下原则：先建筑，后结构，再设备；结施与建施对照看，其他设施图参照看；先粗后细，先大后小。

（1）先建筑，后结构，再设备；结施与建施对照看，其他设施图参照看。一般先阅读建施图，了解建筑概况、使用功能及要求、平面布置、层数与层高、门窗尺寸及门窗顶标高、楼（电）梯间、内外装修、节点构造及施工要求等基本情况。然后再阅读结施图，在阅读结施图的同时应对照相应的建施图，应特别注意梁柱的布置与建施图有无矛盾、梁的截面尺寸与门窗尺寸及门窗顶标高有无矛盾、结构标高与建筑标高及面层做法是否统一、结构详图与建筑详图有无矛盾。最后阅读设备图，应特别注意设备的布置与建施图有无矛盾、设备的预留孔位置及尺寸与结构布置有无矛盾、结构预留孔的数量及位置是否正确、各设备工种之间有无矛盾。只有将三者结合看，才能正确、全面地了解施工图的全貌，并发现存在的矛盾和问题。

（2）先粗后细，先大后小。先粗看一遍，了解工程的概况、结构方案、设备布置与要求等，然后再细看每一张图纸、每一个构件、每一个节点详图。

施工图难免会存在或多或少的问题，常见的有以下几项：

① 设计遗漏，该表达的没有表达或者表达不清，无法施工；

② 设计矛盾，比如结施和建施中应该相符合的地方出现不符合的情况；

③ 设计不合理，按图施工造成施工困难或无法施工；

④ 设计错误，图纸中存在违反设计、施工规范的内容。

识读过程中要边看边整理汇总，发现图纸中存在的问题，留待技术交底或图纸会审时一并提出，以便设计单位对设计作进一步的修改与完善。

12.2 结构设计总说明的识读

1. 结构设计总说明的内容

结构设计总说明，是以文字说明为主的、带有全局性的纲领性文件，每一单项工程均会编写一份结构设计总说明。对于简单的小型单项工程，设计总说明中的内容可分别写在基础平面图和各层结构平面图上。

结构设计总说明包括以下内容：

（1）结构概况

① 如建设地点、结构类型、层数、结构总高度；

② 结构的安全等级、设计使用年限、设计耐火等级、混凝土结构构件裂缝控制等级；

③ 人防工程的抗力等级；

④ 设计±0.000 标高所对应的绝对标高值；

⑤ 图纸中标高、尺寸的单位。

（2）设计依据

① 本工程结构设计所采用的主要标准与法规；

② 相应的工程地质勘察报告；

③ 采用的设计荷载，包括工程所在地的风荷载与雪荷载、楼（屋）面使用荷载、其他特殊的荷载；

④ 抗震设防烈度（设计基本地震加速度及特征周期），建筑抗震设防类别，混凝土结构构件的抗震等级。

（3）建筑场地的类别、地基的液化等级、地基基础设计等级、桩基设计等级；对不良地基的处理措施及技术要求、对地基持力层的要求、基础的形式、地基承载力特征值或桩基的单桩承载力设计特征值，桩基检测数量及要求等。

（4）本工程结构材料的品种、规格、性能及相应的产品标准。如混凝土的强度等级、钢筋的种类以及砌体部分块材和砌筑砂浆的强度等级等；钢结构的结构用钢材、焊条及螺栓的要求等；混凝土结构的耐久性要求和砌体结构施工质量控制等级。

（5）构造要求：本工程的环境类别，明确各构件混凝土保护层厚度，钢筋锚固、连接要求，梁、板、柱及剪力墙各构件的构造要求，钢结构焊缝等要求，承重结构与非承重结构的连接要求，某些构件或部位的特殊要求，预制构件的制作、起吊、运输、安装要求，梁板中开洞的洞口加强措施等。

（6）本工程对施工顺序、方法、质量标准的要求，与其他工种配合的要求，对水池、地下室等有抗渗要求的混凝土，说明抗渗等级，在施工期间有上浮可能时，应提出抗浮措施。

（7）设计选用标准图集的名称与编号。

（8）施工中应遵循的施工规范与注意事项。

2. 识读要点

结构设计总说明是对结构施工图纸的补充，很多文字说明又恰恰是图样无法表达的内容，对标准图集的一些变更也在说明中予以交代。因此要逐条认真阅读，并结合后面施工图的识读加以全面理解。

识读步骤：首先全面识读结构设计总说明，然后在识读各类构件施工图时对总说明涉及的有关内容进一步对照阅读，通过识读结构设计总说明，应达到下列要求：

（1）熟悉本工程的结构概况：结构类型、工程抗震设防烈度、结构构件的抗震等级、基础类型、砌体结构施工质量控制等级等；

（2）熟悉本工程所采用的材料：混凝土的强度等级、钢筋的种类、块材的种类和砌筑砂浆的强度等级，钢结构用钢、焊条及螺栓等；

（3）熟悉本工程的构造与施工要求：各类构件钢筋保护层的厚度，钢筋连接的要求，承重结构与非承重结构的连接要求，施工顺序、质量标准的要求，后浇带的施工要求，与其他工种配合要求等。

12.3　柱平法施工图的识读

12.3.1　柱平法施工图制图规则

柱平法施工图是在柱平面布置图上采用列表注写方式或截面注写方式来表达的施工图。

柱平面布置图，可采用适当的比例单独绘制，也可与剪力墙平面布置图合并绘制。

柱平法施工图中，应按规定注明各结构层的楼面标高、结构层高及相应的结构层号，常采用表格形式表达。标注嵌固部位位置，并用粗实线表示柱的竖向标高范围。

1. 列表注写方式

1）列表注写方式，就是在柱平面布置图上，先对柱进行编号，然后分别在同一编号的柱中选择一个（有时需选几个）截面注写几何参数代号（b_1、b_2、h_1、h_2）；在柱表中注写柱编号、柱段起止标高、几何尺寸（含柱截面对轴线的偏心情况）与配筋的具体数值，并配以各种柱截面形状及其箍筋类型图的方式，来表达柱平面整体配筋（图 12.1）；一般一个建筑单体只需绘制一张平面布置图。

2）柱表注写内容规定如下：

（1）注写柱的编号，柱编号由类型代号和序号组成，应符合表 12.1 的规定。

柱编号　　　　　　　　　　　　　　　　　　　　　　　表 12.1

柱　类　型	代号	序号
框　架　柱	KZ	××
转　换　柱	ZHZ	××
芯　　　柱	XZ	××
梁　上　柱	LZ	××
剪力墙上柱	QZ	××

注：当柱的高度、分段截面尺寸和配筋均对应相同，仅截面与轴线关系不同时，可将其编为同一柱号，但在平面图中应注明截面与轴线的关系。

箍筋类型1　肢数 $m \times n$

箍筋类型2

箍筋类型3

箍筋类型4

箍筋类型5 $(m \times n + Y)$　圆形箍

箍筋类型6

箍筋类型7

−0.030～59.070 柱平法施工图(局部)

柱号	标高	$b \times h$(圆柱直径)	b_1	b_2	h_1	h_2	全部纵筋	角筋	b边一侧中部筋	h边一侧中部筋	箍筋类型号	箍筋	备注
KZ1	−0.030～19.470	750×700	375	375	150	550	24Φ25				1(5×4)	Φ10@100/200	
	19.470～37.470	650×600	325	325	150	450		4Φ22	5Φ22	4Φ20	1(4×4)	Φ10@100/200	
	37.470～59.070	550×500	275	275	150	350		4Φ22	5Φ22	4Φ20	1(4×4)	Φ8@100/200	
XZ1	−0.030～8.670						8Φ25				按标准构造详图	Φ10@100	③/⑧轴 KZ1中设置

图 12.1 柱平法施工图列表注写方式示例

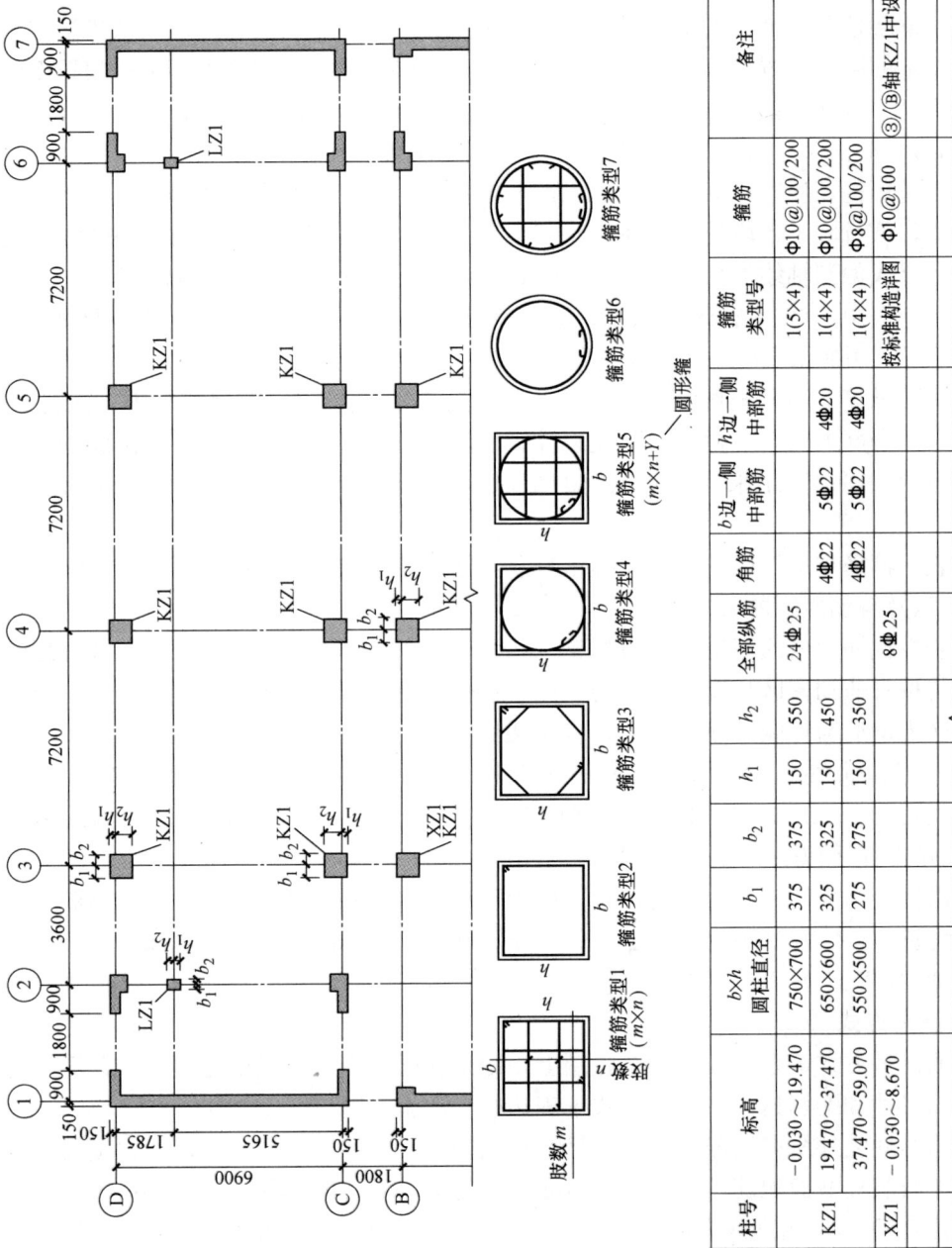

层号	标高(m)	层高(m)
屋面2	65.670	
塔层2	62.370	3.30
屋面1(塔层1)	59.070	3.30
16	55.470	3.60
15	51.870	3.60
14	48.270	3.60
13	44.670	3.60
12	41.070	3.60
11	37.470	3.60
10	33.870	3.60
9	30.270	3.60
8	26.670	3.60
7	23.070	3.60
6	19.470	3.60
5	15.870	3.60
4	12.270	3.60
3	8.670	4.20
2	4.470	4.50
1	−0.030	4.50
−1	−4.530	4.50
−2	−9.030	4.50

结构层楼面标高
结构层高

上部结构嵌固部位:−0.030

（2）注写各段柱的起止标高。自柱根部往上以变截面位置或截面未变但配筋改变处为界分段注写。框架柱和转换柱的根部标高系指基础顶面标高；芯柱的根部标高系指根据结构实际需要而定的起始位置标高；梁上柱的根部标高为梁顶面标高；剪力墙上柱的根部标高为墙顶部标高（分柱筋锚在剪力墙顶部或柱与剪力墙重叠一层两种做法，其根部标高均为墙顶部标高）。截面尺寸或配筋改变处一般为楼板的板面。

（3）对于矩形柱，注写柱截面尺寸 $b \times h$ 及与轴线关系的几何参数代号 b_1、b_2 和 h_1、h_2 的具体数值，须对应于各段柱分别注写。其中 $b = b_1 + b_2$，$h = h_1 + h_2$。当截面的收缩变化至与轴线重合或偏到轴线的另一侧时，b_1、b_2、h_1、h_2 中的某项为零或为负值。

对于圆柱，表中 $b \times h$ 一栏改用在圆柱直径数字前加 d 表示。与轴线关系同样用 b_1、b_2 和 h_1、h_2 表示，并使 $d = b_1 + b_2 = h_1 + h_2$。

（4）注写柱纵筋。当柱的纵筋直径相同、各边根数也相同时（包括矩形柱、圆柱），将纵筋注写在"全部纵筋"一栏中；除此以外，柱纵筋分为角筋、截面 b 边中部筋和 h 边中部筋三项分别注写；对于采用对称配筋的矩形柱，可仅注写一侧中部筋，对称边省略不注。

（5）在表中箍筋类型栏内注写箍筋类型号及箍筋肢数。确定箍筋肢数时要满足对纵筋"隔一拉一"以及箍筋肢距的要求。

（6）在表中箍筋栏内注写箍筋，包括钢筋级别、直径和间距。用斜线"/"区分柱端箍筋加密区与柱身非加密区长度范围内的不同箍筋（加密区长度按构造要求确定）；当框架节点核心区内箍筋与柱端箍筋不同时，应在括号内注明核心区箍筋直径与间距。

例如：Φ10@100/200（Φ12@100）表示箍筋采用 HPB300 级钢筋，直径为 10mm，加密区箍筋间距为 100mm，非加密区箍筋间距为 200mm；框架节点核心区内箍筋采用 HPB300 级钢筋，直径为 12mm，箍筋间距为 100mm。

当箍筋沿柱全高为同一种间距时，则不使用"/"线，例如：Φ10@100 表示箍筋采用 HPB300 级钢筋，直径为 10mm，沿柱全高箍筋间距为 100mm。当圆柱采用螺旋箍筋时，需在箍筋前加"L"。

2. 截面注写方式

（1）截面注写方式，系在柱平面布置图上，分别在同一编号的柱中选择一个截面，以直接注写截面尺寸和配筋具体数值的方式来表达柱平法施工图（图 12.2）。

（2）对除芯柱之外所有柱截面进行编号，从相同编号的柱中选择一个截面，按另一种比例原位放大绘制柱截面配筋图，并在各配筋图上继其编号后注写截面尺寸 $b \times h$（对于圆柱改为圆柱直径 d）、角筋或全部纵筋（当纵筋采用同一种直径且能够图示清楚时）、箍筋的具体数值。在柱截面配筋图上标注柱截面与轴线关系 b_1、b_2、h_1、h_2 的具体数值（$b = b_1 + b_2$，$h = h_1 + h_2$，圆柱时 $d = b_1 + b_2 = h_1 + h_2$）。

当纵筋采用两种直径时，须再注写截面各边中部纵筋的具体数值（对于采用对称配筋的矩形截面柱，可仅在一侧注写中部纵筋，对称边省略不注）。

当在某些框架柱的一定高度范围内，在其内部的中心位置设置芯柱时，其标注方式详见平法标准图集 16G101-1 有关规定。

（3）截面注写方式中，如柱的分段截面尺寸和配筋均相同，仅分段截面与轴线的关系不同时，可将其编为同一柱号。但此时应在柱平面布置图未画配筋的柱截面上注写该柱截

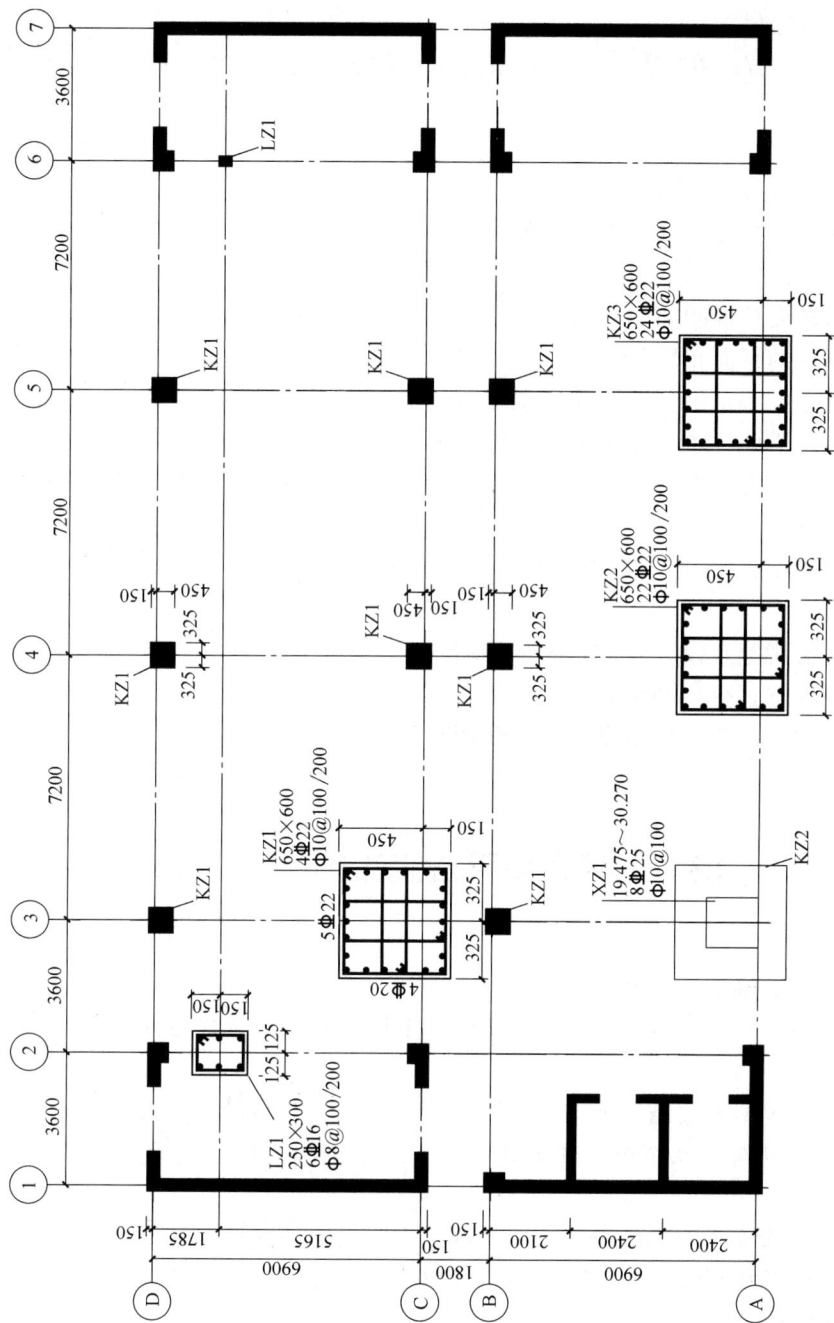

图 12.2　柱平法施工图截面注写方式示例

面与轴线关系的具体尺寸。

　　以上两种表达方式，在实际工程中均有应用；截面注写方式更直观，在实际工程中应用更普遍。

12.3.2　柱平法施工图的识读

　　先校对平面，后校对构件；先阅读各构件，再查阅节点与连接。

　　识读步骤：

　　(1) 阅读结构设计说明中的有关内容。

　　(2) 检查各柱的平面布置与定位尺寸。根据相应的建筑、结构平面图，查对各柱的平面布置与定位尺寸是否正确。特别应注意变截面处，上下截面与轴线的关系，以及边柱、角柱、楼梯间和走道处柱子与建筑轴线位置有无矛盾。

　　(3) 从图中（截面注写方式）及表中（列表注写方式）逐一检查柱的编号、起止标高、断面尺寸、纵筋、箍筋。

　　(4) 根据有关规范及设计要求，确定柱纵筋的连接接头的位置、连接方法、接头长度。

　　(5) 根据有关规范及设计要求，确定柱端箍筋加密区的长度、加密区箍筋的直径与间距，非加密区箍筋的直径与间距。

　　(6) 遇变截面、纵筋直径或纵筋数量改变时，宜绘制节点详图。

12.4　剪力墙平法施工图的识读

12.4.1　剪力墙平法施工图制图规则

　　剪力墙平法施工图系在剪力墙平面布置图上采用截面注写方式或列表注写方式表达的施工图。

　　剪力墙平面布置图可按结构标准层采用适当比例单独绘制，当剪力墙比较简单且采用列表注写方式时也可与柱平面布置图合并绘制。对于轴线未居中的剪力墙（包括端柱），应标注其偏心定位尺寸。

　　在剪力墙平法施工图中，应按规定注明各结构层的楼面标高、结构层高及相应的结构层号，常采用表格形式表达。注明嵌固部位及剪力墙底部加强区位置，并用粗实线表示所表达剪力墙构件的竖向位置。

　　1. 列表注写方式

　　为便于简便、清楚地表达，剪力墙可视为由剪力墙柱、剪力墙身和剪力墙梁三类构件构成。

　　1) 列表注写方式，系分别在剪力墙柱表、剪力墙身表和剪力墙梁表中，对应于剪力墙平面布置图上的编号，用绘制截面配筋图并注写几何尺寸与配筋具体数值的方式，来表达剪力墙平法施工图。

　　2) 编号规定：将剪力墙按剪力墙柱、剪力墙身和剪力墙梁三类构件分别编号。

（1）剪力墙柱编号，由剪力墙柱类型代号和序号组成，编号应符合表12.2的规定。

墙柱编号　　　　　　　　　　　　　　　　　　　表12.2

剪力墙柱类型	代号	序号
约束边缘构件	YBZ	××
构造边缘构件	GBZ	××
非边缘暗柱	AZ	××
扶 壁 柱	FBZ	××

（2）剪力墙身编号，由墙身代号、序号及墙身所配置的水平与竖向分布钢筋的排数组成，其中，排数注写在括号内。表达形式为：Q××（×排）。

在编号中，如若干墙柱的截面尺寸与配筋相同，仅截面与轴线的关系不同时，可将其编为同一墙柱号。如若干墙身的厚度尺寸与配筋相同，仅与轴线的关系不同时或墙身长度不同，也可将其编为同一墙身号。

对于分布钢筋网的排数规定：

当剪力墙厚度不大于400mm时，应配置双排；当剪力墙厚度大于400mm，但不大于700mm时，宜配置三排；当剪力墙厚度大于700mm时，宜配置四排。当剪力墙分布钢筋为两排时，可不标注排数。

同一结构标准层，各排水平分布钢筋与竖向分布钢筋的直径与间距应保持一致。

剪力墙拉筋两端应同时钩住外排水平纵筋和竖向纵筋；当剪力墙配置的分布钢筋多于两排时，还应与剪力墙内排水平纵筋和竖向纵筋绑扎在一起。

（3）剪力墙梁编号，由剪力墙梁类型代号和序号组成，编号应符合表12.3的规定。

剪力墙梁编号　　　　　　　　　　　　　　　　　表12.3

剪力墙梁类型	代号	序号
连梁	LL	××
连梁(对角暗撑配筋)	LL(JC)	××
连梁(交叉斜筋配筋)	LL(JX)	××
连梁(集中对角斜筋配筋)	LL(DX)	××
连梁(跨高比不小于5)	LLk	××
暗梁	AL	××
边框梁	BKL	××

在具体工程中，当某些墙身需设置暗梁或边框梁时，宜在剪力墙平法施工图中绘制暗梁或边框梁的平面布置图并编号，以明确其具体位置。

3）剪力墙柱表中应表达的内容为：

（1）注写墙柱编号和绘制墙柱的截面配筋图，标注墙柱几何尺寸。

（2）注写各段墙柱的起止标高。自墙柱根部往上以变截面位置或截面未变但配筋改变处为界分段注写。根部标高一般指基础顶面标高（如为框支剪力墙结构则指框支梁顶面标高）。

（3）注写各段墙柱纵向钢筋和箍筋，注写值应与在表中绘制的截面配筋图对应一致。

纵向钢筋注总配筋值，箍筋的注写方式同框架柱。对于约束边缘构件还应在平面布置图中注明沿墙肢长度 l_c 及非阴影区拉筋（或箍筋）直径。当直径相同时可不注。

4）剪力墙身表中应表达的内容为：

（1）注写剪力墙身编号（含水平与竖向分布筋的排数，注写在括号内，钢筋排数为两排时可省略不注）。

（2）注写各段墙身起止标高，自墙身根部往上以变截面位置或截面未变但配筋改变处为界分段注写。根部标高规定同墙柱。

（3）注写水平分布筋、竖向分布筋和拉筋的钢筋种类、直径与间距。所注写的数值系指一排水平、竖向分布钢筋的具体数值。拉筋应注明布置方式"矩形"或"梅花"。

5）剪力墙梁表中应表达的内容为：

（1）注写墙梁的编号。

（2）注写墙梁所在的楼层号。

（3）注写墙梁顶面标高的高差。墙梁顶面标高的高差，系指墙梁顶面标高与该结构层基准标高的高差，高于者为正，低于者为负，无高差时不注。

（4）注写墙梁截面尺寸 $b×h$，上部纵筋、下部纵筋、箍筋的具体数值。

（5）当连梁设有对角暗撑时【代号为 LL（JC）××】，注写暗撑截面尺寸（箍筋外皮尺寸），注写一根暗撑的全部纵筋，并标注×2表明有两根暗撑相互交叉；注写暗撑箍筋的具体数值。

（6）当连梁设有交叉斜筋时【代号为 LL（JX）××】，注写连梁一侧对角斜筋的配筋值，并标注×2表明对称设置；注写对角斜筋在连梁端部设置的拉筋根数、规格及直径，并标注×4表示四个角均设置；注写连梁一侧折线筋配筋值，并标注×2表明对称布置。

（7）当连梁设有集中对角斜筋时【代号为 LL（DX）××】，注写一条对角线上的对角斜筋，并标注×2表明对称布置。

（8）墙梁侧面纵筋的配置，当墙身水平分布钢筋满足连梁、暗梁及边框梁的梁侧面纵向钢筋的构造要求时，该配筋值同墙身水平分布钢筋，表中不注，按标准构造详图施工。当不满足时，应在表中注明具体数值，单独设置的梁侧面纵向钢筋锚固长度同纵向受力钢筋。

（9）跨高比不小于 5 的连梁，按框架梁设计时（代号为 LLk ××），采用平面注写方式，注写规则同框架梁，纵向受力锚固要求及锚固区箍筋设置要求同一般连梁。

列表注写方式施工图示例见图 12.3、图 12.4。

2. 截面注写方式

1）截面注写方式，是在分标准层绘制的剪力墙平面布置图上，以直接在墙柱、墙身、墙梁上注写截面尺寸和配筋具体数值的方式来表达剪力墙平法施工图，见图 12.5。

2）选用适当比例原位放大绘制剪力墙平面布置图，其中对墙柱绘制配筋截面图；对所有墙柱、墙身、墙梁按规定进行编号，并分别在相同编号的墙柱、墙身、墙梁中选择一根墙柱、一道墙身、一根墙梁进行注写，其注写方式按下列规定进行：

（1）从相同编号的墙柱中选择一个截面绘制配筋图，标注几何尺寸、全部纵筋及箍筋的具体数值。

屋面2	65.670	
塔层2	62.370	3.30
屋面1(塔层1)	59.070	3.30
16	55.470	3.60
15	51.870	3.60
14	48.270	3.60
13	44.670	3.60
12	41.070	3.60
16	37.470	3.60
10	33.870	3.60
9	30.270	3.60
8	26.670	3.60
7	23.070	3.60
6	19.470	3.60
5	15.870	3.60
4	12.270	3.60
3	8.670	3.60
2	4.470	4.20
1	−0.030	4.50
−1	−4.530	4.50
−2	−9.030	4.50
层号	标高(m)	层高(m)

底部加强部位

结构层楼面标高
结构层高
上部结构嵌固部位:-0.030

−0.030~12.270剪力墙平法施工图
(剪力墙柱配筋详见图12.4)

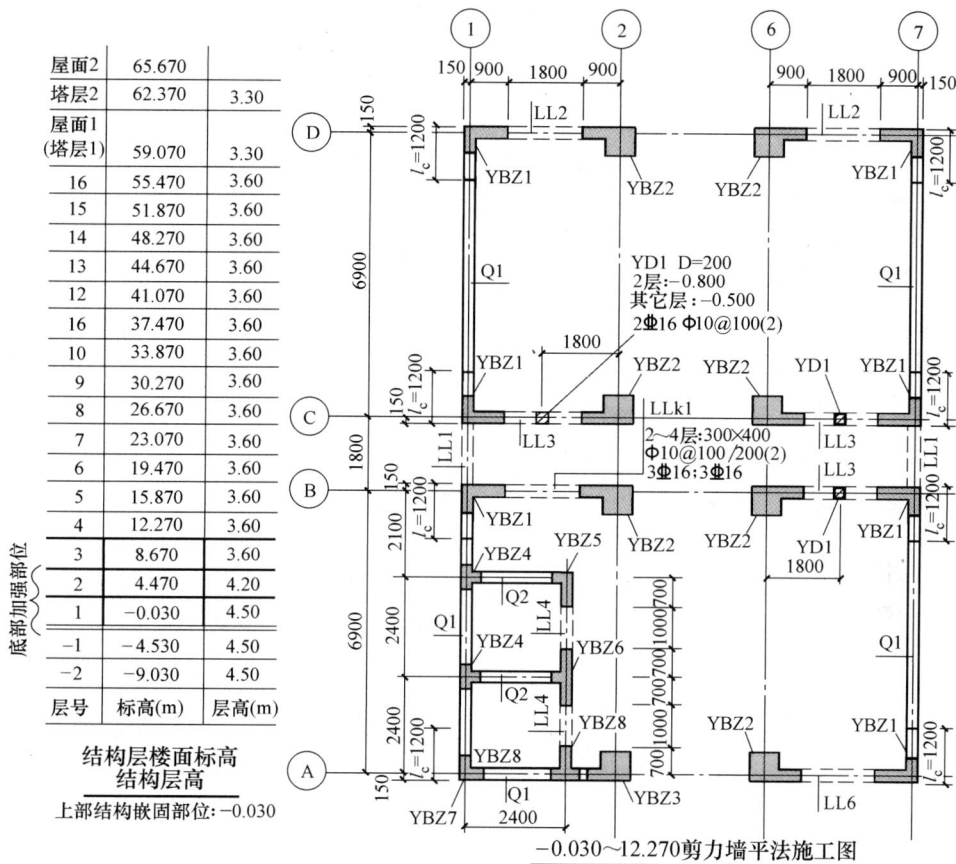

剪力墙梁表

编号	所在楼层号	梁顶相对标高高差	梁截面 $b×h$	上部纵筋	下部纵筋	箍筋
LL1	2~4	0.800	300×2000	4Φ22	4Φ22	Φ10@100(2)
LL2	3	−1.200	300×2520	4Φ22	4Φ22	Φ10@150(2)
	4	−0.900	300×2070	4Φ22	4Φ22	Φ10@150(2)
LL3	3		300×2070	4Φ22	4Φ22	Φ10@100(2)
	4		300×1770	4Φ22	4Φ22	Φ10@100(2)
LL4	2		250×2070	3Φ20	3Φ20	Φ10@120(2)
	3		250×1770	3Φ20	3Φ20	Φ10@120(2)
	4		250×1670	3Φ20	3Φ20	Φ10@120(2)
AL1	2~4		300×600	3Φ20	3Φ20	Φ8@150(2)

剪力墙身表

编号	标高	墙厚	水平分布筋	垂直分布筋	拉筋(矩形)
Q1	−0.030~12.270	300	Φ12@200	Φ12@200	Φ6@600@600
Q2	−0.030~12.270	250	Φ10@200	Φ10@200	Φ6@600@600

图 12.3　剪力墙平法施工图列表注写方式示例（一）

剪力墙柱表

-0.030～12.270 剪力墙平法施工图（部分剪力墙柱表）

	YBZ1	YBZ2	YBZ3	YBZ4
编号	YBZ1	YBZ2	YBZ3	YBZ4
标高	-0.030～12.270	-0.030～12.270	-0.030～12.270	-0.030～12.270
纵筋	24⊈20	22⊈20	18⊈22	20⊈20
箍筋	Φ10@100	Φ10@100	Φ10@100	Φ10@100

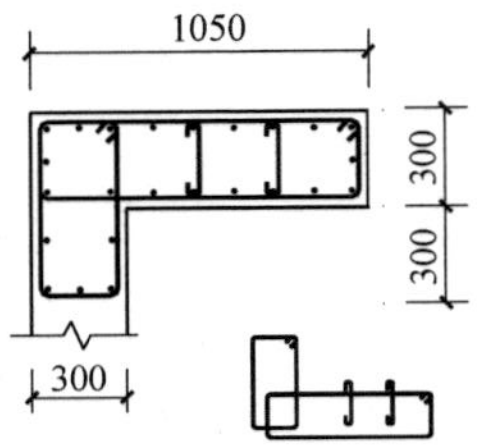

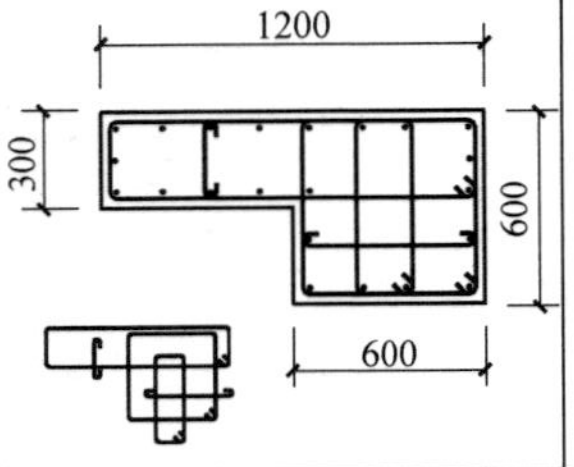

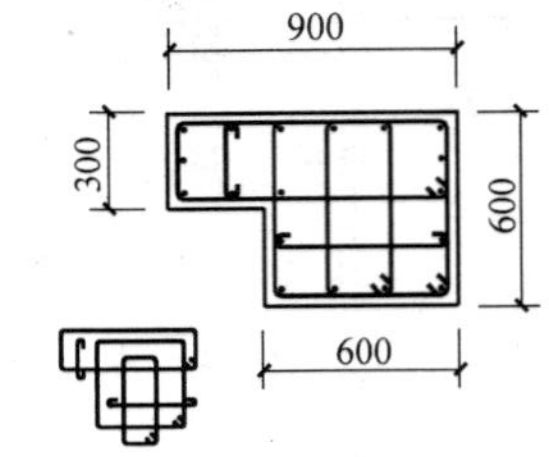

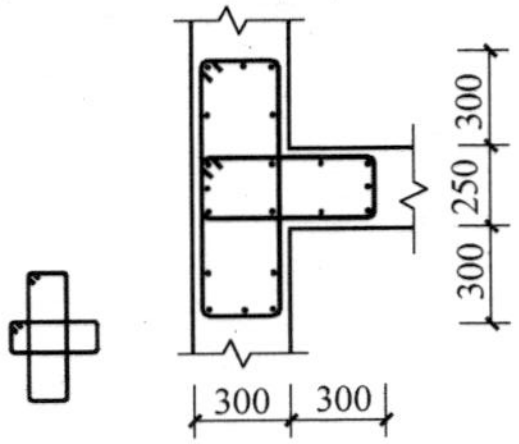

	YBZ5	YBZ6	YBZ7
编号	YBZ5	YBZ6	YBZ7
标高	-0.030～12.270	-0.030～12.270	-0.030～12.270
纵筋	20⊈20	28⊈20	16⊈20
箍筋	Φ10@100	Φ10@100	Φ10@100

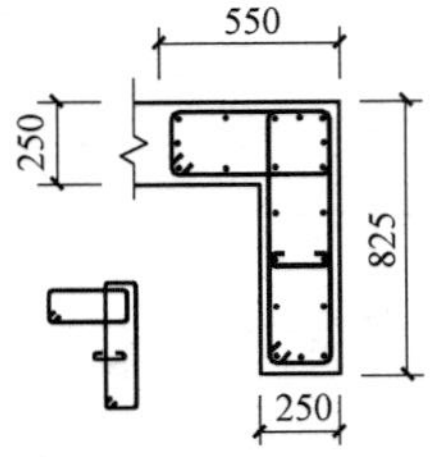

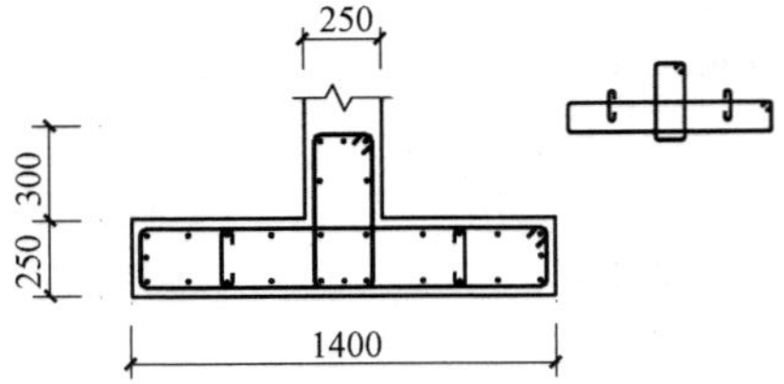

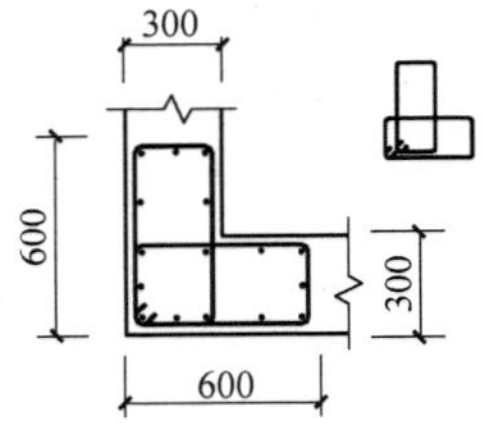

结构层楼面标高
结构层高
上部结构嵌固部位：-0.030

层号	标高(m)	层高(m)
屋面2	65.670	
塔层2	62.370	3.30
屋面1(塔层1)	59.070	3.30
16	55.470	3.60
15	51.870	3.60
14	48.270	3.60
13	44.670	3.60
12	41.070	3.60
11	37.470	3.60
10	33.870	3.60
9	30.270	3.60
8	26.670	3.60
7	23.070	3.60
6	19.470	3.60
5	15.870	3.60
4	12.270	3.60
3	8.670	3.60
2	4.470	4.20
1	-0.030	4.50
-1	-4.530	4.50
-2	-9.030	4.50

图 12.4　剪力墙平法施工图列表注写方式示例（二）

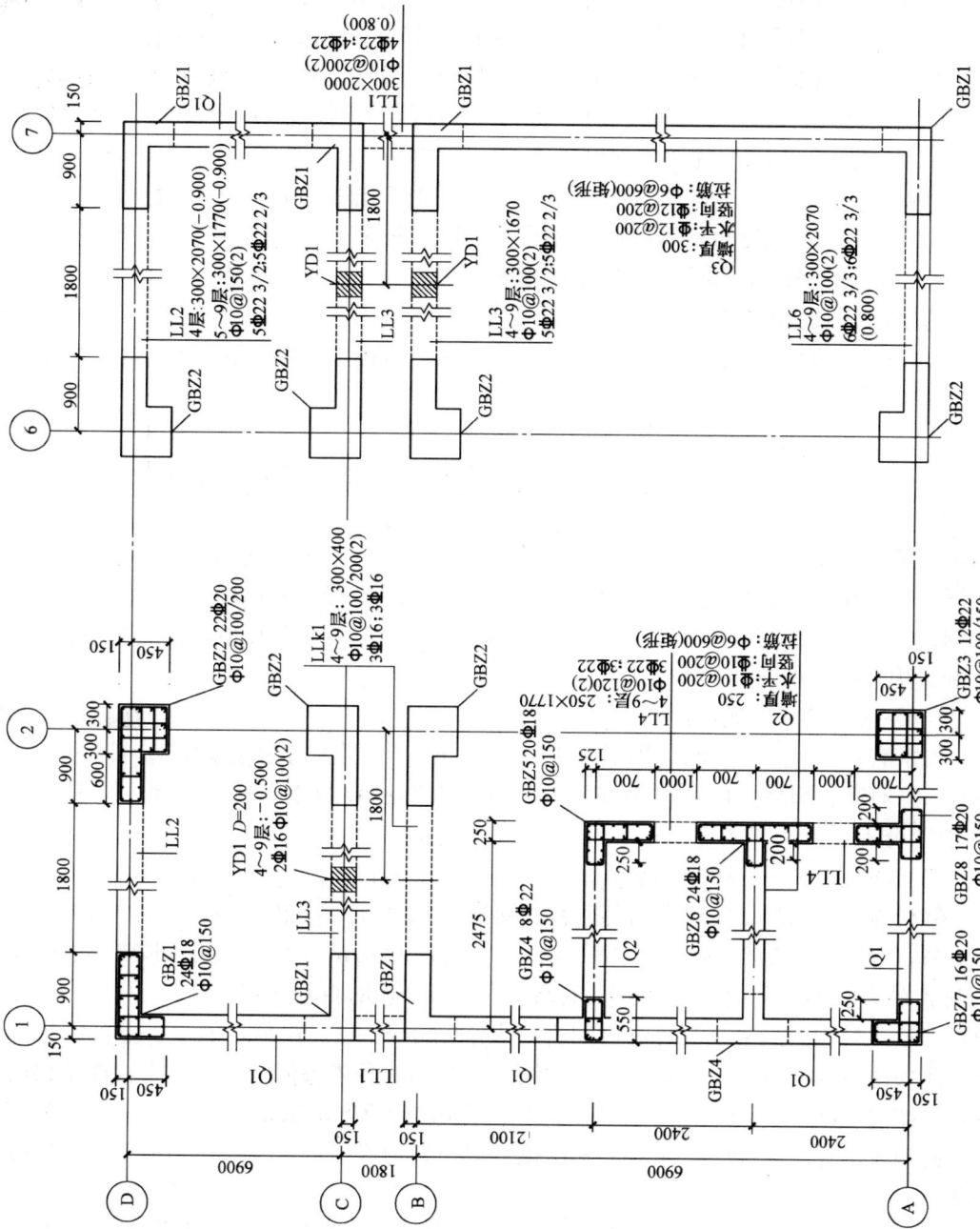

图 12.5 剪力墙平法施工图注写方式示例

12.270～30.270剪力墙平法施工图

		层号	标高(m)	层高(m)
屋面2			65.670	
塔层2			62.370	3.30
层面1 (塔层1)			59.070	3.30
		16	55.470	3.60
		15	51.870	3.60
		14	48.270	3.60
		13	44.670	3.60
		12	41.070	3.60
		11	37.470	3.60
		10	33.870	3.60
		9	30.270	3.60
		8	26.670	3.60
		7	23.070	3.60
		6	19.470	3.60
		5	15.870	3.60
		4	12.270	3.60
		3	8.670	3.60
		2	4.470	4.20
		1	-0.030	4.50
		-1	-4.530	4.50
		-2	-9.030	4.50
		层号	标高(m)	层高(m)

结构层楼面标高
结构层高

上部结构嵌固部位:-0.030

（2）从相同编号的墙身中选一道墙身，按顺序引注墙身编号（应包括注写在括号内墙身分布筋的排数）、墙身厚度、水平分布钢筋、竖向分布钢筋和拉筋的具体数值。

（3）从相同编号的墙梁中选择一根墙梁，注写墙梁编号、截面尺寸 $b×h$、箍筋、上部纵筋、下部纵筋的数值，以及墙梁顶面标高的高差值。其他连梁［代号为 LL（JC）、LL（JX）、LL（DX）、LLk］注写方式同列表注写方式。

当墙身水平分布钢筋不满足连梁、暗梁及边框梁的梁侧面纵向钢筋的构造要求时，应补充标注墙梁侧面纵向钢筋的具体数值；注写时，以大写字母 N 打头，直接注写直径与间距。其在支座内的锚固要求同连梁中受力钢筋。

3. 剪力墙洞口的表示方法

1）无论采用列表注写方式还是截面注写方式，剪力墙上洞口均可在剪力墙平面布置图上原位表达。

2）洞口的表示方法为：

（1）在剪力墙平面布置图上绘制洞口示意，并标注洞口中心的平面定位尺寸。

（2）在洞口中心位置引注：

① 洞口编号（矩形洞口为 JD××，圆形洞口为 YD××，×× 表示序号）；

② 洞口几何尺寸（矩形洞口为洞宽 b×洞高 h，圆形洞口为洞口直径 D）；

③ 洞口中心相对标高（洞口中心高于楼（地）面结构标高时为正值，反之为负值）；

④ 洞口边的补强钢筋。

3）洞口补强钢筋标注规定：

（1）当矩形洞口的洞宽、洞高均不大于 800mm 时，此项注写为洞口每边补强钢筋的具体数值。当洞宽、洞高方向补强钢筋不一致时，分别注写洞宽方向、洞高方向补强钢筋，以"/"分隔。

如：JD2 500×300 ＋3.100   3 Φ14，表示 2 号矩形洞口，洞宽 500mm，洞高 300mm，洞口中心距本结构层楼面 3.1m，洞口每边补强钢筋为 3 Φ14。如：JD3 800×300 ＋2.100   3 Φ16/ 3 Φ18，表示 3 号矩形洞口，洞宽 800mm，洞高 300mm，洞口中心距本结构层楼面 2.1m，洞宽方向每边补强钢筋为 3 Φ16，洞高方向每边补强钢筋为 3 Φ18。

（2）当矩形洞口的洞宽或圆形洞口的直径大于 800mm 时，在洞口的上、下需设置补强暗梁，此项注写为洞口上、下每边暗梁的纵筋与箍筋的具体数值（当设计未标注暗梁的高度时，一律取 400mm），圆形洞口时尚需注明环向加强钢筋的数值；当洞口上、下设有连梁时，此项可不标注。此时，洞口竖向两侧一般设置边缘构件，其截面与配筋详见边缘构件详图。

如：JD4 1800×1000 ＋1.800   6 Φ20   Φ8@150（2），表示 4 号矩形洞口，洞宽 1800mm，洞高 1000mm，洞口中心距本结构层楼面 1.8m，洞口上、下设补强暗梁，每边暗梁纵筋为 6 Φ20（上下各 3 Φ20），箍筋为 Φ8@150（双肢）。

如：YD5 1000 ＋1.800   6 Φ20   Φ8@150（2）2 Φ16，表示 5 号圆形洞口，洞口直径 1000mm，洞口中心距本结构层楼面 1.8m，洞口上、下设补强暗梁，每边暗梁纵筋为 6 Φ20，箍筋为 Φ8@150（双肢），环向加强钢筋为 2 Φ16。

（3）当圆形洞口设置在连梁中部 1/3 范围（圆洞直径不应大于梁高的 1/3）时，需注写在圆洞上下水平设置的每边补强纵筋与箍筋。

（4）当圆形洞口设置在墙身或暗梁、边框梁位置，且圆洞直径不应大于 300mm，注写洞口上下、左右每边布置的补强纵筋的具体数值。

（5）当圆形洞口直径大于 300mm、但不大于 800mm 时，注写洞口上下、左右每边布置的补强纵筋的具体数值，以及环向加强钢筋的数值。

如：YD6 600 ＋1.800 2⏄20 2⏄16，表示 6 号圆形洞口，洞口直径 600mm，洞口中心距本结构层楼面 1.8m，洞口上下、左右每边补强钢筋为 2⏄20，环向加强钢筋为 2⏄16。

4. 其他

（1）当剪力墙中有偏心受拉墙肢时，竖向钢筋均应采用机械连接或焊接连接，并在设计图中注明。

（2）抗震等级为一级的剪力墙，水平施工缝处需设置附加竖向插筋时，设计应注明构件位置，并注写附加竖向插筋的规格、数量及钢筋间距。

12.4.2　剪力墙平法施工图的识读

先校对结构平面布置，后校对构件；根据构件类型，分类逐一阅读；先阅读各构件，再查阅节点与连接。

识读步骤：

（1）阅读结构设计说明中的有关内容。查阅层高、标高、层号的表格，底部加强区在剪力墙平法施工图中的所在部位及高度范围。

（2）检查轴线网和轴线尺寸，检查各构件的平面布置与定位尺寸。根据相应建筑平面图的墙柱及洞口布置，查对剪力墙各构件的平面布置与定位尺寸是否正确。特别应注意变截面处，上下截面与轴线的关系以及连梁与洞口、剪力墙与建筑墙体的关系。

（3）从图中（截面注写方式）及表中（列表注写方式）检查剪力墙身、剪力墙柱、剪力墙梁的编号、起止标高（或梁面标高）、截面尺寸、配筋。

（4）查阅剪力墙柱的构造详图和剪力墙身水平、垂向分布筋构造详图，结合平面配筋，理清从基础顶面至屋面的整根柱与整片墙的配筋构造。

（5）查阅剪力墙梁的构造详图，结合平面图中梁的配筋，全面理解梁的纵筋锚固、箍筋设置要求、梁侧纵筋的设置要求等。

（6）其余构件与剪力墙的连接，剪力墙与填充墙拉结。

（7）为全面理解剪力墙的配筋图，读者可自己动手画出整片剪力墙各构件的配筋立面图。

12.5　梁平法施工图的识读

12.5.1　梁平法施工图制图规则

梁平法施工图系在梁平面布置图上采用平面注写方式或截面注写方式来表达的施工图。

梁平面布置图，应分别按梁的不同结构层（标准层），将全部梁和其相关联的柱、墙一起采用适当比例绘制。

对于轴线未居中的梁，除梁边与柱边平齐外，应标注其偏心定位尺寸。

在梁平法施工图中，应按规定注明各结构层的顶面标高、层高及相应的结构层号，常用表格方式表达。用粗实线表达梁的空间位置。

1. 平面注写方式

1）平面注写方式，系在梁的平面布置图上，分别在不同编号的梁中各选出一根梁，在其上注写截面尺寸和配筋具体数值的方式（图 12.6）。平面注写包括集中标注与原位标注，集中标注表达梁的通用数值，原位标注表达梁的特殊数值。当集中标注中某项数值不适用于梁的某部位时，则应将该项数值在该部位原位标注；施工时，原位标注取值优先。图 12.6 为 KL2 梁平面注写方式示例，从梁中任一跨用引出线集中标注通用数值，而在梁各对应位置进行原位标注（图中四个截面图，不是平法施工图的内容，只是为了便于初学者理解）。

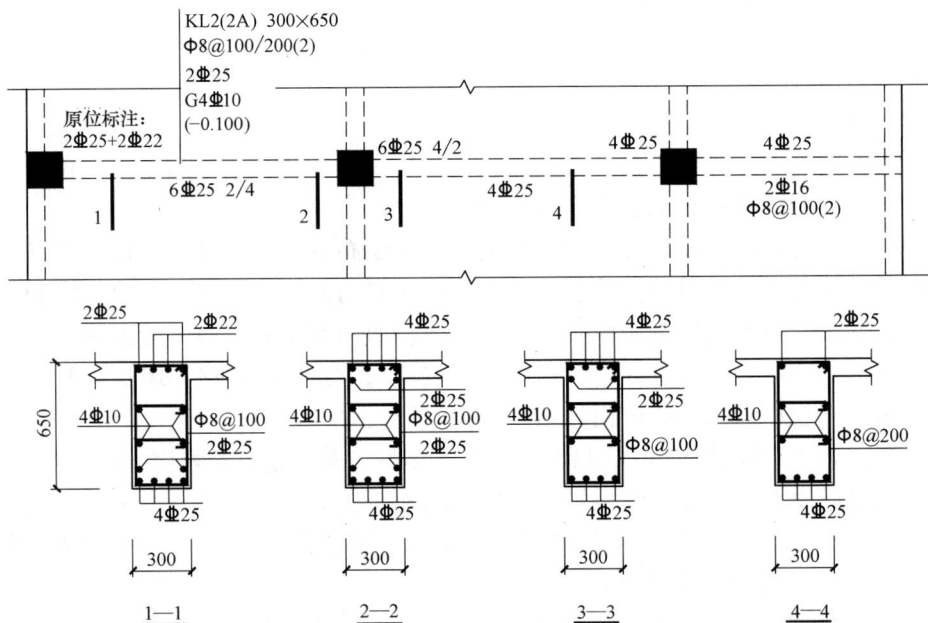

图 12.6　梁平法施工图平面注写方式示例

2）梁的编号由梁的类型代号、序号、跨数及有无悬挑代号四项组成，应符合表 12.4 规定。表中跨数代号中带 A 的表示一端有悬挑，带 B 的表示两端有悬挑，且悬挑部分不计入跨数。例如 KL1（2A）表示 1 号框架梁、2 跨且一端有悬挑。非框架梁指没有与框架柱或剪力墙端柱等相连的一般楼面或屋面梁。

梁编号　　　　　　　　　　　　　　　　　　表 12.4

梁类型	代号	序号	跨数及是否带有悬臂
楼层框架梁	KL	××	(××)、(××A)或(××B)
楼层框架扁梁	KBL	××	(××)、(××A)或(××B)

梁类型	代号	序号	跨数及是否带有悬臂
屋面框架梁	WKL	××	(××)、(××A)或(××B)
框支梁	KZL	××	(××)、(××A)或(××B)
托柱转换梁	TZL	××	(××)、(××A)或(××B)
非框架梁	L	××	(××)、(××A)或(××B)
悬挑梁	XL	××	
井字梁	JZL	××	(××)、(××A)或(××B)

注：非框架梁、井字梁端支座一般按铰接考虑；当非框架梁、井字梁端支座上部纵筋为充分利用钢筋抗拉强度时，在梁代号后加"g"。楼层框架扁梁节点核心区代号为 KBH。

3）梁集中标注的内容，按梁的编号、截面尺寸、箍筋、梁上部通长筋（或架立筋）、梁侧向构造钢筋或受扭钢筋、梁顶面标高高差等内容依次标注。最后一项有高差时标注，无高差时不注。

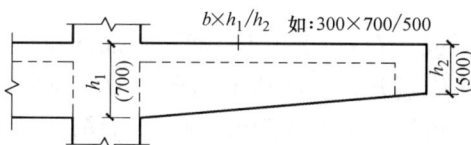

图 12.7 悬臂梁变截面尺寸注写示意

（1）梁的编号按表 12.4 规定标注。

（2）截面尺寸，当为等截面梁时，用 $b \times h$ 表示；当悬臂梁采用变截面时，用斜线分隔根部与端部的高度值，即为 $b \times h_1/h_2$，h_1 为根部高度，h_2 为端部较小的高度，如图 12.7 所示，b 为梁的宽度。当为水平加腋梁时，用 $b \times h\ PYc_1 \times c_2$ 表示，其中 c_1 为腋长，c_2 为腋宽，加腋部位应在平面图中表示；当为竖向加腋梁时，用 $b \times h\ Yc_1 \times c_2$ 表示，其中 c_1 为腋长，c_2 为腋高，如图 12.8 所示。

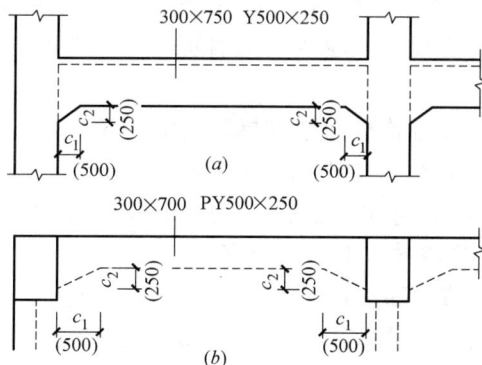

图 12.8 加腋梁截面尺寸注写示意
（a）竖向加腋梁；（b）水平加腋梁

（3）梁的箍筋，包括箍筋的钢筋级别、直径、加密区与非加密区间距及肢数。箍筋加密区与非加密区的不同间距及肢数需用斜线"/"分隔，当梁箍筋为同一间距和肢数时不需用斜线；当加密区与非加密区箍筋肢数相同时，肢数只需注写一次；箍筋肢数写在括号内。

例如：Φ8@100/200（2）表示箍筋采用 HPB300 级钢筋，箍筋直径为 8mm，加密区箍筋间距为 100mm，非加密区箍筋间距为 200mm，均为双肢箍。

非框架梁、悬挑梁、井字梁采用不同箍筋间距及肢数时，也用斜线"/"将其分隔，先注写梁支座端部箍筋（包括箍筋的道数、钢筋级别、直径、间距与肢数），在斜线后注写跨中部分的箍筋间距及肢数。

例如：10Φ8@100/200（2）表示箍筋采用 HPB300 级钢筋，箍筋直径为 8mm，梁支座两端各有 10 个间距为 100mm 的箍筋，梁跨中部分箍筋间距 200mm，均为双肢箍。

（4）梁上部通长筋或架立筋。当同排纵筋中既有通长筋又有架立筋时，应采用加号"＋"将两者相连，注写时须将梁角部纵筋写在"＋"的前面，架立筋写在"＋"后面的括号内。当全部采用架立筋时，则将其全部写入括号内。

如 2Φ20＋（2Φ12），2Φ20 为梁角部通长筋，2Φ12 为架立钢筋，一般适用于采用四肢箍的梁。

当梁下部纵筋各跨相同或多数跨相同时，可同时加注梁下部纵筋的配筋值，用分号";"将上部与下部纵筋配筋值隔开，少数跨不同者，加注原位标注。例如 2Φ18；3Φ20 表示梁上部配置 2Φ18 通长角筋，梁下部配置 3Φ20 纵筋。

注意：梁上部通长筋直径一般情况下沿梁全长不变，也可采用不同直径的钢筋，此时，集中标注应注写较小直径的钢筋作为梁上部通长筋。

（5）梁侧向构造钢筋或受扭钢筋。

当梁腹板高度 $h_w \geqslant 450$mm 时，须配置侧向构造钢筋。此项注写以大写字母 G 打头、注写设置在梁两个侧面的总配筋值，且对称配置。如 G4Φ12 表示梁每侧各配置 2Φ12 侧向构造钢筋。

当梁侧面需配置受扭纵向钢筋时，此项注写值以大写字母 N 打头、注写配置在梁两个侧面的总配筋值，且对称配置；受扭纵向钢筋应满足梁侧向构造钢筋的要求，并不再重复配置侧向构造钢筋。如 N4Φ14 表示梁每侧各配置 2Φ14 受扭纵筋。

受扭纵筋的锚固长度与连接长度应按受拉钢筋取值；梁侧向构造钢筋的锚固长度与搭接长度可取 15d。

（6）梁顶面标高相对于该结构楼面基准标高的高差值。有高差时，将其写入括号内。如（-0.050）表示梁面标高比该结构层基准标高低 0.05m，（0.100）表示梁面标高比该结构层基准标高高 0.1m；梁面标高与楼层基准标高相同时，该项不注。

4）梁原位标注。对于多跨梁，由于梁跨度、荷载、截面的不同，各截面的配筋也不一样，当集中标注中某项数值不适用于梁的某部位时，则应将该项数值原位标注，施工时，原位标注优先。梁原位标注内容有梁支座上部纵筋、下部纵筋、附加箍筋或吊筋及对集中标注的原位修正信息等。

（1）梁支座上部纵筋，指该部位含通长筋在内的所有纵筋。对于图中水平方向的梁标注在梁的上方、该支座的左侧或右侧；对于图中垂直方向的梁标注在梁的左侧、该支座的附近。

当上部纵筋多于一排时，用斜线"/"将各排纵筋自上而下分开。当同排纵筋有两种直径时，用加号"+"将两种直径的纵筋相连，角部纵筋写在前面。如 6Φ22 4/2 表示上排为 4Φ22，下排为 2Φ22；2Φ25+2Φ22 表示支座上部纵筋共 4 根，角筋为 2Φ25，2Φ22 置于中部。

当梁中间支座两边的上部纵筋不同时，须在支座两边分别标注；当梁中间支座两边的纵筋相同时，可仅在支座的任一边标注配筋值。

（2）梁的下部纵筋。对于图中水平方向的梁标注在梁下部跨中位置，对于图中垂直方向的梁标注在梁右侧跨中位置。

当下部纵筋多于一排时，用斜线"/"将各排纵筋自上而下分开，当同排纵筋有两种直径时，用加号"+"将两种直径的纵筋相连，角部纵筋写在前面。当梁下部纵筋配置与集中标注相同时，则不需在梁下部重复做原位标注。如图 12.6 所示，第一跨下部纵筋 6Φ25 2/4，则表示上一排纵筋为 2Φ25，下一排纵筋为 4Φ25，全部伸入支座锚固。

当梁下部纵筋不全部伸入支座时，将梁下部纵筋减少的数量写在括号内；如梁下部纵筋标注 6Φ25 2（-2）/4，则表示上一排纵筋为 2Φ25 且不伸入支座；下一排纵筋为 4Φ25，全部伸入支座锚固。

当梁设置竖向加腋时，加腋部位斜纵筋应在支座下部以 Y 打头注写在括号内（图 12.9）。

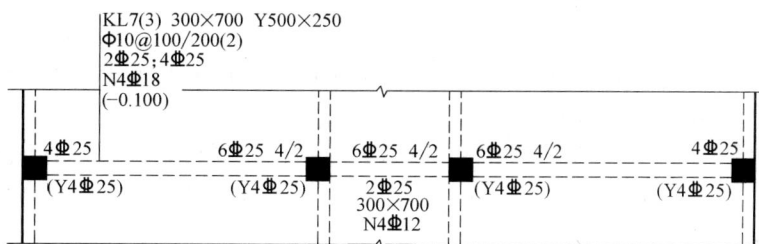

图 12.9　梁竖向加腋平面注写示例

当梁设置水平加腋时，水平加腋内上、下部斜纵筋应在加腋支座上部以 Y 打头注写在括号内，上、下部斜纵筋之间用"/"分隔（图 12.10）。

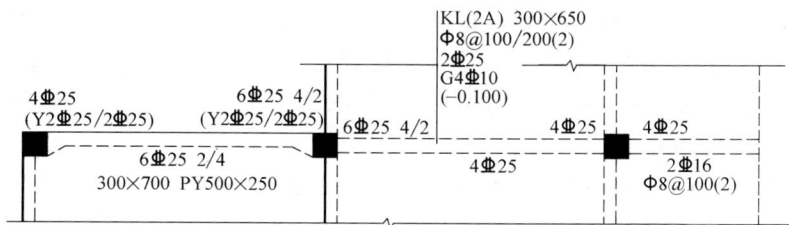

图 12.10　梁水平向加腋平面注写示例

（3）附加箍筋或吊筋应直接画在平面图中的主梁上，在引出线上注明其总配筋值，箍筋肢数注在括号内（图 12.11）。当多数附加横向钢筋或吊筋相同时，可在图纸上统一说明，仅对少数不同值在原位引注。

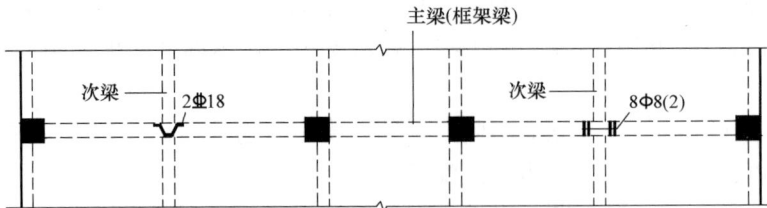

图 12.11   附加横向钢筋注写示意

例如：8Φ8（2）表示在次梁两侧各设置 4 个附加箍筋（梁基本箍筋除外），箍筋为 HPB300 级钢筋，箍筋直径为 8mm，双肢箍。

（4）当集中标注的一项或几项（如梁的截面尺寸、梁面标高、加腋等）不适用于某跨或某悬挑部分时，则将其不同数值原位标注在该跨或该悬臂部位，根据原位标注优先原则，施工时应按原位标注数值取用。

5）井字梁一般由非框架梁组成，并以框架梁为支座。井字梁可用单粗虚线表示（当井字梁高出板面时可用单粗实线表示，实际施工图中常用双细虚线表示）；作为其支座的框架梁可采用双细虚线表示（当梁高出板面时可用双细实线表示）以便区分。

井字梁的端部支座和中间支座上部纵筋的伸出长度值，应加注在原位标注支座上部纵筋后面的括号内。

6）在梁平法施工图中，当局部梁布置过密无法注写时，可将过密区域用虚线框出，放大后再用平面注写方式表示。

7）当两楼层之间设有层间梁时（如结构夹层位置处的梁），应将设置该部分梁的区域划出另行绘制结构平面布置图，然后在其上表达梁平法施工图。

梁平法施工图平面注写示例详见图 12.12。

2. 截面注写方式

截面注写方式，就是在分标准层绘制的梁平面布置图上，分别在不同编号的梁中各选择一根梁用剖面号引出配筋图，并在其上注写截面尺寸和配筋具体数值的方式来表达梁平面整体配筋（图 12.13）。

对所有梁按表 12.4 规定编号，从相同编号的梁中选一根梁，先将单边截面号画在该梁上，再将截面配筋详图画在本图或其他图上。当某梁的顶面标高与结构层标高不同时，尚应在梁的编号后注写梁顶面标高的高差（注写规定同前）。

在梁截面配筋详图上注写截面尺寸 $b \times h$、上部筋、下部筋、侧面构造筋或受扭筋和箍筋的具体数值时，表达方式同前。

截面注写方式既可单独使用，也可与平面注写方式结合使用。实际工程设计中，常采用平面注写方式，仅对其中梁布置过密的局部或为表达异形截面梁的截面尺寸及配筋时采用截面注写方式表达。

3. 梁上部纵筋的长度规定

（1）为施工方便，凡框架梁的所有支座和非框架梁（不含井字梁）的中间支座上部纵筋的伸出长度 a_0 统一取为：第一排非贯通筋及与跨中直径不同的通长筋从柱（梁）边起伸出长度为 $1/3l_n$；第二排非贯通筋的伸出长度为 $1/4l_n$。l_n 对于端支座为本跨净跨；对于图中主要梁配筋标注：

- L1(1) 250×450 Φ8@150(2) 2Φ16;4Φ20 G2Φ10 (-0.100)
- KL6(1) 250×500 Φ8@100/200(2) 2Φ22;6Φ22 2/4 G4Φ10 (-1.200)
- 6Φ22 4/2
- KL5(3)
- 8Φ25 4/4
- 8Φ10(2)
- 2Φ18
- 2100
- L3(1) 300×550 Φ8@200(2) 2Φ16;6Φ22 2/4 N2Φ16(-0.100)
- N4Φ16
- 2Φ18
- L4(1) 250×450 Φ8@200(2) 2Φ14;3Φ18 (-0.100)
- 4Φ16 2Φ18
- 4Φ16
- 2Φ20
- 8Φ25 4/4
- 7Φ25 2/5
- KL5(3) 250×700 Φ10@100/200(2) 2Φ22;6Φ22 2/4 G4Φ10
- 6Φ22 4/2
- 8Φ25 3/5
- KL1(4)
- KL2(4) 300×700 Φ10@100/200(2) 2Φ25;8Φ25 3/5 G4Φ10
- KL1(4)
- 6Φ22 4/2
- KL1(4) 300×700 Φ10@100/200(2) 2Φ25;7Φ25 2/5 G4Φ10
- 8Φ25 4/4
- 2Φ20
- 2Φ16
- 6Φ10(2)
- KL4(3A) 250×700 Φ10@100/200(2) 2Φ22;6Φ22 2/4 G4Φ10
- L2(3) 250×650 Φ10@100(2) 4Φ22;4Φ22 N4Φ20
- KL4(3A)
- 8Φ25 4/4
- 5Φ25
- KL3(3) 250×650 Φ10@100/200(2) 2Φ22;7Φ20 3/4 G4Φ10
- 2Φ18
- 8Φ10(2)
- 6Φ22 4/2
- 4Φ22
- 2Φ22
- r2250

15.870~26.670梁平法施工图

图 12.12 梁平法施工图平面注写方式示例

轴线尺寸：3600　4200　3000　7200　7200　3600　3600

D～A 轴：150　1785　3330　1785　150　150　2100　2400　2400
6900　1800　6900　2400

层号	标高(m)	层高(m)
屋面2	65.670	
塔层2	62.370	3.30
屋面1（塔层1）	59.070	3.30
16	55.470	3.60
15	51.870	3.60
14	48.270	3.60
13	44.670	3.60
12	41.070	3.60
11	37.470	3.60
10	33.870	3.60
9	30.270	3.60
8	26.670	3.60
7	23.070	3.60
6	19.470	3.60
5	15.870	3.60
4	12.270	3.60
3	8.670	3.60
2	4.470	4.20
1	-0.030	4.50
-1	-4.530	4.50
-1	-9.030	4.50

结构层楼面标高
结构层高

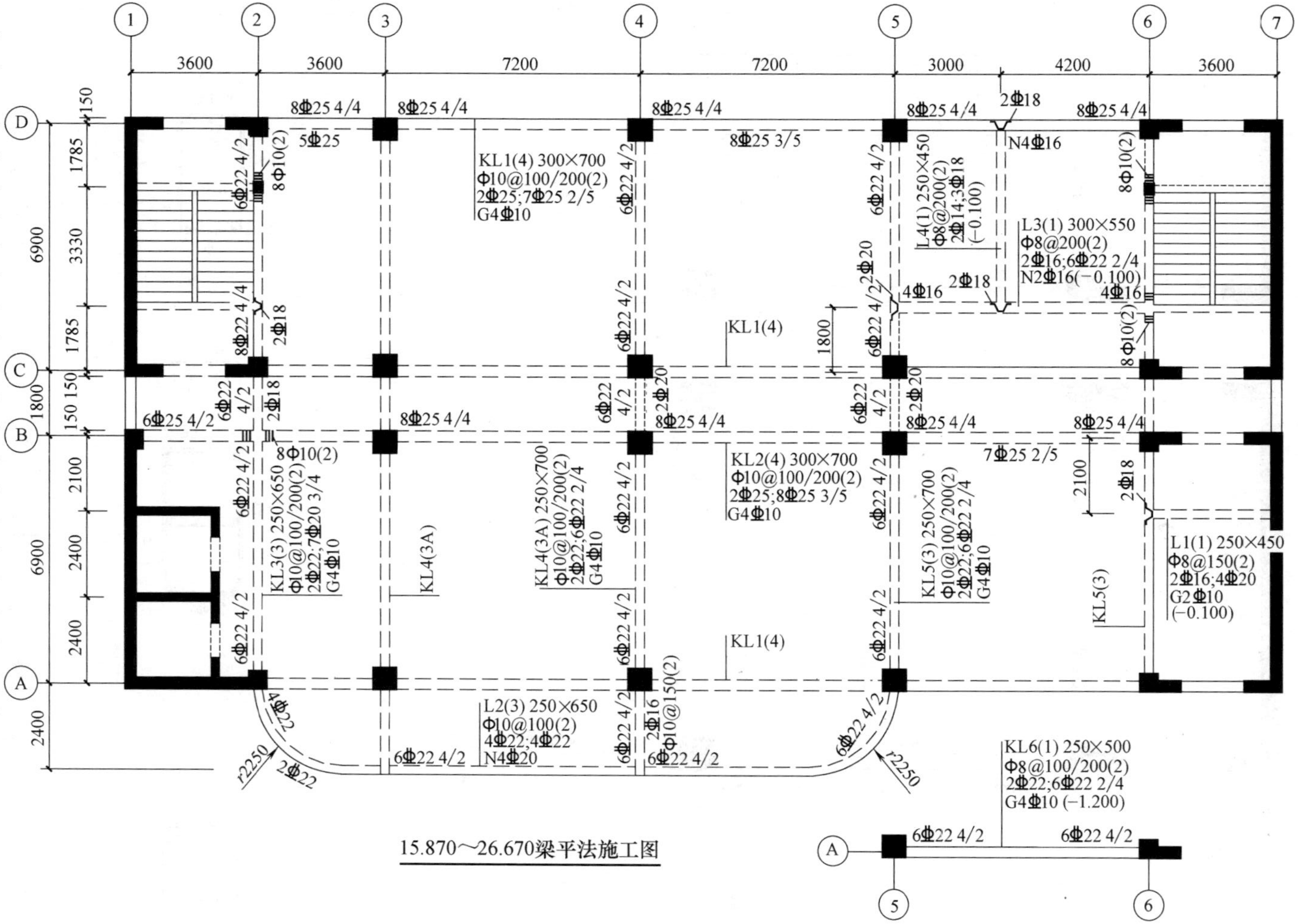

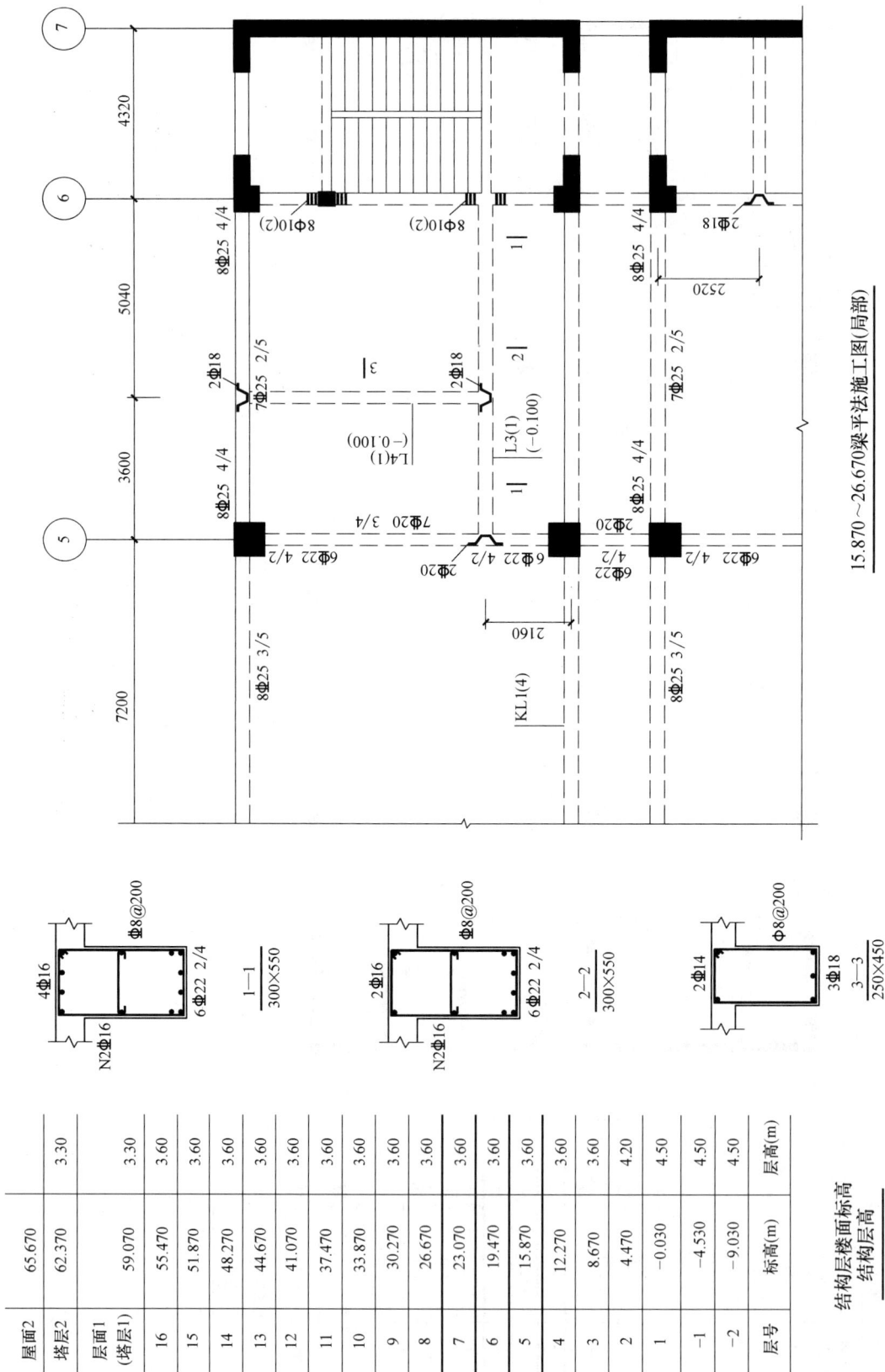

图 12.13　梁平法施工图截面注写方式示例

15.870～26.670梁平法施工图(局部)

KL1(4)

L4(1)(-0.100)　L3(1)(-0.100)

8Φ25 4/4　8Φ10(2)　8Φ10(2)

2Φ18

2Φ18　7Φ25 2/5　2Φ18　7Φ25 2/5

8Φ25 4/4

8Φ25 3/5　7Φ20 3/4　6Φ22 4/2　2Φ20　6Φ22 4/2　2Φ20　6Φ22 4/2　8Φ25 4/4　8Φ25 3/5

4Φ16　Φ8@200　N2Φ16　6Φ22 2/4

1—1　300×550

2Φ16　Φ8@200　N2Φ16　6Φ22 2/4

2—2　300×550

2Φ14　Φ8@200　3Φ18

3—3　250×450

层号	标高(m)	层高(m)
屋面2	65.670	
塔层2	62.370	3.30
层面1(塔层1)	59.070	3.30
16	55.470	3.60
15	51.870	3.60
14	48.270	3.60
13	44.670	3.60
12	41.070	3.60
11	37.470	3.60
10	33.870	3.60
9	30.270	3.60
8	26.670	3.60
7	23.070	3.60
6	19.470	3.60
5	15.870	3.60
4	12.270	3.60
3	8.670	4.20
2	4.470	4.50
1	-0.030	4.50
-1	-4.530	4.50
-2	-9.030	

结构层楼面标高
结构层高

中间支座为相邻两跨较大的净跨值。有特殊要求时应予以注明，详见图 12.14。

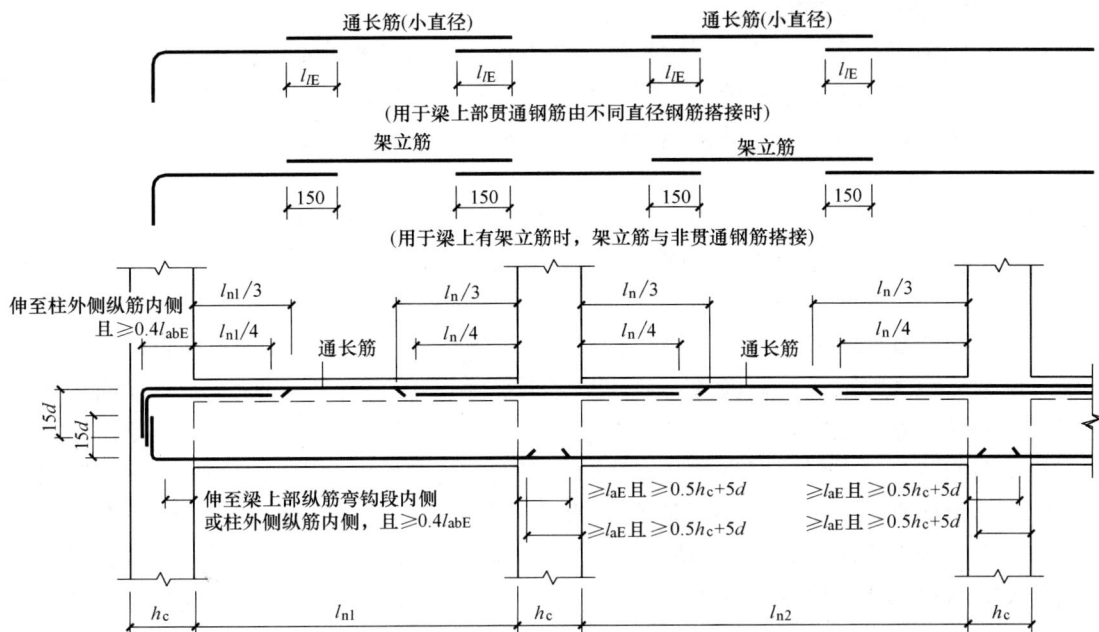

通长筋(小直径)　　通长筋(小直径)

l_{lE}　l_{lE}　l_{lE}　l_{lE}

(用于梁上部贯通钢筋由不同直径钢筋搭接时)

架立筋　　架立筋

150　150　150　150

(用于梁上有架立筋时，架立筋与非贯通钢筋搭接)

伸至柱外侧纵筋内侧
且≥0.4l_{abE}

$l_{n1}/3$　$l_n/3$　$l_n/3$　$l_n/3$

$l_{n1}/4$　$l_n/4$　$l_n/4$　$l_n/4$

通长筋　　通长筋

15d
15d

伸至梁上部纵筋弯钩段内侧
或柱外侧纵筋内侧，且≥0.4l_{abE}

≥l_{aE}且≥0.5h_c+5d　≥l_{aE}且≥0.5h_c+5d
≥l_{aE}且≥0.5h_c+5d　≥l_{aE}且≥0.5h_c+5d

h_c　l_{n1}　h_c　l_{n2}　h_c

图 12.14　梁上部钢筋切断点长度

（2）对于井字梁时，其端部支座钢筋和中间支座上部纵筋的伸出长度 a_0 值，应由设计者在原位加注具体数值予以注明，采用平面注写方式时，则在原位标注支座上部纵筋后面括号内加注具体延伸长度值；当采用断面注写方式时，则在梁端截面配筋图上注写的上部纵筋后面括号内加注具体伸出长度值。井字梁纵横两个方向梁相交处同一层面钢筋上下的交错关系，以及在该相交处两个方向梁箍筋的布置要求，均由设计者注明。

（3）悬挑梁上部第一排纵筋伸出至梁端头并下弯，第二排长度至 3/4l 后下弯。l 为自柱（梁）边算起的悬挑净长。有特殊要求时，设计应注明。

4. 其他规定

（1）不伸入支座的梁下部纵筋长度：16G101-1 统一取为本跨梁净跨值的 0.8 倍，并居中布置。

（2）非框架梁、井字梁的上部纵筋在端支座的锚固长度。16G101-1 统一规定：当梁代号为 L、JZL 时，端支座按铰接考虑，梁上部纵筋伸至主梁外侧角筋的内侧并下弯，平直段长度应≥0.35l_{ab}，弯折段投影长度为 15d。当梁代号为 Lg、JZLg 时，端支座按刚接考虑，梁上部纵筋伸至主梁外侧角筋的内侧并下弯，平直段长度应≥0.6l_{ab}，弯折段投影长度为 15d。

（3）非框架梁下部纵筋在支座的锚固长度。16G101-1 统一规定：带肋钢筋为 12d，光圆钢筋为 15d；端支座直锚长度不足时，可采取弯钩锚固形式。

（4）非框架梁配有受扭纵筋时，纵筋锚入支座的长度为 l_a。在端支座直锚长度不足时，可伸至端支座对边后弯折，且平直段长度应≥0.6l_{ab}，弯折段投影长度为 15d。

12.5.2　梁平法施工图的识读

根据建施图门窗洞口尺寸、洞顶标高、节点详图、净高要求重点检查梁的截面尺寸及梁面相对标高是否正确；逐一检查各梁跨数、配筋；对于平面复杂的结构，应特别注意正确区分主、次梁，并检查主梁的截面与标高是否满足次梁的支承要求。

识读步骤：

（1）根据相应建施平面图，校对轴线网、轴线编号、轴线尺寸。

（2）根据相应建施平面图的房间分隔、墙柱布置，检查梁的平面布置是否合理，梁轴线定位尺寸是否齐全、正确。

（3）仔细检查每一根梁编号、跨数、截面尺寸、配筋、相对标高。首先根据梁的支承情况、跨数分清主梁或次梁，检查跨数注写是否正确；若为主梁时应检查附加横向钢筋有无遗漏，截面尺寸、梁的标高是否满足次梁的支承要求；检查梁的截面尺寸及梁面相对标高与建施图洞口尺寸、洞顶标高、节点详图等有无矛盾。检查集中标注的梁面通长钢筋与原位标注的钢筋有无矛盾；梁的标注有无遗漏；检查楼梯间平台梁、平台板是否设有支座。结合平法构造详图，确定箍筋加密区的长度、纵筋切断点的位置、锚固长度、附加横向钢筋及梁侧向构造钢筋的设置要求等。异形截面梁还应结合详图看，且应与建施中的详图一致。

初学者可通过钢筋翻样，画出梁的配筋立面图、剖面图、模板图，画出各种钢筋的形状、计算钢筋的下料长度，加深对梁施工图的理解。

（4）检查各设备工种的管道、设备安装与梁平法施工图有无矛盾，大型设备的基础下一般均应设置梁。若有管道穿梁，则应预留套管，并满足构造要求。

（5）根据结构设计（特别是节点设计），施工有无困难？是否能保证工程质量？并提出合理化建议。

（6）注意梁的预埋件是否有遗漏（如有设备或外墙有装修要求时）。

12.6　节点详图的识读

构造详图是根据现行《混凝土结构设计规范》《高层建筑混凝土结构技术规程》《建筑抗震设计规范》等有关规定，对各类构件的保护层厚度、锚固长度、钢筋连接、节点构造、局部大样等给出详细做法，一般通过较大比例的表达图样。

构造详图可以分为三类，第一类是标准构造详图，即直接从平法标准图集中选用的详图。混凝土结构施工图平面整体表示方法，是将结构构件的尺寸和配筋等，按照平面整体表示方法制图规则，整体、直接表达在各类构件的结构平面布置图上。绘制结构施工图时，将所有柱、墙、梁、板等构件进行编号，编号中含有类型代号和序号；其中，类型代号的作用是指明所选用的标准构造详图。在标准构造详图上，已经按其所属构件类型注明代号，以明确该详图与平法施工图中构件的互补关系，使两者结合构成完整的结构设计图。

第二类构造详图是对标准构造详图修正变更后的详图。当采用平法标准图集时，其标准构造详图可根据具体工程实际，按现行国家标准进行相应的修改变更，并在结构施工图中注明。使用时按照设计修正的详图施工。

第三类构造详图是设计者另详设计的节点详图、局部大样。对于截面形状较复杂的构件、有特殊要求的节点、标准构造详图未涵盖的节点等内容，如电梯间、管道井、异形梁、混凝土结构的填充墙节点做法等，需要设计者另行绘制相应的详图。

正确选用构造、节点详图，确保构件之间连接的正确、有效，是保证房屋工程质量的关键与前提。

识读步骤：

(1) 阅读结构设计总说明，正确选用平法标准图集的版本号、图集号。

(2) 阅读结构设计总说明，明确设计人员对标准构造详图作出变更的具体内容。

(3) 阅读结构设计总说明，明确构件所处的环境类别、混凝土强度等级，确定相应的混凝土保护层厚度。

(4) 阅读结构设计总说明，明确各类构件所在部位的混凝土强度等级与钢筋级别、抗震等级，确定钢筋的锚固长度与连接要求。

(5) 阅读结构施工图，根据构件的类型代号正确选用相应的标准构造详图。并特别注意阅读标准构造详图所在图集中的说明。

(6) 阅读结构施工图，明确当标准详图有多种做法可供选择时，设计所作规定。对于设计人员已经变更构造详图，应以设计变更为准。

(7) 阅读结构施工图，对于设计人员另详绘制的节点详图，应注意在平面图中的引出位置和剖视详图编号，校对节点详图与平面表达两者之间有无矛盾；将同一部位建筑节点详图与结构节点详图应进行核对，检查两者之间尺寸、标高有无矛盾。对于地下室的后浇带、集水井、止水带、屋面的排气道、上人孔等都应逐个校对检查。对电梯井道、机房等应根据电梯厂家提供的土建技术图纸，认真核对。

习　题

单项选择题

12.1 按《混凝土结构施工图平面整体表示方法制图规则和构造详图》16G101-1，柱列表注写方式，以下说法正确的是（　　）。

A. 顶层部位的框架柱代号为 WKZ

B. 梁上柱的根部标高系指该梁的底面标高

C. 柱截面与轴线的定位尺寸 b_1、b_2 和 h_1、h_2 不能为负值

D. 梁上柱代号为 LZ

12.2 按《混凝土结构施工图平面整体表示方法制图规则和构造详图》16G101-1，柱列表注写方式，柱箍筋标注为Φ8@100/200，下列表述错误的是（　　）。

A. 柱端加密区的箍筋为Φ8@100

B. 柱非加密区的箍筋为Φ8@200

C. 柱内设有单肢的拉筋时，拉筋为Φ8@200

D. 节点核心区的箍筋为Φ8@100

12.3 按《混凝土结构施工图平面整体表示方法制图规则和构造详图》16G101-1，柱列表注写方

式，柱箍筋为Φ8@100/200（Φ10@100），下列表述错误的是（   ）。

A. 柱端加密区的箍筋为Φ8@100

B. 柱非加密区的箍筋为Φ8@200

C. 柱纵筋采用绑扎搭接时，搭接范围内柱箍筋为Φ10@100

D. 节点核心区的箍筋为Φ10@100

12.4 按《混凝土结构施工图平面整体表示方法制图规则和构造详图》16G101-1，柱列表注写方式，图12.15中柱箍筋类型号标注错误的是（   ）。

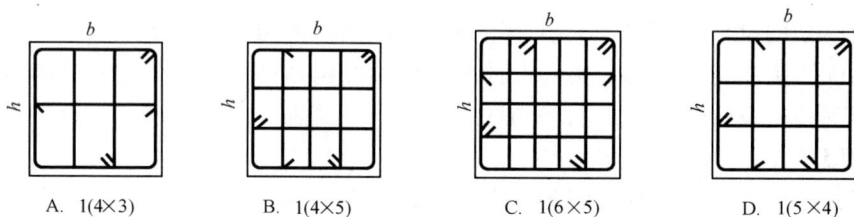

A. 1(4×3)   B. 1(4×5)   C. 1(6×5)   D. 1(5×4)

图 12. 15

12.5 按《混凝土结构施工图平面整体表示方法制图规则和构造详图》16G101-1，剪力墙墙柱代号错误的为（   ）。

A. 约束边缘构件—YBZ   B. 构造边缘构件—GBZ

C. 扶壁柱—FBZ   D. 边缘暗柱—AZ

12.6 按《混凝土结构施工图平面整体表示方法制图规则和构造详图》16G101-1，下列构件中不属于剪力墙梁的是（   ）。

A. 连梁—LL   B. 暗梁—AL   C. 边框梁—BKL   D. 圈梁—QL

12.7 按《混凝土结构施工图平面整体表示方法制图规则和构造详图》16G101-1，当剪力墙墙身标注中未标注钢筋排数时，应为（   ）排。

A. 1   B. 2   C. 3   D. 4

12.8 按《混凝土结构施工图平面整体表示方法制图规则和构造详图》16G101-1，剪力墙拉筋布置方式有"矩形"与"梅花"，图12.16所示梅花拉筋的间距为（   ）。

A. @4a@4b   B. @2a@2b   C. @4b@4a   D. @2b@2a

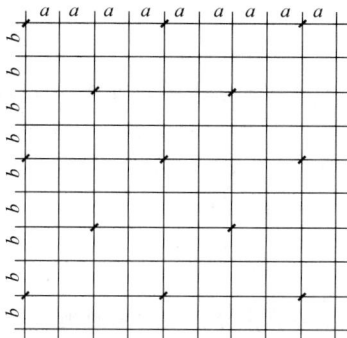

图 12. 16

12.9 按《混凝土结构施工图平面整体表示方法制图规则和构造详图》16G101-1，如洞口标注为：JD3 400×300 +3.000，以下解读错误的是（   ）。

A. 3号矩形洞口，洞宽400mm，洞高300mm

B. 洞口中心高于本层结构基准标高3.0m

C. 洞口每边补强钢筋按构造配置

D. 洞口边补强钢筋漏注

12.10　按《混凝土结构施工图平面整体表示方法制图规则和构造详图》16G101-1，如墙身洞口标注为：JD2　400×300　0.700　3⊈14，以下解读错误的是（　　）。

A. 2号矩形洞口，洞宽400mm，洞高300mm

B. 洞口中心高于本层结构基准标高0.7m

C. 洞口每边补强钢筋各3⊈14

D. 洞口上、下边补强钢筋各3⊈14

12.11　按《混凝土结构施工图平面整体表示方法制图规则和构造详图》16G101-1，如墙身洞口标注为：JD5　1800×2100　+1.800　6⊈20 Φ8@150（2），以下解读错误的是（　　）。

A. 5号矩形洞口，洞宽1800mm，洞高2100mm

B. 洞口中心高于本层结构基准标高1.8m

C. 洞口上下设补强暗梁，每边暗梁上下纵筋各为6⊈20，箍筋为Φ8@150双肢箍

D. 洞口上下设补强暗梁，每边暗梁上下纵筋各为3⊈20，箍筋为Φ8@150双肢箍

12.12　按《混凝土结构施工图平面整体表示方法制图规则和构造详图》16G101-1，如墙身洞口标注为：YD1　1000　+1.500　6⊈20　Φ8@150（2）2⊈16，以下解读错误的是（　　）。

A. 1号圆形洞口，洞口直径1000mm

B. 洞口中心高于本层结构基准标高1.5m

C. 洞口上下设补强暗梁，每边暗梁上下纵筋各为3⊈20，箍筋为Φ8@150双肢箍，环向加强筋2⊈16

D. 洞口上下设补强暗梁，每边暗梁上下纵筋各为3⊈20，箍筋为Φ8@150双肢箍，洞口两侧竖向加强筋为每边各2⊈16

12.13　按《混凝土结构施工图平面整体表示方法制图规则和构造详图》16G101-1，如连梁洞口标注为：YD1　200　-0.700　3⊈16　Φ8@100（2），以下解读错误的是（　　）。

A. 1号圆形洞口，洞口直径200mm

B. 洞口中心标高为本层结构基准标高减去0.7m

C. 洞口上下各设3⊈16水平方向补强钢筋，箍筋为Φ8@100双肢箍

D. 洞口上下、左右每边各设3⊈16补强钢筋，箍筋为Φ8@100双肢箍

12.14　按《混凝土结构施工图平面整体表示方法制图规则和构造详图》16G101-1，图12.17为剪力墙水平钢筋计入约束边缘构件体积配箍率时钢筋构造，以下解读错误的是（　　）。

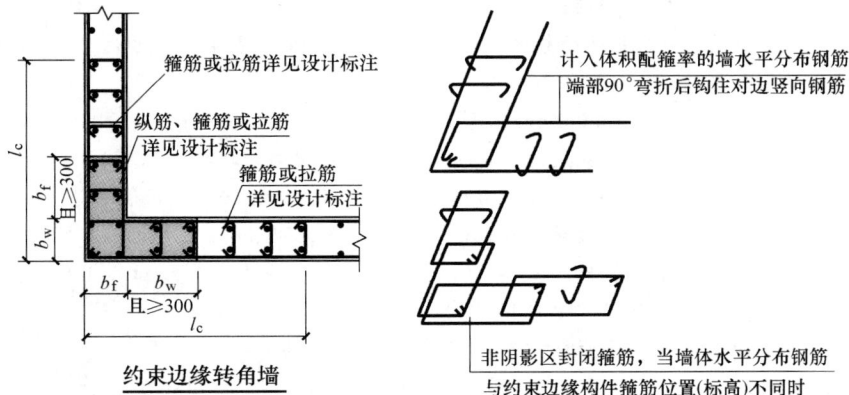

图 12.17

A. 墙身外侧水平分布钢筋应连续

B. 墙身内侧水平分布钢筋应伸至墙外侧，并弯折后钩住边缘构件角部纵筋

C. 当墙身水平分布钢筋与边缘构件箍筋位置（标高）不同时，约束边缘构件非阴影区必须设置封闭箍筋

D. 当墙身水平分布钢筋与边缘构件箍筋位置（标高）相同时，约束边缘构件可仅设置拉筋

12.15　按《混凝土结构施工图平面整体表示方法制图规则和构造详图》16G101-1，连梁钢筋布置错误的是（　　）。

A. 连梁箍筋在墙身水平钢筋内侧

B. 连梁箍筋设置同框架梁

C. 连梁纵向受力钢筋布置在箍筋内侧

D. 纵向受力钢筋采用直锚时锚固长度为 l_{aE} 且 ≥600mm

12.16　按《混凝土结构施工图平面整体表示方法制图规则和构造详图》16G101-1，KL3（2B）表示该框架梁为（　　）。

A. 2 跨，一端有悬挑　　　　　　　　　B. 2 跨，两端有悬挑

C. 3 跨，一端有悬挑　　　　　　　　　D. 3 跨，两端有悬挑

12.17　按《混凝土结构施工图平面整体表示方法制图规则和构造详图》16G101-1，KL1（3A）表示该框架梁为（　　）。

A. 2 跨，一端有悬挑　　　　　　　　　B. 1 跨，两端有悬挑

C. 3 跨，一端有悬挑　　　　　　　　　D. 3 跨，两端有悬挑

12.18　按《混凝土结构施工图平面整体表示方法制图规则和构造详图》16G101-1，梁截面尺寸 $b×h$ PY $c_1×c_2$ 表示（　　）。

A. 水平加腋梁，c_1 为腋长，c_2 为腋宽

B. 水平加腋梁，c_1 为腋宽，c_2 为腋长

C. 竖向加腋梁，c_1 为腋长，c_2 为腋高

D. 竖向加腋梁，c_1 为腋高，c_2 为腋长

12.19　按《混凝土结构施工图平面整体表示方法制图规则和构造详图》16G101-1，梁截面尺寸 $b×h$ Y $c_1×c_2$ 表示（　　）。

A. 水平加腋梁，c_1 为腋长，c_2 为腋宽

B. 水平加腋梁，c_1 为腋宽，c_2 为腋长

C. 竖向加腋梁，c_1 为腋长，c_2 为腋高

D. 竖向加腋梁，c_1 为腋高，c_2 为腋长

12.20　按《混凝土结构施工图平面整体表示方法制图规则和构造详图》16G101-1，梁截面原位标注 250×600/450，表示（　　）。

A. 加腋梁端部截面为 250 mm×600 mm，跨中截面为 250 mm×450 mm

B. 梁的宽度为 250 mm，梁左端高度为 600 mm，梁右端高度为 450 mm

C. 梁的宽度为 250 mm，根部高度为 450 mm，端部高度为 600 mm

D. 梁的宽度为 250 mm，根部高度为 600 mm，端部高度为 450 mm

12.21　按《混凝土结构施工图平面整体表示方法制图规则和构造详图》16G101-1，梁的箍筋Φ8@100/200（2），表示梁（　　），钢筋牌号为 HPB300，直径 8mm。

A. 加密区箍筋间距 100mm，非加密区箍筋间距 200mm，均为双肢箍

B. 加密区箍筋间距 100mm，非加密区箍筋间距 200mm，非加密区采用双肢箍

C. 加密区箍筋间距 100mm，非加密区箍筋间距 200mm，括号中的"2"表示采用两种间距

D. 左端箍筋间距 100mm，右端箍筋间距 200mm，均为双肢箍

12.22 按《混凝土结构施工图平面整体表示方法制图规则和构造详图》16G101-1，10Φ8@100/200（4），表示梁（   ），钢筋牌号为 HPB300，直径 8mm。

A. 梁两端各设 10 个间距为 100mm 的箍筋，其余箍筋间距 200mm，均为四肢箍

B. 梁两端共设 10 个间距为 100mm 的箍筋，其余箍筋间距 200mm，均为四肢箍

C. 加密区箍筋间距 100mm，非加密区箍筋间距 200mm，均为四肢箍

D. 左端箍筋间距 100mm，右端箍筋间距 200mm，均为四肢箍

12.23 按《混凝土结构施工图平面整体表示方法制图规则和构造详图》16G101-1，梁平法施工图中的（－0.100）表示（   ）。

A. 梁面绝对标高为－0.100m

B. 梁顶面标高低于所在结构层基准标高 0.100m

C. 梁底面标高低于所在结构层基准标高 0.100m

D. 梁顶面标高低于所在层建筑标高 0.100m

12.24 按《混凝土结构施工图平面整体表示方法制图规则和构造详图》16G101-1，当梁下部纵筋多数跨相同时，可同时标注上部与下部通长筋的配筋值，用（   ）将上部与下部通长筋隔开来，少数跨不同时，采用原位标注。

A. ＋   B. ，   C. ；   D. /

12.25 按《混凝土结构施工图平面整体表示方法制图规则和构造详图》16G101-1，梁平法施工图中的 N4Φ12，表示梁腹部（   ）。

A. 每侧配有 2Φ12 的抗扭筋   B. 每侧配有 4Φ12 的抗扭筋

C. 每侧配有 2Φ12 的构造筋   D. 每侧配有 4Φ12 的构造筋

12.26 按《混凝土结构施工图平面整体表示方法制图规则和构造详图》16G101-1，梁平法施工图中，集中标注 2Φ20＋（2Φ12）表示梁上部（   ）。

A. 2Φ12 为通长角筋，2Φ20 为架立筋

B. 2Φ20 为通长角筋，2Φ12 为架立筋

C. 2Φ20 与 2Φ12 均为通长筋

D. 2Φ20 与 2Φ12 均为架立筋

12.27 按《混凝土结构施工图平面整体表示方法制图规则和构造详图》16G101-1，当梁的上部设有架立筋时，架立筋与纵向受力筋的搭接长度为（   ）mm。

A. 150   B. 200   C. 250   D. 300

12.28 按《混凝土结构施工图平面整体表示方法制图规则和构造详图》16G101-1，框架梁支座钢筋原位标注 6Φ22 4/2（通长角筋为 2Φ22），表示（   ）。

A. 支座钢筋总数量为 6Φ22；分二排布置，上排 2 根，下排 4 根

B. 支座钢筋总数量为 8Φ22；分二排布置，上排 4 根，下排 4 根

C. 支座钢筋总数量为 6Φ22；分二排布置，上排 4 根，下排 2 根

D. 支座钢筋总数量为 8Φ22；分二排布置，上排 6 根，下排 2 根

12.29 按《混凝土结构施工图平面整体表示方法制图规则和构造详图》16G101-1，梁钢筋原位标注 6Φ22 2/4，表示（   ）。

A. 下部钢筋为 6Φ22；分二排布置，上排 4 根，下排 2 根

B. 下部钢筋为 6Φ22；分二排布置，上排 2 根，下排 4 根

C. 上部钢筋为 6Φ22；分二排布置，上排 4 根，下排 2 根

D. 上部钢筋为 6Φ22；分二排布置，上排 2 根，下排 4 根

12.30 按《混凝土结构施工图平面整体表示方法制图规则和构造详图》16G101-1，梁支座原位标注 2Φ22＋4Φ25 4/2，（通长角筋为 2Φ22），此时钢筋布置应为（   ）。

A. 第一排钢筋为 2Φ22＋2Φ25，2Φ22 布置在外侧，第二排钢筋为 2Φ25

B. 第一排钢筋为 2Φ22＋2Φ25，2Φ25 布置在外侧，第二排钢筋为 2Φ25

C. 第一排钢筋为 4Φ25，第二排钢筋为 2Φ22

D. 第一排钢筋为 2Φ22，第二排钢筋为 4Φ25

12.31 按《混凝土结构施工图平面整体表示方法制图规则和构造详图》16G101-1，梁跨中原位标注 6Φ25 2 (-2) /4，表示（   ）。

A. 上排钢筋为 2Φ25 且不伸入支座；下排钢筋为 4Φ25，均伸入支座

B. 上排钢筋为 4Φ25，其中 2Φ25 不伸入支座；下排钢筋为 2Φ25

C. 上排钢筋为 2Φ25；下排钢筋为 4Φ25，其中 2Φ25 不伸入支座

D. 上排钢筋为 4Φ25；下排钢筋为 2Φ25，不伸入支座

12.32 按《混凝土结构施工图平面整体表示方法制图规则和构造详图》16G101-1，下列表述正确的是（   ）。

A. 梁的集中标注表达梁的通用数值，原位标注表达梁的特殊数值，施工时集中标注优先

B. 梁的集中标注表达梁的通用数值，原位标注表达梁的特殊数值，施工时原位标注优先

C. 梁的集中标注表达梁的特殊数值，原位标注表达梁的通用数值，施工时集中标注优先

D. 梁的集中标注表达梁的特殊数值，原位标注表达梁的通用数值，施工时原位标注优先

12.33 按《混凝土结构施工图平面整体表示方法制图规则和构造详图》16G101-1，主次梁相交处，应设置附加横向钢筋，当图中标注为 8Φ8 (2) 时，表示（   ）。

A. 在主梁内设置附加箍筋，次梁每侧附加 4 个Φ8 的双肢箍（不含基本箍筋）

B. 在主梁内设置附加箍筋，次梁每侧附加 8 个Φ8 的双肢箍（不含基本箍筋）

C. 在主梁内设置附加箍筋，次梁每侧附加 4 个Φ8 的双肢箍（含基本箍筋）

D. 在主梁内设置附加箍筋，次梁每侧附加 8 个Φ8 的双肢箍（含基本箍筋）

12.34 按《混凝土结构施工图平面整体表示方法制图规则和构造详图》16G101-1，当井字梁支座上部纵筋的原位标注为 6Φ20 4/2（3200/2400）时，表示（   ）。

A. 上排纵筋为 4Φ20，自支座中心向跨内伸出长度为 3200mm；下排纵筋为 2Φ20，自支座中心向跨内伸出长度为 2400mm

B. 上排纵筋为 4Φ20，自支座边缘向跨内伸出长度为 3200mm；下排纵筋为 2Φ20，自支座边缘向跨内伸出长度为 2400mm

C. 上排纵筋为 4Φ20，钢筋水平投影长度为 3200mm；下排纵筋为 2Φ20，钢筋水平投影长度为 2400mm

D. 下排纵筋为 4Φ20，自支座边缘向跨内伸出长度为 3200mm；上排纵筋为 2Φ20，自支座边缘向跨内伸出长度为 2400mm

12.35 按《混凝土结构施工图平面整体表示方法制图规则和构造详图》16G101-1，不伸进支座的梁下部纵筋的长度应为（   ）。

A. 柱中心距的 0.8 倍   B. 柱中心距的 0.9 倍

C. 本跨净跨值的 0.8 倍   D. 本跨净跨值的 0.9 倍